RECUEIL

DES

LETTRES MISSIVES

DE HENRI IV

PUBLIÉ

PAR M. BERGER DE XIVREY

MEMBRE DE L'INSTITUT DE FRANCE
(ACADÉMIE ROYALE DES INSCRIPTIONS ET BELLES-LETTRES)

TOME II

1585 — 1589

PARIS

IMPRIMERIE ROYALE

—

M DCCC XLIII

TABLE DES MATIÈRES.

	Pages.
Sommaire historique	1

RECUEIL DES LETTRES MISSIVES DE HENRI IV.

PREMIÈRE PÉRIODE.

AVANT L'AVÉNEMENT AU TRÔNE DE FRANCE.

1585 — 1589. SUITE DE LA CORRESPONDANCE DU ROI DE NAVARRE.

Année 1585	1
Année 1586	165
Année 1587	256
Année 1588	328
Année 1589	416
Liste alphabétique des personnes à qui sont adressées les lettres rassemblées dans ce volume	507
Indication des notes sur les noms propres	511
Séjours et itinéraire de Henri IV avant son avénement au trône de France	513
Sources d'où proviennent les lettres du roi de Navarre rassemblées dans les deux premiers volumes	617
Glossaire de quelques mots vieillis, de quelques formes inusitées ou que l'ancienne orthographe rend difficiles à reconnaître	649

FIN DE LA TABLE DU TOME SECOND.

ADDITION.

Page 231, ligne 11, *avant les mots* cop. B. R. *ajoutez :* Orig. autographe. — B. R. Fonds Béthune, Ms. 9131, fol. 80 recto.

CORRECTIONS.

Page 228. La lettre à Walsingham, que nous avons datée approximativement de la fin de juin 1586, doit être placée vers le 8 août 1586.

Page 437, not. 1, col. 1, ligne 6 : — De l'archevêché de Brandebourg, *lisez* de l'archevêché de Magdebourg.

SUPPLÉMENT AUX CORRECTIONS DU Ier VOLUME.

Page 72, ligne 14 : — *Lisez* 1575 au lieu de 1574.

Page 101, ligne 12 de la note : — 1580, *lisez* 1586.

Page 327, suite de la note de la page précédente : — *Supprimez la seconde phrase de cette note, commençant par ces mots :* La mort de ses trois fils.

Page 424, ajoutez à la note 4 : — A moins qu'il ne soit question d'un seigneur de Castelnau près de Durbans, en Foix, d'une famille différente de celles dont il est parlé dans le Laboureur et dans les mémoires de la Force. Le nom de Castelnau, ou Castelnaut, est un des plus répandus dans le vocabulaire topographique de nos provinces du sud-ouest.

SOMMAIRE HISTORIQUE

DES ANNÉES COMPRISES DANS LE IIe VOLUME.

1585.

Au commencement du printemps, M. de Ségur revient d'Angleterre, avec des promesses de secours. La Ligue, dès longtemps préparée, et redoublant d'activité depuis que la mort du duc d'Alençon avait rendu le roi de Navarre héritier présomptif de la couronne, se montre au grand jour et publie ses premiers manifestes. Le cardinal de Bourbon, oncle paternel du roi de Navarre, séduit par les princes lorrains, est mis en avant comme chef nominal de leur parti, et se prétend héritier présomptif du trône de France, à l'exclusion de son neveu. Henri III exprime son mécontentement de ces menées des Guises; il en écrit au roi de Navarre, qui le conjure de l'employer contre la Ligue, leur véritable ennemie à tous deux. Mais l'obstacle de la différence de religion ne peut être surmonté. En avril, à Castres, le duc de Montmorency resserre son alliance avec le roi de Navarre. Le mois suivant, celui-ci renvoie M. de Ségur à la reine d'Angleterre, en lui adressant les instances les plus vives, pour être secouru. La résistance à la Ligue s'organise aussi en France, et les chefs du parti protestant sont réunis à Guitres le 30 mai. Dès le commencement de juin, Henri III cède, à contre-cœur, aux instigations de sa mère, et fait avec la Ligue une alliance dont les engagements sont aussitôt divulgués, avant qu'un traité soit rendu public. La reine de Navarre profite de cette confusion pour attaquer son mari. Elle lève une petite armée dans l'Agénois et le Quercy, provinces qui lui appartenaient; M. et Mme de Duras, ses principaux agents, dressent mille embûches au roi de Navarre, dont la vie est plusieurs fois menacée. Le 10 juin, ce prince publie, sur les calomnies répandues contre lui par la Ligue, une déclaration qu'il adresse au Roi, au Parlement et aux souverains étrangers. Le 7 juillet, Catherine de Medicis conclut l'union publique de Henri III avec la Ligue. Le roi de Navarre s'en plaint amèrement. Il reçoit de la cour une dernière invitation à quitter sa religion, ou du moins à en suspendre l'exercice pendant six mois. Cette négociation n'a pas plus d'efficacité que les précédentes. Le 9 septembre, Sixte-Quint lance la bulle qui déclare Henri, *jadis roi de Navarre*, hérétique, relaps en hérésie, et non repentant; le dépossède, lui et sa postérité, de *ses prétendus États;* et, comme indigne, le proclame inhabile à toute succession, notamment à succéder au trône de France. Le 6 novembre (ou, suivant certains auteurs, dès le 6 octobre) le roi de Navarre fait placarder à Rome une réponse, en forme de démenti. Le 11 octobre, il avait publié, conjointement avec le prince de Condé et le duc de Montmorency, une nouvelle déclaration sur sa situation politique et religieuse. Il emploie la fin de l'année à préparer sa résistance à l'expédition qu'allait commander contre lui le duc de Mayenne; et il fait repasser directement M. de Ségur d'Angleterre en Allemagne, pour presser plus que jamais les secours des princes protestants.

1586.

Le roi de Navarre ouvre l'année par les lettres qu'il adresse à tous les grands corps de l'État sur la situation où les derniers événements le placent à l'égard du Roi et de la Ligue. Le duc de Mayenne, après sa jonction avec le maréchal de Matignon, entre en Guienne. Son armée, en proie aux ravages de la peste, est continuellement harcelée d'une guerre d'escarmouches que lui opposent le roi de Navarre et le vicomte de Turenne, en se plaisant à le braver par des exploits aventureux. Bientôt il est abandonné par Matignon, avec qui il se trouvait en mésintelligence, et qui recevait du Roi des instructions secrètes. Mais, au printemps, étant tombé malade à Bordeaux, il est obligé de laisser quelque temps à ce maréchal le commandement de toute l'armée. En Dauphiné, Lesdiguières est occupé à combattre l'armée du duc d'Épernon; et en Languedoc, Montmorency celle du maréchal de Joyeuse, puis du duc son fils. Le roi de Navarre part, au mois de mai, pour le Poitou et la Saintonge. Le maréchal de Biron y commandait une autre armée contre le parti protestant, à qui le récent mariage du prince de Condé avec la sœur du duc de la Trémouille venait d'acquérir, dans ces provinces, toute la noblesse alliée ou vassale de ce seigneur puissant. En voyant les dangers dont la

Ligue menace la maison de Bourbon, le prince de Conti et le comte de Soissons, jusque-là restés avec la cour, se réunissent au roi de Navarre et au prince de Condé. Les progrès du maréchal de Biron sont arrêtés par le roi de Navarre. A la sollicitation de ses ambassadeurs, les princes protestants d'Allemagne envoient une ambassade à Henri III, en faveur des Français de leur communion : le Roi, après les avoir longtemps évités, les reçoit avec hauteur, et sans vouloir accéder à leurs remontrances. Cependant il ne tarde pas à faire proposer par sa mère, au roi de Navarre, une entrevue, qui, après beaucoup de difficultés préliminaires, a lieu à Saint-Bris, près Cognac, le 9 décembre. Catherine de Médicis s'y fait suivre inutilement des plus belles personnes de la cour. On y échange beaucoup moins de paroles de paix que de mots piquants et de récriminations. Un premier résultat est seulement une courte trêve jusqu'au 6 janvier de l'année suivante.

1587.

La conférence de Saint-Bris traîne encore près de deux mois, bien que le roi de Navarre eût refusé d'y reparaître en personne. Le seul effet qu'eut cette vaine tentative de rapprochement fut de fournir à Catherine de Médicis un moyen de chercher à compromettre le crédit de son gendre dans le parti protestant. Il repousse ces insinuations, en adressant aux princes d'Allemagne l'exposé de ce qui s'était passé à Saint-Bris, et il réclame leur assistance comme plus nécessaire que jamais. Enfin l'active persévérance de Ségur et les subsides de la reine Élisabeth, que le supplice récent de Marie Stuart avait rendue ennemie irréconciliable des catholiques, parviennent à mettre en mouvement cette armée étrangère. Le roi de Navarre publie, au milieu de juillet, sa protestation sur l'introduction des étrangers en France. Néanmoins les divisions des chefs allemands retardent leur départ; et, quand ils entrent en Lorraine, l'insubordination des troupes, leur intempérance et leur avidité de pillage les arrêtent encore dans ce duché. Malgré les efforts des princes lorrains pour les repousser en Allemagne, ils atteignent les frontières de France le 17 septembre; et la Champagne est bientôt ravagée comme la Lorraine. Pour se réunir au roi de Navarre, ils avaient la Loire à traverser. Henri III fait rendre impraticables tous les gués de cette rivière, et lui-même, à la tête de sa principale armée, vient en défendre le passage. En même temps il envoie une autre armée, conduite par le duc de Joyeuse, pour arrêter le roi de Navarre et l'empêcher de venir recevoir ces étrangers. Ce prince, resté en Poitou et en Saintonge jusqu'au commencement d'octobre, se rend alors en Guienne, où il rassemble ses forces pour venir protéger les Allemands au passage de la Loire. Le duc de Joyeuse, qu'il rencontre à Coutras, lui présente la bataille, la perd et est tué avec son frère et les principaux seigneurs de son armée. Le roi de Navarre, au lieu de poursuivre sa route en vainqueur, congédie pour un mois ses troupes, le surlendemain de la bataille; suivi de cinq cents chevaux, il part pour la Gascogne avec le comte de Soissons, et arrive à Nérac le 30 [1]. Les Allemands, qui étaient parvenus à Montargis, y apprennent la victoire de Coutras; et ils s'attendaient à voir survenir le roi de Navarre d'un jour à l'autre, lorsque le duc de Guise, qui les séparait de Paris, comme le Roi les séparait de la Loire, en défait une division nombreuse dans le combat de Vimory, qu'il leur livre le 27 octobre. Une seconde victoire qu'il remporte sur eux, le 24 novembre suivant, à Auneau en Beauce, décide les Suisses à demander au Roi une capitulation particulière. Enfin une troisième défaite, essuyée par les reîtres, près de Gien, achève la déroute de cette armée, aux restes de laquelle Henri III accorde un accommodement, à la condition de sortir immédiatement du royaume. La retraite de l'armée étrangère rend inutile la démonstration qu'avait annoncée pour le mois de novembre le roi de Navarre. Il demeure dans ses états souverains, près de madame de Gramont, toute la fin de l'année.

1588.

Le duc de Bouillon, qui était de l'armée étrangère, retiré à Genève après la déroute, y meurt le 1er janvier, laissant pour héritière sa jeune sœur.

---

[1] La bataille de Coutras, gagnée en une demi-journée, devait hâter la marche du roi de Navarre, au lieu de le faire rétrograder. Tous les historiens ont admis comme explication de ce mouvement si contraire aux intérêts de son parti, les vingt-deux enseignes portées à Madame sa sœur et à madame de Gramont. Mais peut-être faut-il voir dans la retraite inopinée du premier prince du sang un motif plus grave : la présence du Roi lui-même sur la Loire.

Il confie à la Noue la tutelle de cette princesse et le gouvernement de ses états. Le roi de Navarre est au nombre des exécuteurs testamentaires. Ce prince reste en Gascogne jusqu'au 10 mars, presque uniquement occupé de madame de Gramont; mais il quitte tout à coup la belle Corisande, en apprenant la mort tragique du second prince de la maison de Bourbon, au moment où une tentative d'assassinat venait d'être faite sur lui-même à Nérac. Le prince de Condé était mort le 5 mars à Saint-Jean-d'Angely, empoisonné par un page de sa femme, que la voix publique désignait comme la première coupable. Le roi de Navarre la fait arrêter en arrivant, fait instruire son procès et juger les autres personnes accusées d'être complices de l'assassinat. Au mois d'avril, Henri III prend des mesures pour s'opposer aux progrès de la faction des *Seize*, qui, depuis plus d'un an, avaient organisé la Ligue dans Paris d'une manière hostile à l'autorité royale. Les Seize mandent aussitôt au duc de Guise de venir à leur aide, et le Roi le lui fait défendre. Feignant de n'avoir pas reçu la lettre royale, le duc arrive presque seul, le 9 mai, à Paris, où sa présence excite une fermentation extraordinaire. Le Roi fait entrer, le 12, des Suisses et autres troupes dans sa capitale, où se dressent des barricades, qui donnèrent le nom à cette journée. Averti des progrès de la révolte, Henri III, pendant que sa mère amuse le duc de Guise avec des pourparlers, sort secrètement de Paris par les Tuileries, et se retire à Chartres.

Cette division des catholiques devient, pour les protestants, un encouragement qu'augmente encore l'éclatant désastre de la célèbre flotte espagnole appelée *l'invincible Armada*, détruite au mois d'août. Mais, avant cette catastrophe, Henri III avait fait à la Ligue les plus humiliantes concessions; et l'édit *de réunion*, rendu au mois de juillet, avait porté le duc de Guise au plus redoutable degré de puissance. Deux nouvelles armées avaient été levées contre les religionnaires. Le roi de Navarre déploie une grande activité pour préparer sa résistance; et il convoque de tous côtés les gentilshommes de son parti. Cependant les états du royaume sont convoqués à Blois, sous la seule influence de la Ligue. L'ouverture s'en fait le 27 septembre; la proposition d'y mander le roi de Navarre est rejetée, et il est résolu que, sans notification préalable, ce prince, comme hérétique, etc. sera déclaré exclu de la couronne. Des deux nouvelles armées royales, celle pour le Dauphiné, commandée par Mayenne, était plus spécialement au service de la Ligue. Le duc de Nevers, uniquement dévoué au Roi, fait entrer la sienne en Poitou. Les succès qu'il y obtient sont plus que contre-balancés par ceux du roi de Navarre ou de ses lieutenants; mais les affaires de ce prince reçoivent un secours aussi efficace qu'inattendu, de l'éclatante catastrophe qui termine cette année. Le 23 décembre, le duc de Guise, et, le lendemain, le cardinal, son frère, sont poignardés à Blois, par les ordres de Henri III.

1589.

Catherine de Médicis meurt le 6 janvier. Les Parisiens, à la nouvelle du meurtre des Guises, ne gardent plus aucune mesure dans leur fureur contre Henri III. Le roi de Navarre, en se rendant à la Garnache, est pris, le 9 janvier, d'une forte pleurésie, qui met ses jours en danger. On fait même courir, un instant, le bruit de sa mort. Il se rétablit avant la fin du mois. Il continue à ménager les princes protestants; mais, dès le 4 mars, par la lettre qu'il adresse aux États de Blois, il manifeste le désir de se réunir au Roi. Il s'empare de plusieurs villes de Touraine, et ne tarde pas à rentrer en correspondance avec le Roi, qui vient de se retirer à Tours. Dès le 20 mars, des négociations sont entamées de sa part près de Henri III, par Mornay, qui conclut, le 3 avril, entre les deux princes, une trêve d'un an. Le 21 avril, le roi de Navarre passe la Loire, à Saumur, avec son armée; et le 30, s'étant avancé avec une partie de ses troupes près de Tours, il repasse la Loire et va saluer le Roi au Plessis-lès-Tours. Sa réconciliation avec ce prince devient la source d'une suite de succès pour le Roi et de revers pour la Ligue. Le duc de Mayenne termine par une fort prompte retraite son expédition contre le faubourg de Tours. Les Parisiens sont chassés de devant Senlis, qu'ils assiégeaient. Le roi de Navarre ne put réussir néanmoins à faire rentrer Orléans dans l'obéissance, malgré l'éloquente lettre qu'il adressa aux habitants de cette ville; mais, le 25 juillet, les deux armées royales réunies s'emparent de Pontoise, et arrivent à Saint-Cloud, à la fin du mois. L'assaut allait être donné aux murs de Paris le 2 août, lorsque, le 1er août, l'assassin Jacques Clément frappe Henri III du coup dont il meurt le lendemain.

RECUEIL

DES

LETTRES DE HENRI IV.

RECUEIL

DES

LETTRES MISSIVES DE HENRI IV.

PREMIÈRE PÉRIODE.

AVANT L'AVÉNEMENT AU TRÔNE DE FRANCE.

1585–1589.

SUITE DE LA CORRESPONDANCE DU ROI DE NAVARRE.

ANNÉE 1585.

1585. — 14 JANVIER.

Orig. — Biblioth. impér. de Saint-Pétersbourg, Ms. 913, lettre n° 66. Copie transmise par M. Allier, correspondant du ministère de l'Instruction publique.

AU ROY, MON SOUVERAIN SEIGNEUR.

Monseigneur, Il a pleu à Vostre Majesté, par l'edict dernier de la revocation des offices declarés par article exprés, voulloir pourvoir, ce mois d'avril prochain, à l'impost du sel; ce qui a grandement resjouy et grattiffié ung grand nombre de voz paouvres subjectz des isles de Xaintonge, lesquelz, pour la craincte d'estre importuns envers Vostre dicte Majesté, demeuroient en silence soubz le fardeau insupportable dudict impost, en atendant les effectz de vostre bonté et clemence, voyant que jusques à present les justes requestes, voyages et sollicitations qu'ils avoient faict par ce regard n'avoient reussy selon leur desir. Maintenant qu'ilz sentent par le dict edict que Vostre Majesté, de son mouvement, leur donne esperance qu'il luy plaira avoir pitié d'eulx, ilz ont grant occasion de louer Dieu et le prier de plus en plus pour vostre santé et prosperité, comme ilz font; et me sont venuz trouver pour me prier de le faire entendre à Vostre Majesté et la supplier tres humblement, comme je fais sur ce, de continuer ceste bonne volonté en leur endroict comme à ung peuple paisible, fidelle, obeïssant, et sur lequel vostre debonaireté et compassion a tres subject de s'extendre, tant pour la misere de leurs povres familles, ruynées en tout ce pays-là depuis le dict impost et cessation du traficq et commerce, à cause de la garnison qui y est, que pour le tres grand interest de Vostre Majesté; d'aultant que depuis le dict impost et la dicte garnison, le tiers des salines du dict païs est du tout perdu, et se perdent aussy de jour à autre les dictes salines, et faute de moyen de les pouvoir entretenir. Voilà pourquoy y allant tellement de vostre service, comme j'en ay esté fort asseurement adverty, il m'a semblé que je ferois faute à mon debvoir, atendu la charge et auctorité qu'il a pleu à Vostre Majesté me donner en ceste province, si je ne luy en rendois tesmoignage et ne luy en donnois l'advis certain que j'en ay. Qui pourra estre cause qu'Elle s'en pourra encores mieux esclarcir, s'il luy plaist donner charge à telles personnes fidelles et affectionnées à son service, qu'Elle advisera de s'en enquerir. Il n'y a aucunes charges en autres endroictz de vostre Royaume (quelques plainctes qui s'en facent) qui puissent estre egallées ne comparées à celles-là. Car le dict impost du sel leur oste pour le moins la moityé de leur bien et revenu, sans les autres droictz ordinaires et extraordinaires qu'ilz vous paient, et les impositions et charges qu'ils supportent à l'occasion de la dicte garnison. Sur ce, Vostre Majesté aura, s'il luy plaist, agreable que je la supplie tres humblement de voulloir ouyr les dicts habitans en leurs plainctes et doleances; s'asseurant, si Vostre Majesté leur use de ceste bonté, de les entendre, qu'Elle y vouldra pourvoir et faire justice. Monseigneur, je supplie

Nostre Seigneur voulloir conserver Vostre Majesté, longuement et tres heureusement, en tres parfaicte santé. De Saincte Foy, ce xiiij° jour de janvier 1585.

Vostre tres humble et tres obeissant subject
et serviteur,

HENRY.

1585. — 25 JANVIER.
Orig. — Collection de M. C. L. F. Panckoucke.

A MON COUSIN MONS^R DE MATIGNON,
MARESCHAL DE FRANCE.

Mon Cousin, Parce qu'il y a des plaintes des habitans des villes de seureté et lieux circonvoisins, de ce que les garnisons qui sont és villes sont contrainctes de prendre leurs comodités et necessitez sur eux, attendant le payement de huit ou neuf mois qui leur est deub, à quoy il seroit besoing de pourveoir et y apporter quelques remedes propres et convenables, je vous prie, mon Cousin, d'autant qu'il est expedient pour le soulagement et contentement de ce pauvre peuple, et pour le besoing du service du Roy mon seigneur, d'oster le subject de telles plainctes et doleances, de trouver moyen de faire donner quelque argent aux garnisons, attendant que nous ayons plus amples et particulieres declarations de la volonté de Sa Majesté sur la prorogation de la remise des dictes villes et payement des dictes garnisons. Vous me ferez fort grand plaisir; et ce sera un bon œuvre, tant pour le service de Sa Majesté que pour le besoing de ses subjects : ce que m'asseurant que vous aurez agreable d'effectuer promptement, je ne vous en diray davantage, si ce n'est pour vous prier de rechef de voulloir donner ordre, et le Createur vous tenir, mon Cousin, en sa tres-saincte et digne garde. A Ste Foy, ce xxv° janvier 1585.

Vostre plus affectionné cousin et plus parfaict amy à jamais,

HENRY.

[1] Mon Cousin, Je vous prye me mander souvent de vos nouvelles. Je vais partir pour aller voir ma sœur. Aussi tost que j'auray des nouvelles, je vous en manderay, et ne sçauray rien, que je ne vous en face part.

1585. — 2 FÉVRIER. — Ire.

Orig. — B. R. Fonds Béthune, Ms. 8824, fol. 95 recto.

A MON COUSIN MONS^R DE MATIGNON,
MARESCHAL DE FRANCE.

Mon Cousin, J'ay veu la lettre que vous m'avez escripte par le cappitaine la Porte sur le fait de Coumyac[1]. Je suis marry que les sieurs de Gourdon et de Camburat n'y ont trouvé l'obeyssance que j'eusse desiré. Il faudra y apporter ung autre remede, duquel je vous donneray advis, affin que d'une commune main nous nous y employons, ne voulant rien espargner pour coupper chemin à tout ce qui peut tant soit peu alterer le repos commun. Au reste, mon Cousin, je ne vous puis celer que le battement de tabours qu'on a renouvellé puis peu de jours ez villes de Dax et Saint Sevé, a esmeu et attiré les espritz, de plusieurs pensemens. Et de moy j'ay occasion de croire que c'est à cause de mon passage en l'une des dictes villes. Je souhaitterois vollontiers que mes actions et deportemens fussent aussy sincerement representez au Roy mon seigneur, par ses ministres, comme ilz se passent avec integrité et rondeur. J'esperois que le temps luy en donneroit de tres certaines preuves; mais jusques icy les artiffices semblent avoir amoindry la force de la verité. Sy me tiendray-je tousjours avec elle et en la vollonté tres humble en laquelle j'ay esté nourry et levé, dés mes jeunes ans, pour le service du Roy mon seigneur et

---

[1] Ce post-scriptum est de la main du roi.

---

[1] Comiac, petite ville du Quercy, aujourd'hui dans le département du Lot, arrondissement de Figeac, canton de Bretenoux.

bien de son Estat : et sur ce, je prieray Dieu vous avoir, mon Cousin, en sa saincte et digne garde. A Pau, le second jour de febvrier 1585.

                Vostre plus affectionné cousin et amy,

                        HENRY.

1585. — 2 FÉVRIER. — IIme.

Orig. — Arch. de M. le baron de Scorbiac, à Montauban. Copie transmise par M. Gustave de Clausade, correspondant du ministère de l'Instruction publique.

A MONS^R D'ESCORBIAC,

CONSEILLER DU ROY MON SEIGNEUR, EN SA COURT DE PARLEMENT DE THOULOUZE ET CHAMBRE DE LA JUSTICE ESTABLIE À LISLE D'ALBIGEOYS.

Monsr d'Escorbiac, Vous m'avez tellement faict tousjours paroistre vostre bonne volonté et affection en tous les affaires qui me touchent, que je m'asseure qu'elle ne sera aulcunement amoindrie ne diminuée pour embrasser les aultres qui se pourroient presenter. Et d'aultant qu'il y a un procés par devant les s^{rs} de vostre chambre, duquel j'ay cy-devant prins la cause pour les consulz de Cahors, de l'année mil v^c quatre-vingtz et un, contre le cappitaine de Fabre, j'escris ausdicts s^{rs} pour cest effect; vous priant aussy, Monsr d'Escorbiac, d'accelerer le jugement et decision du dict procés, et y apporter tout ce qui sera en vostre pouvoir pour la conservation de mon bon droict, de maniere que j'en puisse avoir au plus tost une bonne et briefve justice. Je vous recommande aussy un aultre procés que le s^r de Riupeirous[1], mon conseiller et medecin ordinaire, a en ladicte chambre contre Pascalot et Loyse de Carrie, à ce qu'il en puisse avoir de mesme une bonne et prompte expedition. Ce que m'asseurant que vous ferez, aprés la recommandation affectionnée que je vous en fays, et pour le debvoir

---

[1] Le sieur de Riouperroux est porté sur l'état de la maison du roi de Navarre, en 1585, comme médecin servant pendant les quatre mois de septembre, octobre, novembre et décembre.

de la justice, je prieray Dieu vous tenir, Monsʳ d'Escorbiac, en sa saincte et digne garde. De Pau, ce ıjᵉ de febvrier 1585.

> Vostre meilleur et assuré amy,
>
> HENRY.

1585. — 6 FÉVRIER.

Orig. — Arch. de M. le baron de Scorbiac, à Montauban. Copie transmise par M. Gustave de Clausade, correspondant du ministère de l'Instruction publique.

A MONSᴿ DE SCORBIAC,

CONSEILLER DU ROY MON SEIGNEUR, EN LA CHAMBRE MY-PARTIE ESTABLIE À LISLE.

Monsʳ d'Escorbiac, Françoise Bergeron, femme du cappitaine Us, de ma comté de Bigorre, a ung procés en la chambre my-partie, establie à Lisle d'Albigeois, contre Fortis de la Forcade et aultres, pour raison des biens et heredité de feu Pierre de la Motte, anciennement appelé le prevost du Vielar, en son vivant mary de ladicte Vergeron[1]. Et pour ce que je desirerois qu'elle eust prompte yssue du dict affaire, j'ay bien voulu la vous recommander par la presente, et prier l'avoir en souvenance, en luy administrant la mesme bonne et briefve justice que, je sçay, vous avez voulonté de deppartir à tous poursuyvans. Et m'asseurant que ma priere aura quelque effect envers vous, ne la vous feray plus longue que pour prier Dieu, Monsʳ de Scorbiac, vous tenir en sa saincte et digne garde. A Pau, le vjᵉ de fevrier 1585.

> Vostre bon amy,
>
> HENRY.

---

[1] On remarque souvent dans cette correspondance les lettres B et V prises indifféremment l'une pour l'autre, d'après la prononciation de nos provinces du sud-ouest. Cette influence de la prononciation sur l'orthographe incertaine d'alors est surtout sensible dans cette lettre, où l'on voit écrit, à quelques lignes de distance, le même nom : *Bergeron* et *Vergeron*.

1585. — 9 FÉVRIER.

Orig. — B. R. Fonds Béthune, Ms. 8824, fol. 96 recto.

A MON COUSIN MONS^R DE MATIGNON,
MARESCHAL DE FRANCE.

Mon Cousin, Je trouve si estrange les impressions qu'on a données aux villes de Dax, Saint-Sevé et autres, qu'outre ce que je vous en ay escrit par Hartré, il fault que je vous renouvelle ma plainte, congnoissant combien cest exemple est dangereux pour le reste des villes de mon gouvernement. Je m'appuye sur mon innocence et sur l'esperance que j'ay de rendre tant de services au Roy mon seigneur, en tout ce que je penseray luy aggreer, qu'il pourra recongnoistre la sinceritè de mes intentions à son tres humble service et au bien de son Estat, et qu'il[1] ne voudra beaucoup de bien à ceux qui artificieusement m'auront voullu esloigner de l'honneur de sa bonne grace. J'ay adverty Sa Majesté de ce que j'ay decouvert, par Ferraut, secretaire de ma femme (auquel elle avoit donné congé); et estant venu jusques icy, je ne l'eusse fait arrester, sans le propos qu'il y a tenu. Je m'asseure que nul ne pourra trouver mauvais qu'en chose qui regarde la conservation de ma personne, et pour esviter les entreprizes que quelques ungs que vous pouvez penser avoient dessignées, j'en aye uzé de la sorte. Je vous en ay voullu donner advis, affin que vous ayez de quoy fermer la bouche à ceulx qui voudroyent calomnier cest affaire. On m'a escrit de la Cour qu'on vous avoit mandé de pourveoir au paiement des garnisons des villes de seureté pour la presente année, et faire delivrer deux mois pour les arrerages de la passée; qui est bien peu. Toutesfois en attendant, je vous prie que cela se puisse recouvrer, affin que les soldatz ne vivent confuzeement sur le plat païs. Je m'achemine dans peu de jours vers Montauban, dont je vous advertiray du moyen qu'il faudra tenir pour la reddition

---

[1] Le texte original porte là *et qui*, ce qui semble une faute provenant de la prononciation, au lieu de *et qu'il*.

de Coumiac[2]. Et sur ce, je prieray Dieu, mon Cousin, vous avoir en sa saincte garde. A Pau, le ixe jour de febvrier 1585.

      Vostre plus affectionné cousin et amy,

        HENRY.

1585. — 22 FÉVRIER.

Orig. — B. R. Fonds Béthune, Ms. 8859, fol. 22 recto.
Copie. — B. R. Suppl. fr. Ms. 1009-4.

A MON COUSIN MONS^R DE MATIGNON,
MARESCHAL DE FRANCE.

Mon Cousin, Ayant sceu comme la volonté et intention du Roy mon seigneur est que les garnisons des villes de seureté soyent payées tant de ce qui leur est deub du passé que pour l'advenir, et d'aultant qu'elles attendent il y a longtemps ce qui leur a esté ordonné, et ce pendant souffrent une grande necessité qu'elles ne peuvent plus supporter, qui pourroit estre cause, s'il ne leur est promptement pourveu, de les exciter à faire chose qui ne sçauroit tourner qu'à la foule du peuple, dont pourroit advenir de grandes plainctes; j'ay advisé de vous envoyer expressement le s^r de la Burthe, mon conseiller et maistre des requestes, pour vous representer encore mieulx ce faict, et vous pryer, comme je fais bien affectueusement, d'y donner ordre promptement, à ce qu'ils puissent toucher ce que Sa Majesté leur a ordonné, ou aultrement y pourveoir, qu'on puisse eviter le mal qui se pourroit ensuivre, à faulte de leur payement, selon et ainsy que le dict de la Burthe vous proposera plus particulierement. Sur lequel me remettant, pour ce regard, je ne vous la feray plus longue que pour vous prier de continuer en l'amitié et bonne volonté, que je m'asseure de vous rendre de plus en plus certain des effects de la mienne; en laquelle je prye Dieu, mon Cou-

---

[2] Voyez ci-dessus, lettre du 2 février 1585, Ire.

sin, vous avoir en sa saincte garde. De Nerac, ce xxije jour de febvrier 1585.

Vostre bien affectionné cousin et entier amy,

HENRY.

Je vous prye de rechef, mon Cousin, de donner ordre au payement des garnisons.

[1585. — 24 FÉVRIER.]

Orig. autographe. — B. R. Fonds Béthune, Ms. 8834, fol. 12 recto.

A MON COUSIN MONSᴿ LE DUC DE MONTMORENCY.

Mon Cousin, Je depesche exprés le sʳ de Serillac[1] vers vous, pour vous faire entendre le desir que j'ay d'avoir ce bien de vous voir, parce que je croy cela estre tres utile, voire necessaire pour le service du Roy, pour repurger et remettre en estat paisible les lisieres des provinces qui sont és confins de nos gouvernemens, et y establir quelque bon ordre et reglement, pour obvier aux inconveniens du passé et pour autres bonnes et importantes considerations. Ce qui est cause de me faire acheminer dés demain à Montauban[2], pour y atendre vostre response, laquelle je vous prye m'envoyer incontinent par ce dict porteur; d'aultant qu'il me faudra estre à la fin de mars en Saintonge[3]. J'avoy pensé que le lieu plus propre pour vous voir estoit Castres[4], où je me rendray aussy tost que vous m'aurés mandé le jour que vous y pourrés treuver. Cependant asseurés vous, mon Cousin,

---

[1] François de Faudoas, seigneur de Sérillac.

[2] Nous voyons dans les comptes manuscrits originaux de la dépense du roi de Navarre (*Journal de la petite écurie*), qu'il alla coucher à Montauban le 26 février; ce qui nous fournit la date précise de cette lettre. Elle fut écrite de Lectoure.

[3] Ce voyage fut différé.

[4] Il arriva le 14 mars, «accompagné, dit Faurin, du prince de Condé et du vicomte de Turenne, ayant couché la nuit precedente à Puilaurens; les consuls lui presenterent les clefs de la ville et le dais, sous lequel il se mit. Il passa par la rue droite et à la place, jusques au logis du receveur Antoine Thomas.»

que vous n'avés au monde un plus asseuré et parfaict amy, ne qui vous porte une plus ferme et inviolable amityé que moy, qui vous prye affectueusement croyre ce que le dit s^r de Serillac vous dira de ma part, comme vous voudriés faire

      Vostre plus affectionné cousin et parfaict amy
        à jamais,

               HENRY.

Je vous prye faire de rechef, mon Cousin, que j'aye bien tost ce bien de vous voir.

[1585. — FÉVRIER[1].]

Orig. autographe. — Collection de M. F. Feuillet de Conches.

AU ROY, MON SOUVERAIN SEIGNEUR.

Monseigneur,

J'ay faict par cy devant entendre à Vostre Majesté[2] comme j'avois esté requis par la court de parlement et subjects de la ville et principaulté d'Orange, conformement à la volonté de mon cousin le comte Maurice, administrateur d'ycelle, par declaration de la derniere volonté de feu mon cousin mons^r le prince d'Orange, de prendre leur protection; comme aussy j'ay adverty Vostre Majesté des droits et pretentions fort clairs et de grande ancienneté que j'ay sur la dicte principauté, que je n'ay voullu, pour beaucoup de considerations, mettre en avant du vivant de feu mon cousin le prince d'Orange, et que, à present, je desire poursuivre où et quant il appartiendra, et Vostre Majesté l'aura agreable. J'ay en outre esperé en cella trouver grace, faveur et support en la bonté de Vostre Majesté; et, pour avoir cest honneur de luy appartenir, qu'il luy plaira me deffendre et sou-

---

[1] Cette date se trouve marquée sur l'original par une main contemporaine.
[2] Voyez la lettre du 24 octobre 1584.

tenir en mon bon droict et justes pretentions, par preference à tout aultre. Ce que de plus en plus j'attends et me promets de Vostre Majesté, laquelle je supplie tres humblement voulloir sur ce donner bonne audience, en ma faveur, à Calinon³, mon conseiller et maistre de requestes, present porteur, et le croyre, de ce qu'il vous dira de ma part, comme moy-mesmes, qui aussy supplie Vostre Majesté croyre que je ne fay rien, en ce faict ne aultre, qui ne soit pour le bien de son service, et que je ne desyre ne puis estre jamais que

Vostre tres humble, tres obeyssant et tres fidele subject et serviteur,

HENRY.

Monseigneur, le sr de Blacons est gouverneur de la dicte principaulté du vivant de feu mon cousin monsr le prince d'Orange, et sur ma responson est reconnu pour tel par le parlement et par les estats d'ycelle. Il est dedans le chasteau, et est subject et serviteur de Vostre Majesté, et a, durant la guerre, maintenu le dict Estat en paix, suivant le commandement que je luy en avois faict, et sans faire aulcun acte d'hostilité. C'est ce qui me faict parler pour luy, et vous supplier d'avoir agreable qu'il y soit continué, et aussy parce que je sçay qu'il est besoin qu'il y demeure pour le service de Vostre Majesté, pour les raisons que Calinon vous dira de la part de ⁴

[Vostre, etc.]

³ Ainsi, pour *Calignon*. M. de Calignon étoit chargé de s'entendre sur cette affaire avec M. de Bellièvre, pour qui le roi de Navarre lui remit une lettre, aujourd'hui conservée dans la bibliothèque impériale de Saint-Pétersbourg, et qui reproduit textuellement le détail des circonstances exposées dans la lettre au Roi.

⁴ Ce post-scriptum a été intercalé après coup dans le large espace blanc séparant la dernière phrase de la lettre, de la formule, *Vostre tres-humble, etc.* qui précède la signature. De la sorte, cette formule sert à la fois de complément à la lettre et au post-scriptum.

[1585. — VERS LE MOIS DE FÉVRIER.] — Ire.

Orig. autographe. — B. R. Fonds des Cinq-cents de Colbert, Ms. 9, fol. 194.

[AU ROY, MON SOUVERAIN SEIGNEUR.]

Monseigneur, Je suis contraint par la raison et par les merites et ancien eage de m[r] du Ferryer, lequel m'est venu trover et servir en estat de chancelier par le commandement esprés de Vostre Majesté, de vous faire une tres humble requeste pour luy : qui est, qu'atendu ses anciens et recommandables services, tant en vos cours de parlemens que autres legations et ambassades, où il a esté employé et a si dignement servy avec honneur et reputation, il vous plaise commander qu'il soit payé de ce qui lui est deu et verifié en vostre chambre des comptes, non pour recompense, mais pour sa depense, entretenement et argent deboursé, estant à Venise; et en outre commander que le payement de sa pension de deux mil livres luy soit continué; dont il avoit toujours esté payé depuis vingt et sept ans, et qui luy a esté par le feu roy François baillée, non pour le regard d'aucun estat ou office qu'il eust, mais pour vostre service, qu'il fist en Italie pour la reconciliation de feue madame de Ferrare avec son fils, laquelle il amena en France. Ce qui m'en fait parler avec plus de sujet, Monseigneur, outre les considerations de ses merites et services et de son vieil eage et qu'il en a esté tousjours payé, jusqu'à ce qu'il est venu auprés de moy, ce qui ne luy devroit nuire, attendu l'honneur que j'ay de vous appartenir de si prés, ne servir d'occasion de le priver des effects de vostre bonté, mais plus tost luy ayder à estre gratifié de Vostre Majesté, de laquelle il a eu commandement pour y venir; et d'autre part il est de telle integrité, qu'il vous faict icy service et n'y voudroit estre autrement. Esperant, Monseigneur, que la tres humble priere que j'en fais à Vostre Majesté pour le dict sieur du Feryer aura quelque poids envers Elle, outre les considerations de ses merites et de son eage, me gardera de vous ennuyer de plus longue lettre, si ce n'est pour prier Dieu, Monseigneur, vouloir longuement et heureusement conserver Vostre Majesté, et pour la supplier de me vouloir tousjours tenir pour

Son tres humble, tres obeissant et tres fidel
sujet et serviteur,

HENRY.

[1585. — VERS LE MOIS DE FÉVRIER.] — IIme.

Orig. autographe. — Biblioth. impér. de Saint-Pétersbourg, Ms. 914, n° 22. Copie transmise par M. Allier, correspondant du ministère de l'Instruction publique.

[A LA ROYNE, MERE DU ROY MON SEIGNEUR.]

Madame, Par ce que vous sçavez les merites du s^r de Ferrier, et les longs et continuels services qu'il a fait à Vos Majestez, il n'est besoing de vous les ramentevoir; seulement vous supplieray tres humblement, Madame, vouloir considerer son aage, et la qualité de sa debte, qui n'est de dons ne recompense, mais de despense faicte, et est tout le reste de sa substance : et d'aultant que c'est chose qui parle de soy mesme, et est assez recommandable, je ne vous ennuieray de plus longue lettre, mais bien vous supplieray, Madame, de me tenir tousjours pour

Vostre trez humble et trez obeissant subject,
fils et serviteur,

HENRY [1].

---

[1] Le roi de Navarre ne se contenta pas de ces deux lettres au Roi et à la reine mère pour recommander la pension de son vieux chancelier, il écrivit encore à M. de Bellièvre une lettre conservée dans le même dépôt que les deux précédentes, et où se trouvent reproduits les termes de la lettre au Roi. L'insistance de sa recommandation était motivée par la défaveur qu'avait dû encourir M. Du Ferrier en abandonnant la religion catholique.

[1585. — VERS LE MOIS DE FÉVRIER.] — IIIme.

Orig. autographe. — Biblioth. impér. de Saint-Pétersbourg, Ms. 914, n° 10. Copie transmise par M. Allier, correspondant du ministère de l'Instruction publique.

[AU ROY, MON SOUVERAYN SEIGNEUR.]

Monseigneur, Depuis qu'il vous a pleu faire mettre en liberté mon cousin de Lodunoys[1], j'ay esté pryé par ma tante, sa mere, de vous faire ceste tres humble requeste, qu'il vous plaise ordonner que les papiers qui le concernent luy soyent rendus, attendu que les promesses qu'on luy avoit faictes n'ont sorty aucun effect : ce que je m'asseure que Vostre Majesté luy octroyera de sa grace et bonté pour estre chose qui semble raisonnable et qui sera pour toujours accroistre la fidele devotion qu'ils ont vouée à Vostre Majesté, et à moy une obligation de la vous temoingner de plus en plus par tous les services que vous doyt

Vostre tres humble et tres obeissant subject et serviteur,

HENRY.

1585. — 3 MARS.

Orig. — Biblioth. impér. de Saint-Pétersbourg, Ms. 913, lettre n° 68. Copie transmise par M. Allier, correspondant du ministère de l'Instruction publique.

[AU ROY, MON SOUVERAIN SEIGNEUR.]

Monseigneur, Il y a quelque temps qu'à la consideration et priere tres humble de mon oncle de Rohan et de ma tante la duchesse de Lodunnois, sa sœur, il vous pleust accorder un estat de conseiller

---

[1] Ce fut le 15 janvier 1585 que ce prince sortit des prisons du Châtelet. Le roi de Navarre, outre cette lettre au Roi, en adressa une autre à la reine mère sur le même sujet et presque dans les mêmes termes. Cette dernière lettre se trouve aussi à Saint-Pétersbourg, dans le manuscrit 914, n° 20. Nous en avons jugé la reproduction inutile.

et mestre des requestes ordinaire à mons' François Viette[1], de l'exercice duquel il a esté discontinué par des considerations que Vostre Majesté pourra entendre. Et d'aultant, Monseigneur, oultre que le dict Viette est personnage tres capable, je l'ay tousjours connu si affectionné aux affaires de mon dict oncle, que je supplie tres humblement Vostre dicte Majesté, que le dict Viette soit remis à l'exercice de son dict estat. Et je participperay à l'obligation de mon dict oncle et tante, pour vous en rendre, Monseigneur, tres humble et perpetuel service, et de pareil cueur que je prie Dieu, Monseigneur, vous conserver, en parfaicte santé, heureuse et longue vie. A Montauban, ce troisiesme jour de mars 1585[2].

     Vostre tres humble et tres obeissant subject
     et serviteur,
       HENRY.

1585. — 12 MARS.

Orig. — Musée britannique, biblioth. Harléïenne, art. 5. Copie transmise par M. l'ambassadeur de France à Londres.

Imprimé. — *Mercure de France*, année 1770, juillet, vol. II, p. 15. *Lettres de Henri IV, etc.* publiées par N. L. P. Paris, 1814, in-12, p. 129; et *Fastes de Henri IV*. Paris, 1815, in-8°, p. 364.

Cop.' — Collection de M. Auguis, membre de la Chambre des Députés.

[A MONS^R DE WALSINGHAM.]

Mons' de Walsingham[1], Je vous ay tousjours tenu en si bonne opinion et estime de vertu et pieté, que mons' de Ségur m'a fait un

---

[1] François Viéte, grand mathématicien, l'un des fondateurs de l'analyse algébrique, était né à Fontenay-le-Comte, en 1540, et mourut en 1603. Il était célèbre par son habileté à déchiffrer les chiffres les plus inextricables des correspondances secrètes. Voyez les *Historiettes* de Tallemant des Réaux, t. Ier, p. 289 de la 1re édition, et t. II, p. 88 de l'édition de 1840.

[2] Une lettre entièrement semblable fut écrite le même jour à la reine mère.

---

[1] François de Walsingham, dont le nom se lie aux principaux événements du règne d'Élisabeth, était d'une noble et ancienne famille de Chiselhurst. Il avait été deux

grand plaisir de me rapporter de vos nouvelles, et de me donner de plus en plus asseurance de vostre bonne affection envers moy. Laquelle j'estimeray d'aultant plus que vous continuerez, comme vous avez tousjours faict par cy-devant, à advancer la Religion et vous employer en tout ce qui touche les gens de bien, et mesme ceulx qui travaillent pour la deffence d'une bonne cause, entre lesquels je tiens l'electeur de Cologne[2] pour l'un des premiers, pour la consequence dont est le faict qu'il soustient; vous priant bien fort, Mons' de Walsingham, apporter tout ce que vous pourrez en cela, et entretenir la Royne vostre maistresse en la continuation des effects de la bonne volonté et assistance qu'elle luy a faict sentir en ceste derniere affliction. Vous tiendrez, ce faisant, la main à un bon œuvre, important à toute la chrestienté. Je vous prye, par mesme moyen, me maintenir en la bonne grace d'une si trez excellente Royne, et la pryer de commander au chevalier de Drac[3], de m'envoyer le recueil et discours de ce qu'il a remarqué en son grand voyage, duquel le dict s' de Segur m'a parlé, et qui m'est fort necessaire pour l'execution d'aulcuns de mes desseins[4]. Vous sçaurez bientost particulierement de mes nou-

fois ambassadeur en France avant de devenir secrétaire d'état, place qu'il remplit avec autant d'habileté que de désintéressement. Il mourut en 1590, après avoir été disgracié. L'étendue de ses connaissances égalait la supériorité de son esprit. Il écrivait en français avec une rare perfection, comme le prouvent ses lettres autographes conservées à la Bibliothèque royale.

[2] Ghebhard Truksess, sur lequel on peut voir la note 2 de la lettre du 18 juillet 1533, IIme. Ses affaires ne se relevèrent point, malgré l'importance que tout le parti protestant voyait à conserver dans son siége et dans ses états un prince évêque qui avait renoncé au célibat. « Chassé de toutes les places qu'il tenoit, dit Mézeray, il se retira à La Haye, en Hollande, où il languit le reste de ses jours dans l'obscurité, esprouvant à loisir qu'une femme sans bien est une chose bien plus incommode qu'un benefice sans femme. »

[3] François Drake, né à Tavistock, dans le Devonshire, en 1545, fut le plus grand marin de son temps, se distingua par la hardiesse de ses voyages et ses exploits contre les Espagnols, fut fait chevalier et vice-amiral par la reine Élisabeth, à qui il procura de grandes richesses, et mourut dans son septième voyage en Amérique, au mois de janvier 1595 (vieux style).

[4] A l'époque où fut écrite cette lettre, Drake avait déjà fait quatre voyages en Amérique; et dans le quatrième, qui dura

velles par l'un des miens que je depescheray vers Sa Majesté; et ce pendant je vous prieray d'aimer tousjours

Vostre entierement bon et affectionné amy,

HENRY.

⁵ Je vous prye, Monsʳ de Walsingham, m'entretenir en la bonne grace de vostre Royne, et croyre que je suis

[Vostre, etc.]

De Montaulban, ce xijᵉ mars 1585.

[1585. — VERS LE 12 MARS.]

Orig. autographe. — Musée britannique. Copie transmise par M. l'ambassadeur de France à Londres.

[A LA ROYNE D'ANGLETERRE.]

Madame,

Ce m'a esté un extresme contentement d'avoir par mʳ de Segur et par les lettres qu'il vous a pleu m'escrire, cognu tant d'assurance de vostre bonne volonté et affection envers moy, dont je vous ressens avoir telle obligation, que vous pouvez vous asseurer, Madame, de ma perpetuelle servitude. Et ce contentement m'a esté redoublé par les nouvelles qu'il m'a rapportées du bon estat de vos affaires et mesmes de vostre santé et personne, de laquelle despend, non seulement la bonne disposition de vostre royaume, mais celle mesmes de plusieurs estats voisins, et de la pluspart des gens de bien de la chrestienté; esperant que Dieu, qui vous a fait naistre et regner en ces

---

du 13 décembre 1577 au 5 novembre 1580, il avait fait le tour du globe. C'est une relation de ce voyage que demande ici le roi de Navarre à Walsingham. Les desseins auxquels il rapporte cette demande s'appliquaient sans doute au rétablissement de la colonie française orga-nisée, dans les Florides, par les soins de l'amiral de Coligny et formée par des protestants, mais que la déloyauté du chevalier de Villegagnon et la puissance des Espagnols avaient renversée.

⁵ Ajouté de la main du roi, comme à la page 11.

miserables temps, pour la consolation de tant de desolations, vous conservera et fera prosperer de plus en plus, nonobstant toutes les menées, pratiques et entreprinses de nos ennemys, contre lesquels j'estimerois ma vie plus heureuse, quand elle sera employée pour vostre service et honnorée de vos commandemens, n'estoit que je ne puis recevoir cest heur que par vostre mal-heur, duquel je prye Dieu vous preserver et vostre estat, comme il a fait jusqu'à present. Mais aussi est-il temps, Madame, que vous que Dieu a logée en un port asseuré, pour adresser ceux que la tempeste agite en pleine mer, vous ressouveniez que, comme il vous a donné la paix pour le secours des oppressés, aussy ceste oppression seroit un preparatif des troubles de vostre Estat, si par vostre prudence il n'y estoit remedié. Quelle gloire, au reste, ce nous sera d'avoir rompu les desseings de ceux qui se rendent formidables à toute la chrestienté, et qui s'en sont tellement proposé la ruyne, qu'ils pensent n'en estre pas loin! Desjà vous avez fait cognoistre vostre vertu et grandeur, en la bonté dont vous avez usé envers nos voisins, et particulierement vers l'electeur de Cologne, qui a entrepris une cause tres importante à toute la chrestienté, et en laquelle il merite d'estre secouru.

Je vous supplie, Madame, de continuer en cela et parachever un si bon œuvre, et digne d'une si tres excellente Royne, laquelle ne peut estre liberale de secours en cest endroict, qu'elle n'oblige à soy tous ceux qui aiment le bien et qui ont ressentiment de la vraye religion et pieté, oultre ce que par ce moyen vous occuperez et tiendrez au loin nos ennemys; ce que je vouldrois avoir moyen, Madame, pour le comble de mes desirs, de vous pouvoir representer de bouche, et, par mesme moyen, vous baiser les mains pour vous remercier de tant de bonne volonté qu'il vous plaist me demonstrer, et voir de mes yeux la princesse du monde que plus j'honore, aime, estime et admire par dessus toutes. Cependant j'en porteray la memoire engravée dans mon ame, et n'auray rien plus au cœur en toutes mes actions que de me rendre digne de vostre bonne grace, que je tiens si chere et precieuse, que je ne desire rien tant que d'y estre entretenu pour jamais; ne voulant obmettre à vous dire, Madame, que tout ainsy que je ne vous peux procurer un plus propre interprete de mes affections que le dict sieur de Segur, ainsy ne pouvez-vous choisir personne, mesme entre vos subjects, plus affectionné à prescher vos vertus. Il n'y a que une chose en quoy je me pourrois plaindre de vous, Madame, quelque assurance que vous me donnez de sa fidelité : c'est que j'ay occasion, par ses propos, de croire qu'il a esté gaigné et corrompu par l'honneur et la faveur qu'il à receue de vous; dont toutesfois je ne suis deliberé d'entrer en jalousie, d'aultant que mon intention est que vous croyés que le maistre estant vostre, tous mes serviteurs soyent pareillement à vous, et desdiés à vostre service. Et parce que j'espere depescher bien tost l'un des miens vers vous, je ne vous ennuieray de plus longue lettre, laquelle je ne puis finir, pensant parler à vous mesmes : et vous supplieray, Madame, de croire qu'il n'y a personne au monde dont vous puissiez faire plus d'estat que de

Vostre tres humble et tres obeissant
serviteur et frere,

HENRY.

[1585. — VERS LA MI-MARS.]

Orig. autographe. — Biblioth. de l'Arsenal. Recueil d'autographes.

AU ROY, MON SOUVERAIN SEIGNEUR.

Monseigneur,

Voyant les pratiques et sollicitations des auteurs des ligues continuer et s'eschauffer plus que auparavant en ce gouvernement, j'ay pensé que je feroy faulte à mon devoyr et au bien de vostre service, si je n'en donnois bien particulierement avys à Vostre Majesté; c'est pourquoy j'ay depesché presentement le s^r baron de Salignac, bien instruict de tout ce qui se passe par deçà et que je connoy importer à Vostre Majesté. Sur lequel, à ceste cause, me remettant et vous supplyant tres humblement de le croire comme moy-mesmes, je vous diray seulement, Monseigneur, que j'ay connu que leurs moyens seront beaucoup plus foibles que leur attente, lorsque tous vos bons et fidelles serviteurs s'employeront et feront leur devoir pour vous faire rendre l'obeyssance qui vous est deue. De ma part, je supplye Vostre Majesté croire que je n'ay aultre desir que de luy tesmoigner l'affection et fidelité que j'ay à son service, aux despens de ma vye et de tous mes moyens, quand Elle connoistra que je seray bon pour luy en faire, et qu'Elle voudra honorer de ses commandemens

    Son tres humble, tres obeyssant et tres fidele
    subject et serviteur,

        HENRY.

[1585. — VERS LE 25 MARS.]

Orig. autographe. — B. R. Fonds des Cinq-cents de Colbert, Ms. 401.

A MONS^R DE SEGUR.

Monsr de Segur, Je suys venu en ce lieu[1], où mon cousin, mons^r de Montmorency, m'est venu trouver, pour conferer ensemble de ce qu'il est besoing de faire sur ceste publication d'un nouveau et cruel edict revocatif de celuy de pacification, en quoy tous les gens de bien, bons François et les alliés de ceste couronne, ont notable interest, parce que ceulx qui, sous le nom de Ligue, se sont eslevés en armes, et sont auteurs de ceste innovation, pour avoir forcé le Roy de leur accorder leurs injustes demandes, ont par ce moyen troublé la paix et repos commun, et retenu leurs armes illegitimes en leurs mains pour ruiner tant la maison de France que l'Estat, et les lois fondamentales d'iceluy, soubs pretexte de religion. Ce qui est cause que

---

[1] A Castres. Voyez la premiere note de la lettre suivante.

mon dict cousin et moy avons prins ensemble une resolution de nous opposer à eux et de leur courir sus et exterminer, ou les reduire par la voye des armes, et, pour ce faire, appeler à nostre secours tous les princes chrestiens qui sont interessez en nostre cause contre une telle conspiration et ligue generale; estant le dict edict une declaration de guerre ouvertement contre tous ceulx qui font profession de la Religion, et couverte contre l'Estat et maison de France; et la fin de noz maulx et ruine estant le commencement des leurs, de celle desdicts princes chrestiens; ce que vous leur representerez et ferez particulierement entendre, et partout ailleurs où besoing sera, et nommement à monsieur mon cousin le duc Casimir : à ce qu'ils soient tous trez asseurés de ce que dessus; vous priant, Monsr de Segur, de traicter, capituler et conclure en toute diligence, suivant vostre pouvoir, si desjà ne l'avez faict, et faire la plus grande levée de Riestres et gens de guerre que faire se pourra, afin de mettre, à ce coup, fin à noz travaux et à la perfidie de noz ennemis, et en cela n'obmettre rien de tout ce que vous cognoistrez y pouvoir servir, et ne perdre une seule heure, parce que vous sçavez combien la celerité y est requise, sans que, pour quelque bruict ou nouvelles que vous entendiez, vous attendiez de nous aultre deliberation ne resolution que la presente. Sur ce, je vous prieray de vous asseurer de plus en plus de l'amitié de

    Vostre bien affectionné maistre et parfaict amy,

         HENRY.

[1585. — FIN DE MARS.] — Ire.

Cop. — Biblioth. de Tours, ancien manuscrit des Carmes, coté M, n° 50, *Lettres historiques,* p. 264.
Communiqué par M. le préfet.

A MESS^rs DE LA COURT DE PARLEMENT DE TOLOSE.

Messrs, Vous ne m'eussiez sceu faire plus grand plaisir que de m'advertir des rapports qu'on vous a faicts contre moy [1], avant que d'en juger sinistrement, vous ayant cy devant prié de n'ajouster foy aux bruicts qu'on faisoit courir, que j'avois resolu de prendre les armes. Aussy desirois-je bien vous esclaircir de l'umbrage que l'on cuide donner aux villes catholiques, par mes actions, et les vous rendre si sinceres que l'on cognoisse que tels rapports ne procedent que des ennemys du Roy, qui, par cest artifice et mensonge, taschent à me priver de ses commandemens et de la creance de ses fideles serviteurs et subjects; car il ne se trouvera veritable que j'ay depesché une seule commission pour faire levée, ni de gens de pied, ni de gens de cheval (si quelqu'un se vante d'en avoir, c'est faulsement); moings encores que je me veuille saisir d'aulcune ville, les ayant adverty toutes de se tenir sur leurs gardes; et avez à veiller que ce ne soient personnes qui ayent desseing, ou de vous mettre en déffiance, ou de vous troubler. Je vay moy-mesme avec mon train ordinaire sans aul-

---

[1] Le premier président Duranti et une notable partie de la compagnie se montraient fort zélés pour la Ligue, dans l'intérêt de laquelle ils ne cessaient de surveiller les démarches du roi de Navarre et du duc de Montmorency. Ces deux personnages s'étant réunis à Castres, au milieu de ce mois de mars, se donnèrent publiquement l'un à l'autre toutes sortes de marques de confiance et de considération. Le lendemain de l'arrivée de Montmorency, le roi de Navarre allant au prêche en cérémonie, « le duc l'y accompagna, dit dom Vaissète, et après que le roi eut pris sa place, il fit la révérence à ce prince, se retira par la petite porte de derrière, et dit en sortant que le temple étoit beau, *et que le premier président de Toulouse ne seroit pas longtemps sans sçavoir qu'il y avoit été.* Il revint à la fin du prêche prendre le roi pour l'accompagner chez lui..» (*Hist. génér. de Languedoc*, l. XL.) Après cette entrevue, qui dura huit jours, le roi de Navarre revint à Montauban, le 27 mars, et y resta jusqu'à la fin de ce mois, comme le constatent les comptes originaux de sa dépense.

cune forme ni apparence de guerre; et pour ne mettre personne en alarme, je laisse couler des choses, presque devant mes yeux, qui sont tolerées et que l'on cognoist evidemment estre en faveur des liguez, pour ne rien esmouvoir. Je n'ay eu aulcun advis certain de la prinse de Solomiac[2]. Si elle est, ce n'est par mon commandement; le lieu est mien neantmoings, et y ay le plus d'interest. Je n'ay rien tant à cœur, Messrs, que la conservation de cest Estat, comme celuy à qui, aprés le Roy, touche le plus. Je desire le repos et tranquillité du Royaume, et consequemment favoriser les villes qui s'y veulent maintenir. Ainsi me semble qu'il n'y a pas raison de soupçonner de moy une chose que je ne doibs pas faire; mais bien vous diray-je que pendant que vous vous jetez au loin à rechercher le mal que je ne fay pas, j'ay peur que vous ne laissiez naistre et fomenter entre vous celuy que l'on doibt craindre, auquel, combien qu'il soit paré du pretexte de la religion catholique, vous debvez prevenir, pour le lieu que vous tenez, et travailler plustost à l'affoiblir (estant directement contre l'Estat), que vous arrester aux faulx bruicts qui les fortifient. Que l'on voie mes depesches, il ne s'en trouvera une seule qui ne soit selon les commandemens du Roy. J'ay bien ordonné quelque crue de soldats pour la garde de mes maisons et à mes despens. Je n'ay poinct doubté qu'il ne me fust licite pour la seureté d'icelles, et que chascun pouvoit faire de mesme; mais ç'a esté sans commission et sans tambour : au contraire à la requisition des catholiques mesmes. Aussy vostre depputé ne m'a sceu particulariser aulcune chose qui ayt causé un si grand bruict; et pour ce, vous prieray de croire, Messrs, que mon but ne tend à aulcune entreprise, ains seulement à rendre tres fidelement au Roy le service et l'obeïssance que je doibs, et d'employer la vie et les moyens que Dieu m'a donnez, à l'execution de ses commandemens. Si par vos bons advis et conseils je puis apporter quelque chose au bien de cest Estat, vous me trouverez toujours tres disposé à les recevoir, comme je vous remercie trez affectueusement

---

[2] Ce lieu faisait autrefois partie du petit pays de Rivière-Verdun; c'est aujourd'hui une commune du département du Gers.

de cestuy-cy; et vous prie, Messrs, de m'advertir aux occasions, sans toutesfois adjouster foy à ces umbrageux, qui ne tendent qu'à obscurcir mes actions ou s'opposer au soleil mesme, comme il est croyable qu'en une compaignie si celebre, plusieurs clairs-voyans le peuvent apercevoir. Je vous en auray beaucoup d'obligation, et me trouverez tousjours trez disposé à seconder par vrais et apparens effects vos bonnes et sainctes intentions, et à vous rendre en general et en particulier tout le plaisir qu'il me sera possible : priant, en ceste verité, le Createur vous avoir,

Messrs, en sa trez saincte et digne garde. De Montaulban, le, etc.

Vostre bien affectionné et plus asseuré amy,

HENRY.

[1585. — FIN DE MARS.] — IIme.

Imprimé. — *Suite des Lettres et Mémoires de messire Philippes de Mornay,* Supplément, p. 28. Amsterdam, 1651, in-4°.

[A MONS^R DE CHASSINCOURT.]

Monsr de Chassincourt, Je suis en grand'peine de n'avoir aulcune nouvelle de vous, depuis le s^r de Buzanval; car les allarmes croissent et les effects s'en voyent en divers lieux, et ce pendant je demeure suspendu, ne recevant poinct commandement de Sa Majesté de ce que j'ay à faire. Et pouvés penser quel desplaisir ce me peut estre de voir passer tous les jours devant mes yeulx des choses contre son service, que je pourrois fort aisement rompre, et auxquelles je suis contraint de conniver, faute d'estre instruict de son intention, comme il le m'avoit faict esperer. D'ailleurs j'ay un aultre grief qui ne me presse gueres moins : c'est qu'il y en a qui prennent plaisir à tenir les villes et la Noblesse en defiance de moy, par tous les artifices qu'ils y peuvent employer; et d'autant plus qu'ils les voyent enclins à s'approcher de moy, pour l'asseurance qu'ils ont et doivent raisonnablement avoir qu'en ce remuëment nul ne doibt estre plus affectionné au service de Sa Majesté que moy, qui de nature ne puis estre autre. Je voy clairement à quelle fin cela se fait, et le porterois plus patiemment s'il se faisoit sans prejudice du service de Sa Majesté. Mais au contraire le mal croist, et les ennemis se jouent à leur plaisir; et tout, faulte de s'y opposer. Il se leve plusieurs compagnies, par commission et authorité de mons^r le mareschal de Matignon, en mon gouvernement. J'en oy aussi peu parler que si je n'estois point gouverneur; et en somme n'ay de sa part aucune communication des affaires de la Guyenne. Sy m'osé-je promettre que je ne serois inutile au service de Sa Majesté en ces pays; et tout le regret que j'en ay, c'est que je voy perir les occasions qui se pouvoyent mettre à profict, et advenir les inconveniens qu'il estoit facile d'eviter. Ceulx de la Ligue qui voyent cela s'en accouragent, prennent de là argument de conforter leurs adherens, leur faisant croire que c'est une farce qui se joue, dont tous les desseins retomberont enfin sur ceux de la Religion; et les choses passées donnent couleur à ceste invention. Ceux de la Religion, d'aultre part, quelque chose qu'on leur puisse dire, quand ils considerent qu'en un tel besoin je suis oublié et laissé derriere, et que je demeure comme eux, par consequent despouillé pendant que chascun s'arme, au lieu de quitter la defiance, la reprennent, qu'en ce temps toutesfois il seroit necessaire de leur arracher par tous moyens. Parmy tout cela, les perturbateurs font leur affaires, qui aultrement se trouveroyent si foibles et si abandonnés en ces quartiers, qu'ils n'auroyent de quoy fournir leurs places; et ne faudroit que les prevosts des mareschaulx pour les chasser. Faites entendre cela au Roy, car il luy importe : et luy dites que je porte impatiemment de voir à veuë d'œil empirer ses affaires, qui en un moment se pourroyent amender. Et ramentevés luy, Monsr de Chassincourt, que sa personne ne peut estre plus fidelement desfenduë que par son sang propre, ny son Estat que par ceux qui ne peuvent estre conservés qu'en le conservant. Je ne sçay si en ceste necessité je me dois plaindre que, sur l'estat qui a esté envoyé aux tresoriers generaux de Guyenne, je me trouve des derniers pour ma pension, et, pour le regard de la composition de Perigueux, presque tout le dernier. Tellement que je me voy hors d'espoir d'en toucher un denier ceste année. Remonstrés-le à Sa Majesté, mais selon vostre discretion; car je ne veux pas que mes plaintes particulieres obscurcissent les publiques. Et au reste mandés-moy, tout au plus tost que pourrés, de vos nouvelles. Ceste servira pour mons' de Clervant et pour vous. Je ne luy escris point, par ce que je l'estime absent.

Mons' le mareschal de Matignon m'a faict dire par quelques uns de mes serviteurs, et diverses fois, que tous ces remuëmens pourroyent bien enfin retomber sur moy, et que j'avois à y penser. Dites-le à mons' de Believre, et prenés advis de luy, si vous le devés dire au Roy mon seigneur, car cela me semble importer. Mais ne faites en cest article que ce qu'il trouvera bon.......

[HENRY.]

[1585. — VERS LE COMMENCEMENT D'AVRIL.]

Cop. — B. R. Suppl. fr. Ms. 1009-4. (Extr. du cabinet de Joly de Fleury, procureur général, par l'abbé de l'Écluse.)

[A MON COUSIN MONS^R LE MARESCHAL DE MATIGNON.]

Mon Cousin, Avec la commodité qui se presente du s' de Combes, present porteur, estant venu en ceste ville pour ses affaires, j'ay bien voulu par luy vous faire entendre ce que j'eusse plus tost faict par aultre voye, sans ma maladie : c'est l'entiere affection et desvotion que j'ay au bien des affaires et service du Roy, et à tout ce qui appartient à la conservation de sa grandeur et dignité et d'y employer ma vie et tout ce qui est en mon pouvoir contre le reste de ses ennemys et de son Estat, qui ont les armes en mains contre luy[1], si tant est qu'il luy plaise à m'honorer de ses commandemens et en cela se

---

[1] Les princes lorrains avaient jeté le masque : Verdun, Toul, Châlons, Mézières, Angers, Orléans, Dijon, tombèrent presque en même temps aux mains de la Ligue.

servir de moy; ne voulant en ceste occasion desfaillir en mon fidele devoir à l'endroict de Sa Majesté, vers laquelle j'avois desjà despesché pour le mesme effect, jà çoit que en semblables occasions qui se sont presentées depuis trois ou quatre ans, Sa Majesté n'a trouvé bon de voir ni de ouïr ceulx que j'ay envoyez devers elle, le tout par l'artifice de ses ennemis. J'ay craint aussi d'incommoder ses affaires, ce qui me fait m'adresser à vous, mon Cousin, tant pour estre de ses plus fideles serviteurs et des principaulx officiers de sa couronne, que pour la confiance que j'ay de vostre bonne volonté envers moy, afin de faire entendre à Sa Majesté ma droicte intention et l'offre trez humble que je luy fais. Sy vous verrez ce qui est à propos, pour la façon comme je me doibs gouverner, comme aussy pour adviser si en ce nouveau mouvement que j'ay entendu estre actuellement à Bordeaux[2], j'ay quelque moyen de vous ayder pour le service de Sa Majesté, pour lequel et pour le bien de l'Estat, il vous fault estre vray, ainsi que le dict sieur de Combes vous dira plus particulierement: lequel je vous prie de croire de ce qu'il vous dira de ma part, et faire tousjours trez certain estat

De vostre trez affectionné cousin et trez bon amy,

HENRY.

[2] Les ligueurs avaient pratiqué assez d'intelligences dans cette ville importante où résidait alors le maréchal, pour y opérer un commencement de soulèvement; on élevait déjà des barricades, et M. de Vaillac, gouverneur du château Trompette, avait promis de livrer ce fort au duc de Guise. Matignon, par sa présence d'esprit et son adresse, déjoua toutes ces menées séditieuses. Il apaisa les troubles de la ville, et fit arrêter Vaillac, qu'il obligea de lui rendre le château Trompette pour le conserver au Roi. Henri III en remercia le maréchal par une lettre en date du 3 mai suivant. Quant à cette lettre du roi de Navarre, nous l'avons datée du commencement d'avril, parce que lui-même en parle dans celle qu'il écrivit aux magistrats de Bordeaux, le 3 du même mois, et qui est imprimée ci-après, p. 29.

1585. — 1er AVRIL.

Orig. — Biblioth. impér. de Saint-Pétersbourg, Ms. 913, lettre n° 69. Copie transmise par M. Allier, correspondant du ministère de l'Instruction publique.

AU ROY, MON SOUVERAIN SEIGNEUR.

Monseigneur, Sur les advis que j'avois eu des menées et pratiques que aulcuns faisoient contre vostre service, en quoy ils s'aidoient de Ferrau, je le fis mener en Bearn, où j'estois, pour essayer à en tirer et descouvrir la verité. Ce que j'ay essayé de faire, non pas en luy faisant son procés, mais le faisant interroger par aulcuns des miens. En quoy, Monseigneur, je n'ay jamais pensé entreprendre en aulcune sorte sur vostre auctorité, pour laquelle j'employeray tousjours ma vye et toutz mes moyens; et est un faict qui est de si petite consequence, qu'il ne merite que Vostre Majesté y pense ne s'en donne peine en ce temps. Je suis tout prest de le faire renvoyer en l'une de mes maisons pour en faire ce qu'il plaira à Vostre Majesté me commander, ne desirant sinon luy rendre obeissance en toutes choses suivant mon devoir. Il estoit comme mon domestique, estant à ma femme. C'est pourquoy je ne fis beaucoup de difficultés de le faire amener vers moy en Bearn, n'estimant point que pour cela Vostre Majesté en fust entrée en aulcun mescontentement, ainsy que j'ay faict plus particulierement entendre au sieur president Brulart, et le desplaisir que j'aurois de faire chose qui fust desagreable à Vostre Majesté. Sur lequel, à cette cause, me remectant et suppliant Vostre Majesté me continuer l'honneur de vostre bonne grace, je supplieray aussi Nostre Seigneur la vouloir,

Monseigneur, conserver longuement et tres heureusement en parfaicte santé. A Montauban, ce premier d'avril 1585.

Vostre tres humble et tres obeissant sujet
et serviteur,

HENRY.

1585. — 3 AVRIL.

Orig. — Arch. municip. de Bordeaux. Copie transmise par M. le secrétaire général de la ville.

A MESS^{rs} LES MAIRE ET JURATZ DE LA VILLE DE BOURDEAULX.

Messrs, Je vous ay desjà adverty par le s^r de Lezignan des advis que j'avoys de toutes partz de ces nouveaulx evenemens et des commandemens que j'avoys du Roy. Maintenant nous voyons le mal continuer, et les autheurs sur le poinct d'executer plusieurs entreprinses, desquelles j'ay mandé les particularitez à mon cousin, mons^r le mareschal de Matignon[1], et commandé au s^r de Lambert, present porteur, vous dire de ma part. J'attens nouvelles de Sa Majesté et ce qui luy plaira estre faict, dont je vous donneray incontinent advis; vous asseurant que j'apporteray la vye et les moyens que Dieu m'a donnez pour le bien de son Estat et de son service. Ce pendant je vous prie veiller à vostre conservation, et me tenir adverty de ce que jugerez en estre digne, mesme de ce qui vous touche en general et en particulier, pour m'y employer avec aultant d'affection que vous sçaurez desirer, ainsy que vous dira ce dict porteur : sur lequel nous remettant, prions Dieu vous avoyr, Messrs, en sa saincte et digne garde. Escript à Lectoure, le iij^e jour d'avril 1585.

Vostre bien bon amy,

HENRY.

[1] Il s'agit très-probablement des détails que le sieur de Combes, porteur de la lettre adressée au maréchal, était chargé de lui donner de vive voix.

1585. — 4 AVRIL. — Ire.

Orig. — Arch. de M. le comte H. C. de Meslon. Envoi de M. le secrétaire général du département de la Gironde.

AU S^R DE MELON.

Mellon, Vous voyez comme les effectz suyvent les bruictz qui ont couru, et que noz ennemys s'apprestent à nous faire du mal. Je vous prie, ne faillez d'advertir tous les nostres, qui sont és environs vostre quartier, qu'ilz se retirent dans les villes qui tiennent pour nous; et regardez d'empescher que nos soldatz ne prennent party avec les aultres. Advertissez moy souvent de tout ce qu'aprendrez. Et à tant prieray Dieu vous avoyr en sa saincte garde. Escript à Nerac, ce iiij^e avril 1585.

Vostre bon maistre,

HENRY.

1585. — 4 AVRIL. — IIme.

Orig. — Arch. de M. le baron de Scorbiac, à Montauban. Copie transmise par M. Gustave de Clausade, correspondant du ministère de l'Instruction publique.

A MONS^R DE SCORBIAC,

CONSEILLER DU ROY MON SEIGNEUR, EN SA COUR DE PARLEMENT DE THOLOUZE ET CHAMBRE DE LA JUSTICE ESTABLYE EN LANGUEDOC.

Monsr de Scorbiac, L'affection que je sçay que vous portez non seulement à ce qui vous est recommandé de ma part, mais à ce qui est de la justice, faict que je vous escris la presente pour vous pryer de favoriser, pour l'amour de moy, le s^r de Peyrecave au procez qu'il a pendant pardevant vous contre le s^r de Montcaut, lequel je sçay estre porté par les catholiques. Faictes luy donc paroistre l'affection que je me prometz de vous, en bonne et briefve justice, et je recongnoistray le plaisir qu'il aura receu de vous, en aultre endroict, d'aussy bon cueur que je prie Dieu vous avoir, Mons.r de Scorbiac, en sa saincte garde. De Leytoure, le iiij.e d'avril 1585.

Vostre bien bon amy,
HENRY.

[1585. — VERS LE 5 AVRIL.] — I.re

Cop. — B. R. Suppl. fr. Ms. 1009-3.

Imprimé. — *Mémoires de messire Philippes de Mornay*, etc. t. I, p. 411, éd. de 1624, in-4°.

[A LA ROYNE D'ANGLETERRE.]

[1] Madame, Je croy que vous aurez esté advertie des grands remuëmens qui se sont faicts en ce royaume, depuis quelque temps, par ceulx de la maison de Guise et de leurs adherens; desquels je n'estime estre besoin de vous escrire les particularités, parce que vous les aurés sceües de plus prés. Leurs pretextes sont : qu'il n'y ait plus aultre religion en ce royaume que la Romaine; que le Roy mon seigneur, pour l'asseurance d'icelle aprés sa mort, nomme et declare un successeur catholique romain; et y entremeslent quelques aultres articles, pour gratifier le peuple, concernans la reformation de l'Estat. En ceste tragœdie ils se servent du nom et de l'authorité de monsieur le cardinal de Bourbon, mon oncle [2], duquel ils ont abusé la vieillesse, et le font qualifier premier prince du sang [3] et presomptif heritier de ceste

---

[1] « Faite par M. Duplessis. » (*Mém. de Mornay.*)

[2] Mézeray dit du duc de Guise : « Parce qu'il n'avoit aucun droit de luy-même de se mesler des affaires du royaume, il crut qu'il estoit à propos de se servir de Charles, cardinal de Bourbon. Pour cela, il l'entesta de ceste opinion, qu'il estoit l'heritier presomptif du royaume, comme estant plus proche d'un degré que le roy de Navarre son neveu, la representation, disoit-il, n'ayant point lieu en ligne transversale. Tellement que ce bon homme haïssoit son neveu comme son rival, et aimoit le duc de Guise comme un puissant amy, qui luy aidoit à faire valoir son droit. » (*Abrégé chronol.*)

[3] « Nous, Charles de Bourbon, premier prince du sang, » tel est le titre que prend ce cardinal dans sa fameuse déclaration donnée à Péronne le dernier jour de mars 1585. Ce fut le premier manifeste bien authentique de la Ligue, dont les déclarations précédentes, dépourvues de signatures, n'avaient pas produit tout l'effet qu'en attendaient les Guises.

couronne, en quoy j'ay l'interest que Vostre Majesté peut assés juger. En l'aage où il est, et où est le Roy mon seigneur[1], vous considererés, Madame, quelle apparence il y devoit avoir pour luy de penser à la succession. Mais j'espere que Dieu conservera longuement le Roy mon dict seigneur, pour aneantir leurs entreprises et survivre leurs pretentions. Le pis est, Madame, que le roy d'Espagne, qui de longtemps s'est imaginé la monarchie de la Chrestienté, est autheur et chef de ceste conspiration ; ce qui nous doibt estre tout manifeste par le secours d'hommes qu'il leur envoie, par les grandes sommes qu'ils ont distribuées en diverses parts en monnoye d'Espagne, qui ne peuvent sortir de leurs moïens, et par le departement des charges de l'armée qu'ils pretendent mettre aux champs, en laquelle chascun des plus grands a beaucoup moindre chargé qu'il n'eust voulu pretendre en une armée roïale en France. Vostre Majesté donc, selon sa prudence, peut juger à quoy tend ce remuëment, et si ce n'est pas un effect de la ligue generale que le Pape a pratiquée entre les princes et potentats qui luy adherent, de laquelle le roy d'Espagne soit le chef, s'estans le Pape et luy accordés ensemble pour s'aider l'un l'aultre ; le Pape, pour parvenir au recouvrement de son authorité entre tous les Estats Chrestiens, par le moïen du roy d'Espagne ; le roy d'Espagne, pour atteindre au sommet de la grandeur qu'il s'est promise, aux despens de ses voisins, sous ombre de restablir le Pape et remettre l'E-

---

[1] Le Roi avait trente-trois ans et le cardinal de Bourbon était dans sa soixante-deuxième année. Au reste, il y avait longtemps que Henri III s'apercevait du rôle qu'on voulait faire jouer au cardinal. On peut voir dans le journal de l'Estoile, au 1ᵉʳ septembre 1584, avec quelle finesse il le railla de ces prétentions, sur lesquelles il l'interrogea. Le prélat, après beaucoup d'hésitations, de protestations et d'excuses, forcé enfin de répondre : « Sire (luy va-il dire), puisque vous le voulés et me le commandés, encores que cest accident ne soit jamais tumbé en ma pensée, pour me sembler eslongné du discours de la raison, toutefois si le malheur nous en vouloit tant que cela advinst, je ne vous mentiray point, Sire, que je pense qu'il m'appartiendroit et non pas à mon nepveu, et serois fort resolu de ne luy pas quitter. » Lors le Roy se prenant à soubsrire et luy frappant sur l'espaule, « Mon bon amy, dit-il, le Chastelet vous le donneroit, mais la Cour vous l'osteroit ; » et à l'instant s'en alla, se moquant de luy. »

glise Romaine en son entier. J'espere, Madame, que le Roy mon seigneur sçaura bien considerer leurs intentions, et jusques où elles vont, pour y apporter les remedes convenables, tels qu'à la verité ils sont en sa main, quand il les voudra desployer. Cependant, parce qu'en ceste conspiration, pour abuser du zele qu'il a à sa religion et, par ce moien, le rendre moins animé contre eux, et destourner, s'ils peuvent, tout l'orage contre moy, ils m'ont voulu prendre pour pretexte de leurs armes et pour subject de leurs desseins, vous pouvés juger, Madame, si j'ay à regarder à mes affaires, ne pouvans iceux s'agrandir qu'à mes despens, ni parvenir à leur but que par dessus mes ruines. En ce besoing doncques, Madame, j'ay recours à Vostre Majesté, de laquelle j'ay receu tant de demonstrations d'amitié et de bonne volonté en mon endroict, que je me promets sans doubte d'en toucher les effects, si les affaires sont amenées au point que plusieurs choses passées nous donnent occasion de craindre. Je sçay, Madame, que la conservation de la vraye Religion, qu'il nous fault laisser à nostre posterité, vous touche vifvement au cœur. Je sçay que l'accroissement du roy d'Espagne, et l'authorité de ceux qu'il employe à troubler le Roïaume, ne vous peut estre que tres suspecte; et je m'ose confier, Madame, que quand ces considerations cesseroient, encor ne voudriés-vous pas voir ny la ruine ny la diminution d'un prince tant dedié à vostre service que je suis, et qui desire, en partie, me conserver et maintenir pour vous en faire. Au reste, Madame, je vous diray que je ne fus jamais plus resolu de m'opposer aux pernicieuses intentions de ceux qui veulent troubler nostre repos, que je suis à present, et n'y veis, graces à Dieu, jamais les gens de bien plus affectionnés de m'y aider et seconder. Tellement que j'ay de quoy esperer, avec l'aide de Dieu, qu'ils ne se trouveront jamais plus empeschés ni plus reculés de leurs desseings. La faveur de Vostre Majesté, survenant à toutes ces bonnes volontés, parferoit le surplus. Et parce que j'espere depescher plus amplement à Vostre Majesté, je me contenteray pour ceste heure de vous baiser tres humblement les mains, etc.

[HENRY.]

[1585. — VERS LE 5 AVRIL.] — IIme.

Cop. — B. R. Suppl. fr. Ms. 1009-3.
Imprimé. — *Mémoires de messire Philippes de Mornay, seigneur du Plessis Marli, etc.* t. 1, p. 421, édition de 1624, in-4°.

AU ROY D'ESCOSSE.

[1] Monsieur mon frere, Vous aurés sceu les grands remuëmens qui se font en ce Royaume. Ils protestent ouvertement que c'est contre moy et contre la religion dont nous faisons profession, de laquelle ils ont conjuré la ruine. Par là voyés-vous que ce sont effects de la ligue generalle du Pape et de quelques princes et estats qui lui adherent, qui commencent par nous, pour achever, si Dieu le leur vouloit permettre, sur tout le reste. J'espere que Dieu nous fera la grace de nous en bien deffendre, et qu'en ceste commune cause nous serons secouru de ceux qui y ont interest, et particulierement de vous, en ce que nos affaires, pour la distance des lieux, peuvent s'entrayder. Mais surtout, Monsieur mon frere, je vous prie que nous advisions tous de nous unir estroittement ensemble, et que nous monstrions au moins autant de concorde et de liaison à nostre conservation, qu'ils en apportent à nostre ruine; mesmes, veu la profession que nous faisons d'une plus vraye et plus sincere religion que la leur. Je desire surtout de vous voir parfaictement uny avec la royne d'Angleterre, pour le bien commun des deux Estats; et me resjouy en mon cœur, quand j'entends que les choses en sont en bon train. Nous sommes en un temps qu'il fault ceder les petites considerations aux grandes, et les particulieres aux publiques[2], et nos interests à la gloire de Dieu, par lequel nous regnons, et à la conservation de son Eglise, pour laquelle il nous a mis le glaive en main. Au reste, Monsieur mon frere, je vous prie de faire un entier estat de moy et de tout ce qui en peut dependre : et, remettant le surplus sur le sieur de***, je finiray,

---

[1] « Faitte par M. du Plessis. » (*Mém. de Mornay.*)

[2] Fâcheuse allusion à la captivité de Marie Stuart.

Monsieur mon frere, en priant Dieu qu'il veuille vous conserver longuement dans une tres parfaite santé.

[HENRY.]

1585. — 6 AVRIL.

Orig. — B. R. Fonds Béthune, Ms. 8824, fol. 104 recto.

A MON COUSIN MONS^R DE MATIGNON,
MARESCHAL DE FRANCE.

Mon Cousin, Avant l'arrivée et retour du sieur de Lesignan devers moy, je m'estoys deliberé de me contenir de la façon qu'il m'a propozé, et ay esté fort ayse d'avoyr trouvé vostre advis conforme à mon intention. J'ay bien donné charge à quelques ungs de mes serviteurs de parler aux soldatz des lieux et endroictz où ilz avoient quelque creance, et leur donner esperance de quelques charges, afin d'empescher que les ligueurs n'en pratiquassent aucuns. Toutesfoys ilz n'entreprendront ny ne feront chose qui ne se rapporte à la volunté et intention du Roy mon seigneur, à laquelle je suis tout resolu de me conformer entierement et à voz bons advis, lesquelz je vous prie me vouloir continuer, en attendant que nous nous puissions veoir pour en mieux communicquer par ensemble; ce qui ne sçauroit estre si tost que je le desire : vous priant de regarder au plus-tost le lieu et la commodité la plus propre pour nostre entrevue. J'ay donné charge au s^r de la Vallade de vous faire entendre certaines choses, tant pour le faict du general que de mon particulyer. Je vous prie de m'y estre favorable, en continuant les effectz de vostre amityé, et croyre que vous m'obligerez de plus en plus à vous faire paroistre la myenne en ce que Dieu m'en donnera le moïen, de mesme affection que je le prie vous avoyr,

Mon Cousin, en sa tressaincte et digne garde. De Nerac, ce vj^e jour d'avril 1585.

Vostre bien afectionné cousin et asseuré amy,

HENRY.

[1] Je vous prye de croire ledict de la Vallade de l'asseurance et continuation de mon amityé, et de la confiance que j'ay en vous de toutes choses.

1585. — 8 AVRIL.

Orig.— B. R. Fonds Béthune, Ms. 8859, fol. 33.
Cop. — B. R. Suppl. fr. Ms. 1009-4.

A MON COUSIN MONS^R DE MATIGNON,
MARESCHAL DE FRANCE.

Mon Cousin, J'ay esté adverty que le s^r de Gyversac dresse des compaignées dans Villefranche de Perigord et Belvez[1] qu'il a saisie, et que Bourg va tous les jours à Moissac, dont il se faict fort pour garder le passage et la riviere pour les ligues. Il se faict encores plusieurs menées es divers lieux dont on me donne chaque jour advis, tellement que nous verrons enfin l'ennemi s'accroistre et se fortifier petit à petit; en sorte que ce qui seroit aisé de rompre en son commencement donnera de la peine et nous fera du mal en son accroissement. Sur quoy je vous diray qu'il me semble qu'il vauldròi beaucoup mieulx y apporter quelque remede, que de laisser gagnier pied à pied sur nous, comme ils le feront pour certain, voyant nostre negligence. Ceulx de Florence[2] ont receu quelques hommes qui disent apertement qu'ils tiennent pour mess^{rs} de Guise. Advisons, je vous prie, mon Cousin, que ces commencemens, à nostre veu et sceu, n'accroissent la hardiesse d'entreprendre et d'executer plus licentieusement, et me mandés si pouvés juger et penser que nous puissions faire, pour, selon cet advis, m'y conduire et gouverner. Et à tant prie-

---

[1] Ce post-scriptum est de la main du roi.

---

[1] Petite ville de Périgord, appelée aussi Moncuq (Dordogne).

[2] Cette petite ville de l'Armagnac, nommée plus souvent *Fleurence* (département du Gers), est celle dont le roi de Navarre s'était emparé en octobre 1578, par représailles de la défection de M. d'Ussac, gouverneur de la Réole.

ray Dieu vous avoir, mon Cousin, en sa trez saincte et digne garde. De Nerac, ce viije apvril 1585.

Vostre plus affectionné cousin et meilleur amy,
HENRY.

[1585. — VERS LE 10 AVRIL[1].]
Orig. autographe. — B. R. Fonds Béthune, Ms. 8828, fol. 32 recto.
Cop. — B. R. Suppl. fr. Ms. 1009-4.

A MON COUSIN MONSʳ LE MARESCHAL DE MATIGNON.

Mon Cousin, Il me semble que le temps et l'opportunité n'est point maintenant de s'amuser à dresser des querelles d'Allemaigne. J'appelle querelle d'Allemaigne ce qu'avés dict à Lambert touchant les plainctes et les propos que je tenois de vous. Je ne sçay qui vous peult avoir escript ni faict tels rapports; mais je sçay que je ne me suis point plainct de vous à personne, pour ce qu'il n'eust sceu m'en faire raison. Or à present, laissans toutes ces choses en arriere et voyans l'ennemy si librement et sans opposition continuer ses desseings, c'est à nous de regarder ensemble à ce qui est besoing pour le service du Roy et, d'une commune main, y apporter le remede. Je vous prye donc, mon Cousin, que nous prenions en ces affaires une bonne et mutuelle intelligence. Pour laquelle j'avois desiré vous entrevoir, et me mander ce qu'estes d'advis que je fasse, par mon cousin le viconte de Meille[2], que vous croirés de ce qu'il vous dira de ma part, comme feriés.

Vostre plus affectionné cousin et meilleur amy,
HENRY.

---

[1] D'après la note de réception, du 14 avril 1585.

[2] Frédéric de Foix, vicomte de Meille et comte de Gurson, fils aîné de Louis de Foix, comte de Gurson, et de Charlotte Diane de Foix. Son père avait été tué au service du roi de Navarre; et c'était chez son grand-père, le marquis de Trans, que la paix de 1580 avait été conclue. Le vicomte de Meille, catholique comme tous les siens, ne fut pas moins dévoué au parti du roi de Navarre, dont il porta l'étendard à la bataille de Coutras.

J'ay entendu que c'est le quinziesme qu'on doibt prendre les armes; je vous prye m'envoyer le rolle de ceulx à qui vous avés baillé des commissions, afin que s'il s'en trouve d'autres qui les levent, je leur fasse courre sus.

1585. — 13 AVRIL. — Ire.

Orig. — Biblioth. impér. de Saint-Pétersbourg, Ms. 913, lettre n° 70. Copie transmise par M. Allier, correspondant du ministère de l'Instruction publique.
Imprimé. — *Suite des Lettres et Mémoires de messire Philippes de Mornay.* Amsterdam, 1651, in-4°, Supplém. p. 27.

AU ROY, MON SOUVERAIN SEIGNEUR.

Monseigneur, Depuis que j'ay depesché le baron de Salaignac vers Vostre Majesté, sur les lettres qu'il vous a pleu m'escrire[1], les bruits

---

[1] La lettre de Henri III, à laquelle répond celle-ci, était ainsi conçue :

« Mon frere, Je vous advise que je n'ai pu empescher, quelque resistance que j'aye faicte, les mauvais desseins du duc de Guise. Il est armé; tenez vous sur vos gardes et n'attendés rien. J'ay entendu que vous estiez à Castres pour parlementer avec mon cousin le duc de Montmorency, dont je suis bien ayse, afin que vous pourvoyez à vos affaires. Je vous envoyeray un gentilhomme à Montauban, qui vous avertira de ma volonté.

« Vostre bon frere,

« HENRY. »

(Extr. des Mémoires de Gaches, cités par dom Vaissète, *Hist. de Languedoc*, 1. XL.)
« Cette lettre, ajoute Vaissète, que le roi de Navarre reçut le 23 mars au soir, fit beaucoup d'impression sur lui; et on remarqua du changement dans son visage le lendemain, au prêche. »

Les événements devenaient alors d'une extrême gravité. Le duc de Guise, largement payé par Philippe II, à la suite du traité conclu entre eux, le 31 décembre précédent, fit paraître une déclaration où la Ligue, préparée dès 1576, maintenant ne gardant plus de mesure, depuis la mort du duc d'Alençon et l'alliance des princes lorrains avec l'Espagne, mettait audacieusement à découvert ses prétentions, « lesquelles, dit Cayet, se réduisoient en trois points, savoir :

« I. Pour restablir l'église de Dieu en tout le royaume, et s'opposer aux heretiques et chasser l'heresie;

« II. Pour pourvoir aux differens qui pourroient naistre en la succession de la couronne de France après la mort du Roy, puisqu'il n'avoit point d'enfans;

« III. Pour faire sortir de la cour les favoris du Roy qui abusoient de l'autorité royale, affin de soulager le peuple des impositions nouvellement inventées. » (*Chronologie novenaire*, édition de 1608, fol. 7 recto.)

de ce qui s'est remué en vos provinces de delà sont venus icy. Et en celles mesmes de deçà plusieurs effects ont paru, desquels Vostre Majesté aura esté advertye, qui ont donné certain tesmoignage que les desseings des perturbateurs de vostre Estat s'estendent jusques icy. J'eusse tasché, Monseigneur, d'y porter quelque preservatif ou quelque remede, et sans doubte l'eusse peu faire, si j'eusse receu les commandemens de Vostre Majesté, comme elle me faisoit cest honneur, par ses lettres, de les me faire esperer d'heure à aultre. Et ce pendant ce que j'ay peu faire, ce a esté d'exhorter et contenir les villes en leur debvoir vers Vostre Majesté, par frequentes lettres, et de parler aux principaulx gentilzhommes de voz pays de deçà, qui presque tous me sont venuz voir, estans en peine de ce qu'ilz avoyent à faire, et lesquelz j'ay trouvez pleins de fidelité et d'affection envers le service de Vostre Majesté, et tous prestz de vous en faire une bonne preuve, quand Vostre Majesté m'aura commandé son intention pour la leur faire entendre. Croyez, Monseigneur, que nul n'y apportera plus de fidélité, de diligence et d'affection que moy, en qui toutes ces qualitez sont nées, au lieu qu'ez aultres elles ne peuvent estre que acquises ou antées, et ne peuvent pas jamays parvenir à telle perfection que je les sens en moy. Et m'est ung juste regret, Monseigneur, d'estre reputé comme inutile en vostre service, lorsqu'il y a si grand subject de vous servir, et qu'il est besoing, si jamais il fut, que soyez bien servy. Et permettez-moy, Monseigneur, de dire plus : lorsque je voy Vostre Majesté en commander d'aultres pour vostre service, auxquelz je ne feray point de tort (pour l'honneur que j'ay de vous estre ce que je suis) de dire qu'ilz n'y peuvent apporter tant d'ardeur et d'affection que moy, c'est une naturelle jalousye, que je m'asseure que Vostre Majesté recevra de pareil cueur qu'elle procedde. Et ne celeray aussy à Vostre Majesté que ceulx de la Religion qui voyent gens de guerre se lever de toutes partz, mesmes par voz commandemens, entrent en defiance, et ne peuvent comme s'asseurer, quand ilz voyent que je ne reçoy aulcun commandement de Vostre Majesté pour son service. Comme aussy pas ung d'eux n'est appellé à ce qui se presente pour vostre service, ne pouvans la pluspart d'iceulx s'imaginer (quelque chose que je leur puisse dire) que Vostre Majesté peult m'avoir oublyé, ou laissé en arriere, en la distribution de ses commandemens, lorsqu'il est question, comme il luy a pleu le m'escrire, de son Estat et de sa personne propre, en la vie et conservation desquelz nul ne se peult dire tant interessé que moy. Or, Monseigneur, si puis-je respondre à Vostre Majesté de leur fidelité et affection, et qu'ilz sont tous prestz, au premier mot que Vostre Majesté me departira, de faire tout ce que doibvent tres loyaulx subjectz pour vostre service. Et vous supplye, Monseigneur, si j'ay eu ce bonheur d'estre des premiers à advertir du mal[2], que je n'aye ce malheur d'estre des derniers soubz vostre auctorité à le destruire. Ce pendant, Monseigneur, je m'advance sur la riviere de Dordoigne, pour estre plus proche du mal, et plus preparé pour le remede, quand Vostre Majesté me fera cest honneur de me commander ses intentions. Et parce que le sieur de Rebours, qui a veu ce qui s'est passé prés de moy, le vous sçaura mieulx representer de bouche, j'en remettray sur luy les particularitez, et prieray Dieu,

Monseigneur, vous donner, en tres parfaicte santé, tres heureuse et tres longue vye. De Bergerac, ce xiij^e d'avril 1585.

Vostre tres humble et tres obeissant sujet
et serviteur,

HENRY.

[2] Dès l'année 1583 le roi de Navarre avait envoyé Mornay au Roi pour l'informer des négociations qui commençaient entre le roi d'Espagne et le duc de Guise. Voyez tome I, p. 618, note 1.

[1585. — 13 AVRIL.] — IIme.

Orig. autographe. — Biblioth. impér. de Saint-Pétersbourg, Ms. 915, n° 34. Copie transmise par M. Allier, correspondant du ministère de l'Instruction publique.

A MONS^R DE BELLIEVRE.

Monsr de Bellievre, Voyant ces nouveaux remuemens s'eschauffer de jour à aultre en mon gouvernement, et le peu d'opposition qui y a esté faicte jusques icy, il m'a semblé que je manquerois à mon debvoir envers le Roy mon seigneur, si je ne luy donnois advis de tout ce qui se passe par deçà, et que je cognois importer à Sa Majesté, et par mesme moyen que je prodigueray tousjours pour l'execution de ses commandemens, partout où elle cognoistra que je seray bon pour ce faire et qu'elle me vouldra honorer. De quoy je vous prie luy respondre comme ayant cognu la trez humble et trez fidele servitude que j'ay envers Sa Majesté. Par mesme moyen j'ay donné charge au baron de Salignac de vous voir et se condouloir de ma part avec vous du deplorable estat auquel les aucteurs de telles ligues veulent reduire cest estat, et vous asseurer que leurs moyens se trouvent beaucoup plus foibles que leur esperance, si les fideles serviteurs de Sa Majesté s'employent pour luy faire rendre l'obeissance qui luy est deuë; à quoy je n'espargneray rien. Je vous prie, Monsr de Bellievre, faire tousjours trez certain estat de l'entiere amitié de

Vostre plus affectionné et plus asseuré amy,

HENRY.

1585. — 19 AVRIL.

Orig. — B. R. Fonds Béthune, Ms. 8859, fol. 38 recto.
Cop. — B. R. Suppl. fr. Ms. 1009-4.

A MON COUSIN MONS^R DE MATIGNON,
MARESCHAL DE FRANCE.

Mon Cousin, Ceulx de Montsegur m'ont faict entendre que, pour la garnison qu'avés mise à la Reole, on les a comprins et ceulx de la dicte jurisdiction en la contribution; chose que je treuve estrange, veu que la garnison du dict Montsegur n'est poinct payée, et que ce seroit plus tost pour l'entretenement d'icelle qu'on la debvroit lever, ce dont toutesfois on s'est abstenu jusqu'à present. A ceste cause, je vous prie, mon Cousin, les en vouloir descharger, car aussy bien leur ay-je deffendu d'en rien payer, et se savoir mettre les ungs et les aultres en debat. Et m'asseurant que vous y donnerés ordre, je prieray Dieu, mon Cousin, qu'il vous tienne en sa saincte et digne garde. De Bergerac, ce xixe jour d'avril 1585.

Vostre plus affectionné cousin et meilleur amy,

HENRY.

1585. — 20 AVRIL.

Orig. — Arch. des Affaires étrangères, correspondance politique, Mss. France, n° xix, fol. 39 recto.

A MONS^R DE S^T GENIEZ,
GOUVERNEUR ET LIEUTENANT-GENERAL EN MES ROYAULME ET PAYS SOUVERAIN.

Monsr de St Geniez, ce n'est d'aujourd'huy que je recognois les bons offices que vous me faictes journellement et le bon debvoir que vous avez faict pour le regard de ma monnoye et notamment de l'advance de moictié qui s'en baille: de quoy je vous ay bien voulu remercier par ceste-cy, et vous asseurer qu'en recompense, si j'ay moyen de vous faire paroistre ma bonne volonté, ce sera avec tant de preuve, que vous ne la revocquerez jamais en doubte. Ce pendant je vous prie faire acheminer au plus tost Semetière jusques à Nerac, et qu'il apporte les deniers advancés, et luy faire fournir d'escorte jusques à Eauze, pour la seureté des dictz deniers; luy mandant de vous fournir la somme de cinq cens escuz, pour faire travailler aux pouldres, attendant que j'aye commodité de vous en faire fournir davantage. Et quant au payement d'un aultre quartier pour la garnison de Navarreinx, je vous prie, Monsr de St Geniez, d'adviser de faire compter au plus tost Hereter, pour la recepte des biens ecclesiastiques, et Salinis pour le temporel, suyvant la commission que j'en ay cy-devant envoyée pour cest effect, parce qu'on m'a asseuré qu'il y a fondz suffisamment; sinon je ne fauldray d'y pourveoir d'ailleurs au plustost. Je vous prie aussy me faire response sur la proposition nagueres faicte par Fortin, mais surtout user de diligence à faire acheminer le dict Semetiere : laquelle je ne vous recommanderay davantage, pour prier Dieu vous avoir, Monsr de St Geniez, en sa tressaincte et digne garde. De Bergerac, ce xxe jour d'avril 1585.

Vostre bien affectionné et assuré amy,

HENRY.

1585. — 21 AVRIL.

Orig.—Arch. des Affaires étrangères, correspondance politique, Mss. France, n° XIX, fol. 35 recto.

A MONSR DE ST GENIEZ,

GOUVERNEUR ET MON LIEUTENANT-GENERAL EN MON ROYAUME ET PAYS SOUVERAIN DE BEARN.

Monsr de St Geniez, J'ay fort particulierement entendu les poincts contenus en voz memoires; et, pour vous y respondre par ordre : je trouve tres bon la delivrance de mes monnoyes soubz des conditions si advantageuses, puisqu'ilz advancent la moitié de l'afferme comptant; sur les quels deniers on vous envoye une rescription de quinze cens livres pour les pouldres et salpestres, et une aultre de cinq cens livres sur les deniers de mon domaine, pour les fraiz des voïages, advertissemens extraordinaires et autres. Pour le regard du payement de ma guarnison de Navarreins, il faut que les auditeurs des comptes de Hereté et Salinis y procedent si exactement qu'ilz retirent de quoy fournir à ce besoing de la tenue de mes Estatz en mon dict royaulme et païs souverain. Je m'en repose entierement sur vous; m'asseurant que vous n'obmettrez à leur representer la necessité de la saison où nous entrons, [à cette fin de] faire estendre le plus avant que se pourra en leurs donations. Vostre pres[ence sera] utile en tous les lieux de mon dict pays; mais, où vostre disposition ne vous pourra porter, vous avez tres bien conseillé ma sœur de commettre, en vostre absence, le s^r de la Roque-Benac[1] pour prendre garde et commander vers Pau, Montane, Nay et Pontac[2], voulant croyre qu'il s'y conduira tousjours par voz advis et adresses. Je vous envoye la deffence pour empescher que nul des gens de guerre ne s'esloignent et sortent de mes dictz pays sans mon congé, de ma sœur ou de vous. L'un et l'aultre ne les donrez que bien à propos, non plus que moy, qui ne l'accorderay qu'à quelques jeunes hommes, affin qu'ilz s'aguerrissent parmy les bandes et se rendent plus capables de me servir un jour en mon pays; à la conservation et conduicte duquel je vous prie veiller et exercer vostre prudence, comme vous avez faict jusques icy : priant sur ce le Createur vous avoir, Monsr de St Geniez, en sa saincte et digne garde. A Bergerac, ce xxie jour d'apvril 1585.

Vostre plus affectionné maistre et assuré amy,

HENRY.

[3] Des quinze cens livres, pour les pouldres et salpestres, il suffira de mille, et les autres cinq cens, avec ceux qui sont pris sur mon domaine, seront pour les voyages et advertissemens.

---

[1] Porté comme chambellan dans l'état de la maison du roi de Navarre, et désigné pour servir auprès de ce prince pendant le troisième trimestre de l'année 1586.

[2] Montaner, Nay et Pontacq, sont aujourd'hui trois chefs-lieux de canton du département des Basses-Pyrénées.

[3] Post-scriptum de la main du roi.

1585. — 24 AVRIL.

Orig. — B. R. Fonds Béthune, Ms. 8824, fol. 107 recto.

A MON COUSIN MONS[R] LE MARESCHAL DE MATIGNON.

Mon Cousin, J'ay esté bien ayse d'avoir entendu si particulierement de voz nouvelles par mons[r] de Montaigne [1]. Je luy ay donné charge de vous dire des miennes et vous asseurer de plus en plus de mon entiere amitié. M'en remectant donques sur luy, je vous prieray de le croire comme moy-mesmes, qui prie aussy le Createur vous tenir,

Mon Cousin, en sa tressaincte protection. De Bragerac, le xxiiij[e] jour d'avril 1585.

[2] Mon Cousin, Je vous prie croyre mons[r] de Montagne et fayre estat que je suis et veux demeurer

Vostre plus affectionné cousin et parfaict amy,

HENRY.

1585. — 26 AVRIL. — Ire.

Orig. — Biblioth. impér. de Saint-Pétersbourg, Ms. 913, lettre n° 71. Copie transmise par M. Allier, correspondant du ministère de l'Instruction publique.

AU ROY, MON SOUVERAIN SEIGNEUR.

Monseigneur, Ayant eu adviz, de divers endroicts, des ligues et conspirations qui se faisoient contre vostre personne et Estat; et

---

[1] Michel de Montagne ou Montaigne, chevalier de l'ordre du Roi, auteur des Essais, fils de Pierre Eyquem ou Eighem, seigneur de Montagne, était né au château de Montagne, le 28 février 1533. Il fut élu, en 1581, maire de Bordeaux, comme l'avait été son père, puis réélu en 1583. A la date de cette lettre du roi de Navarre, il remplissait encore cette charge, qui le mettait en fréquentes relations avec ce prince et avec le maréchal de Matignon, l'un gouverneur, l'autre lieutenant de la province. Il mourut au château de Gournay, le 13 septembre 1592.

[2] Ces derniers mots sont de la main du roi.

voyant les commencemens de ces remuemens, je depeschay vers Vostre Majesté pour la supplier de m'honorer de ses commandemens en ce qu'elle jugeroit que je serois bon pour son service; pour lequel j'employeray tousjours ma vie et tous mes moyens, n'ayant rien à cueur que de servir fidellement Vostre Majesté et me conformer à ses volontez et commandemens. Lesquelz attendant, je me suis tousjours depuis contenu, encores que je visse, en mon gouvernement, faire levée de gens de guerre auprés de moy, sans commission, et que je me trouvasse desarmé entre les armes de ceux qui se demonstrent ennemis ouvertz de Vostre Majesté. Je n'ay laissé neantmoings, suivant vostre volonté, de recognoistre ceux qui me sont affectionnez, pour les preparer et disposer à s'employer pour le service de Vostre dicte Majesté, lorsqu'il leur seroit commandé, lesquelz j'ay trouvé, graces à Dieu, en si bon nombre que, nonobstant les pratiques faictes par les solliciteurs des Ligues parmy toutes les provinces de ce Royaulme, j'ose bien dire à Vostre Majesté que lorsqu'il luy plaira me commander de m'opposer à leurs entreprises, je me sens assez fort pour les rompre. Ils s'adressent à moy particulierement et à la Religion par leurs manifestes; mais on cognoist assez que je leur sers de pretexte et que leurs principales fins tendent droictement contre vostre personne et Estat, et que le zelle de la religion ne les a poulsez à entreprendre, puisqu'ilz ont esté aprés à practiquer les principaulx de la noblesse et des villes habitées par ceulx de la religion refformée, pour suivre leur party, les asseurant de leur bonne volonté et qu'ilz sçauront mieux maintenir les edictz de pacification que Vostre Majesté; mais nagueres les dicts de la Religion, sur la publication des manifestes des dictz conspirateurs et de leurs menaces contre les ditz de la Religion, ilz en sont entrez en tel doubte et desfiance, qu'il m'a semblé que je ne leur debvrois empescher la garde, fortification et seureté des villes qu'ilz habitent, attendu qu'ilz sont toutz zellez et dediez à vostre service et ennemys des Ligues, ne recongnoissans aultre que Vostre Majesté et l'obeissance qui luy est deue, ainsy que freschement ilz ont faict paroistre au massacre d'Aleth[1], commiz contre la foy publique et la parole de vos deputez, et en presence des commissaires[2]. Aprés lequel, les dicts de la Religion se sont contenuz soubz l'asseurance qui leur a esté donnée que Vostre Majesté, qui ne veult que l'observation de ses edicts, et maintenir toutz ses subjectz en paix et seureté, en fairoit justice, laquelle ils requierent. Je sçay, Monseigneur, que beaucoup n'attribuent pas ce que je demeure en cest estat à l'obeissance que je veulx rendre à voz commandemens, mais à une desfiance que vous avez de moy, les aultres au peu d'affection que j'ay à voz affaires et service; oultre qui s'en pourroit trouver qui l'interpresteroient à la lascheté de cœur, attendu l'importance du faict, qui n'a eu jusques icy son semblable en la France, et la liberté dont usent vos ennemys de s'armer en mon gouvernement et à ma veue, et contre vos deffences. Ce qui me faict supplier Vostre Majesté de me donner commission pour lever un régiment de gens de pied, lequel se contiendra ez lieux circonvoisins de celluy où est ma residence, prest pour effectuer vos commandemens, lorsque je les auray receuz, et ne les oultrepassera (de quoy je responds à Vostre Majesté), par mesme moyen voulloir commander que ma compaignie tienne garnizon, et à mon cousin le s^r de Turenne, et aux s^{rs} de Gondrin et de Fontenilles de se tenir avec leurs compaignies prés de moy. Et parce que celle de mondict cousin n'est encores debout, luy voulloir commander de la dresser, et ordonner qu'elle face monstre au plus tost. J'ay, au reste, Monseigneur, donné charge aux s^{rs} de Clervant, de Chassincourt et de Buzenval de remonstrer à Vostre Majesté comme je suis traicté en tout ce qui touche mon particulier, et nommeement du faict de mes monnoyes, de mes pensions et des deniers de la composition de Perigueux qui me sont deubz de si long temps, et lesquelz le

---

[1] Le 29 précédent, à l'instigation, disait-on, du maréchal de Joyeuse, les catholiques d'Alet avaient massacré cent protestants de la même ville, qui, exilés à cause de leur religion, venaient de rentrer à Alet par la protection du duc de Montmorency.

[2] Le principal commissaire pour assurer le retour des exilés était Bureti, secrétaire du duc de Montmorency.

recepveur de Bordeaux ne me veult delivrer, encores qu'il en ayt une partie entre les mains, s'il ne luy est commandé expressement par Vostre Majesté, laquelle je supplie d'y pourvoir et faire les commandemens necessaires.

Monseigneur, je supplie Nostre Seigneur voulloir conserver Vostre Majesté longuement et heureusement en parfaicte santé. A Bergerac, le xxvj[e] d'avril 1585.

Vostre tres humble et tres obeissant
sujet et serviteur,

HENRY.

[1] Monseigneur, depuis cette lettre escrite, j'ay eu nouvelles de Castres, comme on a essayé de surprendre la dicte ville par une grille qui a esté limée et levée; et les compaignies que le s[r] de Cormesson leve sont actes d'hostilité contre ceux de la Religion, et exercent avec ceste occasion leurs vengeances et animositez. Et nommeement l'un de ses nepveuz en a faict de prisonniers, ainsy que le dict s[r] de Buzenval fera plus amplement entendre à Vostre Majesté.

HENRY.

1585. — 26 AVRIL. — IIme.

Orig.—Biblioth. impér. de Saint-Pétersbourg, Ms. 913, lettre n° 73. Copie transmise par M. Allier, correspondant du ministère de l'Instruction publique.

[AU ROY, MON SOUVERAIN SEIGNEUR.]

Monseigneur, Le s[r] de Viette, maistre des requestes de vostre hostel, me faict entendre que pour s'estre meslé des affaires de ma tante, madame de Lodunnoys, combien que ce soit par vostre exprés commandement, quelques ungs l'avoient voulu reculer du service qu'il doibt et qu'il avoit accoustumé rendre à Vostre Majesté, à cause de son estat. Et d'aultant que tel malheur ne luy peut estre arrivé

---

[1] Le post-scriptum porte dans le manuscrit le n° 72.

que par quelques mauvaises impressions qu'on pourroit avoir données, le congnoissant personnage capable et de service, j'ay prins cette hardiesse en faveur de ma dicte tante, de supplier tres humblement Vostre Majesté, Monseigneur, d'avoir agreable qu'il exerce son dict estat, comme il a fait cy-devant et auparavant qu'il se meslat des affaires de ma dicte tante, puisque c'est par vostre permission et commandement ce qu'il en a faict, qui ne luy doibt tourner à defaveur. Je m'assure que Vostre Majesté s'en trouvera bien et fidellement servie; et augmenterez la tres humble affection de ma dicte tante et de moy pour prier Dieu, aprés vous avoir tres humblement baizé les mains, vous donner, Monseigneur, en tres parfaicte santé, tres heureuse et tres longue vie. De Bergerac, ce xxvj^e jour d'avril 1585.

Vostre tres humble et tres obeissant
subject et serviteur,
HENRY.

1585. — 27 AVRIL.

Copie par-devant notaire. — Arch. de M. le vicomte de Puységur. Communication de M. Gustave de Clausade, correspondant du ministère de l'Instruction publique.

A MONS^R DE PUYSSEGUR.

Monsr de Puyssegur, L'on m'a faict entendre que vous vous en estiez allé hors de ma ville de Lectoure et vos freres aussy. Je ne sçay si quelqu'un vous auroit offensé, ou inventé quelque chose pour vous occasionner de vous en aller; et s'il est ainsin, vous m'en advertirés et vous verrés la punition que j'en feray. Cependant vous et les vostres vous pouvez asseurer en tous les lieux où j'ay puissance, comme le dict s^r de Corné vous fera entendre de ma part : sur lequel me remectant, je prieray Dieu vous avoir, Monsr de Puissegeur, en sa saincté garde. De Bergerac, ce xxvij^e avril 1585.

Vostre bien bon amy,
HENRY.

1585. — 30 avril.

Orig. — Arch. municip. de Bordeaux. Copie transmise par M. le secrétaire général de la ville.

A MESS^{rs} LES MAIRE ET JURATZ DE LA VILLE DE BOURDEAUX.

Messrs, Par tant d'occurences et d'occasions qui se presentent, je desirerois vous faire plus souvent entendre de mes nouvelles, et vous tesmoigner le desir et affection que j'ay à vostre bien, repos et conservation. Ce que ne pouvant faire en presence, et envoyant mons^r de la Marsilliere devers mon cousin mons^r le mareschal de Matignon, je luy ay recommandé vous voir aussy de ma part et vous representer mes intentions, avec quelques particularitez convenables aux officiers que je presente. Je vous prie, Messrs, le vouloir bien ouïr et croire, et à Dieu qu'il vous ayt en sa saincte et digne garde. De Bergerac, ce dernier avril 1585.

Vostre bien bon amy,

HENRY.

[1585. — AVRIL [1].]

Orig. autographe. — Collection de M. Cintrat. Copie transmise par M. Feuillet de Conches.

A MONS^R DE SAINCT GENYES.

Monsr de Sainct Genyes, J'ay veu l'ordre qu'avés donné par delà, dont j'ay receu beaucoup de contentement. Puisqu'il n'y a rien qui remue en Espaigne, je suis d'advis que ma sœur ne bouge, comme je luy ay mandé. Quant aux fortifications, je pense qu'il faudra perdre la basse-court pour sauver la maison, à plus forte raison le village. Je vous prye m'advertir souvent de tout ce que pourrés descouvrir de delà, et pourvoir à tout ce que cognoistrés estre necessaire, selon la confiance qu'a en vous

Vostre bien bon maistre et meilleur amy,

HENRY.

[1] Date fournie par une note, d'une écriture du xvie siècle, sur l'original.

1585. — 2 MAI.

Orig. — B. R. Fonds Béthune, Ms. 8859, fol. 39 recto.
Cop. — B. R. Suppl. fr. Ms. 1009-4.

A MON COUSIN MONS^R DE MATIGNON,
MARESCHAL DE FRANCE.

Mon Cousin, Je pense que la Marsilliere, que je vous ay envoyé, vous aura faict plaincte de la prinse d'ung marchand de la Religion, qui est d'Escassefort[1], nommé Leonard Brimer, qui fust prins sabmedy dernier, auprés de Marmande, par le capitaine des Claux de Roquebrunne; et le tient encores prisonnier sans qu'il le veuille eslargir, qu'il n'en ayt quelque rançon. Vous pouvés juger la consequence que tels actes peuvent apporter, qui me faict vous prier d'escrire au dict des Claux pour son eslargissement : ce que m'asseurant que vous ferés, je ne vous en diray aultre chose, sinon que je prieray le Createur, mon Cousin, vous tenir en sa saincte et digne garde. De Bergerac, ce ij^e de may 1585.

Vostre affectionné cousin et asseuré amy,

HENRY.

1585. — 8 MAI. — Ire.

Cop. — B. R. Fonds des Cinq-cents de Colbert, Ms. 401.
Cop. — B. R. Fonds Brienne, Ms. 208, fol. 103 recto.
Cop. — B. R. Suppl. fr. Ms. 1009-3.
Imprimé. — *Mémoires de messire Philippes de Mornay*, etc. t. I, p. 417, édit. in-4°. — Et *The Life of Thomas Egerton, lord chancellor of England*, un vol. in-4°, sans lieu ni date, p. 418.

[A LA ROYNE D'ANGLETERRE.]

[1] Madame, Puisque vous avez faict cet honneur au s^r de Segur Pardaillan de l'avoir voulu choisir pour truchement de vostre bonne

---

[1] Petite ville de l'Agénois, auprés de Marmande, aujourd'hui du département de Lot-et-Garonne.

---

[1] « Faite par M. du Plessis. » (*Mém. de Mornay.*)

volonté envers moy, je ne pense poinct aussy vous en pouvoir envoïer un plus agreable, pour supplier Vostre Majesté, en ce besoing qui se presente, de m'en faire sentir les effects. Il vous dira, Madame, ce qui se passe en ce Royaume dont vous sçaurés assés cognoistre, selon vostre bon jugement, que c'est la Ligue generale, et qui opere aujourd'huy, sans doubte pour parvenir à la ruine universelle de nous tous. Que si Dieu a voulu, Madame, comme il semble, que la France soit l'eschafaut où ceste tragedie aye à se jouer, au moins esperé-je que tous les princes et estats vraiement chrestiens y ressentiront leur interest, et ne voudront pas estre spectateurs oiseux d'une action de laquelle le succés leur est commun par une consequence inevitable, encores que les premieres peines et les premiers dangiers nous semblent en particulier appartenir. J'attends, Madame, de l'amitié et bonne volonté qu'il vous a pleu me promettre, le prompt secours qui m'est necessaire pour soustenir les efforts qui se presentent; car aussy Vostre Majesté tenant le premier lieu en ceste cause, je me propose d'estre comme vostre capitaine general contre les ennemis communs; lequel, Madame, il importe à vostre grandeur et reputation de ne laisser abandonné de vos moyens en la resistance qu'il nous convient faire aux desseins pernicieux de ceste Ligue. Mais, Madame, toute la chrestienté attend, entre cela, de vostre prudence et authorité, que vous resveilliés et exhortiés tous les princes et estats chrestiens à leur debvoir, et le leur faciés vivement sentir et recognoistre. Car, pardonnés-moi si je vous dy, Madame, qu'il n'est raisonnable que les fruicts et effects de vostre vertu demeurent enclos et enfermez és bornes de l'Angleterre, puisque l'odeur et reputation en est jà parvenuë aux extremitez du monde. Le sieur de Segur vous dira l'estat des affaires de ce Royaume et des miennes, les dangers que je puis courir sans vostre appui, et les grands effects que je puis sans doute faire, si je sens vostre faveur en ce besoing, et surtout combien les choses pressent, n'y ayant retardement d'un seul jour qui ne nous puisse apporter interest d'une sepmaine. En somme, Madame, estant conservé par vous, je vivray aussy pour vous, et m'aurés obligé à jamais à vostre service. Ce que desirant que vous entendiés plus particulierement par le dict sieur de Segur Pardaillan, je vous supplieray de le croire comme moy-mesme de tout ce qu'il vous fera entendre de ma part; ne luy estant besoin d'aultre recommandation de sa fidelité et affection en ce qui touche mon service, que celle que vous luy donnés vous-mesme. Je vous baiseray doncques les mains tres humblement, et supplieray Nostre Seigneur vouloir,

Madame, conserver Vostre Majesté, longuement et tres heureusement, en tres parfaicte sancté. De Bragerac, le viij^e may 1585.

Vostre tres humble et tres affectionné serviteur
et frere,
HENRY.

1585. — 8 MAI. — IIme.

Copie. — B. R. Fonds Leydet, liasse VI. Extr. des archives de l'abbaye de Peyraux.

[A MONS^R DE LONS.]

Monsr de Lons[1], J'ay receu vostre lettre et entendu ce que le s^r de Montancés[2] m'a rapporté de vostre part. Je ne vous veulx pas nier que l'on ne m'aye dict que vous estiez un peu esloigné de l'affection que vous debvés porter au Roy et au bien et conservation de cet Estat. Toutefois, vous ayant cogneu vray François, je ne l'ay pas voulu croire; aussy que je me suis promis que maintenant vous le ferés paroistre. Vous pouvés faire estat de mon amitié et vous asseurer que, s'il se presente occasion de la vous tesmoigner, je m'y employeray de bien bonne volonté, ainsy que j'ay plus particulierement faict entendre au s^r de Montancés : sur lequel me remettant, je ne vous en

---

[1] Le ton de cette lettre ne permet guère de croire qu'il s'agisse ici de M. de Lons, premier écuyer de la petite écurie du roi de Navarre. Il y eût eu, sans aucun doute, quelque chose de plus familier. Mais ce peut être François de Royère, seigneur de Lons, marié en 1571 à Blanche-d'Aubusson.

[2] Philibert de Bourdeille, seigneur de Montancès, chevalier de l'ordre du roi, fils de François de Bourdeille et d'Anne de Talleyrand de Grignols.

diray davantaige, pour prier Dieu vous avoir, Mons' de Lons, en sa saincte et digne garde. De Bergerac, ce huictiesme jour de may 1585.

Vostre bien bon amy,

HENRY.

1585. — 8 MAI. — IIIme.

Cop. — B. R. Fonds des Cinq-cents de Colbert, Ms. 401.

Cop. — B. R. Suppl. fr. Ms. 1009-3.

Imprimé. — *Mémoires de messire Philippes de Mornay*, etc. t. I, p. 419, ancienne édition in-4°. — Et *The Life of Thomas Egerton, lord chancellor of England*, 1 vol. in-4°, sans lieu ni date, p. 418.

[AUX SEIGNEURS D'ANGLETERRE[1].]

Mon Cousin, Sur la naissance de ces grands remuëmens qui ont paru depuis quelque temps en ce Royaume, je fis une depesche à la Royne vostre souveraine, par laquelle je lui mandois les dangers que je pensois estre à craindre; et à mesure que les choses se sont acheminées, j'ay veu croistre tout ensemble les mesmes occasions de juste crainte, tellement que maintenant nous sommes tout asseurez que tous ces preparatifs sont les vrais effects de la Ligue generalle, qui sans doubte ont, dans peu de temps, à fondre et tomber sur nous. Vous estes si clayr-voïans, et la chose aussy si claire, qu'il n'est besoing de vous dire icy que la ruine des uns est un degré à la ruine des aultres; que la Ligue saincte nous a tous designez et destinez à un mesme sacrifice; et que l'ambition de l'Espagnol, qui a franchi tant de terres et tant de mers, ne se pense rien au monde inaccessible. Tant y a, qu'il est temps desormais de penser aux remedes; dont le premier est de secourir et soustenir promptement nos affaires de la France, puisqu'il plaist à Dieu que nous en soutenions les premiers efforts; et l'aultre de rallier tous les princes et estats, qui font

---

[1] A la suite de ce titre, l'édition de Mornay ajoute, « Faite par M. du Plessis, » et en marge : « *Mutatis mutandis.* » La copie de cette lettre circulaire (B. R. v^e de Colb. 401), imprimée par lord Egerton, porte pour suscription « Au comte de Leicestre. »

mesme profession, ensemble, pour s'opposer d'un commun accord à ceste conjuration universelle, qui est faicte contre tous. A ceste fin j'envoye le sieur de Segur vers la Royne vostre souveraine, pour la singuliere confiance que j'ay de luy, duquel vous entendrés particulierement tout l'estat de mes affaires. Mais sur tout, mon Cousin, je vous prie de tenir la main que Sa Majesté prenne une bonne resolution et sans perdre temps, parce que ce qui se peut aiseement soustenir avec mediocre secours ne se peut relever que difficilement et avec un beaucoup plus grand; et que telle est aujourd'hui ma condition, qu'un ayde donné à propos me donneroit moyen d'estourdir et rendre vains les premiers efforts de ceste Ligue, dont il leur seroit mal-aisé de pretendre plus oultre cy-aprés. En default de ce, au contraire, nous nous mettons en danger de leur laisser prendre pied et gaigner reputation par quelques bons succez; et vous sçavés, mon Cousin, combien en toute guerre peut la reputation, et quel prejugé font les premiers exploicts, s'ils viennent à prosperer, pour ceulx qui ont à venir aprés. Je lairray au sieur de Segur à vous discourir le surplus, dont je vous prie le croire comme moy-mesme; seulement je vous prie qu'à ce coup, par vostre moyen, je sente de bons effects. Et sur ce, je prieray le Createur vous tenir en sa trez saincte protection. De Bragerac, le viij^e de may 1585.

[HENRY.]

[1585. — VERS LE 8 MAI.]

Imprimé. — *Suite des Mémoires de messire Philippes de Mornay,* Supplément, p. 30. Édit. d'Elzévir, 1651, in-4°.

[A LA ROYNE D'ANGLETERRE.]

[1] Madame,

Je vous renvoye le s^r de Segur. Vous l'avez faict interprete de vostre bonne volonté; je veulx qu'il le vous soit de ma devotion et service.

---

[1] Mornay nous apprend que cette lettre était de la main du roi de Navarre. Probablement, dans des circonstances aussi graves, ce prince, après avoir fait rédiger

Il m'a redoublé le desir de vous aller voir, et je m'en suis veu resolu. Mais un mal-heur general s'oppose tousjours à mon heur particulier; et vous entendrés toutes choses par luy-mesme. Faites estat qu'il sçait mon interieur, et, puis que nous sommes reduicts à un tiers, que je ne vous en puis envoyer à qui plus je me fie. La saison est telle que j'ay besoing de mes amis; car il m'y va du tout, et n'ay plus de temps à perdre. Mais je me tiens tout asseuré de vostre secours[2], et sens me redoubler le courage. Je me figure que je combats pour vous. Avec vostre faveur toutes choses me sont possibles, voire faciles. Conservés-moy, Madame, comme celuy qui ne se reserve que pour vous, et pour demeurer à jamais, etc.

HENRY.

1585. — 10 MAI. — Ire.

Copie. — B. R. Fonds des Cinq-cents de Colbert, Ms. 401.
Imprimé. — *The Life of Thomas Egerton, lord chancellor of England*, 1 vol. in-4°, sans lieu ni date, p. 57.

[AU ROY D'ESCOSSE.]

Monsieur mon frere, L'ancienne alliance et l'amitié tres estroite de noz maisons, le degré auquel Dieu nous a constituez et la profession commune de la pure religion, par laquelle Dieu nous a conjoincts d'un lien sainct et sacré, m'avoient cy-devant donné une grande affection de vous visiter, et entretenir cy-aprés avec vous une

---

une lettre par Mornay, ne voulut pas s'en tenir là, et ajouta encore celle-ci pour montrer à Élisabeth toute l'importance qu'il attachait à cette nouvelle mission de Ségur.

[2] Voici, dans les instructions remises à M. de Ségur, le passage qui a rapport à ce secours :

« .... a necessairement besoin de deux choses qu'il attend asseurement de la faveur et bienveillance de ladite dame Roine :

« L'une est une armée estrangere, pour laquelle ledit sieur de Segur la suppliera bien humblement vouloir assister ledit seigneur Roi de Navarre, de la somme de ..... pour estre envoyée en Allemagne, et employée avec les deniers que ledit sieur de Segur porta l'an passé pour ledit seigneur Roi de Navarre;

« L'autre est une armée navale, composée de .... grands vaisseaux, et d'autres ..... mediocres, avec les equipages et artilleries necessaires, etc. commandés par capitaines anglois. »

bonne correspondance ; mais maintenant il s'en presente une nouvelle et juste occasion, contre mon attente, par les grands remuemens qui se font en ce Royaume par ceulx de Guise, vos parens et les miens, lesquels protestent ouvertement que c'est contre moy et contre la religion dont nous faisons profession, de laquelle ils ont juré la ruine. Ils sont aidez des deniers d'Espaigne ; ce sont des effects de la Ligue du Pape et des princes et estats qui luy adherent, qui commencent par nous pour achever (si Dieu le leur vouloit permettre) sur tout le reste. J'espere que Dieu nous fera la grace de nous en bien deffendre, et qu'en ceste commune cause nous serons secourus de ceulx qui y ont interest. Le meilleur moyen est que nous avisions tous de nous unir estroictement ensemble et que nous monstrions au moings autant de concorde et de liaison à nostre conservation que le Pape, le roy d'Espagne et les leurs en apportent à nostre ruine. La profession que nous faisons d'une plus vraie et sincere religion que la leur nous y oblige. Je loue Dieu, Monsieur mon frere, d'entendre que vous estes parfaictement uny avec la Royne d'Angleterre ; vous debvez par tous moyens entretenir ce bon commencement. Nous sommes dans un temps qu'il fault ceder les petites considerations aux grandes, et les particulieres aux publiques [1], et noz interests à la gloire de Dieu par lequel nous regnons, et à la conservation de son Eglise pour laquelle il nous a mis le glaive en main. Et d'aultant que la debonnaireté et clemence sont tres requises aux Rois et grands Princes, je vous supplie rendre quelque preuve de vostre bonté, en recevant en vostre bonne grace un grand nombre de seigneurs et gentilshommes espars en divers royaumes et provinces de l'Europe, et establissant entre vos subjects une bonne union et concorde. Vous prendrez, s'il vous plaist, cest advis, et l'affectionnée priere que je vous en fais, en bonne part. Au reste, Monsieur mon

---

[1] Une lettre antérieure rappelle déjà de la même manière au jeune roi d'Écosse la captivité de sa mère. Cette insistance sur une telle allusion, dont l'esprit de parti ne laissait pas apercevoir toute l'inconvenance, était sans doute une déférence aux instigations de la reine Élisabeth.

frere, aprés vous avoir prié de vouloir faire entier estat de moy et de ce qui est en mon pouvoir, je remettray au sieur de Segur, superintendant de ma maison, affaires et finances, à vous faire entendre bien particulierement de mes nouvelles, et l'occasion de son voyage vers vous et tous les rois et princes protestans; lequel je vous prie aussi vouloir croire comme ma propre personne : et sur ce, je prie Nostre Seigneur qu'il luy plaise,

Monsieur mon frere, multiplier de plus en plus en vous ses sainctes graces, et vous conserver longuement et heureusement. De Bragerac, le xe may 1585.

[HENRY.]

1585. — 10 MAI. — IIme.

Minute. — B. R. Fonds des Cinq-cents de Colbert, Ms. 401.

A MONSIEUR LE DUC CASIMIR.

Monsieur mon Cousin, La crainte que j'ay que l'estat des remuemens nagueres commencés en ce Royaume, et desquelz je m'asseure que vous pouvez estre assez informé, pour avoir esté couvez et esclos chez vos voisins, ne tombe sur les Eglises de France et enfin sur moy (comme desjà en leurs escriptz et desclarations ilz me prennent ouvertement à partie, et de nostre ruine ils pretendent se faire pont à l'invasion et dissipation de cest Estat) me faict renvoyer vers vous mons^r de Segur pour vous representer de ma part l'estat de nos affaires et vous preparer de bonne heure à me vouloir secourir à bon escient, selon la necessité que j'en pourrois avoir, mectans à effect la bonne volonté que vous nous avez si souvent monstrée et promise. Je luy ay aussi commandé de prendre son chemin par l'Angleterre, tant pour la seureté de son voyage que pour visiter la royne de ma part et la supplier de m'assister de ses moyens, afin d'estre plus aisement secouru de vous. Je vous supplie, Monsieur mon Cousin, de croire le s^r de Segur comme moy-mesme, en ce qu'il vous dira de ma part et traictera avec vous, selon la charge et ample pouvoir que je luy en ay donné, et me faire paroistre en cest'occasion, selon le besoing que je doubte d'en avoir (encores que justement à ceste heure le Roy mon seigneur face contenance de se vouloir opposer à bon escient à ces remuemens, nonobstant les sollicitations que je sçay luy en estre faictes au contraire par les principaulx de son Royaume), l'amitié que vous portez tant au bien de cest Estat que à mon particulier et aulx Esglises de ce Royaume. J'espere bien que le voyage du dict s^r de Segur ne sera infructueux à l'Eglise. Mais tant y a qu'aprés Dieu, j'ay ma principale confiance en vous, que je sçay avoir, Dieu mercy, les moyens et la volonté, et estre prince si zelé au bien des Eglises et de cest Estat, et tant mon amy, que vous n'espargnerez à nostre conservation ny vostre personne ny vos moyens, comme le s^r de Segur a charge de vous en requerir plus particulierement de ma part. Sur lequel me remectant, je me contenteray de vous asseurer que je suis entierement vostre, et que je ne veulx dependre que de vos bons escripts et advis, lesquels je suivray toujours comme venant de la part du prince de ce monde que j'honore et estime le plus : et en ceste volonté, aprés m'estre bien humblement recommandé à vos bonnes graces, je prie Dieu vous donner, Monsieur mon Cousin, etc.

De Bergerac, le dixiesme de may 1585.

HENRY.

[1585. — VERS LA MI-MAI.] — Ire.

Imprimé. — *Suite des Lettres et Mémoires de messire Philippes de Mornay, etc.* t. IV, Supplément, p. 34. Édit. d'Elzévir, 1651, in-4°.

A MON COUSIN MONS^R LE MARESCHAL DE BIRON.

Mon Cousin, je suis marry que les remuëmens m'ostent le plaisir que j'avois esperé de vous voir. Cela mesmes nous eust esté un moyen de nous esclarcir l'un l'aultre de plusieurs choses qui importent au service du Roy et bien de cest Estat. Je vous prie d'adviser si en quelque façon, sans interest de vostre santé, il se pourra recouvrer.

Je ne sçay encores quel pretexte prennent les autheurs de ces remuëmens. Si ce sont leurs mescontentemens particuliers qui les menent, ils ne sont pas les seuls qui en peuvent pretendre; et vous sçavés qui en auroyent bien de plus grandes occasions qu'eux. Mais j'ay tousjours pensé, mon Cousin, que nous devions donner nostre interest particulier au service de nostre prince et bien de nostre patrie, et non pas s'engager en une calamité perpetuelle, pour amender nostre condition, peut-estre de peu de chose. En ce temps principalement, j'estime que nous devons avoir ceste consideration, et non seulement nous contenir en ceste moderation, mais y retenir les aultres et y ramener ceux qui s'en seroyent destournez, s'il est possible. Et je sçay que vostre authorité peut beaucoup envers plusieurs, et qu'elle n'y sera espargnée, si vous vous pouviés despartir en beaucoup de lieux. Comme je vous voy necessaire icy, aussi vous desirerois-je à la Court et par tout, pour assister d'ayde et de conseil Sa Majesté, sur les affaires qui se presentent; car estant officier de ceste couronne, et principalement l'estant tel que vous estes, vostre presence y seroit tres necessaire. Mais soit que vous y alliés, ou que vostre indisposition vous retienne encor quelque temps chez vous, je vous prie que je sçache souvent de vos nouvelles, comme aussy je vous feray tousjours part des miennes. J'attends de jour en jour ce qu'il plaira à Sa Majesté me commander, ainsi qu'elle m'avoit mandé par ses precedentes. Mon Cousin, faictes au reste tousjours estat de la parfaicte amitié de

Vostre, etc.

[HENRY.]

[1585. — VERS LA MI-MAI.] — IIme.

Imprimé. — *Suite des Lettres et Mémoires de messire Philippes de Mornay*, t. IV, Supplément, p. 35. Édit. d'Elzévir, 1651, in-4°.

A MESS^{rs} LES DEPUTÉS DES PAYS BAS.

Messrs, J'ay esté tres marry que vos depputez ayent trouvé l'estat de ce Royaume tel que le Roy mon seigneur n'ait peu embrasser vos affaires, comme il eust esté à desirer. Ces grands remuëmens qui ont paru en divers endroicts en ont esté cause, au commencement desquels les meilleurs ingenieurs demeurent en suspens; et les plus sages, ne sçachans quelle forme ils ont à prendre, estiment ne pouvoir rien faire plus à propos que de ne rien faire. Mais je ne fais poinct de doubte que, comme le Roy mon dict seigneur aura connu où ils tendent et d'où ils procedent, il reconnoistra, selon sa prudence, son interest au nostre, et sçaura bien choisir les moyens de nous conserver, lesquels vous sçavés humainement estre en sa main. Le sieur Caluart vous dira qu'à ceste fin je luy ay faict une despesche bien expresse par le baron de Salignac, auquel aussy j'ay commandé de vous tenir advertis du progrez de sa negotiation. Et vous diray, Messrs, que ce m'a esté un regret de n'avoir receu vos lettres (par lesquelles vous me requeriés d'interceder vers le Roy mon seigneur pour vos affaires), qu'après qu'ils ont eu une response finale sur icelles, parce que le moyen m'a esté osté de vous faire paroistre en cest endroict ma bonne volonté, et peut-estre aussi de vous en faire toucher les effects, par le moyen de diverses ouvertures que j'eusse peu faire à Sa Majesté pour vostre secours, desquelles je ne fais point de doubte que l'une ou l'aultre luy eust esté agreable. Pour mon regard, ce m'est un singulier contentement de cognoistre par vos lettres la correspondance que vous desirés que nous ayons ensemble, qui nous est et nous sera doresnavant plus necessaire que jamais. Et quant au conseil et à l'aide que vos depputez ont requis de moy par le s[r] Caluart, le conseil, Messrs, que je vous puis donner, c'est que vous vous resolviés et remettiés en Dieu, qui a en sa main l'issuë de vos affaires, et duquel vous avés par cy-devant tant de fois esprouvé le secours et l'assistance; que pareillement vous demeuriés de plus en plus unis et liez ensemble, contre les praticques et menées de vos ennemis, qui ne tascheront qu'à vous diviser les uns des aultres, pour avoir meilleur marché, comme desjà avés veu, d'un chascun à part; et ce pendant, que vous patientiés constamment en la deffense de la vraye religion et de vostre patrie, que Dieu semble desjà secourir en quelque façon, quant il met au cœur de vostre ennemy d'entreprendre contre cest Estat : ce qu'il ne peut sans une grande distraction.

Et quant à l'ayde, Messrs, je pense que vous ne doubtés pas que ces remuëmens ne m'ayent apporté plusieurs nouveaulx affaires qui distrayent mon esprit et mes moyens en diverses parts, et me retranchent d'autant le pouvoir de vous assister, encor que la volonté m'en demeure toute entiere. Neantmoins le s^r de Rebours, comme vous dira le s^r Caluart, au plus tost qu'il luy sera possible, vous menera deux mille hommes de pied ; pour l'acheminement desquels luy feray deslivrer l'argent qui luy sera necessaire. Et l'ay d'autant plus volontiers choisy, que le s^r Caluart m'a asseuré que vous aviés bonne opinion de luy et qu'il vous estoit agreable. Et quand le temps nous aura faict voir un peu plus clair és affaires de ce Royaume, qui ne peuvent longuement demeurer en ceste obscurité, je vous feray cognoistre, Messrs, que j'estime vos affaires les miens propres, tant en m'en rendant solliciteur envers le Roy mon seigneur, qu'en vous departant de mon particulier ce que Dieu m'aura donné d'amys et de moyens. Je remettray le surplus sur le sieur Caluart, qui vous pourra discourir de l'estat des pays de deçà, etc.

. . . .

[HENRY.]

1585. — 17 MAI.

Orig. — Biblioth. impér. de Saint-Pétersbourg, Ms. 915, lettre n° 37. Copie transmise par M. Allier, correspondant du ministère de l'Instruction publique.

Cop. — B. R. Suppl. fr. Ms. 1009-4.

Imprimé. — *Mémoires de messire Philippes de Mornay, seigneur du Plessis Marli*, etc. t. I, p. 414. Édit. de La Forest, 1625, in-4°.

AU ROY, MON SOUVERAIN SEIGNEUR.

[1] Monseigneur, J'ay receu celle qui a pleu à Vostre Majesté m'escrire du viij^e de ce mois. Je vous supplie tres humblement, Monsei-

---

[1] « Dressée par M. du Plessis. » (*Mém. de Mornay.*)

gneur, croire que je n'ay ny n'auray jamais rien plus proche que l'obeissance de vos commandemens, quand mesmes il iroit de ma propre vie. Mais aussy m'asseuré-je, Monseigneur, que vous n'entendés pas que ceulx qui ont entrepris contre votre Estat, attentent tout ce qu'il leur plaira, impuneement, et moins encor qu'ils abusent de la tres humble obeissance que je vous desire rendre, à ma ruine, et peut-estre aussy à vostre dommage. Ils ne celent point en tous leurs discours, tant publics que privez, qu'ils sont armez pour exterminer vos tres humbles subjects de la Religion, et que particulierement ils en veulent à ma personne; encor que toutes personnes d'entendement ont assés de quoy juger que ce ne leur est qu'un pretexte pour acheminer leurs desseins contre l'Estat de Vostre Majesté. Tous les jours aussy se descouvrent entreprises sur les villes habitées par les dicts de la Religion; et plusieurs maisons de gentils-hommes, en diverses provinces, ont esté par eux violemment saisies; et tout fraischement ils ont assailly mon chasteau de l'Isle en Jourdan, où les eschelles et quelques armes sont demeurées pour preuve de l'entreprise. Vostre Majesté, Monseigneur, peut considerer si ces occasions ont esté suffisantes pour mettre en allarme vos dicts subjects de la Religion, et pour les faire penser à leur conservation; mesmes quand ils ont veu que les troupes des perturbateurs se levoient et marchoient partout ouvertement, sans contredict, et qu'elles passoient à leurs portes, sans qu'il leur fust permis de s'opposer, et sans que d'ailleurs on leur donnast aulcun empeschement, comme si elles eussent esté sacrées. Ce nonobstant, Monseigneur, j'y ay donné tel ordre, preferant peut-estre l'obeissance de vos commandemens au besoin de vostre service, que jusques icy il n'a bougé personne des dicts de la Religion, sur l'asseurance que je leur ay donnée que Vostre Majesté sçauroit bien pourvoir à la repression de ses ennemis, et à leur conservation tout ensemble. Ce qui les a mis principalement en peine, Monseigneur, et qui est une difficulté que je ne leur puis bonnement souldre, c'est la voix commune, mesmes de vos principaulx officiers és villes et provinces de deçà, qui ne feignent de dire que ces troubles se pacifieront à leurs despens, et retomberont enfin dessus leurs testes ; que les choses en sont des-jà si avant, qu'ils les font tenir comme faictes et concluës. Ce qui leur est d'aultant plus aisé de croire, qu'ils ne voient aulcune opposition aux desseins des dicts perturbateurs, et que d'ailleurs ils sçavent que, de tout ce qui s'est traicté ou pourparlé jusques icy avec les dicts de la Ligue, je n'en ay aulcune communication ny cognoissance de la part de Vostre Majesté, ny de ses ministres de deçà, desquels je pense, pour ce regard, avoir à me plaindre ; moy, toutesfois, Monseigneur, à l'ombre duquel vos ennemis cerchent la ruine de vostre Estat, et qui, plus qu'aulcun aultre, doibs ressentir la mienne en la vostre. Et ne vous celeray, Monseigneur, que des-jà le bruit est partout qu'on leur consent la revocation de vostre edict de pacification ; ce que j'ay bien de la peine à les empescher de croire, leur remonstrant qu'il n'y a pas d'apparence que Vostre Majesté voulust contenter des estrangers aux despens des princes qui ont cest honneur de le toucher de si prés, ny rachepter la paix avec ceux qui troublent vostre Estat, au dommage de ceulx qui ne desirent que trainer leur vie sous l'obeissance de vos edicts. C'est pourquoy, Monseigneur, pour retenir et contenir plus aiseement vos dicts subjects de la Religion, j'ay pensé de les occuper en leur permettant de reparer et fortifier leurs villes : ce qui se faict en la plupart des lieux, non seulement sans contraincte, mais mesme de gré à gré, et avec l'allegresse du peuple et des circonvoisins, qui pensent travailler pour la conservation de leurs propres vies ; et avec tel ordre, au reste, et si peu de foule d'un chascun, que je m'asseure que Vostre Majesté, en estant bien informée, en auroit contentement.

A ce propos, j'ay à me plaindre à Vostre Majesté d'aulcuns auxquels vous avés donné charge de vous mener des forces par delà pour vostre service, qui s'excusent, ou de ne vous aller trouver, ou de ne vous mener telles troupes qu'ils auroient promis, sous ombre des remuëmens qu'ils disent craindre de ceux de la Religion. Je ne sçay, Monseigneur, si ce seroient peut-estre personnes mal affectionnées à vostre service, telles que vous en avés recogneu assés d'aultres, en ces derniers remuëmens, qui vous serviront, ou avec moins de fidelité, ou avec moins d'ardeur que vous n'avés attendu d'eux; mais j'oseray encor un coup vous respondre que de la part de vos dicts subjects de la Religion, il ne s'est fait jusques icy et ne se prepare pour l'advenir, remuëment quelconque, ny en general, ny en particulier; encor qu'à la verité tous sont en une juste allarme, et de ce qu'ils voyent et de ce qu'ils oyent; si on n'appelle remuëmens quelques remuëmens de terre, qui se font pour leur deffense, et pour le regret qu'ils auroient de tomber és mains des ennemis de vostre Estat. Au reste, Monseigneur, me voyant environné de toutes parts des ennemis de Vostre Majesté, j'ay mandé prés de moy ma compagnie, pour estre plus prés à vous faire service, quand je recevray vos commandemens; au payement de laquelle je supplie tres humblement Vostre Majesté vouloir commander qu'il soit pourveu, comme aussy au payement des garnisons des villes de seureté de ceste province, selon qu'il pleut à Vostre Majesté le leur accorder dés le dixiesme decembre; lesquelles, depuis ce temps, n'ont receu qu'un mois, et dés lors leur en estoit deu presque une année. J'aurois regret, Monseigneur, qu'à faulte de payement, elles fissent quelque desordre; desirant au contraire que tout ce que je suis et que je puis soit un exemple d'obeissance et de debvoir en tout ce qui concerne le contentement particulier de Vostre Majesté, et le bien de vostre service. Et pour ce, Monseigneur, je supplie tres humblement Vostre Majesté de m'y ayder, en commandant les expeditions necessaires à nos dictes fins.

Monseigneur,

Je finiray en suppliant le Createur qu'il donne à Vostre Majesté bonne et longue vie, et prosperité en tous ses affaires. De Bergerac, le xvij^e de may 1585 [2].

Vostre tres humble et tres obeissant
subject et serviteur,
HENRY.

---

[2] D'après les comptes de sa petite écurie, le roi de Navarre séjourna, cette année, à Bergerac, du 1er au 25 mai.

1585. — 27 MAI.

Orig. — Arch. de M. le comte H. C. de Meslon. Envoi de M. le secrétaire général du département de la Gironde.

AU Sʀ DE MESLON.

Meslon, Pour adviser aux moyens de pourveoir à la garnison de Montsegur, je vous prie ne faillir de me venir demain trouver à disner à Castillon, où je seray. Et n'estant ceste à autre fin, prieray Dieu vous avoyr en sa saincte garde. A Saincte Foy, ce xxvijᵉ de may 1585.

Vostre bon maistre et amy,
HENRY.

[1585. — 30 MAI[1].]

Cop. — B. R. Fonds Leydet, liasse II. Hist. msᵗᵉ de Jacques Nompar de Caumont, maréchal de la Force, fol. 14 verso.

Imprimé. — *Histoire universelle* du sieur d'Aubigné. Iʳᵉ partie, t. II, liv. V, chap. vi, p. 427.

Et *Mémoires authentiques de Jacques Nompar de Caumont, duc de la Force*, etc. publiés par le marquis de la Grange. Paris, 1843, in-8°, t. Iᵉʳ, p. 44.

DISCOURS DU ROI DE NAVARRE AUX PRINCIPAUX SEIGNEURS DE SON PARTI.

Si j'eusse cru, mes amis, que les affaires qui se presentent n'en eussent voulu qu'à ma teste; que la ruine de mon bien, la diminu-

---

[1] L'histoire du duc de la Force et d'Aubigné placent ce discours en 1585, et apprennent qu'il fut prononcé à Guitres, près Coutras. Il est évident que ce fut peu de temps après les manifestes de la Ligue. Or je trouve, dans les comptes originaux de la dépense du roi de Navarre, que ce prince soupa et coucha le 29 mai, et dîna le lendemain, à Guitres.

D'Aubigné expose ainsi quelle fut l'occasion de ce discours et de la délibération qui s'ensuivit : Les réformés étaient « agitez de deux opinions contraires, qui mi-partissoient les esprits de leurs chefs. On leur mandoit de la Cour que ce seroit une grande prudence à eux de ne s'esmouvoir point dans l'esmotion des autres; que demeurans paisibles ils condamnoient les armes de la Ligue; que ce seroit un brave trait s'ils faisoient couler leurs gens de guerre dans les trouppes du Roi; et plustost s'ils faisoient prendre le nom des compagnies à des catholiques, bien que leurs inferieurs..... qu'ils verroient le Catho-

tion de mes interests et de tout ce qui m'est le plus cher, hors l'honneur, vous eust apporté tranquillité et seureté, vous n'eussiez point eu de mes nouvelles, et avec l'advis et l'assistance de mes serviteurs particuliers, j'eusse, aux despens de ma vie, arresté les ennemiz. Mais estant question de la conservation ou de la ruine de toutes les eglises refformées, et par là de la gloire de Dieu, j'ay pensé devoir deliberer avec vous de ce qui vous touche. Ce qui se presente le premier à traicter est, si nous devons avoir les mains croisées durant le debat de nos ennemis, envoïer tous nos gens de guerre dedans les armées du Roy, sans nom et sans authorité, qui est une opinion en la bouche et au cœur de plusieurs; ou bien, si nous debvons avec armes separées secourir le Roy et prendre les occasions qui se presenteront

lique ruiné par le Catholique, et que l'on ne pourroit les accuser d'ambition, quand aucune compagnie ne porteroit le nom d'un Refformé. Cette nouveauté se rendit agreable à plusieurs..... et comme elle passoit de paradoxe en deliberation, le roi de Navarre qui, finissant l'assemblée de Montauban, avoit demandé un nouvel envoi de depputez par touttes les provinces, les receut en ce temps-là, et donna rendez-vous à Guistres, prés Coutras, à tous les chefs du parti. Tous s'estans rendus en ce lieu, l'assemblée fut convoquée un matin, en une grand' salle du prieuré, où furent commandez d'assister quelques mestres de camp; si bien que cet amas estoit de soixante testes. »

D'Aubigné, après le discours du roi de Navarre, donne celui du vicomte de Turenne, qui fut contraire à la prise d'armes des protestants. Cette opinion réunit les voix des vingt membres de l'assemblée qui séparaient Turenne de d'Aubigné; car c'est lui-même que cet historien désigne ici, comme en d'autres endroits, sous le titre d'un mestre de camp. « Il eschappa

au roi de Navarre, ajoute-t-il, sur la fin du discours du mestre de camp, de s'escrier : « Je suis à lui. » Telle estoit lors l'ardeur de ce jeune prince. Ces mots, joints avec les raisons de la derniere harangue, fit que le reste de l'assemblée souscrivit à la derniere opinion, fortifiée de quelques exemples qu'apporta le Plessis-Mornay, et après lui le prince de Condé. »

Les mémoires du maréchal de la Force, que vient de publier M. le marquis de la Grange, présentent ici une singulière contradiction avec ceux de d'Aubigné. Le même discours que s'attribue celui-ci est attribué, dans l'ouvrage nouvellement imprimé, à la Force. Le texte de ce discours est pareil, et l'effet soudain qu'il produisit est également raconté, bien qu'avec moins de vivacité que par d'Aubigné. Quant au titre de mestre de camp, il n'y a point de doute sur le personnage que d'Aubigné désigne ainsi; car il dit dans ses mémoires (page 107, édition d'Amsterdam, 1731, in-12) : « C'est moi qui dans mon histoire m'y suis désigné sous le nom d'un mestre de camp. »

pour nostre affermissement. Voilà sur quoy je prie un chascun de ceste compaignie vouloir donner son advis sans particuliere passion.

[1585. — 3o MAI.]

Orig. autographe. — B. R. Fonds Béthune, Ms. 8828, fol. 7 recto.
Cop. — B. R. Suppl. fr. Ms. 1009-4.

A MON COUSIN MONS^R LE MARESCHAL DE MATIGNON.

Mon Cousin, Je vous envoye le s^r de Merle pour vous dire comme je pars ce jourd'huy pour aller voir monsieur le Prince, qui s'advance à Montguyon[1], avec lequel je ne demeureray qu'un jour. Si vostre commodité vous pouvoit permectre de venir à Libourne, je vous verrois à mon retour, et croy qu'il en reussiroit beaucoup d'utilité au service du Roy. Vous me manderez, s'il vous plaist, de voz nouvelles par ce gentilhomme. Je suis adverty, de bonne part, que depuis le partement du s^r de Cornusson, les affaires ne se portent pas si bien à Toulouse; que les ligueurs y parlent librement, et que l'un des plus apparens a tenu des propos fort suspectz. Il seroit besoing que le Roy y pourveust. Je remets le surplus sur la creance du dict s^r de Merle, que vous croirez de la part de

Vostre plus affectionné cousin et meilleur amy,
HENRY.

1585. — 6 JUIN. — Ire.

Orig. — B. R. Fonds Béthune, Ms. 8859, fol. 43 recto.
Cop. — B. R. Suppl. fr. Ms. 1009-4.

A MON COUSIN MONS^R DE MATIGNON,
MARESCHAL DE FRANCE.

Mon Cousin, Estant deu, du reste du quartier de janvier, à mes gardes, la partie de treize cens soixante six escus ou environ, je vous

---

[1] Les comptes de la dépense du roi de Navarre constatent son départ de Guitres et son arrivée à Montguyon le 3o mai; ce qui fixe la date de cette lettre et le lieu où elle fut écrite.

ay bien voulu faire ceste-cy pour vous prier la vouloir faire acquicter incontinent. C'est si peu de chose, que je m'asseure que, employant votre credit et auctorité pour l'amour de moy, elle le sera. Ce que me promectant, je ne vous en diray davantaige, que pour prier Dieu vous avoir, mon Cousin, en sa trez saincte et digne garde. De Castillon, ce vj^e de juing 1585.

Vostre plus affectionné cousin et meilleur amy,

HENRY.

1585. — 6 JUIN. — IIme.

Orig. — B. R. Fonds Béthune, Ms. 8857, fol. 84 recto.

A MON COUSIN MONS^R DE MATIGNON,
MARESCHAL DE FRANCE.

Mon Cousin, Ceulx de la Religion qui sont demeurés à Florence m'ont faict de grandes plainctes de ce que la compagnie du capitaine Caillonet, qu'avez mise en garnison dans la dicte ville, est la plus part logée chez eulx, tellement qu'il n'y a pas dix logis des catholiques qui n'en soyent exempts. Qui est cause que je vous envoye ce porteur, le capitaine Loursian, qui est de ma compaignie, pour vous faire entendre les particularitez de ce mauvais traictement; ayant luy mesme le dict capitaine Caillonet logé chez luy et chez son frere. Il vous dira aussy comment ceulx de la dicte Religion ne sont admis à faire la garde comme les aultres, et que ceulx des troupes d'Agen et aultres soldats de la Ligue ont leur entrée et sortie libre dans la dicte ville. Tellement qu'il semble que la dicte compagnie soit pour entretenir mesfiance et division plus tost que l'union qui doibt estre entre concitoyens, et que ce soit à ceulx de la Religion qu'on en veuille plustost qu'aux ennemis de l'Estat et à ceulx de la Ligue. Partant, je vous prie, mon Cousin, y pourveoir et oster ce bigarrement, faisant exempter ce dict porteur, pour estre de ma compaignie, et sur tout de mettre quelque reglement entre les soldats, qui vivent à discretion. J'en ay parlé plus particulierement au s^r de Montaigne; qui me gardera de vous en faire la presente plus longue, que pour prier Dieu vous avoir, mon Cousin, en sa trez saincte et digne garde. De Ste Foy, ce vj^e jour de juing 1585.

Vostre plus affectionné cousin et meilleur amy,
HENRY.

[1585. — VERS LE 8 JUIN.[1]]

Orig. autographe. — B. R. Fonds Béthune, Ms. 8828, fol. 11 recto.
Cop. — B. R. Suppl. fr. Ms. 1009-4.

A MON COUSIN MONS^R LE MARESCHAL DE MATIGNON.

Mon Cousin, La Marsiliere vient d'arriver tout presentement, ainsy que je vous faisois ce mot de lettre, qui sera seulement pour vous dire que les compagnies de Palandras et Roger vont à Bourg, et qu'il me semble qu'il seroit bon, premier qu'elles y arrivassent, de les rompre et deffaire. Au reste, je vous prie, mon Cousin, d'autant que vous m'aimés, donner ordre que les garnisons des villes de seureté touchent argent, car il n'est plus possible de les tenir ainsy. Je despescheray vers vous, dedans un jour ou deux, pour vous faire responce de ce que La Marsiliere a apporté. Ce pendant je vous prie, mon Cousin, faire tousjours certain estat de

Vostre plus affectionné cousin et parfaict amy,
HENRY.

[1] Voyez la note sur la lettre du 15 juin, au même maréchal.

[1585. — 10 JUIN.] — Ire.

Orig. autographe. — Collection de M. F. Feuillet de Conches.
Cop. — B. R. Suppl. fr. Ms. 1009-4.

Et Biblioth. de Carpentras, Mss. de Peyresc. Registre XLI, vol. II, fol. 280 verso. Envoi de M. le préfet de Vaucluse.

Imprimé. — En tête de la *Declaration du Roy de Navarre sur les calomnies publiées contre luy ès-protestations de ceux de la Ligue qui se sont eslevez en ce Royaume*, Ortés, 1585, petit in-8°, pages 3 et 4.

Mémoires de messire Philippes de Mornay, seigneur du Plessis Marli, etc. Édit. de 1624, in-4°, t. I, p. 465.

Mémoires de la Ligue, t. I, p. 174, édit. de 1758, Amsterdam, in-4°.

AU ROY, MON SOUVERAIN SEIGNEUR.

[1] Monseigneur, Vostre Majesté aura veu comme ceulx qui se sont nagueres eslevés en ce Royaume m'ont pris à partie en leurs protestations, et par toutes sortes de calomnies ont tasché en icelles de me rendre suspect à Vostre Majesté, odieux à tous les ordres et estats de ce Royaume[2], et en mauvaise odeur envers tous les princes, estats et nations de la chrestienté. C'est pourquoy, Monseigneur, j'ay pensé de vous envoyer la declaration cy joincte[3], escripte et signée de ma main, qui vous sera presentée par les sieurs de Clervant[4]

---

[1]. En marge de l'édition de Mornay : « Dressée par M. du Plessis. »

[2] Le cardinal de Bourbon disait en propres termes, dans son manifeste du 31 mars précédent, qui fut répandu à profusion : « Les subjects ne sont tenus de reconnoistre ny soustenir la domination d'un prince devoyé de la foy catholique, et relaps. »

[3] Cette déclaration, outre l'édition originale, citée ci-dessus, est imprimée à la suite de la présente lettre, dans les mémoires de la Ligue et dans ceux de Mornay, et contient 33 pages in-4°. Elle fut donnée à Bergerac, le 10 juin 1585, ce qui, avec la date de la suivante, permet de dater celle-ci d'une manière certaine.

[4] L'instruction remise à M. de Clervant, sur cette déclaration, porte : « Il est besoin de presenter la declaration du roi de Navarre au Roi, signée et escrite de sa main. Mais premier que s'en desaisir, en faut retenir une copie bien nette et bien orthographiée, sans autre esgard à l'orthographe dudit seigneur roi de Navarre, et s'il est possible signée de notaires, attestans l'avoir prise sur l'original, escrit et signé de la main du roi de Navarre, puis sur icelle prendre les copies qui seront distribuées tant dedans que dehors le Royaume. »

et de Chassincourt, laquelle je supplie tres humblement Vostre Majesté vouloir lire de poinct en poinct, et en icelle se representer devant les yeulx mes actions et desportemens passez, esquels je m'asseure que l'œil equitable de Vostre Majesté ne remarquera que fidelité et integrité. Nul, Monseigneur, n'a veu plus profondement ny plus clairement, soit aux causes soit aux effects, que Vostre Majesté mesme. Et pourtant encore que je desire sur tout satisfaire à vostre jugement, si me confié-je [5] que ce m'est chose fort aisée à l'endroict de Vostre Majesté. Mais parce, Monseigneur, que le venin de ces calomnies se va respandant par toutes les veines de ce Royaume, et mesme de la Chrestienté, en tant qu'ils peuvent, en quoy mon honneur et reputation souffrent un interest incroyable [6], j'ay à supplier tres humblement Vostre Majesté de me faire tant de faveur que de trouver bon que j'envoye la susdicte declaration à toutes vos cours de parlement [7] et aultres corps notables de ce Royaume, vers lesquels principalement ils ont tasché de me desnigrer et diffamer; aussy que Vostre Majesté me fasse cest honneur de commander à ses ambassadeurs de la presenter à tous les princes chrestiens, ses amis et alliés, avec les lettres que, soubs le congé de Vostre Majesté, je me deslibere leur escrire; m'asseurant que Vostre Majesté ne pourroit trouver que tres estrange, luy estant ce que je suis, et avec le courage que j'ay, que je passasse sous silence les enormes blasmes dont ils chargent mon honneur, que j'oseray dire ne pouvoir estre taché sans quelque interest de Vostre Majesté [8]. Je l'en supplie donc

[5] L'édition de Mornay ajoute ici les mots *d'autre part*, qui ne se trouvent ni dans le précieux autographe de M. Feuillet de Conches, ni dans l'édition *princeps* de 1585, dont M. Monmerqué possède un exemplaire.

[6] Au mot *incroyable* de l'original autographe et du texte imprimé contemporain, l'édition de Mornay substitue le mot *notable*.

[7] Voyez la lettre suivante.

[8] Cette fin est ainsi donnée dans les Mémoires de Mornay, où la lettre fut sans doute imprimée d'après une minute que le roi de Navarre avait modifiée en la copiant :

« J'en supplie donc tres humblement et de toute mon affection V. M. Et, remettant le surplus sur les sieurs de Clervant et de Chassincourt, que je supplie V. M. croire de ma part, comme elle me feroit cet honneur de me croire moi-mesme, je finirai, etc. »

tres humblement et de toute mon affection ; et, remettant le surplus sur les sieurs de Clervant et de Chassincourt, je supplie Vostre Majesté les croire comme

> Vostre tres humble et tres obeissant subject et serviteur,
>
> HENRY.

1585. — 10 JUIN. — IIme.

Cop. — Biblioth. de Tours, ancien manuscrit des Carmes, coté M, n° 50, *Lettres historiques*, p. 288. Communiqué par M. le préfet.
Cop. — B. R. Suppl. fr. Ms. 1009-3.
Imprimé. — *Mémoires de messire Philippes de Mornay*, etc. t. I, p. 507, édition de 1624, in-4°.

A MESSIEURS DE LA COUR DE PARLEMENT.

[1] Messieurs, J'ay tousjours fort desiré d'approuver mes actions à vos bons jugemens, auxquels je defere tant que je m'estimeray heureux de vous en avoir pour juges, et me sens beaucoup deschargé quand je me propose que je vous ay, pour la plus grande partie, pour tesmoings. C'est pourquoy aussi, me voyant calomnié diversement és protestations de ceulx qui depuis quelques mois se sont eslevez contre le service du Roy mon seigneur et le repos de cest Estat, j'ay pensé de vous envoyer, avec son bon plaisir, une declaration que je luy ay faict presenter escripte et signée de ma main, en laquelle j'ay tasché de representer tous mes desportemens, et laquelle, Messieurs, je vous prie vouloir lire de poinct en poinct, et garder en vos registres, attachée à la presente, en tesmoing de ma fidelité envers le Roy mon seigneur, et de mon affection à la tranquilité de cest Estat, et en condemnation à ceulx qui me calomnient. Les vous approuvant, Messieurs, je les tiens pour approuvez au surplus de ce Royaume, duquel vous estes et les yeulx et les juges; et ne pense avoir besoing d'aultre approbation, encore que mes ennemis ayent

---

[1] En marge : « Faite par M. du Plessis. »

pris la peine de faire glisser le venin de leur blasme contre moy, jusques aux moindres veines et fibres de ce Royaume. Et pour ce, Messieurs, je vous prie de toute mon affection de les vouloir considerer exactement. Au reste, croyés que ce que j'offre de rachepter au prix de mon sang propre la calamité de cest Estat, et la misere que, par ceste guerre, souffriroient tous les estats de ce Royaume, je le fais d'une abondance d'affection, et d'un vif sentiment que j'ay de tous leurs maulx. Dieu le sçait, Messieurs, qui voit le fond de mon cœur, auquel ils ne peuvent pas aussi cacher le leur; qui me sçaura bien garder de leurs complots. Et je le supplie en ces evenemens, Messieurs, vous avoir en sa tres saincte et digne garde. De Bergerac, ce x^e de juin 1585[2].

Vostre tres affectionné et plus asseuré amy,
HENRY.

1585. — 10 JUIN. — IIIme.

Orig. — B. R. Fonds des Cinq-cents de Colbert, Ms. 401.
Imprimé. — <i>The Life of Thomas Egerton, lord chancellor of England</i>, 1 vol. in-4° sans indication de lieu ni date, pag. 429.</p>

A MONS^R DE SEGUR,
MON CONSEILLER ET SUPERINTENDANT DE MA MAISON, AFFAIRES ET FINANCES.

Monsr de Segur, Depuis vostre partement, les affaires n'ont pas receu beaucoup de changement. Ceux de la Ligue continuent à ramasser le plus d'hommes qu'ilz peuvent; leurs entreprinses reussissent en peu de lieux, et leurs effects sont encore foibles. Ma femme se fortifie le plus qu'elle peut à Agen[1]. Cependant mess^{rs} de Guyse ne demonstrent pas avoir grande affection à la paix, pour la-

---

[2] Cette date est fournie par la copie du manuscrit de Tours. Dans les mémoires de Mornay, la lettre n'est ni datée ni signée.

[1] Cette princesse se préparait à la guerre contre son mari. Voyez ci-après, lettre de 1585, 20 août, Ire, note 2.

quelle la Royne a faict de si grandes offres, que le Roy luy a mandé de s'en retourner; et dit-on qu'il s'estoit condescendu à la revocation de nostre edict : qui seroit bien nous tailler de la besongne pour le reste de nos vies; qui est cause que nous avons de tant plus à regarder à nous, et que je vous prye, Monsr de Segur, avoir en recommandation tous noz affaires, qui requierent, comme pouvez penser, vostre diligence et affection accoustumée. Il y a sept ou huit jours que le s^r de Champernon est arrivé icy, dont j'ay esté fort ayse, et d'entendre ce qu'il m'a rapporté de la bonne volonté de sa maistresse[2]. J'ay donné charge à mons^r de Clervant de vous envoyer la desclaration que j'ay faicte pour la presenter à la dicte dame; ayant envoyé l'original au Roy, escript et signé de ma propre main. Il est besoing qu'en fassiez faire plusieurs doubles pour les distribuer à tous pays, princes et estats, avec une lettre dont je vous envoye la teneur. Changez les termes qu'il fauldra changer, selon l'adresse. Nous avons esté, monsieur le Prince et moy, trois ou quatre jours ensemble avec mons^r de Rohan, mons^r le comte de la Rochefoucault et bonne compagnie, à Montguyon et à Coutras[3], en esperance de voir le mareschal de Matignon, qui avoit promis de se trouver à Libourne, dont il s'est excusé sur la cholique; de sorte que n'avons peu conferer avec luy des choses qui concernent le service du Roy, comme il estoit bien necessaire. Ce sera pour une aultre fois. Ce pendant je vous prie que j'aye, le plus souvent que pourrez, de vos nouvelles; attendant lesquelles prieray Dieu vous avoir, Monsr de Segur, en sa saincte et digne garde. De Bergerac, le xe juin 1585.

Vostre bon maistre et affectionné amy,

HENRY.

---

[2] La reine d'Angleterre, dont M. de Champernon était ambassadeur.
[3] Du 31 mai au 4 juin.

1585. — 13 JUIN.

Orig. — Arch. de M. le comte H. C. de Meslon. Envoi de M. le secrétaire général du département de la Gironde.

A MONS^R MESLON,

GOUVERNEUR DE MONSEGUR.

Monsr Meslon, Hyer mons^r de Matignon m'accorda, à nostre entrevue, le payement d'ung moys pour les garnisons des places de seureté, avecque promesse que dans six jours ensuivans il y seroit satisfaict. Vous ne ferés faulte, incontinent la presente receue, de vous acheminer à Bordeaux pour toucher des tresoriers les dicts deniers, suivant le commandement qu'ilz en auront du dict s^r de Matignon. De quoy vous nous tiendrez adverty et du debvoir que l'on y aura faict. Sur ce, je prie Dieu, Monsr Meslon, vous avoir en sa saincte et digne garde. Escrit à Cleirac, le xiij^e juin 1585.

Vostre bien bon et meilleur amy,

HENRY.

[1585. — 15 JUIN.]

Orig. autographe. — B. R. Fonds Béthune, Ms. 8828, fol. 38 recto.
Cop. — B. R. Suppl. fr. Ms. 1009-4.

A MON COUSIN MONS^R LE MARESCHAL DE MATIGNON.

Mon Cousin, J'ay entendu ce que vous m'avez mandé de la prise de Bourg par les rebelles[1]; c'est chose que j'ay prevue et dont j'ay

---

[1] Quelque temps auparavant, le roy de Navarre avait donné avis au maréchal de cette entreprise sur Bourg, par une lettre que nous avons placée vers le 8 de ce mois. Quant à celle-ci, la date résulte du rapprochement entre l'arrivée du prince à Lectoure, constatée par les comptes de sa dépense, et son départ pour cette ville, qu'il annonce ici comme immédiat. Il partit de Nérac le 15 au matin, et arriva le soir à Lectoure. Il y resta jusqu'au surlendemain 17.

donné quelques fois des advis et mesme de leurs pratiques et menées qui se dressoient, au sceu d'un chascun ; à quoy on eust bien pu pourvoir autrement qu'on n'a fait jusques icy. Je vais à Lectoure pour parler à la noblesse et les tenir en leur devoir pour le service du Roy, de là je m'aprocheray de vous, pour avoir vos bons advis et sages conseils, et servir en tout ce que je pourray aux affaires de Sa Majesté[2] et au bien de son Estat. En quoy je suis resolu de prodiguer ma vie et tous mes moyens avec la fidelité que je dois. Je vous prie, mon Cousin, me mander le plus souvent que vous pourrés de vos nouvelles et faire tousjours tres certain estat de

Vostre plus affectionné cousin et parfait amy,

HENRY.

[1585. — VERS LA MI-JUIN.]

Cop.—B. R. Suppl. fr. Ms. 1009-3.

Imprimé. — *Mémoires de messire Philippes de Mornay*, etc. t. I, p. 508 ; ancienne édition in-4°.

A LA ROYNE D'ANGLETERRE.

[1] Madame, Je ne doubte point que les protestations de ceulx qui se sont eslevés nagueres en ce Royaume contre le service du Roy mon seigneur ne soyent venuës en vos mains ; esquelles ils me calomnient diversement, et ont tasché de faire glisser leur venin contre moy par tous les endroicts, non de ce Royaume seulement, mais mesme de la Chrestienté. C'est pourquoy j'ay pensé estre de mon devoir d'envoyer une declaration contre leurs calomnies au Roy, mon dict seigneur, escripte et signée de ma main, laquelle avec son bon plaisir j'ay faict aussy presenter à toutes les courts de parlement de ce Royaume. Et par mesme moyen, parce que je vis en la lumiere du monde, et desire approuver mes actions à un chascun, me

---

[2] L'alliance publique de Henri III avec la Ligue ne se fit que le mois suivant.

---

[1] En marge : « Faite par M. du Plessis. »

suis resolu, de l'envoyer à tous les princes de la Chrestienté, que je prie de toute mon affection la vouloir exactement considerer de poinct en poinct. Et parce que particulierement ils m'avoient taxé d'avoir negotié, ces dernieres années, par la legation du sieur de Segur, superintendent de ma maison, avec partie des susdicts princes faisant profession de mesme religion, choses prejudiciables au Roy mon seigneur, à l'estat de ce Royaume, et au repos de ceulx qui font profession de la religion Catholique Romaine en iceluy, je les prie tous de se ressouvenir, si onc je leur ay proposé ou faict proposer chose semblable; et de ce qu'ils en cognoissent veritablement, en requiers une attestation escripte et signée de leur main, pour icelle representer au Roy mon dict seigneur, et en l'assemblée des estats de ce Royaume, en tant que besoing seroit. Je m'adresse à vous particulierement, Madame, comme à celle au jugement de laquelle je justifieray volontiers tous mes desportemens, et qui sçait aussy, autant qu'aucun aultre, quels ont esté mes desseings et mes intentions, non en la susdicte legation seulement, mais en tout le cours des affaires que j'ay eu à manier, suppliant tres humblement Vostre Majesté de garder ma susdicte desclaration, et en authoriser la verité et droicture, ainsy que plus amplement fera entendre le sieur de Segur, etc.

[HENRY.]

1585. — 17 JUIN.

Orig. — Arch. de M. le comte Henri de Bouffard de Gandels. Envoi de M. Moquin-Tendon, professeur à la faculté des sciences de Toulouse.

A MONS^r DE LA GARRIGUE.

Monsr de la Garrigue, J'ay donné ordre au s^r Constant de vous veoir de ma part et vous prier de ma part de tenir la main à la fortification de vostre ville, et exhorter les magistrats et consuls d'icelle, et aultres vos concitoyens d'y avoir le cœur, et user du temps et des occasions pour cest effect et pour la conservation et seureté commune. Ce que m'assurant que vous ferez, suivant le zele et devotion que vous avés tousjours monstrée avoir au bien, je prieray Dieu vous tenir, Monsʳ de la Guarrigue, en sa saincte garde. De Lectoure, ce xvıjᵉ juing 1585.

Vostre meilleur amy,

HENRY.

1585. — 28 JUIN.

Orig. — B. R. Fonds Dupuy, Ms. 407, fol. 8 recto.
Cop. — B. R. Suppl. fr. Ms. 1009-3.

A MONSᴿ DE SEGUR,

MON CONSEILLER, SURINTENDANT DE MA MAISON, AFFAIRES ET FINANCES.

Monsʳ de Segur, Je suis fort estonné que depuis vostre partement je n'ay eu de voz nouvelles. Qui faict que je metz ceste-cy au hasard, laquelle j'envoye à monsʳ de Clervant pour vous faire tenir; et luy mande vous advertir de tout ce qui se passe aux lieux où il est du costé de deçà. Nous vivons en incertitude, attendans la resolution de la guerre ou de la paix, et toutesfois bien asseurez que l'ung et l'aultre ne nous peuvent apporter que du mal. Le mareschal de Matignon n'advance gueres. Ceulx d'Agen commencent à courir. Ma femme dict qu'estiez venu à Nerac exprés pour l'enlever et mener prisonniere à Pau, avec plusieurs aultres propoz de mesme[1]. Monsʳ et madame de Duras triumphent, et ne croiriez les insolens propoz dont ils usent. Nostre patience dure tant qu'elle peut; Dieu veuille qu'elle puisse continuer : et le prie vous avoir, Monsʳ de Segur, en sa tres saincte et digne garde. A Lectoure, ce xxvııjᵉ juing 1585.

Vostre bien affectionné maistre et amy,

HENRY.

---

[1] Tout en consentant à reprendre sa femme, le roi de Navarre ne lui avait pas caché son mépris. Cette princesse ne tarda pas à ourdir toutes sortes de machinations contre lui; elle fut aidée par madame de Duras, qui fit partager ses ressentiments à son mari.

1585. — 29 JUIN.

Orig.— Arch. de M. le comte Henri de Bouffard de Gandels. Envoi de M. Moquin-Tendon, professeur à la faculté des sciences de Toulouse.

A MONS^R DE LA GARRIGUE.

Monsr de la Garrigue, Je suis bien aysé du soin qu'avez prins à induire et exhorter mess^{rs} de Castres à se fortifier et munir contre l'injure du temps et les desseins de nos adversaires. Mais pour aultant que l'avarice ou la negligence trouve quelques fois plus de lieu aux cœurs des citoïens que la raison, il est besoin les solliciter vifvement; quoy qu'ils s'arrestent quelques fois à des excuses legeres, comme de n'avoir personne qui s'entende à des fortifications. Vous avés prés de Castres plusieurs gentils-hommes, coustumiers du mestier de la guerre, qui ne sont poinct ignorans de cest art. Les appelant et prenant leurs advis, vous y pourrés pourveoir. Si j'avois quelqu'un en main, propre pour cest effect, je le vous envoirois. Je vous remercie de l'advertissement que m'avés donné pour les Bibels. Je vous prie continuer en l'affection que m'avés tousjours desmontrée, laquelle je recognoistray, aydant Dieu, que je prie vous avoir, Monsr de la Guarrigue, en sa saincte et digne garde. A Lectoure, le xxixe juin 1585.

Vostre bien bon amy,
HENRY.

1585. — 30 JUIN.

Orig.—Arch. des Affaires étrangères, correspondance politique, Mss. France, n° XIX, fol. 36 recto.

A MONS^R DE S^T GENIEZ,
MON GOUVERNEUR ET LIEUTENANT GENERAL EN MES ROYAULME ET PAYS SOUVERAIN.

Monsr de St Geniez, Je vous renvoye le petit Arnault et ceulx qui ont amené la pouldre, lesquelz ont fort bien faict leur debvoir. Je vous advise que, depuis que je ne vous ay veu, je n'ay appris aultres nouvelles, sinon que mon cousin mons^r le mareschal de Matignon a pris le fort que mons^r de Lansac avoit faict faire au Bec d'Ambés[1]. Il y avoit force gens dedans qui ne rendirent point de combat. Il y en eut seulement six de tuez, vingt de noyés et quarante de prisonniers. Mon dict cousin m'a envoyé le capitaine Roux pour m'en advertir. C'est luy qui a faict le plus grand effort, avec vingt harquebusiers que je luy avois baillés[2]. J'ay aussy esté adverty que mons^r de la Valette[3], s'en allant en Piedmont, a deffaict un regiment de la Ligue. Voilà comme leurs affaires s'advancent tous les jours. C'est tout ce que vous aurez de moy pour ceste heure; priant Dieu, Monsr de St Geniez, qu'il vous ayt en sa saincte garde. De Lectoure, ce dernier jour de juin 1585.

Vostre bien affectionné maistre et meilleur amy,

HENRY.

[1] Ambez, ou le Bec-d'Ambez, au confluent de la Garonne et de la Dordogne, à trois lieues au nord de Bordeaux.

[2] Madame Catherine de Navarre, gouvernante de Béarn, écrivit sur le même sujet, à M. de Saint-Geniès, une lettre où elle donne des détails encore plus circonstanciés que ceux de la lettre du roi son frère.

« Monsr de St Geniés, Il vient de venir un laquais du Roy mon frere, par qui il escrit que le mareschal a prins le Bec d'Ambés, en a tué et noyé et prins quarante-deux, dont Guabayet en est, qui a tant de fois voullu tuer le Roy mon frere. La compagnie, qui estoit de la Ligue, où il avoit envoyé de ceux de sa compagnie et Parabelle, s'est venu rendre à luy avec promesse de ne retourner plus à Agen, où l'on a beaucoup de necessité. Il est venu un de mes gens de Tours, qui dit que ceux des Ligues estoient prés d'Orleans, et font tous les maux qui se peuvent dire. J'espere que leur mechanceté les fera perir. Si je sçay d'autres nouvelles, je ne fauldray les vous mander. Le Roy mon frere me mande tous les jours que je ne parte pas d'icy qu'il ne le me mande. A Dieu, mons^r de St Geniés, je suis et seray tousjours

« Vostre bien affectionnée et assurée amye,

« CATHERINE DE NAVARRE. »

(Orig. autographe. Collection de M. F. Feuillet de Conches.)

[3] Bernard de Nogaret, seigneur de la Valette, fils de Jean de Nogaret, seigneur de la Valette, et de Jeanne de Saint-Lari, né en 1553, était le frère aîné du duc d'Épernon. Il fut chevalier des ordres du Roi, gouverneur du marquisat de Saluces, du Dauphiné, de Lyon et de Provence, mestre de camp de la cavalerie légère et amiral de France. Il mourut, le 23 février 1592, des suites d'un coup de feu à la tête, reçu treize jours auparavant au siége de Roquebrune.

1585. — 1ᵉʳ JUILLET.

Orig. — Arch. de M. le comte H. C. de Meslon. Envoi de M. le secrétaire général du département de la Gironde.

A MESLON,
GOUVERNEUR DE LA VILLE DE MONTSEGUR.

Meslon, Sitost que j'entendy par le cappitaine Roux la deffaicte que mon cousin monsʳ le mareschal de Matignon feit au Bec d'Amhez (qui m'avoyt esté envoyé par mon dict cousin pour m'en apporter la nouvelle), je luy escrivy touchant Gabarret et le luy recommanday. Je m'asseure que pour l'amour de moy, et de ce qu'il a cy-devant attenté à ma personne, qu'il ne le lairra eschapper. Vous pouvez vous asseurer que je feray tout ce qu'il me sera possible à ce qu'il n'en soit quitte à si bon marché[1]. Je vous prye m'advertyr de ce que vous recongnoissez importer mon service à Nerac, où j'espere me rendre demain, et ne laisser passer aucune occasion; faisant estat de moy, qui sur ce prie Dieu vous avoyr, Meslon, en sa saincte et digne garde. De Lectoure, ce premier jour de juillet 1585.

Vostre bien bon maistre et amy,

HENRY.

1585. — 4 JUILLET. — Iʳᵉ.

Orig. — Arch. de M. le comte H. C. de Meslon. Envoi de M. le secrétaire général du département de la Gironde.

A MESLON,
GOUVERNEUR DE MONSEGUR.

Meslon, Le faict pour lequel je m'acheminay icy a si heureusement succedé, Dieu mercy, qu'il n'est besoing que vous ameniez voz trouppes. Ramenez les incontinent, et faictes travailler à bon escient

---

[1] Le bruit avait d'abord couru que Gabarret avait été tué. Voyez ci-dessus la lettre de madame Catherine de Navarre, à la date du 30 juin 1585.

aux fortiffications. Si ceulx de la Ligue ne font miéulx que ce qu'ils ont faict jusques icy, je leur conseille que ilz ne s'en meslent point. Le cappitaine Geoffre, caddet de la Rainiere, et son enseigne, y ont esté tuez, et trente ou quarante soldatz sur la place, et le reste noyé, se pensantz sauver par eaue. Et la presente n'estant à aultre fin, je ne vous la feray plus longue, pour prier Dieu vous avoyr, Meslon, en sa saincte et digne garde. De Thonneinx, ce iiij^e jour de juillet 1585.

Vostre meilleur maistre et amy,

HENRY.

[1585. — 4 JUILLET.] — IIme.

Orig. autographe. — B. R. Fonds Béthune, Ms. 8828, fol. 37 recto.
Cop. — B. R. Suppl. fr. Ms. 1009-4.

A MON COUSIN MONS^R LE MARESCHAL DE MATIGNON.

Mon Cousin, Je suis extresmement ayse de quoy vostre santé vous a permis de venir jusques en ces quartiers de deçà, premier que de passer en Gascogne, où j'ay necessairement à faire; y allant toutesfois bien marry de ne vous avoir pu voir auparavant, si ceste commodité ne se fust presentée. Et prevois que nostre entrevue sera d'autant plus à propos, pour le service du Roy, que on fait courir le bruit que je dois asteure prendre les armes, ce que vous conoistrés estre faux, tant par les effects que par ce que vous en entendrés de moymesmes. Je vous prye donc, mon Cousin, vous treuver demain, qui est mecredy, à disner ou un peu auparavant, à Toneins, où nous pourons parler ensemble sept ou huit heures¹, et vous en retourner encores coucher à Marmande. Je me rendray au dict lieu de bon matin; et vous puis asseurer que je passeray la riviere avec plus de conten-

---

¹ Le dîner était alors, et resta longtemps, à dix heures du matin au plus tard. En 1621, Louis XIII, passant à Saint-Émilion, «Aprés avoir ouy messe dans l'eglise collegiale du moustier neuf (disent les registres municipaux), et aprés avoir

tement, aprés vous avoir vu². Ce pendant je vous prye croire que vous serés le tres bien venu, et que je suis entierement

Vostre plus affectionné cousin et plus parfaict amy,

HENRY.

1585. — 8 JUILLET.

Orig. — B. R. Fonds des Cinq-cents de Colbert, Ms. 401.
Imprimé. — *The Life of Thomas Egerton, lord chancellor of England*, 1 vol. in-4°, sans indication de lieu ni de date, p. 430.

A MONS^R DE SEGUR,

MON CONSEILLER, SURINTENDANT DE MA MAISON, AFFAIRES ET FINANCES.

Monsr de Segur, Je vous avois escript environ le huit ou neufiesme du passé, à la Roine d'Angleterre et à tous nos amys de delà, et vous mandois le contentement que j'avois receu par l'arrivée du sieur Champernon; mais le gentilhomme nommé Serillac, que j'avois depesché, et ses paquets ont esté prins à Saint Laurens des Eaues[1] par les troupes du marquis d'Elbeuf[2]. Depuis, j'ay receu vostre lettre du

---

disné, quitta Saint-Émilion vers les dix heures du matin. »

² Les comptes manuscrits originaux de la dépense du roi de Navarre constatent deux séjours de ce prince à Tonneins en juillet 1585. Les deux fois il y dîne; mais la seconde, qui est le 19, il retourne coucher à Modaillan, près d'Agen, par conséquent sur la même rive que Tonneins; tandis que le 4, retournant coucher à Nérac, il avait la Garonne à traverser.

---

[1] Saint-Laurent-des-Eaux, bourg de l'Orléanais, dans l'élection de Beaugency, aujourd'hui du département du Loiret.

[2] Charles de Lorraine, fils de René de Lorraine, marquis d'Elbeuf, et de Louise de Rieux, comtesse de Harcourt, né le 18 octobre 1556, était cousin germain du duc de Guise. Il portait déjà le titre de duc d'Elbeuf, son marquisat ayant été érigé en duché dès 1581; mais le roi de Navarre le désigne ici sous le titre qu'il avait porté jusque-là. Le duc d'Elbeuf était comte de Harcourt, de Lillebonne et de Rieux, pair de France, chevalier des ordres du Roi. Il eut les charges de grand écuyer et grand veneur de France, et mourut en 1603.

dixiesme, ayant esté trez ayse d'entendre de voz nouvelles, pourvu que vostre disposition soit à present meilleure que ne mandez. Je crois que les sieurs de Clervant et de Chassincourt vous auront tenu adverty de tout le cours du marché, pour, selon iceluy, passer vos negociations; mais maintenant l'on me mande que tout est conclud contre nous. C'est une mauvaise retribution de l'obeïssance et fidelité qu'avez rendue; mais, loué soit Dieu, il ne faut pas perdre courage. J'avois dressé une desclaration que j'ay envoyée au Roy, escripte et signée de ma main; j'ay envoyé le double à la Royne d'Angleterre pour luy estre presenté par vous, et luy escrivois sur ce subject. Or voyant la difficulté qui pourra estre doresnavant à vous mander de mes nouvelles, j'ay advisé, pour plus grande seureté, vous depescher le s^r de Merle, present porteur, exprés, doubtant aussy si serez encores par delà pour porter et presenter la dicte desclaration à la dicte dame. Il sera bon qu'en reteniez une copie bien correcte, pour sur icelle faire plusieurs doubles et les disperser la part que jugerez estre convenable. Je n'ay rien entendu de ce que m'escrivez touchant les electeurs de Saxe et de Brandebourg[3]. Si leurs docteurs viennent, ils seront les trez bien receus. Je vous prie diligenter vos affaires pour passer oultre, et joindre les moyens ordinaires et asseurez aux extraordinaires. Lesdicts sieurs de Clervant et de Chassincourt vous tiendront adverty par ce porteur mesme : sur la suffisance duquel me remettant, prieray Dieu vous maintenir en sa trez saincte et digne garde. A Nerac, le viij^e jour de juillet 1585.

Excusez-moy si je ne vous escris de ma main; j'ay tant d'affaires que je n'ay pas le loisir de me moucher. La haste de nos ennemys est aussy grande à nous nuire que leur perfidie et méchanceté[4]. Vous loueriez beaucoup nostre resolution, si la voyiez; nous sommes prou pour nous desfendre; amenez-nous de quoy les battre. Soyez diligent;

---

[3] Jean Georges, fils de Joachim II et de Madeleine de Saxe, né le 11 septembre 1525, succéda à son père, dans l'électorat de Brandebourg, le 3 janvier 1571, et mourut le 8 janvier 1598. Il envoya, en 1591, un secours à Henri IV, dont il fut toujours l'allié.

[4] Dans un mémoire présenté à la reine

des navires et des hommes nous sont necessaires. A Dieu, Mons' de Segur, asseurez fort la Royne qu'elle n'a un plus fidele serviteur au monde que [5]

Vostre trez affectionné maistre et parfaict amy,

HENRY.

1585. — 9 JUILLET.

Orig. — Arch. de M. le comte H. C. de Meslon. Envoi de M. le secrétaire général du département de la Gironde.

A MESLON.

Meslon, J'ay receu votre lettre. Quant au premier poinct touchant Gabarret, je pense qu'il se sauvera; il n'y a remede, veu la disposition des affaires. Quant à ceulx de Duras, je trouve tout bien ; faictes ce que vous pourrez. Au surplus, regardez à bien fortiffier Montsegur et à le munyr de vivres le plus que pourrez, car toutes choses sont tournées contre nous. Il faut regarder à noz affaires. Je prye Dieu qu'il vous ayt, Meslon, en sa saincte et digne garde. A Nerac, ce ix° juillet 1585.

Vostre bon maistre,

HENRY.

Élisabeth, vers la même époque, et conservé en manuscrit, M. de Ségur exprime très-vivement aussi la rapide succession des événements, qui commandait cette activité extraordinaire : « Au reste, dit l'ambassadeur en terminant, les affaires de la chrestienté sont aujourd'huy en tel poinct, qu'elles vont par heures et par minutes, au lieu qu'elles couloient cy-devant par ans et par mois. » (B. R. Cinq-cents de Colbert, Ms. 401.)

[5] Tout ce qui suit la date est de la main du roi.

[1585. — 10 juillet[1].] — Ire.

Orig. autographe. — Biblioth. de l'Arsenal, recueil d'autographes détachés.
Cop. — B. R. Fonds des Cinq-cents de Colbert, Ms. 16, fol. 214 verso.
op. — Biblioth. Ambrosienne, Ms. D. 460. Communication de M. Catena, préfet de la bibliothèque. Envoi de M. le consul général de France à Milan.

AU ROY, MON SOUVERAIN SEIGNEUR.

Monseigneur,

Encores que depuis le commencement de ces troubles je me sois contenu soubs l'obeissance des commandemens de Vostre Majesté, luy gardant la fidelité que je doy, et que, soubs l'asseurance qu'elle m'a donné de ne rien faire à mon prejudice ni de ses edicts, je n'aye rien entrepris contre ses annemis, afin qu'elle eust plus de moyan de discerner leurs pretextes, comme il luy a pleu m'escrire; toutesfois, nonobstant les tres humbles remonstrances qui luy ont esté faictes et reiterées, comme si on vouloit condamner quelqu'un sans l'ouïr, j'entends, Monseigneur, qu'on a faict la paix et sans moy et contre moy. On s'est joinct à vos ennemis pour ruiner vos serviteurs, vos plus fideles subjects et ceux qui ont cest honneur d'estre vos plus proches parens. Qui plus est, on a partagé vos forces, vostre auctorité, vos deniers, pour rendre ceulx-là plus forts, qui sont armés contre vous[2], pour leur donner plus de moyan de vous faire eulx-

---

[1] Le roi de Navarre « écrivit au Roi, le 10 juillet, pour se plaindre à ce prince de son association avec les ligueurs. » (Dom Vaissète, *Histoire générale de Languedoc*, l. XLI.)

[2] Henri III, après quelque velléité de résistance, effrayé de l'attitude menaçante de la Ligue, venait de donner de pleins pouvoirs à sa mère pour traiter avec les chefs de ce parti. Ce fut le 7 de ce mois que Catherine de Médicis conclut avec eux, à Nemours, un accord qui rétablissait partout la religion catholique, retirait aux religionnaires les libertés et les droits que leur avaient assurés les divers édits de pacification, bannissait leurs ministres, supprimait les tribunaux mi-partis, donnait aux princes ligués des gardes pour leurs personnes, l'argent et les places de sûreté qu'ils demandaient. Or « ils vouloient avoir en leur puissance, dit Mathieu, les villes de Chaalons, Thoul, Verdun,

mesmes la loy. Ce que je trouve bien dur et presque insupportable. Toutesfois, Monseigneur, je ne puis quicter encore l'esperance que j'ay tousjours eue en la bonté, justice et amour de Vostre Majesté envers ses serviteurs, ses subjects et son Estat. J'attends qu'elle me declare sur ce sa volonté, à laquelle je mettray peine de me conformer autant que se pourra estendre la vie mesme de

      Vostre tres humble et tres obeissant subject
     et serviteur,

           HENRY.

Je vous supplie tres humblement, Monseigneur, commander que ma declaration soit imprimée, et me permettre que je puisse, par ce moyan, faire connoistre à chascun quelle est mon intention.

[1585. — 10 JUILLET.] — IIme.

Cop. — B. R. Fonds des Cinq-cents de Colbert, Ms. 16, fol. 214 recto.
Cop. — Biblioth. Ambrosienne, Ms. D. 460. Communication de M. Catena, préfet de la bibliothèque. Envoi de M. le consul général de France à Milan.

[A LA ROYNE, MERE DU ROY MON SEIGNEUR.]

Madame,

Je m'estoie tousjours tant reposé sur le soing et travail continuel que Vostre Majesté prend pour le bien et conservation de cest Estat,

Sainct-Dizier, Reims, Soissons, le chasteau de Dijon, la ville et le chasteau de Beaune, Ruë en Picardie, Dinan et Conquet en Bretagne. Le Roi paya deux cens un mil six escus deux tiers, pour les gens de guerre estrangers qu'ils avoient levez, les deschargea de cent six mille trois cens quarante escus huict sols trois deniers, qu'ils avoient pris aux receptes generales, et cent mille escus pour bastir une citadelle à Verdun, outre l'entretenement des gardes d'arquebusiers à cheval, qu'il donna à tous les princes de cette ligue. » (*Histoire des derniers troubles de France*, l. I, fol. 23 recto, édition de 1606, in-8°.) Ce désastreux traité fut signé de Catherine de Médicis, du cardinal de Bourbon, du cardinal et du duc de Guise, et du duc de Mayenne. Les lettres patentes données en conséquence, malgré l'opposition du Parlement, furent enregistrées le 18 juillet suivant, en lit de justice.

que je m'asseurois que en ce dernier traicté elle n'arresteroit rien au prejudice des edicts de pacification ny de celuy qui n'a jamais eu rien plus chier que la fidelité et l'obeissance des commandemens de Vos Majestés. Ceulx que j'ay par delà vous ont faict les tres humbles remonstrances que la justice et raison requeroit. Ce nonobstant, j'entends que la paix est faicte sans moy et contre moy; ce que je trouve bien dur et qu'il faille que, pour estre demouré fidele au service de mon Roy, on joigne maintenant ses forces à celles de ses ennemis pour me vouloir ruiner. Toutesfois, je ne pense poinct, Madame, que ce soit l'intencion de Vostre Majesté, et attendray sur icelle qu'elle me declare la volonté du Roy et la sienne, à laquelle je mectray peine de me conformer aultant que le bien de cest Estat et les services de Vos Majestés, qui me sont plus chieres que la vie, le pourroient requerir.

Vostre tres humble et tres obeissant fils, subject et serviteur,

HENRY.

1585. — 15 JUILLET.

Imprimé. — *Hist. gén. de Languedoc*, par dom VAISSÈTE, t. V, preuves, col. 298.

[A MESS^{rs} LES CONSULS DE CASTRES.]

Messrs, Par ce que j'ay sceu que ceux qui sont auteurs des ligues et conspirations n'agueres dressées contre la personne du Roy mon seigneur et l'Estat de la France, et se sont eslevez en armes soubs divers pretextes, qui à la fin ont forcé et contrainct le Roy, mon dict seigneur, abusant de sa bonté et de l'affection qu'il a au repos, comme de leur accorder leur injuste demande, j'ay bien voulu vous en advertir par la presente, et pour l'affection particuliere que j'ay en vostre endroict, vous prier de penser à vostre seureté et conservation, et vous fortifier et munir de ce qui vous est necessaire contre les dicts desseings et entreprinses des dicts conjurez, sans y obmettre aulcune chose. J'ay donné le mesme advis, non seulement à ceulx qui sont dans l'estendue de mon gouvernement, mais aussy à tous aultres que je pense en avoir besoing, m'y sentant obligé, tant pour le degré que je tiens en ce Royaume, que pour l'interest que j'ay au bien de cest Estat, et à la manutention des lois fondamentales d'iceluy, que aussy pour la protection de ceulx de la Religion, y ayant esté legitimement appelé; et sur tout ce dessus, vous aurez recours à mon cousin, monsr le duc de Montmorency, pour recevoir ses commandemens, et ses bons et sages conseils et advis[1] : ce que m'asseurant que vous ferez, ne vous en diray davantage, si ce n'est pour vous asseurer de plus en plus de ma bonne volonté en vostre endroict; et prie le Createur vous tenir, Messrs, en sa saincte et digne garde. Le xve juillet 1585.

Vostre meilleur et asseuré amy,

HENRY.

[1585. — 21 JUILLET[1].] — Ire.

Cop. — B. R. Fonds Dupuy, Ms. 137, p. 166.

Cop. — Biblioth. de Tours, ancien manuscrit des Carmes, coté M, n° 50, *Lettres historiques*, p. 165. Communiqué par M. le préfet.

Cop. — B. R. Suppl fr. Ms. 1009-3.

Imprimé. — *Mémoires de messire Philippes de Mornay*, t. 1, p. 524; éd. de 1624, in-4°.

A MESSIEURS DES LIGUES SUISSES.

[2] Magnifiques Seigneurs, Vous aurez entendu les remuëmens nagueres suscitez en ce Royaume par ceulx de la maison de Guise, pretendans l'extirpation de la religion reformée, et tendant par icelle à la subversion de l'Estat; ce qui avoit aussy esté tres bien recognu

---

[1]. La gravité des événements établit dès lors entre le roi de Navarre et le duc de Montmorency l'union la plus intime, à laquelle ils durent leur salut.

[1] Cette date est donnée par le manuscrit de Tours.

[2] En marge de l'édition de Mornay :

« Faite par M. du Plessis et envoyée par M. de Calignon. »

par le Roy mon seigneur[3], lequel les auroit declarez rebelles et criminuelx de leze-majesté, auroit commandé à tous gouverneurs, lieutenans generaulx, etc. de leur courre sus par armes, et à ceulx de ses courts de parlement de les poursuivre en leurs vies, biens et honneurs par toutes rigueurs de justice. Ce nonobstant, Magnifiques Seigneurs, partie l'apprehension de leurs forces, qu'on luy faict concevoir malicieusement plus grandes qu'elles ne sont, partie la haine inveterée de la vraye religion, en laquelle les mauvais conseillers de Sa Majesté se sont trouvez d'accord avec eux, ont reduict le Roy à ce poinct, de faire des conditions tres prejudiciables et à son Estat et à tous ses plus fideles subjects : à sçavoir que son Edict de pacification demeure cassé et rompu, et ceulx de la religion reformée non seulement privez de tout exercice d'icelle, mais mesme bannis du Royaume, en cas qu'ils ne la veuillent abjurer. C'est, Magnifiques Seigneurs, une paix que je m'asseure que vous trouverés bien dure, puisqu'elle m'est convertie en guerre ouverte; mesme quand vous considererés quel lieu je tiens en ce Royaume, et quels ils y sont : à sçavoir, eux issus d'une maison estrangere, moy premier prince du sang, et premier pair de France; quels aussy ont esté leurs desportemens, et quels les miens : eux et leurs partisans, de gaieté de cœur, ayant voulu forcer le Roy contre son serment, sa foy et ses edicts à forcer les consciences de ses bons et loyaux subjects; moy et ceulx de la Religion n'ayant rien plus desiré que de vivre en toute obeissance, selon la religion que Dieu nous a inspirée, sous le benefice de sa foy et des edicts de paix. Or sont les choses, Magnifiques Seigneurs, reduictes à tel poinct, que malaisement se peuvent-elles desmesler sans guerre, ny ceste guerre finir, si les bons voisins n'y apportent la main, sans la dissipation de cest Estat. Car oultre que c'est nature à un chascun de se deffendre, ce m'est à moy un debvoir et une necessité de deffendre cest Estat, à la ruine duquel ils aspirent de tout leur pouvoir. Je m'adresse donc à vous, Magnifiques Seigneurs, comme à bons voisins,

---

[3] « J'ai grand peur, avait dit Henri III, qu'en voulant perdre la presche nous ne hasardions fort la messe. » (Cayet, *Chronologie novenaire*, fol. 8 verso.)

pour y apporter le remede, pour vous advertir à ce que, sous ombre de bonne foy, ne soyés frustrez en vostre but en ce que vous auriés eu intention de secourir le Roy et son Estat contre les conspirateurs; ce qu'on voudroit aujourd'huy, sous l'auctorité d'iceulx, employer contre la Religion, le service du Roy, et le repos de l'Estat. Et desjà, Magnifiques Seigneurs, pouvés-vous remarquer la mutation survenue par ce traicté de paix, au grand prejudice de vostre alliance avec la France, en ce qu'ayant secouru indifferemment le Roy, comme vous avés faict, tant d'une que d'aultre Religion, ce nonobstant, ceulx de la Religion sont licenciez, et les aultres retenus comme si vous n'estiés pas egalement bons alliés de ceste couronne; ou plustost pour monstrer evidemment qu'on en cerche la ruine (à laquelle on sçait que ne voulés servir) et non le bien : et en ce pareillement, qu'ayant le Roy receu en son alliance et protection la ville de Geneve, et partie en vostre contemplation, comme l'on sçait, ils l'obligent à s'en despartir, sous ombre d'erreur ou heresie; Geneve toutesfois, de laquelle on cognoist l'importance pour la conservation de tout vostre pays, qu'il est apparent qu'ils n'ont voulu excepter de l'alliance, que pour la raison de la Religion qui vous est à tous commune, mais pour l'exposer à l'ennemy commun que cognoissés, et pour luy ouvrir la porte de vos pays par ce moyen. C'est à vous, Magnifiques Seigneurs, pour l'affection que vous portés au Roy, à cest Estat, à la maison de France, et à la vraye religion, qui vous a esté toujours chere et precieuse par sur tout[a], de penser, selon vos prudences, aux moyens de destourner ces malheurs, desquels j'ay aussi donné charge au sieur de Calignon, present porteur, de vous discourir au long. Et sur ce, Magnifiques Seigneurs, que je desire approuver mes actions à un chascun, à vous singulierement, que je tiens pour meilleurs et plus asseurez amys de cest Estat, je vous envoye par luy copie de la desclaration qu'ay faict presenter au Roy, escripte et signée de ma main, par laquelle

---

[a] Charles IX s'est servi de cette expression dans ces vers à Ronsard :

« Il faut suivre ton Roy, qui t'aime par sus tous,
Pour les vers qui de toy coulent braves et dous. »

vous pourrés juger et du tort qu'on me faict et de l'equité de mes intentions : et pour ce, me remettant, tant sur la dicte declaration que sur ce qu'il vous dira pour vous esclarcir plus amplement, je vous prieray, Magnifiques Seigneurs, de le vouloir croire en tout ce qu'il proposera et traictera de ma part, et supplieray Dieu, etc.[5]

[HENRY.]

1585. — 21 JUILLET. — IIme.

Cop. — Bibliothèque Ambrosienne, Ms. D. 460. Communication de M. Catena, préfet de la bibliothèque. Envoi de M. le consul général de France à Milan.

Cop. — Biblioth. de Tours, ancien manuscrit des Carmes, coté M, n° 50, *Lettres historiques*, p. 158. Communiqué par M. le préfet.

Cop. — Biblioth. de La Rochelle, *Mém. hist.* Mss. de Baudoyn, membre du corps de ville en 1589. Transcr. de M. Delayant, bibliothécaire. Envoi de M. le préfet.

Cop. — B. R. Suppl. fr. Ms. 1009-4.

Imprimé. — *Mémoires de du Plessis-Mornay*, t. I, p. 519.

Et *Mémoires de la Ligue*, t. I, p. 175, édition de 1758, Amsterdam, in-4°.

AU ROY, MON SOUVERAIN SEIGNEUR.

[1] Monseigneur, Dés que les autheurs de ces nouveaux remuëmens eurent faict paroistre les effects de leur mauvaise volonté envers vostre Majesté et vostre Estat, il vous pleust m'escrire le jugement que vous faisiés, à tres bon droict, de leurs intentions : que vous cognoissiés, quelque pretexte qu'ils prissent, qu'ils entreprenoient sur vostre personne et sur vostre couronne, qu'ils vouloient s'acroistre et grandir à vos despens et à votre dommage, et ne pretendoient que la totale ruine et dissipation de vostre Estat. C'estoient les mots de vos lettres, Monseigneur; et me faisiés cest honneur, en recognoissant la conjonction de ma fortune avec celle de Vostre Majesté, d'adjouster expressement qu'ils pourchassoient ma ruine avec la vostre, et la mienne

---

[5] «Fut escrit sur mesme subjet à divers princes tant dedans que dehors du Royaume, en mesme substance.» (*Mornay.*)

---

[1] «Faite par M. du Plessis.»

certes, Monseigneur, à laquelle il leur estoit mal-aisé, despendant de vostre grandeur comme je fais, de parvenir, que par la vostre. En ceste qualité donc, Monseigneur, il vous avoit pleu commander à vos gouverneurs, lieutenans-generaulx, baillifs, seneschaulx et aultres vos officiers, de leur courre sus, comme à rebelles et perturbateurs du repos public. A toutes vos courts de parlement aussi furent envoyées vos declarations verifiées en icelles, par lesquelles ils sont desclarez crimineulx de leze-majesté; et de là sont ensuivis plusieurs arrests solennels, et en consequence des dicts arrests quelques executions tres importantes en divers endroicts de ce Royaume, pour marque exemplaire de leur rebellion et conspiration contre l'Estat, et du jugement que Vostre Majesté et vostre conseil, et vos courts de parlement avoient faict de leurs desseings. Ce nonobstant, Monseigneur, Vostre Majesté, selon sa clemence naturelle, avoit trouvé bon, et m'auroit faict cest honneur de le m'escrire, de les ramener à leur devoir par doulceur, m'auroit aussi commandé de me contenir en patience pour vous donner le loisir de mieulx distinguer et faire cognoistre à vos subjects combien estoient differentes les causes qui les mouvoient et leurs pretextes : chose à Vostre Majesté assez cognuë, mais qu'il estoit necessaire de faire cognoistre à vostre peuple, lequel, soubs la faulse ombre de religion, ils avoient voulu desvoyer de leur devoir. A vostre commandement, Monseigneur, Vostre Majesté se peut ressouvenir avec quelle patience j'ay acquiescé et obeï jusqu'à present; et n'ignore toutesfois, selon sa prudence et equité, les justes occasions qui sollicitoient et importunoient à tous momens ma patience, me voyant pris à partie par les ennemis de Votre Majesté, qui declaroient tout ouvertement n'avoir d'aultre but que ma ruine; me voyant en bute à leurs attentats et entreprises, sans oser, pour la reverence que je voulois rendre à vos commandemens, tant soit peu me remuër, les voyant passer, et devant mes yeulx, et presque entre mes mains, armez contre vous, animez contre moy, tous les jours tentant quelque entreprise, ou sur les places de mon gouvernement, ou sur mes maisons, ou sur moy-mesme, sans vous pouvoir faire le service que l'occasion me présentoit, sans aussi m'en ressentir, comme la nature et la raison eussent voulu. J'ay pris, Monseigneur, pour toute raison et toute loy, vostre seule volonté. J'ay ployé et ma nature et mon debvoir, et presque ma reputation, soubs vos commandemens; et d'aultant plus, Monseigneur, que Vostre Majesté me faisoit cest honneur de me promettre tousjours et par toutes ses lettres, d'avoir en recommandation mon interest comme le sien; de n'accepter ny octroyer rien au prejudice de son edict de paix, qu'elle vouloit estre irrevocable; de maintenir, en iceluy et selon iceluy, indifferemment tous vos subjects : ce que vostre Majesté m'auroit repeté souvent en ses lettres, que je garde escriptes de sa main, et qu'elle auroit promis et asseuré aux sieurs de Clervant, de Chassincourt et aultres, faisant mes affaires prés de sa personne, comme aussi la Royne, vostre mere, tant de bouche que par lettre.

Et maintenant, Monseigneur, quand j'oy dire tout à coup que Vostre Majesté a traicté une paix avec ceulx qui se sont eslevés contre vostre service, à condition que vostre edict soit rompu, vos loyaux subjects bannis, les conspirateurs armez, et armez de vostre force et de vostre authorité contre vos tres obeissans et fideles subjects, et contre moymesme, qui ay cest honneur de vous appartenir, qui depuis le temps que j'ay pensé participer à vostre bonne grace, ne pense l'avoir esloignée que par patience et par obeissance; je laisse à juger à Vostre Majesté en quel labyrinthe je me trouve, et quelle esperance me peut plus rester qu'au desespoir. J'ay faict ouverture à Vostre Majesté, en la declaration qui luy a esté presentée de ma part, des plus equitables offres qui se peuvent faire pour la paix publique et generale, pour vostre repos, et pour le soulagement de vos subjects. S'il est question de la Religion (mais quelque bouclier qu'ils en facent, c'est le poinct qui moins leur touche au cœur), j'ay acquiescé à un concile libre; si des seuretez, qu'ils n'ont certes pas subject de demander, j'offrois de quitter et mon gouvernement, et toutes les places que je tiens, à condition qu'ils fissent le semblable, pour ne retarder la paix de cest Estat. Si c'est moy qu'ils cerchent, ou si, sous mon ombre, ils troublent ce Royaume; sans que Vostre Majesté en soit en peine, j'ay requis que ceste querelle soit desbattue d'eux à moy, et, pour abreger la misere publique, de leur personne à la mienne. Je me suis en somme, oultre l'apparence de raison, et tout sentiment de nature, accomodé à tous les commandemens de Vostre Majesté. J'ay voulu, oultre le debvoir et nonobstant la disproportion de nos degrez et qualitez, m'esgaler à mes inferieurs pour rachepter de mon sang tant de malheurs, m'esgaler à ceulx que Vostre Majesté mesme avoit prononcé rebelles[2]. Si j'ay ce malheur et je ne le veulx encore croire, que Vostre Majesté passe oultre en la conclusion de ce traicté, nonobstant telles conditions et submissions, rompant son edict, armant les rebelles contre son Estat, contre son sang, contre soy-mesme, je desploreray de tout mon cœur la condition de Vostre Majesté; vous voyant forcé (pour ne vous vouloir servir de ma fidelité) à la

[2] Voici le passage de sa déclaration, que rappelle ici le roi de Navarre, et qui produisit le plus grand effet, comme on le voit dans tous les écrits du temps. « .... Supplie tres humblement et de toute son affection Sa Majesté, qu'il luy plaise ne trouver estrange l'offre que presentement il fait à M. de Guyse, puisqu'ils l'ont pris à partie en leurs pretextes et que le dit sieur de Guyse commande en leurs armées : que ceste querelle, sans que plus avant tous les ordres et estats de ce Royaume ayent à en souffrir, et sans y entremettre armée domestique ny estrangere, qui ne pourroit estre qu'à la ruine du pauvre peuple, soit vuidée de sa personne à la sienne, un à un, deux à deux, dix à dix, vingt à vingt, plus ou moins, en tel nombre que le dit sieur de Guyse voudra, avec armes usitées entre chevaliers d'honneur. Et pour le regard du lieu, s'il le desire en ce Royaume, supplie tres humblement Sa Majesté luy faire cet honneur de le vouloir nommer : et où il auroit ce Royaume pour suspect, luy offre de se trouver en tel autre lieu, hors ce dit Royaume, que le dit sieur de Guyse voudra choisir et qui soit de seur accez, non suspect ny aux uns ny aux autres. Honneur certes, veu la disproportion et inegalité de leurs personnes et degrez, telz que chascun cognoist, que le dit sieur de Guyse devra embrasser et racheter par tous moiens : heur aussi, que le dit sieur Roi de Navarre et monseigneur le Prince son cousin acheteront de leur sang tres volontiers, pour racheter le Roy, leur souverain seigneur, des travaux et peines qu'ils luy brassent, son Estat de trouble et confusion, sa Noblesse de ruine, tout son peuple de misere et calamité extreme. » Édition de 1585, pages 46 et 47. Le duc de Guise s'excusa respectueusement, avec remerciement de l'honneur qui lui était fait, mais qu'il ne pouvait accepter, parce qu'il soutenait la cause de la religion et non une querelle particuliere.

totale ruine de vostre Estat; les calamitez aussi de ce Royaume, auxquelles en vain pourra-t-on esperer fin qu'en sa fin propre, estant tout cognu à un chascun, par la preuve de vingt ans et plus, que ce qu'ils pretendent est un vain effort, et leur bastiment une ruine; me consoleray cependant en mon innocence, en mon integrité, en mon affection envers Vostre Majesté et son Estat, qu'il n'aura tenu à moy que je n'aye sauvé, par mon peril, de ce naufrage, mais surtout en Dieu, protecteur de ma justice et loyaulté, qui ne m'abandonnera en ce besoing, ains me doublera le cœur et les moyens contre tous mes ennemis, qui sont les vostres. Et je le supplie,

Monseigneur,

qu'il vous doint un bon conseil, vous assiste de sa force en ces affaires, et me doint la grace de vous rendre le service que je vous doibs et desire toute ma vie, et conserve Vostre Majesté, Monseigneur, longuement et tres heureusement, en tres parfaite santé. A Bergerac, ce xxj^e juillet 1585[3].

Vostre tres humble, tres obeissant et tres fidelle subject et serviteur,

HENRY.

[1585. — 21 JUILLET.] — IIIme.

Orig. — Bibliothèque de l'Arsenal, recueil d'autographes.

A LA ROYNE, MÈRE DU ROY MON SEIGNEUR.

Madame, Sur les remuemens qui ont esté naguaires faictz par ceulx qui se sont eslevez en armes contre l'Estat et la paix publique, vous avez peu entendre quelle a esté ma patience et l'obeissance que j'ay rendue aux commandemens de Vos Majestés, encores que je cognusse que j'estois l'object et le but des entreprises de mes ennemys, et que j'eusse beaucoup de justes occasions de rompre ma pacience. Mais la reverence que je voulois rendre à vos volontez

---

[3] Cette date, qui manque dans Mornay, est donnée par le manuscrit de Tours et par la copie envoyée de Milan. Les manuscrits de Baudoyn portent « à Nérac, le 15 juillet. »

et commandemens m'a tousjours retenu, jusques à laisser passer devant mes yeulx beaucoup de choses contre mon debvoir et ma reputation. Le Roy m'a faict cest honneur de me promettre, par toutes les lettres qu'il luy a pleu m'escripre, qu'il auroit en recommandation mon interest comme le sien, d'aultant qu'ils pourchassoient ma ruine comme la sienne; qu'il n'octroyeroit rien au prejudice de son edict de paix, lequel il vouloit estre irrevocable, n'ayant aultre but que de maintenir indifferemment tous ses subjetz en paix. Contre tout cela, j'entends maintenant que Vos Majestés ont traicté une paix avec les auteurs des ligues et conspirations, à condition que vostre edict soit rompu; une grande partie des subjets de ce Royaulme, et bons François, bannys, et les conspirateurs armés de la force et auctorité du Roy contre eulx et contre moy-mesme, qui ay cest honneur de luy appartenir de si prés, et qui tiens tel degré en ce Royaulme, que je suis tenu de m'opposer à la ruyne de la couronne et maison de France, de tout mon pouvoir, contre ceulx qui la vouldroient entreprendre. Si on allegue le pretexte de religion, je me suis soubmys à ce que tous les princes chrestiens ont tousjours faict; si on parle de l'Estat et des seuretés, vous avez veu les offres que j'ay faictes par ma declaration, jusques à rachapter de mon sang et de ma vye le mal et la misere dont cest Estat est menacé. Que si, nonobstant telles submissions, il plaict au Roy rompre son edict de paix, armer ces dicts rebelles contre son sang, contre soy-mesmes, je desploreray de tout mon cueur la condition de Vos Majestez; je me consoleray en mon innocence, m'asseurant que Dieu, qui est protecteur de ma justice et loyaulté, ne m'abandonnera point et me redoublera le cueur, les forces et les moyens pour resister à tous mes annemys, qui sont les annemys mesmes de Vos Majestés, lesquelles je supplie Nostre Seigneur vouloir conserver et vous faire cognoistre, Madame, que je suis et desire demeurer pour jamais

Vostre tres humble, tres obeissant et tres fidelle fils,
subject et serviteur,

HENRY.

·1585. — 25 juillet. — Ire.

Orig. — Arch. royales de Saxe. Copie transmise par M. le ministre d'état, baron Lindenau.

[1] ILLUSTRISSIMO PRINCIPI, DOMINO AUGUSTO, SACRI ROMANI IMPERII ARCHI-MARESCALCHO ET ELECTORI, DUCI SAXONIÆ, ETC.

Illustrissime Princeps et Consanguinee carissime, Retulit nobis illustris dominus Jacobus Segurius Pardilianus, legatus noster carissi-

---

[1] Traduction :

À L'ILLUSTRE PRINCE ET SEIGNEUR, AUGUSTE, GRAND-MARÉCHAL ET ÉLECTEUR DU SAINT-EMPIRE ROMAIN, DUC DE SAXE, ETC.

« Très-illustre Prince et très-cher Cousin, Le sieur Jacques de Ségur-Pardaillan, si honorablement connu, notre très-cher ambassadeur, nous a rapporté combien vous êtes zélé pour l'union de l'église chrétienne, et avec quelle bienveillance vous l'avez reçu lui-même, tant par amour pour l'église de Dieu que par l'amitié dont vous nous honorez, lorsqu'il vous a exposé en notre nom le projet d'union qui nous a paru le plus convenable. Certes, il ne pouvait rien nous arriver de plus satisfaisant ni de plus agréable. Rappelez-vous, très-illustre Prince, quelles furent alors les communications que vous fit notre ambassadeur et quel était notre sentiment. Elle a éclaté enfin en ce royaume, après être restée dans l'ombre si longtemps, elle a éclaté, dis-je, cette conjuration si funeste aux églises chrétiennes. Dès son principe, le cardinal de Bourbon, notre oncle paternel, trompé par des menées artificieuses, la couvrit d'un vain nom; mais elle était en réalité conduite par les Guises; le Pape attisait le feu, l'Espagnol leur prêtait son appui et menait le branle, les autres dissimulaient habilement leurs projets. Maintenant les choses en sont venues à ce point que le Roi lui-même se déclare, bon gré malgré, le chef de cette ligue, formée pour la ruine et la destruction de toutes les églises qui se sont soustraites au pouvoir papal. Vous saurez, très-cher Cousin, les détails de toute cette affaire par notre ambassadeur. Les principaux objets de cette ligue sont : qu'en tous lieux son autorité s'appuiera du concile de Trente; qu'on ne laissera aucun accès à la religion réformée; que Roi, princes, nobles, grands, parlements, magistrature, villes, etc. tous enfin et chacun en particulier jureront soumission aux décrets du concile de Trente; en outre, qu'on désignera un successeur au trône de France qui ne soit pas hérétique, comme ils disent, mais dévoué à l'église romaine, car c'est en cette qualité qu'ils tâchent de nous priver de notre droit de succession à la couronne. Très-illustre Prince, vous voyez facilement où cela tend; la chose parle d'elle-même. C'est par tous ces artifices que le Pape consolide son autorité, depuis longtemps chancelante, c'est au moyen des conventions de cette alliance de Trente, que l'Espagnol usurpe, pièce à pièce, la souveraineté du monde chrétien. Par ce traité, commencé et conclu depuis plusieurs années entre le Pape et

mus, quam bene erga Ecclesiæ christianæ concordiam sitis affecti, quam benevole etiam ipsum, nostro nomine, concordiæ rationem,

l'Espagnol, sous prétexte d'un concile universel, ils convinrent de se prêter un appui et un secours mutuels : l'un pour établir sa tyrannie, l'autre pour s'emparer de la domination de l'univers chrétien. Ils espèrent, au moyen de cette ligue, atteindre ce qu'ils ont déjà tenté avec trop de succès dans plusieurs pays, mais moins heureusement essayé dans ce vaste et puissant royaume. Personne n'ignore le danger que porte avec lui un pareil exemple, et il est bien reconnu que c'est au prix de leur sang que les églises de France ont empêché, pendant plusieurs années, la fureur papale de déborder de toutes parts. Quant à l'ambition espagnole, elle n'est retenue que par la France; comme par un obstacle élevé entre elle et sa proie : cet obstacle une fois brisé, que n'oseront pas les Espagnols, eux dont nous voyons les yeux avides tournés vers l'Allemagne, bien qu'ils en soient séparés par la France entière?

« Voilà, très-illustre Prince et très-cher Cousin, les réflexions qui nous ont déterminé à envoyer de nouveau le sieur Jacques de Ségur-Pardaillan auprès des très-illustres princes du Saint-Empire, mais surtout auprès de votre altesse, qui, par son éclatante piété, ainsi que par sa prudence, se distingue de tous les autres. Le sieur de Ségur fera le fidèle récit des désastres qui ont eu lieu dans les contrées d'où il vient; il aura soin de faire connaître, de notre part, les mesures qui nous paraissent propres à repousser les efforts des ennemis. En outre, il conjurera avec instances, en notre nom, les très-illustres princes de n'abandonner pas la vraie religion menacée dans le royaume de France, ni même ce royaume mis en péril sous un tel prétexte, non plus que nous qui luttons pour la défense de l'église et de la patrie. Ces princes ne sauraient se regarder comme indifférents au succès de notre lutte, ou à la catastrophe de notre ruine. Sur tous ces points et sur chacun des objets qui s'y rapportent, je vous conjure, très-illustre Prince, d'écouter celui qui va vous trouver de ma part, avec non moins de bienveillance et d'attention que vous m'en accorderiez à moi-même; car il tient dans mon amitié une place que rien ne surpasse, et est admis à la confidence de tout ce qui me touche le plus. La fureur des ennemis du nom chrétien en est venue à ce point, qu'ils nous ont persécuté de la manière la plus lâche, et qu'ils cherchent encore à faire rejaillir sur notre honneur la tache la plus honteuse et la plus indigne pour un prince. Aussi n'avons-nous pu, sans préjudice pour notre nom et notre dignité, nous abstenir d'une légitime défense. Nous avons adressé notre protestation au Roi de France et aux ambassadeurs des nations étrangères qui se trouvaient à la cour; nous avons résolu de l'adresser à tous les princes, mais particulièrement à ceux qui se sont séparés de l'église romaine; eux qu'on s'efforce d'atteindre à travers nos rangs et qu'on charge des mêmes outrages dont nos ennemis cherchent à nous accabler. Mais c'est surtout à vous que je m'adresse, très-illustre Prince, à vous dont l'ardeur et le zèle pour la propagation des véritables doctrines sont si connus non-seulement de l'Allemagne, mais encore de l'univers

quæ nobis visa est, proponentem, pro vestro erga ecclesiam Dei zelo et ea qua nos dignamini amicitia, exceperitis. Quo sane nihil nobis gratius, nihil jucundius accidere potuisset. Recordamini, Illustrissime Princeps, quid tum a nostro legato propositum, quid judicatum sit. Erupit tandem in hoc regno quod diu latuerat, erupit, inquam, nefanda in christianas ecclesias conjuratio, cui quidem initio cardinalis Borbonii, patrui nostri, veteratoriis artibus decepti, nomen inane prætextebatur, sed revera ducibus Guisiis gerebatur, incentore Pontifice, chorago et subministratore Hispano, callide consilia dissimulantibus aliis. Nunc vero eo res deducta est, ut Rex ipse volens nolens caput se illius fœderis profiteatur ad delendas ad internecionem, quotquot a papatu secesserunt, ecclesias. Circumstantias totius negotii ex legato nostro, Consanguinee carissime, intelligetis. Capita autem conjurationis hæc sunt : uti consilio Tridentino ubique auctoritas sua constet; reformatæ religioni nullus sit locus; in concilii Tridentini verba omnes jurent et singuli, Rex, principes, patricii, optimates, senatus, magistratus, civitates, etc.; cæterum designetur regno Galliæ successor, non (ut vocant) hæreticus, sed romanæ ecclesiæ addictus, quo sane nomine nos jure successionis regni excludere conantur. Hæc quo spectent, Illustrissime Princeps, facile videtis; res enim ipsa per se loquitur. His etenim artibus Pontifex gradatim auctoritatem suam jamjam labescentem instaurat; Hispanus quoque monarchiam orbis christiani membratim ad se rapit, ex Tridentini illius fœderis pactis, quo ante aliquot annos, prætextu concilii universalis, inter Pontificem et Hispanum inito et percusso, mutuam sibi opem et operam depacti

chrétien; c'est vous que je prie, que je conjure d'accueillir favorablement cette protestation que vous remettra notre ambassadeur. Au reste, si par nos services nous pouvons être utile en quelque chose à votre altesse, vous nous ferez le plus grand plaisir en voulant bien nous employer, comme plein d'affection et de dévouement pour votre personne. Tout ce qui serait jamais en notre pouvoir vous est acquis : veuillez, très-illustre Prince, en recevoir l'assurance. Sur ce, je prie Dieu qu'il conserve très-longtemps votre altesse en parfaite santé. Donné à Nérac, le xxv° jour de juillet 1585.

« De votre altesse le très-fidèle cousin et parfait ami,
« HENRY. »

sunt; ille ad tyrannidem suam stabiliendam, hic ad invadendum orbis christiani principatum. Quod quidem ab eo tempore in multis regionibus prospere nimis, et in hoc potentissimo et amplissimo regno minus prospere tentatum, in hac se conjuratione jam consecuturos existimant. Exemplum hoc quam sit plenum periculi, nemo nescit; nec ignotum est gallicas Ecclesias sanguinis sui dispendio, pontificiam rabiem ne longe lateque exundaret, multos jam annos saltem cohibuisse; hispanicam porro cupiditatem una Gallia, quasi intermedio quodam aggere, cohiberi: quo semel perrupto, quid non ausuros putemus Hispanos, quos, vel Gallia intermedia, Germaniæ inhiantes videamus?

Hæc dum cogitamus, Illustrissime Princeps et Consanguinee carissime, mittendus denuo visus est, tum ad illustrissimos principes Sacri Imperii, tum maxime ad Celsitudinem vestram, cujus inclita pietas, pariter et prudentia satis superque omnibus perspecta est, D. Jacobus Segurius Pardillanus, qui et ea quæ sese exeruerunt, ex quo reversus est, fideliter referat, et de iis quæ ad conatus hostium retundendos usui esse videantur, nostro nomine, accurate conferat; ad hæc vero illustrissimos principes nostro nomine roget et obtestetur, ne puriorem religionem in hoc regno gallico periclitantem, ne hoc ipsum regnum, ejus prætextu, in discrimen vocatum, ne nos quoque in ecclesiæ patriæque defensione laborantes deserant; ad quos procul dubio et laborum nostrorum fructus et cladium nostrarum luctus aliquatenus pertineat. Hunc igitur, Illustrissime Princeps, de iis omnibus cæterisque quæ eo spectant meo nomine vos adeuntem obsecro benevole et attente, non minus quam me ipsum audiatis: cui, ut cariorem in meis habeo neminem, ita etiam carissima quæque omnia lubens committo. Quoniam autem hostium nominis christiani eo usque rabies provecta est, ut nos indignissime vexarent honorique nostro turpissimam et indignissimam principe viro labem aspergere conentur, non potuimus sine nominis nostri et dignitatis jactura legitimam defensionem prætermittere; quam quidem cum Regi Galliarum et legatis exterarum gentium, qui in comitatu erant regio, obtulerimus, principibus etiam cunctis offerre decrevimus, tum vero his maxime qui ab ecclesia romana secesserunt, quique per latus nostrum petuntur, iisdemque plane contumeliis onerantur quibus nos lædere sunt hostes conati. Vobis vero maxime, Princeps Illustrissime, cujus in propaganda vera doctrina studium et zelus, non tantum Germaniæ, sed universo orbi christiano sunt plane perspecta, quam ut æquo animo ex nostro legato suscipiatis, etiam atque etiam rogamus et petimus. Cæterum si qua in re Celsitudini vestræ inservire nostris officiis possimus, gratissimum feceritis, si nobis, tanquam vestri amantissimis vobisque conjunctissimis, uti volueritis; si quid, inquam, in nobis est aut unquam erit quod Celsitudini vestræ aliquatenus prodesse possit, id totum, Illustrissime Princeps, vestrum putabitis. Deum precor ut Celsitudinem vestram quam diutissime incolumem tueatur. Datum Neracii, xxv° die julii, anno MLXXXV.

Vestræ Celsitudinis fidelissimus consanguineus
et intimus amicus,
HENRICUS.

1585. — 25 JUILLET. — IIme.

Orig. — Arch. royales de Saxe. Copie transmise par M. le ministre d'état, baron Lindenau.

[1] ILLUSTRISSIMO PRINCIPI CHRISTIANO, DUCI SAXONIÆ, ETC.

Illustrissime Princeps, Frater et Consanguinee carissime, Ad nos rediit dominus Jacobus Segurius Pardillianus ex ea legatione quam

---

[1] Traduction :

AU TRÈS-ILLUSTRE PRINCE CHRISTIAN, DUC DE SAXE.

« Très-illustre Prince, notre très-cher Frère et Cousin, Le sieur Jacques de Ségur-Pardaillan est de retour de l'ambassade dont nous l'avions chargé auprès des rois, princes et états attachés au culte de la religion réformée. Prévoyant, avec tous les hommes prudents, les machinations que tenteraient nos ennemis contre les églises, nous nous étions décidé à envoyer cet ambassadeur, dans l'espoir d'apaiser complétement et pour toujours les sujets de discordes nés en ces derniers temps, entre les églises, ou du moins les calmer en partie, en attendant le moment où, par le moyen de libres conférences, il serait possible d'apporter un remède définitif à un si grand mal. Nous sommes en effet loin d'ignorer les projets des ennemis du nom chrétien; pour nous perdre, ils se servi-

jussu nostro ad reges et principes cæterosque ordines puriorem doctrinam profitentes susceperat. Ejus legationis institutæ finis erat,

ront également et de nos imprudences et de notre négligence. M. de Ségur nous a appris, depuis son retour, combien nos desseins avaient trouvé d'approbation, soit auprès du prince, père de votre altesse, soit auprès de vous-même, et jamais nous n'avons reçu de nouvelle plus heureuse et plus agréable.

Mais, pendant que nous tenons conseil avec nos amis, en examinant les meilleurs moyens de faire réussir des desseins si bien commencés, fruits d'une si sainte résolution, voici que les ennemis de l'église, conjurés pour sa perte, non plus furtivement, comme naguère, mais ralliés au grand jour et employant la force ouverte, développent contre tous ceux qui, dans ce royaume, professent le culte réformé, leurs projets destructeurs, et cherchent à en assurer le succès par une licence excessive et par le mépris de tous les droits. Qu'ils attentent à notre vie, à nos dignités, à nos biens, cela nous est commun avec tous les vrais chrétiens ; mais ce qui nous est particulièrement réservé, c'est que, d'après les déclarations de leurs écrits publics, ils nous regardent comme déchu de tout droit de succéder au trône de France, parce que nous avons abandonné l'église romaine. Ils prétendent que, comme hérétique, nous n'avons plus aucun droit de monter au trône et de gouverner ce royaume. La prudence de votre altesse devine facilement quel est le but de cette conduite criminelle et impie : c'est, après nous avoir exclu du gouvernement, de s'emparer, par la plus grande des iniquités, de ce royaume qu'ils dévorent depuis longtemps dans leur pensée, et ensuite d'inonder de maux l'église de Dieu. Qui ne sent tout le préjudice qu'un tel projet, venant à réussir, causerait aux droits de tous les princes vraiment pieux ! Si nous sommes exclu de notre droit d'hérédité et de succession, pour avoir abandonné l'église romaine et renoncé à ses abus, qui des princes chrétiens sera à l'abri de pareils actes d'injustice ? Qui d'entre eux pourra compter sur la transmission de sa couronne à ses descendants ? Que n'osera-t-on pas, s'il est libre à chacun des partisans du pontife de Rome de s'emparer, nous vivant et ayant des héritiers, de nos biens, de notre héritage ? Personne ne peut douter que si, dans un royaume riche et puissant comme la France, une pareille iniquité était consommée, la fureur de nos ennemis, ne connaissant plus de bornes, ne s'attaquât aux autres princes chrétiens.

Ces motifs nous ont décidé à envoyer de nouveau M. de Ségur comme ambassadeur en Allemagne, pour y exposer aux princes et aux ordres divers de chaque état les justes causes qui nous ont forcé de recourir aux dernières extrémités. Sentant qu'aujourd'hui ce n'est plus un seul ennemi, mais la tourbe cruelle de tous les partisans du pontife de Rome qui menace notre vie et cherche, à travers notre flanc, à frapper de mort l'église de Dieu, résolu, comme nous le sommes, à nous opposer, avec la protection divine, à la puissance et aux fureurs de nos ennemis, et notre cause étant d'ailleurs celle de tous les princes, nous n'hésitons plus à implorer le secours de tous les vrais serviteurs de Dieu. Nous ne doutons pas qu'ils ne re-

quoniam satis prudentibus viris erat perspectum quid in perniciem omnium ecclesiarum molirentur hostes, ut, in tempore, universæ discordiæ enatæ, nostro hoc seculo, ex ecclesiis funditus tollerentur, vel certe ad tempus conquiescerent, donec per liberum concilium huic tanto malo aliquid adferri posset remedii. Non enim nos fugiebant vel latebant hostium nominis Christiani consilia, qui ad nos universos tollendos nostra etiam vellent abuti vel imprudentia vel socordia. Nostrum autem consilium quantopere Illustrissimo Celsitudinis vestræ

gardent notre cause comme la leur propre, et, qu'instruits par l'exemple de nos ennemis, qui unissent tous leurs efforts pour ruiner l'église du Christ, tous les bons et zélés partisans de l'Évangile ne réunissent aussi leurs forces pour protéger les gens de bien et les innocents opprimés; et, au besoin, qu'ils n'hésitent point à exposer tous leurs biens pour entretenir l'Église dans sa splendeur et la mettre à l'abri de toute attaque. Comme le soin de cette Église et la juste défense des bons ne sont pas les deux moindres objets du zèle de votre altesse, nous avons recommandé et donné pour instructions à M. de Ségur de lui demander de quel genre de secours elle pourra disposer dans l'intérêt de la cause commune de l'Église. Nous sommes trop convaincu de sa piété et de sa sagesse, pour douter qu'elle ne fasse généreusement tout ce qui lui sera possible en notre faveur. La rage des ennemis du nom chrétien étant montée au point qu'ils ne cessent de nous persécuter de la manière à la fois la plus indigne et la plus impudente, et cherchent, par tous les moyens, à nous couvrir des insultes les plus honteuses et les plus offensantes pour un prince, nous avons cru ne pouvoir, sans manquer à la dignité de notre nom, omettre de publier notre défense. Déjà nous avons présenté cet écrit au Roi de France et aux ambassadeurs étrangers qui résident à sa cour. Nous nous sommes décidé aussi à en faire part à tous les princes, surtout à ceux qui ont abandonné l'église de Rome, que l'on attaque en nous attaquant, et sur lesquels retombent les outrages que l'on nous fait. Vous surtout, très-illustre Prince, dont l'amour et le zèle pour la propagation de la vraie doctrine sont connus, non-seulement en Allemagne, mais dans tout le monde chrétien, nous vous supplions instamment de l'agréer lorsqu'elle vous sera remise par notre ambassadeur.

« Le sieur de Ségur fera du reste connaître à votre altesse tout ce qui concerne l'état de nos affaires, les projets pour le maintien de nos droits et de notre dignité, et les moyens que nous avons adoptés pour repousser les ruses et les violences de nos ennemis. Nous la prions d'ajouter pleine foi à tout ce qu'il lui dira comme si c'était nous-même. Que votre altesse, très-illustre Prince et très-cher Cousin, continue à jouir d'une heureuse santé, et que le Tout-Puissant la conserve très-longtemps dans un état prospère. Donné à Nérac, le 15ᵉ jour de juillet 1585.

« De votre altesse le très-cher frère, cousin et entier amy,

« HENRY. »

parenti vobisque placuerit, ex dicto domino Segurio, dum ad nos rediret, intelleximus; quo sane nihil nobis gratius, nihil jucundius accidere potuisset.

Sed ecce, dum cum nostris conferimus et cogitamus quibus mediis res tam bene inchoata et sancte proposita ad exitum usque perduci posset, non jam per cuniculos, ut antea, sed aperta vi conjurati in perniciem ecclesiæ, hostes consilia sua de tollendis in hoc regno cunctis qui puram religionem profitentur explicant, eaque per summam licentiam contra fas omne exsequi conantur. Hæc sane cum reliquis vere christianis sunt communia, quod vitæ nostræ, honoribus, fortunis insidiantur. Sed hoc ad nos vere et privatim attinet quod, ut scriptis editis publice sunt protestati, judicandi simus e jure excidisse successionis regni, quia ab ecclesia Romana secesserimus, ideoque in numero haberi debeamus hæreticorum, quibus nullus ad regna capessenda principatusque obtinendos aditus patere debeat. Hæc autem impia et scelerata agendi ratio quo spectet ignorare non potest Celsitudinis vestræ prudentia, scilicet ut, nobis exclusis, regnum tantum, quod dudum animo devoraverunt, per summam injustitiam occupent, quo liberius in ecclesiam, illis auctoribus, genus omne malorum inundet. Tum vero quale præjudicium omnibus piis principibus adferatur quis ignorare potest? Nam si ideo hæreditatis et successionis jure excludimur quod ecclesiam Romanam deseruimus, ejusque abusibus renunciaverimus, quis inter principes ab injustitia hostium tutus erit, aut quis de transmittenda ad posteros hæreditate certus erit? dum vel nobis viventibus, vel pupillis relictis hæredibus, via erit aperta cuivis e pontificiis, nostra invadendi et nos ex nostris sedibus exturbandi. Si etenim in amplissimo potentissimoque regno Galliarum istud iniquitatis evicerint, quin eorum rabies reliquos ordines sit impetitura nemo dubitare potest.

Hæ causæ nos impulerunt ut dictum dominum Segurium rursum in Germaniam ablegaremus, qui principibus reliquisque ordinibus exponeret quam justis de causis ad extrema remedia nobis fuerit recurrendum. Quoniam vero non unum hostem sentimus, sed omnium, pontificiorum conjurationem acerbissimam nostrum caput petere et per jugulum nostrum ecclesiam Christi excidere conantur; quorum potentiæ tamen et libidini, Deo ita nos bene adjuvante, nos opponere statuerimus; quandoquidem omnibus est communis causa, ideo etiam ab omnibus vere Deum invocantibus auxilium et opem imploramus, quos non dubitamus ita de toto hoc negotio judicaturos, ut ad se etiam pertinente atque hostium exemplo ita edoctos fore ut, quemadmodum illi omnia sua ad evertendam ecclesiam conferunt, ita sint boni et Evangelii amantes suas vires conjuncturi, ad bonos et innocentes tuendos et ad sartam tectamque conservandam ecclesiam, omnia lubentissime collaturi. Cum autem vobis non mediocriter curæ sit Ecclesia Dei et bonorum justissima defensio commendata, dicto domino Segurio in mandatis dedimus ut vestræ Celsitudinis etiam opem operamque expeteret, quibus nobis, hac in communi Ecclesiæ causa, subvenire velitis. De vestra autem pietate et prudentia ita sumus persuasi, ut non dubitemus quin pro virili quicquid in vobis erit sitis lubentissime collaturi. Quoniam autem hostium nominis Christiani eo usque rabies provecta est, ut nos indignissime et impudentissime vexarent honorique nostro turpissimam et indignam principe viro labem aspergere conentur, non potuimus, sine nominis nostri et dignitatis jactura, legitimam defensionem prætermittere, quam quidem cum Regi Galliarum et legatis exterarum gentium qui in comitatu erant regio obtulerimus, principibus etiam cunctis offerre decrevimus, tum vero his maxime qui ab Ecclesia Dei secesserunt, quique per latus nostrum petuntur iisdemque plane contumeliis onerantur, quibus nos lædere sunt hostes conati. Vobis vero maxime, Princeps Illustrissime, cujus in propaganda vera doctrina studium et zelus non tantum Germaniæ sed universo orbi Christiano sunt plane perspecta, quam ut æquo animo et legato nostro suscipiatis, etiam atque etiam rogamus et petimus.

Cæterum quæ ad statum nostrum attinent nostræque dignitatis conservationem, et hostium artes et vim apertam, ex dicto nostro legato intelligetis; cui a vobis petimus ut fidem habere velitis perinde ac si ipsi præsentes vobiscum ageremus. Valeat Celsitudo vestra, Illustrissime Princeps et Consanguinee carissime, vosque Deus Optimus Maximus diutissime sospites tueatur. Datum Neraci, xxv die julii, anno MDLXXXV.

> Vestræ Celsitudinis consanguineus carissimus atque
> intimus amicus et frater,
>
> HENRICUS.

1585. — 25 JUILLET. — IIIme.

Orig. — B. R. Fonds des Cinq-cents de Colbert, Ms. 461.

JOHANNI III*, SUECORUM, GOTTHORUM, VANDALORUM REGI, ETC.[1]

[2] Recordatur, Serenissime Princeps, Consanguinee carissime ac Frater observandissime, Vestra Regia Serenitas, quid vobis anno su-

---

[1] L'adresse de la lettre est : « Serenissimo ac potentissimo principi et domino Johanni III°, Suecorum, Gotthorum, Vandalorum, etc. Regi, magno principi Finlandiæ, Careliæ, Ingriæ, et Solontiæ Ruthenorum, Estoniæque Livonum, etc. duci, Consanguineo nostro et Fratri observantissimo. » Et la suscription en tête de la lettre : « Henricus, Dei gratia, Navarrorum Rex, hæres Galliæ, primusque regii sanguinis princeps, serenissimo ac potentissimo principi D. Joanni, eadem Dei gratia, Suecorum, Gotthorum, Vandalorumque Regi, magno principi Finlandiæ, Careliæ, Ingriæ, et Solontiæ Ruthenorum, Estoniæque Livonum, etc. »

[2] Cette lettre peut être traduite ainsi :

« À JEAN III, ROI DE SUÈDE, DES GOTHS ET DES VANDALES, ETC.

« Sérénissime Prince, très-cher Cousin et très-honoré Frère, votre sérénité royale se rappelle ce que notre ambassadeur, le sieur Jacques de Ségur-Pardaillan, vous a déclaré, en notre nom, l'année dernière, et combien nous redoutions que les Églises chrétiennes ne tombassent bientôt dans les plus grands dangers. A peine était-il de retour auprès de nous que tout à coup et avec grand fracas a éclaté en France ce complot dont nous dénonçons depuis plusieurs années les sourdes machinations. Enfin il y a quelques mois que les adhérents au concile de Trente, les ennemis conjurés pour la ruine de l'Église chrétienne, ont couru aux armes. Ils ont abusé de la simplicité de vieillard du cardinal notre oncle, et les Guises ont été réellement les chefs et les meneurs du complot; le Pape en a été l'auteur, l'Espagnol, l'instigateur : et, comme ils le proclament dans les écrits qu'ils ont publiés, ils ne déposeront point les armes jusqu'à ce que le Roi Très-Chrétien ait, dans la France entière, sanctionné les décrets du concile de Trente, jusqu'à ce que tous et chacun en particulier, mais les princes surtout, aient juré obéissance à ces décrets, jusqu'à ce que, sous prétexte que nous sommes hérétique, ils nous aient déshérité, et qu'ils nous aient éloquemment proclamé indigne

periori per legatum nostrum D. Jacobum Segurium Pardilianum, nostro nomine, significatum fuerit; quantumque vereremur ne in

de la succession au trône, bien que tout le monde sache qu'elle nous appartient légitimement, et qu'ils ne le nient point eux-mêmes. Et leur audace a poursuivi cet objet avec tant de fureur, que, bon gré mal gré, elle a entraîné le Roi lui-même dans leur parti; aussi laisse-t-il aujourd'hui prendre le nom de parti royal à ces mêmes gens que naguère, dans ses édits, il flétrissait du nom de criminels d'état. Quant à nous et à tous ceux qui font profession de la Religion, nous qu'il engageait à la sécurité, qu'il exhortait au nom de la foi, maintenant il nous condamne, il nous proscrit, il nous fait une guerre acharnée. Ce n'est qu'en abjurant la Religion et en faisant profession de papisme, qu'il nous est donné de conserver nos honneurs, notre vie, nos dignités. Prince, mon très-honoré Frère, votre sérénité royale, selon sa prudence, verra bien où cela tend. Le Pape établit sa tyrannie; l'Espagnol, au moyen des désastres et de la ruine du royaume de France, se fraye un chemin pour s'emparer de la monarchie de l'univers chrétien; la maison de Lorraine, et particulièrement les Guises, dont tout le monde connaît depuis longtemps les prétentions au trône de France, s'efforcent par des noms falsifiés et des titres mensongers, de ravir, d'arracher pièce à pièce ce dont ils ne peuvent s'emparer en entier.

« Votre sérénité royale n'ignore certes pas ce que nous avons à faire. Il est hors de doute qu'il s'agit ici de l'existence de l'Église, de l'existence du royaume, de l'existence de la patrie; qu'il s'agit de notre propre existence et de la dignité de toute notre maison. Vous avez appris quelle est la nature et la gravité des malheurs qui nous menacent; nous vous prions donc instamment de daigner vous informer auprès de notre ambassadeur quels sont les remèdes à y opposer. Nous les réclamons uniquement de votre prudence, de votre intérêt affectueux, et nous les attendons avec confiance. Votre piété viendra au secours de l'Église en péril; votre prudence s'opposera à l'Espagnol, qui depuis longtemps prétend arriver à la monarchie universelle par le bouleversement du royaume de France; votre bienveillance viendra en aide à un prince qui vous est très-attaché, à votre très-respectueux frère; afin que l'on ne voie pas l'Antechrist triompher du Christ, afin que la domination de l'insolent Espagnol ne s'étende pas plus loin; afin que nous qui combattons pour l'église du Christ, pour la liberté de tous, pour les lois de la patrie, pour notre droit par conséquent, nous ne soyons pas réduit aux dernières extrémités, ou entièrement écrasé au moyen de cette criminelle conjuration, secondée par les artifices du Pape et par le parti espagnol. Vous réprimerez les tentatives impies et criminelles de la maison de Guise, qui dévore déjà du regard non-seulement le royaume de France, mais encore plusieurs autres royaumes chrétiens; et, ce qui touche tous les rois, vous conserverez les héritiers légitimes et en particulier les enfants de France; vous tâcherez que les serviteurs ne privent pas les enfants de la famille du domaine de leurs aïeux et de leur antique patrimoine.

maxima pericula brevi Ecclesiæ Christianæ inciderint; vix ad nos reversus erat cum derepente erupit cum summo fragore in Gallia quod hisce superioribus annis per cuniculos strui præsentiebamus. Ad arma scilicet concurrerunt, jam ante aliquot menses, Tridentini concilii fœderati, et in perniciem Ecclesiæ Christianæ hostes conjurati. Cardinalis quidem patrui nostri senili simplicitate abutentes, sed revera principibus et ducibus conjurationis Lotharenis, auctore Pontifice, impulsore Hispano, non prius, ut publice editis scriptis jactitant, arma deposituros, quam Christianissimus Rex concilium Tridentinum in universa Gallia sanxerit, quam in ejus verba juraverint omnes et singuli, præsertim vero principes, et quam nos ipsos, hæreticos prætextu, exhæredaverint, regnique successione quam ad nos jure pertinere omnes noverunt, nec ipsi diffitentur, diserte indignum pronuntiaverint. Enim vero tanto suo furore hæc consecuta est audacia, ut ipsum Regem, volentem nolentem, in suas partes pertraxerit, et quos publicis scriptis, perduellionis nomine, damnabat, nunc

« La fureur des ennemis du nom chrétien en est venue au point qu'ils nous ont persécuté de la manière la plus indigne et la plus lâche, et qu'ils ont essayé de faire rejaillir sur notre honneur la tache la plus honteuse et la plus ignominieuse pour un prince. Aussi n'avons-nous pu, sans préjudice pour notre nom et notre dignité, nous abstenir d'une légitime défense; nous l'avons présentée au Roi de France et aux ambassadeurs des nations étrangères qui se trouvaient à la cour; nous avons résolu de la présenter à tous les princes, mais surtout à ceux qui se sont retirés du sein de l'église romaine, eux que l'on cherche à atteindre à travers nos rangs, eux que l'on charge des mêmes outrages dont nos ennemis s'efforcent de nous accabler; mais c'est à vous surtout que je m'adresse, sérénissime prince, dont l'ardeur et le zèle pour la propagation des vraies doctrines sont parfaitement connus de l'univers chrétien; nous vous prions, nous vous conjurons de recevoir favorablement cette déclaration des mains de notre envoyé. Quant au reste, sérénissime prince, vous en serez plus amplement informé par cet ambassadeur, le sieur Jacques de Ségur-Pardaillan. Nous désirons et nous demandons que vous lui accordiez la même confiance que vous auriez pour nous, si nous étions près de votre personne. Que votre sérénité royale, roi très-puissant, nous commande et attende de nous tout ce qui peut dépendre d'un frère très-respectueux et qui vous est très-attaché. Que votre sérénité royale se conserve en santé. Donné à Nérac, le 25 juillet 1585.

« De votre sérénité royale le très-fidèle frère et entier ami,

« HENRY. »

regias partes usurpare sinat, nos vero et reliquos pietatis professores, quos nuper securos esse jubebat, et Fidei nomine prædicabat, nunc damnet, proscribat et cruento Marte persequatur, nec, nisi pietatis abjuratione et papismi professione, honorum, vitæ, facultatum, discrimen effugere concedat.

Quo hæc spectent Serenitas vestra Regia, o Princeps et Frater observantissime, pro sua prudentia pervidebit. Pontifex instaurat suam tyrannidem, Hispanus per ruinam et stragem regni Gallici viam sibi munit ad invadendam totius orbis christiani monarchiam; Lotharena domus, atque ipsi Guisii, quos pridem, ementitis titulis et falsis nominibus, regnum Gallicum affectare omnes sciunt, quod integrum rapere non possunt, diripere et membratim discerpere meditantur. Hic quid nobis faciendum sit Serenissimus Rex non ignorat; agitur enim procul dubio de statu Ecclesiæ, de statu Regni, de statu Patriæ, agitur et de statu nostro, totiusque nominis nostri dignitate. Audiit vestra Regia Serenitas quæ qualiaque nobis mala immineant. A vobis vero enixe petimus ut etiam a legato nostro remedia intelligere dignetur; quæ a vestra pietate, prudentia, benevolentia, expetimus unice et porro certissime expectamus. Accuret Ecclesiæ periclitanti pietas vestra; occuret Hispano, monarchiam, per regni Gallici eversionem, pridem affectanti, vestra prudentia; succuret etiam principi, vestri observantissimo fratri, vobis conjunctissimo, benevolentia vestra, ne Antichristus de Christo triumphare videatur, ne Hispani insolentis dominatus latius grassetur, ne et nos pro Christi Ecclesia, pro communi libertate, pro legibus patriis, pro jure utique nostro discertantes, per istam nefariam conjurationem, artibus pontificiis et partibus Hispanicis suffultam, aut in angustias redigamur, aut plane opprimamur. Lotharenæ domus quæ jamdudum, non regnum Gallicum modo, sed alia multa regna Christiana animo devoraverunt, impios et sceleratos conatus opprimetis; quodque regum omnium est proprium, legitimos hæredes ipsosque Gallici regni liberos conservabitis, efficietisque ne servi filios familias avito solo et prisca hæreditate excluant, imo ejiciant.

Quoniam autem hostium nominis christiani eo usque rabies provecta est, ut nos indignissime et impudentissime vexarent, honorique nostro turpissimam, et indignam principe viro, labem aspergere conantur, non potuimus sine nominis nostri et dignitatis jactura, legitimam defensionem prætermittere, quam quidem cum regi Galliarum, et legatis exterarum gentium qui in comitatu erant regio obtulerimus, principibus etiam cunctis offerre decrevimus, tum vero his maxime qui ab Ecclesia Romana secesserunt, quique per latus nostrum petuntur, iisdemque plane contumeliis onerantur, quibus nos lædere hostes sunt conati. Vobis vero maxime, Princeps Serenissime, cujus in propaganda vera doctrina studium et zelus universo orbi christiano sunt plane perspecta, quam ut æquo animo ex legato nostro suscipiatis, etiam atque etiam rogamus et petimus. Cætera, Serenissime Princeps, ex D. Jacobo Segurio Pardiliano, legato nostro, plenius intelligetis. Huic eandem quam nobis ipsis fidem, si præsentes essemus, adhiberi cupimus et postulamus. Vestra autem Regia Serenitas, Rex potentissime, a nobis quæcumque a conjunctissimo et vestri observantissimo fratre proficisci possunt, et imperato et expectato. Valeat Regia Serenitas vestra. Datum Neraci, xxv° die julii MDLXXXV.

> Regiæ vestræ Serenitatis fidelissimus frater
> et intimus amicus,
>
> HENRICUS.

[1585. — JUILLET[1].]

Orig. autographe. — Collection de M. F. Feuillet de Conches.

A MONS^R DE S^T GENYES.

Monsr de St Genyes, Je fais faire quelques levées de gens de pied de par deçà sur les occasions qui se presentent; et pour ce qu'aulcuns capitaines m'ont demandé qu'il leur fust permis d'en tirer du Bearn quelques uns, je les ay tous renvoiés à vous, et s'ils vous vont trou-

[1] Cette date, qui a été ajoutée anciennement sur l'original, s'accorde bien avec les événements d'alors.

ver pour ceste occasion, vous leur permettrés d'en prendre certain nombre et mesme à Parabere[2] celuy qu'il vous baillera par roole. Ils se rendront par ce moïen tant plus capables de me faire service, et apprendront à ne sortir du païs sans mon congé ou de mon lieutenant general; et à Dieu.

Vostre bien affectionné maistre et plus parfaict amy,
HENRY.

[1585. — FIN DE JUILLET.]

Orig. autographe. — Collection de M. F. Feuillet de Conches.

A MONS^R DE S^T GENIES,

MON LIEUCTENANT GENERAL.

J'ay veu le memoire que m'avés envoyé. Je trouve l'ordre qu'aviés donné, pour le faict du bail des soldats, aux capitaines forains, fort beau, mais non propre pour ce temps icy, me semblant que si eussiés suivy ce que je vous en ay mandé, vous eussiés mieulx faict, et y avoit plus de moyen de les retenir en obeyssance, et moy eusse esté mieulx servy, car il ne fust party personne sans congé. Les Espagnols envoyent les bisongnes[1] aux garnisons pour les dresser; mais moy, à ce commencement, j'ay affaire des meilleurs hommes, pour les promener par la Guyenne. Je ne frustre pas Bearn de leur defense; je tiens trop cher mon dict pays, et ce qui y est, pour le laisser desgarny au besoin. J'espere vous voir dans dix jours et donner ordre à tout ce que nous aviserons estre necessaire. Je vous meneray un faiseur d'artifices à feu. Je crois que vous aurés eu maistre Hervé que je vous ay envoyé. J'attends les canonnieres de jour à aultre. Si n'avés receu

[2] Probablement Jean de Beaudéan, seigneur de Parabère, qui fut lieutenant général au gouvernement de Poitou.

[1] Ce mot, emprunté de l'espagnol, et qui n'est plus usité en France, se disait des nouvelles recrues, comme on dit aujourd'hui *un conscrit*.

la despesche des six mille escus, il fault qu'elle ait esté prise par les chemins. Faites faire force pouldres. Vous aurés entendu par les lettres que j'ay escrites à madame la comtesse [2], comme j'ay trouvé mons[r] de Montmorency trez resolu au party. Je n'ay poinct mandé des nouvelles que mons[r] de Clervans nous a apportées, pour le danger des chemins. Je travaille plus qu'il n'est croyable à preparer des saulces à nos ennemis, que je m'asseure qu'ils ne s'en lecheront poinct les lipes. A Dieu, Monsr de Sainct Geniés; c'est

Vostre trez affectionné maistre et plus parfaict amy,

HENRY.

[1585. — VERS LE COMMENCEMENT D'AOÛT.] — Ire.

Orig. autographe. — Biblioth. impér. de Saint-Pétersbourg, Ms. 914, n° 13. Copie transmise par M. Allier, correspondant du ministère de l'Instruction publique.

AU ROY, MON SOUVERAIN SEIGNEUR.

Monseigneur, Je me suis plainct à Vostre Majesté de ce que la paix s'est faicte avec nos ennemis sans moy et contre moy [1], combien que je ne luy aye rendu que toute obeissance; toutefois j'en attendois la desclaration que Vostre Majesté m'en feroit par escript, laquelle je suis encore à recevoir. Je supplie trez humblement Vostre Majesté me faire cest honneur de me la despartir, et croire ce que la Marsilliere, present porteur, fera entendre à Vostre Majesté, comme celuy qui est

Vostre trez humble et trez obeissant subject et serviteur,

HENRY.

[2] La comtesse de Gramont. Voyez ci-après la lettre du 7 décembre 1585, note 1.

[1] Voyez la lettre du 10 juillet 1585, Ire.

[1585. — VERS LE COMMENCEMENT D'AOÛT.] — IIme.

Orig. autographe. — Biblioth. impér. de Saint-Pétersbourg, Ms. 914, n° 12. Copie transmise par M. Allier, correspondant du ministère de l'Instruction publique.

A LA REYNE, MERE DU ROY MON SEIGNEUR.

Madame, Je me suys plaint de ce que, pour recompense de ma fidelité et de mon obeissance, l'on a, par une paix, tourné la guerre contre moy. Touttefoys je n'en ay encore receu aucune declaration par ecript de Vos Majestés, estans passés tant de jours depuis que tout est arresté. Je vous supplye tres humblement, Madame, si mon malheur ne doibt estre accompagné de mespris, me vouloir faire entendre vos intentions et croire ce que la Marsilliere vous pourra remonstrer de la part de celuy qui ne peult estre aultre que

Vostre tres humble et tres obeissant subject et serviteur,

HENRY.

[1585. — 11 AOÛT[1].]

Orig. autographe. — B. R. Fonds des Cinq-cents de Colbert, Ms. 401.

A MONS^r DE SEGUR.

Monsr de Segur, Vous aurez sceu toutes nouvelles par le s^r de Montmartin que j'espere que Dieu aura conduict jusques à vous. J'ay un

---

[1] Cette date précise nous est fournie par la lettre d'envoi du secrétaire du Pin, qui sera ici le meilleur commentaire de celle de son maître.

« A MONSIEUR DE SEGUR.

« Monsieur,

« Je ne puis rien adjouster à la lettre que le roy nostre maistre vous escript, si ce n'est que vous ne vistes jamais personne si resolu comme il est. Je voy d'autre part les cueurs redoubler à ung chascun depuis la publication de ce tres cruel edict et avoir cogneu que nostre patience et obeissance nous nuist. N'actendez en vous aucun changement ne autre resolution que celle que vous recevez par la lettre de nostre maistre. Dieu certainement favorisera la justice de

grand contentement de vos labeurs de tous, et ne vous ennuyés pas s'ils ne produisent leurs fruicts tout aussy tost; je sçay bien que vostre peine n'en est moindre, et vous pouvez croyre que je ne vous en sçay pas moings de gré aussy. J'ay senty la benediction de Dieu jusques icy evidemment. A mesure que nos anemis doubleront leurs efforts, comme la saison les y convie, je m'asseure qu'il nous redoublera sa faveur et nostre courage. Ce pendant le secours de noz amis viendra à temps pour mettre en confusion nos anemis. Aidés tous, l'un l'aultre, à faire que n'y perdions aulcun moment, et aimés moy tousjours, Monsr de Segur, comme

Vostre affectionné maistre et asseuré amy,

HENRY.

nostre cause, lequel je supplie vous vouloir,

Monsieur,

conserver longuement et tres heureusement en tres parfaicte santé. De Saint-Paul de l'Amiate, le xj^e d'aoust 1585.

« Vostre tres humble et tres fidele
serviteur,

D.

« Monsieur, Je vous suplie vous souvenir de ce que je vous dy à vostre partement. »

Dans les interlignes de cette lettre s'en trouve une autre toute secrette, écrite en encre dite *de sympathie*, et dont l'opération convenue avec l'ambassadeur avait rendu les caractères visibles.

« Monsieur, Quelques bruictz que vous oyez courir et quelques nouvelles que vous entendiez qu'on envoye des deputez vers le Roy nostre maistre pour traicter de la paix, ou que la Royne mesmes y vienne nous trouver, ne croyez point qu'on face de paix; car on est resolu à ce coup de mectre fin à noz travaulx et à la perfidie de noz ennemys, et ne quicter jamais les armes qu'on ne les ayt exterminez, et de ne conclure paix que par l'advis des princes chrestiens qui se joindront avec nous. Il les y fault embarquer le plus qu'on pourra et faire des colonies en ce royaulme de ceux qui y voudront venir, afin que ilz soyent recompensez et accommodez. Nous aurons des princes catholiques, noz parens, qui se joindront à nous. Il y a beaucoup de catholiques qui ont aperçu les desseings de noz annemys et leur ambition et fausses menées, qui nous ayderont. Mais nostre confiance est en Dieu, qui benira vos labeurs et favorisera la justice de nostre cause. Le prince a grande esperance en vous et en l'affection qu'il cognoist que vous luy portez. Je vous suis tres fidele serviteur à jamais. »

1585. — 14 AOÛT.

Orig. — Collection de M. l'abbé Sentis, à Auch.

A MONS^R DE FONTENILLES[1],
CHEVALIER DE L'ORDRE DU ROY MON SEIGNEUR, ET CAPITAINE DE CINQUANTE HOMMES D'ARMES DE SES ORDONNANCES:

Monsr de Fontenilles, J'ay esté tres marry de l'acte qui a esté faict à mons^r de Fosseries[2] vostre frere, d'autant que je le tiens pour une pure volerie, qui a si mal rencontré que d'estre eschue à l'endroict de ceux que je cognois m'estre affectionnés comme vous et les vostres. J'ay mandé à Bissan de ne faillir de me venir trouver lundy à Lectoure et de m'amener tous les chevaux qu'il a pris. J'y doneray un tel ordre que vostre frere ne perdra aucune chose. Sur ce, je vous prieray de faire toujours certain estat de mon amitié et le Createur vous tenir, Monsr de Fontenilles, en sa saincte et digne garde. De Montauban, ce xive d'aoust 1585.

Vostre affectionné et asseuré amy,

HENRY.

---

[1] Philippe de la Roche, baron de Fontenilles, seigneur de Castéra-Lectourois, etc. gentilhomme ordinaire de la chambre du Roi en 1565, chevalier de l'ordre en 1568, et capitaine de cinquante hommes d'armes des ordonnances en 1569, fils aîné de Manaud de la Roche et de Catherine de Benque. Il mourut en 1594.

[2] Le baron de Fontenilles eut cinq frères : Odet de la Roche, Jean-Antoine de la Roche, auteur de la branche de Gensac, Bertrand de la Roche, Jacques et Jean-Marc de la Roche, ces deux derniers chevaliers de Malte. D'après cette lettre, un des trois premiers aurait été connu, en 1585, sous le nom de *Fosseries*, qui aurait pu être le nom d'un des onze fiefs possédés alors par cette famille. Néanmoins les titres nombreux formant la généalogie de M. le marquis de la Roche Fontenilles ne donnent point de renseignement sur le fief de Fosseries. Il ne se trouve pas non plus de seigneur de Fosseries dans les messieurs de Fontenilles de la maison de Saint-Nectaire. Quant au personnage à qui s'adresse cette lettre, il ne peut être que Philippe de la Roche.

[1585. — VERS LA MI-AOÛT[1].]

Orig. autographe. — Collection de M. Libri, membre de l'Institut.

A LA ROYNE, MERE DU ROY MON SEIGNEUR.

Madame, J'ay entendu par Mʳ l'abbé Dalbene[2] ce que vous luy avés commandé de me dire, et l'asseurance qu'il vous plaist me donner de vostre bonne volonté et affection naturelle envers moy. Dont je ne veux faillir de remercier tres humblement par luy-mesmes Vostre Majesté, et vous dire que je m'assure que, tout ainsy que vous avés pris beaucoup de peine pour traitter et faire paix avec des estrangers qui s'estoient eslevez en armes contre le Roy, au prejudice de la paix et repos public, et de l'Estat et maison de France, aussy n'aurés vous moindre soin des enfans de la maison. Car encores, Madame, que je ne merite que vous preniés ceste peine, je croy que j'en suis plus digne que ceux pour qui vous l'avés prise, et que vous savés bien, par vostre prudence, rechercher les moyens d'une paix generalle, si necessaire à ce Royaume. Je ne doute point aussy que vous ne me gardiés tousjours une si bonne volonté, que vous ne trouverés mauvais que j'oppose une juste defense à la violence qui a esté par eux faite au Roy, pour se faire accorder leurs injustes demandes, qui ne tendent qu'à la dissipation de cet Estat et à ma ruine particuliere. Laquelle j'empescheray par tous moyens, [et m'efforceray[3]] me garder, autant que je pourray, d'offenser Vostre Majesté, de laquelle j'attendray de recepvoir tous bons advis, conseils et offices, comme de ma souveraine dame et mere; comme aussy je m'asseure que Dieu favorisera ma juste cause. Et pour n'ennuyer Vostre Majesté,

[1] D'après la note de réception, au dos de la lettre : « Arrivée le xxvijᵉ d'aoust. »

[2] Alfonse d'Elbene ou Delbene, fils de Barthélemy d'Elbene, noble florentin, et de Clémence Bonacorsi, était abbé de Maizières, en Bourgogne, et l'un des agents favoris de Catherine de Médicis. Il fut promu, en 1588, à l'évêché d'Albi, et mourut le 8 février 1608. Il a laissé plusieurs ouvrages de généalogie et d'histoire.

[3] Ces mots ne sont point dans l'original, où le sens présente ici une lacune que nous avons cherché à remplir de cette manière.

je remettray le surplus à la suffisance du dict s^r abbé, auquel il vous plaira adjouster foy, et me tenir tousjours pour

>Vostre tres humble et tres obeissant subject,
>fils et serviteur,
>
>HENRY.

1585. — 19 AOÛT.

Orig. — B. R. Fonds des Cinq-cents de Colbert, Ms. 401.
Imprimé. — *The Life of Thomas Egerton, lord chancellor of England*, 1 vol. in-4°, sans indication de lieu ni date, p. 431.

MONS^R DE SEGUR,
CONSEILLER EN MON CONSEIL PRIVÉ ET SUPERINTENDANT DE MA MAISON ET FINANCES.

Monsr de Segur, Depuis dix ou douze jours j'ay faict une seconde entrevue avec mon cousin mons^r de Montmorency, qui est joinct et lié avec moy trez etroictement et indissolublement. J'ay prins beaucoup de resolutions par son advis et conseil, lesquelles j'ay bien voulu vous faire entendre incontinent, et le but de mes intentions et volontez, par le moyen de mons^r de Clervant, tant pour la confiance que j'ay de luy que pour le moyen qu'il a de me servir par delà en plusieurs endroicts. Il vous fera entendre plusieurs particularitez dont il est besoing que vous soyez au vray informé, et dont je vous prie le croire comme moy-mesme, et suivre tant que vous pourrez mes intentions. Vous serez par luy instruict de ce qui se passe à la Court, qui vous apportera quelque plus grande lumiere en la disposition et conduicte de noz affaires. Vous lui communiquerez ce que vous avez faict et negocié, et advancerez la capitulation le plus promptement que vous pourrez (si desjà ne l'avez faicte), afin qu'il me vienne retrouver pour me rapporter l'estat et certitude de toutes choses, si toutefois il n'est necessaire par delà, selon les occurences et occasions à moy incogneues qui se peuvent presenter. Je trouve bon que vous vous departiez és les charges à quoy un chascun de vous sera propre, afin d'accelerer nos affaires, et que rien ne demeure; m'asseurant bien que vous n'aurez perdu temps et que Dieu aura favorisé le zele que je sçais que vous avez à son service et au bien et prosperité d'une si juste cause, comme aussy je ne doubte poinct que la devotion que vous avez au mien particulier ne vous ait poussé à tenter et employer tous les moyens que vous aurez jugé estre possibles pour le bien de mes affaires (de quoy je ne seray poinct ingrat en votre endroict), ce qu'il vous fault esperer et attendre de la bonté de Dieu, luy servant fidelement. Sur tout usez de celerité; advancez la capitulation; celle qui fut faicte aux derniers troubles estoit trouvée bonne, il fauldra essayer de l'avoir, si vous ne la pouvez avoir meilleure. Faictes la plus grande levée que vous pourrez de Reistres, mettez peine d'avoir le plus de Suisses qu'on pourra et peu de Lansquenets; embarquez-y des jeunes princes volontaires et affectionnez; prenez des meilleurs et plus experimentés chefs, colonels et capitaines; bastissez une seconde armée dés ceste heure, par le moyen du roy de Danemarck et princes chrestiens qui ont interest en nostre conservation et à la prosperité de nostre guerre, importante à toute la chrestienté. Faictes en sorte que monsieur le duc Casimir prenne la charge et commendement general de l'armée estrangiere, luy representant l'importance de cette guerre, plus grande que d'aultres qu'on ait vues de ce siecle. S'il ne peut y venir en personne (de quoy j'aurois un trez grand regret), priez-le de ma part d'employer ses moyens, credit et auctorité pour tout ce qui nous est necessaire, soit de colonnels, d'artillerie et de pouldre, soit pour le reglement des vivres et observations des reglemens militaires. J'ay faict entendre au dict sieur de Clervant quelques particularités que je desire que vous suivyez et affectuyez, si ce n'est que, pour quelque aultre raison et occasion que nous n'entendons, vous jugiez par ensemble qu'il ne seroit utile ne à propos de le faire. Il y va de tout; et fault à ce coup que tous les gens de bien s'employent pour mettre fin à noz travaux et aux desseins et perfidie des ennemis de Dieu et nostres, ainsy que le dict sieur de Clervant vous dira plus particulierement. Sur la suffisance et fidelité duquel me remettant, je vous prieray seulement de parachever, suivant le pouvoir que vous avez, et nous faire voir bientost les effects de voz labeurs, et au reste faire tousjours estat de ma bonne volonté et affection en vostre endroict. Je m'asseure que Dieu, protecteur des siens, benira noz affaires et favorisera nostre innocence et la justice de nostre cause, à la confusion de ses ennemis. Je le prie vous tenir, Monsr de Segur, en sa tres saincte protection. De Montaulban, le xix aoust 1585.

[1] Monsr de Segur, je vous recommande noz affaires; j'ay telle confiance en vostre zele envers Dieu et en vostre bonne affection envers moy, que vous ferez beaucoup, et que nous en verrons bientost les effects; asseurez-vous toujours de mon amitié, et aimez

Vostre bien affectionné maistre et parfaict amy,

HENRY.

[1585. — VERS LE 20 AOÛT.] — Ire.

Orig. — B. R. Fonds Béthune, Ms. 8794, fol. 139 recto.

A MON COUSIN MONS^R DE MYOSSENS.

Mon Cousin, Je retourne de Montauban [1] et m'en vois trouver les ennemiz pour m'opposer à leurs desseings, qui ont esté, jusques à ceste heure, plus remplis de paroles que d'effect. Je vous prie, à ceste cause, de me venir trouver avec ma compagnie droit à Nerac, où je m'en voys. Mais je vous prie que ce soit en diligence, car j'espere que nous verrons bien tost l'armée. J'escrips à mons^r de Ste Cou-

---

[1] Ce post-scriptum est de la main du roi, qui l'a écrit ainsi avant sa signature, et avant la formule dont la signature est précédée.

---

[1] Le roi de Navarre resta, ce mois-là, à Montauban jusqu'au 19. Du 24 jusqu'à la fin du mois il séjourna à Nérac, comme il l'annonce dans cette lettre, probablement écrite de Lectoure, le 20.

lombe pour qu'il vous mene les compagnons. Faites-luy tenir ma lettre et que je vous voie le plus tost que pourrés. A Dieu, mon Cousin, croyés que je ne seray jamais que

       Vostre bien affectionné maistre et amy,

         HENRY.

Je vous veux bien advertir comme j'ay defaict trois compagnies de la Ligue, où de deux cens hommes qu'ils estoient il ne s'en est sauvé que huit. Il est vray que nous y avons perdu quelques gens et quatre de mes gardes blessés. Ils estoient menés par de ceux que mons^r de Duras[2] vouloit envoyer en Bearn.

[1585. — 20 AOÛT[1].] — IIme.

Orig. autographe. — B. R. Fonds Béthune, Ms. 8828, fol. 44 recto.
Cop. — B. R. Suppl. fr. Ms. 1009-4.

A MON COUSIN MONS^R LE MARESCHAL DE MATIGNON.

Mon Cousin, Je suis venu en ceste ville de Lectoure, où ma venue a esté bien à propos pour y pourvoir, car il y avoit beaucoup d'entreprises dessus. Ceste nuict, ceulx d'Agen ont essayé de surprendre Samesard[2], qui est à mons^r de Raillac, à mi-chemin d'icy et d'Agen. Ils ont laissé des armes et des chevaux, et là dedans ils sont tous catholiques. Ils se sont fortifiés et retranchés au passage d'Agen, de sorte que, sans nombre de gens, on ne les pourroit avoir. A mon retour de Bearn j'espere parler à eux. Belsunce prist hier soixante quatorze ar-

---

[2] Les mauvaises dispositions de la reine Marguerite, dont on a vu les premiers indices dans la lettre du 10 juin 1585, IIIme, venaient d'éclater. « La reine de Navarre, dit Faurin, s'étant retirée à Agen avec de la cavalerie et de l'infanterie, vers le 1er août, fit la guerre au roi son mari. » (*Journal des guerres de Castres.*)

[1] Les comptes de la dépense du roi de Navarre constatent son arrivée à Lectoure le 20 août 1585.

[2] Saint-Mezard, aujourd'hui village du département du Gers, près Lectoure.

quebouses de Milan qu'on leur amenoit de Tholose par eau, et desfit quinze soldats qui les conduisoient. Sans doute ils avoient dessein de remuer la Gascogne; et ne me repens pas d'y estre venu. Je vous prye me mander de vos nouvelles le plus souvent que vous pourrés, car il est besoin que j'en sache et que vous en ayés des miennes. Aimés tousjours

Vostre plus affectionné cousin et parfaict amy,

HENRY.

Le capitaine Belsunce vient d'arriver, qui dit [que] ceulx de Valence[3], qui est à une lieue de la Magistere[4], ont cinq compagnies d'Agen dedans leur ville. Les habitans tiennent un fort et ne peuvent supporter de voir manger leur bien. Ils disent que s'ils ont commandement de vous de les chasser, ils le feront; et avec l'aide du capitaine Belsunce ils les tailleront en pieces. Sans doute ce seroit un bel effect, si vous le trouvés bon. Je vous prie, mon Cousin, leur envoyer vostre commandement au plus tost.

1585. — 28 AOÛT.

Cop. — B. R. Fonds Harlay, Ms. n° 236-16 nouveau, pièce 123.

A MONS^R DE FLEURY[1],

CONSEILLER DU ROY MON SEIGNEUR, ET AMBASSADEUR DE SA MAJESTÉ AU PAYS DES LIGUES.

Monsr de Fleury, Je me suis fort resjouy du rapport qui m'a tousjours esté faict de voz bons et louables comportemens au faict de vostre charge pendant les remuemens naguere advenus en ce Royaume,

---

[3] Valence-d'Agénois est devenu un chef-lieu de canton du département de Tarn-et-Garonne.

[4] La Magistère en Agénois est du même département.

---

[1] Henri Clausse, seigneur de Fleury-en-Bierre, de Moléon, de la Chapelle-la-Reine, fils aîné de Cosme Clausse, seigneur de Marchaumont, de Fleury, etc. secrétaire des finances sous Henri II, et de Marie Burgensis, fille du premier mé-

et eusse bien desiré que le Roy mon seigneur eust esté aussi fidelement servy, tant prés de sa personne qu'ailleurs, m'asseurant que si cela eust esté, les choses n'en fussent venu là où elles sont. Quoy qu'il en soit, le peu de succez qu'ont eu vos labeurs, comme aussy de beaucoup d'aultres gens de bien, qui y apportoient, chascun pour son regard, mesme zele et affection que vous, ne vous doibt poinct faire perdre courage ni destourner de ce bon chemin; mais plustost, comme je m'asseure que vous n'avés rien faict de cela qu'avec jugement, vous debvés aussi tesmoigner à tout le monde à l'advenir, par une suite respondante à ce commencement-là, que vous estes exempt de passion, et n'avés aultre but que le service du Roy mon seigneur, conjoinct avec le bien de son Estat. Pour mon regard, pour ce que j'aime vostre honneur et reputation, je vous en prie, et d'employer l'auctorité que vous donne vostre charge et les graces que vous avés receues de Dieu, à un si bon effect. Asseurés-vous aussy, encores que vostre bonne conscience, en l'acquict de vostre debvoir, vous doibve estre un suffisant salaire, que Dieu ouvrira encore quelque jour les yeux du Roy mon seigneur, en telle sorte qu'il recognoistra vostre fidelité à son service et au bien de ce Royaulme. Et quant à moy, j'auray d'aultant plus d'occasion de vous continuer l'amitié et bonne volonté que je vous porte, pour vous en faire sentir les effects selon les moyens que Dieu me donnera, comme j'ay donné charge au s^r de Clervant de vous faire entendre plus particulierement de ma part. Ce pendant je prie Dieu qu'il vous ait, Monsr de Fleury, en sa saincte et digne garde. A Montauban, ce xxviij^e d'aoust 1585.

Vostre bien affectionné et meilleur amy,

HENRY.

decin de François Ier, fut conseiller du Roi, gentilhomme de sa chambre, et, en 1567, grand maître enquêteur et général réformateur des eaux et forêts du Royaume. Henri III lui confia plusieurs ambassades importantes; mais il supprima sa charge de grand maître des eaux et forêts pour y substituer six maîtres particuliers. M. de Fleury, en 1598, fut rétabli, par Henri IV, dans cette charge, qu'il exerçait encore en 1609.

[1585. — VERS LE 30 AOÛT.]

Orig. autographe. — Biblioth. impér. de Saint-Pétersbourg, Ms. 914, n° 14. Copie transmise par M. Allier, correspondant du ministère de l'Instruction publique.

[AU ROY, MON SOUVERAIN SEIGNEUR.]

Monseigneur, Je penserois offencer la suffisance de mess[rs] de Lenoncourt[1], de Poigny et president Brulard[2], si je voulois par cette lettre discourir et faire entendre à Vostre Majesté ce qui s'est passé entre eux et moy[3]. Je suis bien marry que je ne me suis accommodé

[1] Philippe de Lenoncourt, conseiller d'état, commandeur des ordres du Roi, quatrième fils de Henri de Lenoncourt, baron de Vignori, comte de Nanteuil, etc. et de Marguerite de Broyes, fut successivement évêque de Châlons en 1550, évêque d'Auxerre vers 1562, cardinal en 1586, archevêque titulaire de Reims en 1588. Il mourut en 1591. De Thou dit que Henri III le choisit pour cette négociation, comme ayant été fort aimé d'Antoine, roi de Navarre.

[2] Nicolas Brulart, marquis de Sillery, seigneur de Puisieux, etc. fils aîné de Pierre Brulart et de Marie Cauchon, dame de Sillery, fut successivement conseiller au parlement en 1568, président aux enquêtes en 1584, maître des requêtes en 1588, ambassadeur des rois Henri III et Henri IV, dans les années 1589, 1593 et 1599, garde des sceaux en 1604, chancelier de France et de Navarre en 1607. Il mourut en 1624.

Lestoile rapporte que MM. de Lenoncourt, de Poigny et Brulart étaient accompagnés de deux théologiens de Sorbonne, Jean Prevost, curé de Saint-Severin, et Jacques Cueilley, curé de Saint-Germain. En même temps le duc de Mayenne préparait son armée. Ce qui donna lieu au mot de la duchesse d'Uzès à Henri III : « Que le roi de Navarre n'avoit qu'à préparer sa conscience, et que sa conversion ne seroit pas longue, puisqu'à la suite du confesseur on envoyoit le bourreau. »

Les ambassadeurs étaient arrivés à Nérac le 25 août.

[3] De Thou, qui est entré en d'assez grands détails sur cette négociation, a conservé la réponse du roi de Navarre au discours de M. Lenoncourt, pour l'engager à changer de religion, dans l'intérêt de la succession au trône, le cas échéant, et de suspendre, au moins pendant six mois, tout exercice de la religion réformée.

« Après ce discours, le roi de Navarre répondit aux ambassadeurs, qu'il étoit infiniment redevable à S. M. des favorables dispositions où elle étoit à son égard, et des témoignages honorables qu'elle vouloit bien lui en donner : qu'au reste il étoit sensiblement mortifié de ce que ce prince n'avoit pas mieux aimé accepter ses services, comme il l'auroit fait s'il eût été

en toutes les choses qu'ils m'ont proposées de la part de Vostre Majesté, pour laquelle et son contentement je vouldrois accommoder et employer ma vie propre; mais je me promets tant de sa bonté et prudence qu'elle en treuvera les occasions raisonnables. Je m'en remettray doncques sur lesdits sieurs deputez de Vostre Majesté, pour ne l'ennuyer de plus longue lettre; et la supplieray trez-humblement de me vouloir cognoistre et tenir pour

        Son trez-humble, trez-obeissant et trez-fidele subject et serviteur,

        HENRY.

mieux conseillé, que de se livrer au caprice de gens, qu'il regardoit avec raison comme ennemis de sa personne et de son Etat, et de leur prêter même des armes par sa trop grande bonté, pour l'obliger à entreprendre malgré lui la guerre la plus injuste; qu'il remercioit Sa Majesté du soin qu'elle paroissoit prendre de son salut; mais que, comme il étoit persuadé de sa prudence et de sa droiture, il la prioit de faire réflexion s'il y auroit de la justice ou de l'honneur pour lui, d'abandonner par des motifs de crainte ou d'espérance une religion dans laquelle il avoit été élevé, et où il n'avoit encore reconnu aucune erreur; qu'il avoit toujours fait son capital du soin de sa conscience; que son salut éternel lui étoit plus cher que tout le reste, et qu'il étoit prêt à lui sacrifier tous les honneurs de la terre et toutes les couronnes du monde; que cependant il ne refuseroit pas de se faire instruire, et de changer, s'il étoit dans le mauvais chemin; non plus que de se soumettre à la décision d'un concile libre, comme il l'avoit souvent déclaré; que pour ce qui étoit des villes de sûreté accordées aux protestans, il étoit inutile de leur en demander la restitution dans un tems où on ne pourroit les accuser d'injustice quand ils en demanderoient de nouvelles, afin de pouvoir se mettre à couvert des fureurs de la guerre, pour laquelle les ennemis du repos public faisoient de si grands préparatifs; qu'enfin il importoit peu pour la tranquillité de l'Etat qu'il suspendît pour un tems l'exercice de la religion protestante, et qu'elle avoit jetté en France des racines trop profondes, à l'abri des précédens édits, pour pouvoir espérer que celui que les factieux venoient d'extorquer de S. M. fût capable de l'exterminer ainsi en un instant. » (*Hist. univ.*, l. LXXXI.)

1585. — 30 AOÛT.

Orig. — B. R. Fonds des Cinq-cents de Colbert, Ms. 401.

A MONS^R DE SEGUR,

CHEF ET SURINTENDANT DE MA MAISON, AFFAIRES ET FINANCES.

Monsr de Segur, Il me tarde de sçavoir vostre arrivée en Allemagne, m'asseurant qu'on s'apercevra bientost après du fruict de vos labeurs. Je vous envoye un memoire par lequel vous verrez la charge que m'ont exposé, de la part du Roy mon seigneur, mess^{rs} de Lenoncourt, de Poigny et Brulart, avec lesquels je n'ay voulu entrer en aucun traicté, bien qu'ils m'en ayent pressé et sollicité instamment; m'ayant offert de faire approcher la Royne jusques à Champigny. Je vous prie faire entendre le tout à ceulx que vous cognoissez estre besoing, pour les exciter de plus en plus à nostre secours, et effacer le bruict qu'on pourroit semer au contraire. Nos places se munissent et fortifient en extreme diligence; le courage et la volonté accroist de jour à aultre à ceux de nostre party. Faites-moi sçavoir, je vous prie, de voz nouvelles, à mesure que voz poursuictes succederont; proposez-vous incessamment la diligence, et considerez le fruict que toutes les Eglises en recevront, et moy en particulier, qui, trez persuadé du zele que vous portez à ce qui me touche, prieray Dieu vous assister, conseiller et conduire, et vous donner, Monsr de Segur, en santé, longue vie. A Neràc, ce xxxe aoust 1585.

Vostre trez affectionné maistre et parfaict amy,

HENRY.

[1] Je vous prye envoyer la copie de ceste depesche à mons^r de Clervant, afin qu'il s'en serve à mesme effect, si d'avanture celle que je luy fais d'ailleurs ne luy estoit rendue.

[1] De la main du roi.

[1585. — VERS LA FIN D'AOÛT [1].] — 1re.

Imprimé. — *Mémoires de messire Philippes de Mornay, etc.* t. IV, Suppl. p. 44; édit. de 1651, in-4°.

[*A DIVERS PRINCES*[2].]

Monsieur, Je pense que vous aurés esté suffisamment informé de ces nouveaulx remuëmens que ceulx de la maison de Lorraine ont suscitez depuis quelques mois en ce Royaume; pretendant sans doubte par iceulx la ruine et discipation de cest Estat; sans laquelle ils sçavent tres bien qu'ils ne peuvent parvenir à leurs imaginations. Ce sont choses, Monsieur, que j'estime vous estre cogneuës; car il n'a pas tenu à eux qu'ils n'en ayent abbreuvé toute la Chrestienté. Et pour ce, ne m'est besoing de les vous declarer plus specialement. Tant y a., qu'à l'occasion des sus-dicts remuëmens, de quelque pretexte qu'ils se soyent voulu couvrir, ils ont esté recognus et declarez par le Roy mon seigneur, criminels de leze-majesté et perturbateurs de son Estat. Et en ceste qualité a ordonné à tous ses lieutenans generaulx, courts de parlement et officiers, de leur courre sus, tant par force ouverte que par rigueur de justice, dont sont ensuivis quelques exploicts d'armes et plusieurs arrests dans ses courts souveraines; et partie d'iceulx ont esté mesmes executez. Vous avés aussi esté bien adverty, Monsieur, comme entre leurs pretextes ils m'avoient directement pris à partie à divers titres. Chose non nouvelle de leur part, ayant de long temps ceulx de ceste maison travaillé à la ruine des princes du sang de ce Royaulme, entre lesquels je tiens aujourd'huy le premier lieu. Et aussi esperé-je que vous aurés entendu les protestations que j'ay faictes au Roy mon dict seigneur, par certaine declaration que je luy ay envoiée, escripte et signée de ma main, pour leur oster toute occasion de le troubler. Ils objectoient la religion dont je fais profession : y ayant esté nourri et instruict dés ma jeunesse, j'estime, Monsieur, que nul ne doibt

---

[1] Date fournie par Mornay.
[2] Au titre de cette lettre circulaire, l'édition de Mornay ajoute en marge : « *Mutatis mutandis*, par M. de Clervant. »

requerir de moy, qu'à leur appetit je force ma conscience. Mais je me suis soumis à un concile, que j'ay prié Sa Majesté de moyenner, promettant d'acquiescer à ce qui y sera dict. Ils proposoient aussi quelques griefs touchant l'administration de cest Estat; je m'en suis remis à une assemblée des trois Estats, selon les statuts de ce Royaume, quand il plaira au Roy mon seigneur la convoquer. Au reste, Monsieur, de ce qu'ils pretendoient contre mon particulier, pour oster Sa Majesté de peine, je l'ay requise tres instamment de nous laisser demesler ceste querelle, ou de leurs forces aux miennes, ou, pour abbreger la misere du peuple, de ma personne à celle du sieur de Guise, ou de plus à plus, comme il voudra, soit dedans soit dehors ce Royaume, en lieu de libre accez, nonobstant l'inegalité et disproportion qui est trop manifeste entre nous. Je pense, Monsieur, que vous jugerés toutes ces offres equitables, ne pouvant, à mon advis, faire plus chrestiennement que de me sousmettre au jugement de l'Eglise en ce qui concerne ma religion; ny plus raisonnablement que de me ranger aux loix et statuts de ce Royaume, encore que ce n'est aux estrangers d'en cercher la reformation; ny plus honorablement que de descendre au-dessous de moy pour m'esgaler à eux, estant mesme declarez ennemis de cest Estat, et se declarant les miens, comme ils ont faict de gayeté de cœur. Nonobstant, Monsieur, pendant que, pour contenter le Roy, je supporte tout en patience, sans prendre les armes (lors toutesfois que les armes se remuënt de toutes parts autour de moy), ils ont tant gaigné, partie par l'ostentation de leurs forces, et partie par la collusion d'aulcuns leurs adherens qui estoient demeurez prés du Roy, qu'ils ont forcé et contrainct Sa Majesté à une paix avec eux, qui m'est convertie à guerre ouverte, et sans doubte, si Dieu n'y pourvoit par sa clemence, en ruine inevitable à cest Estat; une paix faicte avec les estrangers au dommage des princes du sang; avec la maison de Lorraine, aux despens de la maison de France; avec les rebelles, aux despens des plus obeïssans; avec les perturbateurs, aux despens de ceux qui ont racheté la paix publique par toutes les offres qu'ils ont peu, comme dessus. Et par là, jugés, Monsieur, combien elle m'est insuportable, voyant aujourd'huy les armes mises en la main des ennemis de cest Estat et les miens, sous le nom du Roy, duquel toutesfois je sçay que les vœux et les soupirs combattent pour moy contre eux, encore que j'en voye les bras avec eux et contre moy.

Or, Monsieur, à une telle violence, faicte au Roy, mon souverain seigneur, faicte à sa maison, à cest Estat, et à moy-mesme, je me suis deliberé de m'opposer de tout mon cœur; et à ceste fin rallier auprés de moy, selon le lieu que je tiens en ce Royaume, tous les bons et vrays François, sans acception ny exception de la Religion, n'estant aujourd'huy question icy que de la defense de l'Estat contre l'usurpation de l'estranger. Me confie aussi que tous les bons alliez et fideles amis de ceste couronne considereront le droict et la necessité de la juste cause que je prends, et ne m'abandonneront en cest endroict. Mais particulierement, Monsieur, je m'adresse à vous, duquel je cognois l'affection envers le Roy et son Estat, m'asseurant que vous desployerés et employerés volontiers vostre pouvoir, auctorité et moyens pour reprimer les perturbateurs et leurs desseings; sçachant bien aussi combien il importe à tous princes et estats de ne laisser tels exemples d'usurpation à la posterité, et combien sur tout à tous les estats et princes de la Chrestienté, de ne permettre la mutation qu'ils entreprennent en un tel Royaume, qui, depuis tant d'années et de siecles, tient en *contrepoids*[3] toute l'Europe. Or ce-cy me suffira. Seulement, parce que je desire fort que mes actions vous soyent cognuës et approuvées, je vous prie, Monsieur, de prendre la peine de voir ma declaration susmentionnée, et celle que depuis j'ay faicte sur la paix particuliere concluë avec les perturbateurs, au prejudice de la paix et foy publique[4]. Et sur ce, Monsieur, etc.

[HENRY.]

---

[3] « Ce mot n'est pas pour tous. » (*Note de Mornay.*)

[4] C'est la pièce intitulée : *Déclaration et protestation du Roy de Navarre, de monsieur le prince de Condé et monsieur le duc de Montmorency sur la paix faicte avec ceux*

[1585. — VERS LA FIN D'AOÛT.] — IIme.

Imprimé. — *Notice historique sur la ville et le canton de Valréas*, par AD. AUBENAS. Paris, 1838, in-18, p. 154.

[A MONS^R DU POET.]

Monsr du Poët[1], Parce que vous voyez le deplorable estat auquel ce Royaulme est reduict, à cause des ligues et conspirations faictes contre la personne du Roy et de son Estat, il n'est besoin de vous le representer par lettre; seulement je vous prieray, comme aussy tous ceulx qui me sont affectionnez, d'adviser tous les moyens convenables pour le service du Roy et le mien, afin de les employer, selon que l'occasion s'y presentera, pour nous opposer aux ligueurs, qui feront remuemens et entreprinses; et au reste aimés tousjours

Vostre meilleur maistre et plus asseuré amy,

HENRY.

de la maison de Lorraine, chef et principaux auteurs de la Ligue, au prejudice de la maison de France. M. Monmerqué possède l'édition de ce manifeste imprimée, en 1585, à la Rochelle, *jouxte la copie imprimée à Ortés.*

---

[1] « Louis de Marcel Blein, baron du Poet, seigneur de Barry Mornans, Saou, Châteauneuf de Mazau, etc. chevalier de l'ordre du Roi, chambellan d'Henry, roi de Navarre, le 25 décembre 1584; conseiller d'état d'épée, gouverneur de Montélimart, et, le 30 janvier 1593, lieutenant général au marquisat de Saluces, fut, dans le Midi, l'un des chefs les plus remarquables du parti calviniste. Il ne se passa, dans ces guerres, aucune action importante à laquelle il ne prît part. Son expérience fut souvent consultée par les hommes les plus éminents du parti: Montbrun, Lesdiguières, Calvin, Henri IV. Plusieurs des lettres qui lui furent écrites par ces différents personnages sont aujourd'hui entre les mains de M. d'Alissac de Valréas, l'un des derniers héritiers qui aient recueilli les biens de la maison du Poet. » (Aubenas, *Notice histor. sur la ville et le canton de Valréas*, p. 153 et suiv.)

[1585. — VERS LE MOIS DE SEPTEMBRE.] — Ire.

Cop. — Arch. de famille de M. le marquis de la Grange.

[A MONS^r DE LA FORCE.]

Monsr de la Force, Ayant entendu que le s^r Dumeyne estoit prest, je luy fis une lettre à la haste, et vous en ay envoyé une semblable, afin de vous faire entendre mon intention. Un de vos gens vient d'arriver icy; je vous prie, ne nous desunissons point; la Ligue menace et se veut approcher de nous; ne soyons point ennemis de nous-mesmes; laissons pour quelque temps nostre particulier, et asseurés-vous que vous n'avés point au monde un meilleur amy, qui vous est et sera tousjours

Vostre trez affectionné maistre et parfaict amy,

HENRY.

[1585. — VERS LE MOIS DE SEPTEMBRE.] — IIme.

Cop^1. — B. R. Fonds Leydet, Mém. mss. sur Geoffroy de Vivans, p. 75.

[A MONS^R DE VIVANS.]

Monsr de Vivans, Je vous prie croire que je treuve les advis que vous me donnez bons et conformes à ceulx que j'ay de la Court et d'ailleurs; et me ferez fort grand plaisir de continuer. Et ne vous souciez de ceulx qui les trouvent mauvais; ce sont ceulx qui sont marris de quoy on voit trop clair. Ils ne s'en adressent pas à moy, car je cognois, graces à Dieu, ce qui est bon. Faictes tousjours entier estat de

Vostre meilleur et plus asseuré amy,

HENRY.

---

^{1} Cette lettre, ainsi que plusieurs des autres à M. de Vivans, fut copiée par l'abbé Leydet sur l'original autographe, comme l'indiquent les mots, *de la propre main*, joints alors à sa copie.

1585. — 10 SEPTEMBRE.

Orig. — Arch. du château de Poyanne. Copie transmise par M. le baron Méchin.

[A MONS^R DE POYANNE.]

Monsr de Poyanne, Ayant entendu que le capitaine Gonse avoit prins deux de vos chevaulx, j'en ay esté bien marry, luy ayant mandé qu'il ne faille de les rendre incontinent; et ne l'en quicte pour cela, car je le casseray. Or je vous envoie ce porteur, qui est de mes gardes, avec ceste lettre, pour vous dire que je ne veulx souffrir que vous qui estes de mes amys, ne ceulx qui dependent de vous, reçoivent desplaisir d'aulcuns des miens; et vous feray paroistre que j'ay en reconnoissance ceulx que j'aime comme vous. Et sur ce, je prieray le Createur, Monsr de Poyanne, vous tenir en sa saincte et digne garde.

De Navarrens, ce x^e septembre 1585.

Vostre bien bon et asseuré amy,

HENRY.

Je vous prie me mander si, estant arrivé au Mont de Marsan, je vous pourray voir en quelque lieu en la campagne, pour vous dire des choses qui importent au service du Roy.

1585. — 12 SEPTEMBRE.

Cop. — B. R. Fonds Leydet, Mém. mss. sur Geoffroy de Vivans, p. 75.

[A MONS^R DE VIVANS.]

Monsr de Vivans, Avant que vostre homme arrivast, celuy de Montaulban avoit prins toute la pouldre qui se pouvoit retirer d'icy, mais j'en ay envoyé querir prés d'icy sept huict quintals. Je feray conduire, si on les apporte avant mon partement; sinon, envoyant dans quinze ou vingt jours la Barriere ou aultre homme de qualité, mons^r de St Geniés en fera delibvrer quinze quintals, moyennant qu'on la paye comptant ez mains du maistre pouldrier, afin qu'on ait moyen de remplacer celle qu'on tirera du magasin. Le prix est de soixante-dix livres le quintal, mais aussi elle est trez bonne et bien seche. J'espere partir dans deux ou trois [jours] avec l'artillerie que j'amene d'icy. S'il arrive quelque chose de nouveau en vos quartiers, adressez vos lettres par le Mont de Marsan, et sur ce, Monsr, etc..... De Navarreins, ce xij^e septembre 1585.

. . . .

[HENRY.]

[1585. — 1er OCTOBRE.]

Orig. — B. R. Fonds Béthune, Ms. 8828, fol. 8 recto.
Cop. — B. R. Suppl. fr. Ms. 1009-4.

A MON COUSIN MONS^R LE MARESCHAL DE MATIGNON.

Mon Cousin, J'ay donné charge à Lambert de vous voir de ma part et vous dire l'estat asseuré que je fais de vostre amictié; et vous prier de faire estat de moy et de ce qui est en mon pouvoir. Je me haste, le plus que je puis, pour m'approcher de vous, afin d'avoir ce bien de vous veoir. Je m'en voy à Tartas, où je seray deux ou trois jours, pour recevoir mes hommages; et de là je passeray au Mont de Marsan pour aller à Casteljaloux, où nous nous pourrons veoir et à Nerac, avec toutes les commodités. Je vous feray sçavoir de mes nouvelles et du jour que nous serons ensemble [1]. Aimez tousjours

Vostre plus affectionné cousin et plus
parfaict amy,

HENRY.

---

[1] L'extrait d'une lettre de Henri III à Matignon, rapporté dans la vie de ce maréchal, et les détails qu'ajoute le biographe sont le commentaire nécessaire de cette lettre-ci, et en déterminent la date :

« Fin d'une lettre du Roy.

« Les sieurs de Lenoncourt, Poigny et Bruslart vous envoyent la response à ce qu'ils m'ont mandé que mon frere le Roy de Navarre a faict à ce que je leur avois commandé luy faire entendre de ma part, afin que selon cela vous donniez ordre à mes affaires, et regardiez à les conduire ainsi que vous estimerez estre pour le mieux. Je collige de la façon de parler de

1585. — 10 OCTOBRE.

Orig. autographe. — Arch. du Royaume, sect. hist. Série M, dossier Saint-Ours.

A MONS^r DE LA BOURLIE.

Monsr de la Bourlie, Envoyant mon cousin, mons^r le vicomte de Turenne, par delà pour y assembler mes serviteurs, je vous ay voulu faire ce mot pour vous prier vous trouver au lieu qu'il vous mandera et au temps que vous sçaurez. Il vous dira aussi comme j'espere vous voir en bref, et donner tel acheminement à mes affaires, que je m'asseure y voir en brief l'issue, avec autant d'utilité et contentement que sçaurions desirer; à quoy participeront tous les gens d'honneur qui

mondit frere qu'il n'a point d'envie de se faire catholique, mais qu'il tend à se rendre le plus fort, pour m'induire ou contraindre à embrasser son party. Partant il est besoin de contreminer ce dessein sans nous arrester au traisté qu'il demande à faire avec la Reyne ma mere, estant resolu de ne souffrir point d'autre religion que la catholique : tant pour la satisfaction de ma conscience que pour couper les racines aux factions qui troublent mon Estat. Et je connois bien que mon dict frere est trop engagé avec ceux de sa religion, sur lesquels il fonde toute son esperance et grandeur, et qu'il n'y aura ordre de le rendre capable de cette deliberation que par force : moyen de quoy ne laissez point perdre d'occasions, et menez avec vous toutes mes forces qui seront en Guyenne, sans vous arrester aux belles paroles de mon dict frere. Car ce pendant qu'il n'est travaillé en son gouvernement, il employe ses forces contre ceux de Toulouze et autres mes serviteurs de ce pays-là, et il ne sera pas aisé de reprendre ce qu'il aura à sa devotion : c'est pourquoy il faut sans retardement l'empescher d'entreprendre sur mes places de mon dict pays. »

« Le reste de cette lettre n'est deschiffré que par endroicts, mais il est aisé à connoistre que le Roy negotioit du même temps avec le duc de Guise, chef des Ligueurs, et avec le roy de Navarre, chef des Huguenots : et, selon mon jugement, il escrivit cecy au mareschal lorsqu'il se vit comme resolu de s'unir avec les Ligueurs, desesperant de pouvoir resoudre le roy de Navarre de se rendre catholique. Le mareschal, suivant les ordres de la Cour, assembla ses troupes, et le roy de Navarre ne doutant point qu'il n'eust ordre de luy faire la guerre, pour ne pas rompre ouvertement et arrester le mareschal, luy escrivit qu'il estoit fort desplaisant que, pour une legere occasion, l'on se fust brouillé avec les siens en Languedoc, que devant recevoir des hommages à Tartas, il n'avoit pu y mettre ordre; qu'il se rendroit à Castel-jaloux le vingtiesme du mois et qu'il le prioit de s'y trouver, afin de resoudre avec luy de ce qu'il faudroit faire pour le service du Roy. Le mareschal escripvit au Roy qu'il avoit accepté cette entrevue. » (P. 162 et suiv.)

m'assistent en si juste cause. L'asseurance que j'ay que ferés ce que vous dira mon dict cousin, comme de rechef je vous en prie, me fera, apres vous avoir asseuré de mon amitié, prier Dieu, Mons͏ʳ de la Bourlie, qu'il vous ait en sa saincte garde. C'est

Vostre bien affectionné,

HENRY.

Du Mont de Marsan, ce x͏ᵉ octobre 1585.

1585. — 11 OCTOBRE. — I͏ʳᵉ.

Cop. — Biblioth. de Tours, ancien manuscrit des Carmes, coté M, n° 50, *Lettres historiques*, p. 174. Communiqué par M. le préfet.

Cop. — Arch. Strozzi, à Florence.

Cop. — B. R. Suppl. fr. Ms. 1009-3.

Cop. — Musée britannique, Biblioth. Lansdowne, art. 17. Envoi de M. l'ambassadeur de France à Londres.

Imprimé à la suite de la *Déclaration du Roy de Navarre, de monsieur le Prince de Condé et de monsieur le duc de Montmorency, etc.* La Rochelle, 1585, in-8°, p. 28. — *Mémoires de Mornay,* t. 1, p. 576; édition de 1624, in-4°.

A MESSIEURS LES GENS TENANS LA COURT DE PARLEMENT POUR LE ROY, A PARIS.

Messieurs, Je ne desire aultres juges que vous, de tout ce qui s'est passé depuis ces derniers remuëmens. Car vous avés peu voir en combien de sortes les ennemis de cest Estat et les miens ont tenté ma patience; avés aussi veu combien le respect du Roy et le bien de ce Royaume ont eu de pouvoir sur moy pour me retenir en ma juste douleur. Cependant il en est advenu (et je m'asseure que vous recognoissés tous le tort qui m'y est fait) que les ennemis du Roy et du Royaume sont auctorisez et armez contre moy; tellement qu'il fault que ma patience et mon obeïssance portent la peine de leur rebellion, et que l'estranger soit contenté aux despens du domestique, et le serviteur, de l'enfant de la maison. C'est chose, Messieurs, qui m'est à la verité trés dure. Mais j'ay Dieu pour protecteur, la France pour juge, vous tous pour tesmoings, le Roy mon seigneur (car je n'en puis doubter) pour approbateur de ma sincerité. Je plains le mal-heur de cest Estat; mais Dieu sçait à qui en est la coulpe, et leur en sçaura donner la peine. Je plains les calamitez du peuple; mais on sçait qui a troublé la paix, de gayeté de cœur, et quelle necessité m'est imposée de me garder. C'est en vain, Messieurs, que je vous repeterois les conditions que j'avois proposées. Vous les avés veuës, et sçavés assez si elles meritoient qu'on y eust quelque esgard. Ne me reste plus que de vous supplier tous, par le serment que vous devés à la France, de vous opposer par vostre authorité à la conjuration que vous voyez à sa ruyne. Au moins n'assistés de vostre auctorité un si pernicieux dessein; au moins favorisez de vos vœux ceulx qui veulent employer leur vie pour empescher la misere et dissipation de cest Estat. Je ne veulx et ne requiers de vous que ce que vous jugerés selon vos consciences. Si ma cause est juste, je desire que vous l'approuviés; si elle est injuste, ordonnés, Messieurs, ce que vous penserés estre de vostre debvoir et du bien de cest Estat. Dieu m'est pour tesmoin que je suis et ay esté fidele au Roy, que j'aime la France, que j'honore les gens de vertu qui la maintiennent, que je pleure la confusion et la calamnité que j'y voy entrer en tous estats. Je le prie, Messieurs, qu'il vous assiste de sa vertu, vous que j'ay tousjours tenuz pour colonnes de ce Royaume, à ce que puissiez en ces esbranlemens avoir la loüange, comme plusieurs fois, d'avoir soustenu et appuyé le corps de cest Estat. Et j'espere aussi qu'il me fera la grace d'y servir si bien le Roy mon seigneur, et d'y estre si bien servy de bons François, amateurs de sa couronne, que je luy feray voir, en peu de temps, la fin de ses ennemis et le repos de ses subjets; à quoy je n'espargneray ny mon sang ny ma vie. Sur ce donc,

Messieurs, je feray fin, priant Dieu de vous avoir en sa tres saincte garde et protection. Du Mont de Marsan, ce unziesme jour d'octobre 1585[1].

Vostre plus affectionné et plus asseuré amy,
HENRY[2].

1585. — 11 OCTOBRE. — IIme.

Cop. — Biblioth. de Tours, ancien manuscrit des Carmes, coté M, n° 50, *Lettres historiques,* p. 46. Communiqué par M. le préfet.

Cop. — Musée britannique. Biblioth. Lansdowne, art. 17. Envoi de M. l'ambassadeur de France à Londres.

Cop. — Arch. Strozzi, à Florence.

Cop. — B. R. Suppl. fr. Ms. 1009-3.

Imprimé à la suite de la *Declaration du Roy de Navarre, de monsieur le prince de Condé, et de monsieur le duc de Montmorency,* etc. La Rochelle, 1585, in-8°, p. 31. — *Mémoires de messire Philippes de Mornay,* etc. t. I, p. 571.

Recueil D, à Luxembourg (dans le Recueil A, B, C). — 1759, in-12, page 131.

A MESS^rs DE LA FACULTÉ DE THEOLOGIE DU COLLEGE DE SORBONNE.

Messrs, Je m'adresse volontiers à vous és affaires dont est aujourd'huy question, comme à ceulx qui faites profession particuliere d'avoir l'œil que l'Eglise ne reçoive ou souffre aulcun dommage. Vous aurés consideré ces remuëmens derniers de ceulx de la maison de Guise, fondez sur plusieurs pretextes bien divers, mais finalement qui se sont reduicts et retranchez à un, à sçavoir de remettre à son entier l'Eglise Catholique, et, à ceste fin, m'exterminer et ceulx qu'ils pretendent heretiques. Et la force et violence a esté telle qu'il s'en est ensuivy au plus près de leur intention. Or je ne veux point douter que, selon vostre prudence, vous n'ayés cogneu que leur but est autre qu'ils ne dient. C'est, soubs le manteau de la Religion, d'avoir les armes en main pour ruiner les premiers de la maison de France, et se faire voye à l'usurpation de cest Estat. Mais je desire, Messrs, que vous jugiés, pour le faict mesme de la Religion, qui

---

[1] En marge de cette lettre et de la suivante, dans les Mémoires de Mornay : *Faite par M. du Plessis.*

[2] N'ayant pas les originaux de cette lettre et de la suivante, dont les nombreuses reproductions offrent quelques variantes, nous avons suivi de préférence l'édition originale de 1585.

d'eux ou de moy ouvre un plus beau chemin pour reunir l'Eglise, et lever le schisme qui depuis un si long temps nous met en peine. J'ay esté nourry en une religion que j'estime saincte et vraye ; et, que j'en fasse profession de cœur, n'est besoing de tesmoignages ; aultrement j'eusse bien sceu esviter tant de maulx qu'il m'a fallu souffrir, auxquels naturellement on ne prend pas plaisir. Aultrement aussi j'eusse bien sceu mesnager la bonne grace du Roy et la bien-vueillance de son peuple, que après la faveur de Dieu je cognois m'estre trés utile et desirable. Estant tel, Messrs, il est par trop dur, et m'assure que le jugerés ainsi, de requerir que sans aultre forme j'abandonne ma Religion, et fasse force à ma conscience et à mon ame. Et quand je serois si miserable que de me forfaire en telle sorte, à bon droict serois-je accusé de peu de conscience, à bon droict vous desfieriés-vous de moy en toutes choses, qui aurois manqué à ce que j'estimerois debvoir à Dieu, au jugement de mon ame propre. Ce qui raisonnablement se peut requerir de moy, c'est, à mon advis, ce que j'ai jà volontairement offert, et que tous les jours encore j'offre. C'est, Messrs, d'estre instruict en un concile libre et legitime, où les controverses meuës au faict de la Religion soient bien debatuës et decidées, et d'acquiescer à ce qui en sera dict; voye, comme vous savés trés bien, pratiquée de tout temps en l'Eglise en pareil cas, et par les plus sages roys et empereurs du monde; voie par vous, Messrs, conseillée aux roys predecesseurs, moyennant laquelle vous avés sceu maintenir contre plusieurs usurpations les privileges et droicts de l'Eglise gallicane; voie, en somme, que l'Eglise en sa plus grande vertu, n'a onc refusée pour reduire peu de gens de basse condition, mesme un seul homme, en son giron; et que beaucoup moins doit-elle ou rejeter aujourd'hui ou recuser, qu'il est question de plusieurs millions d'ames, de villes entieres et de grandes provinces, d'un nombre infini de gens qualifiez, mesmes des premiers princes du sang et des plus proches de la Couronne, qui ne peuvent pas estre ny forcez qu'à toute peine, ny exterminez qu'en la ruine de l'Estat, et qui, au contraire, s'ils sont une fois persuadez par la raison à changement, pourroient estre occasion d'une ferme paix en ce Royaume, d'une solide reünion à l'Eglise Catholique, par le prejugé de leurs personnes, et d'un siecle plus heureux, non à ce Royaume seulement, qui seroit un gain inestimable, mais à toute la Chrestienté, et à toute l'Europe, qui se ressent necessairement des miseres et calamités d'un si puissant Estat.

C'est, Messrs, l'offre que j'ay faicte au Roy mon seigneur, que je vous repete en la presente, et dont je vous appelle à tesmoins vers tous qu'il pourra appartenir, afin qu'il soit evident, et à ceux qui vivent maintenant, et à la posterité, qu'il n'a point tenu à moy que cest Estat ne fust paisible, aussi peu, que l'Eglise ne fust ramenée en sa premiere union, paix et tranquillité.

Car, quant à ce qu'on allegue contre moy, que je suis heretique, c'est à vous, Messrs, à leur apprendre (de vous aussi je l'ay appris) qu'il y a grand' difference entre heresie et erreur; que tous ceux qui tiennent une heresie ne sont pourtant heretiques; qu'heretiques sont ceux proprement qui procedent par ambition ou par opiniastreté; opiniastreté qui ne peut tomber en moy, qu'on n'a jamais pris la peine d'enseigner, qu'au contraire on a voulu rebuter par tous moyens, ne m'alleguant pour toute raison que vive force; ambition, aussi peu, qui ay renoncé au grand chemin de la grandeur, qui m'estoit ouvert par la religion Catholique Romaine, et ay pris le contrepied, le chemin de persecution et de disgrace, perseverant constamment en celle qu'on appelle et que j'estime Reformée.

Mais quand mesme ainsi seroit, c'est contre l'erreur et l'heresie que s'assemblent en l'Eglise les conciles; c'est pour guerir les malades que se font les consultations; le chirurgien ne vient au fer ny au feu que quand ses emplastres sont trop foibles. C'est un argument de passion toute evidente de commencer la conversion par la subversion, et l'instruction par la destruction, par l'extermination et par la guerre, qui doit commencer par la fraternité, l'admonition et la douceur.

Il ne suffit d'alleguer que le concile de Trente ait esté tenu, qui ait condamné la Religion en laquelle je vis, qu'ils appellent heresie.

Vous sçavés, Messrs, quel a esté ce concile, que jamais vous n'avés approuvé, et contre lequel tout l'Estat, et le clergé, et les parlemens de ce Royaume ont protesté jà plusieurs fois. Vous sçavés aussi, quant il auroit esté legitimement tenu et convoqué, qu'il n'empesche pas la convocation d'un aultre, mesmes s'il y va du salut et restablissement de telles personnes et d'un tel Estat. Au contraire j'ay appris qu'il fut ordonné au concile universel de Basle, que de dix en dix ans il se tiendroit un concile pour empescher les erreurs qui pourroient s'introduire en l'Eglise, et à plus forte raison pour en de chasser ceulx qui jà y seroient introduicts.

Jugez donc icy, Messrs, qui des deux parties a plus de droict, qui des deux doit avoir plus de respect en son droict, qui des deux aussi propose un expedient plus salutaire à cest Estat, plus favorable à l'Eglise. L'estranger requiert que l'enfant de la maison soit chassé par force, sous pretexte d'heresie, l'estranger qui de long-temps trame d'entrer en sa place; moy certes, Messrs, bien que par trop inegal à eux, sur les actions duquel ils n'ont que voir, je n'ay desiré et ne desire que d'estre ouy en ma cause, d'estre instruict en un concile, de mieulx faire, si mieulx je suis enseigné. Quel jugerés-vous le plus equitable? Et qu'est-il donc de besoing d'embraser tout ce Royaume? Car qui doute que vous ayés à choisir, ou une guerre civile ou un concile? ou l'extermination d'une partie de cest Estat par l'aultre, ou bien la reünion des deux partis de ce Royaume en un, qui sera tirée sans doubte en consequence en toute la Chrestienté?

Or, Messrs, je vous declare encores pour la fin, que je requiers et suis prest d'acquiescer à un concile; que je suis tout prest d'ouïr l'Eglise en iceluy; et pourtant ne puis estre reputé de vous pour ethnique ou publicain. Vous declare d'abondant, qu'en defaut d'un concile general, pour faciliter les choses, je ne refuse un national, comme souvent s'est veu pratiquer en ce Royaume, et par vostre advis et conseil propre.

Si, nonobstant ma requeste, on poursuit, contre tout ordre de l'Eglise, par proscriptions, meurtres et aultres rigueurs et barbaries, à ces enormes precipitations et violences, je me delibere d'opposer une juste deffence; et la malediction en soit sur ceulx qui ont troublé cest Estat souz le faux pretexte de l'Eglise. Je vous auray pour tesmoins des equitables conditions auxquelles je me soubmets; Dieu pour deffenseur, qui sçaura debatre mon bon droict contre mes adversaires : et lequel je prie, Messrs, vous avoir en sa saincte et digne garde. Du Mont de Marsan, ce unziesme jour d'octobre 1585.

Vostre bien affectionné et asseuré amy,

HENRY.

1585. — 26 OCTOBRE.

Orig. — Arch. des Affaires étrangères. Correspondance politique, Mss. France, n° XIX, fol. 38 recto.

A MONS[r] DE S[T] GENIEZ.

[1] J'ay veu le discours que m'avez envoyé et l'advis que vous me donnés. Je trouve bonne *la saisie de Tarbe*[2]. Je vous prie le faire le plus tost et par les meilleurs moyens que vous adviserez, afin de couper chemin aux desseings des autres. Vous manderez pour cest effect *les sieurs de Lons et de Begoles*[3], auxquels j'en escry. Il n'est besoin d'en parler *au sieur de Benac*[4], sinon aprés que ce sera faict. Je luy manderay que le

---

[1] Une partie de cette lettre est écrite en chiffres. On a imprimé en caractères italiques tous les mots qui, dans l'original, sont chiffrés, et qui ont été déchiffrés et lus en entier par mon collaborateur, M. de Fréville. Ma préface expose le service qu'il a rendu spécialement à cette partie de l'édition.

[2] On lit au dos de cette lettre « Pour saisir Tarbes. » Le texte indique que ce projet avait été mis en avant par M. de Saint-Geniès.

[3] Antoine, seigneur de Bégoles, marié avant 1584 à Jeanne de Bourbon-Lavedan.

[4] Bernard de Montaut, baron de Bénac, premier baron de Béarn, capitaine de cinquante hommes d'armes des ordonnances, gentilhomme ordinaire de la chambre du Roi, sénéchal de Bigorre, était le troisième fils de Jean Marc de Montaut, baron de Montaut et de Bénac, et de Madeleine d'Andouins. L'aîné de ses frères avait été tué en 1567 à la bataille de Saint-Denis; le second, connu sous le nom de vicomte de Lavedan, épousa en 1592 une fille de Saint-Geniès.

tout aura esté faict par mon commandement. Nous avons ici *sept cens hommes en tous nos régimens, et n'y en a que trois cens de Bearn*; ce qui me faict penser qu'il en est plus demeuré par delà que vous ne pensez; parce qu'il n'y en a pas beaucoup *dans les garnisons de Marsan et de Tartas.* Je vous feray sçavoir souvent de mes nouvelles. L'edict de quinze jours a esté publié; jamais on n'a ouy parler d'une telle cruauté et perfidie. Nostre cause en est d'aultant plus amandée et leur meschanceté entièrement descouverte. Prions Dieu et faisons ce qui est de nostre debvoir, usant des moyens qu'il lui plaist nous donner; et il les rendra confus, tellement qu'ilz enfanteront le rebours de leurs conceptions et desseings. Mandés-moy de vos nouvelles à toutes occasions. C'est

Vostre trez affectionné maistre et parfaict amy,

HENRY.

De Lectoure, le xxvj^e octobre 1585.

1585. — 28 OCTOBRE.

Orig. — Arch. de M. le baron de Scorbiac, à Montauban. Copie transmise par M. Gustave de Clausade, correspondant du ministère de l'Instruction publique.

A MONS^{R.} D'ESCORBIAC,

CONSEILLER DU ROY MON SEIGNEUR, EN SA COURT DE PARLEMENT DE THOLOSE ET CHAMBRE DE LA JUSTICE ESTABLIE À LISLE D'ALBIGEOIS.

Monsr d'Escorbiac, Je vous envoye une ordonnance sur le faict et reglement de la justice, laquelle je vous prie mettre entre les mains des officiers de Montauban, afin de la faire publier, enregistrer et exactement observer comme il en est besoing, pour les considerations y contenues; je vous recommande tous les affaires dont je vous ay commis la charge, pour y faire tout ce que vous cognoistrés y estre necessaire pour le bien general et mon particulier, sans differer, à faulte de quelque expedition, suivant l'affection et integrité que j'ay tousjours cogneue en vous. N'estant la presente à aultre fin, je prieray

Dieu vous avoir, Mons* d'Escorbiac, en sa saincte et digne garde. A Lectoure, ce xxviij* d'octobre 1585.

> Vostre meilleur et plus asseuré amy,
>
> HENRY.

1585. — 8 NOVEMBRE.

Orig. — Arch. de famille de M. le vicomte de Panat, membre de la Chambre des Députés.

A MONS* DE LESTELLE,
GENTILHOMME ORDINAIRE DE MA CHAMBRE.

Mons* de Lestele, Je suis bien ayse que soyez achevé de guerir. Je vous prie faire passer voz compaignées le plus tost que pourrez vers Castelmoron; et, quant à vous, me venir trouver demain à Thonneins ou à Clairac. Car il fault que nous nous avancions et rejoignions ensemble pour quelque bel effect. Oultre ce, j'ay des choses à vous dire que je ne vous puis escrire, et quant à l'argent vous aurez tousjours part à celuy que j'auray. Venez et nous partagerons. Vous sçavez combien je desire vous gratiffier, et rendre tesmoignage de mon amytié. Et sur ce, je prie Dieu vous avoir, Mons* de Lestele, en sa saincte et digne garde. Escript au Mas d'Agenois, le viij* jour de novembre 1585.

> Vostre bon maistre et asseuré amy,
>
> HENRY.

[1] Il se presente une occasion de faire quelque chose de bon.

---

[1] Ce post-scriptum est de la main du roi.

1585. — 11 NOVEMBRE.

Orig. — Arch. de M. le baron de Scorbiac, à Montauban. Copie transmise par M. Gustave de Clausade, correspondant du ministère de l'Instruction publique.

A MONS^r D'ESCORBIAC,

CONSEILLER DU ROY MON SEIGNEUR, EN SA COURT DE PARLEMENT DE THOLOSE ET CHAMBRE DE LA JUSTICE ESTABLIE A LISLE D'ALBIGEOIS.

Monsr d'Escorbiac, J'ay receu des lettres, plainctes et memoires de mons^r le vicomte de Gourdon, lesquelles je vous envoye avec les apostilles que j'ay faict mettre dessus; par lesquels vous entendrez mon intention. Je luy ay au reste mandé qu'il se devoit adresser à vous pour avoir l'estat des contributions, ainsy que vous pourrez voir par la lettre que je luy escry, laquelle il vous representera. Il demande creue de vingt harquebuziers à cheval, et de vingt autres harquebuziers en sa maison de Tolzane[1]. Je trouve tout bon, pourveu que le payement soit prins sur les contributions; et par ce qu'il montera beaucoup pour satisfaire à l'entretenement tant des gens de pied estant aux garnisons, que des gens de cheval, je trouveray bon que, nonobstant qu'il aye esté advisé de ne prendre que la tierce partie de l'ancienne taille pour les dictes contributions, vous y adjoutiez quelque chose davantaige pour les faire parvenir et esgaler à ce que monte le dict entretenement, les estendant aussy le plus que vous pourrez en Rouergue et Auvergne; vous donnant pouvoir de ce faire, et de dresser les dicts estats, lesquels, si besoing est, je signeray à mon retour. Car, quant aux deniers royaulx et ecclesiastiques, ils sont destinez aux frais des voyages, et d'une partie du secours des estrangers, pour lequel il est necessaire que nous employons une partie de nostre bien, si nous ne voulons voir une ruine inevitable sur nous. Je desire que vous choisissiez un recepveur pour faire la recepte à Figeac, si desjà n'y a esté pourveu. Constans a eu le choix, lequel vous est allé

[1] Toulousanne en Quercy, aujourd'hui commune du département de Tarn-et-Garonne, canton de Castel-Sarrazin.

trouver, pour faire la charge au dict Figeac ou au Rouergue. Je vous recommande tous mes affaires, desquels je me remets en vous, pour l'experience que vous en avez, et pour l'affection et fidelité que je sçay que vous apportez au bien de mon service. Sur ce, je vous prieray vous asseurer de ma bonne volonté en vostre endroict, et le Createur vous avoir, Monsr d'Escorbiac, en sa saincte et digne garde. Au Mas d'Agenois, ce xj^e de novembre 1585.

Vostre meilleur et plus asseuré amy,

HENRY.

1585. — 29 NOVEMBRE. — Ire.

Orig. — Arch. de M. le comte H. C. de Meslon. Copie transmise par M. le secrétaire général du département de la Gironde.

A MONS^R MESLON,

GOUVERNEUR DE MONTSEGUR.

Monsr de Meslon, Il est besoing loger la compaignie du s^r de Favas prés d'icy, pour s'en servir si l'ennemy approche. Et n'ayant trouvé lieu plus propre que la ville de Montsegur, ne faictes faulte de la recevoyr pour y tenir garnison, comme j'escry aux consulz d'icelle. Et à tant prieray Dieu vous avoyr en sa saincte garde. De Bergerac, ce penultiésme novembre 1585.

Vostre bien bon maistre et amy,

HENRY.

1585. — 29 NOVEMBRE. — IIme.

Orig. — Arch. de M. le comte H. C. de Meslon. Copie transmise par M. le secrétaire général du département de la Gironde.

AUX CAPITAINES QUI SONT SOUBZ LE REGIMENT DU S^R DE MESLON.

Cappitaines qui estes du regiment du s^r de Melon, Ayant ordonné le s^r de Chouppes[1] pour commander dans Ste Foy, et executer plu-

---

[1] Pierre de Chouppes, seigneur de ce lieu, conseiller et chambellan du roi de Navarre, gentilhomme ordinaire de sa chambre, fut gouverneur, en divers temps,

sieurs desseings contre noz ennemys, pour la conservation de ceste riviere et de tout ce païs, ne faictes faulte de faire tout ce qu'il vous commandera, avec voz trouppes, et de luy obeyr comme si c'estoyt à nous mesme. Et n'estant la presente à aultre fin, prieray Dieu vous avoyr en sa saincte et digne garde. A Bergerac, ce penultiesme de novembre 1585.

Vostre bon amy,

HENRY.

1585. — 1er DÉCEMBRE. — Ire.

Cop. — Biblioth. de Tours, ancien manuscrit des Carmes, coté M, n° 50, *Lettres historiques*, p. 184. Communiqué par M. le préfet.

Cop. — B. R. Suppl. fr. Ms. 1009-4.

Imprimé. — *Mémoires de messire Philippes de Mornay*, etc. t. 1, p. 577; édit. de 1624, in-4°.

AU ROY, MON SOUVERAIN SEIGNEUR.

[1] Monseigneur,

J'ay esté adverty de l'edict nouveau contre vos subjects de la Religion par les executions qui s'en commencent des-jà par deçà. Plus j'y vois d'extremité et de rigueur, et moins recognois-je qu'il soit procedé de Vostre Majesté, quand je considere d'une part vostre bonté et prudence, d'aultre part l'obeïssance et la fidelité que vos subjects de la Religion vous ont renduë, trés mal recognuës, s'il fault que les desloyaulx et desobeïssans soient gratifiez et satisfaicts

des villes de Lusignan, Agen, Périgueux, Castillon, Sainte-Foy, Loudun, et maréchal des camps et armées du Roi. Il épousa en 1588 Jeanne de Ségur-Pardaillan. C'était un des braves capitaines du roi de Navarre. D'Aubigné cite plusieurs de ses exploits. Il avait fait les campagnes du prince de Condé, qui, suivant une expression de d'Aubigné, l'avait choisi pour lui servir de miroir au combat, ainsi que le rappelle une lettre de l'évêque de Poitiers, adressée, le 15 mai 1635, à M. Du Chesne, historiographe du Roi, et conservée au Cabinet des Titres, à la Bibliothèque.

---

[1] « Dressée par M. du Plessis. » (*Édition de Mornay.*)

à leurs despens. Je sçay, Monseigneur, quels ont esté vos premiers arrests et jugemens contre la Ligue quand ils estoient libres, premier que la force et la collusion eussent gaigné sur eux. Le changement qui s'est veu depuis, il me seroit mal-seant de l'attribüer à vostre volonté. Je l'impute, Monseigneur, à la violence des perturbateurs de cest Estat, et de leurs adherens; et tout le progrez qui s'en est ensuivy, ou suivra cy aprés, Vostre Majesté trouvera bon que je l'interprete en mesme sens, comme procedant evidemment de mesme cause. J'ay veu aussi, Monseigneur, la declaration du Pape contre moy. Ainsi en fit son predecesseur Jules II, quand le roy Louis XII, vostre predecesseur, le sollicita de tenir un concile pour la reformation des abus en l'Eglise. Il exposa son Royaume en proie, et delivra de serment tous ses subjects. Lors le roy mon bisaïeul, qui s'estoit adjoinct au roy Louis en ceste saincte intention, luy fut aussi joinct en la proscription que publia le Pape; sous pretexte de laquelle, le roy Ferdinand d'Espagne se saisit violemment de son Estat[2]. Et mesme hasard couroit le roy Louis s'il eust eu voisin assés puissant pour l'entreprendre. Le peuple françois, mesmes le clergé, ne s'esmeurent point de ces vents-là. Ils sçurent bien alleguer que ce Royaume ne dependoit poinct des loix du Pape; qu'il n'avoit que voir en cest Estat; mesmes que l'Eglise Gallicane n'avoit à le recognoistre que pour l'ordre. Et fut tenu un concile à Pise, non sous luy, mais contre luy, où furent examinées et condamnées ses actions. De moy, Monseigneur, je ne suis au temps, et n'y veulx estre, que j'aye à debattre, si le Pape me peut debouter de la succession de ce Royaume ou non. L'interest de ceste desclaration vous touche proprement, et de plus prés; qui devés penser s'il est à propos, vous vivant et en fleur d'aage, qu'un Pape s'ingere au gouvernement de cest Estat, et à decider vostre succession, chose que nul onc de vos predecesseurs n'a tolerée; chose que vos courts de parlement et le clergé de ce Royaume ont de tout temps debattuë et combattuë; chose qui va plus avant et qui sert de marche et de degré pour un plus hault

[2] Voyez ci-dessus, lettre du 31 décembre 1583, Ire, note 1.

desseing. C'est, par cest essay, qui se faict en ma personne soubs pretexte d'heresie, de gagner ce poinct sur vos subjects, qu'il soit dict et creu que le Pape puisse disposer de ce Royaume, pour dans quelque temps, sous aultre couleur, vous declarer incapable de regner; tout ainsi qu'en une telle circonstance que celle où nous sommes, à l'instance de pareils perturbateurs, Chilperic[3], Roy legitime, fut degradé du Royaume par le pape Zacharie. Le pretexte fut que, contre les Sarrasins, il estoit besoing de princes belliqueux, tels qu'estoient les enfans de Pepin, non d'un prince pacifique, tel qu'estoit le prince legitime. Et qui voudra garentir que ceulx à qui vous baillés vos armes, quand ils les auront affermies en leur main, n'en abusent contre vous, sous ombre peut-estre que vostre bon naturel n'aura pas esté capable de toutes leurs rages et fureurs? Je diray un mot pour faire cognoistre à Vostre Majesté leur passion precipitée. Ceste declaration du Pape est de septembre[4], premier que vos deputés eussent rien negotié avec moy. Si me semble-il qu'ils devoient avoir tant deferé à Vostre Majesté que d'attendre ma response et vostre depesche sur ce faict. Comme aussi il me declare, non seulement heretique, mais relaps et incapable de plus recognoistre l'heresie. Quelle affection d'instruire! ains plustost quelle violence à me destruire! de me vouloir condamner premier qu'ouïr! de me vouloir, en tant qu'en luy est, fermer la bergerie, luy qui doibt courir de tous costés, s'il est pasteur, pour cercher la brebis esgarée! luy, s'il est tel qu'il se dict, qui devroit avoir le sein ouvert, à toute heure qu'elle vient, pour la recueillir et la loger? Par là, jugés, Monseigneur, de

---

[3] C'est Childéric III, et non Chilpéric.

[4] Du 9 septembre 1585. Le parlement adressa au Roi une célèbre remontrance au sujet de cette bulle, dont il défendit la publication. Au reste la violence de Sixte-Quint fut plus utile que nuisible au roi de Navarre, qui fit placarder, le 6 novembre, dans les rues de Rome, et jusqu'aux portes du Vatican, une réponse encore plus énergique, conservée dans le journal de l'Estoile. La réfutation de la bulle donna lieu au fameux pamphlet de François Hotman : *Brutum fulmen papæ Sixti-Quinti adversus Henricum, serenissimum regem Navarræ, et illustrissimum Henricum Borbonium, principem Condæum: una cum protestatione multiplicis nullitatis.* 1586, in-8° et 1603, in-12. Le texte de la bulle est imprimé en tête.

l'intention et du desseing de ceulx qui ont sollicité ceste execrable bulle. Ils veulent se faire voye à vostre Estat; ils veulent lever de leur chemin, par tous les moyens, les obstacles qui leur nuisent. S'ils ne tendoient qu'à l'advancement de la Religion, ils me voudroient convertir, non subvertir; ils m'ouvriroient à l'envi la porte qu'ils me ferment. Et pour mon regard, je sçay que Dieu m'aidera; je me fie en luy, je despends de son vouloir; je suis certain qu'il est garand de mon droict; qu'il m'assistera d'amis, et me mettra au dessus de ceulx qui me tourmentent. Je plains Vostre Majesté, assiegée de ceulx qui ont conjuré sa mort et sa ruine, desarmée pour les armer, et pour les armer contre son sang, contre ses plus proches, contre ses meilleurs et plus loyaulx subjects. Dieu veuille y pourvoir, qui voit nostre integrité et leurs menées. Et parce que j'ay remis le surplus de ce que i'aurois à dire à Vostre Majesté sur le porteur, que je le supplie croire comme moy-mesme, je finiray,

Monseigneur, suppliant le Createur conserver Votre Majesté longuement et tres heureusement, en parfaicte santé. A Bergerac, ce premier de decembre 1585 [5].

HENRY.

[1585.] — 1ᵉʳ DÉCEMBRE. — IIᵐᵉ.

Cop. — Biblioth. de Tours, ancien manuscrit des Carmes, coté M, n° 50, *Lettres historiques*, p. 190. Communiqué par M. le préfet.

Cop. — B. R. Suppl. fr. Ms. 1009-3.

Imprimé. — *Mémoires de messire Philippes-de Mornay*, t. Iᵉʳ, p. 581; édit. de 1624, in-4°.

A LA ROYNE MERE.

Madame,

[1] J'ay sceu l'edict qui a esté resolu contre moy et ceulx de la Religion. Je ne puis l'imputer à Vos Majestez, pour estre trop repugnant et

---

[5] Cette date est fournie par le manuscrit de Tours. Les Mémoires de Mornay terminent ainsi : »Et parce que j'ai remis le surplus de ce que j'aurai à dire à Vostre Majesté sur le porteur, je la supplie le croire comme moi-mesme, qui suis et serai toute ma vie, quelque mal qu'on me pourchasse, etc.»

[1] «Faite par M. du Plessis.» (*Mémoires de Mornay.*)

à vostre naturel et à nostre merite. Je l'attribue à la force, à laquelle je voy bien qu'il nous en fault opposer une aultre; et je me console que ma conservation soit conjoincte avec la liberté de Vos Majestez. Si ceulx de la Ligue eussent esté poursuivis de semblables rigueurs, il n'en fust desjà plus de memoire. En cela se voit la passion trop evidente, que deux edicts l'un sur l'aultre, rigueur sur rigueur, se soient faicts en peu de temps contre les innocens; contre les perturbateurs on n'a procedé qu'avec lenteur et connivence. J'ay un poinct particulier, Madame, que je vous supplie de remarquer. Pendant que les depputez du Roy sont avec moy, et premier qu'ils ayent eu ma response, je suis declaré relaps, decheu de tous droicts, incapable d'acquisitions et de successions : en somme, exposé en proye par la declaration du Pape. Je ne crains, graces à Dieu, ses fulminations; et les Roys predecesseurs, par leur exemple, ont assés monstré le cas qu'il en fault faire. Mais jugés, Madame, si c'est pas trop entrepris à luy sur cest Estat, mesmes du vivant d'un Roy plein de vigueur; si c'est pas aussy vous faire tort et aimer vostre ruine, de troubler, en tant qu'il peut, les moyens d'une paix generale, que vous mesmes par vostre labeur taschiés de procurer à ce Royaume. Or Dieu veuille que les premiers effects de cette declaration ne tombent sur le Roy. Au moins me fie-je en luy, Madame, qu'il me donnera bien les moyens de les destourner de dessus moy. Puisqu'on en est là, je vois qu'il y va de tout; nul ne trouvera estrange que j'employe tous les moyens que je pourray, pour me conserver, et ruiner mes ennemis. En un tel contest, à mon grand regret, je prevoys de grandes miseres; j'apprehende des calamitez sur cest Estat; mais Dieu sçait et vous le sçavés, Madame, qui en a la coulpe. J'en ay le cœur net. Je ferois contre nature, de ne deffendre ma vie, ma conscience et ma maison. Je verray le jour, Madame, que le Roy et vous recognoistrés, peut-estre trop tard, en quelles mains vous avés mis vos armes. Vous plaindrés la paix, qui s'est faicte à nos despens, et la guerre, qui se faict vrayement aux vostres. Dieu me gardera contre leurs menées et leurs menaces, et me fera voir la fin de tous mes ennemis. Les grands inconveniens que j'aperçois, Madame, m'ont arraché ces propos, que je supplie Vostre Majesté prendre en bonne part. Le surplus vous sera dict par le porteur, que Vostre Majesté orra, s'il luy plaist, et croira comme moy-mesme, qui supplie le Createur, Madame, La vouloir conserver, longuement et tres heureusement, en parfaicte santé. De Bergerac, ce premier de decembre ².

HENRY.

1585. — 1ᵉʳ DÉCEMBRE. — IIIᵐᵉ.

Orig. — Collection de M. le vicomte de la Génetière, ancien colonel d'infanterie.

A MONSᴿ DE LA BOULAYE¹.

Monsʳ de la Boulaye, Ce porteur m'ayant representé le danger auquel estoit Taillebourg ², je me prepare pour l'aller secourir; et avois mandé à ceste fin mon cousin le sʳ de Turenne. Despuis, vous avés faict de vostre part que j'en ay eu de si bonnes nouvelles, que je n'ay retenu ce dict porteur jusques ici, sinon pour attendre des nouvelles de mon frere, monsieur le Prince, pour vous en advertir. Je vous mande des miennes par aultre voie, que me gardera de vous

---

² Date fournie par le manuscrit de Tours. L'édition de Mornay donne pour derniers mots : « Le surplus vous sera dit par le porteur que Vostre Majesté orra, s'il lui plaist, et croira comme moy mesme, qui suis et seray tousjours, nonobstant toutes les peines qu'on me donne, etc. »

---

¹ Philippe Eschalard, baron de la Boulaye, fils de Charles Eschalard, baron de la Boulaye, et de Marie du Fou du Vigean. Il était ami intime de d'Aubigné et très-avant dans la familiarité du roi de Navarre, comme le prouve le billet du mois de juin 1586.

² Les réformés avaient éprouvé en Saintonge des échecs accablants. Le prince de Condé s'était vu forcé de disperser son armée et de s'embarquer lui-même pour l'Angleterre, après avoir échappé aux plus grands périls. Il ne restait plus aux protestants, dans les provinces de l'Ouest, que deux mille hommes commandés par M. de la Val, fils de d'Andelot, et par M. de la Boulaye.

faire la presente plus longue, sinon pour prier Dieu vous tenir en sa saincte protection. De Bergerac, le premier decembre 1585.

Vostre affectionné maistre et asseuré amy,

HENRY.

[1585.] — 7 [DÉCEMBRE].

Orig. autographe. — Biblioth. de l'Arsenal, Mss. Histoire, n° 179, t. Ier.
Cop. — B. R. Suppl. fr. Ms. 2289-2 et Ms. 1009-4.

Imprimé. — *Mercure de France*, 1765, janvier, vol. II, p. 53. — *L'esprit de Henri IV*. Paris, 1770, in-8°, p. 152 ¹. — *Vie militaire et privée de Henri IV*. Paris, an XII, in-8°, p. 16. — *Lettres de Henri IV publiées*, etc. par N. L. P. Paris, 1814, in-12, p. 34. — *Journal militaire de Henri IV*, par M. le comte DE VALORI. Paris, 1821, in-8°, p. 194.

[A MADAME LA COMTESSE DE GRAMONT².]

Il n'est rien de si vray qu'ils m'apprestent tout ce qu'ils peuvent. Ils pensoient que j'allasse de Grenade vous voir ; il y avoit au moulin de Montgaillart³ cinquante arquebusiers qui prirent mon laquais et le retinrent jusques à ce qu'ils eussent sceu que j'estois party de Grenade,

---

¹ Cet ouvrage fut publié l'année suivante, in-12, chez le même libraire (Prault fils aîné). Nous ne faisons mention que de la première édition, la seconde n'étant qu'une simple réimpression.

² Diane d'Andouins, dite *la belle Corisande* ou *Corisandre*, vicomtesse de Louvigny et dame de Lescun, était fille unique de Paul d'Andouins, vicomte de Louvigny, et de Marguerite de Cauna. Elle épousa, en 1567, Philibert de Gramont, comte de Guiche, gouverneur de Bayonne et sénéchal de Béarn, qui fut tué, en 1580, au siège de la Fère, laissant deux enfants, une fille et un fils. Celui-ci fut père du célèbre chevalier de Gramont, dont nous avons les mémoires, attribués à Hamilton. La passion du roi de Navarre pour la comtesse de Gramont succéda à ses amours avec mademoiselle de Montmorency-Fosseux, vers 1581, et dura plus de dix ans.

Toutes ces lettres d'amour et d'autres lettres intimes ne portent ni signature ni adresse. Dans cette édition, le nom des personnes à qui elles sont écrites est non-seulement placé entre crochets, mais imprimé en italique.

³ Village près St-Sever, aujourd'hui du département des Landes.

pour venir icy. Ne craignés rien, mon ame. Quand ceste armée, qui est à Nogaro, m'aura monstré son dessein, je vous iray voir, et passeray sur les ailes d'Amour, hors de la cognoissance de ces miserables terriens, aprés avoir pourveu, avec l'aide de Dieu, à ce que ce vieux renard n'execute son dessein. Il est venu un homme, de la part de la Dame aux chameaux[4], me demander passe-port pour passer cinq cens tonneaux de vin, sans payer taxe, pour sa bouche; et ainsy est escript en une patente. C'est se desclarer ivroignesse en parchemin. De peur qu'elle ne tombast de si hault que le dos de ses bestes, je le luy ay refusé. C'est estre gargouille à toute oultrance; la Royne de Tarvasset n'en fit jamais tant. Si je me croyois, toute ceste feuille seroit remplye de bons contes; mais la crainte que j'ay que ceulx de St Sever y participassent me fait finir, en vous suppliant croire que je vous seray fidele jusques au tombeau. Sur ceste verité, ma chere maistresse, je vous baise un million de fois les mains. Ce 7me, à dix heures du soir[5].

[4] Il s'agit évidemment ici de la reine Marguerite, pour laquelle le roi son mari exprime assez volontiers, dans cette correspondance intime, un mépris justifié jusqu'à un certain point par les déréglements de cette princesse. M. Musset-Pathay a appliqué mal à propos à Catherine de Médicis cette saillie de gaieté moqueuse, et a placé avec aussi peu de fondement cette lettre à l'année 1580, époque où le roi de Navarre était possédé entièrement par *la belle Fosseuse,* comme on le voit dans les mémoires de la reine de Navarre.

[5] A la fin de cette lettre-ci et de toutes celles du même genre, au lieu de la signature du nom se trouve une sorte de monogramme ou de grande lettre initiale, accompagnée de l'espèce de lac d'amour alors usité dans ces correspondances intimes, et qu'on figurait en barrant obliquement un S par un trait. Ce signe est répété un certain nombre de fois autour de la grande lettre, par un arrangement symétrique.

[1585.] — 9 DÉCEMBRE.

Orig. autographe. — Biblioth. de l'Arsenal, Mss. Histoire, n° 179, t. I*er*.

Cop. — B. R. Suppl. fr. Ms. 2289-2 et Ms. 1009-4.

Imprimé. — *Mercure de France*, 1765, janvier, vol. II, p. 55. — *L'esprit de Henri IV*. Paris, 1770, in-8°, p. 153. — *Vie militaire et privée de Henri IV*. Paris, an XII, in-8°, p. 18. — *Lettres de Henri IV*, etc. publiées par N. L. P. Paris, 1814, in-12, p. 36. — *Fastes de Henri IV*, par REVEL. Paris, 1815, in-8°, p. 357. — *Journal militaire de Henri IV*, par M. le comte DE VALORI. Paris, 1821, in-8°, p. 277.

[A MADAME LA COMTESSE DE GRAMONT.]

Mon ame, Ce lacquais, qui me revint hyer, fut prins pres Montgaillard. Mené à Mr de Pouyanne, qui luy demanda s'il n'avoit point de lettre; il luy dit que ouy : une que vous m'escriviés. Il là print et l'ouvrit, et la luy rendit après. Le sieur du Plessis est arrivé et le reste de ma troupe, de Nerac. Je vous iray voir, de façon que je ne craindray la garnison de St Sever. Il y a encore un homme qui vient de l'armée estrangere à Casteljalous, qui arrivera ce matin. Je vous porteray toutes nouvelles, et le pouvoir de faire vuider les forts[1]. Dimanche il se fit prés Moneurt[2] une jolie charge, qui est certes digne d'être sceuë. Le gouverneur avec trois cuiraces et dix harquebusiers à cheval rencontra le lieutenant de la Brunetiere, gouverneur du Mas d'Agenois, qui en avoit douze et aultant d'arquebusiers tous à cheval. Le nostre, se voyant foible et comme perdu, dict à ses compagnons : « Il les fault tuer ou perir. » Il les charge, de façon qu'il tue le chef et deux gendarmes, et en prend deux prisonniers, les met à vauderoute, gagne cinq grands chevaulx et tous ceulx des arquebusiers, et n'eut qu'un blessé des siens. Je fais anuit force depesches. Demain à midy elles partiront, et moy aussy pour vous

---

[1] Madame de Gramont prenait alors une part active à toutes les affaires du roi de Navarre, qu'elle aidait même de troupes levées à ses frais.

[2] Probablement Monheurt, autrefois paroisse avec juridiction particulière, en Condomois. Ce n'est plus qu'un hameau dépendant de Condom (Gers).

aller manger les mains. Bonjour, mon souverain bien. Aimés Petiot. 9me decembre.

Faites tenir, s'il vous plaist, la lettre à Tach. Je luy mande de se treuver chez vous; j'ay affaire à luy.

Il ne se parle point du mareschal [3].

[1585.] — 13 DÉCEMBRE.

Orig. autographe. — Collection de M. F. Feuillet de Conches.

A MONS^R DE S^T GENIÉS.

Monsr de St Geniés, Je vous ay bien voulu advertir comme mons^r le mareschal va à Dax et de là à Bayonne, et mene avec luy environ deux mille arquebusiers; mais il n'a aulcunes pieces grosses ny petites. Je ne pense pas qu'il entreprene aulcune chose sur mon pays; toutes fois vous y pourrés faire prendre garde; si d'avanture il vouloit y entreprendre, vous pourrés estre assisté des regimens de Parabere et Castelnau, qui sont vers la frontiere. Du Mont de Marsan, ce treiziesme decembre. A Dieu. Je suis

Vostre bien affectionné maistre et plus asseuré amy,

HENRY.

J'ay mandé à madame la comtesse de vous dire quelque chose que je ne vous puis escrire; je vous prie de la croire.

[1585.] — 15 DÉCEMBRE.

Orig. autographe. — Collection de M. F. Feuillet de Conches.

A MONS^R DE S^T GENIÉS,

MON LIEUTENANT EN MES ROYAULME ET PAYS SOUVERAINS.

Monsr de Sainct Geniés, J'ay advisé, pour la conservation d'une partie de mes biens, de faire dresser le contract que j'envoye à ma

[3.] Matignon.

sœur, pour le ratifier, et faire despescher ses procurations en la forme qui luy est envoyée, retenant par devers elle une contre-promesse signée de moy, et m'envoyant la sienne signée d'elle ; ce qui est necessaire d'estre bien tost expedié, pour certaines considerations que je ne puis escrire. Par quoy je vous prie de conseiller et disposer ma dicte sœur à faire ce que je luy mande pour ce regard, sans y faire aulcune difficulté, comme chose qui ne tourne moins à son profict qu'au mien; et je regarderay à pourvoir par aultres moyens à la conservation de nos aultres biens, le mieulx que je pourray; ce que je vous prie de tenir secret. Et n'estant ceste-cy à aultre fin, je prieray Dieu qu'il vous conserve.

Vostre bien affectionné et asseuré amy,
HENRY.

A Lectoure, ce xve decembre.

1585. — 20 DÉCEMBRE.

Orig. — Arch. des Affaires étrangères. Correspondance politique, Mss. France, n° XIX, fol. 40 recto.

A MONS^R DE S^T GENIEZ.

[1] Monsr de St Geniez, Je trouve tres bon que vous faictes et entretenez bon *accord avec ceulx de la terre de Labourt* le plus que vous pourrez; mais il y a danger que s'ils reçoivent commandement contraire ils ne le gardent. Cependant il se doibt faire. Et quand à l'execution *contre le sieur de Lux,* je vous prie la faire; et je desire que *vous preniez le chasteau de Mauleon,* et que tous les *mechans et seditieux ne* soyent espargnez, soit qu'ils soyent *prestres ou* autres, *mais les paisibles,* de quelque estat et qualité qu'ilz soient. Je suis d'advis et vous prie vous employer que *Pau et Sauveterre soyent* fortifiez; je n'y voy aucun inconvenient. Il faut user du temps et des occasions.

---

[1] Une partie de cette lettre est écrite en chiffres. Tout ce qui est chiffré dans l'original a été imprimé ici en italique.

On pourra le faire aiseement en y exhortant les villes et ceux du pays, et leur remonstrant l'utilité qui leur en peut advenir. Il n'y aura grande despense. Le principal de cela gist à *dix manœuvres que chasque village* pourra fournir. Vous adviserés le moyen de vous y gouverner soit par assemblée ou autrement, ainsi que vous jugerez estre pour le mieux. J'oubliois à vous dire que si on peut *attraper le sieur du Lux*[2] *et s'en deffaire,* ce sera trez bien faict, et je vous prie d'y travailler. C'est ce que je desire qu'il soit faict, et qu'il m'a semblé devoir respondre à la lettre que j'ay receue presentement de vous. Les tortues[3] ne s'accordent pas bien *au camp avec ceulx* du noyer; et semble qu'il y ait mauvaise intelligence et peu d'amitié entre eux. Il y a aussy tousjours quelque deffiance en la maison du noyer contre ceulx qui sont pour les tortues. Vous aurez assez de loisir pour *fortifier* et pour faire ce que voyez estre necessaire et expedient. Nous avons encore affaire de celuy qui faict les feux artificiels. Vous sçavés que la proximité des ennemys apporte plus grande nécessité. Je prie Dieu vous conserver. De Montaulban, le xxme decembre 1585.

Vostre plus affectionné maistre et parfaict amy,

HENRY.

---

[2] Edme de Malain, baron de Lux, fils de Joachim de Malain, baron de Lux, et de Marguerite d'Espinac, était conseiller d'état, capitaine de cinquante hommes d'armes des ordonnances et lieutenant de Roi en Bourgogne. Il échappa au danger de l'ordre secret donné ici contre lui, et même fut assez en faveur, sous le règne de Henri IV, pour devenir chevalier du Saint-Esprit, en 1597. Henri III lui accordait une grande confiance, et l'admit au conseil secret où fut résolue la mort du duc de Guise, à Blois. Ayant lui-même fait connaître cette circonstance au fils du duc de Mayenne, en 1613, il fut tué par le chevalier de Guise, le 5 janvier de cette année, auprès de la barrière des Sergents. Peu de temps après, le fils du baron de Lux ayant appelé en duel le chevalier de Guise, pour venger la mort de son père, comme celui-ci avait vengé la mort du sien, fut également tué par le chevalier. Malherbe a donné, sur cette double catastrophe, de curieux détails dans sa lettre à Peyresc du 8 janvier 1613. (Voyez les Lettres de Malherbe, Paris, Blaise, 1822, in-8°, p. 236; et la Revue de bibliographie analytique, par MM. Miller et Aubenas, t. II, p. 271 et suiv.)

[3] Ce mot *tortues,* écrit en lettres ordinaires, ainsi que le mot *noyer* un peu après, semble être une expression de con-

⁴ Je vous prie faire le marché avec le pouldrier; on trouvera moyen de faire advancer quelques deniers. J'ay donné charge à la Valade d'accommoder Mʳ de la Roque et sa compagnie, qui s'adresse à luy⁵.

[1585. — VERS LE 22 DÉCEMBRE.]

Orig. autographe. — Arch. de M. le baron de Scorbiac, à Montauban. Copie transmise par M. Gustave de Clausade, correspondant du ministère de l'Instruction publique.

A MONSʳ DE SCORBIAC.

Monsʳ de Scorbiac, Encores que je m'asseure que vous ferés tousjours tout debvoir pour l'advancement de ce qui touche le service de Dieu et le bien public, je vous ay bien voulu encores escrire ce mot pour vous prier de vous employer de tout vostre pouvoir à ce

vention, destinée à rendre plus difficile l'intelligence de cette lettre mystérieuse.

⁴ Post-scriptum de la main du roi.

⁵ L'emploi du chiffre et des mots de convention s'explique aisément, dans cette lettre, par la nature d'un des ordres qui y est donné, et par l'importance qu'on mettait aux autres ordres; ce qui est bien confirmé par une lettre du secrétaire du Pin, également chiffrée en partie, et qui insiste sur les divers points déjà ordonnés par le roi de Navarre, dont le nom convenu est ici *le saumon*.

« A MONSIEUR DE Sᵀ GENIEZ,

« GOUVERNEUR ET LIEUTENANT GENERAL POUR LE ROY DE NAVARRE EN SES ROYAUME ET PAYS SOUVERAINS.

« Monsieur,

« Le saumon vous a mandé que pour le regard de *Luxe il desiroit que on s'en deffist et de tous les séditieux*, sans avoir esgard s'ils sont *prebstres*, mais seulement aux *paisibles*, sans distinction de qualitez. Il trouve fort bon et desire aussi que vous

regardez à user du temps et des occasions, et que vous vous employez à ce que *Pau et Sauveterre soient fortifiez* pour le bien general du pays. Si on y veult apporter la diligence *et les manœuvres*, comme on faict par tout ailleurs, il dit qu'il sera aise. Et attendant le bien qui en revient generalement, c'est chose à quoy on ne doibt reculer, ne user de longueur ou faire difficulté. Il vous plaira luy en mander advis; et s'il y a moyen de ce faire, vous lui ferez grand plaisir. Je vous baise les mains tres humblement, et prie Dieu vous vouloir,

« Monsieur, maintenir en sa tres saincte protection,

D.

« De Montauban. »

Cette lettre, cotée comme reçue au mois de décembre 1585, est tirée du même manuscrit des archives des Affaires étrangères où se trouve la lettre du roi de Navarre. Celle-ci porte au dos, « Touchant M. de Luxe, le chasteau de Mauléon et ceulx de Labour; » ce qui s'accorde parfaitement avec le déchiffrement de M. de Fréville.

que la somme de quinze mille escus que j'ay ordonnée estre levée sur la ville de Montauban, et dont j'ay escript aux consuls, soit preste à mon arrivée, qui sera dans huict ou neuf jours au plus tard [1]. J'espere qu'il n'y aura pas grand'peine à leur faire faire en cela leur devoir, veu la necessité du faict et la bonne affection qu'ils ont tousjours monstrée, et que je me promets d'eux, en chose mesmement qui leur touche en general et en particulier. Je ne puis faire long sejour en aulcun lieu, ce qui me faict vous advertir de rechef d'y donner tout l'ordre, et par toutes les voies que faire se pourra, de sorte que j'en aye la satisfaction que j'attends. Aultrement j'aurois grande occasion de malcontentement avec toute l'Eglise, et tous les gens de bien, et de m'en ressentir comme je doy, en tels cas si importans. M'asseurant que vous y apporterés vostre zele, et diligence accoustumée, je ne vous en diray davantage, si ce n'est pour vous asseurer que je suis

Vostre meilleur et plus affectionné amy,

HENRY.

[1585. — DÉCEMBRE, VERS LE 25.]

Orig. autographe. — Collection de M. F. Feuillet de Conches.

A MONS^R DE S^T GENIÉS.

Monsr de St Geniés, J'ay satisfaict à tout ce que m'avez escript, si ce n'est au faict des canoniers et faiseurs de feu d'artifices[1]. J'ay mandé un canonier à la Rochelle. Quant au faiseur d'artifices, asseurés-vous que je le vous enverray à propos. Vous sçavés que j'estime trop ce que je vous ay commis, pour n'en avoir soing. Ne doubtés poinct que je ne le fasse; et suis bien ayse toutesfois que vous

---

[1] Le roi de Navarre arriva le 1er janvier 1586 à Montauban, où l'urgence des événements lui faisait lever cette contribution extraordinaire.

---

[1] Voyez ci-dessus la lettre chiffrée, du 20 décembre.

le me ramentevés. Vos laquais demeurent quelques fois par les chemins longuement, ou sont malades, ce qui est cause que les despesches en sont plus tardives. Quant aux compagnies qui sont retournées en Gascogne, ce a esté sans congé et avec mecontentement, et ne sont poinct parties en intention de faire la guerre. Quant à Duras, je croy qu'il fera tout ce qu'il pourra, car il l'a ainsy promis, et il pourra assembler quelques forces en Cominge, et s'ayder de tous ceulx qu'il pourra avoir de vos voisins, et mesmes d'aulcuns de mes subjects des quartiers de delà; nous les verrons venir. Faictes, je vous prie, diligence à fortifier le bastion, et faictes tousjours trez certain estat de l'amitié et bonne volonté de

Vostre trez affectionné maistre et plus parfait amy,

HENRY.

[1585. — 31 DÉCEMBRE [1].]

Imprimé. — *Mémoires et Correspondance de du Plessis-Mornay.* Édit. de Paris, 1824, in-8°, t. III, p. 235.

[AU ROY, MON SOUVERAIN SEIGNEUR.]

Monseigneur, Je me console tousjours en l'opinion que j'ay, que, quelque mal qu'on tasche de me faire, Vostre Majesté ne me peut vouloir mal, ny selon son naturel, ny selon l'obeissance que je luy ay rendue. De mes ennemis, je m'en donne, certes, peu de peine; seulement il me desplait de les voir couverts de vostre nom, qui m'eut deu couvrir contre leurs violences. Vous entendrés, Monseigneur, comme leurs pernicieux desseins se continuent, tant par les memoires que je vous envoye par ce porteur, que j'ay recouvrez

---

[1] La date n'est point dans la lettre, mais elle est donnée en tête de la lettre dans l'édition dont nous l'extrayons. Cette édition, commencée en 1824 par les soins de MM. Auguis et de la Fontenelle de Vaudoré, n'est pas encore terminée; mais elle contient toutes les lettres du roi de Navarre données par l'ancienne édition in-4°, plus cette lettre-ci.

de lieu certain, comme par sa bouche mesmes, dont je supplie trés humblement Vostre Majesté le vouloir ouïr et croire. Rien ne me peut degouster de ressentir vifvement ce qui vous touche, et je prie Dieu, Monseigneur, qu'il vous veuille preserver des practiques de vos ennemis.

De Montauban.

....

[HENRY.]

[1585. — VERS LA FIN DE L'ANNÉE.] — Ire.

Cop.—Biblioth. de Tours, ancien manuscrit des Carmes, coté M, n° 50, *Lettres historiques*, p. 250. Communiqué par M. le préfet.

AU ROY D'ESCOSSE.

Monsieur mon Frere, J'ay donné congé au s^r de Ramezay de s'en retourner pour ses affaires, avec desir de me venir retrouver, m'ayant faict service trez agreable, et duquel je reçois beaucoup de contentement pour son honnesteté et valeur; pour laquelle je vous supplie, Monsieur mon Frere, luy vouloir, pour l'amour de moy, despartir de vostre faveur et bienveillance, comme certainement il l'a meritée. Il vous fera entendre l'estat des affaires de deçà, qui est en somme, que nos ennemis s'en vont d'accord contre nous, et en intention de ruiner l'Eglise. Mais nous nous asseurons au secours de Dieu plus que jamais; et comme nous avons tousjours senti son assistance, nous esperons qu'il n'abandonnera poinct les siens. Je vous supplie, Monsieur mon Frere, que, comme nous sommes en cela conjoincts par mesme creance et mesme foy, que la commune amitié en toutes choses soit tousjours plus estreincte. Honorez-moy de la vostre, et prenez telle preuve de la mienne que à jamais vous me puissiez tenir, Monsieur mon Frere, pour

Vostre humble et trez affectionné frere, à vous faire service,

HENRY.

[1585. — VERS LA FIN DE L'ANNÉE.] — IIme.

Orig. autographe. — Collection de M. F. Feuillet de Conches.

A MONS^R DE S^T GENIÉS,
MON GOUVERNEUR ET LIEUTENANT EN MES ROYAULME ET PAYS SOUVERAINS.

Monsr de St Geniés, Je vous prie de faire faire la plus grande quantité de pouldre que vous pourrés, et envoyer en Soulle et en Laboure pour faire faire des piques tant qu'il sera possible; et en faictes le marché jusqu'à sept ou huict cens, rendues à Navarrins; je feray trouver argent pour les payer. Advisés de faire fort travailler aux pouldres et en diligence. Au reste, je vous advise que j'ay receu nouvelles de la Court, qui sont que mons^r du Mayne et toute l'armée marche avec les plus grandes forces qu'il peut; le Roy a accordé tout ce qu'ils ont voulu, nous les aurons bien-tost sur les bras; c'est tout ce que je vous puis dire pour ceste heure. A Dieu, Monsr de St Geniés, tenés-moy tousjours pour

Vostre trez affectionné maistre et parfaict amy,

HENRY.

[1585. — VERS LA FIN DE L'ANNÉE.] — IIIme.

Orig. autographe. — Collection de M. F. Feuillet de Conches.

A MONS^R DE S^T GENIÉS.

J'ay receu vostre lettre par Lyserace. Vous estes le plus honneste homme du monde de m'envoyer si promptement ceux de vos quartiers. Je vous en feray dire autant de moy, en les vous renvoyant, de ce que j'en auray faict. Ne craignés poinct que je hazarde rien; ce n'est nullement ma desliberation : mon dessein n'est que d'arrester pour quelque temps leur furie, pour donner davantage de loisir à nos fortifications de les ruiner. Vous aurés bien tost des gens qui porteront de l'argent pour achepter des pouldres; faictes-les tenir prestes. A Dieu, Monsr de Saint Geniés, vous n'aurés que ce mot.

Votre trez affectionné maistre et parfaict amy,

HENRY.

[VERS L'ANNÉE 1585[1].]

Orig. autographe. — Collection de M. F. Feuillet de Conches.

A MONS{r} DE S{T} GENIÉS.

Monsr de St Geniés, J'ay faict don à Bernard Morlans et François Pefaur, escoliers de mon pays de Bearn, de deux cens escus dont je leur ay faict expedier mandement. Et d'autant que j'affectionne les dicts escoliers parce qu'ils veulent et sont prests de servir au ministere, je vous prie que la dicte partie leur soit payée avant toutes aultres de ceste nature, sans qu'il y soit usé de longueur. C'est chose qui est necessaire et bien employée : je vous en prie de rechef. C'est

Vostre trez affectionné maistre et parfaict amy,

HENRY.

[1] Nous nous sommes décidé à placer approximativement cette lettre à l'année 1585, à cause de l'influence qu'exerçait principalement alors Du Plessis-Mornay, dont le zèle était si ardent pour propager sa religion par tous les moyens d'instruction. Nous n'avons eu recours à cette approximation, nécessairement très-vague, qu'à défaut de toute autre donnée.

ANNÉE 1586.

1586. — 1ᵉʳ JANVIER. — Iʳᵉ.

Cop. — Biblioth. de Tours, ancien manuscrit des Carmes, coté M, n° 50, *Lettres historiques*, p. 198. Communiqué par M. le préfet.
Cop. — B. R. Suppl. fr. Ms. 1009-3.
Imprimé. — *Mémoires de messire Philippes de Mornay*, etc. éd. in-4° de 1624, t. I, p. 586.
Et *Mémoires de la Ligue*, t. I, p. 300.

A MESSIEURS DU CLERGÉ.

[1] Messieurs, Je me plains à vous en corps et en commun; et, sy, ne puis-je croire que soyés menez d'un mesme esprit en ce qui se brasse contre moy. Vous ne pouvés ignorer de quelle moderation j'ay tousjours usé en vostre endroict, mesme en la rigueur des armes; n'ignorés aussy les justes necessitez qui m'y auroient quelques fois reduict; et m'asseure qu'en vos ames vous en sçavés bien donner le blasme à qui il appartient. Tant y a que je n'ay onc troublé la paix, de gaieté de cœur; ains puis dire avec verité que j'ay donné mes justes douleurs et mescontentemens, en beaucoup de sortes, au bien et repos de cest Estat. Ceulx, Messieurs, si vous y prenés bien garde, que vous assistés de vos moyens pour ma ruine n'ont pas procedé de mesme sorte. D'une ambition particuliere ils ont faict un zele de l'Eglise; de leurs mescontentemens privez une guerre publique; n'ont faict conscience, au reste, d'allumer le feu aux quatre coins de ce Royaume, pour se donner le plaisir d'avoir mis le Roy en quelque peine; d'avoir sceu venger les desfaveurs qu'ils s'imaginoient avoir receues de luy, par une calamité universelle. Dieu vous veuille ouvrir les yeulx, et vous faire voir le fonds de leurs intentions. Je ne crains (et Dieu le sçait) le mal qui me peut venir, ny

---

[1] « Faite par M. du Plessis. » (*Mémoires de Mornay.*)

de vos deniers, ny de leurs armes. L'un et l'aultre ont esté jà employés assez de fois en vain. Je plains le pauvre peuple innocent, qui souffre presque seul de ces folies. Je plains mesme un grand nombre d'entre vous qui contribués à l'ambition de ces perturbateurs, vous, de vostre pauvreté, eux de leur abondance. Je plains principalement la faulte que vous faites tous, les uns d'une affection, et les aultres d'une autre, qui aurés un jour à respondre à ce Royaume et à vostre patrie des miseres et des precipices où vous les jettez à vos despens ; vous qui devés estre, selon vostre office, les appuis de la tranquillité publique, à respondre devant Dieu de tant de sang innocent qui se respand, des desordres et des vices que la guerre, que vous nourrissés, amene ; des pleurs, des cris et des langueurs de tant de pauvres familles que vostre abondance devoit ou nourrir ou soulager, que vous faites instrument de leur misere, cause de leur faim et fleau de la chose publique. Vous m'allegueré le zele de l'Eglise ; et je veulx bien croire qu'aulcuns d'entre vous en soyent poussés. Que dira donc la posterité que vous ayés negligé les offres que j'ay faictes ; que vous ayés mieulx aimé mettre tout en confusion que vous disposer à un concile ; mieulx aimé venir au sang que conferer doulcement du sens des Escriptures ; mieux aimé la voye de subvertir l'Estat que la voye de convertir [2] les ames que vous pensés desvoyées ? mesme y allant de ma personne, que certes vous eussiés deu plustost instruire que destruire. Ceulx qui abusent de vostre zele sçavent bien qu'il leur est impossible de tenir ce qu'ils promettent (je dis d'extirper la Religion en laquelle je vis) par la force des armes. Ils ne cerchent pas la reunion de ce Royaume, ains sa ruine. Et souvenés-vous qu'aultres fois en vain ils vous ont faict vendre vostre temporel soubs ce pretexte ; et souvenés-vous que vos deniers seront

---

[1] On ne sauroit méconnaître dans le style de Mornay une tendance à jouer sur les mots, dans toutes les pièces où il peut, comme dans celle-ci, arranger complaisamment sa phrase. *Venir au sang* opposé à *conférer du sens des Écritures*, le rapprochement des mots *subvertir* et *convertir* sont ici des exemples de ces *concetti*, réprouvés par le goût actuel, et que le lecteur pourra remarquer en beaucoup d'autres endroits.

consumez et vostre devotion de les fournir esteincte, premier que vous ayés veu tant soit peu de progrez en vos deliberations.

On passe plus oultre : aulcuns du Clergé (je ne veulx pas croire qu'il y en ait beaucoup qui ayent consenti à un tel monopole) ont sollicité le Pape contre moy, et ont obtenu de luy certaine declaration par laquelle je suis exposé en proye, et declaré inhabile à la succession de ce Royaume. Ne pensés, Messieurs, que ces fouldres m'estonnent. C'est Dieu qui dispose et des Roys et des Royaumes; et vos predecesseurs, qui estoient meilleurs chrestiens et meilleurs François que les fauteurs de ces bulles, nous ont assés enseigné que les papes n'ont que voir sur cest Estat. Il me desplaist seulement que, contre toutes bonnes mœurs, il se soit trouvé des gens si inconsiderez que de faire consulter et decider à Rome la succession d'un Roy vivant et en fleur d'aage. Car à quoy peut estre bon cela, qu'à nous susciter en cest Estat, ou plusieurs dissipateurs, ou un usurpateur? Me desplaist aussy que nous ayons faict cognoistre aux nations estranges que nostre nation, jadis si devotieuse envers ses princes, ait produict des monstres en ce siecle, qui pour leur plaisir ou pour leur ambition, exposent la respublique en proye; et convient, à leur escient, au sac de cet Estat tous les voisins. Car quant à mon interest, Dieu me garde que mes esperances percent au delà de la vie de mon prince; Dieu confonde en sa juste fureur ceulx qui fondent leur grandeur sur son tombeau; ceulx qui sont si providens que d'anticiper sa mort par leurs conseils.

Messieurs, laissons ce propos : je veulx mieulx juger de vous que vos actions ne m'y convient; j'aime mieulx juger de vos affections par moy que par vos actions. On m'a pourchassé beaucoup de mal; je ne le veulx imputer à tous en general; je veulx croire que c'est le complot de quelques uns, poussez d'ailleurs peut-estre de l'inspiration de quelques jesuites, semence d'Espagne, ennemis du bien de cest Estat. Et Dieu doint qu'ils soyent aussi prompts à s'abstenir du mal à l'avenir, comme je me sens dés à present prest de le leur pardonner! Ce qui me reste à vous dire : Dieu m'a faict naistre prince chrestien; je desire l'affermissement, l'accroissement et la paix de la Religion Chrestienne. Nous croyons un Dieu, nous reconnoissons un Jesus-Christ, nous recevons un mesme Evangile. Si sur les interpretations de mesme texte nous sommes tombez en differend, je crois que les courtes voyes que j'avois proposées nous pourroient mettre d'accord. Je crois que la guerre que vous poursuivés si vivement est indigne de Chrestiens; indigne, entre les Chrestiens, de ceulx principalement qui se pretendent docteurs de l'Evangile. Si la guerre vous plaist tant, si une bataille vous plaist plus qu'une dispute, une conspiration sanglante qu'un concile, j'en lave mes mains. Le sang qui s'y repandra soit sur vos testes. Je sçay que les maledictions de ceulx qui en patiront ne peuvent tomber sur moy; car ma patience, mon obeissance et mes raisons sont prou cognuës. J'attendray la benediction de Dieu sur ma juste deffense : lequel je supplie; Messieurs, vous donner l'esprit de paix et d'union pour la paix de cest Estat, et l'union de son Eglise. Amen.

De Montauban, ce premier jour de janvier 1586.

Vostre bien affectionné et asseuré amy,

HENRY.

1586. — 1er JANVIER. — IIme.

Cop. — Biblioth. de Tours, ancien manuscrit des Carmes, coté M, n° 50, *Lettres historiques*, p. 204. Communiqué par M. le préfet.

Cop. — B. R. Suppl. fr. Ms. 1009-3.

Imprimé. — *Mémoires de messire Philippes de Mornay, etc.* éd. de 1624, in-4°, t. I, p. 590. — *Mémoires de la Ligue*, t. I, p. 303.

Et *Recueil D*, à Luxembourg, 1759, in-12, p. 131. (Dans le *Recueil A, B, C.*)

A MESSIEURS DE LA NOBLESSE DE FRANCE.

[1] Messieurs, Vous estes nés tels, que vous approchez assez les affaires de l'Estat pour donner le tort ou la raison à qui elle ap-

---

[1] « Faite par M. du Plessis. » (*Mémoires de Mornay.*)

partient, sans qu'il soit besoing de longs propos pour vous ouvrir les yeulx. Vous avés veu naistre, en pleine paix, les remuëmens de la Ligue contre le repos de ce Royaume. Vous sçavés la patience que j'ay euë, quoy qu'ils m'eussent pris comme à partie, et pour subject et pour pretexte de leurs armes. Vous avés veu les Ligueurs declarés rebelles par le Roy, et poursuivis comme tels par toutes ses courts de parlement. Vous vous estes veus vous-mesmes commandez, armez et combatans contre eux, par l'expresse volonté du Roy, sous l'auctorité des princes du sang, des pairs et principaulx officiers de sa couronne. Je ne doubte donc qu'il ne vous soit tres estrange de voir, comme en un instant, ce changement; de vous voir armés contre le sang de France, commandés par les estrangers que vous combatiés comme perturbateurs, et, qui pis est, contre ceulx-là qui trois jours auparavant, pour le service du Roy et du Royaume, se trouvoient mandez et commandez comme vous, rangez sous mesmes enseignes et de mesme volonté que vous. Mais vous sçavés bien juger aussy que les premiers mandemens procedoient du propre mouvement du Roy; ceulx qui ont suivi depuis, de la volonté des perturbateurs. Car qu'ont faict depuis, mesmes entre-deux, ceulx de la Ligue, pour leur faire perdre la qualité de rebelles, crimineulx de leze-majesté, perturbateurs du repos, qui leur sont attribués par tant d'arrests? Ou qu'ont commis ceulx de la Religion, vivans sous le benefice des edicts, que Sa Majesté avoit mandez indifferemment pour son service, qui couroient aussi egalement à l'embrasement commun, pour estre aujourd'huy, à l'appetit des dicts perturbateurs, chassez du Royaume, pourchassez à mort de toutes parts? Si c'est pour le faict de la Religion, y avoit-il pas edict exprez? estoit-il pas fraischement reïteré? Ce qui est permis par les loix du Royaume peut-il estre reputé à crime? peut-il estre poursuivi de quelque peine? Si c'est (et ce l'est vrayement) pour avoir contrarié aux desseings de la Ligue, estes-vous donc pas complices de ce crime? estes-vous donc pas subjects à mesme peine? cerchés-vous donc pas vostre ruine propre? Car quel crime poursuit-on en eux, que d'estre et ne vouloir estre que François?

Je viens à moy-mesme. Soit que vous jugiés de moy par moy, ou par la comparaison de ceulx de ceste Ligue, je sçay bien que vous ne me pouvés donner le tort. Je sçay mesmes qu'en vos ames vous le donnés à mes ennemis. Ils se meslent de parler de ma religion! Vous qui cognoissés la dignité du sang de France, qui sçavés bien dire que vous ne devés respect qu'à cestuy-là, sera-il donc dict que j'en rende compte à l'estranger? Me suffit-il poinct d'en donner contentement au Roy et à la France? Quelqu'un s'est-il plainct que je l'aye violenté pour sa religion? Et qu'ay-je peu faire, au reste, ou plus raisonnable, ou plus chrestien, que de requerir un bon concile? Ils se sont formalisez aussi du gouvernement de cest Estat, ont voulu pourvoir à la succession, l'ont faict decider à Rome par le Pape. Vous donc qui tenés le premier lieu en ce Royaume, si le besoing d'iceluy l'avoit requis, auriés-vous esté si nonchalans de vous laisser prevenir par estrangers en cest office? n'auriés-vous poinct eu de soing de la posterité? vous seriés-vous endormis en ce debvoir? Car qu'a-on veu que Lorrain en tous ces remuëmens? Mais certes pour reformer ou trans-former l'Estat, comme ils desirent, il n'estoit besoing de vostre main. Pour faire passer l'Estat en estrangere main, il n'appartenoit qu'à estrangers à l'entreprendre. Pour chasser la France hors de France, le procez ne se pouvoit juger en France; elle estoit par trop suspecte en ceste cause; il falloit qu'il fust jugé en Italie. Ils se sont au reste pris directement à moy. Je me suis offert à un duël; je suis descendu au dessous de moy-mesme; je n'ay desdaigné de les combattre. Je l'ay faict, et Dieu m'en est tesmoing, pour sauver le peuple de ruïne, pour espargner vostre sang, de vous, dis-je, de qui principalement il se respand en ces miseres. S'ils avoient quelque chose à dire contre moy, leur estoit-il pas plus honorable? S'ils avoient à cœur le bien et salut de cest Estat, les mettois-je pas en beau chemin? Il s'en est trouvé qui mettoient leur vie pour le salut de leur patrie. Quels jugerés-vous estre ceulx-cy, qui pour se soustraire du danger veulent voir perir tout un Estat? Vous faites profession de gens d'honneur : quel tort ont-ils faict à leur honneur de n'accepter poinct une si belle voye! Quel tort faites-vous au vostre de les accompagner contre moy, vous qui feriés conscience contre l'un de vos voisins d'assister une supercherie! Ne pensés, Messieurs, que je les craigne. Je sçay ce que peut la force contre moy : on sera plus tost lassé de m'assaillir, que je ne seray de me defendre; je les ay portez plusieurs années, plus forts qu'ils ne sont, plus foible beaucoup que je ne suis. Vous avés experience et jugement : le passé vous resoudra de l'avenir.

Je plains certes vostre sang respandu et despendu en vain, qui devoit estre espargné pour conserver la France. Je le plains employé contre moy, qui le me deviés garder, estant ce que Dieu m'a faict estre en ce Royaume, pour, dessoubs l'auctorité et le bon-heur du Roy, joindre une France à la France, au lieu qu'il sert aujourd'huy à la chasser de France. Je le plains aussi qui ne sera, ny payé, ny plainct presque d'aulcun. Car le Roy, forcé en son vouloir, ne se tient pas pour servi en ceulx qui luy font force. Ceulx d'ailleurs qui luy font force ne vous sçauront pas de gré de ce service, qui sçavent que c'est le nom du Roy et non pas le leur que vous servés. Messieurs, Dieu vous doint d'y bien penser : les princes François sont les chefs de la Noblesse. Je vous aime tous; je me sens perir et affoiblir en vostre sang; l'estranger ne peut avoir ce sentiment; l'estranger ne sent point d'interest en ceste perte. J'aurois bien à me plaindre d'aulcuns; j'aime mieulx les plaindre. Je suis prest de les embrasser tous. Ce qui me deplaist, c'est que ceulx que je distingue en mon esprit, que je sçay avoir esté circonvenus, je ne les puis distinguer au sort des armes. Mais Dieu sçait mon cœur; leur sang soit sur les aucteurs de ces miseres. Quant à moy, Messieurs, je le prie, et le prieray incessamment qu'il luy plaise ouvrir la voye par laquelle son nom soit servi et honoré, le Roy obey, l'Estat en repos, tous les ordres et estats de ce Royaume en leur ancienne dignité, prosperité et splendeur. Amen.

De Montauban, ce premier jour de janvier 1586.

Vostre bien affectionné et asseuré amy,
HENRY.

1586. — 1ᵉʳ JANVIER. — IIIᵐᶜ.

Cop. — Biblioth. de Tours, ancien manuscrit des Carmes, coté M, n° 50, *Lettres historiques*, p. 210. Communiqué par M. le préfet.

Cop. — B. R. Suppl. fr. n° 1009-3.

Imprimé. — *Mémoires de messire Philippes de Mornay*, etc. édit. de 1624, in-4°, t. I, p. 594. Et *Mémoires de la Ligue*, t. I, p. 305.

A MESSIEURS DU TIERS ESTAT.

[1] Messieurs, Je n'ay pas besoing de grand langaige pour vous faire entendre la justice de ma cause. Ressouvenés-vous que, lorsque ces remuëmens sont advenus, nous vivions en paix, et de jour en jour allions en mieulx. Ressouvenés-vous, nonobstant qu'ils fussent directement contre moy, que je n'ay pas bougé huict mois durant, que ma patience a passé toute borne. Ressouvenés-vous que j'ay veu les armes mesmes qui me devoient estre plus propices, joinctes à mes ennemis et acheminées contre moy, premier que de me resoudre à me desfendre. Et je vous jure, Messieurs, que l'horreur d'une guerre civile, et l'apprehension sensible des miseres et calamitez qu'elle produict, me rendoit stupide et insensible à mon dommage propre, si je n'eusse aperceu que ma trop longue patience tournoit en danger et en ruine à ce Royaume, donnant loisir aux perturbateurs d'y faire violemment tout leur plaisir. S'il a esté question de la Religion, je me suis soumis à un concile; si de plainctes concernantes cest Estat, à une assemblée d'estats. J'ay desiré mesme de tirer sur ma personne tout le peril de la France, pour la sauver de misere, m'estant esgalé de mon plein gré à ceulx que nature m'a rendu inferieurs ; au lieu que de leur propre interest ils ont faict une calamité commune, de leur querelle particuliere une confusion publique. J'aurois à me plaindre de ce que mes justes offres n'ont esté receuës. Je m'en plains à vous, pour vous toutesfois, et non pour moy ; je plains les extremitez où l'extreme injure qu'on me fait

---

[1] « Faite par M. du Plessis. » (*Mémoires de Mornay.*)

m'aura reduict, de ne me pouvoir deffendre, sans que le peuple innocent en souffre. Je plains ma condition, que, pour garentir ma vie, il faille que vous sentiés du mal et de la peine : vous pour le soulagement et bien desquels j'estois prest à respandre mon sang, si mes ennemis n'eussent mieulx aimé se rachepter d'un combat où je les appellois, par un parricide contre cest Estat, par une combustion universelle. Mais je me console, que vous sçaurés bien considerer que la nature des maulx est telle, qu'ils ne peuvent pas estre guaris sans quelques maulx; que vous en sçaurés attribuer la cause, non pas au chirurgien qui a but de guarir, mais à celuy qui a faict la playe, et en ceste playe par consequent toutes les douleurs qui s'en ensuivent; que dans peu de temps, au reste, Dieu me fera ceste grace, aprés tant de traverses, de voir cest Estat purgé de ceulx qui le travaillent; de vous voir aussi jouir d'un repos certain et asseuré, qui nous fasse en peu de temps oublier tous les travaulx passez.

Jugés, je vous prie, par les effects, des intentions des hommes. Pour vous faire aplaudir à ces troubles, ces gens vous vouloient faire esperer qu'ils reformeroient les abus des finances, qu'ils diminüeroient les tailles et subsides, qu'ils rameneroient le temps du roy Louis XII; et des-jà, qui les eust voulu croire, ils se faisoient surnommer Peres du peuple. Qu'est-il advenu? Leur guerre, aprés vous avoir rongé estrangement de toutes parts, s'est veüe terminée par une paix, en laquelle ils n'ont pensé qu'à leur particulier, et ne s'y est faict aulcune mention de vous. Leur paix, qui pis est, s'est tout aussi tost tournée en une guerre contre ceulx qui demeuroient paisibles, par laquelle le Roy est contrainct de doubler les imposts, le peuple exposé en proye aux gens de guerre, la France obligée, si Dieu n'y met tost la main, à estre meurtriere d'elle-mesme. Car qu'est aultre chose l'edict qu'ils ont extorqué, qu'une necessité imposée au Roy de ruiner son peuple, de se desfaire soy-mesme de sa main? Au moins, s'ils ne vouloient soulager le peuple, que ne se contentoient-ils de l'avoir abusé? Et que leur avoit-il faict pour l'accabler? On couvre ce mal d'un zele de l'Eglise. L'ardeur de ce zele se devoit monstrer en une charité, et la charité en l'union des deux Religions. Quelle charité, qui n'a pensé qu'à exterminer? quelle ardeur de zele qui embrase sa patrie, qui met en combustion tout un Estat? Cependant sous ombre que le Clergé aura payé quelque somme d'avance pour donner courage à commencer la guerre, la voilà en train; ce sera au pauvre peuple à courre. Deux cens mille escus ou environ l'auront obligé, pour l'advenir, aux millions. Aulcuns du Clergé en somme, au regret du Roy et mesme de leur corps, pour leurs passions particulieres, auront conclu le marché tous seuls, en auront faict avancer les arrhes; ce sera au pauvre peuple à le tenir, et à parfournir le reste, à quoy qu'il monte; à celuy qui n'en peut mais, qui en porte le dommage et n'en attend point le fruict, à supporter tout le faix et endurer tout le mal qui en viendra.

Messieurs, je vous repete cecy : je suis né prince chrestien; j'ay cerché et proposé les voyes chrestiennes pour composer cest Estat et reünir l'Eglise. Je suis né François; je compastis à vos maulx; j'ay tenté tous les moyens de vous exempter des miseres civiles; je n'espargneray jamais ma vie pour les vous abreger. Je sçay que pour la plus part vous estes assubjectis sous ceste violence; je sçay que vos volontez sont serfves; je ne veulx vous imputer vos actions. Vous estes François; j'aime mieulx vous imputer vos volontez. Je ne vous demande à tous, qui selon vostre vocation estes plus subjects à endurer le mal que non pas à le faire, que vos vœux et vos souhaits, et vos prieres. Priés Dieu, Messieurs, qu'il distingue par ses jugemens ceulx qui cerchent le bon-heur ou le mal-heur de cest Estat, la calamité ou la prosperité publique. Quant à moy, je le prends à tesmoing que je ne desire que le bien de ce Royaume et de vous tous. Je le prends pour juge si ambition ou passion particuliere a poussé ou animé aulcunement mes armes.

De Montauban, ce premier jour de janvier 1586.

Vostre bien affectionné et asseuré amy,

HENRY.

1586. — 1ᵉʳ JANVIER. — IVᵐᵉ.

Cop. — Biblioth. de Tours, ancien manuscrit des Carmes, coté M, n° 50, *Lettres historiques*, p. 216. Communiqué par M. le préfet.
Cop. — B. R. Suppl. fr. Ms. 1009-3.
Imprimé. — *Mémoires de messire Philippes de Mornay*, etc. édit. de 1624, in-4°, p. 598.
Et *Mémoires de la Ligue*, t. I, p. 308.

A MESSIEURS DE LA VILLE DE PARIS.

[1] Messieurs, Je vous escris volontiers, car je vous estime comme le miroir et l'abregé de ce Royaume; et non toutesfois pour vous informer de la justice de ma cause, que je sçay vous estre assés cognüe : au contraire, pour vous en prendre à tesmoings, vous qui, par la multitude des bons yeulx que vous avés, pouvés voir et penetrer profondement tout ce qui se passe en cest Estat. Vous sçavés quel jugement a faict le Roy, dés le commencement, des aucteurs de ces miseres, quels il les a prononcez et declarez à vos oreilles : il vous requeroit de l'assister contre eulx, comme ennemis publics; et c'estoit lors que sa volonté estoit entiere et libre, premier que la violence eust rien gagné sur luy. Tout le changement qui y est venu despuis, je sçay que vous l'avés imputé, non à son vouloir, mais à leur force. Et, de faict, je suis bien adverty, qu'estans peu après requis de fournir aux fraix de ceste guerre, vous avés bien seu respondre que ces troubles n'avoient oncques esté de vostre advis; que c'estoit à ceulx qui les mouvoient, non à vous, à en porter les frais : response que vous n'avés pas accoustumé de faire, quand vous pensés qu'il est question, ou du service du Roy, ou du bien du Royaume; car jamais subjects ont-ils esté plus liberaulx pour ce regard que vous? Mais, certes, quand vous apercevés que vos deniers ne vont pas aux reparations, comme quelques fois on vous fait croire, mais à la ruine du Royaume; quand vous voyés clairement qu'on ne vous demande pas vos bagues pour fournir à la rançon d'un roy François ou de ses enfans, ou d'un

---

[1] « Faite par M. du Plessis. » (*Mémoires de Mornay.*)

roy Jean, mais pour esteindre le sang et la posterité de France, pour reduire vostre Roy en servitude et en prison, or, je sçay trés bien que le Roy vous en aura sceu gré; et tous bons François ont ceste obligation en vostre endroict; mais j'y en ressens pour moy une trés speciale pour le rang que Dieu m'a ordonné en ce Royaume, et pour estre, puisqu'il luy a pleu, des enfans de la maison. Jugés quel besoing il nous estoit de ceste guerre! Vous sçavés que cest Estat se rendoit de jour en jour capable d'une paix; s'il falloit rien remuër en la religion, sans rien alterer, il ne falloit qu'appeler un bon concile; si, au maniement de cest Estat, le Roy n'eust pas refusé d'ouvrir une assemblée d'estats; et, pour couper le chemin à ces mal-heurs, vous sçavés que je m'y suis soubmis par declaration expresse, mesme de vuider par un duel ce que les perturbateurs eussent peu particulierement pretendre contre moy.

Ceulx donc qui ont refusé ces beaux moyens sont les aucteurs de la guerre, et d'une guerre non necessaire, et donc injuste; moy, qui les ay desirez, et qui volontiers m'y suis soubmis, me sens deschargé de tous les maulx qui en viendront. Car des moyens legitimes, on a pris plaisir de me reduire aux extremitez extremes; tellement que les armes que j'ay en la main sont naturelles et necessaires, et donc trés justes. Comparés en somme mon obeyssance à leur rebellion, ma grande patience à leur precipitation, mes modestes actions à leurs passions immoderées; et vous proposés sur tout cela quels ils sont en ce Royaume, et quel j'y suis. Vous conclurés qu'il m'est faict un tort inestimable, dont il n'y a gentil-homme en ce Royaume qui ne s'efforçast, et à qui il ne feust permis, d'en avoir raison. Je le dis avec verité : j'en apprehende les consequences; je voy que les innocens en souffriront. Mais soubvenés-vous tousjours que mes ennemis sont ceulx qui ont esté desclarez ennemis du Roy et du Royaume; qu'ils ont troublé le repos, appelé les estrangers, fait exterminer les domestiques, emprunté les ennemis et employé leurs moyens, non à ma ruine seule, mais à la confusion de cest Estat. Lors, Messieurs, vous imputerés à leurs offenses tous les inconveniens que peut amener une juste deffense; vous leur sçaurés mauvais gré des maulx consecutifs, comme vous les recognoissés aucteurs et causes des premiers. De moy, je me desplairay en mon mal-heur, de ne pouvoir deschasser le mal universel de cest Estat sans quelques maulx. Je me plairay pour le moins en mon integrité, qui les ay voulu rachepter de ma vie, qui la sentiray tousjours bien employée pour la conservation de cest Estat et de vous tous.

Or, Messieurs, je vous diray pour la fin, que j'attends et attendray tousjours de vous tout ce qui se peut et doibt de vrais François, et de la regle exemplaire des François. Attendés de moy pareillement tout ce qui se peut et doibt d'un prince François et d'un prince chrestien, pour l'union de l'Eglise, le service du Roy mon seigneur, le bien du Royaume, le soulagement du peuple, et le contentement de tous les gens de bien. Je prie Dieu, Messieurs, qu'il ait pitié et compassion de ce Royaume, et nous doint à tous un bon conseil, pour sa gloire et nostre propre bien. Amen.

De Montauban, ce premier janvier 1586.

Vostre meilleur et plus affectionné amy,

HENRY.

[1586. — VERS LE COMMENCEMENT DE JANVIER[1].] — Ire.

Imprimé. — *Suite des Lettres et Mémoires de messire Philippes de Mornay.* Supplément, p. 65. Amsterdam, 1651, in-4°.

A MESSIEURS LES ESTATS GENERAUX DES PAYS-BAS.

Messieurs, J'envoye vers la roine d'Angleterre le s[r] de Buzenval, gentilhomme ordinaire de ma chambre, auquel j'ay commandé de vous faire part de mes nouvelles et m'advertir des vostres, selon la correspondance qui doibt estre ordinaire entre nous. Je desire que vous fassiés un singulier estat de mon amitié et bonne volonté envers vous, et qu'il se presente occasion en laquelle je vous en puisse

[1] Mornay, sans donner la date de cette lettre, en indique la place immédiatement après la précédente.

faire preuve. Dieu me fera, s'il luy plaist, la grace quelque jour d'estre soulagé ou deslivré des affaires où je suis, pour avoir cest heur d'apporter quelque soulagement aux vostres. Cependant, Messieurs, je ne doubte aulcunement qu'il n'ait soing de ses Eglises, et qu'il ne nous mette hors, et vous et nous, des perplexités et fascheries que nous souffrons; seulement attendons son aide en patience, et ne nous ennuyons poinct en la defense d'une si juste cause, que sans doubte il sçaura bien secourir en son temps. Le surplus vous sera dict par le dict sieur de Buzenval, lequel je vous prie de croire comme moymesme, et particulierement de l'assister et favoriser és pays de vostre auctorité, en ce qu'il aura besoing pour mon service. Ce que je remets sur luy à vous dire et declarer plus specialement. Je prie Dieu, Messieurs, etc.

[HENRY.]

[1586. — VERS LE COMMENCEMENT DE JANVIER[1].] — IIme.

Orig. autographe. — Arch. royales de la cour, à Turin. Envoi de M. l'ambassadeur de France.

A MONSIEUR MON COUSIN, MONSIEUR LE DUC DE SAVOYE.

Monsieur mon Cousin, Je vous avois escript au temps de l'entrevue de mon cousin, mons[r] de Montmorency, et moy à Sainct Pol de la Myate[2], comme nous y avons traicté ensemble de nos affaires et de ce qui concerne le bien et conservation de cest Estat, en vous asseurant au reste de la continuation de mon entiere amitié en vostre endroict; mais par ce que j'ay entendu, par mon dict cousin, que ma lettre a esté esgarée, sans qu'elle vous ait esté rendue, j'ay bien voulu

[1] La date de l'année se trouve sur l'original dont la copie nous est envoyée de Turin.

[2] Nous conservons ce mot tel qu'il est dans la copie prise sur l'autographe. Mais il s'agit ici du lieu ordinairement appelé Saint-Paul de Damiare ou de Cadajoux. C'était dans la première quinzaine du mois d'août précédent que le roi de Navarre y avait eu une conférence avec le maréchal de Montmorency. La mention tardive qu'il en fait dans cette lettre de 1586 doit faire rapprocher la date le plus possible du commencement de l'année.

vous repeter par la presente le subject de la precedente, et vous prier, Monsieur mon Cousin, que, tout ainsi que j'ay tousjours envers vous la mesme affection que j'ay eu par cy-devant de vous servir en tout ce que je pourray, quand l'occasion s'y presentera (de quoy je m'asseure que mon dict cousin vous sera bon tesmoin et garent), vous veuillez aussi continuer, de vostre part, ceste bonne amitié que vous avez demonstrée à l'endroict d'un prince qui est et desire demeurer pour jamais

   Vostre humble cousin et trez affectionné amy,
    à vous obeir et servir,

      HENRY.

[1586. — VERS LE COMMENCEMENT DE JANVIER.] — IIIme.

Cop. — Arch. de famille de M. le baron Gaston de Flotte, à Marseille.

[A MONS^r DE St GENYES.]

Monsr de Sainct Genyes, Je vous prie partir le plus tost que vous pourrez et me venir trouver, et vous entendrez de mes nouvelles à Lectoure, où vous prendrez vostre chemin. Apportez avec vous les dix mille escus, et ne tardez poinct, je vous prie. Je desire vous voir, comme celuy qui est jamais

   Vostre plus affectionné maistre et plus parfaict amy,

      HENRY.

Tout est en armes en France, comme vous entendrez par le capitaine Lons[1].

---

[1] La mission de ce capitaine est rappelée dans la lettre suivante.

[1586. — VERS LE 10 JANVIER.]
Orig. autographe. — Collection de M. F. Feuillet de Conches.

A MONS^R DE S^T GENIÉS.

Monsr de St Geniés, J'ay receu la lettre que m'avés escripte, par où me mandés-le desordre qu'a porté à mon pays les levées qui se font aux frontieres d'iceluy. J'ay permis à Meriteins de lever une compagnie, mais non à Labat de Sympeseaus; pourvoyés par toutes voyes rigoureuses que nul soldat n'aille avec luy. Quant aux forces que me mandés qui se levent en Espaigne, il y a bien raison de les employer contre l'Angleterre[1]; car du Drac a pris la flotte du Perou[2], d'où il est entré six cens mille escus dans les coffres de la Royne. Aussi les Anglois ont pris la capitale ville de Gueldres, nommée Numegue[3], qui tenoit seule en ce quartier pour les Espagnols; de façon que cesté province est à present aussi paisible à la royne d'Angleterre que Hollande et Selande. Vous aurés veu par des lettres, que je crois qu'on vous aura monstrées, comme il ne s'est trouvé à la monstre generale que firent mess^rs du Maine et de Matignon[4], que quatre mille Suisses, trois mille hommes de pied François, mille bons

[1] Il s'agissait probablement des préparatifs de cette flotte fameuse (l'*Armada*), à laquelle deux ans plus tard un immense désastre fit perdre le surnom prématuré d'*invincible*.

[2] L'année 1586 est remarquable dans la vie de Drake par ses grands succès sur les Espagnols. Il s'empara de Saint-Domingue et de Carthagène, détruisit les forts Saint-Antoine et Saint-Augustin, et rapporta encore un très-riche butin. Comme il ne revint que le 28 juillet, les navigateurs qui apportaient de ses nouvelles y ajoutaient toujours quelques détails exagérés, quelques circonstances propres à frapper l'imagination. La nouvelle que transmet ici le roi de Navarre semble participer un peu de ces hyperboles.

[3] D'Aubigné placé à la fin de 1585 ce succès des bandes commandées « par le colonel Norreis... Les mêmes forces acheverent de faire desmordre au comte de Meurs Nymaigue et bruler ses forts..... et sont les restes de l'an 1585. » (*Hist. universelle*, t. III. l. I, chap. XXIV.) Voyez aussi De Thou, *Hist. univ.* l. LXXXIII.

[4] Bien que le maréchal de Matignon paraisse avoir eu des ordres secrets de Henri III, pour ne point seconder efficacement le duc de Mayenne, il avait ce-

chevaulx, tant Reistres qu'Albanois et que François. Depuis j'ay advis de Bordeaulx de la mesme chose. Je vous remercie du plaisir que vous m'avés faict. Vous n'avés que ce mot pour ceste heure. Je me porte fort bien, Dieu mercy. Vous aurés entendu bien amplement de mes nouvelles par le capitaine Lons, qui me fera finir en vous asseurant que vous n'aurés jamais un meilleur maistre et parfait amy que

HENRY.

1586. — 17 JANVIER.

Orig. — Arch. de famille de M. le vicomte de Panat, membre de la Chambre des Députés.

A MONS^R DE LESTELE,
GENTILHOMME ORDINAIRE DE MA CHAMBRE.

Monsr de Lestelle, Je croy que quand vostre commission pour commander à Cleyrac[1] vous a esté expediée, estiez assez informé comme j'avois donné le commandement general de tout l'Agenois de ce quartier-là, specialement de Pemirols et de la dicte ville, au s^r de Lezignan. Aussy vous avés peu sçavoir par vostre dicte commission mesme, que mon intention n'a esté de vous donner ceste charge que soubz son commandement. Il me semble que ne l'avez deu accepter autrement, et, l'ayant acceptée, que ne devez faire difficulté de le recognoistre. Toutesfois il s'en plaint, et je trouve bien estrange le refuz que vous en faictes. Vous sçavez que je ne puis revoquer ce que j'ay faict en cela; partant je vous prie vous dispozer, ou à recognoistre le dict s^r de Lezignan, ou à quitter la dicte charge, et me mander, incontinent la presente receue, quelle est vostre resolution, afin que j'y

pendant opéré la jonction de ses troupes avec celles du duc, vers la fin de l'année précédente; et la revue générale qu'ils en firent à Bordeaux, quelque temps après, est annoncée ici par le roi de Navarre.

---

[1] Ou Clairac, ville assez considérable de l'ancien Agénois, aujourd'hui du département de Lot-et-Garonne.

pourvoye². Attendant laquelle, je prieray Dieu vous avoir, Monsr de Lestelle, en sa saincte garde. A Montauban, ce xvij^e janvier 1586.

Vostre bon maistre et meilleur amy,

HENRY.

1586. — 20 JANVIER.

Cop. — Biblioth. de Tours, ancien manuscrit des Carmes, coté M, n° 50, *Lettres historiques*, p. 194. Communiqué par M. le préfet.

A MONS^R DE FLEURY,
CONSEILLER DU ROY, MON SEIGNEUR, ET SON AMBASSADEUR EN SUISSE.

Monsr de Fleury, Entre tous ceulx qui sont du Conseil du Roy mon seigneur, ou qui ont les principales charges du Royaulme, j'estime que les ambassadeurs doibvent estre tenus plus capables des grands et importans affaires, pour la correspondance que toutes principaultez ou republiques doibvent avoir les unes avecques les aultres. C'est pourquoy je suppliay Sa Majesté, lorsque je luy envoyay ma declaration, et ce que j'ay mis par escript touchant les presents troubles, qu'il luy pleust de l'envoyer à ses dicts ambassadeurs, pour le presenter aux princes et seigneurs prés desquels ils sont residens; mais je n'ay peu impetrer ceste grace, pour la faveur que mes adversaires avoient preoccupée. Neantmoins je n'ay laissé, pour ma justification, de faire courre en divers lieux la dicte declaration, les apologies, protestations et aultres escripts qui ont esté imprimez. Comme je ne doubte qu'ils ne soient tombez en vos mains, doncques je n'entreray poinct en discours de ce que pouvez avoir leu, m'asseurant que toute personne d'entendement, et affectionnée à l'Estat comme vous, jugera tousjours sainement des causes, des pretextes et des intentions de ceulx qui aujourd'huy le troublent; et partant soutiendra le droict, l'innocence et l'équité des aultres qui n'en peuvent que

---

² Il est intéressant de rapprocher ce ton si ferme des expressions de la gaieté la plus familière que présentent plusieurs autres lettres à M. de Lestelle.

justement desirer et procurer la conservation. Mais se presentant la commodité du sʳ de Fresne, present porteur, conseiller au grand conseil de sa dicte Majesté, je l'ay prié vous voir de ma part en passant, pour vous dire le contentement que j'ay receu par le tesmoignage que tous gens de bien rendent de vos fideles deportemens au service de sa dicte Majesté, et au debvoir de vostre charge, n'estant petite consequence de faire choix des personnes pour tenir le lieu que vous tenez. Par ainsy je vous prieray, Monsʳ de Fleury, (ayant considéré la justice qui est de mon costé, les desseings de mes ennemis qui ne sont poinct si religieux qu'ambitieux de l'Estat, ne si charitables qu'ils tendent plus tost à mon instruction qu'à ma destruction, ni à sauver les ames qu'à retenir les armes) me vouloir faire ce bon office de n'empirer poinct ma cause à l'endroict de ces respubliques où vous estes; esquelles je pense avoir beaucoup d'amys qui ont l'œil ouvert aux evenemens de ces troubles, et comme gens qui prevoyent à leur interest. Graces à Dieu, je n'ay encores souffert aulcun dommaige depuis que nous sommes armez; et combien que mes adversaires employent le verd et le sec pour ma ruine, ayant, avec tout ce qu'ils ont peu de Reistres et de Suisses, dressé une forte armée conduicte par le duc de Mayenne; toutesfois, despuis quatre moys qu'elle est en Guyenne avecques celle du mareschal de Matignon, ils n'ont peu assieger une seule vicoque[1] des nostres, ils n'ont pas deffaict une seule de nos compaignies; et les leurs, ou de maladie, ou d'aultre incommodité, se sont deffaictes de la moitié; esperant bien, avec le moindre secours que je puis avoir, les combattre, ou les chasser pour le moings de mon gouvernement, auquel j'ay eu jusqu'icy mes allées et venues franches, les tenant encores par delà les rivieres. Ce neantmoings, je plains grandement la misere et calamité du pauvre peuple, qui en souffre le plus, et suis marry que la voye doulce d'un libre et legitime concile (qui est l'ancien remede

---

[1] Ainsi écrit au lieu de bicoque. On remarque assez souvent, dans cette correspondance du roi de Navarre, la confusion de ces deux lettres, qui est l'un des caractères de la prononciation de nos provinces du sud-ouest.

duquel nos peres ont usé au faict de la Religion) n'a esté preferée à la rigueur, au sang et aux fleaux que la guerre porte ; ou, si l'on en veult aux princes du sang (entre lesquels j'ay l'honneur d'estre le premier), que l'on n'a accepté le duel que j'ay presenté pour esviter la perte generale par une particuliere. Quoy que soit, Dieu qui conduict les Roys et a tousjours eu soing de ceste couronne, conservera, s'il luy plaist, les princes qui en descendent; quoy que le Pape avec ses fulminations, et tous les Ligueurs ensemble puissent conspirer. Telle est mon esperance ferme : sur laquelle me reposant, ne me reste en ceste-cy qu'à vous offrir ma bonne volonté, et vous asseurer qu'en tout ce où me vouldrez employer, je la vous tesmoigneray par les plus vrays et officieux effects qui me seront possibles; vous recommandant ce dict porteur, de soy fort recommandable, et priant Dieu vous avoir, Monsr de Fleury, en sa trez saincte et digne garde.

A Montaulban, ce xxe janvier 1586.

Vostre bien affectionné amy,
HENRY.

[1586. — VERS LE 20 JANVIER.]

Orig. autographe. — B. R. Fonds des Cinq-cents de Colbert, Ms. 401.

A MONS^R DE SEGUR.

Monsr de Segur, Encores que vous n'ayez faict tout ce que vous esperiés où vous avés esté, je loue toutefois et estimeray tousjours le soin, le zele et affection que vous avés apportée en l'execution de vostre charge, et espere encore que voz labeurs et voyages ne seront inutiles, et que Dieu les fera tourner à bien. Je desire fort vous voir; j'espere que ce sera bientost. Je vous prye vous employer, et tous les moyens que vous pourrez avoir, pour parachever ce qui est si bien commencé pour l'entiere delivrance des Eglises, et pour la restauration et conservation de cest Estat. Il y a quatre mois que nos ennemys sont en ce pays, et ne nous ont encore faict ne peur ne mal[1]. Employez-vous tous trois[2] d'un commun advis et consentement, pour l'advancement de noz affaires, et surtout pour faire promptement acheminer l'armée. J'ay faict entendre mon intention au sr de Montmartin[3]; je vous prie le croire et vous assurer, de plus en plus, de l'amitié de

Vostre trez affectionné maistre et parfaict amy,

HENRY.

[1586. — VERS LE 25 JANVIER.]

Cop. — Arch. de famille de M. le baron Gaston de Flotte, à Marseille.

[A MONS{R} DE S{T} GENYÉS.]

Monsr de Sainct Genyés, Parce que l'armée des ennemys s'approche et est à présent autour de Pons[1], de sorte qu'il est necessaire de pourveoir aux places qui sont sur la riviere de Garonne, lesquelles sont menacées de siege, ainsi qu'il m'est apparu par lettres que j'ay en

---

[1] Cette assertion, toute semblable à celle de la lettre précédente, indique suffisamment la date de celle-ci.

[2] Les deux autres étaient MM. de Clervant et de Quitry.

[3] Le départ de M. de Montmartin se retarda d'au moins trois semaines, si la lettre que ce gentilhomme fut chargé de porter au prince Casimir a été bien placée dans les Mémoires de Mornay, entre le 11 et le 18 février suivant.

---

[1] Du Plessis-Mornay écrivait, le 15 décembre précédent, à la duchesse d'Uzès : « Nous sommes attendant monsieur de Mayenne. Son armée s'évapore en menaces, et les effets en seront tant moindres. Croiés, Madame, qu'il nous tarde de les chacer et que ce sainct est taillé de ne faire pas grands miracles en Guienne. » L'histoire prouve que le duc de Mayenne justifia cette prédiction. La première entreprise qu'il essaya d'exécuter avec le maréchal de Matignon fut le siège de Pons. Dans un petit récit de sa campagne, qu'il fit publier vers la fin de l'année 1586, il est dit : « Estant joint avec M. le mareschal de Matignon, qui avoit la charge de l'avant-garde, et qui menoit une grande partie des forces dont l'armée estoit composée, il delibera d'assieger Pons, à quoi il ne put jamais le faire condescendre. » (*Petit discours sur le voyage de M. de Mayenne en Guienne.*)

Peu de temps après, le maréchal se sépara du duc, et alla assiéger, en février, la ville de Castets.

mains, escriptes par le mareschal de Matignon au premier president de Tholose, qui contiennent que le desseing de l'armée est de netoyer la dicte riviere et reduire toutes les villes qui sont auprés, suivant le commandement du Roy faict au duc du Maine, à la requeste de ceulx de Tholose et Bordeaux, afin de rendre le commerce de la dicte riviere libre; j'ay advisé d'envoyer querir des pouldres en Bearn pour munir quatre places qui en sont mal garnies et qui pourront estre assaillies, à sçavoir Nerac, Cleirac, Casteljeloux et Castels; et pour la seureté de la conduicte desdictes pouldres, je depesche le sieur de la Barre avec sa compaignie de gens de cheval, tant pour l'aller que pour le retour, afin de les mener icy seurement. J'ay accordé aux habitans de ceste ville[2] deux milliers de pouldres; à Cleirac quinze quintaulx; à Casteljeloux quinze : de quoy ils portent tout l'argent, et l'ont en main pour les payer. Et pour le regard de Castels, le sieur de Fabas[3] me baille l'argent de huict quintaulx que je luy ay accordez de prendre de mon magasin, duquel nombre je vous prie de faire le remplacement, des deniers des donations extraordinaires de Navarre, et pour cest effect vous faisant envoyer la rescription du tresorier de ma maison. Et quant au nombre de la pouldre pour les dictes trois places, je vous prie bien fort, Monsr de Sainct Genyés, le faire entierement deslivrer à ceulx qui le vont prendre; et au cas que le dict nombre ne se trouve à vendre entre les mains des pouldriers, de parfaire des pouldres de mon magasin, à la charge de les y remettre le plus tost que faire se pourra, y employant l'argent qui sera baillé par les dicts preneurs pour l'achapt de ce qu'ils en auront prins du dict magasin : ce que je suis contrainct de faire par ce que c'est chose tres importante, et au general et à mon particulier, de bien munir et de gens et de pouldres toutes les dictes places. M'asseurant que vous le

---

[2] Il s'ensuit que cette lettre est écrite de Nérac, nommée dans la phrase précédente comme la première des quatre villes auxquelles la poudre doit être distribuée.

[3] La ville de Castels ou plutôt Castets, appartenait à un gentilhomme dont M. de Favas était le seigneur suzerain. Ce fut cet habile capitaine qui la défendit, le mois suivant, contre le maréchal de Matignon.

ferez aussy promptement comme je desire et la necessité presse, je ne vous en diray davantage, si ce n'est pour vous prier vous asseurer de plus en plus de mon amitié, et d'aimer tousjours de vostre part

Vostre plus affectionné maistre et parfaict amy,
HENRY.

[1] Je vous prye, Monsr de Sainct Genyés, faire fournir la pouldre entierement, et croire le dict sr de la Barre de ce qu'il vous dira de ma part, comme

Vostre, etc.

[1586. — VERS LA FIN DE JANVIER.] — Ire.

Cop. — Arch. de famille de M. le baron Gaston de Flotte, à Marseille.

[A MONSR DE ST GENIEZ.]

Monsr de Sainct Geniez, J'ay receu deux lettres de vous. Par la premiere vous cuidiés que ces compagnies de gens d'armes vinssent exprés pour prendre guarnison prés mon pays; asteure je crois que vous estes esclaircy comme ils ne songent à rien moins. Quant à ce que me mandez pour les pouldres, de vous advertir un mois devant, soyez tousjours adverty que, dés qu'il y en aura un millier de faicte, je vous l'envoyerai querir, en me le mandant. Si on revient, faictes luy mettre la main sur le collet, c'est un mechant garniment. Je vous prie, tancez nostre grande amye de la façon dont elle vit avec moy; elle a certes grand tort. Mandez-moi....... (celle du Pales vous dira ce que c'est). Si Basas est prinse, voilà les desseings de nos ennemis changez. Ils sont foibles et malades, et encores bien loin. A Dieu.

Vostre trez affectionné et parfaict amy,
HENRY.

[1] Le roi, en ajoutant cette recommandation de sa propre main, l'a disposée de manière que la formule finale pût servir pour la lettre et pour le postcriptum.

[1586. — VERS LA FIN DE JANVIER.] — IIme.

Orig. autographe. — B. R. Fonds des Cinq-cents de Colbert, Ms. 401.

A MONS^R DE SEGUR.

Monsr de Segur, Ce m'a esté un grand plaisir d'entendre ce que vous m'avés discouru par la lettre que Sainte Dame m'a apportée. Je seray encore plus ayse de vous voir, et de l'entendre de vostre bouche. Je vous prye, Monsr de Segur, hastez noz affaires le plus que vous pourrez, car desormais le retardement nous peut beaucoup nuire. Noz ennemis, quelques depenses qu'ils fassent, quelques hommes qu'ils puissent hazarder, ne nous ont pas fait grand mal jusques icy[1], et feront encore moings, comme je m'asseure; mais on ne peut pas tousjours demeurer sur la defensive. Je sçay que vous me portez tant d'affection et à ce qui concerne le general d'une si juste cause, qu'il n'est besoing de vous user d'aultre permission ny recommandation. Asseurez-vous, je vous prye, de l'amitié trez certaine de

Vostre trez affectionné maistre et parfaict amy,
HENRY.

1586. — 2 FÉVRIER.

Cop. — Arch. de M. le baron de Scorbiac, à Montauban. Envoi de M. Gustave de Clausade, correspondant du ministère de l'Instruction publique.

A MONS^R DE SCORBIAC,

CONSEILLER DU ROY MON SEIGNEUR, EN SA COUR DE PARLEMENT À TOULOUSE ET CHAMBRE DE L'EDICT.

Monsr de Scorbiac, Parce que le s^r de Ranque m'a faict, en la prinse de ce fort, des services signalés, et que je desire les recognoistre et

---

[1] On verra ci-après, dans une lettre du 29 avril, le roi de Navarre se plaindre de n'avoir pas reçu de nouvelles de M. de Ségur depuis environ trois mois. Les évé- nements auxquels cette lettre-ci fait allusion nous indiquent une date qui s'accorde bien avec cette donnée.

gratifier en ce qui se rencontrera, je vous prie de recouvrer, au plus tost que vous pourrez, la partie de la dame de Marueil sur les habitans de Villemur[1], pour la luy faire tomber entre mains; et faictes-la comme de vostre propre faict, et la gardés à ce que, aussi tost que je seray de retour par delà, la dicte somme luy puisse estre deslivrée. Ce que m'assurant que vous ferez, après la recommandation que je vous en fais, je ne vous en diray davantage, si ce n'est pour tousjours vous asseurer de ma bonne volonté, et prier Dieu vour tenir, Monsr d'Escorbiac, en sa saincte et digne garde. De la Cazals, ce ij^e febvrier 1586.

Vostre meilleur et plus affectionné amy,

HENRY.

[1586. — VERS LA MI-FÉVRIER [1].] — Ire.

Cop. — B. R. Suppl. fr. Ms. 1009-3.
Imprimé. — *Mémoires de messire Philippes de Mornay*, etc. t. I, p. 613; édit. de 1624, in-4°.

[A MONSIEUR LE DUC CASIMIR.]

Monsieur mon Cousin, je ne vous puis dire l'extresme contentement que j'ay receu de la venuë du sieur de Montmartin. Je vous prie de l'entendre de sa bouche. Tant y a que je recognois que je vous ay une infinie obligation de vostre affection, qui m'est tesmoignée par tels effects; et vous jure que je ne l'oublieray jamais. Vous pourrés dire à ce coup, que vous aurés grandement aidé à relever et remettre sus, humainement, et nos affaires et nos Eglises. Et j'espere, avec l'aide de Dieu, que ce sera de telle sorte, qu'il n'en fauldra plus donner de peine à nos amis. Le dict sieur de Montmartin vous dira comme nous sommes par deçà. Jamais je ne sentis tant la benedic-

---

[1] Villemur-sur-Tarn, chef-lieu de canton du département de la Haute-Garonne.

---

[1] Du Plessis-Mornay, dans ses Mémoires, a placé cette lettre de son maître entre deux lettres de lui-même, l'une du 11 février, l'autre du 18; et il a mis en marge de celle-ci : « Faite par M. du Plessis. »

tion de Dieu. Jamais je n'esprouvay plus, que c'est que de debattre une bonne cause, soit en mon cœur, soit mesme au succez de mes affaires. Car, graces à Dieu, nos ennemis n'ont rien gagné sur nous; nous au contraire beaucoup sur eux en diverses rencontres, où il a esté tout evident que Dieu et leur conscience combattoient pour nous, et contre eux. Croyés, Monsieur mon Cousin, et il m'en tarde, que si Dieu nous faict la grace d'estre ensemble, nous aurons moyen de le faire recognoistre et obeïr à bon escient : et sur ce, je vous prieray d'entendre plusieurs particularités tres importantes du dict sieur de Montmartin, l'en croyant comme moy-mesme qui saluë, etc.

[HENRY.]

[1586. — VERS LA MI-FÉVRIER.] — IIme.

Imprimé. — *Mémoires de messire Philippes de Mornay*, t. IV, p. 74; édit. de 1651, in-4°.

[A LA ROYNE D'ANGLETERRE.]

Madame,

J'ay sceu ce qu'il a pleu à Vostre Majesté accorder au sieur de Guitry. Je ne sçais comment vous en remercier, car il ne se peut rien adjouster ny à mon obligation, ny à mon service. A ce coup, Madame, vous avés humainement rendu la vie à nos Eglises; à ce coup vous m'avés aussi mis en la main (et croiés que je le feray valoir) de quoy mettre à la raison vos ennemis et les miens. Vous aurez ouy, Madame, le grand bruit de leurs armées. Jusques icy ils n'ont osé se prendre à une bonne place; et puis dire avec verité qu'en tous les endroicts où ils ont combattu ils ont esté battus. Dieu sans doute est protecteur des justes causes. Et aussi ne ressentis-je jamais si vivement sa faveur sur mes armes. Voyés, Madame, que ce sera quand elles seront vostres; car je me confie que vostre faveur n'a poinct commencé pour me faillir. Du surplus, vous permettrés que je le remette sur le sieur de Buzanval, que je vous prie croire, etc.

[HENRY.]

1586. — 21 FÉVRIER.

Orig. — Archives des Affaires étrangères. Correspondance politique, Ms. France, n° XIX, fol. 44 recto.

A MONS{R} DE S{T} GENIEZ.

Monsr de St Geniez, Je veulx bien vous advertir comme j'ay esté avec mes troupes jusques prés de Langon, à une lieue, et fus hyer disner à Castelz[1]. Et aprés disner j'en partis en bataille, aprez avoir faict ce que j'avois desseigné, sans que jamais nous ayons eu une seule alarme. Au contraire, nos ennemys en ont esté tellement alarmez que monsr le mareschal de Matignon resserra toute sa cavallerie dedans Langon. Ils ont faict barricades, mis des pieces aux advenues et faict tout ce qu'on a accoustumé quand on doibt estre assailly. Dieu a beny mon voyage, qui a esté utile, encores que je l'aye entrepris contre l'opinion de tout le monde : à luy seul en soit la gloire ! J'espere vous renvoyer bien tost les Bearnoys. Ce pendant, je vous prieray m'advertir à toutes occasions de ce qui se passe, et me mander de vos nouvelles, et vous asseurer de plus en plus de ma bonne volonté. Je prie le Createur vous tenir, Monsr de St Geniez, en sa tres saincte garde. De Monpouillan, ce xxje febvrier 1586[2].

Vostre tres affectionné maistre et parfaict amy,

HENRY.

[1] « Au mois de fevrier de ladicte année, le sieur de Matignon ayant assiegé Castets, le Roy de Navarre, accompagné de deux à trois cens maistres et environ dix-huict cens harquebusiers, en fit lever le siege, et voulut disner dedans le chasteau pour tesmoignage qu'il en avoit chassé son ennemy. » (*Histoire du royaume de Navarre* [par G. Chapuis], édit. de 1596, in-8°, p. 716.)

[2] Cette lettre fait ainsi connaître le jour même où le roi de Navarre fit lever le siége de Castets au maréchal de Matignon.

1586. — 24 FÉVRIER.

Orig. — Arch. de M. le baron de Scorbiac, à Montauban. Copie transmise par M. Gustave de Clausade, correspondant du ministère de l'Instruction publique.

A MONS^R DE SCORBIAC,

CONSEILLER DU ROY MON SEIGNEUR, EN SA COURT DE PARLEMENT DE THOULOUZE
ET CHAMBRE DE L'EDICT.

Monsieur de Scorbiac, Je vous ay cy-devant escript pour faire venir et recouvrer promptement la partie deue par les consuls et habitans de Villemur à la dame de Marueil[1], à quoy je ne doubte poinct qu'aprés la recommandation que je vous en ay faicte, vous n'ayés apporté toute l'affection et diligence que je me promets de vous. Je vous prie encore de rechef de faire user en cela de toutes les poursuictes et contrainctes qui se peuvent faire en tel cas, de sorte que la dicte somme puisse estre promptement payée et fournie, laquelle je vous prie prendre entre voz mains et me la garder. Vous ferez chose qui me sera fort agreable, et qui me fera de plus en plus cognoistre vostre bonne affection envers moy, et à ce qui vous est recommandé de ma part : ce que m'asseurant que vous ferez, je ne vous en diray davantage, si ce n'est pour prier Dieu vous tenir, Monsr de Scorbiac, en sa saincte et digne garde. De Nerac, ce xxiiij^e febvrier 1586.

Vostre meilleur et plus affectionné amy,

HENRY.

[2] Monsr de Scorbiac, Je vous recommande ce faict; je vous prie d'y user de diligence, et mesme, avant que l'armée s'approche, faire en sorte que vous l'ayez entre mains.

---

[1] Voyez ci-dessus, lettre du 2 février 1586.
[2] De la main du roi.

[1586. — FÉVRIER[1].] — Ire.

Orig. — Arch. des Affaires étrangères. Correspondance politique, Mss. France, n° XIX, fol. 42 recto.

A MONS[R] DE S[T] GENIEZ.

Monsr de St Geniez, J'ay entendu la deffaicte que les s[rs] de Mainouart et Sus ont faicte; cela peut rompre ou retarder les desseings que nos ennemys avoient sur mon pays de Bearn. Quant à ce que *ma sœur* m'a mandé de *la dame Gramont,* vous luy ferés entendre, pour le regard de *la dame de Duras,* que saumon[2] n'a point affaire avec *elle;* ne accoustumé de traicter avec femmes. Ce n'est pas leur profession de faire capitulation de guerre, ni celle du saumon de leur faire desplaisir; qu'il pense aussy que *ma sœur* n'a le moyen ne la commodité de faire mal au saumon. Et pourtant il ne luy faut aultre asseurance ne traicté. *Ma sœur* y adjoustera telz aultres propos, avec vostre advis, qu'elle verra estre à propos, faisant cognoistre que c'est chose, en ce temps, à quoy je n'ay loisir de penser; et que ce n'est de ma costume, ne de la qualité et *sexe* de l'un et de l'aultre, d'entrer en telz propos et traictez; et que c'est de ma costume de faire la guerre et m'armer contre mes ennemys : sans luy donner autre asseurance, mais parlant en personne de ma qualité et en *cavalier,* comme ne m'amusant ne arrestant à telles choses. Mais je vous prie user de tous les moyens que vous pourrez, et les employer pour *vous en saisir*[3] *et la prendre.* On entendra beaucoup de choses et on aura moyen d'en user ainsi qu'on voudra, par aprez. Je ne vous parleray pour le present d'aultre faict que de cestui-cy; mais je donneray ordre à ce que vous m'avés escript, passant par les lieux où il y aura moyen. Faictes toujours tres certain estat de

Vostre tres affectionné maistre et tres parfaict amy,

HENRY.

[1] Au dos est écrit : « Receue en fevrier. » Cette lettre est chiffrée en partie. Les mots écrits en chiffre sont imprimés en lettres italiques.

[2] On a vu précédemment que c'était le mot de convention pour désigner le roi de Navarre.

[3] De madame de Duras.

[1586. — FÉVRIER[1].] — IIme.

Orig. autographe. — Arch. de famille de M. le vicomte de Gourgues, à Lanquais (Dordogne).

A MON COUSIN MONS[r] DE TURENNE.

Cousin, J'oubliay hyer à vous dire que je treuve bon ce que Bysouse a conclu pour..... Le Pin m'a parlé pour vous de quelque chose. Vous estes une beste : ne savés-vous pas que nous n'avons rien à départir. Ayés l'œil ouvert sur les troupes de mons[r] du Mayne. Je voys dormir à Castel Jaloux. Nous ne tenterons rien follement. C'est de vous de qui j'attends des nouvelles. A Dieu. Celui qui vous aime plus que ne valés.

HENRY.

L'on prend les messagers; si c'est chose qui importe, mandés-le moy par deux.

[1586.] — 6 MARS.

Cop.[1] — B. R. Fonds Leydet, Mém. mss. sur Geoffroy de Vivans, p. 71.

[A MONS[r] DE VIVANS.]

Monsr de Vivans, Pour ce que je suis incertain du lieu où est l'armée et de quel costé elle peut avoir tourné teste, je vous ay voulu faire ce mot pour vous prier que demain vous montiez à cheval pour en apprendre des nouvelles, et prendre langue, prenant vostre chemin vers Montflanquin et à Gavaudun[2]. Je vous commets fort volontiers ceste charge, pour l'asseurance que j'ay en vous; sçachant bien aussy que je ne la sçaurois donner à personne qui s'en aquicte mieulx que vous, ni qui m'en fasse sçavoir plus tost des nouvelles, comme je vous en prie, et mesme d'apprendre des desseins des ennemys; le tout avec la plus grande diligence qu'il vous sera possible, afin d'estre

[1] « Febvrier 1586. Sur la reddition de Tulle. » (Note ajoutée sur l'original, et d'une écriture contemporaine.)

[1] « De la propre main. » (Leydet.)
[2] Monflanquin et Gavaudun, deux petites villes voisines, en Agénois, aujourd'hui du département de Lot-et-Garonne.

aussy tost de retour. Je ne vous en diray davantage, sinon [pour] vous asseurer que vous ne verrez jamais personne qui vous aime et affectionne plus que

Vostre bien affectionné maistre et parfaict amy,

HENRY.

A Nerac, ce vj^e mars.

[1586. — VERS LE 10 MARS.]

Orig. autographe. — B. R. Fonds Béthune, Ms. 8921, fol. 14 recto.

A MON FRERE, MONSIEUR LE PRINCE.

Mon Frere, Je suis resolu de partir d'icy[1] dedans trois ou quatre jours, pour m'en aller à Bergerac et Saincte Foy[2]; et serois desjà party, si je n'eusse atendu mon cousin, mons^r le comte de Soissons[3], lequel n'est encores de retour de Bearn. Et par ce que aucuns disent que vous ne faites pas estat de vous trouver à l'assemblée que j'ay convoquée à Saincte Foy, j'ay avisé de depescher Feret exprés devers vous, pour vous representer l'utilité et necessité de la dicte assemblée, pour y prendre une commune resolution de tout ce qui se peult et doibt faire pour le bien des Eglises et du juste party, et pour vous prier bien et affectueusement de vous y vouloir preparer et disposer. Je crois que la dicte assemblée apportera beaucoup de bien et de fruict, tant pour le regard de ce qui se traite dehors le Royaume, que pour donner ordre et pourvoir à beaucoup d'affaires au dedans d'iceluy. Le dict Feret vous fera entendre l'escar-

---

[1] De Pau.

[2] Il arriva à Sainte-Foy le 16, et y resta tout le reste du mois et une partie d'avril.

[3] Charles de Bourbon, comte de Soissons et de Dreux, seigneur de Château-Chinon, etc. fils de Henri de Bourbon, prince de Condé, et de Françoise d'Orléans, duchesse de Longueville, sa seconde femme, né le 3 novembre 1566, était cousin germain du roi de Navarre, et frère du prince de Condé, à qui cette lettre est adressée. Il fut grand maître de France, gouverneur de Dauphiné et de Normandie, brigua longtemps en vain la main de madame Catherine de Navarre, sa cousine, dont il était aimé, se mêla à la plupart des intrigues du règne de Henri IV et du commencement de celui de Louis XIII, et mourut le 1er novembre 1612.

mouche qui a esté attaquée devant ceste ville par toute l'armée de monsʳ le mareschal de Matignon et du grand prieur de Toulouse [a], et la separation de leurs forces, faicte un jour ou deux après, et s'estans contentés de s'estre montrés à mille pas de la ville. Il me reste à vous prier, mon Frere, d'aimer tousjours

Vostre tres affectionné frere, à vous obeissant,

HENRY.

[1586. — 11 MARS [1].]

Imprimé. — *Vie militaire et privée de Henri IV, etc.* Paris, an XII, in-8°, p. 49.

A MONSʳ DE BATZ,

GOUVERNEUR DE LA VILLE D'EUSE EN ARMAGNAC.

Monsʳ de Batz, Ils m'ont entouré comme la beste, et croyent qu'on me prend aux filets. Moy, je leur veulx passer à travers, ou dessus le

---

[a] Antoine Scipion de Joyeuse, chevalier de Malte, grand-prieur de Toulouse, quatrième fils de Guillaume, vicomte de Joyeuse, maréchal de France, et de Marie de Batarnai, devint duc de Joyeuse après la mort de son frère aîné, tué à Coutras, sans laisser de postérité, et se noya dans le Tarn, le 20 octobre 1592.

---

[1] Gabriel Chapuis, dans son Histoire du royaume de Navarre, indique nettement la date des événements qu'il faut connaître pour comprendre cette lettre et la suivante. Cet auteur contemporain place quelque temps après la levée du siége de Castets un voyage que le roi de Navarre fit en Béarn pour visiter madame sa sœur (probablement au sujet des affaires dont il est question dans la lettre chiffrée du mois de février précédent). Cette lettre-ci, écrite d'Hagetmau, prouve que madame de Gramont était aussi pour quelque chose dans son voyage. Au reste, ce jour-là il ne dut faire à Hagetmau qu'une pause de quelques instants, ayant couché la veille à Pau et le soir à Nogaro. Nous allons donner le détail de la course hardie qu'il fit de là à Nérac et de Nérac à Sainte-Foy. Chapuis rapporte qu'arrivé dans cette ville, il y séjourna trois semaines entières, allant de fois à autre à la chasse, et qu'il se rendit ensuite en Poitou. Or les comptes originaux de la dépense du roi de Navarre tracent son itinéraire de Pau à Sainte-Foy, du 11 au 17 mars 1586, et constatent son séjour à Sainte-Foy, entremêlé de quelques excursions dans les environs, du 17 mars à la fin

ventre. J'ay eleu mes bons; et mon faulcheur en est. Grand damné,

d'avril, temps double de celui que donne Chapuis, où il n'est question que d'un séjour de trois semaines. Du reste, ce séjour est bien suivi du départ pour le Poitou, où le roi de Navarre arrive au milieu de mai. Ce rapprochement des pièces originales et des historiens contemporains fixe ainsi avec précision une action aventureuse jusqu'à la témérité, mais dont un auteur du temps nous fait comprendre le caractère véritable.

« Le Roy de Navarre, dit Cayet, estoit sur le trente-troisiesme an de son aage ; ses ennemis disoient de luy : qu'il n'avoit jamais rien fait de luy-mesmes, qu'il estoit impossible que tant de grands capitaines, qui l'alloient assaillir, ne le ruinassent du tout. Monsieur de Mayenne manda de Guyenne au Roy qu'il ne luy pouvoit eschaper. Au contraire de toutes ses propositions, Dieu mesnagea de telle sorte ce prince, que tout ce qui se fit cette année contre luy, ce fut qu'en ne faisant que se deffendre, quatre grandes armées, conduictes par plusieurs grands chefs de guerre, se ruinerent toutes sans faire choses dignes de grande memoire. » (*Chronologie novenaire*, fol. 24 recto, édition de 1608.)

C'est aux *OEconomies royales* que nous emprunterons le récit du coup d'éclat par lequel le roi de Navarre brava de la manière la plus sensible le duc de Mayenne. Les secrétaires de Sully, après avoir rapporté un discours adressé au roi de Navarre par leur maître, ajoutent : « Sur ce discours le Roy vous dit : « Je suis bien aise de « vous avoir entendu ; il y a du temps pour « se resoudre à tout cela, et monsieur du « Mayne n'est pas si mauvais garçon ni si « dispost, qu'il m'empesche de me pourmener par la Guyenne. » Tellement que dés le lendemain il resolut de faire un voyage en Bearn, tant pour donner ordre à quelques affaires, que de temps en temps il avoit remises à sa venue dans ce pays-là, que pour visiter madame Catherine, sa sœur, où il ne sejourna que huict jours.

« A son retour à Nerac, il eut plusieurs advis que les armées de monsieur du Mayne et de monsieur le mareschal de Matignon s'estans joinctes, ils avoient fait border toute la riviere de Garonne à leurs gens de guerre et mis des gardes aux principaux passages d'icelle, pour essayer de l'attraper en repassant, le bruit ayant desjà couru qu'il vouloit aller à Bergerac pour s'acheminer de là vers le Poictou et la Rochelle, afin de s'approcher de la mer et de la riviere de Loire, et user de l'un et de l'autre, selon que ses affaires et le progrez de son armée estrangere le pourroient requerir. Auquel lieu de Nerac ayant sejourné deux jours seulement, il en partit au matin, à l'aube du jour (ayant auparavant publié qu'il vouloit aller à Leytoure), n'ayant pour toutes gens de guerre qu'environ cent hommes armez et autant d'harquebusiers à cheval de ses deux gardes, et prit le chemin de Barbaste, comme s'il eust voulu aller à Castels Jaloux, puis tournant vers Damasan, il y sejourna environ une heure pour donner de l'avoyne aux chevaux et boire chacun un coup ; et, voulant partir de là, il choisit vingt d'entre vous autres, messieurs, des mieux montez et armez, qu'il tenoit des plus resolus aux perils, et autant de soldats de ses gardes, sans bagage, et fort peu de valets ; et baillant la conduite du surplus à monsieur de Lons, son premier escuyer, et au sieur de la Roque, il prit son chemin tout ainsi

je te veulx bien garder le secret de ton cotillon d'Auch à ma cosine[2]; mais que mon faulcheur[3] ne me faille en si bonne partie, et ne s'aille amuser à la paille, quand je l'attends sur le pré.

Escript à Hagetmau, ce matin à dix heures.

HENRY.

que s'il eust voulu tirer derechef vers Castel-Jaloux, marchant à travers des lieges et des brandes, desquels l'exercice de la chasse luy avoit enseigné tous les sentiers, tours et destours. Puis, comme il eut fait une bonne demie lieuë, il tourna tout court à main gauche [ainsi dans les *OEconomies royales*. Mais, d'après la situation des lieux, il faut lire : *à main droite*] et s'en alla gaigner Caumont, où il repust et dormit environ trois heures ; passa la rivière comme le jour se fermoit, et marcha toute la nuict, quasi à travers de tous les quartiers de l'armée ennemie, voire alla passer sur le bord des contr'escarpes de Marmande, en tous lesquels lieux vous entendistes force *qui va là* des sentinelles (car vous estiez l'un des vingt que le Roy avoit choisis), mais il ne sortit rien après vous; puis, prenant le chemin, par la Sauvetat, d'Aimet et Duras, fit si bonne diligence qu'il arriva à deux heures de jour à Saincte-Foy, auquel lieu semblablement se rendirent, sur le soir mesme, tous ceux qui estoient demeurez derriere avec vos bagages, sans qu'il eust esté fait perte d'un seul valet,

ny d'un cheval : de quoy monsieur du Mayne ayant eu advis certain, il fut en extreme colere. » (Ire partie, chapitre xx).

L'ouvrage de M. Musset-Pathay, dont nous avons tiré cette lettre à M. de Batz, fournit sur l'évasion de Nérac des détails encore plus circonstanciés. L'auteur déclare les avoir empruntés de mémoires manuscrits contemporains, que je n'ai pu me procurer. Ces détails sont intéressants, et rien ne me donne le droit d'en suspecter l'exactitude; mais, comme l'ouvrage de M. Musset est rempli ailleurs d'anachronismes, de confusion de personnes, d'assertions hasardées de tout genre, je n'ai pas cru devoir admettre ici l'intermédiaire de sa rédaction, et je n'ajoute rien à ce récit des *OEconomies royales*.

[2] Voyez sur madame de Batz, et sur la considération que lui témoignait le roi de Navarre, la lettre du 13 mai 1580.

[3] Le roi de Navarre paraît avoir donné ce surnom de *Faucheur* à M. de Batz, depuis le jour où ce seigneur fit des prodiges de valeur à ses côtés dans la prise de la ville d'Eause. Voyez la lettre de 1576, vers la fin de l'année, note 2.

[1586. — 12 MARS.]

Orig. autographe. — Arch. de M. le baron de Batz. Copie transmise par M. le préfet des Landes.

Imprimé. — *Vie militaire et privée de Henri IV, etc.* Paris, an XII, in-8°, p. 50[1].

A MONS^r DE BATZ.

Mon faucheur, Mets des aisles à ta meilleure beste; j'ay dict à Montespan de crever la sienne. Pourquoy? tu le sçauras de moy à Nerac; hastes, cours, viens, vole; c'est l'ordre de ton maistre, et la priere de ton amy[2].

HENRY.

[1] M. Musset-Pathay, auteur de cet ouvrage anonyme, a un peu paraphrasé ce billet, si remarquable de concision et de mouvement.

[2] Le roi de Navarre avait peut-être adressé sa lettre précédente à Eause, dont M. de Batz était gouverneur, et ne le trouvant pas dans cette ville, il lui envoie M. de Montespan pour le mander à Nérac, où devait être le point le plus critique de cette audacieuse entreprise.

Il est peu probable que le Montespan dont il est ici question soit Hector de Pardaillan, cité dans la lettre du 21 décembre 1576, car ce seigneur, qui avait alors soixante-cinq ans, n'aurait pas été choisi pour une telle mission. Son fils, alors âgé de vingt-quatre ans, présente, sous le rapport de l'âge, les conditions désirables; mais, suivant le P. Anselme, ce fut seulement à l'abjuration de Henri IV que le parti de ce prince recruta Antoine-Armand de Pardaillan, seigneur de Gondrin, marquis d'Antin et de Montespan. Il jouit, au reste, d'une grande faveur sous Henri IV et sous Louis XIII, fut chevalier des ordres du Roi, conseiller au conseil privé, capitaine de cent hommes d'armes, et de la première compagnie des gardes du corps, gouverneur de Béarn et de Navarre, d'Agénois et de Condomois, lieutenant général au gouvernement de Guienne. Il mourut le 28 mai 1624. Sa terre de Gondrin (où il voulut être enterré) est voisine de Nogaro, par conséquent sur le théâtre même des événements dont il s'agit. Il tenait la terre d'Antin de sa mère, parente de madame de Gramont; son petit-fils épousa la célèbre Françoise-Athénaïs de Rochechouart, mère de plusieurs enfants de Louis XIV, et surintendante de la maison de Marie-Thérèse d'Autriche.

1586. — 15 MARS.

Orig. autographe. — Arch. de famille de M. le vicomte de Panat, membre de la Chambre des Députés.

A MONS^R DE LESTELLE.

Monsr de Lestelle, Je vous ay faict antendre de mes nouvelles par un messager de Bragerac. Je vous prie, suivant cela, garder Tonens[1] autant que vous pourés; vostre retraite poura tousjours estre à Clerac. Vous arés bien tost de mes nouvelles. Avertissez moy à toutes occasions. J'espere, avec l'ayde de Dieu, que je me garderay bien du pistolet de celuy qui a dessein sur ma personne; je le verray venir, suivant vostre avis. A Dieu, crapaut, c'est

Vostre affectionné maistre et asseuré amy,

HENRY.

[2] Monsieur, Le Roy mon maistre est allé à cheval vers Castelgeloux[3] pour veoir aucuns de ses serviteurs. Vous sçaurez de ses nouvelles dedans demain. Je vous suis tres affectionné serviteur.

Du Pin.

Nerac, le xve mars 1586.

Monsieur de Pujols a racoustré ce qui estoit entre monsieur de Montmorency et monsieur de Chaselle.

---

[1] Tonneins en Agénois, département de Lot-et-Garonne.

[2] Ce post-scriptum est du secrétaire du Pin, qui signe ordinairement LALLIER ou L'ALLIER, mais qui, à la suite de ce court billet, a mis ici le nom de fief sous lequel il était connu. D'autres fois lui-même écrit ce nom en un seul mot, DUPIN, ou bien il ne signe que de l'initiale D.

[3] Voyez la lettre du 11 mars 1586, note 1.

[1586. — VERS LA MI-MARS.]

Cop. — B. R. Fonds Leydet, Mém. mss. sur Geoffroy de Vivans, p. 75.

[A MONS^R DE VIVANS.]

Monsr de Vivans, C'est sans doubte à la Garonne qu'on s'en venoit, comme j'ay veu par les lettres du mareschal qui ont esté prinses icy, par lesquelles il donne le rendez-vous à la gendarmerie de ce pays à Langon, qui me fait vous escrire la presente, pour vous prier d'advancer fort voz fortifications. J'ay escript à mon cousin mons^r de Turenne, pour vous bailler des gens pour Saincte Baseille et Caumont. Voilà tout ce que je puis vous mander, hormis que Kangue doibt arriver anuy de Languedoc et Dauphiné, qui m'apportera force nouvelles; de quoy je vous advertiray. A Dieu, Monsr de Vivans, etc.

[HENRY.]

[1586.] — 18 MARS.

Cop. — B. R. Fonds Leydet, Mém. mss. sur Geoffroy de Vivans, p. 78.

[A MONS^R DE VIVANS.]

Monsr de Vivans, J'envoye, demain dix-neufiesme, deux compagnies dans Ste Baseilles. Je vous prie vous y trouver pour les y [recepvoir[1]], et si l'ennemy y tourne, asseurez-vous que j'y mettray plus de six cens hommes; et pour ce, resolvez-vous de vous y jeter, comme vous m'avez promis[2]. Si vous pensez le faire, je vous enverray douze ou quinze gentilshommes des miens, qui ont envie d'estre à un siege avecques vous. Les ennemis ont tous passé entre Villeneufve et Agen.

[1] Ce mot manque dans la copie de l'abbé Leydet, prise, ainsi que la plupart des suivantes, sur original autographe.

[2] Ce ne fut point M. de Vivans, mais M. des Pueilles, à qui fut définitivement confié ce commandement. M. de Vivans resta à Caumont, place voisine, comme on le voit dans la lettre suivante. Sur les circonstances de la capitulation de Sainte-Bazeille, voyez la lettre de 1586, vers le 20 avril, ainsi que les paroles du roi de Navarre, citées dans la note.

Si Nerac ou Lerac[3] ont besoin de gens, accordez-vous tous pour aller au secours. Avec l'ayde de Dieu et la diligence, nous ruinerons noz ennemis. C'est pitié que de voir leurs troupes. De moy, mon opinion est qu'ils ne passent de là que pour se rafraichir. Cependant il fault employer le temps. A Dieu, je vous prie me mander souvent de vos nouvelles, et estre diligent à secourir nos places.

Vostre affectionné..........

[HENRY.]

De Saincte Foy, ce xviij^e mars.

[1586. — VERS LE 20 MARS.]

Cop. — B. R. Fonds Leydet, Mém. mss. sur Geoffroy de Vivans, p. 82.

[A MONS^R DE VIVANS.]

Monsr de Vivans, Parce que vous m'avez mandé que vous ne pouviez vous mettre dedans Ste Bazeilles, parce que vous estiez obligé de garder Caumont[1] qui est à la verité de grande importance, j'ay pensé d'y donner ordre et la pourvoir de gens et munitions, afin qu'elle ne vienne en la puissance de noz ennemis; et parce que, ne trouvant icy des compaignies assemblées, il a fallu m'ayder du régiment de Coroneau qui estoit à Montpaon[2], je luy ay commandé de se mettre dedans Saincte Baseille. Mais d'aultant qu'il y a telle division entre Bajorans et luy, qu'il a demandé de servir partout ailleurs sinon là, à cause du dict Bajorans, j'ay resolu, attendu la necessité, et que noz ennemys sont si prés, de nous vider ce different en y envoyant le s^r des Puilles pour y commander generalement; mais je ne l'ay faict que pour la necessité, et jusqu'à ce qu'aultrement j'en aye ordonné,

---

[3] Layrac en Lomagne, département de Tarn-et-Garonne.

---

[1] Caumont-sur-Gironde, en Bazadois, (département de Lot-et-Garonne), place appartenant à mademoiselle de Caumont.

[2] Dans le canton de Sainte-Affrique, département de l'Aveyron (Rouergue).

et tant qu'il me plaira, ne voulant en rien diminuer du pouvoir que vous avez de moy, mais plustost l'augmenter. Si mons^r de Turenne ne vous accommode de ce qu'il vous fault, je vous prie le me mander, afin que je vous envoye tout ce que je pourray; parce que j'ay plus de besoing de Caumont que de mes propres places, et de celles d'aultruy que des miennes. Faites au reste trez certain estat de, etc.....

HENRY.

[1586. — VERS LE 25 MARS.]

Cop. — B. R. Fonds Leydet, Mém. mss. sur Geoffroy de Vivans, p. 83.

[A MONS^r DE VIVANS.]

Monsr de Vivans, Je crois que vous n'estes pas en la mesme opinion que vous estiez quand je vous vis dernierement que vous pensiez estre assiegé. Vous ne sauriez croire combien on tue tous les jours de gens de l'armée de mons^r du Maine. Deux regiments ont voulu prendre le fort de Monbalin[1], ils ne l'ont faict, et y est demeuré des assiegeans soixante soldats et trois capitaines. Boidomain estant de retour de Montflanquin s'est logé dedans la Sauvetat[2]; il a prins quelques gendarmes de mons^r de Lauzun, tué sept ou huict soldats, et pris aultant. A Cleyrac ils ont mis en piece douze ou quinze corps de garde. Le dict Boidomain a les Reistres logez à Miremont[3], il les y veult aller voir; et encores que deux regimens soient demeurez pour entrer en sa maison, il entreprend de la garder. Il n'y a poinct de gens d'assault; ils meurent encores dans leur armée. Tout ce que vous en dis est certain; j'avois tous les jours des advis icy. A Dieu, Monsr de Vivans; c'est vostre...

HENRY.

[1] C'est aujourd'hui une petite commune du département de Lot-et-Garonne.
[2] La Sauvetat-sur-Drôt est du même département.
[3] En Périgord, près du Bug, département de la Dordoghe.

J'ay pris un messager que mons^r de Mayenne envoyoit à madame de Mayenne. J'ay sceu par les lettres qu'il portoit, que une matinée on avoit [en]terré dix-huict des officiers de la maison de mons^r de Mayenne.

1586. — 27 MARS.

Orig. — Arch. de M. le baron de Scorbiac, à Montauban. Envoi de M. Gustave de Clausade, correspondant du ministère de l'Instruction publique à Rabastens.

A MONS^r DE SCORBIAC,
CONSEILLER EN LA COURT DE PARLEMENT DE THOLOZE.

Monsr de Scorbiac, J'ay esté bien ayse d'avoir entendu par la lettre que vous m'avez escripte, l'advancement que vous avez donné au recouvrement des deniers que les consuls de Villemur doivent. Je vous prye bien fort d'y mettre une fin, et les prendre entre vos mains et en vostre garde, pour en faire cy-après ce que je vous ordonneray; c'est chose que je desire et qui me sera fort agreable. Vous entendrez de mes nouvelles par Mr du Plessis : ce qui me gardera de vous faire plus longue lettre, si ce n'est pour vous prier de faire certain estat de ma bonne volonté, et le Createur vous tenir, Monsr de Scorbiac, en sa saincte garde. De Saincte Foy, ce xxvij^e mars 1586.

Vostre meilleur et plus affectionné amy,
HENRY.

[1586.] — 2 AVRIL.

Cop. — B. R. Fonds Leydet, Mém. mss. sur Geoffroy de Vivans, p. 76.

[A MONS^r DE VIVANS.]

Monsr de Vivans, Je vous ay escript depuis peu de jours trois ou quatre fois; je suis en doubte si vous avez receu mes lettres. Je vous avertissois (comme je fais encores par ceste-cy) que le s^r de Vergy Saillant estoit venu icy et s'en alloit trouver madame de Caumont de la part du Roy, et luy faire entendre comme il avoit donné sa fille au second fils de mons^r de la Vauguyon. J'ay icy des nouvelles de la Court, et ne vient aulcun rafraichissement à ses armées qui se desfont et se diminuent tous les jours. Quant à Caumont, je m'asseure qu'ils n'oseroient l'avoir regardé pour l'attaquer. J'ay si bien pourveu à Saincte Baseille, qu'ils s'y morfondront pour le moings. S'ils en viennent à bout, ils ne seront plus en estat d'aller à Caumont. Quand vous aurez besoing de gens, je donneray ordre de vous les faire tenir. Il sera besoing seulement de m'advertir de lieu plus propre pour leur passage. Monsr de Castelnau me vient d'escrire qu'il est tout prest d'aller à Casteljeloux avec ses forces. Asseurez-vous, Monsr de Vivans, que je ne vous laisseray en peine. J'ay commandé à Viçose de vous voir, et mons^r de Favas, de ma part. Je tiens vingt gentilhommes prests, et deux cents arquebusiers tout prests; lorsqu'il en sera besoing, faites-moy savoir le chemin que vous estes d'advis qu'ils prennent................

De Saincte Foy, le ij^e d'avril.

[HENRY.]

[1586.] — 8 AVRIL.

Cop. — B. R. Fonds Leydet, Mém. mss. sur Geoffroy de Vivans, page 77.

[A MONS^R DE VIVANS.]

Monsr de Vivans, Vous aurés entendu de mes nouvelles par Frontenac[1]. J'ay mandé à mons^r de Turenne de vous envoyer Fouqueres et sa compagnie. Je vous ay envoyé Boesse et Panissand, qui sont en chemin avec la pouldre. Je mande à mons^r de Turenne de vous en bailler encores autant. Donnés ordre pour recevoir celle que je vous envoye et lesdits cappitaines. Je tiendray d'aultres hommes prests.

---

[1] Ce fidèle écuyer du roi de Navarre, l'un des serviteurs les plus dévoués à sa personne, se nommait Antoine de Buade, seigneur de Frontenac, de Pontchartrain et de Palluau. Il conserva, pendant les premières années du règne d'Henri IV, sa charge d'écuyer ordinaire, et devint, en 1607, premier maître d'hôtel du Roi.

pour les vous envoyer, quand il sera besoin, et n'espargneray chose quelconque, qui soit à mon pouvoir, pour vostre conservation et de votre place..... A Dieu, Mons︁ʳ de Vivans, c'est

Vostre bien [bon maistre et plus asseuré amy,]
HENRY.

De Bergerac, ce viij︁ᵉ avril.

[1586. — VERS LE 8 AVRIL.]

Cop. — B. R. Fonds Loydet, Mém. mss. sur Geoffroy de Vivans, p. 79.

[A MONS︁ᴿ DE VIVANS.]

Mons︁ʳ de Vivans, Vous aurés entendu de mes nouvelles par la Fautriere. Vous en saurez davantage par celuy qu'il vous aura dict voir le lendemain. Faites fort travailler, et ostez-vous de l'opinion qu'on vous veuille attaquer premier que Saincte Baseil. Vous avés entendu l'ordre que nous avons donné, nous y pourvoirons encores mieulx lorsque je vous verray : c'est

Vostre affectionné maistre et asseuré amy,
HENRY.

[1586. — VERS LA MI-AVRIL.]

Cop. — Biblioth. de Tours, ancien manuscrit des Carmes, coté M, n° 50, *Lettres historiques,* p. 255. Communiqué par M. le préfet.

A MADAME DE LAVAL[1].

Ma Cousine, Si je n'avois autant de regret en la perte qu'avons faicte de feu mon cousin vostre mary, que pas un de ses amys, il me semble que j'aurois plus de subject de vous en donner la consolation

---

[1] Anne d'Alègre, fille aînée de Christoph, marquis d'Alègre et de Saint-Just, et d'Antoinette du Prat-Nantouillet, avait épousé, en 1583, Guy Paul de Coligny, comte de Laval (ou la Val), fils aîné du célèbre d'Andelot, frère de l'amiral de Coligny. Le comte de Laval fut, à l'exemple de son père et de son oncle, un des plus fermes soutiens du parti protestant, et fut blessé mortellement à Taillebourg dans le combat livré par le prince de Condé au régiment de Tiercelin, le 7 avril 1586. Un

qui vous est necessaire ; mais le mal nous est si commun à tous, l'amitié que nous luy portions telle, et le besoin qu'il nous faict si cogneu, que chascun jour nostre regret augmente, nous resouvenant de sa valeur, et du zele singulier qu'il portoit à la gloire de Dieu, oultre l'amitié et grande affection qu'il m'avoit demonstrée. Ceste perte, estant accompagnée de tout le reste de la maison, nous faict croire que le monde n'estoit pas digne de si gens de bien, et que Dieu nous veult bien affliger ; mais aussi n'en à-il pas voulu oster la memoire puisqu'il vous en a laissé le gaige qui vous reste en vostre fils, lequel je suis trez aise qu'ayez retiré à Sedan, pour estre en plus grande seureté de sa personne, et pour le faire nourrir comme vous le desirez et nous le desirons. Je suis marry qu'il n'a plus d'aage, pour voir plus tost le fruict que les gens de bien se promettent de luy. Je vous prie de croire que je luy serviray de frere, et qu'il trouvera tousjours en moy le mesme soing et la mesme affection. Je veulx aussi que vous fassiez estat de moy, et de tous les moyens que j'auray jamais de tesmoigner par effect que mon amitié n'est point morte avec le corps, mais qu'elle continuera à l'endroit de tout ce qui le peut representer, comme s'il estoit vivant. Je sçais, ma Cousine, qu'avez beaucoup perdu, et nous aussy ; pour le moings ses amys vous restent : entre lesquels tenez-moi tousjours pour

Vostre plus affectionné cousin et meilleur amy,

HENRY.

de ses deux frères y périt aussi, et l'autre mourut à peu de jours des deux premiers. Le comte de Laval laissa un fils, Guy de Coligny, qui, d'après la volonté de son père, fut élevé à Sedan. Il mourut, sans avoir été marié, en 1605.

1586. — 17 AVRIL.

Cop. — B. R. Fonds Béthune, Ms. 9101, fol. 102 recto.
Cop. — B. R. Suppl. fr. Ms. 1009-3.

A MONS^R DE CHAMLEMIS[1],
GOUVERNEUR DU NIVERNOIS.

Monsr de Chamlemis, J'ay esté adverty que, dans vostre gouvernement de Nivernois, vous vous estes comporté avec telle moderation et doulceur envers les subjects du Roy mon seigneur, d'une et d'aultre religion, que je vous ay bien voulu escrire ce mot pour vous tesmoigner le contentement que j'en reçois, notamment de ce que vous estes employé à la conservation de la maison, et de ce qui appartient au s^r des Landes, qui est mon serviteur et l'un de mes chambellans. Je vous prie vouloir continuer, vous asseurant que Sa Majesté aura quelque jour tels comportemens plus agreables et les recognoistra. De moy, quand l'occasion se presentera de vous faire paroistre les effects de ma bonne volonté, asseurés-vous, Monsr de Chamlemis, que vous en ressentirés le tesmoignage que sçauriés desirer. Et ce pendant je veulx que ledict s^r des Landes me ramentoive ce que je pourray pour vous, que je prie Dieu tenir et conserver en sa garde. De Bergerac, ce xvij^e jour d'avril 1586.

Vostre bien afectionné fils et asseuré amy,
HENRY.

[1586. — VERS LE 20 AVRIL.]

Cop. — B. R. Fonds Leydet, Mém. mss. sur Geoffroy de Vivans, p. 83.

[A MONS^R DE VIVANS.]

Monsr de Vivans, Je ne vous diray aultre chose, sinon que j'ay trouvé fort estrange qu'on soit entré en negotiations et traicté avec

---

[1] François de la Rivière, seigneur de Chanlemy, fut gentilhomme de la chambre des rois Henri III et Henri IV, lieutenant général pour le Roi en Nivernais, chevalier de ses ordres, capitaine de cinquante hommes d'armes de ses ordonnances.

les ennemys, sans m'en advertir et sans necessité, laquelle debvoit estre proposée par les assiegez, et non pas que nous en fissions nous-mesmes les ouvertures. Cela fait cognoistre à nos ennemis, qui ne sont pas si bien comme aulcuns pensent, que nous n'avons pas le cœur qu'ils craignoient. Je vous enverray les hommes que vous m'avés demandés; faites-moy seulement savoir le chemin que vous estimez le plus propre pour eux, pour le passage. Vous les aurés quand vous me les manderés. Quant à l'aultre poinct, je ne le puis encores; mais j'y feray ce que je pourray. Mandez-moy, je vous prye, de vos nouvelles, et faictes tousjours estat de moy, qui n'ay en moindre recommandation Caumont, et ce qui touche madame de Caumont, que si c'estoit mon propre bien. C'est

Vostre. . . . . . .

HENRY.

Je vouldrois, Monsr de Vivans, que vous sçachiez, et avec quel mespris de nous, et de quelle façon nos ennemys parlent de ce traicté[1].

---

[1] En rapprochant toute cette lettre des principaux succès de la campagne du duc de Mayenne, énumérés, tant dans la relation publiée par ordre de ce prince, que dans la réponse qu'y fit Mornay, dans les mémoires manuscrits sur Geoffroy de Vivans, et dans les Œconomies royales, on reconnaît qu'il s'agit ici de la capitulation de Sainte-Baseille. Le journal de Faurin atteste que le siége commença le 9 d'avril. L'Estoile dit qu'elle fut rendue dans le même mois, mais sans faire mention du jour. « En ce mois, dit-il, la ville de Sainte-Bazile, en Gascongne, que le duc de Maïenne avoit assiegée et battue de dix-huit canons, lui fut rendue par les huguenots, avec composition fort avantageuse pour eux, et peu pour les soldats de la Ligue, qui ne trouvoient nul proufit à la prise de telles places, où ils ne faisoient butin que de quelques rats affamés ou de quelques chauvesouris enfumées. » Toutefois, si la prise de Sainte-Baseille n'était pas un exploit militaire pour le prince lorrain, c'était un véritable échec pour le roi de Navarre. Les mémoires de Vivans parlent des efforts de ce gentilhomme, qui envoya vainement au secours de cette ville une partie de la garnison de Caumont, qu'il commandait. Le ton de cette lettre-ci s'accorde aussi parfaitement avec ce que raconte Sully du mécontentement que ressentit le roi de Navarre. Vingt gentilshommes de marque, du nombre desquels était Rosny, avaient instamment demandé la permission de se jeter dans Sainte-

1586. — 29 AVRIL.

Orig. — B. R. Fonds des Cinq-cents de Colbert, Ms. 401.

A MONS^r DE SEGUR.

Monsr de Segur, Tout ainsi que je n'ay point eu de vos nouvelles depuis environ trois mois, aussy crois-je qu'il y a deux de mes Baseille pour acquérir de l'honneur avec M. des Pueilles, capitaine brave et expérimenté, qui y commandait. Mais, après les premières attaques, ce gouverneur, jugeant, par les effets désastreux de l'artillerie ennemie, que la place n'était pas tenable, se rendit dans le camp du duc de Mayenne et traita avec lui d'une capitulation fort honorable pour les assiégés. « Laquelle capitulation, dit Sully, fut d'autant plus blasmée, qu'elle se trouva plus advantageuse et plus exactement observée : les roys et les chefs d'armée approuvant davantage que l'on sorte des places le baston blanc en la main, aprés avoir tenté tout hasard et peril, et s'estre defendu jusqu'à l'extremité, que de s'en revenir avec armes et bagages, tambour battant, enseignes deployées, mesches allumées des deux bouts, balles en bouche et pieces roulantes, et ne s'estre point battus. Aussi trouvastes-vous, lorsque vous arrivastes à Bergerac, le Roy de Navarre en merveilleuse colere contre tous vous autres, de sa maison principalement, jusques à n'en vouloir pas voir un seul, croyant que tout se fust passé de leur advis. Mais, quand il eust été informé de la verité, il demeura plus content de vous autres, et tourna tout son courroux contre M. Despueilles, lequel ayant envoyé querir, après qu'il eust fait la reverence, il luy dit : « Et bien ! M. Des « pueilles, qu'avez-vous fait de la place que « je vous avois donné en garde pour le ser- « vice de Dieu et la conservation des Es- « glises ? Car je sçay bien que ces gentils- « hommes que je vous avois baillez pour « acquerir de l'honneur et apprendre le « mestier avec vous n'ont pas esté de vostre « opinion. » A quoy l'autre (tout en furie et mutiné de ce qu'il avoit ouy dire que le Roy l'accusoit de lascheté) luy respondit : « Sire, j'en ai fait ce que Vostre Ma- « jesté en eust peu faire, si, estant à ma « place, elle eust rencontré tous les habi- « tans et la plus grande partie des soldats « entierement bandez contre toute autre « resolution que celle que j'ay prise. » — « Par Dieu, repartit le Roy, plus irrité « qu'auparavant, vous n'aviez que faire de « m'alleguer ainsi mal à propos, et par ma « comparaison penser couvrir vostre faute ; « que je n'eusse jamais commis une telle « lascheté, sçachant trop bien que ceux de « nostre profession sont obligés de prefe- « rer l'honneur à la vie ; et en tout cas je « n'eusse jamais fait ceste bestise que de « laisser entrer mes ennemis en ma place, « avec une entiere liberté de parler à un « chacun, et encore moings me fus-je mis « entre leurs mains pour capituler. Et afin « que par vostre exemple les autres soient

paquets que je vous adressois surprins, ainsi que j'ay entendu; ce que j'ay pour le present à vous dire est pour vous prier, aultant affectueusement que je puis, de vous employer de tout vostre pouvoir à faire advancer nostre secours, et rechercher tous les moyens de l'avoir fort et prompt. Le grand effort de cette armée depuis cinq ou six mois est tombé sur deux maisons assez mauvaises que vous cognoissez, Montignac et Saincte Bazile, et sur la maison privée d'un gentilhomme, nommée Castets[1], laquelle est au sr de Fabas. Ils eussent peu les achepter, de gré à gré, pour vingt ou trente fois moings qu'ils n'y ont fait de despence, sans la perte de cinq ou six mille hommes morts de maladie ou de main. Nous avons esté trop longtemps sur la deffensive; j'espere que Dieu favorisera nostre juste cause et nous assistera en une necessaire deffence. J'ay remis mon entiere confiance en sa bonté, et la principale, quant aux hommes, à monsieur mon cousin, le duc Casimir. Vous le pouvez asseurer de mon inviolable amitié et d'une perpetuelle correspondance avec luy pour le bien de la chrestienté. Faictes aussy tousjours estat certain de ma bonne volonté. Sur ce, je prieray Dieu vous tenir, Monsr de Segur, en sa saincte et digne garde.

A Bergerac, ce xxixe d'avril 1586.

Vostre tres affectionné et plus parfaict amy,

HENRY.

[2] Monsr de Segur, j'ay sceu que vous avez esté en Saxe, où vous avez esté bien venu. Parachevez l'œuvre que vous avez commencée; hastez, hastez, hastez; passez par dessus tous empeschemens : le retardement

« enseignés à user de plus de generosité « et de prudence, suivez cet exempt des « gardes, qui vous menera où vous meri- « tez. » Et en ceste sorte, sans luy donner loisir de repliquer, il fut mené en prison. » (*OEconomies royales*, Ire partie, chap. xx.)

---

[1] Castets fut pris par Mayenne le 9 avril.

[2] De la main du roi.

nous ruine. Vous sçavez combien je vous ay tousjours aimé, et confié de vous, je ne vous diray aultre chose, si non qu'il fault si bien faire à ce coup, qu'on n'y retourne plus.

[1586.] — 4 MAI.

Orig. autographe. — Collection de M. F. Feuillet de Conches.

A MONS^{R.} DE S^T GENIÉS.

Monsr de St Geniés, J'ay veu une lettre que vous avés escripte au Pin, par laquelle vous pensés avoir occasion de vous douloir de moy, ce que vous ne pourriés faire qu'à tort, vous aimant et vous estimant comme un des plus fideles et utiles serviteurs que j'aye. Je n'ay eu nulles lettres de vous depuis six semaines, que deux auxquelles j'ay commandé les responses, et cuidois que vous les eussiés eues. J'ay la teste tellement rompue d'affaires que, comme j'ay commandé une despeche, je pense qu'elle soit faicte. Il y a eu de la malice au faict des memoires que dictes m'avoir envoyés, car je ne les ay poinct veus. Je le vous jure avec verité; et nostre grande amye[1] vous respondra pour moy que je ne suis poinct menteur. Toutes les fois qu'il est rien survenu icy de nouveau, j'ay commandé au Pin de le vous escrire en mon nom; la plus part du temps ne me trouvant à commodité pour signer, il les vous envoye au sien. Vous avés pris la mouche en homme de la race de Gontault. Cest homme qui vint à Pau, de Soulle, s'en alla, n'ayant eu aultre response que celle que nous advisasmes ensemble. Faites tout ce que vous voirés estre de mon service; je remects tout à vous sans restrinction. Vous mandés au Pin et à vostre fils, que vous envoyés des nouvelles d'Espagne. Ils sont allées[2] avec les memoires : ou les laquais les jettent, ou vous oubliés de les envoyer. Quant au voyage duquel vous parlés, si vous eussiés esté icy, il y a

---

[1] Madame de Gramont.

[2] Nous conservons cette singulière orthographe, qui répond à l'une des habitudes du langage du temps. On laissait quelquefois le pronom pluriel au masculin avec un adjectif ou un participe au féminin.

quinze jours que vous me l'eussiés conseillé. Quant au prisonnier, sa negotiation ne nous peut nuire, et sa prise a desjà de beaucoup servy. N'accomparés plus les actions de feu Monsieur aux miennes; si jamais je me fiay en Dieu, je le fais à ceste heure; si jamais j'eus les yeulx ouverts pour ma conservation, je les y ay. Devant que la fin de juing passe, vous dirés que ma teste est la meilleure de mon conseil. Vivés content, si cela vous a porté contentement, de penser que vostre maistre vous aime autant qu'il aima jamais serviteur. L'on m'a faict d'estranges traverses; je dis les nostres. Par patience et cheminer droict, je vaincs les enfans de ce siecle. Hier encore fut tué neuf Restres, pris neuf chevaulx; on doibt commencer anuict la batterie de Montsegur; ils se defendent aussy bien que les aultres l'ont faict mal. Je remets au Pin à vous mander des nouvelles.

A Dieu, Monsr de Sainct Geniés, croyés que je ne seray jamais que

Vostre trez affectionné maistre et parfaict amy,

HENRY.

A Bergerac, ce ive may.

1586. — 7 MAI.

Orig. — Arch. de M. le baron de Scorbiac, à Montauban. Envoi de M. Gustave de Clausade, correspondant du ministère de l'Instruction publique.

A MONS^R DE SCORBIAC,

CONSEILLER DU ROY EN SA COURT DE PARLEMENT DE THOLOZE ET CHAMBRE DE JUSTICE.

Monsr de Scorbiac, J'ay receu la lettre que m'avez escripte; par laquelle et par vostre memoire, j'ay entendu le differend intervenu entre le gouvernement de Sainct Anthonin[1] et les consuls et habitans du dict lieu : à quoy il est besoing de pourveoir. C'est pourquoy je leur escris presentement et particulierement, affin de les ramener à leur devoir et à une reconciliation, comme aussy aux s^{rs} de Terrides, du Plessis et à vous, pour vous y employer, et arrester le cours de ce mal en la dicte ville, qui ne peut sinon attirer aprés soy beaucoup d'inconve-

[1] En Rouergue. (Département de Tarn-et-Garonne.)

nient. De vostre part, je vous prie d'y apporter ce qui sera en vous. J'avois par cy-devant envoyé l'expedition pour le restablissement de la chambre my-partie en Languedoc, et les provisions pour les offices d'icelle, et afin que s'il advenoit qu'elle fust esgarée ou surprinse par les chemins, le dict restablissement ne fust à ceste occasion retardé, j'ay faict expedier celle que le porteur m'avoit apportée, pour suppléer à un tel deffault s'il arrivoit; laquelle il fauldra retenir si la premiere a esté envoyée. Quant aux provisions des procureurs, on m'avoit faict entendre que c'estoit à la dicte chambre à y pourveoir, comme il est accoustumé de faire aux parlemens. Je vous prie me mander comme le faict de la dame de Marueil et des consuls de Villemur se passe, et de vous employer d'affection à l'advancement d'iceluy, et au reste, vous asseurer de plus en plus de ma bonne volonté; comme aussy je prie le Createur vous tenir, Monsr de Scorbiac, en sa saincte et digne garde. A Bergerac, le vij^e may 1586.

Vostre meilleur et plus affectionné amy,

HENRY.

Je renvoye la commission pour les fermes des biens ecclesiastiques, expediée, pour la faire sceller et proceder aux baux à ferme des dicts biens, suivant les instructions et articles y attachez, auxquelles vous pourrez adjouster d'aultres qui y seront propres et convenables.

[1586. — VERS LA MI-MAI.]

Orig. autographe. — B. R. Fonds des Cinq-cents de Colbert, Ms. 402.

A MONS^R DE SEGUR.

Monsr de Segur, J'attends des nouvelles de vous de jour à autre. J'ay trois armées en mon gouvernement: celles de mess^{rs} de Mayenne, de Matignon et de Biron.[1] Ils n'ont pas beaucoup gaigné sur nous;

---

[1] Le maréchal de Matignon avait, comme nous l'avons déjà dit, séparé ses troupes de celles du duc de Mayenne, et le maréchal de Biron était en Saintonge;

jusques icy leurs trophées sont sur Montignac, Castets, Saincte Basylle et Montsegur. Le duc du Mayne assiege aujourd'huy Castillon. Il y aura de l'exercice pour quelque temps. Le mareschal de Byron veut assieger Marans². Je le fais defendre. Mandés-moy de vos nouvelles. J'ay fort grand desir de vous voir. Je vous prye parachever. J'ay ceste confiance en Dieu, qu'il favorisera une si juste cause. A Dieu, Monsr de Segur, assurés-vous que je suis plus que jamais et veux demeurer

Vostre tres affectionné maistre et parfait amy,

HENRY.

Monsieur, Parce que ceste depeche pourra courir risque par les chemins, je ne vous feray que ce mot pour vous asseurer de plus en plus de mon tres fidel service, et vous supplier d'aimer toujours

Vostre tres humble et tres affectionné serviteur,

D³.

[1586.] — 25 [MAI.]

Orig. autographe. — Biblioth. de l'Arsenal, Mss. Histoire, n° 179, t. Ier.
Cop. — B. R. Suppl. fr. Ms. 2289-2, et Ms. 1009-4.
Imprimé. — *Mercure de France*, 1765, janvier, vol. II, p. 48. — *L'Esprit d'Henri IV*. Paris, 1770, in-8°, p. 148. — *Vie militaire et privée d'Henri IV*. Paris, an XII, in-8°, p. 54. — *Lettres d'Henri IV*, publiées par *L. N. P.* 1814, in-12, p. 27. — *Journal militaire d'Henri IV*, par M. le comte DE VALORI. Paris, 1821, in-8°, p. 312.

[A MADAME LA COMTESSE DE GRAMONT.]

La maladie commence tellement à prendre parmy nos troupes, qu'elle nous fera plus tost quicter la campagne que les ennemiz. Je

mais leurs armées étaient dirigées toutes trois contre les protestants, ce qui permet de dire au chef du parti qu'il avait alors trois armées sur les bras.

² Cette ville de l'Aunis est située au milieu de marais salants, près de la Sèvre-Niortaise, dans le département de la Charente-Inférieure.

³ Initiale de la signature du secrétaire Du Pin, de qui est ce post-scriptum.

suis sur le poinct de vous recouvrer un cheval qui va l'entrepas, le plus beau que vous vistes jamais et le meilleur, force panache d'esgrette. Bonyere [1] est allé à Poictiers pour acheter des cordes de luc [2] pour vous. Il sera à ce soir de retour. J'eus hier des nouvelles de la Court; M. de Guise y est encore. Le prince de Parme ayant assiegé une ville, il a esté contrainct par les Anglois de la quicter. Le combat a esté grand. Il est mort deux mille cinq cens hommes : quinze cens Espagnols naturels, d'où il y a vingt et deux capitaines; le reste, des Anglois. Je ne me porte gueres bien, et crains fort de tomber malade. Le mareschal de Biron fait ce qu'il peut pour assembler des forces. Il ne nous fera quicter la campagne, s'il ne luy en vient de France ou Gascogne. Mon cœur, souvenés-vous tousjours de petiot [3]. Certes sa fidelité est un miracle. Il vous souhaite mille fois le jour dans ces allées de Lyranuse; vous pouvés penser s'il ne vous y baille pas Rosambeau pour vous guarder d'ennuyer. Certes, il faudroit que le lieu fust bien sauvage, où vous vous ennuyeriés ensemble. Ceulx que nous cherchions hier s'en sont allez; ils ne sont encore eschapez. A Dieu, mon cœur. Je te baise un million de fois les mains. Aimés-moy plus que vous-mesmes. Ce xxve, de Lusignan.

[1586. — VERS LE 25 MAI.]

Orig. autographe. — Collection de M. F. Feuillet de Conches.

AU ROY, MON SOUVERAIN SEIGNEUR.

Monseigneur,

Suivant le saufconduict qu'il a pleu à Vostre Majesté accorder aux quatre cantons des Suisses, faisant profession de la religion reformée, pour ceulx que je vouldrois deputer pour aller conferer avec les am-

---

[1] Nicolas-Alexandre de Bonnyères devint superintendant de la musique de la chambre du Roi. Il est inscrit, en cette qualité et aux gages de neuf cents livres dans un rôle des officiers de la maison du roi Henri IV.

[2] Ainsi, pour *luth*.

[3] C'était le nom d'amitié que madame de Gramont donnait au roi de Navarre.

bassadeurs qu'ils ont delegués vers Vostre Majesté, j'envoye presentement les s^rs de Rosny et de la Marsiliere¹ pour cest effect vers les dicts ambassadeurs, et pour au reste supplier trez humblement de ma part Vostre Majesté de vouloir accorder aux enfans de feu mon oncle, mons^r de Rohan, desquels je suis tuteur, les rachapts et droicts seigneuriaulx de leurs terres qui vous sont eschus par le decés de leur susdict pere; ce qu'ayant esté de tout temps accoustumé d'accorder et octroyer en tel cas, et à l'endroict de personnes de telle qualité, j'espere que Vostre Majesté ne le vouldra desnier à

Vostre trez humble et trez obeissant subject et serviteur,

HENRY.

---

¹ Le journal de l'Estoile, qui, rédigé au fur et à mesure des événements, doit être préféré, pour les dates de cette époque, aux *OEconomies royales*, écrites dans la vieillesse de Sully, place l'arrivée de M. de la Marsillière à Paris à la fin de mai, c'est-à-dire environ une quinzaine de jours plus tôt que ne le fait ce dernier ouvrage, dont les renseignements sur cette mission sont, du reste, fort précieux. Le roi de Navarre arriva à la Rochelle le 1er juin. Or les secrétaires de Sully disent de cette ambassade de leur maître: « Peu de jours aprés que le roy de Navarre fut arrivé à la Rochelle, il receut des lettres du Roy pour envoyer quelqu'un de ses principaux serviteurs, afin de traicter avec les deputez des quatre cantons protestans des Suisses qui estoient à Paris, et aussi pour entendre de Sa Majesté plusieurs autres choses d'importance pour son service et le bien de l'Estat. A quoy faire le roy de Navarre vous destina aussitost, et avec passe-port envoyé en blanc vous vous acheminastes à la Cour, qui estoit à Sainct Maur, ayant avec vous monsieur de la Marcilliere, qui de là devoit essayer de passer en Allemagne devers Clervan et Quitry; et vous estant adressé à monsieur de Villeroy, il vous tesmoigna que le Roy avoit un grand contentement du choix que le roy de Navarre avoit fait de vostre personne. Vous dinastes chez luy, et le lendemain il vous presenta au Roy. Nous vous avons oüy dire que vous le trouvastes dans son cabinet, l'espée au costé, une cappe sur les espaules, son petit toquet en teste, et un pannier pendu en escharpe au col, comme ces vendeurs de fromages, dans lequel il y avoit deux ou trois petits chiens pas plus gros que le poing. » (*OEconomies royales*, Ire partie, chap. XXI.)

1586. — 26 MAI.

Cop. — Arch. de M. le baron de Scorbiac, à Montauban. Envoi de M. Gustave de Clausade, correspondant du ministère de l'Instruction publique.

A MONS^R DE SCORBIAC,

CONSEILLER DU ROY MON SEIGNEUR, EN SA COURT DE PARLEMENT DE THOLOSE, A MONTAUBAN.

Monsr Scorbiac, Vous aurez receu, comme je pense, les depesches qu'on vous a envoyées pour la chambre de Languedoc. Je vous prie veiller par delà à tout ce qui regarde mon service, et sur tout je vous recommande le faict de Villemur. Je me suis advancé jusques en ce lieu de Lesignan avec une belle troupe de noblesse, tandis que le mareschal de Biron est à Poictiers. S'il arrive des depesches de mon cousin mons^r de Montmorency, on les pourra faire tenir par l'adresse de Bergerac et de Pons. Escrivez-moy au long, à toutes commoditez, et prie Dieu [qu'il] vous ayt en sa garde. De Lesignan, ce xxvj^e may 1586.

Vostre bien bon et asseuré amy,

HENRY.

[1586. — VERS LA FIN DE MAI.] — Ire.

Orig. autographe. — Collection de M. F. Feuillet de Conches.

A MONS^R DE SAINCT GENIÉS.

Monsr de Sainct Geniés, Vous entendrés de ces porteurs quels ils sont et l'occasion de leur voyage en Hespagne; je desire fort les gratifier. Je vous prie, entre aultre chose, leur donner advis et conseil, et conduite et moyen de les faire passer et adresser là où ils veulent aller, et mesme adviser aux moyens de nous faire entendre de leurs nouvelles seurement. Je les vous recommande. J'espere partir dedans quinze jours. J'ay envoyé mons^r de la Trimoylle[1] rassembler

---

[1] Claude, seigneur de la Tremoille, duc de Thouars, pair de France, prince de Tarente et de Talmond, etc., né en 1566, était fils de Louis de la Tremoille et de

les forces qui sont au Bas-Poictou, qui sont de plus de trois mille hommes; et cela faict, je seray prest. Je vous envoye une medaille où est mon pourtraict et ma devise[2] sur le revers. Il suffira qu'elles soient comme une portugaise pour le plus, et aulcunes au dessous. Si l'un des deux qui retournera a en repassant affaire de quelque argent pour venir jusques en ceste ville, je vous prieray de l'en accommoder. A Dieu, Monsr de Sainct Geniés, c'est

Vostre trez affectionné maistre et parfaict amy,

HENRY.

[1586. — VERS LA FIN DE MAI.] — IIme.

Orig. — Arch. des Affaires étrangères. Correspondance politique, Mss. France, n° XIX, fol. 39 recto.

A MONS[R] DE S[T] GENIES.

[1] Monsr de Saint Genies, Je vous prie faire travailler incontinent à faire *faire des medailles et chesnes d'or* pour les souris[2]. Il sera bon d'en avoir jusqu'à trente; mais il faut que les *chesnes soient* plus tost

Jeanne de Montmorency, fille du connétable. Sa sœur venait d'épouser, au mois de mars précédent, le prince de Condé, cousin germain du roi de Navarre, dont il suivit le parti depuis cette alliance. Il combattit à Coutras, à Ivry, aux siéges de Paris et de Rouen, à Fontaine-Française, et mourut le 25 octobre 1604.

[2] Henri IV, dès sa première jeunesse, avait choisi pour devise ces mots grecs: Νικᾶν ἢ ἀποθανεῖν (*vincere aut mori*). Roi de France, il rendit célèbre son *Hercule dompteur de monstres* entouré de ces mots, INVIA VIRTUTI NULLA EST VIA; d'où l'allusion qui donna lieu à la *massue* choisie par son fils, avec les mots: ERIT HÆC QUOQUE COGNITA MONSTRIS. Quant au superbe *soleil* de son petit-fils, NEC PLURIBUS IMPAR, il serait possible que l'idée première en provînt de la devise portée par Marguerite d'Angoulême, reine de Navarre, grand'-mère de Henri IV et trisaïeule de Louis XIV. Cette princesse avait choisi le *tournesol* avec ces mots: NON INFERIORA SECUTUS.

---

[1] Cette lettre est en partie chiffrée. On a imprimé en italique les mots écrits en chiffre.

[2] Ce mot est évidemment un terme convenu, mais dont nous ignorons l'explication.

de *apparence que de poids*. Il seroit bon d'y travailler plus tost que plus tard. Travaillés-y, je vous prie. C'est

Vostre tres affectionné maistre et parfait amy,

HENRY.

³ Les dictes *medailles* peuvent estre de dix ou douze *escus et les chesnes de cent et deux cens escuz*.

Monsieur, je vous baise les mains tres humblement.

[1586.] — 4 JUIN.

Cop. — B. R. Fonds Leydet, Mém. mss. sur Geoffroy de Vivans, p. 78.

A MONS^R DE VIVANS.

Monsr de Vivans, J'ay choisi Bissouse pour voir à l'œil ce qui s'est passé sur la Dordogne et sur la Garonne, et m'en rapporter la verité. Je vous prie le croire, et suivre ce qu'il vous dira de ma part. Je n'espouse poinct les passions de personne. J'ay à me plaindre plus que nul, et ne saurois me contenter qu'on vive de la sorte avec moy. Je suis vostre amy; je vous estime, et sçay assez la preuve que vous avez rendu à ce party.

Vostre plus affectionné et asseuré amy,

HENRY.

Ce 4 juing.

1586. — 11 JUIN.

Orig. — B. R. Fonds des Cinq-cents de Colbert, Ms. 401.

MESS^{RS} DE CLERVANT, DE GUITRY ET DE SEGUR,

CONSEILLERS EN MON CONSEIL D'ESTAT ET SUPERINTENDANT DE MES MAISON, AFFAIRES ET FINANCES.

Messrs, Depuis vous avoir escrit par la voye de la Marsilliere, s'en allant de ma part à Paris pour conferer avec les ambassadeurs des quatre cantons de Suisse faisant profession de la Religion, je suis

---

³ Ce post-scriptum est du secrétaire Du Pin, qui termine en son propre nom.

venu en ceste ville, où estant arrivé j'ay esté trois ou quatre jours sur mer et aux islés, pour parachever la palissade du port de Brouage, afin de rendre le dict port inutile et mal accessible jusques aux mediocres vaisseaux, comme il l'est à present. J'ay faict aussy battre et prendre les forts et chasteaux de contraires partis, estans au gouvernement de ceste ville et aux pays qui despendent de Pons, Sainct Jean d'Angely, Taillebourg et Royan, afin de l'eslargir et rendre libre. Quant à l'armée des ennemis, elle s'en va toute dissipée; depuis sept ou huict jours plus de deux mille hommes de pied se sont retirés par Limoges. Le duc de Mayenne n'a sceu retenir sa compagnie ni le regiment de Sacramor[1]. Ils ont tous tant enduré, si mal payez, et receu si mauvais traictement qu'ils maudissent tous la Ligue et les Ligueurs. Monsegur, qui est une mauvaise place que j'avois resolu, huict jours devant qu'elle ait esté assiegée, de desmanteler, aprés avoir enduré le siege l'espace d'un mois et faict perdre devant, quatre ou cinq cents hommes des ennemis, estant par eux recherchée de composition, s'y estoit condescendue avec une honorable composition; mais leur perfidie a esté telle qu'au sortir ils ont taillé en pieces une grande partie de ces gens de bien qui avoient tant faict de preuves de leur valeur; et tout le reste a esté devalisé et rançonné; ce qui a desplu à beaucoup de leur armée. Je vous prie, Messrs, me mander bien particulierement le temps qu'il fauldra *que nous acheminons en l'armée; le chemin qu'il nous fauldra tenir*[2], car le *Roy de Navarre y veult aller; et s'il fault que ce soit en gros ou avec peu de gens.* Vous souvienne aussi de ce que nous advisasmes de *Lorraine; j'y persiste, s'il n'y a aultre meilleur advis. Nos affaires se portent* bien, graces à Dieu. *Nos cousins les princes de Conty, de Soissons et*

---

[1] Le capitaine Sacremore, dont on verra plus tard la fin tragique, était un bâtard du chancelier de Birague.

[2] Le dernier tiers de la lettre est en grande partie chiffré; mais l'interprétation en a été écrite sur l'original, d'une écriture contemporaine, probablement au moment de la réception de la lettre. C'est, dans ce volume, le seul passage ainsi écrit dont l'interprétation ne soit point due aux calculs de M. de Fréville.

Montpensier se portent bien et veulent bien faire³. Ils *attendent la venue des Reistres à faire ce que nous attendons d'eulx. Mandez-moy, je vous prie,* par toutes voyes et par toutes occurances desormais souvent de voz nouvelles; et faites tousjours estat trez certain de mon amitié et que vous n'avez amy au monde qui ayt plus d'envie de la vouloir faire paroistre que moy, qui prie le Createur vous tenir, Messrs, en sa trez saincte garde. A la Rochelle, ce xj^e juin 1586.

Vostre trez affectionné maistre et parfaict amy,

HENRY.

⁴ Je vous prye me mander de vos nouvelles le plus souvent que vous pourrez et m'aimer tousjours.

1586. — 15 JUIN.

Orig. — Collection de M. Vidal, procureur du Roi à Orthez.

A NOSTRE TRES CHER ET BIEN AMÉ BILLIERE DE LA RUE,
MARCHAND EN NOTRE VILLE D'ORTHÉS.

De par le Roy, seigneur de Bearn.

Cher et bien amé, Le besoin que nous avons, pour les grans affaires qu'il nous convient porter sur les bras, de rechercher les moyens de recouvrer argent, nous faict vous prier de nous vouloir prester deux cents escus au soleil, lesquels vous ferons rendre : ce pendant vous garderés la presente pour vous servir de seureté, vous asseurant que nous recognoistrons tousjours envers vous le plaisir qu'en cela nous ferés, partout où l'occasion se presentera, et que nous ne l'oublierons jamais, estant faict si à propos, et en temps que la necessité de nos affaires nous presse d'employer nos bons subjects. Mais nous vous prions de nous faire le dict prest dedans quatre jours aprés la reception de la presente, et que le portés entre les mains de ceulx de

---

³ Ces princes venaient de se décider à se réunir au chef de leur maison.
⁴ De la main du roi.

nostre conseil estably prés de nostre sœur, qui mectront au pied de nostre dicte lettre la reception du dict argent[1]. Et nous asseurans que vous ne nous manquerés en ce besoing, nous ne vous en dirons davantage, si ce n'est pour prier le Createur vous tenir, Cher et bien amé, en sa saincte et digne garde. A la Rochelle, le xve jour de juin 1586.

HENRY.

LALLIER.

[1586. — VERS LA MI-JUIN.]

Orig. autographe. — Archives de M. le comte d'Houdetot.

A MONS{R} DE HOUDETOT[1].

Monsr de Houdetot, Sçachant par mon cousin le duc de Montpensier, que je doibs à vostre bonne assistance et affection pour mes affaires l'appaisement du different entre les srs de Courtomer et de Predoge, je ne veulx faillir de vous en remercier. Ce m'est un grand service dans ces mauvaises dispositions de la noblesse; et bien que le billet à l'adresse du capitaines Les Faveurs, trouvé dans la maison du dict Predoge, me laisse à penser sur luy, je vous approuve grandement d'avoir agi de telle façon ; ce n'est faulte d'user de confiance avecques les gens d'honneur, quand bien ils seroient esgarez. J'ay plus de place en mon cœur pour la misericorde que pour la haine : je vous sçais gré de l'avoir ainsy comprins. Ne manquez de me faire sçavoir des nouvelles, et asseurez-vous tousjours de la bonne volonté de

Vostre plus affectionné amy,

HENRY.

[1] L'original de la lettre ne porte point cet acquit de réception.

[1] François de Houdetot, seigneur de Herville, de Houdetot, de Veauville, etc. chevalier de l'ordre du Roi, fils aîné de Guillaume de Houdetot et de Suzanne de Rouville.

[1586.] — 17 JUIN.

Orig. autographe. — Biblioth. de l'Arsenal, Mss. Histoire, n° 179, t. Ier.
Cop. — B. R. Suppl. fr. Ms. 2289-2, et Ms. 1009-4.
Imprimé. — *Mercure de France*, 1765, janvier, vol. Ier, p. 55. — *L'Esprit de Henri IV*. Paris, 1770, in-8°, p. 138. — *Vie militaire et privée de Henri IV*. Paris, an XII, in-8°, p. 56. — *Lettres de Henri IV, publiées par N. L. P.* Paris, 1814, in-12, p. 7. — *Journal militaire de Henri IV*, par M. le comte DE VALORI. Paris, 1821, in-8°, p. 282.

[*A MADAME LA COMTESSE DE GRAMONT.*]

Il vient d'arriver un de vos laquais qui a esté prisonnier dix jours au Brouage. L'on luy a retenu vostre lettre et de ma sœur. Toutesfois craignant la façon dont St Luc s'est asseuré que je m'en ressentirois, il me les renvoye par un des siens, qui ne doibt arriver que ce soir. Le vaisseau où estoit venu ce porteur part dans une heure, qui me le faict renvoyer, ayant retenu Esprit, pour des raisons dont vous oyrés bientost parler. J'eus hier des nouvelles d'Allemagne; notre armée sera, le dernier jour de juillet, à l'ancien calcul[1], à la place montre, qui est en France. La charge de cheval de blé, en Champagne et en Bourgongne, vaulx cinquante livres; à Paris, trente. C'est pitié de voir comme le peuple meurt de faim. Si avés besoing d'un cheval de coche, il y en a un dans ma troupe tout comme les vostres, fort beau. J'arrivis arsoir de Maran, où j'étois allé pour pourvoir à la garde d'iceluy. Ha! que je vous y souhaitay! c'est le lieu le plus selon vostre humeur que j'aye jamais veu. Pour ce seul respect, suis-je aprés à l'eschanger[2]. C'est une isle renfermée de marais boscageux, où, de cent en cent pas, il y a des canaulx pour aller chercher le bois par bateau. L'eau claire, peu courante; les canaulx de toutes largeurs; les bateaux de toutes grandeurs. Parmi ces deserts mille jardins où l'on ne va que par bateau. L'isle a deux lieues de tour, ainsin environnée; passe une riviere par le pied du chasteau, au milieu du bourg,

---

[1] Le 21 juillet du calendrier grégorien.
[2] C'est-à-dire : *à l'obtenir par échange.*

qui est aussi logeable que Pau. Peu de maisons qui n'entre de sa porte dans son petit bateau. Ceste riviere s'estend en deux bras, qui portent, non seulement grands bateaux; mais les navires de cinquante tonneaux y viennent. Il n'y a que deux lieuës jusques à la mer. Certes, c'est un canal, non une riviere. Contremont vont les grands bateaux jusques à Niort, où il y a douze lieues; infinis moulins et mestairies insulées; tant de sortes d'oiseaux qui chantent; de toute sorte de ceulx de mer. Je vous en envoye des plumes. De poisson, c'est une monstruosité que la quantité, la grandeur et le prix; une grande carpe, trois sols, et cinq un brochet. C'est un lieu de grand trafic, et tout par bateaux. La terre tres pleine de bleds et tres beaux. L'on y peut estre plaisamment en paix, et seurement en guerre. L'on s'y peut resjouir avec ce que l'on aime; et plaindre une absence. Ha! qu'il y faict bon chanter! Je pars jeudy pour aller à Pons, où je seray plus prés de vous; mais je n'y feray gueres de sejour. Je crois que mes aultres laquais sont morts; il n'en est revenu nul. Mon ame, tenez-moy en vostre bonne grace; croyés ma fidelité estre blanche et hors de tache : il n'en fut jamais sa pareille. Si cela vous aporte du contentement, vivés heureuse. Vostre esclave vous adore violamment. Je te baise, mon cœur, un million de fois les mains. Ce xvij^e juin.

[1586. — VERS LE MOIS DE JUIN.]

Orig. autographe. — Collection de M. le vicomte de la Génetière, ancien colonel d'infanterie.

AU PETIT ENFANT[1].

L'enfant, Je vous envoye vos gouverneurs pour vous soulager. Si le siege vient à Marans, resolvés-vous de venir avec une bonne troupe pour les favorir[2]. Vostre dame a gagné son procez; elle vient. Si je vous vois, je vous en feray des contes qui leveront la paille. A Dieu, petit fou, je suis ton trez bon maistre et affectionné amy,

HENRY.

[1] M. de la Boulaye.
[2] Ainsi, pour *favoriser*.

[1586.] — 25 juin. — Ire.

Orig. autographe. — Collection de M. Demichel, à Gontaut. (Anciennes archives de la famille de Meslon.) Envoi de M. Ferdinand Lagarde, de Tonneins, correspondant du ministère de l'Instruction publique.

[A.....................]

Mon cousin, Je vous veus bien advertir comme j'estois venu en ce lieu de Montguyon en intention d'executer quelque chose que je vous manderay dans trois jours ; mais le maulvais temps et les pluies ont tellement faict croistre la riviere de Dronne que nous n'avons pas pu passer ce lieu. Nous faillismes hier la compagnie de Boisdauphin [1] qui estoit venu courre ; nous la suivismes jusqu'auprés de Guistre, où elle se retira ; ils estoient quelque cinquante chevaulx et presque autant d'arquebusiers à cheval. Je m'en retourne à Pons, d'où j'estois party [2]. Je ne vous ay poinct encore depesché Lartigue, pour ce qu'il estoit malade ; ce sera aussitost que je seray de retour à Pons, et vous manderay toutes nouvelles. En attendant, mandés-moy des vostres, et me tenés adverty de tout ce qui se passera. A Dieu, Cousin ; aimez-moy tousjours, je ne seray jamais autre que

Vostre trez affectionné cousin et parfaict amy,

HENRY.

Ce xxv juing.

Comme je voulois fermer celle-cy, il est venu quelques gens qui m'ont adverty que vous estes aux champs pour mesme entreprise

---

[1] Urbain de Montmorency-Laval, seigneur de Bois-Dauphin, de Précigny, d'Aulnay, etc. comte de Bretteau et marquis de Sablé, fils de René de Laval et de Jeanne de Senoncourt, était né en 1557. Il combattit Henri roi de Navarre, puis roi de France, jusqu'à la bataille d'Ivry, où il fut fait prisonnier après avoir été blessé. Depuis, il fit son accommodement, remit plusieurs places au Roi, qui le fit chevalier de ses ordres et maréchal de France en 1595, gouverneur d'Anjou en 1604, et lui confia plusieurs missions importantes. Le maréchal de Bois-Dauphin mourut le 27 mars 1629.

[2] Il en était parti l'avant-veille, et il y revint le 29.

que nous; c'est pour ce que conduict mons^r d'Aubeterre. J'eusse esté bien aise que nous fussions rencontrez afin de parler ensemble³.

[1586.] — 25 JUIN. — IIme.

Orig. autographe. — Biblioth. de l'Arsenal, Mss. Histoire, n° 179, t. Ier.

Cop. — B. R. Suppl. fr. Ms. 2289-2, et Ms. 1009-4.

Imprimé. — *Mercure de France*, 1765, janvier, vol. II, p. 49. — *L'Esprit de Henri IV*. Paris, 1770, in-8°, p. 149. — *Vie militaire et privée de Henri IV*. Paris, an XII, in-8°, p. 60. — *Lettres de Henri, IV publiées par N. L. P*. Paris, 1814, in-12, p. 28. — *Journal militaire de Henri IV*, par M. le comte DE VALORI. Paris, 1821, in-8°, p. 314.

[*A MADAME LA COMTESSE DE GRAMONT.*]

Je m'estois acheminé dans ce lieu de Montguyon, pensant faire quelque bel effect sur nos ennemys. Il a faict un temps si enragé, qu'il a rompu tous nos desseins. Je m'en retourne annuict coucher à Barbesieux et demain à Pons. Que vous me faites plaisir d'aller à Pau! ha! ma chere maistresse, combien achepterois-je m'y pouvoir treuver! Un tel contentement est hors de prix. Je vous envoye les copies des lettres que la Royne d'Angleterre escrivit au Roy et Royne sa mere, sur la paix de la Ligue. Vous y verrés un brave langage et un plaisant style¹. Mon cœur, je ne la puis faire plus longue, parceque je vois monter à cheval. Bonjour, ma vie, je te baise un million de fois les mains. Ce xxv° juin, de Montguyon.

³ Cette lettre, où la suscription manque, semble avoir été écrite au vicomte de Turenne.

¹ Voici la lettre à Henri III, telle qu'elle nous est envoyée de Londres par M. l'ambassadeur de France :

« Si vous sentistes, mon bien aymé frere, le doleur, l'ennuy et la fascherie qu'en mon ame je sens, pour le perilleux estat en quy je voy que precipitemment vous vous laissés conduire, je m'asseure que croiriés de n'avoir en ce monde creature de quy plus seurement en pourriés faire compte sans hazard. Mon Dieu! est-il possible qu'un grand Roy se somette sans raison, et contre honeur, en requirant paix de subjects traitres et rebelles, et de ne leur faire du commencement trancher toute comodité de s'agrandir, ou au pis aller, à cest' heur'

[1586. — VERS LA FIN DE JUIN.]

Orig. autographe. — Musée britannique, biblioth. Harléienne, n° 14. Copie transmise par M. l'ambassadeur de France à Londres.

[A MONS^R LE SECRETAIRE WALSINGHAM.]

Monsr de Walsingham, J'ay bien voulu vous advertir comme ayant recogneu et entrepris la defense de l'isle de Marans, Dieu m'y a tel-

loy, constraindre, par force de prince, se soumectre au joug de leur merite! Je m'estonne de vous veoir trahit en vostre conseil mesme, voire de la plus proche qu'avés au monde, et qu'estes si aveugle, de n'en sentir goute. Pardonés mon amour, qui me rend si audacieuse vous parler si librement. Devant Dieu je proteste que ne le fais à autre fin sinon pour l'honeur de Roy et affection que vous porte. Helas! croiésvous que le manteau de quoy ils couvrent de la Religion est si double qu'on ne veoit que ce n'est pour se faire regner soubs vostre nom, mais à leur devotion? et je prie Dieu qu'ils veulent finir là : je ne le croy; car rarement on veoit les princes vivre, qui sont si subjugués; Dieu vous garde d'en faire preuve. Et encore, s'il vous plaist de vous resveiller les esprits royaulx, vous verrés que nous (s'il vous plaist d'user de mon aide) leur fairons ressentir avec la plus grande honte que jamais rebelles eurent. N'en doubtés nullement, que si des bons subjects vous vissent virilement prendre en main ceste cause, et qu'ils ne soupeçonnassent, come plusieurs font, que vous estiés de la partye vous-mesmes, regardant des menées et le peu de soing qu'en montrés avoir, ils vous assisteroient, en sorte que vifs ou morts, ils les vous ameneroient: que vous serviroit en honeur perpetuel. Et quelques uns qui vous parlent, que la guerre en France est un massacrer vostre païs! Jà à Dieu ne plaise qu'un Roy ne hasardast plus tost sa vie propre en une battaille que recepvoir le deshoneur que de jour en jour s'augmente! Il vauldroit mieulx perdre 20,000 hommes que regner au plaisir des Rebelles. Vous finiriés bientost cest' affaire, q'on dist, que vous metastes la main, et non commenciés par une belle requeste de paix, premier que luy faire se recognoistre. Quy sont si hardis à vous donner loy avecq des prescriptions estranges et conditions monstreuses, en partye pour vous constraindre manquer la parole par une tres indigne cartelle. Jesus! ayt il jamais esté veu qu'un prince fust jamais si espris par lacs de traistres, sans avoir ou courrage ou conseil pour y respondre? Sy une Royne, en seize jours, fist une armée de 30,000 hommes marcher aux champs, pour chastier les resveries de deux fols suscités par autre prince et non pour leur particulier, que doibt un Roy de France faire contre tels qui longtemps y a se font descendre par droicte lignée (comme ils songent) de Charlemaigne, precedente celle de Valois; et pour pallier mieulx leur faict, ils se protestent champions de la Religion catholique, de quy vous estes, vous touchent

lement favorisé que je l'ay conservée contre le mareschal de Byron, qui est des meilleurs capitaines de France, et contre les premiers efforts d'une armée françoise fresche et bien payée; de sorte que, ayant demouré plus d'un mois devant, il a esté contraint de lever le siége de devant une place qui a esté de tout temps prise ou abandonnée par celuy qui l'a assaillie[1]. Au Mas St Espuelles, qui est une place de nulle force et reputation et fort pauvre, le mareschal de Joyeuse et monsr de Cornusson ont aussi levé le siege de devant, avec perte de mille ou douze cens hommes. C'est Dieu qui veult favoriser nostre juste cause et necessaire defense. Je vous prie, Monsr de Walsingham, tenir la main à ce que la Royne vostre souveraine, et tous les gens de bien, y aportent les moyens que Dieu leur a mis en main, lequel nous faict connoistre qu'il veult parachever en ce temps son œuvre. Faites toujours estat de

Vostre tres affectionné amy,

HENRY.

pour n'estre si fidelle serviteur de l'Eglise qu'eulx! Pour l'amour de Dieu, ne dormés plus ce trop long sommeil! aprenés de moy, vostre tres fidelle, que je ne failleray de vous assister, si vous ne fairés un abbandon de vous-mesmes. J'entens d'une intermission pour quelques jours : permectés ce temps pour vous fortifier, non pour vous ruyner, et prenés garde de ne venir en leurs conditions, qui vous produiront deshoneur et perte d'Estat. J'ay esté si mal traictée par ce gallant le Duc d'Aumale, que ne vous manderay gentilhomme exprés, mais j'ay choisy ce moyen pour la meilleure voye, vous supplyant m'escrire librement ce que delibererés faire, non en attendant leur bon plaisir, mais vostre tres important besoing : pryant le Createur vous assister de sa saincte grace, et vous relever les esprits.

« Tres bonne sœur et cousine, tres fidelle et asseurée,

« ELISABETH. »

---

[1] C'est-à-dire : abandonnée après la prise.

[1586.] — 17 JUILLET.

Orig. autographe. — Biblioth. de M. l'archevêque de Cantorbéry. Copie transmise par M. l'ambassadeur de France à Londres.

[A MONS^R DE BACON.]

Monsr de Bacons[1], Je vous ay escript deux fois depuis que je suis party de Montauban, sans que j'aye eu response de vous. On m'a dit que vous avez esté fort travaillé de maladie. Je suis bien marry que vous ayez eu une excuse si legere de ce que vous ne m'avés fait sçavoir de vos nouvelles; car j'eusse bien desiré que vostre santé eust peu permettre que, durant ces voyages que j'ai faicts, vous eussiés esté auprés de moy où vous eussiés esté le tres bien venu; et d'aultant que j'aime la Royne, vostre souveraine, vos parens et amys et vostre maison. J'entends que vous estes mandé pour vous en retourner. Je desire fort vous voir, premier que de passer en Angleterre, et vous parler de plusieurs affaires qui se presentent : [ce] pendant je vous prie que vous assurés des effects de mon amitié, par tout où j'auray moyen d'en faire certain estat. C'est

Vostre affectionné et assuré amy,

HENRY.

La Rochelle, ce xvij^e juillet.

[1586.] — 21 JUILLET.

Orig. autographe. — Collection de M. F. Feuillet de Conches.

A MONS^R DE SAINCT GENIÉS.

Monsr de St Geniés, J'ay esté bien marry de ce que ceux de Bayonne se sont si mal adressés à ma sœur, que de saisir les deniers qu'elle envoye pour le payement de ses debtes. Salomon est

---

[1] Le frère du célèbre chancelier Roger Bacon.

aprés à m'importuner pour la partie de Paris, dont il s'estoit obligé pour ma dicte sœur. J'ay tousjours aimé et gratifié ceulx de Bayonne plus qu'aulcuns aultres. Ils ne se trouveront poinct bien de ce faict, à la fin, s'ils n'y remedient. Vous aurés entendu des nouvelles de Castillon et de ceulx qui sont dedans [1], et celles d'Allemaigne qui sont certaines : mandés-moy des vostres et aimés toujours

Vostre trez affectionné maistre et parfaict amy,

HENRY.

De la Rochelle, le xxj^e juillet.

[1586. — 28 JUILLET.]

Cop. — B. R. Suppl. fr. Ms. 1009-3.

Lettres autographes de Henri IV, lithographiées par M. le comte de Lasteyrie, n° 8.

Imprimé. — *Journal militaire de Henri IV*, par M. le comte DE VALORI. Paris, 1821, in-8°, p. 377.

[A MONS^R DE SAGONNE.]

Monsr de Sagonne [1], J'avois retenu vostre trompette, pensant vous mettre en peine de monter à cheval, comme mons^r le mareschal m'a-

---

[1] « Les heretiques mirent dedans, outre les habitans aguerris de longue main, de mil à onze cens soldats, choisis par toutes les garnisons et aux gardes du Roy de Navarre et du viconte de Turenne, commandés par les maistres-de-camp, capitaines et autres qui avoient entre eux le plus d'estime et de reputation. » (*Petit discours sur le voïage de M. de Mayenne en Guienne.*) Du Plessis-Mornay, dans la réfutation de cet écrit, qu'il publia, en le réimprimant, au mois de décembre de cette même année, confirme ce point : « Bien est-il que M. de Turenne, dit-il, usa d'un grand soin pour la munir. Et de fait, depuis le siege clos, il y fit entrer deux cens harquebusiers, en despit de l'armée. »

---

[1] Georges Babou, seigneur de la Bourdaisière, comte de Sagonne, etc. fils aîné de Jean Babou de la Bourdaisière, maître général de l'artillerie de France, et de Françoise Robertet, fut élevé enfant d'honneur du duc d'Alençon, devint gentilhomme de sa chambre en 1569, son premier gentilhomme en 1575, capitaine de cinquante hommes d'armes en cette année 1586, où nous le voyons combattre le roi de Na-

voit faict, retenant le mien. Mais ayant sceu qu'en avés un aultre, je le vous renvoye². Quant à ceulx de vostre compagnie qui me sont venus trouver, ils ont faict en gens de bien, ne voulant aller contre leur conscience et leur religion. Je pense leur avoir ouy dire qu'ils ont payé la moitié de leurs casaques, l'aultre moitié se peut compenser sur la part du butin de tout de betail qu'ils ont aidé à prendre. Toutefois, si vous voulés faire renvoyer le dict betail, qui n'est aucunement de bonne prise, je vous feray remettre les dictes casaques, combien que ce soit contre toute forme de guerre. Croyés au surplus, Monsʳ de Sagonne, que je suis fort

Vostre affectionné et bien bon amy,
HENRY.

1586. — 7 AOÛT.

Orig. — Collection de M. le marquis Layac de Vandœuvre, du Mans. Copie transmise par M. G. Lecointre-Dupont, de Poitiers, président de la Société des antiquaires de l'Ouest.

A NOSTRE AMÉ ET FEAL MAISTRE MOREAU,
LIEUTENANT GENERAL EN NOSTRE BARONIE DE CHASTEAUNEUF.

Moreau, J'ay fait assigner mes marchans pourvoyeurs, de la somme de cinq mil livres, à prendre sur les deniers provenant de la rente de Lisieux, dont, comme fidelle serviteur, vous avez donné advis à Dupin, mon conseiller et secretaire d'Estat : dont je vous sçay tres bon gré. Je vous prie tenir la main, d'aultant que vous desirez me faire service agreable, à ce qu'ils puissent toucher la dicte partie;

---

varre. Mais lorsque ce prince fut arrivé au trône de France, son parti fut suivi par M. de Sagonne, qui était oncle maternel de Gabrielle d'Estrées, duchesse de Beaufort. Il fut conseiller d'état en 1594, chevalier des ordres du Roi en 1595, capitaine des cent gentilshommes de sa maison en 1603, et mourut en 1607.

² C'est cette circonstance, rapprochée d'une note consignée sur les registres originaux de la dépense du roi de Navarre, qui m'a fourni la date de cette lettre. Dans le Journal de la petite écurie, à la date du 27 juillet, on a porté en marge de la dépense du jour : « Ce jour un cheval au trompette de M. de Sagonne mis en l'escuerie. » Et en marge du lendemain 28 : « Hors de l'escuerie. »

car, aydé moins, il y a danger que ma maison demeure[1]. Je n'oublieray point ce service et, avec les occasions, je prandray plaisir de le recongnoistre. Ayez l'œil, au reste, à tous mes affaires du delà; c'est en ce temps que les bons et fidelles serviteurs font paroistre les effects de leur fidelité. M'asseurant que vous y ferez de vostre devoir, je ne vous en diray davantage, si ce n'est pour vous asseurer de ma bonne volonté, et prier le Createur vous tenir, Moreau, en sa saincte et digne garde.

A la Rochelle, ce septiesme d'aoust 1586.

[2] Je vous prye, Moreau, faire ce que je vous mande suivant la fidelité que je me promets de vous, et je vous feray connoistre que je suis

Vostre meilleur maistre,
HENRY.

LALLIER.

[1586.] — 12 AOÛT.

Orig. autographe. — Biblioth. impér. de Saint-Pétersbourg, Ms. 915, lettre n° 32. Copie transmise par M. Allier, correspondant du ministère de l'Instruction publique.

A MONS^R DE BELLIEVRE,

CONSEILLER DU ROY MON SEIGNEUR, EN SON CONSEIL PRIVÉ.

Monsr de Bellievre, Je vous ay faict dire, par le s^r de Spalingues, comme mon tresorier n'avoit poinct d'argent, et pour ceste occasion je vous prye luy faire delivrer, par le tresorier de l'Espargne, le reste de ma pension du quartier passé. Encores que vous luy ayez faict bonne response, elle ne peut tant contenter comme argent comptant. Qui me fait de rechef vous prier, en effectuant vostre promesse, faire payer à mon tresorier ma dicte pension; et me ferez un singulier

---

[1] *Demeure* signifie ici, *soit retardée*, par une acception analogue à celle que conserve encore aujourd'hui le substantif *demeure* dans l'expression consacrée : *s'il y a péril en la demeure* (periculum in mora).

[2] Ces derniers mots, entre la date et la signature, sont de la main du roi.

plaisir que je recognoistray ailleurs, és occasions qui se presenteront pour vous et les vostres, et d'aussy bon cœur que je prye Dieu vous donner, Mons¹ de Bellievre, en santé, longue et heureuse vie.

A la Rochelle[1], ce xij⁰ jour d'aoust.

Vostre bon amy,

HENRY.

[1586. — VERS LA MI-AOÛT.]

Cop. — Arch. de famille de M. le baron Gaston de Flotte, à Marseille.

[A. MONS^R DE S^T GENIEZ.]

Mons¹ de Sainct Geniez, Aussitost que j'auray quelques bonnes nouvelles je les vous feray sçavoir. J'en attends de jour à aultre d'Allemagne. Je vous prie continuer à donner ordre aux finances; c'est le plus grand et signalé service qu'on me peut faire à present. Mandez-moy de vos nouvelles le plus souvent que vous pourrez, et entre aultres de Grue. A Dieu, Mons¹ de Sainct Genies. C'est

Vostre trez affectionné maistre et parfaict amy,

HENRY.

1586. — 24 AOÛT. — Ire.

Orig. — Arch. de M. le baron de Scorbiac, à Montauban. Envoi de M. Gustave de Clausade, correspondant du ministère de l'Instruction publique.

A MONS^R DE SCORBIAC,

CONSEILLER DU ROY MON SEIGNEUR, EN SA COURT DU PARLEMENT DE THOLOSE.

Mons¹ d'Escorbiac, Je vous ay escript de la partie de Villemur; je vous prie d'y mettre une fin. Dupin m'a aussi parlé d'une partie de

---

[1] La copie envoyée de Saint-Pétersbourg porte ici *la Houssaye*, au lieu de *la Rochelle*; mais je ne trouve nulle part trace du séjour du roi de Navarre à la Houssaye pendant le mois d'août de cette année ou des années voisines, qu'il fut en relations fréquentes avec M. de Bellièvre. Il se trouvait, le 12 août 1586, à la Rochelle, dont le nom aura pu être mal lu.

deux cens escus, laquelle doibt estre jugée par aucuns de mon conseil ou plustost par vous, suivant la charge que je vous ay commise. Dieu nous a favorisez au siege de Marans et à la prinse d'un fort au bas Poictou. J'espere qu'il continuera ses faveurs, attendu que nostre cause est juste, et qu'il ne delaisse jamais les siens. Je vous recommande nos affaires de delà, et vous prie de vous asseurer tousjours de ma bonne volonté pour vous en faire ressentir les effects partout où l'occasion se presentera, et où j'auray moyen : comme aussi je prie le Createur vous tenir, Mons' de Scorbiac, en sa saincte et digne garde. A la Rochelle, ce xxiv° d'aoust 1586.

Vostre meilleur et plus asseuré amy,

HENRY.

1586. — 24 AOÛT. — IIme.

Orig. — Arch. de M. le baron de Scorbiac, à Montauban. Copie transmise par M. Gustave de Clausade, correspondant du ministère de l'Instruction publique.

A MESS^{rs} DE MON CONSEIL, LES S^{rs} DE GRATENX, MON CHANCELIER, DE TERRIDE, DU PLESSIS ET D'ESCORBIAC.

Messrs, Je vous ay escript ces jours passez les nouvelles que j'avois de nostre secours des estrangers; et maintenant j'ay receu d'aultres lettres par lesquelles j'en suis plus asseuré : que l'armée a commancé de marcher vers la frontiere, et que le s^r de Clervaut a mis huict cents arquebusiers dans Auxonne, sur le bruict qui couroit qu'on la vouloit surprendre ou assieger. Ce qui me faict tant mieulx esperer que Dieu nous aydera. J'ay deliberé aller au devant de l'armée, comme vous ay escript, et auray occasion de faire de la despense extraordinaire, et à ces fins j'ay mandé par-tout qu'on face fonds et provision de deniers le plus qu'il sera possible, pour m'en ayder à ce voyage. J'estime que vous l'aurés faict par delà, ainsy que je vous avois escript; et s'il y reste quelque chose à faire, je vous prieray d'advancer et diligenter sans rien espargner; et faictes que les deniers de toutes les receptes soient promptement assemblez et portez à Montauban, et les faictes bien garder pour estre tous prests à partir quand je vous manderay, qui sera bientost. Je fais estat que vous aurés une bonne somme pour m'ayder à ce besoing. Je vous prye donc, faictes si bien que je ne sois frustré de mon esperance, et advertissez-moy plus souvent de toutes voz nouvelles, et mesme de ce qu'aurez entendu de Languedoc. Sur ce, je prie Dieu, Messrs, vous avoir en sa saincte garde. A la Rochelle, ce xxive aoust 1586.

Vostre tres affectionné maistre et parfaict amy,

HENRY.

[1586. — VERS LE 25 AOÛT.] — Ire.

Cop.[1] — B. R. Fonds Leydet, Mém. mss. sur Geoffroy de Vivans, p. 80.

[A MONS^R DE VIVANS.]

Monsr de Vivans, Vous entendrés du s^r de Pierrefite, present porteur, l'occasion de son voyage qui est d'importance pour le bien des affaires generaulx. Je luy ay donné charge de vous dire de mes nouvelles bien particulierement, et combien le retardement de l'assemblée et la faulte d'avoir fourni les deniers de la convention pour le secours estranger, a porté d'inconveniens et faict perdre de belles occasions; auxquelles estant besoin de remedier, par le moyen que j'ay advisé et qu'il vous fera entendre, je vous prie, de vostre part, vous y employer avec aultant de soin et affection comme le bien et la necessité des affaires et le salut public le requierent, ainsi qu'il vous dira plus amplement, vous priant de le croire comme moymesme, et vous asseurér tousjours de la bonne volonté de

Vostre.............

[HENRY.]

[1] « De la main. » (*Leydet.*)

[1586. — VERS LE 25 AOÛT.] — IIme.

Orig. autographe. — Collection de M. F. Feuillet de Conches.

A MONS^R DE S^T GENIÉS.

Monsr de St Geniés, Je vous ay escript quatre ou cinq lettres depuis nagueres, lesquelles je crains ne vous avoir esté rendues ; d'aultant que je n'en ay poinct eu response. Je vous prie me mander de vos nouvelles le plus souvent que vous pourrés ; car ce m'est beaucoup de contentement d'en avoir et d'entendre l'estat des affaires de delà. Despuis que le siege de Marans est levé j'ay emporté un fort au bas Poictou, où il y avoit quelque argent du Roy, lorsque mons^r le mareschal de Byron n'en estoit qu'à quatre ou cinq lieues. L'abbé de Gadagne est de retour, qui s'en retourne comme il est venu, par ce qu'il n'a rapporté ce que j'avois demandé : que mons^r le mareschal de Byron se retirast de la Loire avec ses forces ; en quoy on ne m'a satisfaict. Je vous prie faire tousjours trez certain estat de l'entiere amitié de

    Vostre trez affectionné maistre et parfait amy
  à jamais,

           HENRY.

[1586. — FIN D'AOÛT.]

Cop. — B. R. Suppl. fr. Ms. 2289-2.

Imprimé. — *Vie militaire et privée de Henry IV*, etc. Paris, an XII, in-8°, p. 44. — Et *Journal militaire de Henri IV*, par M. le comte DE VALORI. Paris, 1821, in-8°, p. 308.

[*A MADAME LA COMTESSE DE GRAMONT.*]

Je ne vous sçauroy dire le regret que m'a porté la nouvelle de la mort de mons^r de la Barre. Je vous jure que je n'eusse pas cru l'aimer tant. Je sçay le regret qu'en aurés eu, tant pour luy que pour vostre sœur[1]. Voilà les effets de ceste malheureuse guerre ; je l'appelle ainsy quand je perds mes bons serviteurs. Le lendemain j'ay sceu la mort de Quasy, qui fut tué à Castillon sur la breche, le 22e, en repoussant un assaut qui dura quatre heures, où les ennemis furent battus avec grande perte. La peste tourmente les nostres plus que les ennemis. Je crains qu'elle les contraindra faire ce que la force n'eut sceu[2]. Dieu y veuille pourvoir. Monsr de Chastillon a defait en Givaudan un regiment de monsr de Joyeuse, pris les enseignes et tué trois cents hommes. L'on me mande aussy que Lavardin y est blessé à la mort, s'il n'est mort[3]. Aussonne triomphe ; nos gens y font fort bien. Je viens d'envoyer trois cents hommes à Royan, que le marechal de Biron fait semblant d'assieger, ce que je ne crois pas qu'il fasse. Canisy a esté gasté à Castillon ; il a eu une arquebusade qui luy rompt les maschoires. Tenés-moy en vostre bonne grace, mon cœur, et vivés assurée de ma fidelité. Si elle peut, elle s'affermit. Je baise les mains à petite sœur[4]. A Dieu, mon ame, je te baise les pieds un million de fois. Grandecheveche et Lambert trouveront icy mes recommandations. Envoyés-moy Lycerace.

[1586.] — 20 SEPTEMBRE. — Ire.

Orig. autographe. — B. R. Fonds des Cinq-cents de Colbert, vol. 401.

A MONSR DE SEGUR.

Monsr de Segur, Je ne sçay si ceste lettre vous trouvera de retour de vostre voyage comme je le desire ; je ne la vous feray longue parce que j'ay remis au sieur de Monglas à vous dire bien particulierement de mes nouvelles, suivant la charge que je luy en ay donnée. Il vous dira par mesme moyen l'estat de nos affaires, et le desir que j'ay de

---

[1] Corisande d'Andouins était fille unique. Ceci doit donc s'entendre ou d'une sœur de son mari, ou de quelque autre dame à qui elle aurait donné par amitié le nom de sœur.

[2] La ville de Castillon fut prise par Mayenne, le 3 septembre suivant.

[3] Sa blessure ne fut pas mortelle.

[4] Madame Catherine de Navarre.

vous voir et les effects et succés de vos labeurs, negociations et peregrinations. Nous avons subsisté jusqu'ici et resisté, en ceste province, à trois armées fraisches et bien payées : c'est chose qui ne peut durer tousjours; il est necessaire de venir à la fin à l'offensif. Vous avez travaillé pour cest effect; je vous prie, Monsr de Segur, continuer et parachever, pressant les choses aultant que le temps nous presse, suivant le zele et desvotion que vous avez tousjours monstré à l'advancement du service de Dieu et au bien de mes affaires, et selon la confiance qu'aura de vous perpetuellement

Vostre tres affectionné maistre et parfaict amy,

HENRY.

De la Rochelle, le xxe septembre.

1586. — 20 SEPTEMBRE. — IIme.

Orig. autographe. — Collection de M. F. Feuillet de Conches.

A MONS^R DE SAINCT GENIÉS.

Monsr de Sainct Geniés, J'ay advisé de faire dresser des lettres pour la convocation des Estats de mon royaulme de Navarre. Si vous en pouvés servir, je vous prie les employer au plus tost, afin que je puisse cognoistre les effects de la bonne affection de mes subjects, et estre secourus d'eux franchement, en la necessité de mes affaires, qui sont si grands et importans comme chascun voit; laquelle doibt esmouvoir les plus froids en une telle saison que est celle qui se presente. Vous regarderés à la particularité de Maurin, ce qui s'y doibt faire.

A Dieu, Monsr de Sainct Geniés, c'est

Vostre tres affectionné maistre et tres parfaict amy,

HENRY.

Ce xxe septembre 1586.

1586. — 23 SEPTEMBRE. — Ire.

Copie. — Arch. de M. le baron de Scorbiac, à Montauban. Envoi de M. Gustave de Clausade, correspondant du ministère de l'Instruction publique à Rabastens.

A MONS^R DE SCORBIAC,

CONSEILLER DU ROY MON SEIGNEUR, EN SA COURT DE PARLEMENT DE THOLOSE ET CHAMBRE DE L'EDICT.

Monsr de Scorbiac, J'ay entendu que mons^r de Bacon est appelant en mon conseil d'une sentence donnée contre luy par le seneschal de Quercy, au siege de Montauiban. J'ay bien voulu vous escrire la presente, pour vous prier d'avoir son bon droit pour recommandé en justice, et luy donner prompte et bonne expedition. Les merites de ceulx à qui il appartient sont grands; nous avons beaucoup d'obligation à la Royne, sa souveraine; il est aussy fort recommandable. Il sçaura bien se louer de ce bon œuvre, lequel vous est aussi recommandé de Dieu, d'avoir soing des estrangers et de garder leur droit, et leur faire justice. Et il y a davantage, qu'ils nous demonstrent tant d'affection en la necessité des affaires où nous sommes, qu'il n'est pas raisonnable d'user envers eux de toutes les formalitez et rigueurs de la justice de France. Je m'asseure tant de vostre prudence, bon jugement et equité en telles choses, que vous y apporterez tout ce qui se peut et doibt selon la raison et suivant mon intention, qui y est conforme: ce qui me gardera de vous en dire davantage, si ce n'est pour vous asseurer de plus en plus de ma bonne volonté, et prier le Createur vous tenir, Monsr de Scorbiac, en sa saincte garde. De la Rochelle, ce xxiij^e septembre 1586.

Vostre entierement bon et affectionné amy,

HENRY.

1586. — 23 SEPTEMBRE. — IIme.

Orig. — Arch. de M. le baron de Scorbiac, à Montauban. Copie transmise par M. Gustave de Clausade, correspondant du ministère de l'Instruction publique.

A MONS^R DE SCORBIAC,

CONSEILLER DU ROY MON SEIGNEUR, EN SA COURT DE PARLEMENT DE THOULOUSE ET CHAMBRE DE L'EDICT.

Monsr de Scorbiac, Je vous ay tousjours estimé tellement, tant pour vostre probité que pour l'affection que je sçais que vous avés au bien de mes affaires et service, que je seray tousjours bien ayse, quand vostre santé et commodité le permettront, de vous avoir auprés de moy. On nous a faict quelques ouvertures d'entreveue; mais d'aultant que je n'ay poinct aperceu qu'on y marchast de bon pied, ne qu'aprés tant de mauvais traictemens et ruines qu'on nous a procurez on nous voulust monstrer quelques arrhes de bonne volonté, je n'ay pas fort entretenu ceste negociation[1]. Je vois bien que nous ne pouvons avoir soulagement en noz afflictions que premier nous n'ayons nostre secours. Asseurés-vous tousjours de ma bonne volonté, et en faites estat; car je desire vous en faire paroistre les effects lorsque l'occasion se presentera : et sur ce, je prieray le Createur vous tenir, Monsr de Scorbiac, en sa saincte et digne garde. A la Rochelle, ce xxiij^e septembre 1586.

Vostre meilleur et plus affectionné amy,

HENRY.

[1586.] — 15 OCTOBRE.

Orig. autographe. — Collection de M. F. Feuillet de Conches.

A MONS^R DE SAINCT GENIÉS.

Monsr de Sainct Geniés, Je vous avois escript d'envoyer des harquebusiers à cheval à Castelnau pour quelque effect qui se presentoit,

---

[1] Cette négociation avec la reine mère eut lieu à Saint-Bris, au mois de décembre suivant.

esperant qu'il les renvoyeroit bientost; mais je n'ay jamais entendu de desgarnir mon pays, ni vous oster le moyen de le conserver. Je remets tousjours à vostre jugement de considerer et poiser les inconveniens; mais aussy, si c'est chose possible, et qui se doibve et puisse faire, je suis bien ayse d'en ayder ceulx qui en ont besoing. Au reste, il n'est pas temps de casser les gens de guerre qui estoient en pays de Bearn, pour les occasions que j'ay donné charge à du Pin de vous faire entendre. Vous sçavés la fiance que j'ay en vous, et l'amitié que je vous porte; c'est pourquoy vous devés prendre en bonne part les commandemens que je vous fais, tout ainsy que je suis tousjours prest de recevoir vos bons conseils et advis. Mandés-moy, je vous prye, de vos nouvelles le plus souvent que vous pourrés, et de celles de vos voisins, et vous asseurés de plus en plus que je suis

Vostre trez affectionné maistre et parfait amy,

HENRY.

De la Rochelle, ce xv° d'octobre.

[1586. — VERS LE 25 OCTOBRE.]

Cop. — Arch. de famille de M. le marquis Édouard de La Grange.

A MA COUSINE MADAME DE CAUMONT.

Ma Cousine, J'ay un paquet que m'avés envoyé, et ay entendu les justes doleances que vous me faictes du sʳ de Quarency. Croyés, ma Cousine, que s'il ne tient la promesse qu'il m'a faicte de s'y soubmettre dans dix jours (dont il y en a desjà trois passez) à des arbitres[1], je vous feray paroistre que vous n'eussiés sceu faire choix de

---

[1] Voici l'accord qui fut fait le 2 novembre suivant, en vertu de cette promesse. Nous avons extrait cette pièce du manuscrit de Béthune, n° 9101, fol. 77 recto. Nous en conservons le titre tel qu'il est dans le manuscrit :

« ACCORD FAIT PAR HENRI IV, N'ÉTANT « ENCORE QUE ROI DE NAVARRE, ENTRE « MM. DE MAYENNE ET DE LA VAUGUYON.

« Monsʳ de Mayenne escrira de sa main à Monsʳ de la Vauguyon l'occasion qui l'a meu de vouloir retirer à luy sa belle-fille,

personne qui vous assiste et secourt au besoing, en cela et tout ce qui vous touchera, de meilleure volonté que je feray; et m'y employeray comme si c'estoit mon faict propre. Vous cognoistrés à l'effect, que je suis et seray tousjours

Vostre bien affectionné cousin et bon amy,

HENRY.

qui est l'accord faict entre luy et la mere de la dicte fille, du consentement de ses parens, pour faire le mariage d'elle et de son fils aisné, le priant de ne le treuver mauvais ni estrange, et considerer si l'interest qu'il y a le doibt excuser de la façon dont il en a usé, et toutesfois qu'il respecte tant l'amitié du dict sieur de la Vauguyon, et craindroit tant de luy faire injure et desplaisir, qu'il luy promettra et fera serment sur sa foy, qu'en cas que la dicte fille ne se veuille faire catholique, ou que, pour quelque aultre occasion, le dict mariage ne se feroit avec son dict fils, de n'en faire ny traicter le mariage avec aultre, si ce n'est du gré et consentement du dict s^r de la Vauguyon, és mains duquel il promettra de la remectre aux dicts cas, s'il s'en veult charger. Luy promettra dadvantaige que, quand bien toutes choses se rapporteroient pour le mariage d'elle et de son dict fils, toutesfois qu'il ne s'en fera aulcuns contract ny consommation de parole ny d'effect, que iceluy s^r de la Vauguyon, lequel il recognoist avoir faict de grandes despenses à l'occasion de la dicte fille, n'en demeure content et satisfaict entierement, et mon dict s^r de Mayenne. De laquelle satisfaction tant en deniers qu'en aultres choses, il luy promettra aussy sur sa foy de s'en remettre et suivre l'arbitrage des quatre de leurs parens dont

chascun en nommera deux; lesquels quatre s'accorderont encore d'un cinquiesme, et ce, dedans le terme de quatre mois, ou plus tost si faire se peut. Luy promettra en oultre qu'advenant (ce que Dieu ne veuille) le decés du dict s^r de la Vauguyon, avant que les choses cy-dessus ne fussent effectuées, de tenir ces mesmes promesses à ses enfans, et de charger aussi son fils de les accomplir; et quant au douaire qui pourroit appartenir à la dicte fille sur les terres et biens du dict s^r de la Vauguyon, mon dict sieur de Mayenne luy promect de l'en faire tenir quicte, et luy et les siens, tant que la dicte fille sera en leur pouvoir; et pour l'observation de tout ce que dessus, il luy obligera son honneur et sa foy. »

« Plus bas est écrit de la main de Monseigneur de Mayenne :

« Je promets satisfaction en ce qui est « escript en ce papier. »

Malgré cet accord, le duc de Mayenne continua à retenir comme prisonnière l'héritière de Caumont jusqu'en 1595, où les réclamations énergiques de cette dame, alors âgée de vingt et un ans, parvinrent enfin à la rendre à la liberté. L'usage qu'elle en fit ne fut pas plus au profit de la maison de Lorraine que de celle d'Escars. Elle se maria, le 5 février 1595, avec François d'Orléans, comte de Saint-Paul, dont elle fut veuve en 1631. Elle mourut le 2 juin 1642.

[1586.] — 28 OCTOBRE. — Ire.

Orig. autographe. — B. R. Fonds des Cinq-cents de Colbert, Ms. 401.

A MESS^rs DE SEGUR, DE CLERVANT ET DE GUITRY.

Messrs, Par ce qu'il avient tous les jours nouvelles occasions et ocurences, et que mesme il peut survenir quelque changement en l'estat des affaires de delà, qui requerroit qu'il y fust promptement pourveu, ce que vous ne pouvez faire en estant esloignez, je vous prye vous ayder et servir de l'arrivée par delà du s^r de la Borde, present porteur, auquel j'ay donné charge de faire et dire ce qui sera trouvé convenable pour le bien du party general et de mon service, et de faire escrire, selon le moyen que vous en avez, les lettres et depesches seures, propres et necessaires, afin que chose quelconque ne demeure, à faulte de ce faire. C'est.

Vostre tréz affectionné maistre
et parfaict amy,

HENRY.

A la Rochelle, ce xxviij^e octobre.

[1586.] — 28 OCTOBRE. — IIme.

Orig. autographe. — Collection de M. de Chassiron.

[A MONS^R DE S^T GENYÉS.]

Monsr de Saingenyés, Parce que je desire contenter Roquelaure, je vous prye luy faire payer la somme de douze cens escuz, pour deux chevaus qu'il m'a baillés, sur les deniers que vous avés par delà et dont vous vous estes obligé. Et au cas que vous les ayés envoyés ou qu'il n'en reste pas assés, faictes luy bailler la moitié sur les dicts deniers et l'autre moitié faictes la payer par Cimetiere, auquel en sera baillé tous acquits necessaires, suivant ce que me manderés la dicte partie avoir esté acquittée. *Faites-le ainsy*[1]. Mandés-moy souvent de vos nouvelles et m'aimés comme

Vostre tres affectionné maistre et parfaict amy,

HENRY.

De la Rochelle, ce xxviij^e d'octobre.

Faictes, je vous prye, bailler à madame la Comtesse la partie de trois cens cinquante escus que la Borde luy doit, des plus clers deniers, qui sont ceux pour lesquels vous vous estes obligé.

[1586.] — 12 NOVEMBRE.

Orig. autographe. — Arch. de la préfecture d'Indre-et-Loire. Envoi de M. le préfet.
Imprimé. — *Mercure de France,* année 1766, janvier, vol. II, page 10. — *Lettres de Henri IV, etc.* publiées par N. L. P. Paris, 1814, in-12, p. 76. — Et *Journal militaire de Henri IV,* par M. le comte DE VALORI. Paris, F. Didot, 1821, in-8°, p. 388.

[A MONS^R DE HARAMBURE.]

Harambure[1], J'escris à mons^r Desessars, gouverneur de Taillebourg, pour y recevoir vostre troupe, l'y faire loger et y porter des vivres necessaires, pour le prix que vous et luy y mettrés ensemblement. Allez-y avec les compagnons, incontinent la presente receue; et si vous apprenés quelque chose des ennemis, donnés-m'en advis

---

[1] Ces mots sont écrits en chiffres.

---

[1] Jean d'Harambure, ou de Harambure, baron de Picassary, seigneur de Romefort, Châtres, Cachet, etc. fils de Bertrand d'Harambure et de Florence de Belsunce, avait été élevé dès l'enfance près du roi de Navarre, qui le traitait avec une grande familiarité. Il était gentilhomme ordinaire de sa chambre, et, après son avénement au trône de France, il devint grand giboyeur de sa maison, commandant de sa compagnie de chevau-légers, gouverneur de Vendôme et d'Aigues-Mortes. Il continua de servir sous Louis XIII, et fut pourvu d'un commandement important en 1624.

aussy tost. A Dieu. De la Rochelle, ce dimanche, à sept heures du soir, douziesme ² de novembre. C'est

Vostre bien affectionné maistre,

HENRY.

Ceulx qui portent l'argent de la monstre partiront demain matin.

1586. — 15 NOVEMBRE,

Orig. — Arch. royales de Danemark. Copie transmise par M. le ministre de France à Copenhague.

¹ FREDERICO II, DANIÆ, NORVEGIÆ, VANDALORUM, GOTHORUMQUE REGI, ETC.

Serenissime Rex, Frater et Consanguinee charissime, Grave nobis et molestum imprimis accidit quod vos et nobis amicissimos et de

---

² En 1586, le 12 novembre, jour où le Roi de Navarre se trouvait à la Rochelle, ne tomba pas un dimanche, mais un mercredi (d'après le vieux style, un samedi). Pour rencontrer une année où le dimanche tombe le 12 novembre, il faut remonter jusqu'en 1581, époque où le roi de Navarre n'était pas à la Rochelle, ou bien descendre jusqu'en 1589, et alors Henri IV était loin de cette ville.

---

¹ Voici la traduction de cette lettre, toute pareille à celle qui fut écrite le même jour au duc de Brunswick :

« A FRÉDÉRIC II, ROI DE DANEMARK,
« DE NORWÉGE, ETC.

« Sérénissime Roi, notre très-cher Frère et Cousin, Ç'a été pour nous une chose particulièrement triste et pénible de n'avoir pu jusqu'ici vous donner des nouvelles de l'état de nos affaires et de nos églises, sachant combien vous nous portiez d'affection et vous occupiez de nous. Telle était en effet notre situation, que, pressé de tous côtés par les attaques cruelles de nos ennemis, nous trouvions à peine le temps de reprendre haleine. Il eût été impossible d'ailleurs d'envoyer vers vous des hommes sûrs et chargés de nos instructions dans l'état où étaient les chemins, semés de dangers et infestés de voleurs. Mais maintenant que, par un bienfait mémorable de Dieu, nous nous trouvons momentanément délivré du poids de cette grande guerre, et que les voies publiques, grâce aux rigueurs de la saison, sont devenues plus sûres, nous avons délégué vers vous en toute diligence un noble personnage, le sieur de Ségur, officier de notre maison, et nous l'avons

nobis quam maxime sollicitos certiores de rerum ecclesiarum nostrarum statu facere hactenus non potuimus. Nobis enim, hostium fero-

chargé de nos lettres et de nos instructions. Nous l'envoyons vers vous à la fois, et pour vous offrir les justes actions de grâce que mérite la bienveillance toute paternelle dont vous avez fait preuve envers nous et nos églises, et pour vous faire connaître l'état actuel de nos affaires.

« Nous ne pouvons ignorer ce que nous devons à votre amitié, après les secours que vous nous avez dès longtemps promis, après toutes les peines que vous avez prises pour notre salut, et la célèbre ambassade que vous avez envoyée au Roi de France pour nous faire obtenir la paix. Cet intérêt si affectueux nous a été confirmé par les fréquents récits du noble sieur de Ségur. Quoique le résultat de l'ambassade que vous avez envoyée n'ait pas été tel qu'il aurait dû être et que vous étiez en droit de l'espérer, nous n'en reconnaissons pas moins, du fond de notre cœur, que nous vous devons autant d'actions de grâce que si elle nous avait procuré une paix sûre et profonde. Sans doute que le Tout-Puissant, entre les mains duquel sont les cœurs et les pensées des princes, aura choisi un autre moyen meilleur et plus certain de nous procurer ce bienfait.

« Pour nous, avec la grâce de Dieu, nous avons soutenu jusqu'ici les efforts de sept armées nombreuses, dont quatre occupant la Guienne, où nous nous trouvions alors, et menaçant ouvertement nos vies et nos fortunes. Du reste, nous avons soutenu ces efforts avec un succès tel, que nous n'avons pas lieu de regretter nos labeurs, et que l'admirable bonté de Dieu envers nous s'est montrée clairement aux yeux du monde chrétien. En effet, les forces de nos ennemis sont aujourd'hui dissipées, leurs armées considérablement affaiblies et ruinées. En une guerre aussi longue, ils n'ont pu opérer aucun fait d'armes mémorable, tout en perdant plusieurs milliers d'hommes et en consumant d'immenses sommes d'argent. Mais leur haine envers nous et les églises chrétiennes s'est accrue en raison de leurs pertes. Ils projettent, au retour du printemps, et après avoir réparé leurs forces, de nous attaquer plus violemment que jamais. Il est trop évident pour nous et pour tout le monde, qu'après nos pertes dans une guerre qui dure depuis près de deux années, nos forces et le nombre de nos soldats nous rendent bien inférieur à nos ennemis, à moins que, comme nous l'espérons fermement, d'après les assurances amicales que vous nous en avez dès longtemps données, vos forces ne viennent prochainement se joindre aux nôtres. Nous nous reposons sur cette espérance, sachant que vous-même, en envoyant un ambassadeur, avez devancé tous les princes chrétiens, nos très-chers cousins, dans la demande de ces secours, et que vous les avez fréquemment sollicités par vos lettres et vos exhortations. Récemment, dans le congrès de Lunebourg, vous avez reçu leur promesse que ces secours nous seraient envoyés dès le retour des ambassadeurs. C'est pourquoi nous réclamons instamment de votre piété et de votre affection vraiment paternelle, de vouloir bien rappeler leurs promesses aux princes, et les engager à réunir le plus tôt possible les secours promis, afin qu'à l'aide de nos justes armes

citer undique in nos incurrentium viribus acriter pressis, vix etiam respirare concessum, et, obsessis per latrocinia itineribus, certos ad vos et fidos cum mandatis homines mittere periculosissimum fuit. Nunc, memorabili imprimis Dei beneficio, depulsa aliquo modo ab humeris nostris tanta belli mole, et minus infestis per hyemem itineribus, nobilem virum ex familiaribus nostris ac generosum dominum Segurium, cum litteris et mandatis, ad vos quam diligentissime ablegavimus : partim ut eas, quas vobis ob paternum in nos ecclesiasque nostras animum debemus, gratias ageremus, partim ut statum vobis nostrum exponeremus.

Quantum amicitiæ vestræ debeamus promissa dudum nobis auxilia et sollicitus semper de salute nostra animus, et missa ad regem Galliarum, procurandæ nobis paci, amplissima legatio, ignorare nos non patitur, et insignem vestram erga nos voluntatem, generosus dominus Segurius nobis sæpius exposuit. Quamvis autem legationis illius non ea fuerit quæ esse debebat et quam vos sperabatis auctoritas, nihilominus tantum nos vobis debere ex animo profitemur, quantum

et de vos forces réunies aux nôtres nous puissions obtenir cette paix, que la faveur de votre ambassade n'a pu nous procurer. Ce que nous recueillerons ainsi d'avantages et de tranquillité, nous le reporterons tout entier à votre affection paternelle.

« Le noble sieur de Ségur vous fera connaître en détail tout ce qui concerne le reste de nos affaires; entre autres choses, il vous dira que depuis six mois nous sommes invité à une conférence. Si nous sommes forcé de nous y rendre, veuillez être bien persuadé que nous ne ferons rien à votre insu, et ne transigerons sur aucun point sans vous avoir demandé conseil et approbation. Notre ambassadeur nous fera part, dès son arrivée, de l'état des préparatifs de vos secours et de ceux des autres princes; et nous vous prions instamment de nous en instruire vous-même, avec l'affection paternelle que vous nous exprimez dans vos lettres. De notre côté, nous ferons en sorte que vous n'ayez jamais à vous repentir de vos bontés paternelles et de l'amitié que vous avez contractée avec nous, et nous n'omettrons jamais rien de tout ce que nous croirons de vos intérêts. Les sentiments de père que vous nous avez manifestés trouveront en nous une tendresse filiale. Puisse le Dieu Tout-Puissant conserver le plus longtemps possible en santé parfaite votre sérénité pour les siens, dont nous nous regardons comme faisant partie, et pour toute la république chrétienne.

« De la Rochelle, le 15 novembre 1586.

« De votre sérénité le tout dévoué
« frère et affectionné ami,
« HENRI. »

si alta nobis et secura per eam parta pax esset. Sed Deo Opt. Max. cujus in manu sunt corda et consilia principum, alia visa est potior et, ut speramus, tutior ad pacem via.

Quod nos attinet, sustinuimus hactenus, Deo favente, septem hostium numerosos exercitus, quorum quatuor ipsam Aquitaniam, in qua tum eramus, insidebant, vitæ nostræ et fortunis aperte inhiantes. Et ita quidem sustinuimus, ut neque nos laborum nostrorum pœniteat, et admirabilis Dei in nos bonitas toti orbi christiano facile innotuerit. Dissipatæ enim hodie eorum sunt vires, imminuti et demissi exercitus, nulla tanto tempore memorabili re gesta, multis hominum amissis millibus, immensa pecuniæ consumpta. Ita tamen imminutæ eorum sunt vires, ut odium in nos et ecclesias nostras tanto ardentius succreverit. Itaque, vere ineunte, acrius nos, reparatis viribus, aggredi constituerunt : quibus, post attritas, biennali fere bello, copias nostras, quam impares viribus et numero militum futuri simus, et nos facile agnoscimus et nemo non videt; nisi, quod certe speramus, vestra nobis mature auxilia accesserint, de quibus etiam certam nobis spem ipsi jam dudum amice fecistis. Etenim vos et, legatione missa, cæteris principibus, charissimis consanguineis nostris, præisse, et litteris atque adhortationibus crebris eos sollicitasse cognovimus; tandem etiam nuper in Luneburgensi conventu fidem ab eis, de suppetiis nobis statim a reditu legatorum ferendis, accepisse. Quapropter valde a vobis, tanquam a pio et amicissimo nobis principe, qui paternum in nos animum induerit, petimus, ut pari in nos studio et amore admonere illos quam primum et impellere ad cogenda promissa auxilia velitis; ut ea nobis et Ecclesiis nostris pax quæ amica legatione parari non potuit, justis armis et conjunctis nobiscum viribus, quam primum conficiatur. Quicquid inde commodi et tranquillitatis percipiemus, id totum paterno in nos affectui acceptum merito feremus.

Sed accuratius vos de rebus nostris edocebit generosus dominus Segurius, et, inter cætera, significabit nos ad colloquium jam a sex mensibus vocari; ad quod si coacti venerimus, velim vobis serio persuadeatis nos nihil insciis vobis tractaturos, nihil absque consilio et auctoritate vestra transacturos; quod ipsum vobis, generosus dominus Segurius, nomine nostro, pluribus confirmabit. Et nos, uti ei injunximus, quam primum de vestris et cæterorum amicorum principum auxiliaribus copiis earumque apparatu certos faciet : quod ut et vos paterno in nos affectu litteris vestris faciatis atque adeo re ipsa præstetis, summopere petimus. Interim sedulo curabimus ne vos unquam paterni istius officii et amicitiæ nobiscum contractæ pœniteat, neque quicquam unquam prætermittemus quod ex re vestra futurum arbitrabimur : ut quomodo paternum in nos animum manifestissime declarastis, ita filii in nobis erga vos affectum perspiciatis. Deus Opt. Max. Serenitatem vestram non suis modo, quorum et nos numerum augemus, sed universæ Reipublicæ atque Ecclesiæ Christianæ salvam et incolumem quam diutissime conservet.

Datum Rupellis, xv novembris MDXXCVI.

Regiæ vestræ Serenitatis fidelissimus frater
et intimus amicus,
HENRICUS.

[1586. — VERS LA MI-DÉCEMBRE.]

Orig. autographe. — Biblioth. impér. de Saint-Pétersbourg, Ms. 914, n° 28. Copie transmise par M. Allier, correspondant du ministère de l'Instruction publique.

AU ROY, MON SOUVERAIN SEIGNEUR.

Monseigneur, S'en retournant le s^r de Birague treuver Vostre Majesté, je n'ay voulu faillir de l'accompagner de ceste lettre, pour dire qu'il s'est fort bien et dignement acquicté de la charge qu'il vous a pleu luy donner, au contentement de chascun. Il me reste de supplier Vostre Majesté me tenir tousjours pour

Vostre trez humble et trez obeissant subject
et serviteur,
HENRY.

1586. — 27 DÉCEMBRE.

Orig. — Arch. de M. le baron de Scorbiac, à Montauban. Copie transmise par M. Gustave de Clausade, correspondant du ministère de l'Instruction publique.

A MONS^R DE SCORBIAC,

CONSEILLER DU ROY MON SEIGNEUR, EN SA COURT DE PARLEMENT DE THOULOUZE ET CHAMBRE DE L'EDICT.

Monsr de Scorbiac, Vous entendrés par ce porteur tout ce qui s'est passé en ceste entrevue[1]; cela me gardera de vous en escrire aul-

---

[1] Pierre Mathieu nous a conservé sur cette première entrevue des détails fort circonstanciés et qui doivent prendre place ici comme un commentaire fourni par les paroles mêmes de la reine mère et du roi de Navarre : « Les paroles de ce premier abouchement ne furent pas secrettes; il ne fut non plus malaisé de les recueillir, qu'il semble à propos d'en rapporter icy le dialogisme : et ceux qui ont connu et ouy parler l'un et l'autre jugeront qu'il n'y a mot qu'il ne leur soit propre. La Royne mère, aprés les reverences, embrassemens et caresses dont elle estoit fort liberale, luy parla en cette sorte : « Eh bien, mon « fils, ferons-nous quelque chose de bon? « — Il ne tiendra pas à moy : c'est ce « que je désire, » repart le roy de Navarre. — « Il faut donc que vous nous disiez ce « que vous desirez pour cela. — Mes de-« sirs, madame, ne sont que ceux de Vos « Majestez. — Laissons ces ceremonies, « et me dites ce que vous demandez. — « Madame, je ne demande rien, et ne suis « venu que pour recevoir vos commande-« mens. — Là, là, faictes quelque ou-« verture. — Madame, il n'y a point icy « d'ouverture pour moy. » Cet équivoque fut incontinent remarqué par les dames, pour un traict de la galanterie de ce prince, qui en tout temps et en toute sorte de discours, faisoit voir la vivacité de ses reparties. « Mais quoy, adjouste la Royne, « voulez-vous estre la cause de la ruyne de « ce Royaume? et ne considerez-vous point « qu'autre que vous, aprés le Roy, n'y a « plus d'interest? — Madame, ny vous, « ny luy ne l'ont pas creu, ayant dressé « huict armées pour cuider me ruyner. — « Quelles armées, mon fils? Vous vous « abusez. Pensez-vous que si le Roy vous « eust voulu ruyner, il ne l'eust pas faict? « Sa puissance ne luy a pas manqué, mais « il n'en a jamais eu la volonté. — Excu-« sez-moy, Madame, ma ruyne ne depend « point des hommes; elle n'est ny au pou-« voir du Roy, ny au vostre. — Ignorez-« vous la puissance du Roy et ce qu'il « peut? — Madame, je sçay bien ce qu'il « peut, et encore mieux ce qu'il ne pour-« roit faire. — Et quoy donc! ne voulez-« vous pas obeir à vostre Roy? — J'en ay « tousjours eu la volonté, j'ay desiré de luy « en tesmoigner les effects, et l'ay souvent « supplié de m'honnorer de ses comman-« demens, pour m'opposer, sous son au-« thorité, à ceux de la Ligue, qui s'es-« toient eslevez en son Royaume, au pre-« judice de ses Edicts, pour troubler son « repos et la tranquillité publique. »

cune chose par la presente, qui sera seulement pour vous asseurer que ma resolution est de ne faire ny arrester aulcune chose qui ne

« Là-dessus la Royne tout en colere :
« Ne vous abusez point, mon fils, ils ne
« sont point liguez contre le Royaume ; ils
« sont François, et tous les meilleurs ca-
« tholiques de France, qui apprehendent
« la domination des huguenots, et pour le
« vous dire tout en un mot, le Roy con-
« noist leur intention, et trouve bon tout
« ce qu'ils ont faict. Mais laissons cela ; ne
« parlez que pour vous, et demandez tout
« ce que vous voulez : le Roy vous l'accor-
« dera. — Madame, je ne vous demande
« rien ; mais si vous me demandez quelque
« chose, je le proposeray à mes amys et à
« ceux à qui j'ay promis de ne rien faire ni
« traicter sans eux. — Or bien, mon fils,
« puisque vous le voulez comme cela, je
« ne vous diray autre chose, sinon que le
« Roy vous ayme et vous honore, et desire
« vous voir auprés de luy, et vous embras-
« ser comme son bon frere. — Madame,
« je le remercie tres humblement, et vous
« asseure que jamais je ne manqueray au
« devoir que je luy dois. — Mais quoy, ne
« voulez-vous dire autre chose ? — Et n'est-
« ce pas beaucoup que cela ? — Vous voulez
« donc continuer d'estre cause de la mi-
« sere, et à la fin de la perte de ce Royaume ?
« — Moy, Madame, je sçay qu'il ne sera ja-
« mais tellement ruyné qu'il n'y en ayt tous-
« jours quelque petit coing pour moy. —
« Mais ne voulez-vous pas obeyr au Roy ? Ne
« craignez-vous point qu'il ne s'enflamme
« et s'irrite contre vous ? — Madame, il
« faut que je vous dise la verité : il y a
« tantost dix-huit mois que je n'obeys plus
« au Roy. — Ne dictes pas cela, mon fils.
« — Madame, je le puis dire ; car le Roy,
« qui m'est comme pere, au lieu de me
« nourrir comme son enfant, et ne me
« perdre, m'a faict la guerre en loup ; et
« quant à vous, Madame, vous me l'avez
« faicte en lionne. — Et quoy ! ne vous ay-
« je pas tousjours esté bonne mere ? — Ouy,
« Madame ; mais ce n'a esté qu'en ma jeu-
« nesse : car depuis six ans je reconnois
« vostre naturel fort changé. — Croyez, mon
« fils, que le Roy et moy ne demandons
« que vostre bien. — Madame, excusez-
« moy, je reconnois tout le contraire. —
« Mais, mon fils, laissons cela ; voulez-
« vous que la peine que j'ay prise depuis
« six mois ou environ demeure infruc-
« tueuse, aprés m'avoir tenue si long temps
« à baguenauder ? — Madame, ce n'est
« pas moy qui en suis cause ; au contraire,
« c'est vous. Je ne vous empesche que re-
« posiez en vostre lict ; mais vous depuis
« dix-huit mois m'empeschez de coucher
« dans le mien. — Et quoy ! seray-je tous-
« jours en cette peine, moy qui ne de-
« mande que le repos ? — Madame, ceste
« peine vous plaist et vous nourrit ; si vous
« estiez en repos, vous ne sçauriez vivre
« longuement. — Comment ? Je vous ay
« veu autresfois si doux et traictable, et à
« present je vois sortir vostre courroux par
« les yeux, et l'entends par vos paroles. —
« Madame ; il est vray que les longues tra-
« verses et les fascheux traictemens dont
« vous avez usé en mon endroict m'ont
« faict changer et perdre ce qui estoit de
« mon naturel. — Or bien, puisque ne
« pouvés faire de vous-mesme, regardons
« à faire une trefve pour quelque temps,
« pendant lequel vous pourrez conferer et

soit pour le bien des Eglises, et avec leur advis et consentement. Je vous recommanderay, au reste, suivant la confiance que j'ay de vous, de long-temps, de vostre soing et diligence accoustumez, d'avoir l'œil de prés à ce qui concerne les finances publiques, parce que la grande necessité des affaires et la multiplicité des grandes charges et depenses nous pressent extresmement, et d'aultre part j'entends qu'en plusieurs lieux il y en a qui ne taschent qu'à frauder le public et le convertir à leur particulier. En quoy vous ferés observer mes reglemens et ordonnances, n'ayant aultre but que le bien general, comme vous avez faict jusques icy. Je vous envoye un mandement pour le domaine de Montaulban, lequel vous ferés executer. Et quant au faict de Villemur, j'en employe les deniers à l'endroict de quelques capitaines, gens d'honneur, qui m'ont faict service en ces guerres. Je vous prie avoir aussy ceste partie en singuliere recommandation. Je vous prie, au reste, vous disposer et preparer pour lorsque l'on fera la paix à bon escient, parce que je vous ay choisy entre tous, sçachant que vous y apporterés l'intelligence suffisante et fidelité requises. C'est tout ce que je vous diray pour le present, si ce n'est pour prier le Createur vous tenir, Monsr de Sorbiac, en sa saincte et digne garde. De la Rochelle, ce xxvij^e jour de decembre 1586.

Vostre plus affectionné et asseuré amy,

HENRY.

« communiquer avec vos ministres et vos « associez, afin de faciliter une bonne paix, « sous bons passeports, qui à ceste fin vous « seront expediez. — Et bien, Madame, je « le feray. — Et quoy, mon fils, vous vous « abusez. Vous pensez avoir des Reistres, « et vous n'en avez point. — Madame, je « ne suis pas icy pour en avoir nouvelles « de vous. » (*Hist. de France soubs les regnes de François Ier, Henri II, François II, Charles IX, Henry III, Henry IV et Louis XIII*, l. VIII, t. II, pages 518 et suiv. Paris, 1631; in-fol.)

[1586.] — 29 DÉCEMBRE.

Orig. autographe. — Biblioth. impér. de Saint-Pétersbourg, Ms. 886, lettre n° 4. Copie transmise par M. Houat.

[A MONS^R DE VILLEROY.]

Monsr de Villeroy, J'ay donné charge au s^r de Reau, lequel je depesche presentement vers le Roy, de vous faire entendre de mes nouvelles et l'occasion de son voyage bien particulierement. En quoy, parce que m'asseure que vous apporterés tout ce que vous jugerés estre pour le bien de l'Estat, auquel n'ayant aultre desir ny intention que de rapporter toutes mes actions et au service du Roy, avec mon honneur, je ne vous feray ceste-cy plus longue, si ce n'est pour vous pryer de croire le dict s^r de Reau, tout ainsy que vous vouldriés faire

Vostre entierement bon et plus affectionné amy,

HENRY.

De la Rochelle, ce xxix decembre.

1586. — 30 DÉCEMBRE.

Orig. — Collection de M. Libri, membre de l'Institut.

A MESS^{RS} DES EGLISES REFORMÉES D'ARMAGNAC.

Messrs, Aprés que les ennemys de Dieu et les nostres, rompant la paix publique, et armez du nom, auctorité, forces et finances du Roy, ont faict armer ceste année toute la France contre nous, et nous ont assaillys de toûts costez avec sept ou huict armées, tendans, soubs pretexte de religion, à ung changement d'estat, voyans à la fin que tous leurs efforts estoient de peu d'effect, ils ont fait rechercher une entrevue entre la Royne, mere du Roy, et moy; laquelle, aprés avoir esté poursuivye et retardée quatre ou cinq mois, à l'occasion des empeschemens, occurences, difficultés et remises que la deffiance apporte, elle a esté à la fin resolue et commencée le xiij^e de ce mois, et finye cinq jours aprés, sur une declaration que la dicte dame Royne fist à moy-mesme, que la resolution du Roy estoit de ne souffrir en son Royaulme aultre exercice de religion que la sienne : ce que luy ayant declaré estre impossible, et suffisant neanmoings pour rompre toute negotiation et ouverture de paix, elle a demandé delay jusques au vi[e] jour de janvier, pour avoir moyen de nous resouldre en cela de la derniere vollonté du Roy. De quoy cependant j'ay bien voulu vous advertir de ceste derniere action de l'entrevue, tant pour vous esclaircir de ce qui se passe et descouvrir de plus en plus les intentions d'iceulx à qui nous avons affaire, que aussy pour vous advertir de vous preparer de plus en plus à tout ce que vous verrez estre necessaire pour le bien, seureté et conservation des Eglises de ce Royaulme; pour lesquels j'employeray tous mes moyens et ma propre vie. Et m'asseure que Dieu benira noz labeurs et donnera, à ce coup, aux siens une entiere delivrance, qui sera d'aultant plus grande et remarquable que tout le monde est ligué et bandé contre son service et sa parolle. Estans donc rendus capables de la façon dont a esté procedé à la dicte entrevue, afin de ne deguiser les choses, et pour vous prier nous donner advis des moïens dont il se faudra conduire à l'advenir, affin de faire toutes choses par le commun advis et consentement des Eglises et de noz amis, alliez et confederez, je vous prieray de me departir plus souvent de voz nouvelles et de voz bons conseils et advis, que vous n'avez faict jusques à present, d'esperer aussy une certaine et plaine delivrance, que je tiens prochaine avec la grace de Dieu, et au reste vous asseurer de plus en plus de ma bonne volonté envers vous : sur ce, me recommandant à vos bonnes prieres, comme aussy je supplie le Createur vous tenir, Messrs, en sa saincte protection. De la Rochelle, ce xxxe decembre 1586.

Vostre meilleur et plus affectionné amy,

HENRY.

[1586. — VERS LE 30 DÉCEMBRE.]

Orig. autographe. — Biblioth. de M. l'archevêque de Cantorbéry. Copie transmise par M. l'ambassadeur de France à Londres.

A MONS^R BACON.

Monsr de Bacon, Je vous ay escript avoir entendu que ceus à qui j'avois commandé de vous delivrer de l'argent ne l'ont point effectué, et ont porté si peu de respect à mes commandemens qu'au lieu de vous en secourir ils vous ont travaillé; c'est pourquoy j'escris à mon cousin mons^r de Turenne, qui va par delà[1], d'y pourvoir promptement. Il a si bonne volonté à tout ce qu'il connoist que j'affectionne, et, en vostre particulier, il vous porte si bonne affection, qu'il fera tres volontiers pour vous tout ce qui se pourra. Je vous prye, Monsr de Bacon, croire que j'estime tellement ceux à qui vous appartenez que vous pouvez faire estat de moy, et vous asseurer que je suis

Vostre bien affectionné et asseuré amy,

HENRY.

1586. — 31 DÉCEMBRE. — Ire.

Orig. — Arch. de M. le baron de Scorbiac, à Montauban. Copie transmise par M. Gustave de Clausade, correspondant du ministère de l'Instruction publique.

A MONS^R DE SCORBIAC,

CONSEILLER DU ROY MON SEIGNEUR, EN SA COURT DE PARLEMENT DE THOLOUSE ET CHAMBRE DE L'EDICT.

Monsr de Scorbiac, J'ay donné charge à Beretz, secretaire de mon cousin mons^r de Montmorency, de vous dire de mes nouvelles, l'estat des affaires de deçà et ce qui s'est passé en ceste entreveue, et mesmes vous communiquer les instructions qu'il porte, afin que vous

---

[1] *Par delà* doit s'entendre ici de la Gascogne, et non de l'Angleterre. M. Bacon était alors en France.

soyés informé de l'estat des dicts affaires, attendant que l'occasion se presente de vous avoir auprés de moy, si nous entrons plus avant en traicté. Je vous prie m'advertir desormais de ce qui se passe par delà, et faire tousjours estat de ma bonne volonté envers vous. Sur ce, je prieray le Createur vous tenir, Monsr de Scorbiac, en sa saincte et digne garde. De la Rochelle, ce dernier decembre 1586.

Vostre meilleur et plus affectionné amy,

HENRY.

ANNÉE 1587.

1587. — 1er JANVIER.

Cop. — Biblioth. de Tours, ancien manuscrit des Carmes, coté M, n° 50, *Lettres historiques*, p. 253. Communiqué par M. le préfet.

[A MADAME DE BETHUNE.]

Madame de Bethune[1], L'amytié que j'ay portée à feu vostre mary[2], qui a prins sa premiere nourriture avecques moy, et la souvenance que j'ay de sa valeur et de ses services (oultre le regret que j'ay de l'avoir perdu), me donneront tousjours assez d'occasion de faire pour les siens, et d'avoir soing de leur advancement. Pour le regard de ce qui luy estoit deub, j'y pourvoyray par quelque bonne assignation; car vous sçavez que les grands affaires que j'ay maintenant ne me donnent pas le moyen de le faire si promptement comme je desirerois. Pour ce qui touche vos enfans[3], je seray bien aise qu'ils suivent le chemin de la vertu du pere, et qu'ils soient nourris et institués en sa religion, comme ç'a esté tousjours son intention, et luy

---

[1] Lucrèce de Coste, fille de Ludovic de Coste, comte de Berme en Piémont, chevalier de l'ordre du Roi, et d'Aurélia Spinola. Elle avait épousé, en 1574, Florestan de Béthune, seigneur de Congy, dont nous avons parlé, lettre du 26 juillet 1580, note 1.

[2] Voici comment la mort de Béthune est racontée par de Thou, à l'année 1586 : « François de Jobert, sieur de Barraut, sénéchal de Bazas, s'étant mis en campagne avec un détachement de cavalerie, pour faire des courses du côté de Sainte-Foy, rencontra Florestan de Béthune, gouverneur de Montflanquin, qui étoit accompagné de Clermont, sieur de Piles, de Maligny, et d'un des fils de Jean la Fin, sieur de Beauvois. Le choc fut rude. Le sieur de Montardit, lieutenant de Barraut, le capitaine Chilaud, de Périgueux, et Charles de Birague..... chargèrent vigoureusement les protestans; et, comme ils avoient l'avantage du nombre, Béthune, Maligny et quelques autres furent tués sur la place en combattant avec beaucoup de valeur. » (*Hist. univ.* l. LXXXV.)

[3] Ils étaient six : trois garçons et trois filles. Les fils moururent tous les trois sans postérité, et en eux s'éteignit cette branche de la maison de Béthune.

avez promis. Vous le debvez faire aussy, et ne debvez rien craindre en cela, puisque luy-mesme y a si librement exposé sa vie. Je m'asseure que l'amour que luy avez portée vous excitera tousjours à en rendre tesmoignage aprés sa mort, par l'obeissance et execution de sa volonté. Mais encores y ay-je bien voulu apporter ceste priere, avec asseurance que je les en recognoistray tousjours mieux par ceste marque, et me rendray plus disposé à ce qui sera de leur bien. Sur ceste promesse, je prieray Dieu vous avoir, Madame de Bethune, en sa tres saincte et digne garde. De la Rochelle, ce premier de janvier 1587.

Vostre affectionné et meilleur amy,

HENRY.

[1587. — VERS LE 10 JANVIER.]

Orig. autographe. — Collection de M. F. Feuillet de Conches.

A MONS^r DE St GENYES.

Monsr de Sainct Genyes, Je viens presentement de recevoir vos lettres, lorsqu'Esprit estoit desjà depesché; de sorte que je ne vous feray que ce mot, pour vous dire qu'ayant envoyé de Reau avec La Roche, pour me plaindre de la publication de la treve qui avoit esté faicte à Niort, Poictiers et Orleans avec precipitation, et sans qu'elle eust esté arrestée entre la Royne et moy [1], la dicte dame a depesché les sieurs de Rambouillet et de Pontcarré pour venir resoudre avec moy l'entreveue ou la rompre [2]. Je ne les ay encores entierement oys.

[1] Le seul résultat qu'avait eu la conférence tenue à Saint-Bris, au mois de décembre précédent, entre le roi de Navarre et la reine mère, avait été l'accord d'une courte trêve jusqu'au 6 janvier. Catherine de Médicis paraît s'être hâtée de la publier pour semer des germes de défiance contre son gendre dans le parti protestant.

[2] Non-seulement la première partie de la conférence de Saint-Bris n'avait abouti à rien ; mais l'échange de quelques mots piquants semblait plutôt y avoir aigri les esprits. « Quant aux dernieres conferences, dit d'Aubigné, la Roine, qui lui avoit parlé de changer de religion comme par bien-seance, commença (en excusant les

Je vous advertiray incontinent de tout ce qui sera passé en ce faict. Je vous envoye ce pendant les trente lettres dont vous m'avés escript.

Lorrains sur les justes craintes de voir la couronne entre les mains d'un heretique) à presser sur le fait de la religion, sans le changement de laquelle son gendre ne pouvoit esperer ni amitié avec le Roi ni avec l'Estat, lequel il troubloit, ni paix ni sureté à sa vie et à ses conditions. Sa response fut : « Madame, le respect du Roi et « ses commandemens m'ont fait demeurer « foible, et donner aux ennemis, avec la « force, l'audace, qui est la fievre de l'Es- « tat. Vostre accusation est comme celle du « loup à l'agneau; car mes ennemis boi- « vent à la source des grandeurs. Vous ne « me pouvez accuser que de trop de fide- « lité; mais moi je me puis plaindre de « vostre memoire qui a fait tort à vostre « foi. » Et comme elle repliqua sur la ne- cessité de changer de religion, « Comment, « dit-il, aiant tant d'entendement, estes- « vous venuë de si loin pour me proposer « une chose tant detestée, et de laquelle je « ne puis deliberer avec conscience et hon- « neur que par un legitime concile, au- « quel nous nous soumectrons moi et les « miens ? » Alors elle paia de la bonne grace du Roi : et comme quelques-uns des siens l'ameutoient, le duc de Nevers osa dire : « Sire, vous seriez mieux à faire la cour au « Roi qu'au maire de la Rochelle, où vous « n'avez pas le credit d'imposer un sou en « vos necessitez. » La response fut : « Nous « n'entendons rien aux impositions, car il « n'y a pas un Italien parmi nous. Je fai à « la Rochelle ce que je veux, en n'y voulant « que ce que je doi. » (*Hist. univ.* t. III, liv. I, chap. VI.)

Par ces *dernières conférences* dont parle d'Aubigné, il faut entendre les dernières auxquelles assista le roi de Navarre, au mois de décembre. Pierre Mathieu, dans son Histoire des troubles de France, s'ac- corde avec d'Aubigné sur les réponses que fit en cette circonstance le roi de Navarre; seulement il n'attribue au duc de Nevers que la remarque sur les impôts, et il met dans la bouche de Catherine de Médicis l'observation relative au maire de la Ro- chelle. Le duc de Nevers, dans le compte qu'il rendit lui-même à Henri III de cette conversation, la présente ainsi à sa ma- nière : « Je luy dis : « Mais enfin, Sire, vous « n'estes le chef des huguenots qu'en appa- « rence. Vostre authorité est dependante du « conseil de la Rochelle, et vous ne sçauriez « lever un denier que par ses ordres. » Il me respondit agreablement sur cet article, et me dit : « Ne parlons point de mon « pouvoir, il est tel que je veux qu'il soit. « Parlons de faire la paix. » Cette lettre du duc de Nevers au Roi n'est pas d'un ton à inspirer une entière confiance, mais elle présente bien les manières naturelles du roi de Navarre : « Tel que vous avez veu ce prince, Sire, tel il est aujourd'huy. Les années ny les embarras ne le chan- gent point. Il est tousjours agreable, tous- jours enjoué et tousjours passionné, à ce qu'il m'a cent fois juré, pour la paix et pour le service de Vostre Majesté. Il m'a dit, de l'abondance de son cœur, qu'il voudroit avoir assez de forces pour vous deffaire en un jour de tous les autheurs de la Ligue, sans vous obliger mesme à y donner vostre consentement. Il vous té- moigneroit combien vostre repos luy est

en attendant qu'on ayt loisir de satisfaire au reste de vostre depesche. A Dieu, Mons{{r}} de Sainct Genyes; c'est

Vostre affectionné maistre et parfaict amy à jamais,
HENRY.

[1587[1]. — VERS LE 12 JANVIER.]

Orig. autographe. — Arch. impériales de Vienne. Copie prise par M. Michelan, ancien magistrat, pendant un voyage en Allemagne.

[A LA ROYNE, MERE DU ROY MON SEIGNEUR.]

Madame, Encores que j'aye faict response à Vostre Majesté sur ce qu'il luy a pleu me mander par mon cousin, mons{{r}} le mareschal de Byron, et par les s{{rs}} de Pontcarré et president Brulart, j'envoye du Pin[2] vers Elle, duquel je me fie entierement, pour en recevoir vos commandemens; lesquels il me raportera fidelement. Je vous suplie le vouloir croire tout ainsy que moy-mesme, et le me renvoyer promptement, afin d'estre esclarcy de vostre volonté envers moy, et vous asseurer, Madame, qu'il n'y a rien au monde que je desire tant que l'honneur et la faveur de vos bonnes graces, et de vous rendre l'entiere obeyssance et service, perpetuellement, que vous a voué et vous doit, pourveu qu'il vous plaise luy en donner le moyen et occasion,

Vostre tres humble et tres obeissant sujet,
serviteur et fils,
HENRY.

cher, combien vostre gloire le touche, et combien il souhaite de vous voir aussi puissant et aussi bien obey que vous le meritez. Il m'a fait l'honneur de me conjurer de vous en assurer de sa part..... Il m'a protesté que... s'il estoit tout seul interessé dans l'accomodement que la Reine mere luy propose, et qu'il n'y allast que de toute sa fortune, il n'y apporteroit pas la moindre difficulté; qu'il la supplieroit de luy donner une place dans son coche pour aller trouver dés demain Vostre Majesté, sans aucune condition, et sans aucune autre seureté que celle de son innocence. » (*Mémoires de Nevers*, t. I{{er}}, p. 767 et suiv. Paris, 1665, in-fol.)

---

[1] C'est par erreur qu'en marge de l'original de cette lettre une main plus moderne a porté la date de 1584.

[2] Cette mission particulière de Du Pin prépara sans doute la délégation qui fut bientôt donnée au vicomte de Turenne, comme on le voit dans la lettre suivante.

1587. — 14 JANVIER.

Orig. — Arch. de M. le baron de Scorbiac, à Montauban. Copie transmise par M. Gustave de Clausade, correspondant du ministère de l'Instruction publique.

A MONS^R DE SCORBIAC,

CONSEILLER DU ROY MON SEIGNEUR, EN SA COURT DE PARLEMENT DE THOLOZE.

Monsr de Scorbiac, J'ay donné charge à ce porteur de vous dire de mes nouvelles et l'occasion de son voyage; de quoy je me remettray sur luy. Je vous prieray seulement, par la presente, d'avoir l'œil à nos affaires de delà et y faire le meilleur mesnage que vous pourrez. Monsr le mareschal de Biron, et les s^rs de Pontcaré et president Brulart, sont venuz icy pour remettre sus une entreveue; de quoy je me suis excusé pour beaucoup de raisons, et envoie mons^r de Turenne devers la Royne pour entendre ce qu'elle a à me dire [1]. Je vous prie vous asseurer tousjours de ma bonne volonté, comme aussy je prie le Createur vous tenir, Monsr de Scorbiac, en sa saincte garde. De la Rochelle, ce xive janvier 1587.

Vostre meilleur et plus asseuré amy,

HENRY.

[2] Monsr de Scorbiac, J'ay retenu Merargues jusqu'à present, espe-

---

[1] « Il ne voulut plus, dit Davila, assister en personne à cette conference, mais y envoya pour lui le vicomte de Turenne, qui traitoit adroitement de plusieurs choses avec la Reyne, mais n'en concluoit jamais aucune. » (*Histoire des guerres civiles de France*, l. VIII.)

Suivant Cayet, la reine dit au vicomte : « Que resoluement le Roy ne vouloit qu'une religion en France. Il luy respondit : Nous le voulons bien, Madame, mais que ce soit la nostre.... Et ce faisant, fit la reverence à la Royne et se retira. » (*Chronologie nove-*

naire, fol. 32 recto.) D'après ces derniers mots, la conférence avec Turenne semblerait s'être terminée brusquement; et la plupart des historiens ont assigné à ces pourparlers beaucoup moins de durée qu'ils n'en eurent. La correspondance du roi de Navarre prouve combien la chose traîna en longueur.

[2] Cette lettre retardée d'un mois, et les termes du post-scriptum du 14 février sont au nombre des preuves dont nous venons de parler.

rant vous mander des nouvelles de la seconde entreveue que la Royne a proposée, de laquelle nous n'avons pas encore peu tomber d'accord, et sommes au xiv° febvrier.

1587. — 15 JANVIER.

Orig. — Archives royales de Saxe. Copie transmise par M. le ministre d'état baron Lindenau.

ILLUSTRISSIMO PRINCIPI, ETC. CHRISTIANO, DUCI SAXONIÆ, ETC.[1]

Illustrissime Princeps, Frater et Consanguinee carissime, Postremis meis litteris cum de colloquio mecum a regina matre tantopere ex-

[1] Des lettres presque semblables, et en date du même jour, furent adressées au roi de Danemark et au duc de Würtemberg. La copie de la première a été envoyée par M. le ministre de France à Copenhague; celle de la seconde nous a été transmise par M. Duvernois, de Besançon. Voici la traduction de la lettre que nous publions.

« AU PRINCE CHRISTIAN,
« DUC DE SAXE, ETC.

« Très-illustre Prince et très-cher Frère et Cousin, Depuis ma dernière lettre, dans laquelle je faisais part à votre altesse du projet de conférence formé par la reine mère, et dont l'exécution était si vivement désirée par elle, il est arrivé qu'après avoir vainement essayé pendant près d'une demi-année d'échapper par mille subterfuges à cette entrevue, prévoyant bien qu'il ne pourrait jamais en résulter aucun bien pour nous, il est arrivé, dis-je, que, forcé par les circonstances, j'ai été obligé de me rencontrer avec la reine. Ainsi que je l'avais prévu, après de longs pourparlers et de nombreux entretiens, abandonnés, puis repris, l'on en vint à me promettre que si je délaissais ma religion pour revenir à celle de Rome, et si j'adoptais franchement celle-ci, ainsi que tous ceux qui suivent le culte réformé en France, le Roi s'engagerait, en me donnant toutes les garanties désirables, à m'accorder tout ce que je demanderais. Si je n'acceptais point cette proposition, je ne devais, ajoutait-on, espérer aucune paix. Élevé comme je l'ai été, par la grâce de Dieu, depuis mon enfance, dans la religion pure et orthodoxe, et ayant senti et sentant tous les jours croître en moi le zèle de la maison de Dieu, j'ai mieux aimé m'exposer à souffrir toutes les extrémités que m'éloigner, même d'un seul pas, du chemin de la piété où Dieu a affermi mes pieds.

« Il n'est pas douteux que, voyant la fermeté et la constance avec laquelle j'ai repoussé toutes leurs promesses et leurs séductions, nos ennemis ne fassent maintenant appel à tous les moyens et à tous les efforts, ne réunissent toutes leurs forces et ne nous attaquent incessamment avec une fureur nouvelle et plus grande que jamais. Si Dieu ne nous protége, comme il le fait depuis vingt-cinq ans, et tout ré-

petito Celsitudinem vestram monuissem, factum est ut, post disquisita a me per dimidium fere annum hinc inde subterfugia, quod nihil boni exinde nos consecuturos unquam crediderim, tandem variis modis coactus, cum ea me colloqui oportuerit; atque ut me mea non fefellit opinio, multis subinde fusis verbis et repetitis colloquiis, eo res rediit ut si, deserta religione mea, ad papisticam serio transire cum

cemment dans ces deux dernières années, contre l'attente générale, nos affaires vont être ruinées de fond en comble. Votre altesse comprendra facilement, dans sa prudence, combien un pareil événement serait déplorable pour toute la république chrétienne, et fatal surtout aux intérêts des églises de sa principauté. Si jamais il y a eu lieu à presser les secours, c'est en ce moment, où nos affaires touchent à leur ruine, si la piété de votre altesse n'y pourvoit. Dans ce but, nous envoyons, aussitôt après le départ de la Reine, un des officiers de notre maison vers le noble sieur de Ségur, en le chargeant seulement de ces courtes lettres, à cause du peu de sûreté des chemins. Le sieur de Ségur, après avoir appris de notre envoyé le détail de tout ce qui s'est passé, en informera diligemment votre altesse, et fera repartir, le plus tôt qu'il pourra, l'envoyé avec une réponse de votre altesse sur les secours que nous attendons depuis si longtemps. Nous espérons que notre envoyé ne reviendra point de ce voyage sans en rapporter quelque résultat. Plein de confiance dans l'insigne piété de votre altesse, nous ne doutons point qu'elle ne fasse tout son possible pour empêcher que par suite de longs retards qui, au su de tout le monde, l'exposent aux plus graves dangers, un roi plein de dévouement pour la personne de votre altesse soit complètement écrasé par les ennemis mortels de la religion réformée, et cela en défendant la cause la plus juste. Bien plus, nous espérons que, marchant sur les traces de son très-illustre père, de pieuse mémoire, qui non-seulement s'était décidé le premier à nous porter secours, mais encore avait fait tout son possible, et par son exemple et par la considération dont il jouissait auprès des autres princes, pour les entraîner à réunir leurs forces en notre faveur; nous espérons, dis-je, que votre altesse, en leur montrant l'exemple et en agissant sur eux par son influence, les décidera, malgré leur torpeur, à nous apporter de prompts secours. Veuille votre altesse être bien convaincue de toute notre reconnaissance pour cet insigne bienfait. Puisse le Tout-Puissant fournir un jour à notre bonne volonté une occasion digne d'elle, pour lui en donner des preuves. Nous reposant sur cet espoir, nous adressons les vœux les plus ardents à la Majesté divine, pour qu'elle daigne conserver le plus longtemps possible dans une santé prospère la personne de votre altesse, si nécessaire au salut de toute la république chrétienne.

« Donné à la Rochelle, le 15 janvier 1587.

« De votre altesse le très-affectionné cousin,

« HENRI. »

omnibus Gallis reformatam religionem profitentibus, atque hanc amplecti ingenue statuerem, omnia pro arbitrio meo postulata regem concessurum multis sponsionibus polliceretur. Si secus faxi, non est quod quicquam pacis unquam me expectare oporteat; at cum Dei Optimi Maximi beneficio, in puriori et orthodoxa religione sim a puero educatus, creveritque et crescat in dies semper uberius domus Domini apud me zelus, extrema quælibet omnia subire et perpeti mihi satius est, quam ne latum quidem unguem ab obfirmata in me pietate discedere. Itaque considerata ab inimicis hac, quæ mihi per Dei misericordiam adversus tot promissionum illecebras data est, firmissima constantia, dubium non est quin omnibus consiliis et conatibus advocatis, et coactis quaquaversum poterunt copiis, redintegrato et multo acriori quam antea furore, in me undique brevi insiliant[2]. Et ni avertat Deus (qui nos a xxv annis tam sæpe, et novissime jam per biennium, contra omnium expectationem, hactenus servavit), funditus pessundent. Quòd quam Reipublicæ Christianæ, vobisque imprimis luctuosum, imo et periculosum foret, vos pro summa vestra prudentia satis perpensuros facile mihi persuadeo. Quare si unquam auxilio fuit locus, urgent nunc Celsitudinis vestræ pietatem nostræ res alias deplorandæ. Hinc fit ut confestim, regina recessa, nobilem virum ex familiaribus nostris, cum his litterulis, propter periculosa itinera ad generosum dominum Segurium ablegarim, quem, auditis ab nuntio fusius omnibus, jubemus ut Celsitudinem vestram summa cum diligentia de his certiorem reddat, ad nosque quam citissime poterit cum responso de Celsitudinis vestræ

[1] « Le roi de Navarre, dit de Thou, craignit que la nouvelle de cette conférence ne le rendît suspect à ses amis en France....... Il crut aussi qu'elle pourroit produire un mauvais effet hors du Royaume, et que les Allemans, déjà fort lents de leur naturel, entendant parler de trêve, le seroient encore davantage et ne se presseroient point de le secourir. Ainsi il fit promptement partir de la Rochelle plusieurs de ses gens, qu'il envoya dans toutes les provinces du Royaume, avec des lettres de confiance pour expliquer à ses amis ce que c'étoit que cette trêve, et ce qui s'étoit passé entre la Reine et lui... Il en envoya d'autres en Allemagne pour presser la marche du secours et dissiper les bruits de trêve qui couroient parmi les Suisses et dans l'Empire, en montrant que l'entrevue n'avoit eu aucune suite. » (*Hist. univ.*, l. LXXXVI.)

auxiliis, ita diu expectatis, nobilem illum remittat; quem quidem non absque ullo profectionis suæ fructu a Celsitudine vestra dimissum iri confido. Hujus enim insigni pietate fretus, daturam spero operam, ne regem, Celsitudini vestræ amicissimum, ob periculum quod in tam diuturna mora situm esse omnibus notum est, a puriori religione infestissimis hostibus, in tam justissima causa obrui patiatur. Imo ut illustrissimus princeps, parens Celsitudinis vestræ, piæ memoriæ, non solum auxiliari nobis primus, sed et Celsitudinis suæ exemplo, qua poterat erga cæteros principes auctoritate, hos in mutuum auxilium omnes pertrahere decreverat. Sic suæ Celsitudinis insistens vestigiis, Celsitudo vestra, qua eminet inter alios principes potentia, iter primus iis, alioquin silentibus, commonstrans, ad nos subito auxiliandos adhortabitur. Quo insigni beneficio quem me Celsitudini vestræ obligatum iri reputem optarim, ut satis sibi persuadeat. Faxit D. O. M. ut Celsitudini vestræ, prout feret semper voluntas nostra, aliquando id pro dignitate rependere possim. Atque ea spe innixus, Majestatem suam ardentissimis votis supplex oro ut Celsitudinem vestram totæ Reipublicæ Christianæ adeo necessariam, quam diutissime servet incolumem. Datum Rupellis, xv januarii MDXXCVII.

Celsitudinis vestræ amicissimus consanguineus,
HENRICUS.

1587. — 1ᵉʳ FÉVRIER.

Orig. — Arch. du château de Wufflens (canton de Vaud). Copie transmise par M. Duvernois, de Besançon.

[A MONSʀ DE VUFLENS.]

Monsʀ de Viflan[1], J'ay entendu par les lettres du sʀ de Clervaut l'affection et bonne volonté que vous avés au bien de mes affaires, et comme pour les advancer vous estes content d'engager ou me vendre vostre terre de Viflan; dont je vous ay d'autant plus d'obligation que je n'ay jamais faict chose pour vous qui vous doibve inciter à me faire

[1] François le Marlet, sieur de Solon, acquit, le 26 août 1580, le château et la seigneurie de Wufflens-sur-Morges, de sept capitaines bernois, qui eux-mêmes les

ce bon office. Aussy debvez-vous croire qu'il ne s'offrira jamais occasion de m'en revencher que je n'essaye de tout mon pouvoir à recognoistre ce signalé service. Le dict sr de Clervaut m'escrivoit estre necessaire que je luy envoyasse une ratification particuliere du contract qu'il a faict pour vostre terre; mais par ce que il a ung pouvoir general que je luy ay envoyé pour faire tout ce qui concernera le bien de mon service, j'ay estimé que cela serviroit assés pour asseurance de ma volonté, attendant que la saison permette d'envoyer toutes les ratifications necessaires pour aultres affaires semblables. Je vous prie continuer à vous employer à ce que le dict sr de Clervaut[2] negocie en Suisse, comme vous avés desjà commencé, estant besoing que tous les gens de bien y aydent, tant pour la gloire de Dieu que pour nostre commune conservation, tout ainsy que nos ennemys travaillent unanimement à la ruine de l'un et de l'aultre; et j'espere que Dieu benira nos armes, si justement prinses, à leur confusion, et qu'il me fera ung jour la grace de recognoistre tous ceulx qui m'auront assisté en une si juste deffense, et particulierement ceulx qui auront servi de leur personne et biens, comme vous. Ce qu'attendant, faictes estat de mon amitié, de laquelle vous sentirés les effects avec le temps : et sur ceste asseurance je prieray le Createur, Monsr de Viflan, qu'il vous ayt en sa saincte et digne garde. De la Rochelle, ce premier jour de febvrier 1587.

Vostre entierement bon et bien affectionné amy,

HENRY.

avaient achetés en commun, voulant faire de cette forteresse une place de guerre. Le sieur de Solon, à qui le roi de Navarre donne ici le nom de ce fief, fut en marché avec lui pour le lui revendre; mais le traité n'eut pas lieu. François le Marlet, fils de ce seigneur de Wufflens, étant ruiné, se vit obligé, après la mort de son père, de mettre cette terre en décret. La masse des créanciers l'aliéna au profit de François de Senarclens, dont les descendants la possèdent encore aujourd'hui. Ces renseignements nous sont fournis par M. Duvernois.

[2] Le nom de seigneurie sous lequel était connu Antoine de Vienne, personnage distinct de M. de Clervant, conseiller intime du roi de Navarre, se trouve écrit aussi, et même plus souvent, *Clervant*. Nous avons admis l'autre forme (*Clervaut*), orthographe adoptée par le P. Anselme, et utile, dans cette correspondance, pour distinguer les deux individus.

[1] Monsʳ de Viflan, Je vous prie croire que je ne seray jamais ingrat de recognoistre l'effet de vostre bonne volunté en mon endroict, lequel vous ne me sçauriés rendre en saison plus opportune.

1587. — 2 FÉVRIER.

Cop. — Arch. de M. le baron de Scorbiac, à Montauban. Envoi de M. Gustave de Clausade, correspondant du ministère de l'Instruction publique.

A MONSʀ DE SCORBIAC,

CONSEILLER DU ROY MON SEIGNEUR, EN SA COURT DE PARLEMENT DE THOLOZE.

Monsʳ de Scorbiac, Depuis vous avoir escript, la Royne, mere du Roy mon seigneur, a desiré encores une seconde conference et entreveue, laquelle n'est poinct encores arrestée, d'aultant qu'on n'est pas d'accord du lieu ni des moyens d'icelle. Il seroit à desirer que chascun apportast une bonne et sincere affection au bien et repos de l'Estat. Le Roy persiste en sa resolution de ne souffrir aultre religion en ce Royaume que la sienne, qui est rompre toute negociation de paix. Je vous recommande nos affaires de delà, et mesmes celles des finances qui nous sont necessaires en ce temps. Je mande à Tresrieux de continuer sa charge, par ce qu'il l'a cy-devant exercée, et qu'il en a meilleure cognoissance et experience qu'un qui y seroit commis nouvellement. Je vous envoye un mandement pour contraindre la Lauze, parce que j'ay esté adverty par le sʳ du Plessis et aultres de mon conseil qui estoient par delà, qu'il avoit donné charge de payer la partie de IIᶜ livres, dont est question, au thresorier nommé d'Orleans, laquelle ne luy peut estre payée, à cause qu'il estoit absent, de la peste [1]; et que, depuis les armes prinses, contre les declarations, reglemens, or-

---

[1] De la main du roi.

---

[1] Ce fléau avait ravagé une partie de la France pendant toute l'année précédente. Au commencement, lorsque le duc de Mayenne avait opéré sa jonction avec le maréchal de Matignon, celui-ci lui avait dit que tout ce qu'il pouvait lui offrir était la peste et la famine. A la fin de cette même année, Rosny, après sa mission à la cour, ayant voulu faire un tour chez lui, y avait trouvé les traces récentes et terribles du fléau. « Auquel lieu de Rosny, disent ses secrétaires..... il y avoit eu une

donnances et deffenses par nous faictes, il auroit payé la dicte somme à Codouin, ou retiré quittance de luy, ce qui ne peut avoir lieu en aulcune sorte, si ce n'est pour frauder les finances publiques contre son debvoir et nostre intention. Je vous prie me mander de vos nouvelles le plus souvent que vous pourrez et de l'estat des affaires de delà, et les conduire avec vostre fidelité et diligence accoustumée. Monsr de Terrides tiendra la main à toutes choses qui sont pour mon service, comme j'en suis trez asseuré. Sur ce, je vous prieray faire tousjours certain estat de ma bonne volonté, et le Createur vous tenir, Monsr de Scorbiac, en sa saincte garde. A la Rochelle, ce ij^e fevrier 1587.

Vostre meilleur et plus asseuré amy,
HENRY.

[1587.] — 19 FÉVRIER.

Orig. autographe. — Collection de M. F. Feuillet de Conches.

A MONS^R DE SAINCT GENYES.

Monsr de Sainct Genyes, Je vous envoye ce que vous me demandés pour [le] *Baron de Larboust*[1]. Je remettray à vostre prudence et dexterité à conduire le tout et le mener à bonne fin. Quant aux impositions nouvelles, je les ay toutes remises à ce que vous en adviserés pour le mieulx, et suis d'advis qu'elles soient ostées puisqu'elles nuisent au commerce et au bien de mon pays. Mais pour le regard du pastel, il me semble estre necessaire qu'il demeure à hault prix, afin d'empes-

telle peste, que la pluspart des habitans du bourg en estoient morts, et dans le chasteau une des damoiselles, une femme de chambre, un page, un laquais et un cuisinier de madame vostre femme ; et vous avoit-on mandé qu'elle avoit esté deux jours et deux nuicts dans la forest de Rosny, sans avoir osé prendre ni peu trouver autre retraitte ni couvert que son carrosse, peur boire manger et dormir, tant chacun faisoit difficulté de lui ouvrir sa porte. » (*Œconomies royales*, Ire partie, chap. XXII.)

---

[1] Ces mots sont écrits en chiffres.

cher que, par le bon marché qu'ils trouveroient de le passer par delà, ils fraudassent les impositions qui sont mises sur la riviere de Garonne, qui est la seule occasion de leur faire prendre ce chemin. Plustost il faudroit le confisquer et en defendre le passage, lequel nuiroit beaucoup et porteroit dommage aux impositions estant sur la dicte riviere. Nous sommes sur le point de faire la seconde entrevue, après laquelle je vous advertiray de tout ce qui s'y sera passé. Assurés-vous tousjours de l'amitié de

Vostre tres affectionné maistre et parfaict amy,

HENRY.

De la Rochelle, ce xixe fevrier.

1587. — 21 FÉVRIER.

Cop. — Arch. de M. le baron de Scorbiac, à Montauban. Envoi de M. Gustave de Clausade, correspondant du ministère de l'Instruction publique.

A MONS^R DE SCORBIAC,

CONSEILLER DU ROI MON SEIGNEUR, EN SA COURT DE PARLEMENT DE THOLOZE ET CHAMBRE DE L'EDICT.

Monsr de Scorbiac, J'ai donné (comme cy devant je vous ay par plusieurs fois escript) la partie que doibvent les consuls de Villemur au s^r de Ranques qui m'a faict icy beaucoup de bons services. Et parce qu'il passera bientost par Montaulban, pour s'en aller en Daulphiné, où je l'envoye, je vous prie de faire tenir la dicte partie preste, affin qu'elle luy soit delivrée promptement et que cela ne le puisse tarder; d'aultant que je desire que le don que je luy ay faict ne luy soit infructueux, attendu que c'est pour recompense de ses services. Je vous en prye derechef, Monsr de Scorbiac, et le Createur vous donner sa saincte benediction. De la Rochelle, ce xxj^e fevrier 1587.

Vostre plus affectionné et plus asseuré amy,

HENRY.

[1587.] — 23 FÉVRIER.

Orig. autographe. — Collection de M. F. Feuillet de Conches.

A MONS^R DE S^T GENIES.

Monsr de St Genies, A cause du vent, j'ay esté contrainct de retenir ce porteur jusques à aujourd'huy; il porte nos depesches. Je pars presentement pour m'en aller à Marans, où nous adviserons du lieu de l'entreveue, entre le dict Marans et Fontenoy. Il y a quelque mauvais mesnage entre le Roy et la royne d'Angleterre, jusqu'à avoir arresté vaisseaux et ambassadeur, d'une part et d'aultre[1]. Je vous prye, Monsr de St Genies, de depescher l'affaire pour lequel va ce laquais, le plus tost que vous pourrés, et m'en mander incontinent des nouvelles C'est

Vostre trez affectionné maistre et parfaict amy,

HENRY.

De la Rochelle, ce xxiij^e fevrier.

[1587. — VERS LA FIN DE FÉVRIER.] — Ire.

Orig. autographe. — Bibl. impér. de Saint-Pétersbourg, Ms. 914, lettre n° 19. Copie transmise par M. Allier, correspondant du ministère de l'Instruction publique.

[A LA ROYNE, MERE DU ROY MON SEIGNEUR.]

Madame,

Parce que Vostre Majesté pourra, par les sieurs de Rambouillet et de Pontcarré, entendre bien particulierement ce qui s'est executé par deçà en leur presence, je ne l'ennuyeray à luy en faire redite par ceste lettre, qui sera seulement pour la suplyer tres humblement de croire que le retardement et la longueur qui s'est trouvée jusques icy en la negociation de ceste entrevue et suspension d'armes,

---

[1] Cette mésintelligence s'expliquait suffisamment par les démonstrations que fit la cour de France entre la condamnation de Marie Stuart, prononcée le 25 octobre précédent, et l'exécution de l'arrêt le 18 février, cinq jours avant la date de cette lettre.

n'est point procedée de moy, qui ay tousjours reputé à tres grand heur de pouvoir baiser tres humblement les mains de Vostre Majesté, et luy faire connoistre le desir et affection que j'ay de luy rendre le service que je luy doy, et qu'il vous plaise me tenir perpetuellement pour

        Vostre tres humble, tres obeyssant et tres fidelle sujet,
        serviteur et fils,

                HENRY.

Madame, J'ay icy entendu par la Roche, que Vostre Majesté faisoit sortir Fouguerolles sans payer rançon, et mons' de Malicorne[1] l'a renvoyé querir sur sa foy.

[1587. — VERS LA FIN DE FÉVRIER.] — IIme.

Orig. autographe. — Bibl. impér. de Saint-Pétersbourg, Ms. 915, lettre n° 26. Copie transmise par M. Allier, correspondant du ministère de l'Instruction publique.

A MONS[R] DE BELLIEVRE.

Mons' de Bellievre, S'en retournant mons' de Pontcarré par delà, que j'ay trouvé plein de franchise et rondeur, je l'ay prié de vous dire de mes nouvelles et vous assurer de plus en plus de la continuation de mon amitié, de laquelle vous pouvez faire tres certain estat, pour l'estime en quoy je vous tiens de fort homme de bien et amateur du bien et repos de l'Estat. Il vous pourra dire que je suis tout tel que vous m'avés toujours veu et cogneu, et que mes actions vous ont fait paroistre, à sçavoir tres humble et tres affectionné serviteur et sujet du Roy et de son Estat, et desireux de la paix; ayant esté neanmoins, avec beaucoup de regret et deplaisir, contrainct et re-

---

[1] M. de Malicorne était gouverneur du Poitou. Voici les renseignements que fournit Thibaudeau sur lui et sa famille : « Jehan de Chourse, seigneur de Malicorne, était d'une ancienne maison de la province du Maine, connue dès le XIe siècle; son nom était Chourse, *Cadurcus*: l'un d'eux, qui apparemment donnait mal du cor, fut nommé, par sobriquet, *Mal il corne*, d'où s'est formé le nom de Malicorne. Ce nom fut donné à leur château et au bourg qui est à trois lieues de la Flèche. » (*Histoire du Poitou*, l. VI, chap. v, t. V. Paris, 1785, in-12.)

duict là où j'en suis par la necessité, ainsy que le dit s^r de Pontcarré vous pourra dire : lequel je vous prye croire, et aimer tousjours

Vostre plus affectionné et plus asseuré amy,

HENRY.

[1587.] — 12 MARS.

Orig. autographe. — Bibliothèque de l'Arsenal, Mss. Histoire, n° 179, t. Ier.
Cop. — B. R. Suppl. fr. Ms. 2289-2, et Ms. 1000-4.
Imprimé. — *Journal militaire de Henri IV*, par le comte DE VALORI. Paris, 1821, in-8°, page 292.

[A MADAME LA COMTESSE DE GRAMONT.]

Plus je voys en avant, et plus il semble que vous taschiés à me faire paroistre combien peu je suis non seulement en vostre bonne grace, mais encores en vostre memoire. Par ce laquais vous avés escript à vostre fils et non à moy. Si je ne m'en suis rendu digne, j'y ay faict tout ce que j'ay peu. Les ennemis ont prins l'isle de Marans devant mon arrivée; de façon que je n'ay peu secourir le chasteau, ce que j'y amenois de Gascogne n'estant arrivé. Vous oirrés dire bientost que je l'auray reprins, s'il plaist à Dieu. Croyés que vous n'aurés jamais un plus fidele serviteur que vostre esclave, qui vous baise un million de fois les mains. Ce 12me mars.

[1587.] — 14 MARS.

Cop. — B. R. Fonds Leydet, Mém. mss. sur Geoffroy de Vivans, p. 79.

[A MONS^R DE VIVANS.]

Monsr de Vivans, J'ay receu la lettre que vous m'avez escripte, qui m'a donné beaucoup de contentement, y reconnoissant de vrayes marques de vostre sincere affection à mon service, de laquelle je n'ay encores jamais doubté. Il est certain que la prise de la fille de madame de Caumont et les asseurances, pour la faire approuver du Roy, que mons^r de Mayenne luy a données d'avoir toutes les places de la maison à sa devotion[1], pour luy en pouvoir faire service, ont esté occasion de faire courir plusieurs bruits en divers endroicts, et d'envoyer partout des advis et billets pour nous mettre en soubçon; mais chacun sçait l'opinion que j'en ay eue et la confiance que, selon les occasions et propos qui s'en sont tenus, j'ay tesmoigné avoir de vous et de vostre fidelité et valeur. J'espere vous voir bientost, et vous en dire davantage, et, estant par delà, pourveoir à vostre place et donner contentement aux consuls et habitans. Monsr de Turenne y pourra estre, premier que moy, avec lequel vous en communiquerés, et qui vous fera entendre bien particulierement de mes nouvelles. J'escrips à Auserée de vous payer de vostre estat de chambellan, et de vous fournir trois cens escus pour employer en un cheval. Nous n'avons rien faict à ceste seconde entreveue. Nostre secours estranger sera à la frontiere indubitablement le mois prochain. Il vous faut preparer pour venir à une entiere delivrance. A Dieu, Monsr de Vivans, faites tousjours certain estat de l'amitié de

Vostre plus affectionné maistre et assuré amy,

HENRY.

De la Rochelle, ce xiiij^e mars.

1587. — 15 MARS. — Ire.

Cop. — Biblioth. de Tours, ancien manuscrit des Carmes, coté M, n° 50, *Lettres historiques*, p. 259. Communiqué par M. le préfet.

A MESS^rs DES EGLISES.

Messrs, Il s'est passé beaucoup de temps aux traictez d'avec la Royne, sans beaucoup de certitude de fruict qu'on en debvoit attendre, qui m'a faict tousjours resouldre de ne m'attacher poinct si fort à la suite de ceste negociation que le soing de pourvoir en noz

---

[1] Voyez sur ces places la lettre de 1580, note 2, t. I, p. 342.

affaires en fust amoindry. Les mouvemens qui sont despuis surevenus à Paris l'ont rappelée[1], et j'ay esvité à son despart qu'elle n'eust occasion ne pretexte de se plaindre de nous, luy ayant, sur l'asseurance de nos estrangers, faict offrir par mon cousin mons^r de Turenne (qu'elle avoit envoyé querir), d'employer ma personne et tous noz moyens pour establir l'auctorité du Roy, aneantie par ceulx de la Ligue, et acquerir un perdurable repos à ses subjects. Il me tarde maintenant d'accourir à vostre ayde; mais estant retenu pour quelques jours par deçà, par des considerations publiques, j'envoye mon dict cousin pour remedier generalement à la conservation et deffense des places[2], redresser l'ordre et les intelligences que mon absence et son esloignement peuvent avoir changez, et ordonner en somme à tout ce que le temps, les lieux et les occasions pourront requerir. De quoy je me repose entierement sur luy; vous priant d'y avoir recours comme à moy-mesme; suivre, satisfaire et obeir à ce qu'il jugera necessaire; esvertuant un chascun de s'opposer vifvement aux avantaiges que les ennemis prennent dans le pays; considerant que celuy qui nous a si favorablement assisté les années passées, n'a poinct accourcy son bras. Et de moy tenez pour certain que je ne me lasseray jamais, Dieu aydant, de veiller avec beaucoup de soing à tout ce qui regarde l'advancement de sa gloire et nostre commune seureté, ainsy que j'ay donné charge à mon dict cousin vous faire entendre : priant sur ce le Createur vous tenir, Messrs, en sa saincte et digne garde.

De la Rochelle, ce xve mars 1587.

HENRY.

[1] Cette tentative d'insurrection, organisée par les ligueurs, fut déjouée par les mesures de bonne police que prit Henri III, le 21 février, comme le rapporte à cette date le journal de l'Estoile.

[2] Le vicomte de Turenne s'était rendu à Castres, de la part du roi de Navarre, peu de temps avant la date de cette lettre, et y avait eu une conférence avec le duc de Montmorency, qui l'avait nommé son lieutenant général en haut Languedoc. Cette lettre l'accrédite auprès des églises du haut Languedoc et de toute la Guienne. Voyez encore, sur cette mission de Turenne, la lettre à M. de Vivans, du 31 mars suivant.

[1587. — 15 MARS.] — IIme.

Cop. — Biblioth. de Tours, ancien manuscrit des Carmes, coté M, n° 50, *Lettres historiques*, p. 256. Communiqué par M. le préfet.

A MADAME DE FONTEVRAULT[1].

Ma Tante, Pour respondre à vostre petit billet, et à ce que madame de Soissons vous escript[2], je suis bien ayse que vous et elle ayez cogneu la captivité où l'on destient nostre prochain; cela me servira devant Dieu et les hommes à ma justification. Le bon homme est bien enjobeliné; mais j'espere que nous le desjobelinerons[3]. Celuy dont on vous escript, mary de vostre niepce, n'a pas fait demonstration d'estre instrument fort propre à l'effect auquel le vouldriez employer[4]. Il y en a beaucoup qui ne craignent pas tant que cela advienne, comme la venue de mes amys, qui sera, Dieu aydant, un jubilé plus salutaire pour cest Estat que celuy dont la Royne mere menace ceulx qui m'ont veu. J'espere, quelque jalousie et mescontentement qu'on en ayt, avoir ce bien de vous voir encores de brief, et en deussent-ils crever. Sur ce, nous en deviserons lors plus particulierement : et ce pendant faictes entierement estat de l'affection, amitié et obeissance de celuy qui est autant vostre que sien.

[HENRY.]

[1] Éléonore de Bourbon, fille de Charles de Bourbon et de Françoise d'Alençon, était sœur d'Antoine de Bourbon, roi de Navarre, et tante paternelle d'Henri IV. Cette princesse, née le 18 janvier 1532, fit profession au monastère de Fontevrault en juillet 1550, fut bénie au mois de novembre suivant, abbesse de cette maison, où elle succédait à sa tante, Louise de Bourbon, et mourut le 26 mars 1611.

[2] Voyez la lettre suivante.

[3] Il semble qu'il s'agit ici du cardinal de Bourbon, frère de l'abbesse, et oncle du roi de Navarre. Les ligueurs l'avaient comme enlevé de son château de Gaillon, pour le tenir à Péronne dans une sorte de captivité. Le peu d'esprit de ce prélat était devenu proverbial. C'est ce qui permet de lui appliquer ces composés malins du mot *jobelin*, synonyme de *sot*, d'après le dictionnaire de Trévoux. Dans le pamphlet intitulé *Bibliothèque de madame de Montpensier*, publié en 1587, le titre satirique d'un de ces prétendus livres est : *L'Oysonnerie générale, par le cardinal de Bourbon*.

[4] Cette épigramme s'adressait peut-être au comte de Soissons.

1587. — 15 MARS. — IIIme.

Cop. — Biblioth. de Tours, ancien manuscrit des Carmes, coté M, n° 50, *Lettres historiques*, p. 254. Communiqué par M. le préfet.

A MADAME DE SOISSONS[1].

Ma Tante, Je fus sy peu dernierement avecques vous, que, n'ayant mon conseil ny mes principaulx secretaires prés de moy, je [ne peus escrire les lettres que me demandiez[2]]. J'ay veu ce qu'avez mandé à madame de Fontevraulx, ma tante. Je vous ay bien de l'obligation de tant de bonne volonté; estant bien ayse qu'ayez si bien profité en vostre voyage, d'avoir si vifvement penestré au travers de la nue. J'espere que la chaleur du soleil la dissipera avant que l'esté se passe. Dieu le veuille ainsy. Aimez-moy tousjours, et faictes estat que, comme estant celuy qui vous touche de plus prés, aussy n'y en a-t-il en toute la maison qui vous honore et aime plus que faict

Vostre plus affectionné nepveu, à vous obeir,

HENRY.

A la Rochelle, ce xve mars 1587.

1587. — 18 MARS.

Cop. — Arch. de M. le baron de Scorbiac, à Montauban. Envoi de M. Gustave de Clausade, correspondant du ministère de l'Instruction publique.

A MONS^R DE SCORBIAC,

CONSEILLER DU ROY MON SEIGNEUR, EN SA COURT DE PARLEMENT DE THOLOZE ET CHAMBRE DE L'EDICT.

Monsr de Scorbiac, D'autant que je desire grandement gratifier le s^r de Ranques, lequel depuis quinze mois a continuellement residé

---

[1] Catherine de Bourbon, autre sœur d'Antoine de Bourbon, roi de Navarre, née le 18 septembre 1525, fut d'abord religieuse du Mont-Calvaire, de la Fère, puis abbesse de Notre-Dame de Soissons, et mourut le 27 avril 1594.

[2] Ces mots entre crochets correspondent à une partie du manuscrit très-endommagée.

auprés de ma personne, et s'est tousjours employé des premiers en tous les exploits de guerre qui se sont faicts depuis le dict temps, je vous prie tenir la main à ce qu'il puisse promptement et presentement jouir du don que je luy ay faict, longtemps a, ainsy qu'il vous fera apparoistre, de tout ce que doibvent les consuls et habitans de ma ville de Villemur aux heritiers du feu s^r de Marueil, que j'ay desclaré m'appartenir suivant mes reglemens et ordonnances militaires et des finances. Vous ferez chose qui me sera fort agreable, que je desire estre executée de sorte que j'en aye contentement et luy satisfaction; et, sy, reputeray cela comme faict à moy-mesmes, qui vous prie vous asseurer tousjours de ma bonne volonté, comme aussy je prie le Createur vous tenir, Monsr de Scorbiac, en sa saincte et digne garde. De la Rochelle, ce xviij^e mars 1587.

Vostre meilleur et plus affectionné amy,
HENRY.

[1587. — VERS LE 20 MARS.] — Ire.

Orig. autographe. — Archives de la maison de Montesquiou-Fezenzac. Communiqué par M. le général comte Anatole de Montesquiou, pair de France, chevalier d'honneur de la Reine.

A Ste COLOMBE.

Faget, Puisque les ennemys ont attaqué Maillezais, j'ay resolu de le secourir avec ma cavalerie. Pour ce, venés-vous-en avec vos armes, et amenés aussy Bonnyeres, afin d'estre de la partie; mais laissés vostre besongne encommencée entre les mains du capitaine St George et Laudebry; et leur recommandés d'y faire travailler fort soigneusement. A Dieu, Faget, c'est

Vostre bien bon maistre et amy,
HENRY.

Ramenés aussi mes gardes.

[1587.] — 31 MARS.

Cop. — Fonds Leydet, Mém. mss. sur Geoffroy de Vivans, p. 70.

[A MONS^r DE VIVANS.]

Monsr de Vivans, J'ay enfin envoyé mon cousin mons^r de Turenne par delà, et eusse bien desiré y pouvoir accourir moy-mesmes, afin d'arrester un peu ceux qui s'avancent si avant dans nostre terroir. Je vous prye qu'on ne perde ni le temps ni l'occasion, si elle s'offre. Nous avons esté ces jours passez vers Coignac voir le regiment de Cambray; et n'ayant peu rencontrer qu'environ cent soldats, je me contentay de les faire desarmer et les renvoyer, parce qu'ils estoient estrangers. Je vous prye, assemblés tout ce qui se pourra de voz amys pour assister mon dict cousin, et qu'on joue des mains, attendant que j'y arrive. Et à Dieu ; je suis

Vostre trez affectionné et assuré amy,

HENRY.

Ce dernier mars.

[1587. — VERS LA FIN DE MARS.]

Cop. — Biblioth. de Tours, ancien manuscrit des Carmes, coté M, n° 50, *Lettres historiques*, p. 241. Communiqué par M. le préfet.

A MADAME DE FONTEVRAULT.

Ma Tante, Je croy que vous ne doubtez point que je n'aye tous les desirs du monde, ez choses qui dependront de moy seul, de vous donner tout le contentement qu'il me sera possible; mais où il va du general, comme en ce que demandez vostre petite niepce, je vous supplieray m'excuser, et ne trouver mauvais si je ne puis vous accorder vostre demande, laquelle je sçay estre trez favorable, sans des raisons qui se peuvent mieulx dire que escrire, lesquelles aussy je m'asseure que trouveriez trez justes, si j'en avois discouru avec vous. Vous en pouvez juger une partie par les choses qui sont passées à mon tres grand regret et ennuy. Je suis marry des prisonniers............ J'escris au gouverneur de Sainct Jean de Fontenay[1]...... Si vous entendez nouvelles particulieres des brouilleries du monde de delà, je vous supplye m'en faire part.

Il seroit bien aveugle qui ne verroit maintenant clair aux desseings des ennemys de nostre maison. Pour moy, je n'y trouve poinct de religion. A Dieu, ma Tante, tenez-moy en vos bonnes graces, comme celuy qui les honore fort, et qui est

Vostre plus affectionné nepveu, à vous obeir,

HENRY.

1587. — 1ᵉʳ AVRIL. — Iʳᵉ.

Cop. — Biblioth. de Tours, ancien manuscrit des Carmes, côté M, n° 50, *Lettres historiques*, p. 248. Communiqué par M. le préfet.

[AU ROY, MON SOUVERAIN SEIGNEUR.]

Monseigneur,

Ayant esté adverty que quelque different s'estoit meu entre mes cousins, le prince de Conty et le cardinal de Vendosme[1], dont leurs amys craignent qu'il en naisse quelque haine qui rompe l'union qui doibt estre entre personnes si proches, pour prevenir cela, et aussy parce que je m'asseure qu'ils ne me refuseront poinct pour arbitre, j'ay advisé de depescher exprez le sʳ de la Roque par devers eux, pour leur faire entendre ce qui est de mon debvoir, y estant convié par le sang, qui m'oblige d'avoir soing de ceulx de ma maison, et pour empescher que les choses n'en passent plus avant, ainsy que

---

[1] Ces lacunes se trouvent dans le manuscrit de Tours, où des espaces blancs ont été laissés là par le copiste.

---

[1] Voyez les lettres suivantes.

j'ay donné charge au dict s^r de la Roque de faire entendre à Vostre Majesté. La suppliant trez humblement d'avoir agreable ce que j'en fais, ne desirant y apporter qu'une bonne et saincte reconciliation, pour le service que vous doibt

Vostre............
[HENRY.]

A la Rochelle, ce premier d'avril 1587.

[1587. — 1er AVRIL.] — IIme.

Cop. — Biblioth. de Tours, ancien manuscrit des Carmes, coté M, n° 50, *Lettres historiques*, p. 294. Communiqué par M. le préfet.

A MON COUSIN MONSIEUR LE PRINCE DE CONTY[1].

Mon Cousin, Ayant sceu le different qui commençoit à naistre entre vous et mon cousin, le cardinal vostre frere, comme celuy qui est le chef de la maison, qui vous aime tous et qui desire conserver l'amitié necessaire entre personnes si proches, j'ay advisé de vous depescher expres le s^r de la Roque, pour vous faire entendre le desplaisir que je recevrois si ce mal passoit plus avant, et comme nos ennemis en feroient leur profit. Oultre l'union qui doibt tousjours estre entre personnes si proches, le temps principalement vous y doibt astreindre; et de moy, je desire y apporter tous les remedes que je pourray. Disposez-vous donc à les recevoir, et me croyez, comme vostre aisné, estimant mon interest conjoinct avec le vostre. Le dict s^r de la Roque vous en dira davantaige, auquel je vous prie donner aultant de creance comme debvez, de la part de

Vostre............
[HENRY.]

---

[1] François de Bourbon, prince de Conti, souverain de Chasteau-Regnault, etc. second fils de Louis, prince de Condé, et d'Éléonore de Royc, était né le 19 août 1558. Après avoir suivi quelque temps le parti de son cousin le roi de Navarre, il se rattacha au parti de la cour, et y resta jusqu'à la mort de Henri III. Il fut alors le premier qui reconnut Henri IV. Il combattit à la bataille d'Ivry, fut gouverneur de Paris, etc. et mourut le 3 août 1614.

[1587. — 1ᵉʳ AVRIL.] — IIIᵐᵉ.

Cop. — Biblioth. de Tours, ancien manuscrit des Carmes, coté M, n° 50, *Lettres historiques*, p. 250. Communiqué par M. le préfet.

A MON COUSIN MONSIEUR LE CARDINAL DE VENDOSME.

Mon Cousin, J'ay esté fort marry d'entendre le different d'entre mon cousin le prince de Conty, et vous, mesme en ce temps que les ennemys de nostre maison ne souhaitent rien plus que la desunion d'icelle. Je le serois encores davantaige si je pensois que le mal passast plus avant; en quoy vous debvez vous monstrer le plus saige. Et comme vostre aisné, celuy qui ressent ce à quoy le sang et la nature le convient, j'ay advisé de vous envoyer à tous deux le sʳ de la Roque, exprez pour estre bien esclaircy des occasions, afin d'y apporter les remedes, lesquels je vous prie vous disposer de recevoir de la main de celuy qui n'a aultre but que l'amitié de tous deux et la paix de la maison. Regardez comme nos ennemys s'echaufferont à ce feu, s'il s'embrase plus avant. Et pour ce, commandez-vous à vous-mesmes de l'esteindre; et croyez ce que le dict sʳ de la Roque vous en dira plus particulierement, de la part de

Vostre............

[HENRY.]

[1587. — 1ᵉʳ AVRIL.] — IVᵐᵉ.

Cop. — Biblioth. de Tours, ancien manuscrit des Carmes, coté M, n° 50, *Lettres historiques*, p. 251. Communiqué par M. le préfet.

A MADAME LA PRINCESSE DE CONDÉ [1].

Ma Tante, J'ay entendu le different qui commençoit à naistre entre mes cousins, le prince de Conty et cardinal de Vendosme; c'est à moy

---

[1] Françoise d'Orléans, fille de François d'Orléans, marquis de Rothelin, et de Jacqueline d'Orléans, avait épousé le 8 novembre 1565, Louis Iᵉʳ, prince de Condé. Il était alors veuf de sa première femme, Éléonore de Roye, dont il avait eu huit

principalement à regarder que nostre maison soit unie, et d'oster tout ce qui pourroit y apporter division. J'envoye pour cest effect le sʳ de la Roque par delà, pour leur faire entendre amplement le desplaisir que je recevrois si le mal passoit plus avant. Je luy ay commandé aussy de vous voir de ma part. Je vous prie, ma Tante, y appliquer tous les remedes que pourrez, et m'ayder à ce que nous puissions accommoder toutes choses. Vous sçavez quel subject ce seroit en ce temps aux ennemis de nostre maison, au lieu de demesler la querelle generale, d'en susciter de particulieres entre nous. Je ne vous en diray davantaige, remettant le reste sur le dict sʳ de la Roque, si ce n'est pour vous asseurer de plus en plus de mon amitié, qui sera tousjours aussi ferme et constante que je suis

Vostre bien affectionné nepveu et plus asseuré amy à vous servir[2],

HENRY.

[1587. — 10 AVRIL [1].]

Orig. autographe. — Collection de M. F. Feuillet de Conches.

A MONSʳ DE SAINCT GENYÉS.

Monsʳ de Sainct Genyés, J'ay veu ce que vous m'avés escript de celuy qui a receu la patente : dont j'ay esté bien ayse. Je vous envoye deux lettres que vous ferés remplir ainsy que vous verrés estre plus

enfants. La princesse douairière de Condé était donc la belle-mère du prince de Conti et du cardinal de Vendôme, frères consanguins de son fils, le comte de Soissons. Elle mourut le 11 juin 1601.

[2] Le manuscrit de Tours ajoute à la suite de cette lettre : « Une autre, sur ce subject, à M. le comte de Soissons. » Puis il donne celle qui fut aussi écrite à la princesse de Conti, et dont les termes diffèrent très-peu de ceux qui sont employés dans la lettre à la princesse de Condé, sa belle-mère.

[1] Au dos de cette lettre est écrit, de la même main dont sont les dates de réception dans toute cette correspondance avec M. de Saint-Geniés : « Le Roi. Du 10 avril 1587. Sur le baron et l'Anglois et l'Espagnol. »

à propos. Je vous recommande ces porteurs, *ils peuvent servir aux Moresques*[2]. J'espere estre bien tost par delà et avoir esgard aux difficultés qu'il y a, par vostre advis. A Dieu, Monsr de Sainct Genyés; c'est

Vostre tres affectionné maistre et parfaict amy,
HENRY.

[1587. — VERS LE 10 AVRIL.]

Orig. autographe. — Archives de la famille de Lubersac. Communiqué par M. le comte Ernest de Lubersac.

Imprimé. — *Annuaire de la pairie et de la noblesse de France, etc.* par M. BOREL D'HAUTERIVE, 1843, in-12, p. III.

A MONS^R DE LUBERSAC[1].

Monsr de Lubersac, J'ay entendu par Boisse des nouvelles de vostre blesseure; qui m'est un extreme deuil dans ces necessitez. Un bras comme le vostre n'est de trop dans la balance du bon droict; hastez donc de l'y venir mettre et de m'envoyer le plus de vos bons parens que vous pourrés. D'Ambrujac[2] m'est venu joindre avecques tous les siens, chasteaux en croupe s'il eust pu. Je m'asseure que vous ne se-

---

[2] Cette phrase est écrite en chiffres dans l'original. Elle contient une révélation historique assez curieuse : c'est que le roi de Navarre, deux ans avant son avénement à la couronne, entretenait déjà en Espagne, avec les *Moresques* ou *Morisques,* des intelligences qui occupèrent les derniers jours de sa vie. Voyez les Mémoires du duc de la Force, l. I, ch. VII, et les notes de M. le marquis de la Grange : « Ces Morisques, dit le savant éditeur, étaient les descendants des Mores, qui avaient été contraints de se faire baptiser et de quitter la loi, les coutumes et les vêtements de leurs pères, mais qui, néanmoins, n'étaient chrétiens que d'apparence, et recherchaient avec soin toutes les occasions de secouer le joug du roi Philippe, et de se délivrer de la tyrannie de l'Inquisition. » (T. I, p. 217.)

---

[1] Guy de Lubersac, seigneur du Verdier, fils de François de Lubersac et de Françoise de Rastignac, d'une très-ancienne famille de Limousin. Il mourut en 1598.

[2] François du Boscheyron, seigneur d'Ambrughac, Ambrugeas ou Ambrugeac en Limousin, fils de Léonet du Boscheyron, seigneur d'Ambrugeac, et de Lucque de Monclar, épousa en 1579 Suzanne de Rochefort.

rés des derniers à vous mettre de la partie; il n'y manquera pas d'honneur à acquerir, et je sçais vostre façon de besoigner en tel affaire. A Dieu donc et ne tardez, voicy l'heure de faire merveilles.

Vostre plus asseuré amy,
HENRY.

[1587. — VERS LE MOIS DE MAI.]

Orig. autographe. — Archives de M. le comte de Chanaleilles.

A MONS^R DE CHANANELLES[1].

Monsr de Chananelles, J'ay esté très ayse d'entendre par le s^r de Lubersac la bonne assistance que vous lui avés faicte dans son entreprise, et le zéle que vous apportés en toutes occasions au bien de mes affaires : par quoy, oultre l'honneur que vous acquerés en ce faisant, vous devés esperer part dans ma bonne grace, et prendre asseurance que je ne seray jamais mecognoissant de vos services. Je vous prie de demeurer par delà, avec le s^r la Nocle, jusqu'à perfection des affaires dont il a charge; et croyés que je vous sauray autant gré de ce que vous ferez par delà, que si le faisiés à ma vue.

C'est

Vostre plus asseuré amy,
HENRY.

---

[1] Gaspard de Chananelles ou Chanaleilles, seigneur du Pin, de la Saumès, de Jagonas, etc. second fils d'Hilaire de Chanaleilles et de Claude d'Agrain, fut gentilhomme ordinaire de la chambre du roi Henri IV. Lors de cette lettre, il était depuis deux mois capitaine d'une compagnie de cent hommes de pied : ce qui lui avait permis de donner à M. de Lubersac l'assistance dont le roi de Navarre le remercie.

1587. — 21 MAI.

Orig. — B. R. Fonds Béthune, Ms. 8909, fol. 13 recto.

A MON COUSIN MONSIEUR LE DUC DE MONTPENSIER.

Mon Cousin, Ce porteur me trouva venant de faire prendre Sasay[1], où monsr de Malicorne avoit mis garnison qui travailloit ceux de la Rochelle. J'ay tousjours esté depuis, et sept ou huit jours auparavant, assailly de tant d'affaires pour la reddition de Chisay[2], la Foy-Montjaut[3], Dampierre[4], Arsay[5] et pour ceste ville[6], que je n'ay point couché en mon lit durant quinze jours, pour le soing, la fatigue et le tracas que la conduite de l'artillerye apporte. J'ay faict expedier à ma cousine de Lavedan[7] les sauvegardes pour ses abbayes de la Reigle, dont vous et ma cousine de Saincte-Croix[8] m'avez escript. Et pour ce qui luy fust prins dernierement, je vous supplie de croire que, sans vostre consideration et la sienne, je n'eusse tant prins de peine, pour la difficulté qu'il y a à la recerche de telles choses. Je vous envoye le memoire de la vaisselle d'argent qui s'est retrouvée, et qui est seurement, mais en divers lieux, selon qu'elle

---

[1] Peut-être Sannay, petite ville du Poitou, aujourd'hui département de la Vienne.

[2] Ou Chizé, ville du Poitou, aujourd'hui du département des Deux-Sèvres.

[3] De même.

[4] Dampierre-sur-Boutonne, ville de Saintonge, aujourd'hui du département de la Charente-Inférieure.

[5] Ville du Poitou, dans le département de la Vienne.

[6] Saint-Maixent, d'où est datée cette lettre.

[7] Jeanne de Bourbon, fille de Jean de Bourbon, vicomte de Lavedan, et d'Antoinette d'Anjou, après avoir fait profession à Sainte-Croix de Poitiers, fut nommée, en 1575, abbesse de la Règle, en Limousin. Ayant eu ses bulles en 1586, elle permuta avec Françoise de Rohan-Gié, abbesse de la Trinité de Poitiers, fut bénie en cette qualité au mois d'octobre 1595, résigna son abbaye à Jeanne Guichard, sa nièce, en 1598, et mourut le 15 mars 1610.

[8] Jeanne de Bourbon, fille de Louis de Bourbon, duc de Montpensier, et de Jacqueline de Longwy, abbesse de Sainte-Croix de Poitiers, était la sœur de François, duc de Montpensier, à qui cette lettre est adressée. Elle mourut le 24 mars 1624, à l'âge de quatre-vingt-deux ans.

a esté portée par ceulx qui l'avoient prinse. J'ay commandé de la mettre ensemble pour vous la faire tenir, comme aussy qu'on fist diligence à recercher tout le reste, pour vostre contentement et de ma cousine. A ce que je puis congnoistre, les soldatz ont faict plus de desordre que de butin, ayans esté cause que d'autres ont enlevé sur les lieux beaucoup de choses que l'on leur impute. Il seroit bon de commander à voz officiers de Chastellerault d'en faire quelque poursuitte. Cependant je ne laisseray de faire, de ma part, tout ce qui me sera possible pour leur faire reparer ceste faulte. La necessité de la guerre, où je suis forcé et assez peu secouru, est cause que je suis contrainct de ne veoir point ce qu'en aultre temps je feroys punir tres rigoureusement. Pour Dieu, excusez si je ne vous escry de ma main parmy la presse de tant d'affaires, et croyez qu'il n'y a personne au monde de qui vous puissiez plus librement disposer que de moy, qui prie sur ce le Createur,

Mon Cousin, vous avoir en sa saincte et digne garde. A St Maixent, ce xxj^e may 1587.

Vostre tres affectionné cousin comme frere,
et plus parfaict amy,

HENRY.

[1587. — 1er JUIN.]

Orig. — Archives royales de Saxe. Copie transmise par M. le ministre d'état baron Lindenau.

ILLUSTRISSIMO PRINCIPI AC DOMINO CHRISTIANO SAXONIÆ DUCI, ETC.

[1] Illustrissime Princeps, Frater et Consanguinee charissime, Litteras Celsitudinis vestræ, datas Dresdæ, iiij non. februarii, accepimus, et,

[1] Traduction :

« AU SÉRÉNISSIME PRINCE CHRISTIAN, DUC DE SAXE, ETC.

« Sérénissime prince, très-affectionné Frère et Cousin, Nous avons vu, par les lettres de votre altesse, datées de Dresde, le 3 des nones de février, et par celles que le sieur de Ségur, notre ambassadeur, y a jointes, que l'on faisait courir sur nous divers bruits que nous ne prendrons point la peine, au milieu de tant d'occupations

ex adjunctis legati nostri, domini Segurii, literis cognovimus spargi isthic varios de nobis rumores, quos nobis multis verbis refellere, neque vacat, inter hæc magis seria negotia, neque, ut arbitramur, opus est. Cum iis nullam fidem esse apud bonos principes credamus, et refellit istos abunde vita nostra, quam a Deo acceptam, Deo debitam, Deo lubentes offerimus, consecramus. Nam sane nihil quæsitum a nobis hactenus, præter solius Dei gloriam, ipse Deus testis est. Quamobrem soli in eo fuimus hactenus, ut conatus pontificii fœderis, quod contra Christum et Christi fideles servos initum nemo nescit, quantum in nobis esset, frangeremus : et fregimus aliquatenus, Deo adjuvante.

Utinam is esset Celsitudinis vestræ animus, ut conjungere se nobis

plus graves, de réfuter longuement. Nous ne pensons pas d'ailleurs qu'il en soit besoin, et que les princes religieux y accordent foi. Notre vie tout entière, que nous regardons comme un don de Dieu, qui lui appartient, et que nous lui vouons et consacrons volontiers, répond suffisamment à toutes ces vaines rumeurs. Dieu nous est témoin que jusqu'ici nous n'avons cherché autre chose que sa gloire. Nous avons concentré toutes nos pensées à arrêter, autant qu'il était en notre pouvoir, les efforts de la conspiration qu'au su de tout le monde le pontife de Rome ourdit contre le Christ et ses fidèles serviteurs, et nous pouvons nous glorifier d'avoir déjà brisé en partie ses efforts avec l'aide de Dieu. Plût au ciel que votre altesse voulût entrer en communauté de desseins avec nous, et joindre ses forces aux nôtres! Votre altesse nous dit, dans ses lettres toutes chrétiennes, qu'il s'agit ici de la cause de Dieu, et que c'est de lui, avant tout, que nous devons espérer du secours. Certes, si nous avons réclamé l'assistance des hommes par toutes les voies justes et légitimes, nous n'espérons pas moins en Dieu seul. Il a veillé et combattu pour nous lorsque nos amis sommeillaient. Un jour ils s'apercevront de quel intérêt eût été pour eux, et pour toute la république chrétienne, la réunion des forces publiques contre nos ennemis! En attendant, nous ne manquerons point à nos devoirs, et, fussions-nous seul et dénué de tout secours, nous lutterons avec un zèle de chrétien contre la tyrannie de l'Antechrist. Et même, si, après que Dieu nous aura donné la paix, quelqu'une des églises, membre du Christ, gémissait sous l'oppression, nous ne lui refuserions jamais une main secourable. Votre altesse apprendra, par le noble sieur de Ségur, notre ambassadeur, l'heureuse situation où se trouvent, grâce à Dieu, nos affaires et tout ce qui nous regarde. Plaise au Tout-Puissant conserver le plus longtemps possible votre altesse dans une santé prospère et florissante. Écrit à la hâte dans notre camp de Fontenay, aux calendes de juin de l'année 1587.

« De votre altesse le très-dévoué
cousin comme frère,
« HENRY. »

vellet, et consilia atque vires communicare! Sed pie admonet Celsitudo vestra, sperandâ nobis esse auxilia ab ipsomet Deo cujus causa hic agitur; et nos humana quidem auxilia, licitis et legitimis rationibus, petivimus, sed ita ut in solo Deo speraremus. Neque fefellit ille res nostras : vigilavit et pugnavit pro nobis, dormientibus amicis nostris; qui tamen videbunt aliquando quantum etiam ipsorum et Reipublicæ Christianæ interfuerit in publicum publicis et junctis viribus consuli. Nos officio nostro interim non deerimus, et Antichristi tyrannidem etiam soli et destituti oppugnare, christiano zelo, pergemus. Et quandocumque nobis pacem Deus dederit, si qua alia erunt ecclesiæ Christi membra, illius tyrannide oppressa, iis auxiliarem manum neutiquam denegabimus. Rerum nostrarum felicem, Deo gratia, successum et cætera quæ ad nos spectant intelliget Celsitudo vestra a generoso legato nostro, domino Segurio. Deus Optimus Maximus Celsitudinem vestram quam diutissime florentem et incolumem conservet. Datæ raptim ex castris nostris ad Fontenay, cal. Jun. a. 1587.

Celsitudinis vestræ fidelissimus consanguineus
tanquam frater,
HENRICUS.

[1587. — VERS LE MOIS DE JUIN.] — Ire.

Cop. — Biblioth. de Tours, ancien manuscrit des Carmes, coté M, n° 50, *Lettres historiques*, p. 112. Communiqué par M. le préfet.

[A MON COUSIN MONS^R DE ROHAN.]

Mon Cousin, Ce me seroit beaucoup de plaisir et contentement si j'avois ce bien de vous veoir aussy souvent que je desire; mais en-

[1] Louis de Rohan, prince de Guemené, etc. sénéchal d'Anjou, fils de Louis de Rohan et de Catherine de Laval, avait perdu la vue à l'âge de cinq ans, ce qui l'empêcha de paraître à la cour et l'obligea à rester sédentaire dans sa terre du Verger. Il y fournit une longue carrière et eut quatorze enfants de sa première femme, Catherine de Lenoncourt. Ce fut en sa faveur que la baronnie de Montbazon fut érigée en comté, et la terre de Guemené en principauté, par lettres du mois de février 1547.

cor que nostre eloignement et les malheurs passez me privent d'un tel heur, sy ne seront-ils jamais assez forts pour diminuer rien de ma ferme et inviolable amitié envers vostre endroict ; pour vous asseurer plus particulierement de laquelle, faire entendre de mes nouvelles et sçavoir des vostres, je vous depesche le s^r de...... lequel je vous prie bien affectueusement croire, en ce qu'il vous en dira de ma part, comme moy-mesme, qui serois trez aise que me voulussiez faire ceste faveur de m'envoyer mon cousin le comte de Montbazon[2], vostre fils, en la personne duquel, et de tous ceulx qui auront jamais cest honneur de vous appartenir, je mettray peine de vous faire paroistre combien je vous aime et desire demeurer toute ma vie

Vostre, etc........

[HENRY.]

[1587. — VERS LE MOIS DE JUIN.] — IIme.

Cop. — Biblioth. de Tours, ancien manuscrit des Carmes, coté M, n° 50, *Lettres historiques*, p. 260. Communiqué par M. le préfet.

[A MONS^R DE CHASTEAUNEUF.]

Monsr de Chasteauneuf[1], N'ayant point oublié l'amitié que m'avés portée autrefois, je croy que vous ne serez aussy tant departy de la

---

[2] Louis de Rohan, comte de Montbazon, fils aîné du précédent, mourut avant son père, le 1er novembre 1589, après avoir eu, au mois de mai 1588, son comté de Montbazon érigé en duché-pairie. Le titre en passa à son troisième frère, Hercule de Rohan. Louis de Rohan, duc de Montbazon, fut un des premiers seigneurs qui reconnurent Henri IV, après la mort de Henri III. Il signa l'acte de reconnaissance le second, après les princes du sang, entre le duc de Longueville et le duc de Pinay-Luxembourg, en qualité de parent.

[1] Guy de Rieux, seigneur de Châteauneuf et vicomte de Donges, fils aîné de Jean de Rieux et d'Isabeau de Brosse, était gouverneur de Brest, lieutenant général de Bretagne, capitaine de cinquante hommes d'armes des ordonnances. Il se trouva à toutes les grandes batailles livrées de son temps. Les titres de l'époque le qualifient « personnage de valeur et de grand talent. » Il vivait encore à l'avénement de Henri IV au trône de France.

mienne, qu'il ne vous soit demeuré quelque reste de bonne volonté, qui puisse reprendre accroissement quand vous aurez bien cogneu ce que je suis envers tous les gens de bien. Et pour ce que je vous tiens de ce nombre, et que la justice de ma cause les doibt assez convier de ne m'estre contraires, ce mot sera seulement pour vous resveiller et vous faire resouvenir que je suis celuy qui ne change point, qui ne puis haïr sans grande occasion ce que j'ay une fois aimé; et que si vous avez mesme humeur, qu'il ne tiendra qu'à vous que ne m'ayez, aultant que prince du monde, et que je fus jamais, pour

Vostre bien affectionné et meilleur amy,

HENRY.

[1587. — VERS LE MOIS DE JUIN.] — IIIme.

Orig. autographe. — B. R. Fonds Béthune, Ms. 8915, fol. 4 recto.
Cop. — B. R. Suppl. fr. n° 1009-3.

A MON COUSIN MONS^r DE MIOSSENS.

Mon Cousin, C'est à ce coup qu'il fault s'apprester pour aller recueillir nos Reistres. Je vous prye advertir tous les compaignons qui sont par delà; ils ont assez jouy du repos de leurs maisons pour estre sans excuse. J'auray trop de regret si vous n'estes de ceste partie; ayant tousjours esté prés de moy aux occasions plus perilleuses et importantes. Qu'il n'y ait donc rien qui vous retienne de me venir trouver lorsque je vous manderay. J'escris le mesme à Ste Colombe et Auront; faites-leur tenir mes lettres.

Vostre plus affectionné cousin et parfaict amy,

HENRY.

1587. — 1ᵉʳ JUILLET.

Orig. — Arch. royales de Danemark. Copie transmise par M. le ministre de France à Copenhague.

FREDERICO II DANIÆ, NORVEGIÆ, GOTHORUM WANDALORUMQUE REGI.

[1] Serenissime Rex, Frater et Consanguinee charissime et colende, Litteras Serenitatis vestræ, ex regia Scandelborga, iiij febr. datas, recepimus, et, ex eis atque etiam generosi legati nostri, domini Segurii, lit-

---

[1] Voici la traduction de cette lettre.

« À FRÉDÉRIC II, ROI DE DANEMARK, DE NORWÈGE, ETC.

« Sérénissime Roi, très-cher et très-honoré Frère et Cousin, Nous avons reçu les lettres de votre sérénité, datées du château de Scandelberg, le 4 février. Nous y avons vu (ce que du reste nous avaient déjà appris les lettres du noble sieur de Ségur, notre ambassadeur) avec quel zèle votre sérénité embrasse nos intérêts et ceux des Églises de France, et combien elle cherche à les faire valoir auprès des autres princes réformés. Quoique jusqu'ici ses efforts n'aient point obtenu un succès en rapport avec l'importance de l'objet et la dignité de la personne qui s'y intéresse, nous ne lui en rendons pas moins toutes les actions de grâce qu'elle mérite, et nous espérons qu'un jour Dieu mettra nos affaires dans un état tel, que nous pourrons nous acquitter envers votre sérénité. Lorsque ce temps sera venu, nous serons tout entier à sa disposition. En attendant, nous demandons à votre sérénité de vouloir bien nous continuer la bienveillance qu'elle nous a montrée jusqu'ici, et, de concert avec les princes nos amis et très-chers cousins, qui nous ont conservé leur affection, de continuer à aider notre cause et à faire en sorte que l'armée levée en notre nom reste sur pied et ne se débande point. Car, par suite de cette longue guerre et des frais immenses qu'elle nous occasionne, nos ressources sont épuisées; et telle est la condition des troupes étrangères, qu'elles se débandent du moment où elles ne touchent point leur paye. Que votre sérénité veuille se consulter sur les moyens de nous aider avec les autres princes nos amis. Si elle essayait de nouveau d'intéresser à notre cause le très-illustre électeur de Saxe, elle ferait, nous le croyons, un acte des plus utiles à la chose publique. Du reste, grâce à Dieu, nos affaires ici marchent bien. Occupé, comme nous le sommes, au siége de cette place, nous ne pouvons adresser à votre sérénité une plus longue lettre; notre ambassadeur, le noble sieur de Ségur, l'entretiendra plus au long de l'état de nos affaires. Veuille le Tout-Puissant diriger tous les actes et tous les desseins de votre sérénité et la conserver, le plus longtemps possible, dans une santé prospère, pour la gloire de son nom. Écrit à la hâte, au camp de Fontenay, le jour des calendes de juillet 1587.

« De votre sérénité royale le très-dévoué frère et cousin,

« HENRI. »

teris, intelleximus, quanto studio Serenitas vestra nostram Ecclesiarum Gallicarum causam amplectatur, et quantopere eam apud cæteros reformatos principes promovere studeat. Quod etsi pro causæ gravitate et Serenitatis vestræ merito non succedit, tum meritas Serenitati vestræ gratias agimus, ea spe Deum aliquando etiam ita res nostras constituturum ut referre possimus. Quod cum acciderit, erimus ad omnia Serenitati vestræ paratissimi. Interim petimus a Serenitate vestra ut sui in nos amoris cursum persequi, et una cum aliquot principibus, amicis et consanguineis nostris charissimis, quorum integra in nos voluntas permansit, adjuvare causam nostram velit, et in id incumbere ut, collectus nomine nostro exercitus, conservari et contineri possit. Longo bello et maximis sumptibus exhausti sumus; et militum externorum ea est conditio, ut, nisi exsolvantur stipendia, facile dilabantur. Videat Serenitas vestra cum cæteris amicis nostris principibus, qua ratione consulere vobis commode possit. Et si animum illustrissimi electoris Saxoniæ tentaverit denuo Serenitas vestra, fecerit rem, ut speramus, et jam in publicum utilissimam. Nostra hic, Dei gratia, feliciter fluunt. Plura ad Serenitatem vestram scribere, in hac obsidione occupatissimi, non possumus. Itaque cætera accipiet Serenitas vestra a legato nostro, generoso domino Segurio. Deus Optimus Maximus Serenitatis vestræ actiones et consilia regere velit, eamque, ad sui nominis gloriam, quam diutissime incolumem conservare! Datæ raptim ex castris nostris ad Fontenay, cal. Jul. anno 1587.

Regiæ Serenitatis vestræ fidelissimus frater et consanguineus,
HENRICUS.

1587. — 13 JUILLET.

Orig. — Arch. de famille de M. le comte H. C. de Meslon, à Rauzan. Copie transmise par M. le secrétaire général du département de la Gironde.

A MONS^R MELON.

Monsr Melon, Parce que j'ay esté requis par tant de personnes, et de beaucoup d'endroictz, pour la delivrance et liberté du s^r de la

Tour d'Yviers, le pere, sur laquelle on me represente son eage, son indisposition, sa maladie et sa façon de vivre, s'estant tousjours contenu paisiblement en sa maison, je vous ay bien voullu faire ceste lettre pour vous dire qu'il me semble estre raisonnable que le dict s^r de la Tour soit mis en liberté; pour laquelle j'ay remis le tout à mon cousin mons^r de Turenne, auquel j'en escrys, et luy mande de vous ouyr là-dessus, comme y ayant interest. Je m'asseure qu'il fera si bien, que tout se passera au contentement des ungs et des aultres. Et n'estant la presente à autre effect, je prieray Dieu vous tenir, mons^r Melon, en sa saincte et digne garde. De la Rochelle, ce xiiij^e juillet 1587 [1].

Vostre affectionné maistre et amy,
HENRY.

1587. — 14 JUILLET.

Imprimé. — *Recueil R, à Paris*, 1761, in-12, p. 202. (Dans le recueil *A, B, C*.)

[PROTESTATION DU ROI DE NAVARRE, AU SUJET DE L'ENTRÉE DE SON ARMÉE EN FRANCE.]

Comme nous avons, dés la premiere revocation de l'edict de paix, assez particulierement faict congnoistre, par nostre dicte declaration et protestation, à tous ceulx qui sont de sain et entier jugement, et qui ne sont prevenus d'aulcune passion, que le subject de la prinse de nos armes n'a esté que pour garentir et deffendre le Roy, nostre souverain seigneur, nostre maison et tous les bons François de l'oppression des ennemis conjurez de ceste couronne et de l'Estat, et que nos actions et desportemens contre les assaults et les orages de quatre ou cinq armées que nous avons eues sur les bras pendant l'espace de huit mois et plus, nous servent de certain et asseuré tesmoignage de nostre intention, n'ayant jusques icy opposé contre leurs forces aulcuns moyens contraires, quoique nous en ayons eu les facultez : mais nous

---

[1] Il se trouve encore, dans les archives de M. le comte de Meslon, une autre lettre de même date que celle-ci, presque en tout semblable, et adressée également à Meslon.

sommes tenus dans une guerre defensive, nous renfermans dans nos places sans nous mettre en campaigne, afin de soulager le peuple des miseres et des calamitez que causent les gens de guerre, quelque disciplinez qu'ils soient; comme aussi esperant que nostre patience attiediroit la fureur et la rage de ceulx de la maison de Lorraine, et que ce pendant Sa Majesté recognoistroit la verité de leurs pernicieux desseings, qui est d'exterminer totalement la maison de France, et de parvenir à usurper ce Royaume, jadis si florissant, suivant le plan que leurs predecesseurs leur ont tracé, et dont les memoires trouvez entre les papiers pris à Aussonne font foy, oultre les aultres preuves certaines que l'on en a d'ailleurs, et que Sa Majesté après l'avoir cognu y apporteroit le remede qu'elle estimeroit le plus necessaire et le plus salutaire. Malgré cela Sa Majesté, en proie aux artifices des partisans de ceste maison et de la Ligue, se trouve tellement resserrée par les Ligueurs, et leur audace est accreue à un tel poinct que, depuis trois ou quatre mois, ils ont plusieurs fois et à diverses reprises osé entreprendre contre sa personne et contre la ville capitale de son Royaume, ils ont soulevé et faict armer de nuict la populace, se sont emparez de quatre ou cinq places dans le gouvernement de Picardie, attaqué et defait les troupes que le Roy y envoyoit, afin de conserver les places qu'ils avoient surprinses. Ils ont mesme retenu prisonnier celuy qui conduisoit ce secours. Lorsque Sa Majesté les a sommez de luy remettre les places, ils ont commencé à capituler avec Elle, et ont eu l'audace de luy demander Angers et Valence, qu'ils se plaignent qu'on leur a enlevez, comme s'ils y avoient quelques droits. C'est ainsy que Sa Majesté s'est veue forcée, pour acquerir leur amitié, de leur abandonner les places qu'ils luy ont prinses en Picardie, et de leur rendre les prisonniers qui avoient attenté sur Bologne, au lieu d'en faire une punition exemplaire, ainsy que des aucteurs de ces troubles, telle que la meriteroient des criminels de lèze-majesté. Par quoy,

Nous, Henry, roy de Navarre, premier prince et pair de France, Henry de Bourbon, prince de Condé, et Henry de Montmorency, premier officier de la couronne et mareschal de France, craignans que l'ambition demesurée des Ligueurs n'apporte enfin la ruine totale de cest Estat, dont la conservation nous est en singuliere recommandation, à laquelle nostre debvoir et le rang qu'il a pleu à Dieu nous y donner, nous oblige, contraincts, à notre trez grand regret, d'employer la force, comme le seul remede et moyen extraordinaire qui puisse apporter quelque soulagement à la France accablée et gemissante soubs le poids de la tyrannie des Ligueurs : declarons et protestons que les armées que nous sommes determinez à mettre en campaigne et joindre au secours des alliez et confederez de ce Royaume (tous affectionnez au repos et au bien d'iceluy, ainsy qu'ils en ont donné des tesmoignages certains et asseurez par les ambassadeurs qu'ils ont depeschez vers Sa Majesté), ne sont poinct pour nous opposer à Sa Majesté, de laquelle nous ferons toujours cognoistre par des effects reels combien nous sommes ses trez humbles, trez obeissans et trez fideles subjects et serviteurs; mais pour la deslivrer de l'oppression et de la tyrannie des Lorrains, ses plus cruels ennemys, et les nostres, luy faire cognoistre l'autorité qu'ils ont usurpée et qu'ils usurpent encores tous les jours; remettre le Roy en estat d'estre obeï de tous ses subjects, restablir les princes, seigneurs et gentilshommes françois dans les preeminences, le credit, les honneurs et les dignitez deues à leur rang et à leur naissance; pourvoir, par une assemblée generale et libre de ce Royaume, legitimement convoquée, au soulagement du peuple par l'abolition des imposts dont il est accablé, à destruire une auctorité estrangere, et par là establir une paix ferme et solide dans le Royaume.

Supplions Vostre Majesté d'avoir pour agreable la prinse de noz armes, et de croire que nous ne les prenons que pour luy, pour sa liberté et pour son service; que nous sommes prets d'aller La trouver dans tel endroict qu'il luy plaira nous commander. Prions aussy tous roys, princes, seigneurs, gentilshommes, courts de parlement, bourgeois, villes et comunautez, tant voisins, alliez que subjects de ceste couronne, de nous vouloir assister et secourir dans une aussy saincte et aussy louable entreprinse, soit de leurs personnes, vivres, armes ou aultres moyens, afin que notre desseing ne demeure poinct sans execution, et que la paix, si necessaire à la France, ne soit poinct retardée par leur negligence.

Declarons tous ceulx qui s'y opposeront directement ou indirectement, tant ecclesiastiques qu'aultres catholiques, ennemis conjurez de cest Estat et de la tranquillité de ce Royaume; protestant les prendre en nostre protection et saulve-garde, et les vouloir maintenir et conserver dans le mesme estat et religion qu'ils sont à present, ainsy que dans tous leurs biens, privileges et libertez, sans rien innover ni alterer en aulcune façon, ainsi que nous agissons en Guyenne, Languedoc et Daulphiné.

Donné à Fontenay le Comte, le quatorziesme jour de juillet mil cinq cens quatre-vingt-sept.

HENRY.

L'ALLIER.

[1587. — VERS LA MI-JUILLET.]

Orig. autographe. — B. R. Fonds des Cinq-cents de Colbert, Ms. 402.

A MONS^r DE SEGUR.

Monsr de Segur, Je vois le temps approcher, par la grace de Dieu, de la delivrance des Eglises et de l'Estat de ce Royaume. Je reconnois combien mes bons et principaux serviteurs m'y ont fidelement servy, et particulierement le zele, affection et soin que vous y avés apporté avec beaucoup de travail et de traverses. Mais j'espere vous faire cognoistre, par tous bons effects, combien je vous aime et ay vostre service agreable. Le porteur vous dira de mes nouvelles et l'estat de nos affaires. Il nous faut tous travailler à les advancer et bien assurer par delà, et pour le present et pour l'avenir. Adieu, Monsr de Segur, faictes tousjours estat assuré de

Vostre tres affectionné maistre et parfaict amy,

HENRY.

1587. — 20 JUILLET.

Orig. — Musée britannique, art. 25[1]. Copie transmise par M. l'ambassadeur de France à Londres.

[A MONS^R DE BUZENVAL.]

Monsr de Buzenval, Vous avez entendu par moy ce qui se passe par deçà. Depuis est arrivé ce que vous verrés par le discours qui vous est envoyé, de quoy j'ay bien voulu vous advertir. J'espere, avec l'ayde de Dieu, que nos ennemis ne nous feront pas le mal qu'ils pensent, et que Dieu favorisera nostre juste cause. Je vous prie, suivant ma derniere depesche, que vous insistiez envers la Royne, en son conseil, à ce que nous soyons encores secourus de ce que je vous ay escript, à l'animer de nous secourir. Octroyant [tel secours], cela emportera gain de cause d'autant. Lorsque nous serons mal servis, je crains qu'il y ait faulte de diligence en vous, car je ne puis croire qu'il y ait défault de bonne volonté en ceste princesse si excellente, et qu'elle veuille permettre que la bonté et liberalité dont elle use envers nous, soyent (à l'occasion de ce qui nous est survenu) inutiles. Veuillez doncques travailler et me mander plus souvent de vos nouvelles : et je prieray le Createur vous tenir, Monsr de Buzenval, en sa sainte garde.

A la Rochelle, ce xxe juillet 1587.

Vostre affectionné maistre,

HENRY.

J'ay envoyé le discours[2].

---

[1] Dans la copie envoyée de Londres, cette lettre ne porte pas d'autre indication.

[2] Voyez ci-dessus la protestation du 14 juillet.

1587. — 24 JUILLET.

Cop. — Arch. de M. le baron de Scorbiac, à Montauban. Envoi de M. Gustave de Clausade, correspondant du ministère de l'Instruction publique.

A MONS^R DE SCORBIAC,

CONSEILLER DU ROY MON SEIGNEUR, EN SA COURT DE PARLEMENT DE THOLOZE ET CHAMBRE DE L'EDICT.

Monsr de Scorbiac, Je vous envoye la commission que j'ay faict expedier pour faire battre toutes especes d'or et d'argent et monnoye permises, qui ont cours en ce Royaulme, pour la faire executer à Montaulban pour le bien de la dicte ville et tout le païs. Je vous envoye par mesme moyen la commission et pouvoir pour Durand de la Sarrete, de Villefranche de Rouergue, pour estre maistre de la monnoye au dict Montaulban, et la battre et faire battre. J'escrips aux habitans de la dicte ville et aultres circonvoisins, de faire quelque notable somme pour ayder au payement de notre secours estranger, à leur arrivée en France, sans lequel je prevois que nous serons mal servis; vous priant d'y apporter aultant de remonstrances et de persuasion comme la necessité de cest affaire le requiert, et vous y employer de tout vostre pouvoir, à ce que cest affaire s'execute. C'est pour le bien general et particulier d'un chascun, et pour nostre salut et conservation commune; et crains que si nous defaillons à nousmesmes, les moyens que Dieu nous a mis en main nous defaillent et nous soyent ostez. Je vous recommande au reste nos affaires, et vous prye vous asseurer tousjours de ma bonne volonté, comme aussy je prye le Createur vous tenir, Monsr de Scorbiac, en sa saincte et digne garde. De la Rochelle, ce xxiiij^e juillet 1587.

Vostre meilleur et plus affectionné amy,

HENRY.

[1587. — VERS LA FIN D'AOÛT.] — Ire.

Orig. autographe.—Archives de M. le comte d'Alissac de Valréas. Copie transmise par M. le préfet de Vaucluse.

Imprimé. — *Notice historique sur la ville et le canton de Valréas*, par Ad. AUBENAS, p. 155. Paris, 1838, in-18.

[A MONS^R DU POET.]

Monsr du Poët, J'ay esté bien ayse d'entendre par le sieur de Calignon bien particulierement ce qui s'est passé par delà, et entre aultres choses les effects de vostre valeur et vertu à la prise de l'Estoile et Die, et reprise et fortification de Montelimar[1], et vos aultres actions et deportemens en toutes les occasions qui s'y sont presentées, dont tout ainsy j'ay receu beaucoup de contentement; aussy je vous prye bien fort d'y vouloir continuer, et vous asseurer entierement de ma bonne volonté, et croire au reste le dict s^r de Calignon de ce qu'il vous dira de ma part, comme vous vouldriez faire

Vostre bien affectionné maistre et asseuré amy,

HENRY.

[1587. — VERS LA FIN D'AOÛT.] — IIme.

Orig. autographe. — Papiers de famille de feu M. le duc de Gramont-Caderousse. Copie transmise par M. le préfet de Vaucluse.

A MONS^R DE VACHERES[1].

Monsr de Vacheres, J'ay entendu bien particulierement par le capitaine Blanc le bon devoir que vous avés faict à la reprise de

---

[1] Montreal, chef des ligueurs du Vivarais, avait surpris la ville de Montélimart en Dauphiné, le 16 août. Mais la garnison du château, commandée par M. du Poet, gouverneur, et par M. de Vachères, fit une sortie sur les catholiques et les tailla en pièces, le 22 du même mois. (Voyez l'Histoire de la vie du connétable de Lesdiguières, par Louis Vidal. Paris, 1638, in-fol. p. 72 et 73.)

---

[1] Jacques de Gramont, seigneur de Vachères.

Montelimart, et de quelle affection vous vous employés à tout ce qui touche le service de Dieu, le bien des affaires generales et conservation de nostre province : de quoy j'ay bien voulu vous remercier, vous prier de continuer et croire que je ne l'oublieray jamais, et au reste faire tousjours trez certain estat de la bonne volonté de

Vostre plus affectionné et asseuré amy,

HENRY.

1587. — 1er SEPTEMBRE.

Cop.[1]. — B. R. Fonds des Cinq-cents de Colbert, Ms. 401.

[A LA ROYNE D'ANGLETERRE.]

Madame,

Aussy tost que j'ay receu l'avis que mons[r] de Segur m'a envoyé, de la preuve que me donnez de vostre liberalité et bonne volonté au bien de mes affaires, en occasion si juste et necessaire, je vous ay depesché le s[r] de Quitry, l'un de mes principaulx et plus confidens et agreables serviteurs, pour vous en remercier tres humblement, et vous asseurer, Madame, que je n'auray jamais contentement jusques à ce que, par quelque signalé service, j'aye satisfaict à tant d'obligations que je vous doibs, comme plus particulierement j'ay commandé au dict s[r] de Quitry de vous faire entendre, avec la charge que je luy ay donnée de passer chez monsieur le duc Cazimir, mon cousin, afin de vous rendre compte de sa volonté, et combien de temps il demande pour marcher avecques son armée, aprés avoir receu les cent mil escus qu'il vous a pleu me promettre. Lesquels, si Vostre Majesté n'a desjà envoyés en Allemaigne, je la supplie de toute mon affection les y vouloir faire porter promptement, et que

---

[1] Cette copie fut remise à M. de Ségur, alors en Allemagne, par M. de Chaumont-Quitry, car elle est de l'écriture de ce dernier, et porte cette annotation, de la main de M. de Ségur : « Double de la lettre du Roy de Navarre, par M. de Quitry, à la Reyne d'Angleterre. »

le dict sr de Quitry me puisse rapporter certitude de les y avoir veu. Et d'autant que la fureur de la Ligue s'adresse premierement à la France, et que j'ay à resister et supporter leur premier effort, je vous prie, Madame, ne m'imputer à importunité si je vous supplie de m'aider encor d'aultres cent mil escus. Moyennant lesquels je m'asseure que mes affaires, lesquelles jusques ici ont prosperé par la grace de Dieu, prendront tel accroissement qu'ayant chassé la Ligue et party espagnol hors de la France, dans peu de temps je seray libre pour vous en aller remercier, servir et obeir où il vous plaira me commander. Et, en cette immuable devotion, je demeureray perpetuellement

     Vostre tres humble et tres affectionné serviteur
     et frere,
         HENRY.

Ce 1er septembre 1587[2].

[1587. — OCTOBRE.]

Orig. autographe. — B. R. Fonds des Cinq-cents de Colbert, Ms. 401.

A MONSR DE SEGUR.

Monsr de Segur, J'ay fait tout ce que j'ay peu, suivant l'avis que m'avez donné, pour essayer de retenir ou prolonger la paix; et plus je me suis soubmis à tout ce qui pouvoit y aider et servir, et plus je me suis mis à la raison, plus on s'en est esloigné, et au mesme temps on a fait avancer l'armée et les forces contre moy, pour donner plus de moyen et autorité aux estrangers contre les enfans de la maison; ce qui me fait vous prier, Monsr de Segur, d'user de toute la diligence

---

[1] La copie ajoute, avant ce quantième, « De Bergerac; » mais il est certain que le roi de Navarre était alors en Poitou. Cette faute provient sans doute de ce que M. de Quitry aura daté, de lui-même, sa copie. L'original ne devait point porter de date, comme la plupart des lettres autographes; et M. de Quitry, en y suppléant, aura écrit le nom du lieu d'où le secrétaire Du Pin, alors séparé de son maître, datait sa propre lettre d'envoi.

que vous pourrez, pour effectuer ce dont je vous ay chargé, et d'y apporter tous les moyens et conseil que vous pourrez, sans laisser à ce coup aulcune chose en arriere. Et parce que vous sçavez l'estat, disposition et necessité de noz affaires, je ne vous en diray davantage, si ce n'est pour vous asseurer tousjours, et de plus en plus, de l'amitié et bonne volonté de

Vostre bien affectionné maistre et parfaict amy,

HENRY.

1587. — 2 OCTOBRE. — Ire.

Orig. — B. R. Fonds des Cinq-cents de Colbert, Ms. 402.

[A MONS^R DE SEGUR.]

¹ Il ne faut plus, aprés Dieu, esperer qu'en nos propres forces et en nous-mesme. C'est po[urquoy je vous] prie, à quelque prix

---

¹ Cette lettre, fort importante pour l'histoire, était écrite en encre de sympathie dans les interlignes d'une lettre de Du Pin à M. de Ségur. On ne peut plus la lire en entier aujourd'hui. Nous avons suppléé, par conjectures, une partie des lacunes. Voici la lettre de Du Pin. Les analogies qu'elle offre avec une lettre à Élisabeth, provenant du manuscrit de Tours, nous ont autorisé à dater cette dernière du même jour.

« À MONSIEUR DE SEGUR, CONSEILLER AU CONSEIL PRIVÉ DU ROI DE NAVARRE ET SUPERINTENDANT DE SES FINANCES.

« Monsieur,

« Aprés la patience et obeissance que le Roy nostre maistre a rendu en la paye et recompense du plus cruel edict qui ait esté encore faict; depuis, plus il s'est voulu mettre à la raison, plus on s'en est éloigné, de sorte que nous n'y voyons plus aucun remede; et d'aultant plus devons-nous avancer l'effect de vostre voyage, et avec le zele que vous y avez, apporter tous les conseils et moyens que vous pourrez, suivant l'attente et confiance que le Maistre et ses serviteurs ont de vous. Nous sommes honnestement forts, mais ung bon et prompt secours emporteroit gaing de cause. Nous avions amené en ce lieu des canons de Bearn. Les habitans d'Agen, oppressés à l'occasion de la Roine de Navarre, se sont eslevés en armes contr'elle, de sorte qu'elle a esté contrainte de se sauver par la porte de derriere de la citadelle, et prendre la croupe d'un cheval, accompagnée de dix ou douze chevaulx seulement. Elle n'a oublié ses meilleures bagues, ni madame de Duras, qui estoit aussi montée en croupe. Partie de ses gens ont esté tués, et aussi des compagnies qu'elle tenoit dedans la ville. Monsr le mareschal de Matignon, qui s'est

que ce soit, presser vostre levée, comme ce que, avec monsʳ de Clervaut, [a esté resolu, auquel j'ay] faict entendre mes intentions; et parce que nous avons affaire de quelque prompt secours, et que monsʳ de Clervaut est obligé de mener avec luy deux mil Restres, convention et capitulation qu'il fit avec moy et les Eglises, en l'an 1578, lequel secours nous seroit tres utile, et feroit succeder tous nos affaires, attendant plus grande levée, je vous prie tenir la main et ayder à ce qu'on puisse au plus tost amener et conduire, sans les dicts deux mil Restres, au moings quatre c[ornettes], suivant ce que je lui escris, qu'il vous fera voir, [comme il est contenu en la] promesse qu'il a en mains. Il doibt payer l'hérichelt[2] et le premier mois, lequel lui est remboursé, premier que [les dicts] Restres sortent hors du Royaume. J'approuveray tout ce que vous ferez. Peut-estre qu'il n'est tout payé; mais [il le sera dés que le secours] sera plus que quatre ou cinq cornettes. Remuez toutes les pierres du monde pour nous secourir, car il nous faut avoir une entiere delivrance et la fin de la perfidie de nos ennemis. Vous serez maistre de juger la fiance que j'ay de vous, et ce que je me suis promis de vostre desvotion et zele à mon service, et premierement au service de Dieu, lequel vous aydera et benira vos labeurs. Je depesche Buzenval vers la Royne d'Angleterre, où le [sʳ de Quitry] est encores, afin de la presser de faire pour nous.....

incontinent rendu dedans l'armée, marche et s'approche fort de nous. C'est tout ce que je vous diray, si ce n'est qu'il n'y a rien au monde sur qui vous ayez tant de puissance, ne qui soit plus voué et affectionné à vostre service, que est et sera perpetuellement

« Vostre tres humble et tres affectionné serviteur,
« D. »

Du Mont de Marsan, le 1jᵉ d'octobre 1587.

[2] Au lieu de *here-geld* (argent de l'armée). Ce mot allemand était quelquefois employé alors en France pour les sommes destinées à l'enrôlement des reîtres, qui recevaient, de plus, une solde mensuelle.

Le mot *reîtres* s'appliquait souvent alors, d'une manière générale, aux troupes mercenaires allemandes. Proprement, il en désignait les cavaliers, comme le mot *lansquenets* s'appliquait à leur infanterie.

[1587. — 2 OCTOBRE.] — IIme.

Cop. — Biblioth. de Tours, ancien manuscrit des Carmes, coté M, n° 50, *Lettres historiques*, p. 193. Communiqué par M. le préfet.

[A LA ROYNE D'ANGLETERRE.]

Madame, Plus je tasche à me mectre à la raison, et plus mes ennemis s'en jectent loing. Vostre Majesté l'entendra plus amplement par le s^r de Buzenval, present porteur, que je vous supplie croire comme moy-mesme; et c'est pourquoy j'ay recours à mes amys contre mes ennemys, et à leur affection contre leur violence; mais à vous particulierement, Madame, parce que j'en attends d'aultant plus d'amitié et de secours, que plus Vostre Majesté a de puissance et moy de desir de vous rendre tres humble service. J'ay esté bien adverty, Madame, de la bonne volonté que vous avez desployée en mon endroict. Reste seulement que les effects en sortent, lesquels ne peuvent trop tost venir, veu les diligences et les grands preparatifs des ennemys. M'estant tout voué à vous, Madame, pour vous rendre, toute ma vie, tout le plus fidele service que je pourray, c'est à vous, de droict, de conserver ce qui est vostre, et à moy de demeurer à tout jamais

Vostre trez humble et trez affectionné frere et serviteur,

HENRY.

[1587. — VERS LE 8 OCTOBRE.]

Imprimé. — *Suite des Lettres et Mémoires de messire Philippes de Mornay*, t. IV, suppl. p. 86; édit. de 1651, in-4°.

A LA ROYNE D'ANGLETERRE.

Madame,

J'ay esté quelques jours sans vous escrire, m'estant avancé sur la riviere de Loire pour y recevoir mon cousin le comte de Soissons[1],

---

[1] Le comte de Soissons était resté à la cour de Henri III, qui le fit chevalier du Saint-Esprit en 1585. L'année suivante, les dangers dont la Ligue menaçait sa maison

avec une bonne troupe de Noblesse des pays de Beausse et Normandie. Dieu m'y a donné quelques petits succez qui nous seront arrhes de plus grands à l'advenir. Je pars maintenant, Madame, pour aller rencontrer mon armée estrangere, et espere que de nos labeurs il reussira du bien, non à nous seulement, mais à toute la Chrestienté. Cependant j'y vois deux difficultés : l'une est de la joindre, veu les forces qui semblent s'y opposer; mais Dieu nous fera la grace, s'il luy plaist, et dedans peu de jours, de nous fendre la voye. L'aultre est de la contenter de quelque somme en la joignant, chose à quoy je n'obmets rien de mes moyens, mais mal-aisement y puis-je attaindre, si je n'y suis secouru, à bon escient, des vostres. A vous appartient, Madame, d'achever ceste œuvre, et non à aultre; à nous aussi seroit-il mal à propos d'en estre tenus [à d'autres] qu'à Vostre Majesté, à la quelle comme nous sommes tous dediés, aussi desirons-nous tout devoir. Vostre prudence, Madame, juge assez de l'importance du succez de ceste armée, qui tient tous les princes qui nous peuvent nuire suspendus en leurs desseings et balancez. Mais comme estant retenuë en bonne volonté, elle peut faire grands effets, venant aussi à la perdre, ou à se dissiper, vous voyés assés les inconveniens qui en dependent. Voicy la troisiesme année que je travaille, attendant ce secours, et ne me lasse poinct. J'ay vaincu de grandes difficultés, et plus qu'il n'est à croire; je m'asseure que vous m'ayderés à vaincre celle-cy; et ne permettrés que si proche du port nous fassions naufrage, qui nous reduise à prendre conseil de la necessité, et non de la raison. Le surplus, Madame, vous sera dict par le s^r de Buzanval, que je vous prie de croire, et de certaines particularitez auxquelles Vostre Majesté doict prendre garde, qu'il luy fera voir par les originaulx. Je prie Dieu, Madame, etc.

De la Rochelle. . . . .

HENRY.

l'engagèrent à quitter la cour pour se réunir au parti du roi de Navarre, son cousin. Cette lettre fait mention du premier service important qu'il lui rendit. Trois semaines après il combattit à ses côtés à la bataille de Coutras. Il se distingua dans

[1587. — VERS LA MI-OCTOBRE.]

Cop. — Biblioth. de Tours, ancien manuscrit des Carmes, coté M, n° 50, *Lettres historiques*, p. 133. Communiqué par M. le préfet.

A LA ROYNE D'ANGLETERRE.

Madame, J'ai receu les lettres de Vostre Majesté, que je tiens cheres comme de la princesse du monde que j'honore aultant. Je ne vous celeray que j'eusse reputé à grand heur de recevoir souvent semblable tesmoignaige de vostre bonne grace, qui est la chose que je desire le plus et tiens aultant precieuse. Mais, Madame, sur les considerations qu'il vous a pleu avoir, j'acquiesce volontiers à vostre prudent jugement; m'asseurant que ce que vous diminuez en l'exterieur me sera redoublé et recompensé en effect, quand l'occasion s'en presentera. Aussi vous supplieray-je vouloir croire, Madame, que Vostre Majesté n'a plus fidel serviteur que moy, ce que j'aurois extresme desir de vous tesmoigner en personne; et à peine mon esprit aura de repos que je ne luy aye donné ce contentement. Mais mon malheur veult que ce bien me soit encore retardé par les affaires que de jour à aultre on me suscite, contre lesquels je me deslibère de lucter avec tant de constance qu'enfin je deroberay ce loisir à mes continuels travaulx. Je reconnois, Madame, que mon service vous est doublement deub; car je l'ay voué long-temps à vos rares vertus, et vous l'avez acquis sur moy par une infinité de faveurs que j'ay receues de vous. Si je n'ay cest honneur de le vous rendre en effect, ce me seroit au moings quelque consolation de vous en faire office moy-mesme. Et en attendant je vous supplieray trez humblement de vous assurer que je suis et desire demeurer pour jamais

Vostre trez humble et trez affectionné serviteur et frere,

HENRY.

la plupart des batailles que ce prince livra ensuite. Au reste, les *OEconomies royales*, en faisant mention de cette arrivée du comte de Soissons, ajoutent « qu'il estoit venu trouver le roi de Navarre, plutost pour espouser sa sœur, que ses affections ni son party, qu'il tenoit ne pouvoir avoir longue subsistance. » (I'° partie, ch. XXIV.)

1587. — 20 OCTOBRE.

Imprimé. — *Decade contenant la vie et gestes de Henry le Grand*, etc. par Baptiste LEGRAIN. Paris, 1614, in-fol. 1. IV, p. 150.

ALLOCUTION DU ROI DE NAVARRE AVANT LA BATAILLE DE COUTRAS.

(Au prince de Condé et au comte de Soissons :)

Vous voyez, mes Cousins, que c'est à notre maison que l'on s'adresse. Il ne seroit pas raisonnable que ce beau danceur et ces mignons de cour en emportassent les trois principales testes, que Dieu a réservé pour conserver les autres avec l'Estat. Ceste querelle nous est commune; l'issue de ceste journée nous laissera plus d'envieux que de mal-faisans : nous en partagerons l'honneur en commun [1].

(Aux capitaines et soldats :)

Mes amis, Voicy une curée qui se presente bien autre que vos butins passés : c'est un nouveau marié qui a encores l'argent de son mariage en ses coffres [2]; toute l'elite des courtisans est avec luy. Courage! Il n'y aura si petit entre vous qui ne soit desormais monté sur des grands chevaux et servy en vaisselle d'argent. Qui n'espereroit la victoire, vous voyant si bien encouragez? Ils sont à nous : je le juge par l'envie que vous avez de combattre; mais pourtant nous devons tous croire que l'evenement en est en la main de Dieu, lequel sça-

---

[1] Le prince de Condé commandait la cavalerie de l'aile droite, le comte de Soissons l'aile gauche. Pierre Mathieu rapporte qu'outre cette première allocution, le roi de Navarre, qui était en tête de l'escadron du milieu, dit à ses cousins, au moment de se séparer d'eux, pour se mettre chacun à son poste : « Souvenez-vous que vous estes du sang des Bourbons! Et vive Dieu! Je vous feray voir que je suis votre aîné. » Le prince de Condé lui répondit : « Nous nous montrerons bons cadets. » — « Les ennemis furent mis en route, disent les *OEconomies royales*, par les trois escadrons du roy de Navarre, du prince de Condé et du comte de Soissons, chacun desquels, par les coups qu'il donna et ceux dont ses armes estoient martelées, tesmoigna suffisamment la grandeur de son courage, et que ces braves princes, en telles occasions, ne s'espargnoient non plus que de simples soldats. » (Ire partie, chap. XXIII.)

[2] Le duc de Joyeuse, comme l'ont remarqué, à cette occasion, la plupart des

chant et favorisant la justice de nos armes, nous fera voir à nos pieds ceux qui debvroient plustot nous honorer que combattre. Prions-le donc qu'il nous assiste³. Cet acte sera le plus grand que nous ayons faict : la gloire en demeurera à Dieu, le service au Roy, nostre souverain seigneur, l'honneur à nous, et le salut à l'Estat⁴.

1587. — 23 OCTOBRE.

Imprimé. — *Histoire du mareschal de Matignon*, par CAILLIÈRE. Paris, 1661, in-fol. t. II, p. 211.

[A MON COUSIN MONS^R LE MARESCHAL DE MATIGNON.]

Mon Cousin, Avant que partir de Coutras, j'avois donné ordre pour faire conduire les corps de feu mons^r de Joyeuse et de son frere à Libourne¹, ainsi que Maron, son secretaire, auquel j'ay per-

---

historiens, était alors marié depuis plus de six ans; mais si l'allocution du roi de Navarre est bien authentique, on peut expliquer cette sorte d'anachronisme volontaire comme un moyen puissant d'exciter l'ardeur des soldats, en motivant l'espoir d'un riche pillage sur cette fortune extraordinaire d'un seigneur qui avait épousé la sœur de la reine.

³ La prière de l'armée fut récitée par les ministres Chandieu et d'Amours, qui ensuite remontèrent à cheval pour se battre comme les autres. « Avant qu'entrer au combat, dit l'Estoile, le roy de Navarre, avec ceux de la Religion, s'estant prosternez en terre pour prier Dieu, le duc de Joyeuse, les regardans comme gens qui desjà estoient tout humiliez et abattus, dit à M. de Lavardin : « Ils sont à nous ; voyez « comme ils sont à demi battus et defaits ! « A voir leur contenance, ce sont gens qui « tremblent. » — « Ne le prenez pas là, res- « pondit M. de Lavardin, je les connois « mieux que vous ; ils font les doux et les « chastemittes ; mais que ce vienne à la « charge, vous les trouverez diables et « lions ; et vous souvenez que je vous l'ay « dit. » (*Journal de Henri III.*)

⁴ Legrain ajoute à ce discours une sorte de péroraison qui paraît une amplification de l'historien, aussi bien que le discours mis par de Thou dans la bouche du roi de Navarre, à la même occasion.

---

¹ Le duc de Joyeuse et le sieur de Saint-Sauveur, son frère, avaient été tués, trois jours auparavant, à la bataille de Coutras. Le récit de cette victoire de Coutras est suivi chez de Thou de détails circonstanciés qui sont les plus excellents commentaires de cette lettre du roi de Navarre. Après avoir parlé de la générosité dont ce prince

mis d'y aller, vous pourra dire. Auparavant je commanday que leurs entrailles fussent enterrées avec leurs ceremonies[2]; à quoy les seigneurs et gentilshommes qui sont icy et aucuns des miens assisterent aussy? Je suis bien marry[3] qu'en cette journée je ne pus faire difference des bons et naturels François d'avec les partisans et adherans de la Ligue, mais pour le moins ceux qui sont restez en mes mains tesmoigneront la courtoisie qu'ils ont trouvée en moy et en mes serviteurs qui les ont pris. Croyez, mon Cousin, qu'il me fasche fort du sang qui se respand[4], et qu'il ne tiendra point à moy qu'il ne s'es-

fit preuve en revenant victorieux sur le champ de bataille, il ajoute : « Ensuite il alla se mettre à table. On avoit servi pour lui dans la même maison où les corps du duc de Joyeuse et de son frère avoient été transportés, et même dans une salle basse, où ils étoient exposés sur une table. Chacun alloit les considérer par différents motifs. Pour ce prince, il eut horreur de ce spectacle, et monta dans une chambre audessus, où il fit servir. Pendant son dîner, on lui amena encore des prisonniers de toutes parts, et ses soldats venoient lui présenter à l'envi les drapeaux qu'ils avoient enlevés à l'ennemi, sans qu'on remarquât dans ce prince aucun signe de fierté ni de changement. Ce fut à cette occasion que le ministre Chandieu, s'adressant à quelques seigneurs qui étoient présens : « Heureux, « leur dit-il tout bas, et véritablement fa« vorisé du ciel le prince qui peut voir sous « ses pieds ses ennemis humiliés par la main « de Dieu, sa table environnée des prison« niers qu'il a faits, et sa chambre tapissée « des étendarts de ceux qu'il a vaincus, et « qui, sans en devenir plus fier ou plus « vain, sait garder, au milieu des plus « grands succès, la même fermeté que dans « les revers les plus inespérés de la for« tune ! » Et de là il tira un augure certain de la victoire que ce prince devoit remporter un jour sur tous ses ennemis. » (*Hist. univ.*, l. LXXXVII.)

[2] C'est-à-dire, selon les rites du culte catholique.

[3] Les principaux seigneurs de l'armée catholique, que de Thou nomme comme faits prisonniers à Coutras, étaient François de la Grange de Montigny, qui avait commencé l'attaque ; le sieur de Saint-Luc, pris par le prince de Condé, qu'il venait de désarçonner d'un coup de lance ; César de Saint-Lary, fils du maréchal de Bellegarde ; Florimond d'Halwin, marquis de Pienne ; Joachim de Châteauvieux, capitaine des gardes ; François Daillon, sieur de Saultray ; Charles de Cambes, comte de Montsoreau ; Imbert de Marsilly de Cipierre ; les sieurs de Maumont, de Chastellux, de la Platrière, de Villegomblin, etc.

[4] Avec les deux Joyeuse, on citait, parmi les morts, Robert de Halwin, sieur du Roussoy, frère puîné du marquis de Pienne, fait prisonnier ; Claude de MailléBrézé, qui portait la cornette blanche ; Louis de Champagne, comte de la Suse ; Jacques d'Amboise, comte d'Aubijoux ; le sieur de Goello, fils du comte de Vertus ; Charles de Belleville ; le sieur de Neuvy, dont le frère cadet servait dans l'armée du

tanche, mais chacun connoit mon innocence. Assurez-vous que je suis fort à vostre devotion. Je demeureray

Vostre trés affectionné cousin et parfaict amy,

HENRY.

Escrit à Puis Normant, le xxiije octobre 1587 [5].

roi de Navarre; les sieurs de Rochefort-la-Croisette et de Rochefort de Puviot; Jean de Montalambert, sieur de Vaux, etc.

[5] Nous ne donnons point dans le texte une lettre, en date de l'avant-veille, 21 octobre, et qui, si elle était authentique, aurait été ainsi du lendemain de la bataille de Coutras. M. Musset-Pathay, dans son ouvrage intitulé *Vie militaire et privée de Henri IV*, a publié cette lettre à Henri III, comme tirée des archives de Navarre. Mais tout porte à croire qu'une copie intermédiaire aura fait subir à cette pièce de notables altérations. Nous l'insérons ici à titre de renseignements, comme une lettre fort douteuse, en imprimant quelques locutions suspectes en caractères italiques :

« *Sire*, monseigneur et frere, Remerciés Dieu : j'ay battu vos ennemis et vostre armée. Vous entendrés de la Barthe si, malgré que je sois l'arme au poing au milieu de vostre royaume, c'est moy qui suis vostre ennemi, comme ils le *vous* disent. Ouvrés donc vos yeux, *Sire*, et connoissés qui sont-ils. Est-ce moy, vostre frère, qui peux estre ennemi de vostre personne, moi! *prince du sang de vostre couronne! moy! François de vostre peuple?* Non, *Sire*, vos ennemis, ce sont ceux-là qui, par la ruine de nostre sang et de la noblesse, veulent la vostre et au par dessus vostre couronne. Certes, si n'y eust Dieu mis la main, c'estoit fait *de vous* en ce lieu de Coutras, et ils vous eussent en nous tué, *Sire*, comme en vostre cœur ils nous ont tués; car par après, resté seul de tant de roys et princes, de quel sommeil eussiés dormi entre ces espées rouges de vostre sang, ou mesme entre pires choses que ces espées? Avisés promptement à ceste besongne, si encore en est temps; car le tout est caché dans les abymes de la volonté de Dieu; mais devant luy je proteste de la justice de mes armes et de tout ce sang dont un jour vous fauldra luy rendre compte.

« Bandés, *Sire*, ceste plaie de vostre peuple; baillés-luy la paix, baillés la à Dieu, à vostre frere, à vostre conscience. Vainqueur, c'est moy qui *vous* la demande; ou s'il faut guerre, laissés-la moy rendre à ceux là qui seuls *vous* la font et à nous, et me les baillés à mener à ceste heure qu'ils savent quel je suis. La Barthe, *un des plus hommes de bien qui soyent en la chrestienté, et que par devers vous je depesche avec simple lettre de créance, pour ce qu'est sa fidelité, du reste m'en asseure, et aussi pour ce qu'autrement ne puis faire*, vous fera entendre que je ne veux que le repos de tous et la conservation des miens. Et de quoy *vostre pape* se mesle de vouloir oster ce que de Dieu je tiens? Par quoy luy a Dieu esté et luy sera tousjours contraire en si mechante œuvre. Lequel Dieu vivant je prie, *Sire*, qu'il *vous* rouvre le clair entendement qu'il *vous* a baillé et qu'il a permis estre troublé par les grands pechés de ce royaume et celui de la grand'

[1587. — 2 NOVEMBRE.]

Imprimé. — *Vie militaire et privée de Henry IV*, etc. Paris, an XII, in-8°, p. 68.

A MONS[R] DE BATZ.

Monsr de Batz, Je suis bien marry que vous ne soyez encore restably de vostre blessure de Coutras, laquelle me fait veritablement playe au cœur[1], et aussi de ne nous avoir pas trouvé à Nerac[2] d'où je pars demain[2], bien fasché que ce ne soit avec vous; et bien me manquera mon faulcheur par le chemin où je vas; mais avant de quitter le pays, je vous le veux bien recommander. Je me mesfie de ceulx de Sainct Justin[3]. Vous m'avez bien purgé ceulx d'Euse, mais ceulx de Cazeres et de Barcelonne[4] sont de vilains remuans; et je n'ay nulle asseurance au capitaine la Barthe qui a par là une bonne troupe, et qui m'a cependant juré son ame. Beaucoup m'ont trahi vilainement, mais peu m'ont trompé. Celluy-cy me trompera s'il ne me trahit bientost. De plus, ces miserables que j'ay deschassez d'Aire tiennent les champs. De tout ce seray-je tout inquiet jusqu'à tant je vous sçache sur pied avec vostre troupe, esclairant le pays. Mon amy, je vous part de vostre noblesse, à tel point aveuglée par les Lorrains; alors verriés à plein, Sire, qu'en toute ceste pauvre France n'est pas un seul cœur françois ennemi de son roy. La grande source de ce poison seroit découverte, et vous, *Sire*, verriés qu'icy sommes, plus que ne pensés, vos véritables serviteurs et sauveurs de vostre couronne. »

---

[1] M. de Vivans avait aussi reçu à Coutras une blessure très-grave.

[2] « Le roi de Navarre séjourna à Nérac du 30 octobre au 3 novembre, en se rendant à Pau, après la bataille de Coutras. « Il donna, dit d'Aubigné, sa victoire à l'amour; car, avec une troupe de cavalerie, il perça toute la Gascongne, pour aller porter vingt-deux drapeaux d'ordonnance et quelques autres à la contesse de Grand-mont, lors en Béarn. » (*Hist. univers.* t. III, liv. Ier, chap. xv.)

[3] En Marsan, près Roquefort, dans le département des Landes.

[4] Petites villes de l'Armagnac, aujourd'hui des départements des Landes et du Gers.

laisse en main ces affaires; et quoy que soit en vous ma plus seure confiance pour ce pays, toutesfois vous aimeroit bien mieulx là où il va et prés de luy[5]

Vostre affectionné amy,
HENRY.

1587. — 12 NOVEMBRE. — Ire.

Orig. autographe. — Arch. de famille de M. le comte Henri de Bouffard de Gandels. Envoi de M. Moquin-Tendon, professeur à la faculté des sciences de Toulouse.

A MONS^R DE LA GARRIGUE.

Monsr de la Garrigue, Parce que j'ay entendu l'affection que vous avés de long temps à ce qui touche l'advancement du service de Dieu et le bien des Eglises, j'ay bien voulu, avec la lettre generale que j'escris, vous faire ceste-cy particulierement pour vous pryer de vous employer en l'affaire qui se presente, aultant que la necessité et importance le requiert. La chose parle et se recommande de soymesme. Je ne vous en diray davantage, si ce n'est pour pryer Dieu vous tenir, Monsr de la Garrigue, en sa saincte et digne garde. De Pau, ce xij^e de novembre 1587.

Vostre meilleur amy,
HENRY.

1587. — 12 NOVEMBRE. — IIme.

Orig. — Arch. de la ville de Nismes, t. II du recueil ms. intitulé *Troubles du Royaume.* Copie transmise par M. le préfet du Gard.

[AUX CONSULS ET CONSISTOIRE DE NISMES.]

Messrs, Vous avés esté bien advertiz qu'après plusieurs longues poursuites que j'ay faictes, l'armée estrangere est entrée en la France pour nostre secours, laquelle j'ay deliberé d'aller joindre au plus tost et luy faire faire une monstre, suivant ce qui a esté convenu et accordé avec eux; moyenant laquelle j'espere qu'ils nous serviront bien et

---

[5] Cette dernière phrase, complétée par la signature, présente une inversion à la manière latine, par la place du sujet rejeté tout à la fin.

longuement. Mais d'aultant que je ne puis seul y satisfaire, tant parce qu'il n'est raisonnable, qu'à cause des grandes et extraordinaires despenses que j'ay faictes et supportées, pour lesquelles je n'ay pas espargné la vente et engagement de mes propres biens, ni le credit que j'ay peu avoir et trouver dedans et dehors le Royaume, et que maintenant il s'agit plus que jamais de la conservation ou ruine des Eglises et de tout ce que les gens de bien peuvent avoir de plus precieux; je ne puis croire qu'il y en ait de si ingrats, froids ou stupides, qui veuillent refuser d'y ayder selon les moyens que Dieu leur a donnez : qui est cause que je vous prieray de considerer ce qui est de vostre debvoir, en affaire si importante, et vous representer vifvement la necessité publique, à laquelle je ne puis resister, si chascun ne s'efforce de la surmonter, et y apporter partie de leurs moyens pour saulver le reste, ayant esté le tout consigné par le cruel edict de juillet; de sorte qu'il le faut garantir par les voies et moyens legitimes que Dieu nous met en main; lequel a retourné son visage vers nous, nous ayant donné une si heureuse victoire, qu'il est besoin de la poursuivre, et que tous ceulx qui y ont interest s'y employent de cœur et d'affection; comme de ma part je veulx presentement exposer ma vie, laquelle j'ay entierement vouée à l'advancement de la gloire et service de Dieu, et à la delivrance des dictes Eglises. Et par tant, Messrs, je vous prie, au nom de Dieu, et vous enjoins neanmoins, comme protecteur des dictes Eglises, et en oultre tenant le lieu que je tiens en ce Royaume (la fonction du Roy mon seigneur cessant parmi ces troubles entre nous), de ne faillir de tenir preste, dedans le vj[e] du mois prochain, la somme de vingt mille escus sol. pour la subvention dont je vous ay cy-devant escript pour le dict payement de l'armée estrangere. Ce qui vous sera facile dans le dict temps, si vous prenés la dicte somme sur les plus aysez de tout le bas Languedoc, en leur payant l'interest, lequel sera joint au principal, pour, incontinent aprés, le despartir et esgaler sur tout le dict pays pour estre payé à deux ou trois termes, selon que vous adviserés, en vertu des commissions et contrainctes que je vous mettray en mains, comme pour les propres deniers du Roy, mon dict seigneur, avec l'auctorité de mon cousin monsieur le duc de Montmorency, qui y tiendra la main; ou prenant tel autre expedient propre que vous adviserés pour la dicte levée et remboursement de la dicte advance. Laquelle je vous prie de rechef ne faillir de tenir preste au dict temps, afin que mon dict voyage ne soit retardé, ensemble le fruict de la victoire que Dieu nous a donnée, et l'esperance de nostre delivrance; faisant cesser, comme vous pouvés, toutes difficultés, excuses et remonstrances à ce contraires, lesquelles ne peuvent proceder que d'artifice et mauvaise volonté en un tel faict. Vous sçavez, Messrs, que vous n'avés pas esté beaucoup foulez ni surchargez durant ceste guerre, et que vous ne m'avés en rien aydé depuis le commencement d'icelle, soit pour les despenses et voyages presque innumerables, soit pour le regard des dicts estrangers; ce qui me fait vous prier encore un coup de couper chemin à toutes les longueurs que vos assemblées ont accoustumé d'apporter, et user de l'expedient que je vous ouvre et propose cy-dessus. Ce que m'asseurant que vous ferez avec autant d'affection et promptitude comme la necessité le requiert, je ne vous en diray davantage, si ce n'est pour vous asseurer de plus en plus de ma bonne volonté, et prier le Createur vous tenir, Messrs, en sa saincte et digne garde.

Messrs, encores que ceste lettre soit particulierement adressée à vous, elle est neanmoins generale pour tout ce qui est du bas Languedoc; mais, comme si elle estoit pour vous seuls, recherchez, je vous prie, tous les moyens, et usez de l'expedient que je vous escris, ou tel autre que vous adviserés, afin que la dicté somme soit preste au terme qui est cy-dessus mentionné. Surmontez-vous les uns et les aultres de zele, affection et diligence, pour couper chemin aux inconveniens que je sçay ne pouvoir eviter, si les Eglises et provinces ne font leur debvoir. Vous avés une grande province; il n'y aura faulte que de bonne affection, laquelle je m'asseure ne vous manque poinct. Encores qu'un dioceze fist toute la somme, je feray expedier les commissions et contrainctes necessaires pour les rembourser, et les frais et interests sur le tout. De Pau, ce xije de novembre 1587.

       Vostre meilleur et plus affectionné amy,

          HENRY.

[1587. — VERS LA MI-NOVEMBRE.]

Orig. autographe. — Fonds des Cinq-cents de Colbert, Ms. 402.

A MONSR DE SEGUR.

Monsr de Segur, Nous avons veu de grands jugemens en la dissipation de nostre armée estrangere [1]. Nous y avons mis trop de confiance, et crois que, tout ainsy que le commencement en estoit mauvais, Dieu a permis que la fin en ait esté telle que nous avons veu. J'ay esté tres ayse d'avoir entendu ce que vous m'avés mandé par vostre lettre du xxiiije de septembre; en quoy j'ay fort loué le zele et affection de ces bons princes, et ay remarqué en vous une diligence et soin de tout ce qui touche le service de Dieu, le restablissement de ses Eglises et le bien de mes affaires. Il faut essayer de parachever ce que vous avés si bien commencé; vostre travail et affection y peuvent beaucoup, et m'asseure qu'un nouveau secours,

[1] Malgré les efforts du roi de Navarre pour encourager son ambassadeur, toute cette lettre porte la trace évidente de soucis qui n'étaient que trop motivés. Le beau succès de Coutras s'était trouvé bientôt plus que balancé par l'échec qu'essuyèrent, la semaine suivante, les troupes allemandes amenées enfin au secours du parti par le baron de Donaw. Dans la nuit du 27 octobre, le duc de Guise les surprit à Vimory, près de Montargis, les mit en déroute et brûla tous leurs bagages. Cette dernière circonstance donna au combat de Vimory, bien inférieur du reste, comme action militaire, au brillant fait d'armes de Coutras, une grande importance, par le découragement qu'il répandit chez les reîtres et les Suisses de l'armée étrangère. La popularité du duc de Guise, la puissance et l'habileté de son parti, prêtèrent à sa victoire le caractère d'un exploit national, et au vainqueur le beau rôle d'un libérateur du pays. Outre cette pénible comparaison, le roi de Navarre voyait le succès de son rival détruire les premiers fruits qu'il allait enfin recueillir des longues et persévérantes négociations de Ségur avec toutes les puissances protestantes de l'Europe.

estant bien conduit, apportera infailliblement les effects de la delivrance que nous desirons. Continués donques, Mons‍r de Segur, et y apportés tout ce que vous penserés y pouvoir servir. Personne n'a perdu le courage, de deçà; je le vois au contraire renforcé. J'avois cy-devant depesché de Reau [2], et, entr'autres choses, je luy avois donné charge de prendre instruction de vous de ce qu'il avoit à faire. J'envoye de nouveau le s‍r de la Roche Chandieu en Suisse et en Allemagne, avec charge de vous dire bien particulierement l'estat de nos affaires et nos resolutions et desseins, et de prendre instruction de vous pour la conduite de sa negociation, vous priant de l'assister et user de ceste occasion. Je ne doute point que sa pieté et qualité [3] ne donnent beaucoup de bonne odeur à nos dictz affaires. Il a esté present à tout ce qui s'est passé, et peut estre tesmoin et juge de mes actions. Il sçait à qui on peut imputer la faute des inconveniens advenus, et à qui non. Mons‍r de Chastillon et les s‍rs de Mouy, Montlouet, Esternay [4] et autres sont de retour, qui imputent ceste faute à la mauvaise conduite. Je remettray le surplus au dict s‍r de la Roche que je vous pryeray de croire comme moy-mesme. Vous m'avez mandé par vostre dicte lettre du xxiiij‍e, que vous m'envoyez un contract pour ratifier. Il n'est point venu jusques à moy : dont je

---

[2] M. des Reaux avait été envoyé une première fois en Suisse, au mois de février 1586, ainsi que le prouve une instruction diplomatique qui nous a été conservée par du Plessis-Mornay. Il est probable qu'il fut envoyé de nouveau en Allemagne, au moment des événements dont nous venons de parler, à l'effet de s'entendre avec M. de Ségur.

[3] Antoine de la Roche Chandieu, dit *Sadeel* et *Zamariel*. (surnoms qu'il prenait comme l'équivalent hébraïque de son nom de Chant-Dieu ou Champ-Dieu), était ministre du saint Évangile, et avait rempli ces fonctions auprès du roi de Navarre, pendant trois années qu'il résida en France. Car, bien que d'une noble et ancienne famille du Dauphiné, il s'était expatrié en 1583, et s'était établi dans le canton de Vaud, où ses descendants se sont honorablement maintenus jusqu'à ce jour. Le présent recueil leur est même redevable de la communication de plusieurs pièces intéressantes. Le ministre Chandieu mourut à Genève, en 1591, à l'âge de cinquante-sept ans. Ses ouvrages théologiques ont été imprimés en 1592 et en 1615, in-fol.

[4] Probablement Jean Raguier, seigneur d'Esternay et de la Motte, écuyer tranchant du Roi, fils de Louis Raguier et de Charlotte de Dinteville.

suis bien marry. Croyés que je ne vous laisseray avoir faute d'aucune chose. J'avois desjà commandé à la Marsillere, qui est demeuré à la Rochelle, de vous faire tenir deux mil escus; je ne sçay s'il l'aura faict. Ils sont en ses mains; la difficulté des chemins et le moyen de recouvrer marchands dont on se puisse servir en cela, empesche beaucoup et retarde tels affaires. Aydés-nous de vostre costé, et recherchés les moyens de toucher les deniers que nous ferons delivrer pour vous. Je vous prye, au reste, faire estat tres certain et perpetuel de moy et de tout ce qui est en mon pouvoir, et vous asseurer que vous ne verrez jamais personne au monde qui soit plus que je suis

Vostre tres affectionné et plus parfaict amy,

HENRY.

[1587.] — 8 DÉCEMBRE.

Orig. autographe. — Biblioth. de l'Arsenal, Mss. Histoire, n° 179, t. I*er*.

Cop. — B. R. Suppl. fr. Ms. 2289-2, et Ms. 1009-4.

Imprimé. — *Mercure de France*, année 1765, janvier, vol. I, p. 57. — *L'Esprit de Henri IV.* Paris, 1770, in-8°, p. 139. — *Vie militaire et privée de Henri IV.* Paris, an XII, in-8°, p. 70. — *Lettres de Henri IV, etc.* publiées par N. L. P. Paris, 1814, in-12, p. 10. — *Journal militaire de Henri IV*, par le comte DE VALORI. Paris, 1821, in-8°, p. 296.

[A MADAME LA COMTESSE DE GRAMONT.]

Monglas[1] vient d'arriver. Il me haste plus que les autres, et avec des raisons qui sont fort à craindre et qui ne se doibvent escrire. Il vous seront dictes. Il n'y a eu nul combat depuis celuy d'auprés Montargis[2]. Le duc du Mayne s'est retiré à son gouvernement, et

---

[1] Robert de Harlai, baron de Monglas, troisième fils de Robert de Harlai, seigneur de Sanci, et de Jacqueline de Morvilliers, était, comme toute sa famille, très-dévoué au roi de Navarre, qui venait de l'envoyer pour presser un nouveau secours des étrangers. Sa femme fut gouvernante des enfants de France; et luimême devint premier maître d'hôtel du roi Henri IV, en succédant à son frère aîné, Nicolas de Harlai, seigneur de Sanci. Il mourut en 1607.

[2] Le duc de Guise, irrité du surnom de *prince des ténèbres*, que lui donnait le

monsʳ d'Aumale³ chez luy. Paris n'a voulu recevoir les Souisses du Roy⁴, ny monsʳ de Guise aussy, qui s'est presanté au fauxbourg. J'ay l'ame fort traversée, et non sans cause. Reguardés si la rençon de Navailles pourroit estre moderée par vostre faveur. Je vous supplie, employés vous-y, pour l'amour de Tach et de moy. Ce porteur passe par Sᵗ Sever, et y repassera au retour. Tenez-moy en vostre bonne grace, comme celuy qui vous sera fidele esclave jusqu'au tombeau.

Du Mont⁵, ce viij^e decembre.

J'ay deux petits sangliers privés et deux faons de biche⁶. Mandés-moy si les voulés⁷.

---

baron de Donaw, par allusion à la surprise nocturne de Vimory, atteignit en plein jour ce général, le 24 novembre 1587, à Auneau, en Beauce, près de Chartres, et le défit complétement. Cette lettre prouve que la nouvelle du combat d'Auneau n'était pas encore connue en Gascogne le 8 décembre.

³ Charles de Lorraine, duc d'Aumale, grand veneur de France, fils aîné de Claude de Lorraine, duc d'Aumale, et de Louise de Brézé, fille de Diane de Poitiers, était cousin germain des ducs de Guise et de Mayenne. Il fut l'un des plus actifs partisans de la Ligue, se trouva à tous les combats livrés aux protestants et aux royalistes par ses cousins, fut accusé, en 1595, d'un traité avec les Espagnols, et condamné à être écartelé, comme criminel de lèse-majesté. Pour échapper à l'arrêt du Parlement, il se retira en Flandre, où il passa le reste de ses jours. Il mourut à Bruxelles en 1631.

⁴ C'étaient des Suisses des cantons catholiques, à la solde du Roi. L'Estoile rapporte ainsi le fait : « Le vendredi 6 novembre, deux ou trois cens marchans de Paris, assistés du prevost des marchans et eschevins de la ville, allerent prier la Royne mere du Roy, d'engarder les quatre mil Suisses qui venoient pour le Roy, de loger aux faux-bourgs de Paris, de peur de tumulte : à quoy elle s'accorda, et promit d'y faire tout ce qu'elle pourroit. » Cette démarche n'eut pourtant pas le résultat qu'en attendaient les Parisiens, car l'Estoile ajoute : « Nonobstant lesquelles promesses, ne laisserent les dicts Suisses d'y venir loger les 8 et 9 de ce mois, au grand dommage et mescontentement des Parisiens. » (*Journal de Henri III.*)

⁵ C'est-à-dire : du Mont-de-Marsan.

⁶ Ce goût de Corisande pour admettre diverses sortes d'animaux jusque dans le cortége bizarre qu'elle se formait, avait été remarqué par « M. de Bellievre, logé, dit d'Aubigné, près de la dite comtesse, la voyant aller à la messe, accompagnée seulement d'un mercure, d'un bouffon, d'un more, d'un laquais, d'un singe et d'un barbet. » (*Mémoires de la vie de Théod. Agrippa d'Aubigné.*)

⁷ Cette dernière phrase est écrite en post-scriptum, après le monogramme qui sert de signature, lequel est répété après ce post-scriptum.

1587. — 12 DÉCEMBRE.

Cop. — Arch. de M. le baron de Scorbiac, à Montauban. Envoi de M. Gustave de Clausade, correspondant du ministère de l'Instruction publique.

A MONS^R DE SCORBIAC,
CONSEILLER DU ROY MON SEIGNEUR, EN SA COURT DE PARLEMENT DE THOLOZE.

Monsr de Scorbiac, Je vous escrips pour tenir la main à ce que la subvention qui nous est accordée en nostre ville soit levée promptement; faictes-y vostre debvoir, à ce que cela soit promptement executé. Le temps nous presse, et nos estrangers passent la riviere[1] pour venir à nous, de sorte qu'il me les fault promptement joindre; et d'y aller sans leur porter des moyens, cela seroit mal seant. Je sçais bien que vous y apporterez toute la diligence que vous pourrez. Aussy est-elle trez requise. Le porteur vous dira de nos nouvelles, et comme je m'achemine vers nostre armée estrangere. Celle-cy n'estant à aultre fin, je ne la vous feray plus longue, pour prier Dieu vous avoir, Monsr de Scorbiac, en sa saincte et digne garde.

Du Mont de Marsan, ce xij^e decembre 1587.

Vostre plus asseuré amy,

HENRY.

1587. — 14 DÉCEMBRE.

Orig. — Musée britannique. Bibliothèque Lansdowne, art. 31. Copie transmise par M. l'ambassadeur de France à Londres.

[A MON COUSIN MONS^R DE BURGHLEY.]

Mon Cousin, Pour ce que la ville de la Rochelle a besoin de certains vivres et munitions de guerre pour se munir, en ce temps qu'elle est menacée et qu'il fault qu'elle serve à la distribution de ce qui est necessaire à plusieurs places qui sont circonvoisines, j'ay pensé que

---

[1] La Loire.

ma priere luy pourroit servir en vostre endroit. Je vous prie donc bien affectueusement, mon Cousin, que par vostre bon moyen, le s^r Anthoine Stanlack, marchand de Londres, puisse obtenir permission de la Royne, vostre maistresse, de charger les vivres et munitions de guerre, pour les amener et debiter en la dicte ville. Elle vous en aura beaucoup d'obligation, et moy particulierement, qui joindray ce plaisir, comme faict à moy-mesme, avec les aultres que j'ay receu de vous, pour les recognoistre partout où me vouldrez employer, d'aussi bon cœur que je prie Dieu vous avoir, mon Cousin, en sa trez saincte et digne garde.

Au Mont de Marsan, ce xiiij^e decembre 1587.

Vostre bien affectionné cousin et meilleur amy,

HENRY.

1587. — 25 DÉCEMBRE.

Imprimé. — *Documents historiques relatifs à l'histoire de France, tirés des archives de la ville de Strasbourg*, par M. Ant. DE KENTZINGER. Strasbourg, 1818, in-8°, p. 108.

AUX MAGNIFIQUES SEIGNEURS,

MESS^{RS} LES AMMESTRE, STETTMAISTRES ET CONSEIL DE LA VILLE ET REPUBLIQUE DE STRASBOURG.

Magnifiques Seigneurs, Ayant entendu, à nostre tres grand regret, les dommages et incommoditez que vous avés soufferts au passage de l'armée qui auroit esté levée, au mois de juillet dernier passé, en Allemagne et Suisse, pour le secours des Eglises que Dieu a rescueillies en ce Royaume, et pour la deffense de l'estat d'iceluy contre les ennemis du bien de la France et repos de toute la chestienté, depeschant le s^r de Reau, l'un de nos conseillers et chambellans, en Suisse et Allemagne, nous luy avons commandé aussi de passer vers vous, pour vous faire entendre les desplaisirs que nous avons receu des desordres commis par la dicte armée en vos terres et pays; lesquels nous desirons reparer aultant qu'il nous sera possible, tant pour ce que le debvoir d'un prince chrestien nous y oblige, que pour vous tesmoigner l'affection sincere que nous avons tousjours portée au bien de vostre estat, et l'obligation que desirons recognoistre de tant d'amitié et bienveillance que nos ambassadeurs et ministres reçoivent ordinairement de vous, dont nous avons esté deuement advertis et informez par eux, et mesmes par le s^r de Segur, nostre ambassadeur ordinaire en Allemagne. Et partant, vous nous ferés trez grand plaisir d'informer particulierement le dict s^r de Reau dès dicts desordres et de tout ce qui s'est passé en vos pays, ensemble ce que jugerés, pour l'amendement, en debvoir desirer de nostre part; avec asseurance que nous ne manquerons de vous en donner tout le contentement raisonnable qui sera en nostre puissance : vous priant tres instamment de ne nous en attribuer la coulpe, ains aux aucteurs de ceste malheureuse guerre, desquels l'ambition est telle que pour l'assouvir ils ne feignent pas d'embraser toute la chrestienté. Je vous prie de croire le dict s^r de Reau comme moy-mesme, lequel vous informera de l'estat de noz affaires, qui vous sont aussy communes, autant que nous sommes unis en une mesme foy et religion, pour la deffense de laquelle nous sommes assaillis, tant ouvertement que par secrete practique; dont vous avés à vous garder et de mesmes ennemys. Conservés-nous donc vostre amitié et bonne volonté, laquelle, s'il plaist à Dieu nous retirer des extremitez auxquelles nous sommes à present pour la deffense d'une si juste querelle, nous recognoistrons en toutes occasions que nous en vouldrés presenter, de tout nostre cœur et affection. Et à tant, Magnifiques Seigneurs, je prie Dieu vous tenir en sa trez saincte et digne garde.

A Nerac, le xxve decembre 1587.

Votre tres affectionné amy à vous faire plaisir,
HENRY.

1587. — 29 DÉCEMBRE.

Orig. — Arch. royales de Danemark. Copie transmise par M. le ministre de France à Copenhague.

FREDERICO, DANIÆ, NORVEGIÆ, GOTTORUM VANDALORUMQUE REGI[1].

Serenissime Rex, Frater et Consanguinee charissime, Incertus rerum nostrarum status fecit ut solitam ad vos scriptionem aliquandiu

---

[1] L'adresse entière est : « Serenissimo et potentissimo principi Domino, Domino Friderico, Daniæ, Norvegiæ, Gottorum Vandalorumque regi; Slesvici, Holsatiæ, Stormariæ, Ditmarsiæque duci; comiti in Holdenburg et Delmenhorst; Fratri et Consanguineo nostro observandissimo. »

[2] Voici la traduction de cette lettre :

« A FRÉDÉRIC II, ROI DE DANEMARK, DE NORWÈGE, ETC.

« Sérénissime Roi, très-cher Frère et Cousin, L'état incertain de nos affaires nous a fait suspendre quelque temps notre correspondance accoutumée. L'insistance de nos ennemis à nous poursuivre et la longue attente de l'arrivée des troupes levées en Allemagne nous ont d'ailleurs tenu continuellement en haleine. Mais au moment où, par la force de son bras, Dieu vient de nous délivrer de la fureur de nos ennemis, et où nous nous apprêtions à informer votre sérénité de la victoire miraculeuse qu'il nous a accordée, voici qu'il nous arrive la triste nouvelle du désastre et de la défaite de notre armée d'Allemagne. Vous dire quelle douleur cette nouvelle nous a causée serait impossible. Nous sentions que nos malheurs allaient accroître l'audace de nos ennemis; nous souffrions en pensant que de vaillants hommes, qui avaient abandonné leur patrie pour venir à notre secours et à celui des Églises de France, avaient été si mal reçus, et nous prévoyions tous les maux qui allaient tomber sur le monde chrétien. Sans aucun doute, si ces forces étrangères avaient dirigé leur marche en droite ligne vers nous, ainsi que nous le pensions et que le réclamait le besoin de nos affaires, tout serait déjà parfaitement en ordre ici, et, autant que nous pouvons en juger, cette vaste conspiration ourdie par le pontife de Rome toucherait à sa fin. Si du moins nous nous fussions trouvé dans une position qui nous eût permis de voler au secours de cette armée auxiliaire, nous eussions essayé de réparer par notre diligence les fautes qui ont été commises. Mais nous ne voulons point approfondir davantage les causes d'un si grand malheur. Si l'on s'est rendu coupable de fautes à notre égard, nous les oublierons volontiers. Qu'il nous suffise aujourd'hui de témoigner à votre majesté la profonde douleur que nous ressentons de cette calamité; et reconnaissons que Dieu a renvoyé à un autre temps la délivrance des siens. Sa providence divine s'est montrée récemment d'une manière si éclatante à notre égard, que nous ne pouvons, malgré le malheur survenu, cesser de l'admirer et de la louer, et espérer qu'elle ne nous manquera point.

« Mais maintenant que, par suite de ce lamentable désastre de notre armée étran-

suspenderimus, ipsimet et hostis nos persequentis pertinacia et longa germanici exercitus expectatione suspensi. Postquam autem nos Deus,

gère, l'audace et la fierté des ennemis de la Religion et du repos public se sont accrues, que les maux qui jusqu'ici semblaient ne menacer que nous menacent tout le monde chrétien, et déjà, ainsi que nous l'avions prévu depuis longtemps, enveloppent de toutes parts les serviteurs du Christ, nous ne pouvons ne pas conjurer tous les bons et religieux princes parmi lesquels votre sérénité, par sa dignité et sa puissance, occupe un des premiers rangs, de se préparer de concert à conjurer le péril commun. Autrefois, et alors que nous paraissions seul menacé, nous avions déjà demandé, à de nombreuses reprises, à votre sérénité et aux autres princes qui suivent la religion réformée, de s'unir entre eux. Mais maintenant que cette conjuration impie découvre tous ses projets par ses actes; qu'elle commence à étendre au loin ses efforts et à essayer ses forces sur tout le monde chrétien, il nous semble que plus que jamais, puisque nous sommes tous attaqués, nous devons tous nous unir pour lui résister. Il faut qu'une alliance ferme et étroite réunisse tous les princes religieux en un seul faisceau. Si cette alliance eût été conclue plus tôt, on eût facilement étouffé à sa naissance l'incendie qui maintenant menace de tout dévorer; la France eût été pacifiée et l'Allemagne serait en sûreté; ou, si nos ennemis eussent osé nous attaquer, comme ils le font maintenant, délivrés que nous aurions été de ces attaques par votre aide, nous eussions pu, et cela nous-même en personne, s'il l'avait fallu, voler au secours de nos amis et montrer ainsi à tout le monde chré-

tien avec quelle ardeur nous souhaitons le triomphe des bons et la punition des méchants. Cette alliance, différée jusqu'ici, au grand péril de la religion, ne peut plus l'être maintenant sans exposer à une perte certaine tous ceux qui sont dévoués au Christ.

« Pour amener la conclusion, il ne manque à votre sérénité ni la piété, ni la prudence nécessaires, ni l'autorité sur l'esprit des autres princes. Nous connaissons tout particulièrement son zèle pour les intérêts des églises chrétiennes, et l'illustre sieur de Ségur, notre ambassadeur, ainsi que le noble sieur de Cognet, notre chambellan et conseiller, ne nous ont point laissé ignorer le zèle qu'elle porte à nos propres intérêts. Nous lui en rendons en ce moment, et au nom des Églises et au nôtre, toutes les actions de grâce que nous pouvons; et nous avons l'espoir de lui rendre un jour toutes celles que nous lui devons. En attendant, nous demandons à votre sérénité que, se souvenant avant tout des intérêts de la république chrétienne et des nôtres, elle veuille engager et exhorter les autres princes, qui naviguent sur le vaisseau de la même église, à la concorde d'esprit et de doctrine, et à la réunion en commun de leurs forces pour arriver au triomphe d'une cause juste et légitime. Nul autre, mieux que votre sérénité, ne peut obtenir ce résultat. Au milieu de la tourmente où nous vivons, nous ne pourrons recevoir aucune nouvelle plus agréable que celle de l'aplanissement de toutes les voies pour la concorde entre les églises. Cela fait, nous ne doutons plus que la bé-

sua veluti dextera, ab hoste illo immanissimo liberavit, cum in illo essemus ut Serenitatem vestram certiorem de victoria illa, divinitus nobis concessa, faceremus, ecce gravis ad nos de germanici exercitus clade et dissipatione nuntius perfertur. Is quantum nobis dolorem attulerit dici sane non potest. Nam et auctos hostibus nostris animos cum detrimento nostro sentiebamus, et viros fortes qui, relicta patria, ad nostrum ecclesiarumque gallicarum auxilium advenerant, pessime acceptos egerrime ferebamus, et quantum inde orbi christiano impenderet mali facile prospiciebamus. Sane si recte ad nos contendissent, uti expectatio nostra erat et res nostræ flagitabant, composita jam omnia haberemus et, quantum judicare possumus, animam ageret conjuratio illa pontificia, aut si nos eo loco statuve fuissemus et advolare ad eos potuissemus, saltem diligentia nostra aliorum culpam emendassemus. Sed in causas tantæ calamitatis nolumus curiosius inquirere; et si quod in nos peccatum est, volentes obliviscimur. Sufficit nobis gravissimum ex ea dolorem nostrum Serenitati vestræ testari, et agnoscere Deum plenam liberationem nostram in aliud tempus distulisse. Interim rebus nostris ita providit, ut et bonitatem

nédiction de Dieu ne nous assiste dans toutes nos actions. Nous travaillerons de concert avec votre sérénité en tout ce qu'elle fera dans l'intérêt public, et nous ne négligerons rien de ce que nous jugerons pouvoir aider au retour de la paix et de la tranquillité dans la république chrétienne. Nous sommes prêt à vouer et à consacrer à cet objet, ainsi que nous l'avons déjà fait jusqu'ici, tous les moyens et la vie même que nous avons reçus de Dieu. Nous le ferons d'autant plus volontiers que, dans ces dernières années, il a comme arraché des mains des méchants nos biens et notre vie, rétabli nos affaires presque désespérées, et que nous avons eu les preuves les plus éclatantes de sa bienveillance envers nous.

« Le sieur de Ségur et le sieur de Cognet, lesquels nous chargeons de remettre les présentes à votre sérénité, et de traiter avec elle de toutes nos affaires, lui feront connaître tout ce qui concerne l'état de ces affaires et nos projets. Nous espérons recevoir de votre sérénité, par ce dernier, une prompte réponse, qui nous annoncera le commencement de la conclusion de l'alliance chrétienne dont nous l'avons entretenue. Que le Tout-Puissant conserve le plus longtemps possible votre sérénité, et pour nous et pour toutes les églises chrétiennes, dans une santé florissante.

« Nérac, 29 décembre 1587.

« De votre sérénité, le tout dévoué frère et cousin,

« HENRI. »

illius in nos admirari et prædicare non desinamus, et eam vobis porro non defecturam certo speremus.

Sed cum post lamentabilem illam exercitus nostri dissipationem hostibus religionis et quietis publicæ cum animis audacia erexerit, et malum, quod nobis hactenus veluti affixum videbatur, diffundat nunc se longe lateque et jam aperte, ut dudum prævideramus, adeo nos omnes penetret, non potuimus prætermittere quin a bonis et piis principibus, inter quas Serenitas vestra et dignitate et auctoritate excellit, valde peteremus ut, ad propulsandum commune periculum, uno animo accingeremur. Olim quidem a Serenitate vestra et cæteris principibus, religioni puriori addictis, idem sæpiusque petiimus, cum scilicet periclitari nos soli videbamur. Nunc nefanda illa conjuratio animum suum factis ipsis retegit, et proferre conatus suos, atque experiri latius vires suas incipit. Nobis itaque nunc maxime contendendum videtur, ut qui omnes conjunctim petimus, omnes conjunctim resistamus; fœdere arcto firmoque opus est qui pios omnes principes, uno veluti vinculo, constringat. Quod si maturius factum fuisset, facillime restingui in ipsis initiis incendium potuisset, quod nunc diffusum late grassatur; et pacata Gallia, secura quoque esset Germania. Aut si quid forte illi amplius auderent, uti nunc faciunt, nos certe, auxiliis vestris liberi, parati jam essemus, etiam si corpore nostro opus foret periculum ab omnis nostris propulsare, et orbi christiano palam ostendere quam ex animo bonorum tranquillitatem, improborum justas pœnas exoptemus. Sed quod hactenus, summo cum ecclesiarum periculo, delatum est, differri amplius, nisi cum certo et præsenti omnium piorum exitio non potest.

Ad hoc conficiendum Serenitati vestræ et pietas atque prudentia superest, neque auctoritas deest. Studium quidem Serenitatis vestræ in rem christianam nobis perspectissimum est, privatim etiam in nos nuper comprobatum, uti delegato nostro, illustri domino Segurio, et nobili domino Cognetio, camerario et conciliario item nostro, accepimus. Pro quo et ecclesiarum et nostro nomine Serenitati vestræ gratias nunc quantas possumus agimus, quantas debemus aliquando habituri, uti in Deo speramus. Interim a vobis petimus ut, et nostri et Reipublicæ Christianæ imprimis memores, admonere atque adhortari cæteros principes, qui in eadem Christi navicula sunt, ad animarum doctrinæque concordiam et justam legitimamque virium conjurationem velitis. Impetrare hoc et perficere Serenitas vestra, aut nemo, potest. Nobis autem, in tantis negotiorum procellis, nihil optabilius accidet quam si intellexerimus viam ad Ecclesiarum concordiam strenue parari, qua stabilita, non est quod de benedictione divina dubitem, aderit ea certe omnibus actionibus nostris. Quicquid vos in publicum statueritis nos paratissimi subsequemur, neque patiemur desiderari quicquam a nobis quod ad ecclesiarum et Reipublicæ tranquillitatem spectet. Certe acceptas a Deo facultates acceptamque a Christo vitam, eidem prompti, ut et hactenus fecimus, vovemus atque consecramus; eo magis quod, postremis his annis, expositos improbarum libidini eorum veluti faucibus eripuit; et desperatas res nostras ita restituit, ut de paterna ejus in nos voluntate nobis prolixissime constet.

Sed de universo rerum nostrarumque statu deque consiliis nostris edocebunt plenius prædicti, dominus Segurius et dominus Cognetius, quem ad Serenitatem vestram has perferre, coramque cum ea de rebus omnibus agere jussimus. Et per eum habituros nos brevi a Serenitate vestra responsum, et initium aliquod concordiæ, christianique fœderis, intellecturos speramus. Deus Optimus Maximus Serenitatem vestram nobis et ecclesiis Reipublicæ Christianæ incolumem florentemque, quam diutissime, conservet. Neraco, XXIX decembr. anni MDLXXXVII [3].

Serenitatis vestræ fidelissimus frater et consanguineus,

HENRICUS.

---

[3] Des lettres analogues à celle-ci furent adressées à la même date à Christian Ier, électeur de Saxe; à Jean George, électeur de Brandebourg; à Jules, duc de Brunswick; à Henri et Guillaume, ducs de Brunswick-Lunebourg; à Jean V, duc de Mecklembourg; à Adolphe IX, duc de Holstein-Gottorp; à Jean le Jeune, duc de Holstein-Sanderbourg; à Bogislas XI, duc de Poméranie; à Guillaume IV,

[1587¹.]

Orig. autographe. — Arch. royales de la cour de Turin. Envoi de M. l'ambassadeur de France.

A MONSIEUR DE SAVOYE.

Monsieur, Encores que dés longtemps j'aye sceu que le sʳ de Briquemaut² fust detenu prisonnier en vos terres, et que sa longue detention me touche de prés, pour estre de ma maison et de telle qualité et merite que chascun sçait, sy est-ce que, pour l'asseurance que je me suis tousjours donnée qu'estant receu à se justifier il vous feroit cognoistre son innocence et se dechargeroit de tout soupçon d'avoir jamais voulu attenter contre vostre service, j'ay tousjours differé de vous en escrire jusques à present, que, ne voyant aulcune fin à sa prison, je suis contrainct vous despescher expressement Vassieu, pour vous pryer de vouloir prendre tesmoignage en ma parole, de l'integrité de ce gentilhomme, avec asseurance qu'il ne luy est jamais entré en l'entendement d'entreprendre chose qui soit au prejudice de vostre estat; estant gentilhomme si discret et advisé qu'il ne l'auroit entrepris sans mon congé : et vous sçavés que je ne voudrois y avoir pensé. Je sçay que le Roy, mon seigneur, vous doibt escrire pour sa deslivrance, en faveur du sʳ de Ramfort. S'il vous plaist le mectre en plaine liberté, je vous en auray pareille obligation

landgrave de Hesse; au marquis d'Anspach, aux divers princes de la maison d'Anhalt et aux administrateurs des évêchés de Magdebourg et de Halberstatt.

Des copies de la plupart de ces lettres se trouvent dans le Ms. 402, B. R. fonds des Cinq-cents de Colbert. Nous avons reçu en communication, de M. le baron de Lindenau, ministre de Saxe, des copies des originaux de celles qui sont adressées à cette puissance et au duc de Brunswick.

---

¹ L'année 1587 se trouve seule indiquée, comme date de cette lettre, sur la copie envoyée de Turin.

² M. de Noyan Briquemaut est porté dans l'état de la maison du roi de Navarre, pour l'année 1585, comme gentilhomme de la chambre, de service pendant le quartier de juillet. C'est donc entre cette époque et la date de cette lettre qu'il dut être privé de sa liberté.

comme s'il avoist esté eslargi en la seule consideration de la priere affectionnée que je vous en fais : ce qu'esperant de vostre bonté, je demeureray à jamais

Vostre plus affectionné cousin et parfaict amy,
à vous obeir et servir,

HENRY.

ANNÉE 1588.

1588. — 11 JANVIER.

Orig. — Arch. de M. le comte Henri de Bouffard de Gandels. Envoi de M. Moquin-Tandon, professeur à la faculté des sciences de Toulouse.

A MONS^r DE LA GARRIGUE.

Monsr de la Garrigue, J'ay eu advis par le tresorier de ma maison, que de Coustane, mon recepveur à Millau, a mis en voz mains, des deniers de sa recepte, la somme de huit cens vingt escus. Je luy escrips de me venir trouver icy, et apporter tout ce que vous avés de luy, et ce qu'il aura peu recevoir depuis. Et s'il survenoit quelque empeschement pour le retarder de venir, vous me ferés plaisir d'envoyer ce pendant icy la partie qu'il vous a laissée, soit par lettres de change, ou aultrement, en la plus grande seureté que vous pourrés. Et n'estant ceste-cy à aultre fin, je prieray Dieu vous avoir, Monsr de la Garrigue, en sa saincte garde. De Montaulban, le xj^e janvier 1588.

Vostre bien bon amy,

HENRY.

[1588.] — 12 JANVIER.

Orig. autographe. — Biblioth. de l'Arsenal, Mss. Histoire, n° 179, t. Ier.
Cop. — B. R. Suppl. fr. Ms. 2289-2, et Ms. 1009-4.

Imprimé. — *Mercure de France*, année 1765, janvier, vol. Ier, pag. 60. — *L'Esprit de Henri IV*. Paris, 1770, in-8°, pag. 141. — *Vie militaire et privée de Henri IV*. Paris, an XII, in-8°, pag. 72. — *Lettres de Henri IV*, etc. publiées par N. L. P. Paris, 1814, in-12, p. 13. — *Journal militaire de Henri IV*, par M. le comte DE VALORI. Paris, 1821, in-8°, pag. 303.

[A MADAME LA COMTESSE DE GRAMONT.]

Hyer revint Pichery[1], qui m'apporta une courte lettre de vous et me dict que l'on luy en avoit prise une aultre. Tout fut ouvert.

---

[1] Dans les journaux de dépense de la maison du roi de Navarre, Pichery figure parmi les quatorze grands laquais dont l'entretien est porté aux comptes de l'écu-

Reguardés ce que vous me mandiés. Il me vint hyer un homme de Paris, avec ample advis de tout. Le Roy y est arrivé fort applaudy du menu peuple, disant tout hault que les ligueurs ne faisoient que menacer, mais que le Roy avoit chassé les estrangers [2]. La Royne-mere n'a monstré joye de son arrivée; ains dit partout que, sans le Roy, m[r] de Guyse les eust desfaicts. Il y a des particularitez que je ne puis escrire, pour avoir perdu le chiffre que j'avois avec vous. Guitry et Clervaut n'ont signé la capitulation [3]; et ont respondu qu'ils aimoient mieux perdre leur bien que de manquer à servir leur maistre. Ils sont à Genève; je les auray au premier jour. La capitulation consiste en trois points : ceulx qui voudront obeir à l'edict demeureront libres en leurs maisons; ceulx qui ne le voudront faire, et promettront de ne porter plus les armes, jouiront de leur bien en pays estranger; ceulx qui ne feront ny l'un ny l'aultre seront conduits hors de France en seureté. Tygnonville [4] sera demain icy. Il ne vient encore nulle armée sur nos bras. Mon cœur, tenés-moy en vostre bonne grace, et vous asseurés tousjours de ma fidelité, qui sera inviolable. Je vous baise un million de fois les mains et à petite sœur [5]. Ce xij[e] janvier.

rie. Ces grands laquais étaient des courriers de confiance, chargés de porter les messages pressés et secrets.

[2] Ce prince s'était mis lui-même, vers le 15 octobre, à la tête d'une armée de vingt-quatre mille hommes, avait empêché les Allemands de passer la Loire, et les avait contraints à demander une capitulation qu'il n'avait accordée qu'avec hauteur.

[3] M. de Châtillon, fils de l'amiral de Coligny, avait aussi refusé d'être compris dans la capitulation, s'étant retiré, avant la signature, avec trois cents chevaux, et ayant pu gagner sain et sauf le Vivarais.

[4] M. de Tignonville, déjà nommé, en 1581, dans cette correspondance, était l'un des anciens serviteurs de la famille d'Henri IV. Il avait été premier maître d'hôtel de Jeanne d'Albret, avait épousé Marguerite de Selve, gouvernante de madame Catherine de Navarre; et leur fille, Jeanne du Monceau Tignonville, baronne de Pardaillan, était dame d'honneur de cette princesse.

[5] Madame Catherine de Navarre, fort amie de Corisande.

[1588.] — 14 JANVIER.

Orig. autographe. — Biblioth. de l'Arsenal, Mss. Histoire, n° 179, t. Ier.
Cop. — B. R. Suppl. fr. Ms. 2289-2 et Ms. 1009-4.
Imprimé.—*Mercure de France*, année 1765, janvier, vol. Ier, pag. 58.—*L'Esprit de Henri IV*. Paris, 1770, in-8°, p. 140. — *Essai sur les mœurs*, par VOLTAIRE, addition au chap. CLXXIV, Ire lettre. — *Vie militaire et privée de Henri IV*, etc. Paris, an XII, in-8°, pag. 75.— *Lettres de Henri IV*, publiées par N. L. P. Paris, 1814, in-12, p. 11. — *Journal militaire de Henri IV*, par M. le comte DE VALORI. Paris, 1821, in-8°, pag. 306.

[*A MADAME LA COMTESSE DE GRAMONT.*]

Il ne se saulve point de lacquais, ou pour le moins fort peu, qu'ils ne soient desvalisez, ou les lettres ouvertes. Il est arrivé sept ou huict gentils-hommes de ceulx qui estoient à l'armée estrangere, qui asseurent (comme est vray, car l'un est Mr de Monlouet, frere des Rambouillets [1], qui estoit un des desputez pour traicter) qu'il n'y a pas dix gentils-hommes qui ayent promis de ne porter les armes. M. de Bouillon n'a point promis. Bref, il ne s'est rien perdu qui ne se recouvre pour de l'argent. M. du Mayne a faict un acte de quoy il ne sera guere loué. Il a tué Sacremore, luy demandant recompense de ses services, à coup de poignard [2]. L'on me mande que ne le voulant contenter, il craignit qu'estant mal-content il ne descouvrist ses segrets, qu'il savoit tous, mesmes l'entreprise contre la personne du Roy, de quoi il estoit chef de l'execution. Dieu les veult vaincre par

[1] François d'Angennes, seigneur de Montlouet et de Lisy, septième fils de Jacques d'Angennes, seigneur de Rambouillet, et d'Isabeau Cotereau, dame de Maintenon.

[2] Voici comment l'Estoile raconte la mort tragique de Charles de Birague, dit le capitaine Sacremore : « En ce mesme temps vinrent les nouvelles à Paris de la mort du capitaine Sacremore, tué à Dijon par les mains du duc de Mayenne, son bon maistre, à cause de quelques fascheux propos que ledit Sacremore avoit esté si temeraire de luy tenir à sa barbe, touschant le mariage d'entre ledit Sacremore et mademoiselle de Villars, fille aisnée de madame du Mayne, laquelle ledit Sacremore maintenoit luy avoir esté promise par le duc de Mayenne et sa femme, et bien davantage ladite fille s'estre obligée de l'espouser, par un plus fort lien. » (*Journal de Henri III*, 30 décembre 1587.)

eux-mesmes; car c'estoit le plus utile serviteur qu'ils eussent. Il fut enterré, qu'il n'estoit pas encore mort.

Sur ce mot, vient d'arriver Morlans[3] et un laquais de mon cousin, qui ont esté desvalisez de lettres et d'habillement. Mr de Turenne sera icy demain. Il a prins autour de Figeac dix-huict forts en trois jours. Je feray peut-estre quelque chose de meilleur bientost, s'il plaist à Dieu. Le bruit de ma mort, allant à Hajetmau, a couru à Paris; et quelques prescheurs, en leurs sermons, la mettoient pour un des bons-heurs que Dieu leur avoit envoyés[4]. A Dieu, mon ame, je vous baise un million de fois les mains. De Montaulban, ce xiv janvier.

1588. — 15 JANVIER.

Orig. — Musée britannique. Biblioth. Lansdowne, art. 3. Copie transmise par M. l'ambassadeur de France à Londres.

[A MON COUSIN MONS^r DE BURGHLEY.]

Mon Cousin, Parce que les Eglises de ce Royaulme croyent que le Roy, mon seigneur, se prépare avec toutes ses forces pour venir contre nous et ruiner les places où les Eglises sont recueillies, chacune d'icelles regardant à se munir, plusieurs marchands ont esté depeschez en divers lieux et specialement Jehan Moul et Michel d'Onan, pour trouver moyen en terres et Royaulme de la Reyne vostre maistresse de [fournir] pour prix commun avec eulx, à sçavoir : quatre pieces de canon, quatre couleuvrines, cens quintaulx salpetre, cens

---

[3] C'est au moment où le roi de Navarre écrivait l'alinéa précédent, que Morlans arriva.

[4] Peut-être fait-il allusion au jeu de mots injurieux de celui de ces prédicateurs qui prit pour texte de son sermon ce passage de l'Écriture, « Eripe nos, Domine, de luto fecis, » en les traduisant ainsi : *Débourbonnez-nous*, Seigneur. « Leur ancienne liberté s'est tournée en une licence desbordée, » écrit alors Pasquier; « ce sont, ajoute-t-il, de dangereux outils pendant une guerre civile, quand ils aiguisent leurs langues pour l'un ou pour l'autre party. » Lettre à Sainte-Marthe, du dernier février 1588. (*Œuvres d'Estienne Pasquier*, t. I, col. 330. Amsterdam, 1723, in-fol.)

quintaulx de poudre, deux cens tonnaux froment, cens tonnaux de seigle, cens tonnaux d'avoine, deux cens barrilz de...... et deux cens barrilz de beurre, pour amener le tout au port de la Rochelle, et de là le disposer és villes et places qui en auront besoing. Je supplie trés humblement Sa Majesté de favoriser les dicts marchands de sa permission et octroy; et encores que je sache le zele et l'affection qu'Elle porte aux Eglises, si est ce que je vous prieray trés affectueusement, mon Cousin, de vous employer envers Sa Majesté à ce que les dicts marchands puissent obtenir la dicte permission, moyennant laquelle nous esperons, avec la grace de Dieu, soustenir mieulx que jamais l'effort de nos ennemis : et oultre que les Eglises vous en auront l'obligation, je m'en revancheray aussy particulierement, en tout ce que me vouldrez employer, d'aussi bon cœur que je prie Dieu vous avoir, mon Cousin, en sa trés saincte et digne garde. A Montauban, ce xve de janvier 1588.

Vostre affectionné cousin et meilleur amy,

HENRY.

[1588.] — 22 JANVIER.

Orig. autographe. — Biblioth. de l'Arsenal, Mss. Histoire, n° 179, t. Ier.
Cop. — B. R. Suppl. fr. Ms. 2289-2 et Ms. 1009-4.
Imprimé. — *Vie militaire et privée de Henri IV.* Paris, an XII, in-8°, pag. 78. — *Journal militaire de Henri IV*, par le comte DE VALORI. Paris, 1823, in-8°, pag. 311.

[*A MADAME LA COMTESSE DE GRAMONT.*]

Depuis que le lacquais de ma sœur partit hyer, il m'est venu advis de l'extrémité en laquelle est une ville du hault Languedoc, nommée Burgueroles[1], qui est assiégée par le grand-prieur de Thoulouse, qui est frere du feu duc de Joyeuse. Les Eglises de m^r de Montmorency m'ont fort pressé de leur assister de mes troupes, et, pour m'y convier, m'ont asseuré que l'ennemy est resolu de donner

---

[1] Plutôt Bruguerolles.

plustost une bataille que quitter le siege. Mon debvoir et ce mot de bataille m'ont faict promptement resoudre à y aller. Je pars demain, avec trois cens chevaulx et deux mille harquebusiers, pour y aller en diligence; faisant suivre le reste des troupes aprés. Me joignant aux troupes qu'a là mr de Montmorency, nous serons six ou sept cents chevaulx, et cinq mille hommes de pied. Les ennemys sont mesme nombre. Dieu nous aidera, en l'endroict du cadet, comme il a faict de l'aisné [2]. Je n'oublieray, par mesme commodité, de faire parler au comte de Quermaing [3]. Envoyés-moy Licerace. Je vous manderay par luy les extremes peines où je suis. Je ne sçay comme je les puis supporter. Croyés que vostre esclave vous sera fidele jusques au tombeau. A Dieu, mon ame. Je vous baise un million de fois les mains. C'est le xxije janvier.

1588. — 29 JANVIER.

Imprimé. — *Documents historiques relatifs à l'histoire de France, tirés des archives de la ville de Strasbourg*, par M. Ant. DE KENTZINGER. Strasbourg, 1818, in-8°, p. 110.

A MAGNIFIQUES SEIGNEURS LES AMMAISTRE, STATTMAISTRE ET CONSEIL DE LA VILLE ET REPUBLIQUE DE STRASBOURG.

Magnifiques Seigneurs, Combien que j'aye cy devant envoyé par devers vous le sr de Reau, l'un de mes chamberlans, pour vous remercier de la faveur et courtoisie dont vous avés usé envers ceulx qui estoient acheminez en France pour nostre secours, et vous tesmoigner le grand desplaisir que j'ay receu d'avoir entendu les insolences et excez qui ont esté faicts en voz terres par ceulx qui venoient à nostre dict secours; toutefois, n'ayant encore eu nouvelles du dict de Reau, j'ay advisé de vous envoyer le sr de la Rochechandieu, l'un des ministres de la parole de Dieu en ma maison, pour vous faire non seulement entendre les choses susdictes, mais aussy vous advertyr que j'ay sceu de bonne part que les ligueurs, ennemys de la

---

[2] Allusion à la bataille de Coutras.
[3] Probablement le comte de Carmaing, de la maison de Foix.

Religion et de l'Estat de France, se sont resolus de faire ceste année un trés grand effort pour executer leurs mauvais desseins, ayant pour cest effect assemblé grand amas de deniers qu'ils doibvent, à ce qu'on dit, faire tenir à Francfort : à quoy je vous prie avoir l'œil pour m'advertir de ce qu'en sçaurés. Et d'autant que l'union entre nous est le vray moyen de leur resister, je vous prie de la poursuivre de tout vostre pouvoir, et continuer en la mesme volonté qu'avez tousjours monstrée en mon endroict et des Eglises de ce Royaume; comme de mon costé je n'espargneray ne bien, ne vie que je n'emploie pour cest effect, ainsy que plus particulierement vous asseurera le dict s^r de la Rochechandieu : sur lequel me remectant, je prieray Dieu, Magnifiques Seigneurs, vous tenir en sa saincte et digne garde. A Montauban, ce xxixe de janvier 1588.

Vostre plus affectionné et parfaict amy,
HENRY.

1588. — 31 JANVIER.

Orig. — Arch. de famille de feu M. le duc de Gramont Caderousse.
Copie transmise par M. le préfet de Vaucluse.

A MONS^R DE VACHÈRES.

Monsr de Vacheres, J'envoye les s^{rs} de la Rochechandieu et du Fay, mon secretaire, devers mons^r d'Esdiguieres pour affaires concernant le bien publiq. Je vous prie favoriser leur passage, à ce qu'ils s'y puissent rendre en toute seureté. Ils vous feront entendre l'estat de mes affaires; vous les croirés de ce qu'ils vous diront de ma part et service. Je prie Dieu, Monsr de Vacheres, vous tenir en sa saincte et digne garde. De la Bastide, ce dernier de janvier 1588.

Vostre bon et asseuré amy,
HENRY.

L'abbesse de Sainct-Just m'a esté recommandée de bonne part; je vous prie de la soulager et favoriser en tout ce que pourrés.

[1588. — FIN DE JANVIER.]

Orig. autographe. — B. R. Fonds des Cinq-cents de Colbert, Ms. 402.

A MONS^r DE SÉGUR.

Monsr de Segur, J'ay faict choix et eslection de m^r Du Fay[1] pour faire le voyage d'Angleterre et d'Allemagne, tant pour les bonnes qualités qui sont en luy et pour le regard de ceux dont il est issu, qui le recommandent assez, qu'aussy parcequ'il est plein de jugement et entendement et qu'il est trés affectionné au bien et advancement de ce party, et particulierement à mon service. Il pourra beaucoup ayder à vostre negociation encommencée, parcequ'il va avec charge et deliberation de suyvre vos bons avis et conseils, et de faire tout ce que vous jugerez ensemble utile pour l'advancement des affaires generaux. Il vous dira le contentement que j'ay de vos actions et negociations, estant bien marry qu'elles ayent esté traversées, et la confiance que j'ay de vostre fidelité. Je vous prye travailler à ce coup et remuer toutes pierres à ce que nous soyons secourus : vous assurant que si Dieu nous donne des forces, je donneray ordre qu'elles seront si bien menées et conduites, qu'il en reussira de bons et notables effects. Le dist s^r Du Fay se pourra transporter vers les princes que besoin sera, et me venir retrouver quant besoin sera. Il vous fera entendre non seulement l'estat de nos affaires, mais de toute la France. Je lui ay aussy commis plusieurs particularités, dont je vous prye le croire tout ainsy que ma propre personne. J'ay commandé qu'on vous envoye de l'argent. Regardez les moyens et adresses de vous en faire tenir davantage ; et il ne vous manquera rien qui soit en mon pouvoir. Et à Dieu, Monsr de Ségur : faites tousjours estat de l'entière amitié de

Vostre tres affectionné maistre et plus parfaict amy à jamais,

HENRY.

---

[1] Mornay rédigea pour cet envoyé une instruction qui se trouve dans ses mémoires au mois de janvier 1588. Voyez sur M. Du Fay la lettre du 22 mars 1588, note 2.

[1588.] — 8 FÉVRIER.

Cop. — B. R. Fonds Leydet, Mém. mss. sur Geoffroy de Vivans, p. 74

[A MONS^R DE VIVANS.]

Monsr de Vivans, Je vous prie, dés que vous aurez receu ma lettre, assemblés tout ce que vous pourrés et vous acheminés à Tonneins pour favoriser mon passage, suivant ce que nous avons aultrefois discouru ensemble; dont je m'asseure que vous vous soubviendrez, n'ayant voulu, pour le hazard des chemins, vous le ramentevoir par ceste-cy. Je mande aussi à Sainct-Leger de vous aller treuver avec sa troupe et ce qu'il pourra recouvrer d'arquebusiers à cheval. A Dieu :

Vostre plus affectionné amy,

HENRY.

Ce vııj^e febvrier.

[1588.] — 12 FÉVRIER. — Ire.

Cop. — B. R. Fonds Leydet, Mém. mss. sur Geoffroy de Vivans, p. 70.

[A MONS^R DE VIVANS.]

Monsr de Vivans, Avant partir de Montaulban, je vous fis une despesche par la voie de Tournon, afin de vous rendre à Tonneins avec tout ce que vous pourrés assembler pour favoriser mon passage de la Garonne, suivant ce que nous avons autrefois discouru ensemble, dont je m'asseure que vous vous souvenés. Faites diligence; je mande à St-Leger de vous aller trouver.

De Mauvesyn, ce xıj^e febvrier.

Vostre affectionné amy,

HENRY.

1588. — 12 FÉVRIER. — IIme.

Orig. — Arch. de M. le baron de Scorbiac, à Montauban. Copie transmise par M. G. de Clausade, correspondant du ministère de l'Instruction publique.

A MONS^R DE SCORBIAC,

CONSEILLER DU ROY MON SEIGNEUR, EN SA COURT DE PARLEMENT DE THOLOUSE ET CHAMBRE DE L'EDICT, ET SUR-INTENDANT DES FINANCES À MONTAULBAN.

Monsr de Scorbiac, D'aultant que l'ordonnance et estat qui avoit esté par vous dressé pour mons^r de Savaillant, touchant le Mas, ne s'est point trouvé entre nos papiers, et que nous en avons icy besoing, je vous prie, incontinent aprés la presente receue, m'envoyer promptement et seurement la dicte ordonnance et estat, ainsy qu'elle avoit esté par vous faicte, soit par homme exprez ou admené. Ce que m'asseurant que vous ferés, je prieray Dieu vous tenir, Monsr de Scorbiac, en sa saincte et digne garde. De Mauvoisin, ce xij^e de febvrier 1588.

Vostre meilleur et plus affectionné amy,

HENRY.

[1588.] — 20 [FÉVRIER].

Orig. autographe. — Biblioth. de l'Arsenal, Mss. Histoire, n° 179, t. Ier.

Cop. — B. R. Suppl. fr. Ms. 2289-2, et Ms. 1009-4.

Imprimé. — *Vie militaire et privée de Henri IV*. Paris, an XII, in-8°, p. 42. — *Journal militaire de Henri IV*, par M. le comte DE VALORI, p. 298.

[A MADAME LA COMTESSE DE GRAMONT.]

Dieu a beny mon labeur : j'ay prins Damasan, sans perdre qu'un homme. Je monte à cheval pour aller recognoistre le mas d'Agenés; je ne sais si je l'attaqueray. Mon cousin[1] prend le temps ce pendant

---

[1] Le comte de Soissons, que le roi de Navarre avait emmené avec lui en Gascogne, après la bataille de Coutras.

d'aller à Navarrens. Reguardés où il vous semble que le deviés voir, ou avec ma sœur ou chez vous, car il fait estat d'y passer et de vous voir. Mon opinion est que ce doit estre avec ma sœur. Il ira demain, qui est dimanche, coucher à Hagemau. Briquesyeres vous aura dict le desir que j'ay d'estre en vostre bonne grace; je continueray toute ma vie en ce desir. Sur cette verité je baise, ma chere maistresse, un million de fois vos blanches mains. De Casteljalous, ce xx°.

[1588.] — 23 FÉVRIER.

Orig. autographe. — Biblioth. de l'Arsenal, Mss. Histoire, n° 179, t. Ier.
Cop. — B. R. Suppl. fr. Ms. 2289-2, et Ms. 1009-4.
Imprimé. — *Mercure de France*, année 1765, janvier, vol. I, p. 61. — *L'Esprit de Henri IV*. Paris, 1770, in-8°, p. 142. — *Vie militaire et privée de Henri IV*. Paris, an XII, in-8°, p. 22. — *Lettres de Henri IV, etc.* publiées par N. L. P. Paris, 1814, in-12, p. 14. — *Journal militaire de Henri IV*, par M. le comte DE VALORI. Paris, 1821, in-8°, p. 285.

[A MADAME LA COMTESSE DE GRAMONT.]

Vous ne treuvés point les chemins dangereus pour faire plaisir au moindre de vos amys; mais s'il me fault escrire pour me donner du contentement, les chemins sont trop dangereux. Voilà les tesmoignages que j'ay de la part que je possede en vostre bonne grace. J'escris la lettre à Meritein, que demandés, et vous l'envoye toute ouverte. Je crois qu'il se mescontentera, mais j'aime mieux vostre bonne grace que la sienne. J'avois bloqué le mas d'Agenés, mais je n'y avois mené l'artillerie, craignant que l'armée du mareschal ne me la fist lever de devant en diligence, le grand-prieur de Toulouse estant joinct, avec l'armée de Languedoc, à luy. Je vais monter à cheval avec trois cens chevaulx, et donneray jusqu'à la teste de leur armée. Ce sera grand cas, si je n'en fais quelque chose. Je finis, croyant certainement que ne me voulés poinct de bien. Il est en vous de m'en donner telle impression qu'il vous plaira. Je vous baise un million de fois les mains.

Ce xxiij° febvrier.

[1588.] — 1ᵉʳ MARS.

Orig. autographe. — Biblioth. de l'Arsenal, Mss. Histoire, n° 179, t. Iᵉʳ.

Cop. — B. R. Suppl. fr. Ms. 2289-2, et Ms. 1009-4.

Imprimé. — *Mercure de France*, année 1765, janvier, vol. Iᵉʳ, p. 62. — *L'Esprit de Henri IV.* Paris, 1770, in-8°, page 143. — *Vie militaire et privée de Henri IV.* Paris, an XII, in-8°, p. 24. — *Lettres de Henri IV*, etc. publiées par N. L. P. Paris, 1814, in-12, p. 15. — *Journal militaire de Henri IV*, par M. le comte de VALORI. Paris, 1821, in-8°, p. 287.

[A MADAME LA COMTESSE DE GRAMONT.]

J'ai receu une lettre de vous, ma maistresse, par laquelle vous me mandés que ne me voulés mal, mais que vous ne vous pouvés asseurer en chose si mobile que moy. Ce m'a esté un extresme plaisir de sçavoir le premier; et vous avés grand tort de demeurer au doubte qu'estes. Quelle action des miennes avés-vous cognu muable? je dis pour vostre reguard. Vostre soupson tournoit; et vous pensiés que ce fust moy. J'ay demeuré toujours fixe en l'amour et service que je vous ay voué; Dieu m'en est tesmoing. Vous avés opinion que l'homme de delà est piqué : aussi est-il; mais c'est de force. Il fait gloire d'avoir atteint la perfection de dissimuler : je luy rabats ceste opinion tant que je puis. Il ne le fault estre qu'en affaires d'Estat; encores la faut-il bien accompagner de prudence. Hier le mareschal et le grand-prieur vinrent nous presenter la bataille, sachant bien que j'avois congedié toutes mes troupes; ce fust au haut des vignes, du costé d'Agen. Ils estoient cinq cens chevaulx, et prés de trois mille hommes de pied. Aprés avoir esté cinq heures à mettre leur ordre, qui fut assés confus, ils partirent, resolus de nous jeter dans les fossés de la ville; ce qu'ils devoient veritablement faire, car toute leur infanterie vint au combat. Nous les receumes à la muraille de ma vigne, qui est la plus loin, et nous retirames au pas, tousjours escarmouchant, jusqu'à cinq cens pas de la ville, où estoit nostre gros, qui pouvoit estre de trois cens arquebusiers. L'on les ramena de là jusques où ils nous avoient assaillis. C'est la plus furieuse escarmouche que j'aye jamais veue, et du moindre effect; car il n'y a eu que trois soldats blessez, tous de ma garde, dont les deux n'est rien. Il y demeura deux des leurs, dont nous eusmes la despouille, et d'aultres qu'ils retirerent à nostre veue, et force blessez, que nous voyons amener. Mon ame, tenés-moy en vostre bonne grace, c'est ce que je desire le plus au monde. Sur ceste verité, je vous baise un million de fois les mains. Ce premier mars.

[1588.] — 8 MARS.

Orig. autographe. — Biblioth. de l'Arsenal, Mss. Histoire, n° 179, t. Ier.
Cop. — B. R. Suppl. fr. Ms. 2289-2, et Ms. 1009-4.
Imprimé. — *Mercure de France*, année 1765, janvier, vol. Ier, p. 65. — *L'Esprit de Henri IV*. Paris, 1770, in-8°, p. 145. — *Essai sur les mœurs*, par VOLTAIRE, addition au chap. CLXXIV, V^e lettre. — *Vie militaire et privée de Henri IV*. Paris, an XII, in-8°, p. 47.—*Lettres de Henri IV, etc. publiées par N. L. P.* Paris, 1814, in-12, p. 20. — *Fastes de Henri IV*. Paris, 1815, in-8°, p. 344. — *Journal militaire de Henri IV*, par M. le comte DE VALORI. Paris, 1821, in-8°, p. 315.

[A MADAME LA COMTESSE DE GRAMONT.]

Dieu sait quel regret ce m'est de partir d'icy sans vous aller baiser les mains ! Certes, mon cœur, j'en suis au grabat. Vous trouverés estrange (et dirés que je ne me suis point trompé) ce que Licerace vous dira. Le Diable est deschainé. Je suis à plaindre, et est merveilles que je ne succombe sous le faix. Si je n'estois huguenot, je me ferois Turc. Ha! les violentes espreuves par où l'on sonde ma cervelle! Je ne puis faillir d'estre bientost ou fou ou habile homme. Ceste année sera ma pierre de touche. C'est un mal bien douleureus que le domestique! Toutes les gehennes que peut recevoir un esprit sont sans cesse exercées sur le mien. Je dis toutes ensemble. Plaignés-moy, mon ame, et n'y portés point vostre espece de torment. C'est celuy que j'apprehende le plus. Je pars vendredy, et voys à Cleirac. Je retiendray vostre precepte de me taire. Croyés que rien qu'un manquement d'amitié ne me peut faire changer la resolution que j'ay d'estre eternellement à vous; non tousjours esclave, mais oui bien fort serf. Mon tout, aimés-moy. Vostre bonne grace est l'appuy de mon esprit, au choc des afflictions. Ne me refusés ce soustien. Bon soir, mon ame; je te baise les pieds un million de fois. De Nerac, ce viij^e mars, à minuict.

[1588. — 10 MARS.]

Orig. autographe. — Biblioth. de l'Arsenal, Mss. Histoire, n° 179.
Cop. — B. R. Suppl. fr. Ms. 2289-2, et Ms. 1009-4.
Imprimé. — *Mercure de France*, 1765, janvier, vol. I, p. 64. — *L'Esprit de Henri IV*. Paris, 1770, in-8°, p. 144. — *Essai sur les mœurs*, par VOLTAIRE, addition au chap. CLXXIV, II° lettre. — *Vie militaire et privée de Henri IV*. Paris, an XII, in-8°, p. 93. — *Lettres de Henri IV*, etc. publiées par N. L. P. Paris, 1814, in-12, p. 18. — *Fastes de Henri IV*. Paris, 1815, in-8°, p. 316. — *Journal militaire de Henri IV*, par M. le comte DE VALORI. Paris, 1821, in-8°, p. 320.

[A MADAME LA COMTESSE DE GRAMONT.]

Pour achever de me peindre, il m'est arrivé l'un des plus extremes malheurs que je pouvois craindre, qui est la mort subite de monsieur le Prince. Je le plains comme ce qu'il me devoit estre, non comme ce qu'il m'estoit. Je suis asteure la seule bute où visent toutes les perfidies de la messe. Ils l'ont empoisonné, les traitres ! Si est-ce que Dieu demeurera le maistre, et moy par sa grace, l'executeur. Ce pauvre prince (non de cœur [1]) jeudy, ayant couru la bague, soupa se portant bien. A minuict luy print un vomissement trés violent, qui luy dura jusques au matin. Tout le vendredy il demeura au lict. Le soir il soupa et, ayant bien dormi, il se leva le samedy matin, dina debout, et puis joua aux echecs. Il se leva de sa chaise, se met à promener par sa chambre, devisant avec l'un et l'autre. Tout d'un coup il dit : « Baillés-moy ma chaize, je sens une grande foiblesse. » Il n'y fut assis qu'il perdit la parole, et soudain aprés il rendit l'ame,

---

[1] Mézerai fait de lui cet éloge : « Le party des Huguenots se sentit beaucoup affoibly par la mort du prince de Condé, entre les vertus duquel on ne sçauroit dire si c'estoit la vaillance, ou la libéralité, ou la générosité, ou l'amour de la justice, ou la courtoisie et l'affabilité qui tenoient le premier rang. »

assis². Les merques de poison sortirent soudain. Il n'est pas croyable l'estonnement que cela a porté en ce pays-là. Je pars, dés l'aulbe du jour, pour y aller pourveoir en diligence. Je me vois en chemin d'avoir bien de la peine. Priés Dieu hardiment pour moy. Si j'en eschape il faudra bien que ce soit luy qui m'ayt gardé. Jusques au tombeau, dont je suis peut-estre plus prés que je ne pense, je vous demeureray fidele esclave. Bon soir, mon ame; je vous baise un million de fois les mains.

1588. — 11 MARS.

Orig. — Arch. de M. le baron de Scorbiac, à Montauban. Copie transmise par M. de Clausade, correspondant du ministère de l'Instruction publique.

A MONS^R DE SCORBIAC,

CONSEILLER DU ROY MON SEIGNEUR, EN SA COURT DU PARLEMENT DE THOULOUSE, ET SURINTENDANT DES FINANCES À MONTAUBAN.

Monsr de Scorbiac, La mort de mon cousin, monsieur le Prince, nous a tellement contristez que je vais monter à cheval présentement pour aller consoler ma cousine, madame la Princesse[1], et empescher que noz ennemis ne se prevalent de noz pertes et malheurs, et de mon absence. La perte ne m'est pas seulement particuliere, mais publique et trez importante. Vous entendrés le surplus par les s^rs du Plessis et du Pin, et mesme pour les expeditions qui sont requises par delà : sur lesquels me remettant, je prieray le Createur vous tenir, Monsr de Scorbiac, en sa saincte garde. De Nerac, ce xj^e mars 1588.

Vostre meilleur et plus asseuré amy,

HENRY.

---

² Le samedi 5 mars. Cette lettre et les suivantes donnent sur ce tragique événement des détails très-circonstanciés.

---

[1] Le roi de Navarre ne pouvait encore avoir appris ce dont la voix publique accusait déjà cette princesse sur le lieu de la catastrophe.

[1588.] — 13 MARS.

Orig. autographe. — Biblioth. de l'Arsenal, Mss. Histoire, n° 179, t. I⁴.

Cop. — B. R. Suppl. fr. Ms. 2289-2, et Ms. 1009-4.

Imprimé. — *Mercure de France*, année 1765, janvier, vol. I⁴, p. 66. — *L'Esprit de Henri IV*. Paris, 1770, in-8°, p. 146. — *Essai sur les mœurs*, par VOLTAIRE, addition au chapitre CLXXIV, III⁰ lettre. — *Vie militaire et privée de Henri IV*. Paris, an XII, in-8°, page 82. — *Lettres de Henri IV, etc.* publiées par N. L. P. Paris, 1814, in-12, p. 21. — *Journal militaire de Henri IV*, par M. le comte DE VALORI. Paris, 1821, in-8°, p. 317.

[A MADAME LA COMTESSE DE GRAMONT.]

Il m'arriva hyer, l'un à midy, l'aultre au soir, deux courriers de St Jean. Le premier rapportoit comme Belcastel, page de madame la Princesse, et son valet de chambre, s'en estoient fuis, soudain après avoir veu mort leur maistre; avoient treuvé deux chevaulx, valant deux cens escus, à une hostelerie du fauxbourc, que l'on y tenoit il y avoit quinze jours, et avoit chescun une malette pleine d'argent. Enquis, l'hoste dit que c'estoit un nommé Brillant qui luy avoit baillé les chevaulx, et luy alloit dire tous les jours qu'ils fussent bien traictez; que si il bailloit aux aultres chevaulx quatre mesures d'avoine, qu'il leur en baillast huict; qu'il payeroit aussy au double. Ce Brillant est un homme que madame la Princesse a mis en la maison, et luy faisoit tout gouverner[1]. Il fut tout soudain prins. Confesse avoir baillé mille escus au page, et luy avoir achepté ces chevaulx, par le commendement de sa maistresse[2], pour aller en Italie. Le second confirme, et dit de plus que l'on avoit faict escrire une lettre, à ce Brillant, au valet de chambre qu'on sçavoit estre à Poictiers, par où il luy

---

[1] Suivant de Thou, il se nommait Jean-Ancelin Brilland et avait été avocat au parlement de Bordeaux. Il fut condamné à mort, et, le 11 juillet suivant, écartelé à Saint-Jean-d'Angely. Le page Belcastel, ayant pu échapper, fut exécuté en effigie.

[2] Charlotte-Catherine de la Trémoille, princesse de Condé, fille de Louis de la Trémoille, duc de Thouars, prince de Ta-rente, etc. et de Jeanne de Montmorency, avait été mariée au prince de Condé, le 16 mars 1586. Le roi de Navarre la fit arrêter en arrivant à Saint-Jean-d'Angely, et nomma des commissaires, qui, le lendemain de l'exécution de Brilland, ordonnèrent qu'il serait informé contre la princesse, comme accusée d'avoir fait empoisonner son mari; mais que, vu son état

mandoit estre à deux cens pas de la porte ; qu'il vouloit parler à luy. L'aultre sortit. Soudain l'embusquade qui estoit là le print, et fut mené à S.¹ Jean. Il n'avoit encores esté ouy ; mais bien disoit-il à ceulx qui le menoient : « Ah ! que madame est mechante ! Que l'on prenne « son tailleur, je diray tout sans gene. » Ce qui fut faict. Voilà ce que l'on en sçait jusques à ceste heure. Souvenés-vous de ce que je vous ay dict d'aultres fois. Je ne me trompe gueres en mes jugemens. C'est une dangereuse beste qu'une mauvaise femme. Tous ces empoisonneurs sont papistes. Voilà les instructions de la dame. J'ay des-

de grossesse, le procès ne commencerait que quarante jours après sès couches. Sur la requête qu'elle fit présenter au parlement de Paris, deux arrêts consécutifs interdirent aux commissaires la connaissance de cette affaire, et leur enjoignirent de se présenter devant la cour. Ces arrêts du Parlement furent sans effet. Les commissaires en rendirent un de leur côté, qui déboutait la princesse de ses prétentions, et ordonnait de procéder au jugement. Cependant l'affaire traîna en longueur, et la princesse de Condé resta en prison jusqu'en 1595. A cette époque, sur une requête présentée au Roi par tous ses cousins, en tête desquels était le connétable de Montmorency, un arrêt du conseil du Roi, rendu à Dijon le 1ᵉʳ juillet, la mit en état de liberté provisoire, à la charge de se présenter, dans les quatre mois, devant le parlement de Paris, auquel la cause fut renvoyée. Par un arrêt de cette première compagnie souveraine, rendu sur le rapport d'Édouard Molé, et nonobstant les protestations du prince de Conti, du cardinal de Vendôme et du comte de Soissons, beaux-frères de cette princesse, elle fut déclarée innocente, et toutes les pièces de la procédure furent jetées au feu par le greffier criminel, en présence du premier président Achille de Harlay. Néanmoins le peuple resta si longtemps convaincu de la culpabilité de la princesse, et même de l'adultère qui aurait donné le page Belcastel pour aïeul au grand Condé, que les auteurs de l'Art de vérifier les dates se sont attachés à réfuter directement ce bruit injurieux, comme répandu encore de leur temps. Au moment de la catastrophe, l'Estoile se rendit, avec assez de rudesse, l'organe de l'opinion des Parisiens sur cette affaire, en consignant dans son journal ces mots, retranchés des nouvelles éditions : « Le cinquiesme de ce mois mourut, à S.ᵗ-Jean-d'Angely, Henry de Bourbon, prince de Condé, le second jour de sa maladie, ayant esté empoisonné, comme on disoit, par un page, à la suscitation de sa femme, de la maison de la Trimouille, laquelle fut constituée prisonnière, se trouvant grosse du fait dudit page, sans que le mary y eust aucunement part. » (*Journal de Henri III.*) La princesse de Condé, après son acquittement, fit abjuration de la religion protestante. Elle mourut à Paris, le 28 août 1629, dans sa soixante-quatrième année.

couvert un tueur pour moy. Dieu me guardera, et je vous en manderay bientost davantage. Le gouverneur et les capitaines de Taillebourg m'ont envoyé deux soldats, et escript qu'ils n'ouvriront leur place à personne qu'à moy. De quoy je suis fort ayse. Les ennemys les pressent; et ils sont si empressez à la verification de ce faict, qu'ils ne leur donnent nul empeschement. Ils ne laissent sortir homme vivant de St Jean que ceulx qu'ils m'envoyent. Monsr de la Trimouille y est, luy vingtiesme seulement. L'on m'escript que si je tardois beaucoup, il y pourroit avoir du mal et grand. Cela me fait haster; de façon que je prendray vingt maistres et m'y en iray jour et nuict, pour estre de retour à Ste Foy, à l'assemblée. Mon ame, je me porte assez bien du corps, mais fort affligé de l'esprit. Aimés-moy et me le faites paroistre; ce me sera une grande consolation pour moy. Je ne manqueray point à la fidelité que je vous ay vouée. Sur ceste verité je vous baise un million de fois les mains. D'Aymet[3], ce xiij^e mars.

[1588.] — 15 MARS. — Ire.

Orig. autographe. — Biblioth. de l'Arsenal, Mss. Histoire, n° 179, t. Ier.

Cop. — B. R. Suppl. fr. Ms. 2209-2, et Ms. 1009-4.

Imprimé. — *Mercure de France*, année 1765, janvier, vol. II, p. 46. — *L'Esprit de Henri IV*. Paris, 1770; in-8°, p. 147. — *Vie militaire et privée de Henri IV*. Paris, an XII, in-8°, p. 86. — *Lettres de Henri IV*, etc. publiées par N. L. P. Paris, 1814, in-12, p. 24. — *Journal militaire de Henri IV*, par M. le comte DE VALORI. Paris. 1821, in-8°, p. 323.

[A MADAME LA COMTESSE DE GRAMONT.]

Je vous escrivis hyer tout ce que je sçavois. Il est arrivé, depuis, des nouvelles de la Court. Le duc d'Espernon a querelle avec le mareschal d'Aumont[1], et son frere avec Grillon[2]. Leur dispute est si

[3] Eymet-sur-le-Dropt, en Périgord, aujourd'hui chef-lieu de canton du département de la Dordogne.

[1] Jean d'Aumont, comte de Châteauroux, seigneur d'Estrabonne, de Chapes, etc. fils de Pierre d'Aumont et de Françoise de Sully, créé, en 1579, chevalier des ordres et maréchal de France, obtint sous Henri IV le gouvernement de Champagne, puis celui de Bretagne, et fut tué au siége de Camper, près Rennes, en 1595, à l'âge de soixante et treize ans.

[2] C'est *le brave Crillon*, dont le nom s'é-

violente qu'on ne peut les accorder. L'autorité du Roy interviendra. Cependant la Ligue se remue fort. Ce nous est autant de loisir. Je seray jeudy à St Jean, d'où je vous manderay toutes nouvelles. Lons a treuvé sur le valet de chambre des perles et des diamans qui ont esté reconnus. Je fois aujourd'huy douze lieues, et tout en pays d'ennemy. Bon jour, mon ame; asseurés-vous de la fidelité de vostre esclave. Il ne vous manquera jamais. Il vous baise un million de fois les mains. Ce xve mars.

1588. — 15 mars. — IIme.

Orig. — Arch. de M. le baron de Scorbiac, à Montauban. Copie transmise par M. Gustave de Clausade, correspondant du ministère de l'Instruction publique.

A MONS^R DE SCORBIAC,

CONSEILLER DU ROY MON SEIGNEUR, EN SA COURT DE PARLEMENT DE THOULOUZE ET CHAMBRE DE L'EDICT, ET SURINTENDANT DES FINANCES À MONTAUBAN.

Monsr de Scorbiac, J'ay veu ce que vous m'avés escript de l'estat des affaires de delà. J'en escrips à mons^r de Terrides. J'ay commandé à du Pin de vous faire tenir vos expeditions de la chambre de justice. Je vous prie tenir la main à ce qu'elle se face bonne et briefve, et mesme contre les voleurs, picoreurs et traistres. Aultrement Dieu ne nous benira poinct : lequel je prie vous tenir, Monsr de Scorbiac, en sa saincte et digne garde. De Ste Foy, ce xve mars 1588.

Vostre meilleur et plus affectionné amy,

HENRY.

crit souvent alors Grillon. Louis de Berton des Balbes de Crillon, chevalier de Malte, d'une famille de Provence, originaire du Piémont, portait déjà les armes en 1557, sous Henri II, et il se distingua également dans les guerres de son ordre contre les Turcs et dans les armées royales en France. Henri III le nomma chevalier de ses ordres en 1585. Il fut colonel général de l'infanterie française, et mourut le 2 décembre 1615, à soixante et treize ans.

[1588.] — 17 MARS.

Orig. autographe.— Biblioth. de l'Arsenal, Mss. Histoire, n° 179, t. Ier.
Cop. — B. R. Suppl. fr. Ms. 2289-2, et Ms. 1009-4.
Imprimé. —*Essai sur les mœurs*, par VOLTAIRE, addition au chap. CLXXIV, IVe lettre. —*Vie militaire et privée de Henri IV*. Paris, an XII, in-8°, p. 88. — *Lettres de Henri IV*, etc. *publiées par* N. L. P. Paris, 1814, in-12, p. 70. — *Journal militaire de Henri IV*, par M. le comte DE VALORI. Paris, 1821, in-8°, p. 310.

[A MADAME LA COMTESSE DE GRAMONT.]

J'arrivay arsoir en ce lieu de Pons[1], où il m'arriva des nouvelles de St Jean, par où les soubçons croissent du costé que les avez peu juger. Je voirray tout demain. J'apprehende fort la veue des fideles serviteurs de la maison; car c'est à la verité le plus extreme deuil qui se soit jamais veu. Les prescheurs romains preschent tout hault par les villes d'icy autour, qu'il n'y en a plus qu'un à avoir; canonnisent ce bel acte et celuy qui l'a faict; amonestent tous bons catholiques de prendre exemple à une si chrestienne entreprinse. Et vous estes de ceste religion! Certes, mon cœur, c'est un beau subject et nostre misere, pour faire paroistre vostre pieté et vostre vertu. N'attendés pas à une aultre fois à jeter ce froc aux orties. Mais je vous dis vray. Les querelles de mons^r d'Espernon avec le mareschal d'Aumont et Grillon troublent fort la Court, d'où je sçauray tous les jours des nouvelles et vous les manderay. L'homme de qui vous a parlé Bricquesyere m'a faict de mechans tours, que j'ay sceus et averés depuis deux jours. Je finis là, allant monter à cheval. Je te baise, ma chere maistresse, un million de fois les mains. Ce xvij^e mars.

[1] Pons-sur-Saigne, en Saintonge, alors aux réformés.

[1588. — VERS LE 20 MARS.] — Ire.

Imprimé. — *Histoire du mareschal de Matignon*, par DE CAILLIÈRE, livre II, p. 219.

A MON COUSIN MONS^R LE MARESCHAL DE MATIGNON.

Mon Cousin, Estant dernierement à Nerac, Dieu voulut qu'un homme qui avoit esté despesché pour me tuer fust soubçonné et pris; lequel, depuis mon partement, a confessé le faict et deposé pareillement comment et par qui il avoit esté employé pour ce faire. Et parce que telles voies ne sont jamais aprouvées des gens de bien, et que vous, estant chevallier d'honneur et vous tenant pour mon amy, vous l'aurez en execration, j'ay bien voulu vous faire la presente, pour vous prier affectueusement me faire ce plaisir d'envoyer deux ou trois personnes qualifiées, estant pres de vous ou aux environs, pour voir le personnage, sa deposition et comme tout s'est passé, afin que vous soyez mieux esclaircy de la verité du fait. J'envoye un passe-port pour ceux qui iront de votre part, et une lettre adressante aux consuls de Nerac, pour cet effect. Je suis en ce lieu de Saint Jean d'Angely, pour pourvoir à ce qui concerne la mort de feu mon cousin, monsieur le Prince de Condé, et à ses affaires domestiques. La façon de sa mort est detestable. Adieu, mon Cousin, je vous prie faire tousjours estat tres certain de l'entiere amitié et bonne volonté de

Vostre tres affectionné cousin et tres assuré amy,

HENRY.

[1] Mon Cousin, J'envoye le sieur de Montglas, present porteur, vers mon cousin mons^r de Montmorency[2], pour l'avertir de la façon de la mort de mon dict cousin mons^r le Prince, et comme on y procede. Il passera la part où sera mons^r de Thurene, pour le mesme effect; ce qui me fait vous prier de luy bailler un passe-port pour son

---

[1] De la main du roi.

[2] Il était cousin germain de la princesse de Condé.

voyage, et un autre à madame du Plessis³, pour aller en Bearn, et qu'il soit de deux ou trois mois.

[1588. — VERS LE 20 MARS.] — IIme.

Orig. autographe. — Arch. de famille de Mme Fischer d'Oberhofen, née de Watteville-Bursinel. Copie transmise par M. le ministre de France en Suisse.

A MONS^R DE LA ROCHE CHANDYEU.

Monsieur de la Roche, Il y a longtemps que je n'ay porté une telle affliction que celle que j'ay de la perte de feu mon cousin, mons^r le Prince, ayant surtout ung extreme deplaisir de la façon de sa mort, laquelle est de tant plus horrible et execrable, qu'elle est domestique et presque sans exemple semblable en toutes les circonstances. Je n'oublie rien pour averer ce faict; mais un page de madame la Princesse, nommé Belcastel, qui en est le principal instrument, s'est sauvé dedans Poictiers, et pour le recouvrer j'ay depesché vers le Roy, esperant qu'il n'approuvera telles voies abominables, et qu'il le fera amener en ce lieu, pour pouvoir mieulx averer le faict et instruire le procés que je fais faire aux prisonniers accusés de ce crime. Au mesme temps, il y avoit vingt-quatre hommes depeschez en ces quartiers pour me tuer. Il y en a ung qui est lorrain et se disoit frison, à qui le cœur faillit en me presentant une requeste à Nerac. Ce jour mesme il fut pris, et depuis a tout confessé, ainsy que vous verrés par la copie de sa deposition. Que nous sommes en un miserable temps!

---

³ Charlotte Arbaleste, fille de Guy Arbaleste, vicomte de Melun, seigneur de la Borde, président à la chambre des comptes et de Madeleine Chevalier, avait épousé, en 1567, Jean de Paz, seigneur de Feuquères. Devenue veuve à l'âge de dix-neuf ans, elle se remaria, en 1575, avec Philippe de Mornay, seigneur du Plessis, dont elle a écrit la vie, imprimée en 1824, en tête de la nouvelle édition des mémoires de Mornay, d'après le manuscrit conservé dans les papiers de la famille. Cette biographie intéressante s'arrête à l'année 1606, peu de temps avant la mort de madame du Plessis, à laquelle son mari survécut dix-sept ans.

et que Dieu est bien courroucé contre nous, puisque ce siecle produit de tels monstres, lesquels faisant mestier d'assassinats et empoisonemens, et en estant aucteurs, veulent estre estimez gens d'honneur et de vertu! Je sçais qu'ils ne peuvent rien faire contre moy, si ce n'est par la permission de Dieu, de la providence duquel je despends entierement; et m'asseure quoy qu'il tarde, malgré tous ses ennemis, qu'il deslivrera son Eglise, en quoy s'il ne se veult servir de moy, il a assez d'aultres moyens en main pour ce faire. Les depputez pour l'assemblée generale commencent à s'assembler; nous attendons ceux de Languedoc et Daulphiné. Je me recommande toujours à vos bonnes prieres. Travaillez, je vous prie, à ce que nous soyons secourus, car nous n'avons poinct faulte de resolution, de courage, de zele et affection, et sçaurons bien faire nostre profit des faultes passées. S'il y eust [eu] seulement quelque conduicte en l'armée estrangere qui a esté dissipée, les affaires de nos ennemys seroient en trez maulvais estat. A Dieu, Mons' de la Roche : je le prie vous conserver. C'est

Vostre plus affectionné amy,

HENRY.

[1588.] — 21 MARS.

Orig. autographe. — Biblioth. de l'Arsenal, Mss. Histoire, n° 179, t. I".

Cop. — B. R. Suppl. fr. Ms. 2289-2 et Ms. 1009-4.

Imprimé. — *Mercure de France*, année 1765, janvier, vol. II°, p. 47. — *L'Esprit de Henri IV*. Paris, 1770, in-8°, p. 148. — *Vie militaire et privée de Henri IV*. Paris, an XII, in-8°, p. 90. — *Lettres de Henri IV, etc.* publiées par N. L. P. Paris, 1614, in-12, p. 25. — *Journal militaire de Henri IV*, par M. le comte DE VALORI. Paris, 1821, in-8°, p. 279.

[A MADAME LA COMTESSE DE GRAMONT.]

Estant arrivé à Taillebourg, je treuve que Laverdin avoit prins l'isle de Marans, avec son armée, qui est de quatre ou cinq mille hommes; qu'il ne restoit plus que le chasteau, qu'il battoit de deux pieces. Soudain je m'acheminay en ce lieu de la Rochelle pour tascher à les secourir et assembler mes troupes, lesquelles j'estime estre assés fortes pour faire un grand echec à Laverdin. Je ne crains sinon que le dict chasteau soit mal pourveu, et qu'il se rende, ne sçachant point de mes nouvelles. J'ay reprins un des forts, et suis jour et nuict à faire faire des ponts, car l'eau est haulte aux marais. Il fust tué hier deux Albanois, et prins deux qui vouloient recognoistre nostre pont. Depuis que je suis icy, je n'ay couché qu'une heure, estant tousjours à cheval. Pour le faict de la procedure de la mort de feu mons[r] le Prince, de plus en plus l'on decouvre la mechanceté, et tout du costé que vous peustes juger par ma derniere. Mon ame, tenés-moy en vostre bonne garde, et n'entrés jamais en doubte de ma fidelité. Que je sache souvent de vos nouvelles. A Dieu, mon cœur. Vostre esclave vous baise un million de fois les mains. Ce xxj[e] mars.

1588. — 22 MARS.

Orig. — Arch. royales de Saxe. Copie transmise par M. le ministre d'état, baron Lindenau.
Cop. — B. R. Fonds des Cinq-cents de Colbert, Ms. 402.

ILLUSTRISSIMO PRINCIPI AC DOMINO CHRISTIANO,
DUCI SAXONIÆ, ETC.

[1] Illustrissime Princeps, Frater et Consanguinee charissime, Longa eorum patientia in quos dudum afflictæ Ecclesiæ oculi conjecti sunt, hostium audaciam magis magisque accendit. Nuper in vicinia vestra

---

[1] « AU TRÈS-ILLUSTRE PRINCE CHRISTIAN, DUC DE SAXE, ETC.

« Très-illustre Prince, très-cher Frère et Cousin, La longue patience de ceux sur lesquels l'Église affligée fixe depuis longtemps ses yeux accroît de jour en jour l'audace de nos ennemis. Dernièrement on les a vus commettre dans vos contrées tous les excès de la plus cruelle barbarie, et nous venons d'apprendre que maintenant leur armée pousse ses ravages jusqu'à vos portes. Votre altesse, instruite comme elle l'est des affaires publiques, n'ignore pas les grands préparatifs de guerre du duc de Parme. De son côté, le roi d'Espagne s'occupe, depuis plusieurs années, de l'équipement d'une flotte, prête aujourd'hui, nous le savons de source certaine, à mettre à la voile. Bien que ses desseins ne nous soient pas entièrement

nullum barbariæ crudelitatis genus prætermisisse, nuncque ad ipsas portas vestras cum infesto exercitu esse comperimus. Ducis Parmæ

connus, personne, à notre avis, ne peut douter du but de tous ces armements : ils sont faits contre ceux qui ont renoncé au pontificat de l'Antechrist. Soit qu'il attaque d'abord les états de la sérénissime reine d'Angleterre, notre sœur très-fidèle et très-aimée, soit qu'il commence par les Provinces-Unies, notre adversaire ne manquera pas de tourner ensuite ses coups ailleurs. Un vaste incendie ne s'éteint pas là où il a commencé : il dévore des villes tout entières ; aussi, quand le feu éclate, ceux mêmes qui d'ordinaire, insouciants des autres, ne vivent que pour eux, y accourent sans attendre que la flamme les vienne assiéger dans leur propre maison.

« Tout cela, nous le savons, n'est pas ignoré de votre altesse ; elle en a été fréquemment entretenue par nos lettres ou par notre fidèle envoyé, le noble sieur de Ségur. Ce dernier et plus d'une lettre de votre altesse nous ont instruit de l'intérêt que vous preniez au salut de tous. Si donc nous sommes revenu sur ce sujet, ce n'est pas dans l'intention de vous éclairer, mais pour vous prier, vous supplier de songer maintenant au danger présent, et de joindre vos forces aux nôtres, afin de repousser l'ennemi commun. Si nos très-illustres cousins, les princes de l'Empire, avaient autrefois prêté l'oreille aux propositions de la sérénissime reine d'Angleterre, notre très-fidèle sœur, ainsi qu'à celles du sérénissime roi de Danemark, notre bien-aimé frère, s'ils avaient consenti à l'alliance que nous nous réunissions pour leur demander, aujourd'hui le salut de l'Église ne serait pas si compromis,

l'audace de nos adversaires n'aurait pas grandi outre mesure. Nous ne pouvons pas encore pénétrer les motifs qui ont fait rejeter un avis aussi prudent, aussi salutaire. Chaque jour nous en découvre davantage l'utilité ; c'est ce qui nous a fait espérer que votre altesse et les autres princes, nos amis, se laisseront gagner aujourd'hui à une alliance pour eux aussi glorieuse que nécessaire. Quant à nous, nous sommes peu inquiet sur notre sort ; nous souffrons seulement de voir les ennemis de la religion envahir impunément les églises et les empires. Dieu, en effet, nous accorde une protection aussi puissante que certaine ; nous pouvons nous glorifier d'être assisté par la puissance divine. Que sommes-nous ? et que nos ressources sont peu de chose, si on les compare avec le grand nombre de nos adversaires, avec leurs forces immenses et leurs richesses infinies ? Et cependant leurs efforts ont été vains.

« Ils n'ont pu nous nuire par des attaques ouvertes ; aussi appellent-ils maintenant la ruse à leur secours. O douleur ! ils nous ont ravi par un crime odieux notre frère chéri, l'illustre prince de Condé, qu'on pouvait appeler le second œil de l'Église de France. Heureux est-il au moins ! Libre de soins, il vit avec le Christ, dont il a défendu vaillamment la cause, pour lequel il a exposé mille fois sa vie. Mais nous, habitué jadis à partager avec lui nos soucis et nos travaux, maintenant chargé d'un double fardeau, abandonné au milieu de notre course, nous luttons seul et avec peine contre les détestables manœuvres de nos perfides ennemis, aux-

quanti sint apparatus bellici Celsitudo vestra, ut est de rebus publicis sollicita, non ignorat. Ipse Rex-Hispaniarum jam annos aliquot in adornanda classe consumpsit, quam in ipso procinctu solvendi esse certe accepimus. Quamvis autem de ejus consiliis nobis non omnino constat, nemini tamen dubium esse arbitramur quin in eos omnia comparata sint qui Antichristo Pontifici renunciarunt. Sive a serenissima Regina Angliæ, fidelissima et carissima sorore nostra, sive a Belgicis ordinibus incipiat, per eos viam sibi ad alios faciet. Magnum incendium non ubi oritur, ibi et occidit; urbes totas devorat. Quapropter etiam qui sibi tantum vivunt, aliorum negligentes, accurrunt tamen ad incendium vicinum, nec spectant donec ipsos domi flamma obsederit.

Ista quidem non ignota esse Celsitudini vestræ scimus, et sunt a nobis, crebris literis, et per fidelem legatum nostrum, generosum dominum Segurium, Celsitudini vestræ sæpius exposita. De prædicto etiam legato nostro et non unis Celsitudinis vestræ literis intelleximus, communem salutem vobis curæ esse. Repetere autem ista placuit, non admonendi, sed orandi et obsecrandi causa, ut vel nunc intendereanimum in præsentia pericula, et jungere vires velitis ad

quelles dernièrement nous avons heureusement échappé, conduit par l'insigne providence de Dieu. Mais toutes ces choses vous seront scrupuleusement racontées par notre envoyé, le noble sieur Hurault de l'Hospital du Faï, qui, pendant de longues années, a pris part à nos conseils et à nos actions. Nous avons jugé à propos de le députer aujourd'hui vers votre altesse et vers les princes nos amis. Il demandera votre avis sur les moyens de remédier aux maux qui maintenant désolent la plus grande partie du monde chrétien, et vont envahir le reste ; il vous exposera de nouveau nos idées, bien que souvent déjà elles vous aient été développées fidèlement par ledit sieur de Ségur. En même temps il dira à votre altesse la mort déplorable de notre frère, et vous entretiendra de nos autres peines. Nous vous prions d'avoir confiance en lui comme en nous-même. Que votre altesse s'occupe avec soin des mesures à prendre dans ces extrémités; qu'elle nous ouvre amicalement ses avis, et qu'elle mette vaillamment la main à l'œuvre de Dieu. De notre côté, nous emploierons tous nos efforts pour que l'Église et votre altesse trouvent en nous toute l'aide qu'elles sont en droit d'attendre. Que le Tout-Puissant prolonge le plus possible les jours de votre altesse, pour le salut des siens et de l'Église. Donné à la Rochelle, le 22 mars 1588.

« Votre très-affectionné cousin
comme frère,
« HENRI. »

communem hostem propulsandum. Si consanguinei nostri, illustrissimi Imperii principes, olim in serenissimæ reginæ Angliæ, sororis nostræ fidelissimæ, serenissimi regis Daniæ, fratris nostri carissimi, sententiam inissent, et fœdus quod illi et nos illis adjuncti petebamus, probassent, non hodie tam afflicta Ecclesiæ salus esset, neque in immensum hostium audacia excrevisset. Causas certe repudiati prudentissimi et necessarii concilii necdum satis intelligere possumus. Necessitatem ejus quotidie magis magisque perspicimus, quæ in spem nos adducit futurum ut Celsitudo vestra, cum aliis amicis nobis principibus, persuaderi nunc demum sibi rem tam gloriosam quam necessariam patiatur. Nos certe de nobis ipsis solliciti parum sumus : sed in ecclesias atque imperia impune grassari hostes pietatis dolemus. Alta nos certaque divini numinis cura protegit, et gloriari de auxilii divini præsentia licet. Qui enim nos sumus? aut quantulæ vires nostræ, si cum longo conjuratorum agmine, cum immanibus viribus, cum infinitis opibus instituatur comparatio? et fuerunt tamen irriti illorum conatus.

Lædere nos vi aperta non potuerunt : jam insidias parant, et, proh dolor! summo scelere carissimum nobis fratrem, illustrissimum principem Condæum, alterum veluti oculum Galliarum ecclesiarum, nuper e medio sustulerunt. Beatus ille quidem, curis liber, cum Christo vivit, cujus causam strenue defenderat, pro quo vitam millies exposuerat. Sed nos qui partiri cum eo curas laboresque solebamus, duplici nunc onere graves, modo in cursu relicti anhelamus, soli perfidorum hostium improbis artibus expositi, quas et nuperrime, insigni Dei providentia, feliciter evasimus. Sed hæc Celsitudini vestræ sigillatim explicabit legatus noster, generosus dominus Huraltus Hospitalius Fayus[2], qui consiliis et actionibus nostris mul-

---

[2] Michel Hurault de l'Hospital, seigneur du Foï et de Bel-Esbat, chancelier de Navarre, fils de Robert Hurault, seigneur de Bel-Esbat, etc. maître des requêtes de l'hôtel du Roi, et de Madeleine de l'Hospital, fille unique du chancelier, servit utilement Henri III et Henri IV dans plusieurs ambassades. Il fut gouverneur de la ville de Quillebeuf, où il mourut en 1592.

tos annos interfuit. Eum ad Celsitudinem vestram et alios amicos nobis principes ablegandum hoc tempore censuimus, ut de remediis publicorum malorum quæ magnam nunc christiani orbis partem invaserunt, et in reliquam serpunt, consilium vestrum exquireret, nostrum, quamvis sæpissime per prædictum dominum Segurium fideliter expositum, repeteret; eademque opera tristissimum illum fratris nostri casum et alia rerum nostrarum ad Celsitudinem vestram referret. Ei, tanquam nobis ipsis, fidem ut habeatis, magnopere petimus. Cogitet autem Celsitudo vestra diligenter quid his extremis malis consilii capiendum sit, et nobis sententiam suam amice aperiat, atque adeo ipsa operi sancto fortiter manum admoveat. Nos operam diligenter dabimus, ne quid in nobis, quod officii nostri sit, vel Ecclesia Dei, vel ipsa Celsitudo vestra desideret. Deus Optimus Maximus Celsitudinem vestram suis Ecclesiæque servet quam diutissime salvam et incolumem. Datum Rupellis, xxij martii 1588.

Amicissimus consanguineus, tanquam frater,

HENRICUS.

[1588. — VERS LA FIN DE MARS.] — Ire.

Orig. autographe. — Arch. de la famille Watteville: Copie prise par M. de Watteville-Frisching à Berne, et transmise par M. le ministre de France en Suisse.

A MONS^R DE LA ROCHE CHANDYEU.

Monsr de la Roche, Oultre la precedente, je vous feray encore plaincte de la negligence ou des Eglises ou des depputez, qui ne sont encores arrivez à Saincte Foy, pour se trouver à l'assemblée que j'y ay convoquée. Ils crioient auparavant pour avoir la dicte assemblée; depuis la convocation ils n'en ont tenu compte. Et neantmoins j'ay donné le meilleur ordre que j'ay peu, pour faire transporter par delà les deniers de la surcension, ayant à ceste fin depesché le s^r de Pierrefite par toutes les provinces, ainsi que Chalanges, présent porteur, vous dira plus particulierement, comme aussy il vous fera entendre l'esclaircissement que nous aurons peu avoir sur l'empoisonnement de feu mon cousin, mons^r le Prince, la confession et deposition des accusés, le soubsçon qu'il y a que le faict vienne de plus hault, encores que le page Belcastel en soit le principal instrument, et en oultre la deposition d'un soldat lorrain, aposté pour me tuer. Je vous prie travailler soigneusement pour le salut et secours public, et user des occasions qui se pourront presenter sur le faict avenu à Paris, et croire le dict porteur de ce qu'il vous dira de ma part, tout ainsi que

Vostre bien affectionné maistre et amy,

HENRY.

[1588. — VERS LA FIN DE MARS.] — IIme.

Cop. — Biblioth. de Tours, ancien manuscrit des Carmes, coté M, n° 50, *Lettres historiques*, p. 231. Communiqué par M. le préfet.

A MADAMOYSELLE DE BOURBON [1].

Ma Niepce, Maintenant qu'avés perdu vostre pere, dont je porte un extresme ennuy, pour ce que je le tenoys et aymois comme mon propre frere, je ne doubte poinct qu'oultre la douleur de ceste perte, vous ne soyez en perplexité pour les divers conseils qu'on vous peut donner, soit de la Court ou d'ailleurs, pour vous faire changer d'air et de nourriture. Mais j'estime tant de vostre bon naturel, que, rejectant toute induction à cet effect, vous vous conformerez à ce qui estoit de la volonté de vostre dict pere, et à l'advis de ceulx qui vous ayment. Vous ne pouvez estre en lieu plus seur, pendant ce miserable temps, vous ne pouvez estre plus honorée ny en meilleure compaignie qu'au lieu où vous estes avec vostre cousine, madamoyselle de Bouillon [2]. Pour cest effect, j'escris à vostre oncle, monsieur le car-

---

[1] Catherine de Bourbon, marquise d'Isle, seule fille du prince de Condé et de Marie de Clèves, marquise d'Isle, sa première femme, était née en 1574, et mourut le 30 décembre 1595, sans avoir été mariée.

[2] Voyez sur cette duchesse la lettre suivante.

dinal de Vendosme, qu'il ne vous laisse chomer de rien qui soit necessaire pour vostre entretenement. S'il y fait faulte, nous aurons querelle ensemble. Croyez doncques, ma Niepce, mon conseil plus que de nul aultre, estant celuy qui vous veult à present servir de pere. Advertissez-moy de ce qu'aurez besoing, et me tenez pour

Vostre plus affectionné oncle et meilleur amy,
HENRY.

[1588. — VERS LA FIN DE MARS.] — IIIme.

Cop. — Biblioth. de Tours, ancien manuscrit des Carmes, coté M, n° 50, *Lettres historiques*, p. 232. Communiqué par M. le préfet.

A MADAMOYSELLE DE BOUILLON [1].

Ma Cousine, J'ay esté tres ayse d'entendre de vos nouvelles par ce porteur, comme celuy qui les desire aultant bonnes que parent ou amy que vous ayez. Je pense vous l'avoir bien particulierement faict entendre par mes dernieres. Mais encores ne lairray-je passer ceste occasion, ayant bien voulu vous renvoyer ce dict porteur pour les particularitez qu'il vous fera entendre. Croyez, ma Cousine, que

---

[1] Charlotte de la Marck, duchesse de Bouillon, princesse de Sedan, fille de Henri Robert de la Marck, duc de Bouillon, et de Françoise de Bourbon-Montpensier, était née le 5 novembre 1574, un mois avant la mort de son père. En 1587 elle perdit sa mère et son second frère, le comte de la Marck. Le duc de Bouillon, son frère aîné, qui se trouvait un des chefs de l'armée étrangère dont la déroute avait été si rapide, se rendit, après cette retraite, à Genève, où il mourut, le 1er janvier 1588, d'une maladie aggravée par le chagrin. Il laissa ses états à sa sœur, âgée seulement de treize ans, ordonnant par son testament qu'elle ne pourrait se marier sans le consentement du roi de Navarre, du prince de Condé et du duc de Montpensier; il institua le brave la Noue son exécuteur testamentaire, tuteur de sa sœur et gouverneur de ses terres souveraines. Les compétiteurs à la succession de Bouillon ou à la main de l'héritière s'élevèrent aussitôt, avec des moyens plus ou moins violents, pour soutenir leurs prétentions plus ou moins plausibles, facilitées par l'éloignement de la Noue, qui ne put se rendre immédiatement à Sedan. Il sera question plus tard du mariage de l'héritière de Bouillon avec le vicomte de Turenne.

je porte aultant d'affection à la conservation de vostre personne et de vos places que des miennes propres, comme la depesche du s^r de Moy[2], en Angleterre et en Allemaigne, vous en peut asseurer; et encores ce que j'ay commandé au s^r de Crecy, afin que ne demeuriez sans secours, et que soyez assistée et de deniers et de tous aultres moyens qui seront en ma puissance, si on vous veult attaquer. Mais j'espere que nos ennemys[3], qui se sont taillé de la besoigne ailleurs, vous donneront à present quelque relasche et moyen de respirer. Cependant mesnagez vostre loisir, et recevez les advis que je vous donne avec aultant d'affection de les ensuivre, comme je desire qu'ils vous soient honorables et utiles. Je trouve fort bon que ma niepce, madamoyselle de Bourbon, continue en la mesme nourriture qu'elle a prise du vivant de son pere, ne pouvant estre en lieu plus seur ni en meilleure compagnie que la vostre; j'en dis aultant de mon petit cousin de Laval. Je vous prie les aimer tous deux et les avoir en recommandation, et faire tres certain estat de mon amitié, comme de celuy qui est

Vostre bien affectionné cousin et meilleur amy,

HENRY.

[1588. — VERS LA FIN DE MARS.] — IVme.

Cop. — Biblioth. de Tours, ancien manuscrit des Carmes, coté M, n° 50, *Lettres historiques*, p. 233. Communiqué par M. le préfet.

A MADAME DE LAVAL.

Ma Cousine, Vous sçaurés par ce porteur de mes nouvelles. Il vous dira que je suis deliberé de n'abandonner poinct Sedan[1] et ce qui est dedans, que je tiens par trop cher. Croyez que j'auray aultant

[2] François de Quincampoix, seigneur de Muy.
[3] Les princes lorrains.

[1] Le duc de Guise avoit ravagé tous les environs de Sedan et mis le siége devant Jamet, ville du duché, alors très-forte.

de soing de ma niepce, de ma cousine et de vostre fils[2] que s'ils estoient mes enfans. Aussy leur veulx-je servir de pere. Je vous prie qu'ils ne se separent poinct, et vous-mesme avoir l'œil sur ce que jugerez estre de leur bien; surtout pour empescher les praticques et menées que je ne doubte poinct qui ne se dressent de diverses parts. Il nous fault voir plus clair aux affaires du monde. Rien ne nous presse, il y a de la besoigne taillée ailleurs, qu'il fault voir couldre premierement. J'espère qu'on ne perdra rien en l'attente. Avertissez-moy et me tenez, ma Cousine, pour

Vostre bien affectionné cousin et meilleur amy,

HENRY.

[1588. — VERS LA FIN DE MARS.] — Vme.

Cop. — Biblioth. de Tours, ancien manuscrit des Carmes, coté M, n° 50, *Lettres historiques*, p. 234. Communiqué par M. le préfet.

[A MONS^R DE LA NOUE.]

Monsr de la Noue, Selon les advis que j'ay eus, et mesme de Geneve, j'estime que soyez de present à Sedan: dont je serois bien ayse, m'asseurant que vostre presence y pourra grandement servir[1]. Je ren-

---

[2] On a vu plus haut que la comtesse de la Val s'était retirée à Sedan avec ses enfants, après la mort de Guy de Coligny, son mari.

---

[1] « C'estoit, dit l'historien de la Noue, une chose qui avoit beaucoup de difficultez, que de recevoir la tutelle et le gouvernement des souverainetez de Sedan, de Jamet et de Raucour, que le duc de Bouillon avoit donnée à la Nouë. Car il falloit, pour y aller, se résoudre à passer à travers quantité de trouppes ennemies, et se hazarder au péril d'une nouvelle prison. » (*La vie de François, seigneur de la Nouë*, par Moyse Amyrault. Leyde, 1661, in-4° p. 317.) « Après avoir fait en grande diligence un voyage à Heidelberg, pour conferer avec le prince Casimir, et puis estre retourné en pareille diligence à Geneve, pour mettre ordre à ses affaires et à son partement, il traversa le plus couvertement qu'il put tout le pays qui est entre deux, et arriva à Sedan heureusement, bien que ce ne fust pas sans courir quelques-uns des dangers qu'il avoit preveus. » (*Ibid.* p. 320.)

voye ce porteur avec les lettres et memoires que verrez; selon lesquels y apportant ce que cognoistrez par vostre prudence y estre necessaire, vous pourrez establir toutes choses et donner seureté aux personnes et aux places. Sur tout je vous recommande ma niepce et mon petit cousin de la Val, qui ne peuvent estre en meilleur sejour que là. Assistez à ma cousine, de conseil et d'advis, en toutes choses. Empeschez les praticques et menées de quelques-ungs. Asseurez tout le monde que je ne leur manqueray de ce qui sera de mon pouvoir. Advertissez-moy, et me tenez pour celuy qui ne changera jamais, et mesme en vostre endroict, l'amitié que vous a promis et juré

Vostre trez affectionné amy,

HENRY.

[1588. — VERS LA FIN DE MARS.] — VIme.

Orig. — Arch. de M. le baron de Scorbiac, à Montauban. Copie transmise par M. Gustave de Clausade, correspondant du ministère de l'Instruction publique.

A MONS[R] DE SCORBIAC.

Monsr de Scorbiac, J'entends que punition exemplaire soit faicte de ceulx qui ont quicté et pillé Maubequin et Dieupentale, que j'avois conquis au dangier de ma vie[1], pour les arquebusades et le hasard d'une bataille. C'est ce que je vous diray pour response. Faites toujours estat de la bonne volonté de

Vostre meilleur et plus affectionné amy,

HENRY.

[1] Montbequi et Dieupentale, tous deux aujourd'hui dans le département de Tarn-et-Garonne, canton de Grizolles, avaient été pris vers le 26 janvier 1588, suivant Faurin; mais cet auteur manque à son exactitude habituelle, en disant que ce furent les troupes du roi de Navarre qui firent cette expédition, cette lettre-ci constantant qu'il y paya de sa personne. Dom Vaissète n'a point répété l'erreur du Journal des guerres de Castres, tout en y puisant la mention du fait principal. « Le roi de Navarre, dit-il, après avoir pris Monbéqui et Dieupantale, ravagea les environs de Toulouse. » La lettre du roi de Navarre ajoute un fait de plus : la conduite criminelle de la garnison qu'il avait laissée dans ces deux villes. (*Hist. génér. de Languedoc*, l. XLI.)

[1588. — COMMENCEMENT D'AVRIL.]

Orig. autographe. — Collection de M. Alex. Corby.

A LA REYNE, MERE DU ROY, MON SEIGNEUR.

Madame,

Je ne doubte point qu'ayant entendu la façon de la mort de feu mon cousin, monsʳ le Prince, vous ne l'ayés eu en execration, attendu l'enormité du fait, si prodigieux et de si perilleuse conséquence. Je suis aprés pour en verifier le faict. Mais parce que le page Belcastel, qui en est le principal instrument, s'est saulvé dedans Poictiers, j'ay depesché le sʳ de Veau Lemery, present porteur, vers le Roy pour le supplyer de vouloir commander que recherche soit faicte du dict Belcastel, et qu'il soit amené en cette ville de Sᵗ Jean, pour le confronter aux prisonniers, instruire leur procès, et pour pouvoir mieux averer ce crime sy detestable, commis en la personne de l'un des premiers princes du sang; comme aussi je vous supplye, Madame, vouloir tenir la main à ce que je requiers sy justement, que la recherche et conduite du dict Belcastel soit effectuée. Vous ferés, Madame, un œuvre qui sera loué et estimé des gens de bien, et selon la dignité et grandeur de la maison de France. Je remettray le surplus, pour ne vous ennuyer de plus longue lettre, sur ce dict porteur, lequel il vous plaira croire, Madame, tout ainsy que vous voudryés faire

Vostre tres humble et tres obeyssant sujet
et serviteur,

HENRY.

1588. — 2 AVRIL.

Cop. — Arch. de M. le baron de Scorbiac, à Montauban. Envoi de M. Gustave de Clausade, correspondant du ministère de l'Instruction publique.

A MONS^R DE SCORBIAC,
CONSEILLER DU ROY MON SEIGNEUR, EN SA COURT DE PARLEMENT DE THOLOZE
ET CHAMBRE DE L'EDICT.

Monsr de Scorbiac, J'ay cy-devant escript à mons^r de Terrides et à vous, afin de faire faire le procés au capitaine Penavaire[1] et Cadran, sur la faulte qu'ils ont faicte à Montbequin et Dieupantal. Je crois que vous y aurez procedé et effectué sur mon mandement; auquel je vous prie satisfaire incontinent et diligemment, si dejà n'a esté faict. Quant au bas-dioceze de Languedoc et mon vicomté de Villemur, j'entends que vous vous y conduisiez tout ainsi qu'il a esté faict aux guerres dernieres, soubs mon auctorité : de quoy j'ay escript à mon cousin mons^r de Montmorency. Je crois que de ceste heure vous aurez faict partir vos deputez pour se trouver à l'assemblée generale que j'ay convoquée à Saincte Foy. Parlez, je vous prie, aux consuls pour les faire haster, s'ils n'estoient partis, et m'advertissez au reste de l'estat des affaires de delà et des desordres et confusions, s'il y en a, afin que je mette peine d'y pourveoir, et remedier de tout ce qui me sera possible, durant mon absence. Sur ce, je prieray le Createur vous avoir, Monsr de Scorbiac, en sa saincte et digne garde. De Sainct Jehan d'Angely, ce ij^e d'avril 1588.

Vostre meilleur et plus affectionné amy,

HENRY.

[1] Penavaire, l'un des commandants de la garnison dont le roi de Navarre condamne la conduite dans la lettre précédente, est cité aussi comme ayant défendu, deux ans auparavant, le château de Salvagnac contre l'amiral de Joyeuse et Lavardin.

1588. — 4 avril.

Orig. autographe. — B. R. Fonds des Cinq-cents de Colbert, Ms. 402.
Cop. — B. R. Fonds Dupuy, Ms. 87.
Imprimé. — *Lettres de Henri IV*, etc. publiées par N. L. P. Paris, 1814, in-12, p. 139. — Et *Fastes de Henri IV*. Paris, 1815, in-8°, p. 382.

A MONS^R DE SEGUR.

Monsr de Segur, Je ne vous sçaurois dire l'extreme regret et deplaisir que j'ay recu de la perte si notable et importante que nous avons faicte de feu mon cousin, monsieur le Prince, et combien la façon de sa mort si execrable a contristé et affligé mon ame. Je suis aprés pour averer ce crime, d'autant plus abominable qu'il est domestique. J'ay escript au Roy afin de faire rechercher et amener surement en ceste ville le page, nommé Belcastel, qui en est le principal instrument, pour le confronter aux autres prisonniers accusés de ce crime, et pour mieulx instruire le procés. Nous sommes en un miserable tems, puisque les plus grands, et ceux qui font profession d'honneur et de vertu, suivent des voies si execrables. Il se trouva aussi, dernierement que j'estois à Nerac, un soldat lorrain qui se disoit gentilhomme frison, qui me vint presenter requeste, retournant du jardin, en deliberation de me tuer. Le cœur lui faillit lors, et le jour mesme il fut soupçonné. Ayant esté pris par mon prevost, il ne tira rien de luy. Depuis, mes officiers de Nerac l'ont mis à la gehenne, et a confessé qu'il estoit venu pour me tuer d'un poignard, et ceux qui l'avoient pratiqué pour ce faire, ainsi que vous verrés par la copie de sa confession que j'ay commandé vous estre envoyée. Vous aurés de ceste heure entendu de mes nouvelles par mons^r de la Rochechandieu. Je vous ay aussy depesché par Angleterre mons^r Dufay. Je vous prye regarder tous les moyens d'avancer nos affaires. Les accidens et inconveniens passés ont redoublé en moy le courage, le zele et la diligence. Chascun est bien resolu ; et si, en nostre armée estrangere qui a esté dissipée, il y eust eu tant soit peu de conduite, d'union et de magnanimité, les affaires des ennemys de Dieu et nostres eussent esté en tres mauvais estat. Je connois assurement vostre affection au service de Dieu et à tout ce qui me touche, et ne l'oublieray jamais. C'est pourquoy je n'use poinct de recommandation envers vous, sçachant qu'il n'en est point de besoin. Seulement je vous prieray de faire perpetuel estat de la bonne volonté et amitié de

Vostre tres affectionné maistre et parfaict amy,

HENRY.

De Saint Jehan d'Angely, ce iiij^e d'avril.

1588. — 12 AVRIL.

Orig. — Arch. de M. de Rabar, de Libourne. Envoi de M. le secrétaire général du département de la Gironde.

A MONS^R DE RABAR,
CONSEILLER EN LA COURT DE PARLEMENT DE BOURDEAUX.

Monsr de Rabar, Parce que, [pour] la bonne opinion que j'ay de vous et de vostre probité, integrité et droiture au faict de la justice, je vous nomme pour l'un des juges du procés qui a esté faict aux prevenus et accusés de la mort de feu mon cousin, mons^r le Prince, je vous prye pour ceste cause, incontinent aprés la presente receue, de vous acheminer à St Jehan d'Angely, pour, avec les aultres commissaires, vacquer au dict jugement. Ce que m'asseurant que vous ferez, je ne vous en diray davantage, si ce n'est pour prier Dieu vous tenir, Monsr de Rabar, en sa saincte et digne garde.

De la Rochelle, ce xij^e jour d'apvril 1588.

Vostre bien bon et asseuré amy,

HENRY.

1588. — 5 MAI.

Cop. — Arch. de M. le baron de Scorbiac, à Montauban. Envoi de M. Gustave de Clausade, correspondant du ministère de l'Instruction publique.

A MONS‍R DE SCORBIAC,
CONSEILLER DU ROY MON SEIGNEUR, EN SA COURT DE PARLEMENT DE THOLOZE ET CHAMBRE DE L'EDICT, ET SURINTENDANT DES FINANCES EN LA GENERALITÉ PAR NOUS ESTABLIE À MONTAUBAN.

Mons‍r de Scorbiac, Je depesche le porteur vers toutes les Eglises et vous, pour leur representer les inconveniens que nous voyons advenir, et les belles occasions qui se sont escoulées et se perdent tous les jours, à cause du retardement de la tenue de l'assemblée, et la faulte d'avoir fourny et delivré les deniers de la subvention qui a esté levée pour le secours estranger; à quoy estant necessaire de remedier promptement, par les moyens que le porteur vous fera entendre, je vous prie d'y tenir la main et vous y employer avec aultant de soing et d'affection comme la necessité et advancement des dicts affaires le requierent, ainsy qu'il vous fera plus particulierement entendre de ma part : de quoy je vous prie le croire comme moy-mesme, qui prie aussy le Createur vous tenir, Mons‍r de Scorbiac, en sa saincte et digne garde. De la Rochelle, ce v^e jour de may 1588.

Vostre meilleur et plus affectionné amy,

HENRY.

1588. — 7 MAI.

Cop. — Arch. de M. le baron de Scorbiac, à Montauban. Envoi de M. Gustave de Clausade, correspondant du ministère de l'Instruction publique.

A MONS‍R DE SCORBIAC,
CONSEILLER DU ROY MON SEIGNEUR, EN SA COURT DE PARLEMENT DE THOLOZE ET CHAMBRE DE L'EDICT, ET SURINTENDANT DES FINANCES ESTABLIES À MONTAUBAN.

Mons‍r de Scorbiac, Vous recevrez par ceste commodité la commission pour les baulx à ferme des biens et revenus des ecclesiastiques et catholiques de contraire party, avec les articles et conditions soubs lesquelles j'entends que les dicts baulx se fassent en la presente année; en vertu desquels vous y procederez au plus tost, et adviserez de faire quelque bon fonds de deniers pour subvenir aux necessitez de ceste guerre et aux charges qu'il me convient supporter. J'ay faict aussy les declarations des saulvesgardes, dons, exemptions et mainlevées que je vous envoye pour faire publier; vous les communiquerez à mons*r* de Terrides : à quoy m'asseurant que vous ne ferez faulte, je prieray Dieu vous tenir, Mons*r* de Scorbiac, en sa saincte et digne garde. De Sainct Jehan d'Angely, le vij*e* de may 1588.

Vostre meilleur et plus affectionné amy,
HENRY.

1588. — 13 MAI.

Orig. — Arch. du château de Chancé, arrondissement de Baugé, papiers de M. Maugars-Riotteau. Envoi de M. Godard-Faultrier, correspondant du ministère de l'Instruction publique.

A DU PERRAY,

MON CONSEILLER, TRESORIER ET RECEPVEUR GENERAL DE MES MAISON ET FINANCES.

Du Perray, J'envoye querir quelques uns à la Rochelle pour assister au jugement du procés des accusés de la mort de feu mon cousin, mons*r* le Prince[1]. Tenez la main à ce qu'ils partent incontinent, suivant le passeport de mons*r* de Malicorne, que j'envoye pour la seu-

---

[1] La chambre de Saint-Jean-d'Angely, nommée par le roi de Navarre, était ainsi composée : « M. Joseph Feydeau, president; M. Jehan le Marier, sieur de la Sauvagère, et M. Paul de Constance, sieur de la Fredonniere, bailly de Vendosmois, pour les provinces de la riviere de Loire; les sieurs Dubreuil, Chalmot Delage et de Cognart-Chasteau, de Parthenay, pour la province de Poictou; les sieurs de la Novere et du Chasteau, pour la province de Xaintonge, deçà la Charente; les sieurs de Merlat et du Rabar, aussi pour la province de Xaintonge, delà la Charente; M. Pierre Gaucher, pour la province d'Angoulmois. Les dessus dicts ont esté choisis entre plusieurs aultres nommés par les dictes provinces, pour avoir eu plus de probation. Et quant au procureur général, parce qu'il n'a faict apparoir de sa nomination à l'assemblée, ung des procureurs ressortissans en la chambre de sainct Jehan, en a esté; la dicte nomination renvoyée à Sa Majesté. » (Nouv. édit. des Mémoires et correspondance de Duplessis-Mornay. Paris, 1824, in-8°, t. IV, p. 312).

reté de leur passage. Je pourvoiray par deçà à leur entretenement; mais s'il fault quelque chose par delà pour les faire partir, fournissez-le : ce que m'assurant que vous ferez, je ne vous en diray davantage, si ce n'est pour prier Dieu vous tenir, du Perray, en sa saincte garde.

De Chefboutonne, ce xiij^e de may 1588.

Vostre meilleur mestre,
HENRY.

1588. — 14 MAI.

Orig. — Arch. du canton de Genève. Copie transmise par M. L. Sordet, archiviste de la république.

A MONS^R D'ESDIGUIERES,
GOUVERNEUR ET MON LIEUTENANT GENERAL EN DAUPHINÉ.

Monsr d'Esdiguieres, Vous sçavez les bons offices que nous avons receuz de messieurs de Genesve et leurs merites, ensemble la conjonction de religion, de cueurs et de volontez que nous avons ensemble, tellement que nous les estimons comme nous-mesmes. Ce qui m'a faict vous escrire la presente, pour vous prier d'avoir tous leurs affaires et ce qui les concernera en singuliere recommandation, et les affectionner et embrasser comme les miens propres. Vous ferez chose qui me sera tres agreable et que je reputeray, ce faisant, tout ainsy que si elle estoit faicte à ma propre personne. M'asseurant qu'oultre la recommandation que je vous fais, vous aurez de vous-mesme ce faict assez recommandé, je ne vous en diray davantage, si ce n'est pour vous asseurer de plus en plus de mon amitié, et prier le Createur vous tenir, Monsr d'Esdiguieres, en sa tres saincte garde. De Sainct Jean d'Angely, ce xiij^e de may 1588.

[1] Monsr d'Esdiguieres, Je vous prye avoir les affaires de Geneve en singuliere recommandation. Je vous ay desjà escript une aultre fois sur ce mesme subject.

Vostre tres affectionné maistre et tres asseuré amy,
HENRY.

---

[1] Tout ce qui suit la date est de la main du roi.

1588. — 24 MAI.

Imprimé. — *Histoire de Genève*, par Spon, t. I, p. 332, note; édit. de 1730, in-4°.

[A MESSIEURS DE LA REPUBLIQUE DE GENEVE.]

Messieurs, Vous avez, par tant de bons tesmoignages et effects notables, fait paroistre la bonne affection que vous portez à la conservation de nos Églises, au bien de cet Estat et du juste party que je maintiens par la grace de Dieu, et à tout ce qui me touche en mon particulier, que je ressens vous en avoir beaucoup d'obligation, et que je n'oublieray jamais les bons et charitables offices que vous avez faits aux restes de l'armée de nostre secours estranger, qui sont grandement louez et remarquez par tous les gens de bien. Desquels j'ay donné charge au sieur de Reaux, mon conseiller et chambellan, present porteur, de vous remercier bien affectueusement, tant en general qu'en particulier, et vous faire entendre mes droictes intentions et ma bonne affection pour le regard des affaires particulieres que m'avez recommandées, nommeement envers le s^r de Lesdiguieres; vous priant croire que je n'affectionneray pas moins tout ce qui vous touchera et me sera recommandé de vostre part, comme si c'estoit mon faict propre, et que vous pouvez faire tres certain estat de moy et de tous les effects de ma bonne volonté qui seront en mon pouvoir, et au reste vouloir croire le dict s^r de Reaux, tout ainsy que moymesme, qui prie Nostre Seigneur vous vouloir, Messieurs, conserver et maintenir en sa tres saincte protection.

De St Jean d'Angely, le xxiiij^e may 1588.

[1] Messieurs, J'ay escript à mons^r Desdiguieres, pour affectionner vos affaires et tout ce qui vous concerne, comme les miennes propres.

Vostre tres affectionné et tres asseuré amy à jamais,

HENRY.

[1] De la main du roi.

1588. — 21 MAI.

Cop. — Arch. de M. le baron de Scorbiac, à Montauban. Envoi de M. Gustave de Clausade, correspondant du ministère de l'Instruction publique.

A MONS^R DE SCORBIAC,

CONSEILLER DU ROY MON SEIGNEUR, EN SA COURT DE PARLEMENT DE THOLOZE ET CHAMBRE DE L'EDICT.

Monsr de Scorbiac, Encores que je vous aye envoyé, par le s^r de Pierre Fitte [1], une commission pour proceder aux baux à ferme avec les articles et conditions suivant lesquels j'entends qu'ils se fassent, toutesfois craignant qu'elle soit perdue, je vous envoye celle qu'avois envoyée par deçà, avec l'ordonnance que demandez, et le mandement de deux cens escus, pour estre employés aux reparations du chasteau royal de Montaulban. Quant aux gages du receveur Fiel, du Mas de Verdun, qui sont demeurés, ainsi que vous dictes, en blanc dans la commission, vous les ferez remplir à huict deniers pour livre, ainsi qu'il avoit auparavant, et on vous fera response, à la premiere commodité, sur les aultres poincts et articles contenus en la lettre que m'avez envoyée, ce porteur estant depesché avec telle haste, qu'on n'y a peu pour le present satisfaire. Vous apprendrez de mons^r de Terrides l'occasion de son voyage ; ce qui sera cause que je finiray la presente, aprés vous avoir recommandé le faict de la subvention, qui est fort pressé et necessité : et prie le Createur vous tenir, Monsr de Scorbiac, en sa saincte et digne garde. De St Jehan d'Angely, ce xxj^e de may 1588.

Vostre meilleur et plus asseuré amy,

HENRY.

---

[1] Peut-être Frédéric Rouxel, seigneur d'Aubry-le-Pantou et de Pierrefitte, fils de Jacques Rouxel, seigneur de Medavy, et de Françoise de Pierrefitte, mort en 1662.

1588. — 24 MAI.

Orig. — Arch. du château de Wufflens (canton de Vaud). Copie transmise par M. Duvernois, de Besançon.

[A MONS^r DE VUFLENS.]

Monsr d'Wiffland, J'ay faict veoir vos memoires par mon conseil. J'avois jà pourveu à la verification de toutes les debtes faictes par le feu s^r de Clervaut, dont je n'ay encore eu nouvelles; mais cela n'a empesché que je ne vous aie pourveu pour les interests comme j'ay peu, et selon que la necessité du temps me l'a peu permettre. Cependant j'ay donné charge au s^r de Reaux de s'employer en tout ce qui sera possible, tant envers messieurs de Berne, auxquels j'escris, comme vous verrés, qu'envers les capitaines et colonnels, en vostre faveur et consideration, vous priant de croire que j'eusse mieulx faict si j'eusse peu, n'ignorant pas vostre merite et l'affection avec laquelle vous vous estes employé pour le bien de cest Estat, et à ce qui me touche particulierement, laquelle je vous prie de continuer et ne demeurer en si beau chemin, vous asseurant de tous les effects de ma bonne volonté à vostre endroict, partout où l'occasion se presentera, ainsi que le dict sieur de Reau vous dira, lequel je vous prie croire comme moy-mesme, qui prie aussy le Createur vóus tenir, Monsr d'Wiffland, en sa trez saincte garde. De Sainct Jehan d'Angely, ce vingt-quatriesme de may 1588.

Vostre bien affectionné amy,

HENRY.

[1588.] — 30 MAI. — Ire.

Cop. — Arch. de M. le baron de Scorbiac, à Montauban. Envoi de M. Gustave de Clausade, correspondant du ministère de l'Instruction publique.

A MONS^r SCORBIAC,
CONSEILLER EN LA CHAMBRE SOUVERAINE DE MONTAUBAN ET SURINTENDANT DES FINANCES PUBLICQUES.

Monsr de Scorbiac, Je n'ay poinct voulu resouldre l'affaire qui avoit conduict ce porteur par deçà, jusques que j'aye de nouveau l'advis des gouverneurs qui sont le long de la riviere de Garonne, de vous, de la Vallade et de Lauzere, affin que les choses se passent avec une commune intelligence. L'offre qu'on a faict est si petit, veu les charges, qu'il fault necessairement le hausser. Vous verrez par les copies, que la Valade vous enverra, plus particulierement mon intention; à quoy je vous prie ayder de vos advis, adresse et conseil, et faire tousjours certain et asseuré estat de la singuliere affection de

Vostre meilleur et assuré amy,
HENRY.

A la Rochelle, ce xxxe may.

1588. — 30 MAI. — IIme.

Cop. — Arch. de M. le baron de Scorbiac, à Montauban. Envoi de M. Gustave de Clausade, correspondant du ministère de l'Instruction publique.

A MONS^R DE SCORBIAC.

CONSEILLER DU ROY MON SEIGNEUR, EN SA COURT DE PARLEMENT DE THOLOZE ET CHAMBRE DE L'EDICT, ET SURINTENDANT DES FINANCES À MONTAUBAN.

Monsr de Scorbiac, Je vous ay envoyé la depesche dont avez dressé une minute, par le capitaine Mazelieres, que j'ay depesché à Nerac, et mandé à la Valade et à mons^r de Fontrailles de la vous faire tenir avec aulcunes depesches concernant le faict de vostre generalité, prevoyant que Salignac ne pourroit si tost partir que le dict Mazelieres, qui peut estre à present à Nerac. Par mesme voye je vous ay faict tenir un mandement de la somme de deux cens escus sol. sur les deniers cazuels, pour reparer le chasteau royal et accommoder la chambre de vostre seance; sur lequel vous ne prendrez que cent escus. Et le reformerez ainsy parce qu'il se presente tant d'aultres grands affaires, que la dicte somme de cent escus doibt suffire pour le present; et partout, sur le dict mandement, vous corrigerez la dicte somme de II^c escus et y escrirez cent escus seulement; sans qu'il soit besoing de le renvoyer à ceste fin. Quant à l'ordonnance pour les gages du s^r d'Arvieu, je luy ay fort volontiers accordé deux cens escus sol., tant sur l'emolument du sceau de la chambre que sur l'imposition du sel. Et pour le regard du differend d'entre le receveur Fiel et le controleur Mage, je trouve bon que le dict Fiel ait huict deniers pour livre, et le dict Mage deux cens escus par an pour ses gages.

Quant aux mainlevées des benefices appartenans à ceulx de la Religion, sans fraude, et sans que les proprietaires empruntent le nom de ceux de la Religion pour les advouer, je trouve bon qu'elles soient par vous verifiées aux charges et conditions portées par nos ordonnances et reglemens, et non aultrement; ce que je remets à vostre conscience. Et pour le regard des benefices appartenans aux catholiques, encores qu'ils en ayent peu obtenir cy-devant mainlevée, mon intention est qu'ils soyent affermez et que les fermiers en jouissent, si les dicts proprietaires catholiques ne font apparoir de mainlevée de nous, afin d'obvier aux abus qui se sont commis, et sans [que] de nouveau on entre en cognoissance de cause; car les despenses de la guerre, qui continue si longuement, sont si grandes, qu'il n'est possible de les supporter, si les finances ne sont bien et duement administrées. Et quant à ceulx qui se vantent de prendre les dixmes sans rien payer, à l'exemple de quelques aultres qui ont par cy-devant entreprins de le faire au prejudice du public et contre mon auctorité, j'entends que tous, sans exception de personne, soient contraincts, de quelque qualité et condition qu'ils soient, à les payer, et ce par toutes les rigueurs et contrainctes, comme pour les propres deniers du Roy, et que contre les refractaires la justice y pourvoye, et les gouverneurs et capitaines y apportent la force, à ce que la justice soit obeïe, et que le public ne soit fraudé par l'avarice, outrecuidance et mespris de telles personnes, lesquels il fault reprimer quand, de ceste façon, ils se mettent hors de leur debvoir; lesquels se servent du malheur de la guerre pour leur profit particulier, lorsque les aultres se ruinent, et de moyens et de leurs personnes et vies.

Et quant au conseiller et procureur general de la chambre de justice, qui defaillent et ne sont encore remplis[1], j'escris aux gens

---

[1] C'est-à-dire, places vacantes et pour lesquelles il n'est point encore porté de noms sur les états.

tenant la dicte chambre d'eslire et nommer les conseiller et procureur qu'ils verront estre le plus capable, suffisant et homme de bien, affin de m'envoyer au plus tost la dicte nomination, pour, suivant icelle, y pourvoir; ce que je vous prie de faire au plus tost entendre aux dicts gens tenans la dicte chambre, de ma part, et m'envoyer la dicte nomination, suivant ce que je leur ay cy-devant escript par la voie du dict capitaine Mazelieres, et que je n'ay aultre plus grand desir sinon que la justice soit severement exercée contre les contempteurs d'icelle, sans espargner personne, et que mes reglemens et ordonnances militaires et des finances, lesquels ont esté dressés par un consentement et accord commun, en l'assemblée generale de St Paul de Lamiatte et de Montauban, et aultres, depuis par nous establis pour eviter les abus, desordres et confusions, soyent exactement observez et gardez, ensemble l'ordonnance que je vous envoye contre ceulx lesquels, en vertu de leurs sauvegardes et abusant d'icelles, retirent et recelent en leurs maisons les collecteurs des tailles et fermiers des benefices, et, le faisant, retardent ou empeschent le payement des deniers qu'ils doibvent. S'il y a quelque aultre chose qui ne vous ait esté envoyée, le faisant sçavoir, j'en commanderay la depesche et la vous feray tenir. Quant au faict du dict Solignac, pour le regard des pastels, il ne se peut faire au prix qu'il dit avoir charge de nous faire entendre; et neantmoings j'ay faict une depesche à la Valade et à Mazeres, pour le regard de la riviere de Garonne, affin d'entendre les raisons des poursuivans et nous en tenir avertis, et donner leur advis. C'est ce qui m'a semblé devoir respondre à vos lettres, ce qui me gardera de vous faire ceste plus longue, si ce n'est pour vous assurer de plus en plus de ma bonne volonté, et prier le Createur vous tenir, Monsr de Scorbiac, en sa saincte et digne garde. De la Rochelle, le xxxe de may 1588.

Vostre meilleur et plus affectionné amy,

HENRY.

1588. — 31 mai. — Ire.

Cop. — Arch. de M. le baron de Scorbiac, à Montauban. Envoi de M. Gustave de Clausade, correspondant du ministère de l'Instruction publique.

A MONS^R DE SCORBIAC,

CONSEILLER DU ROY MON SEIGNEUR, EN SA COURT DU PARLEMENT DE THOLOZE ET CHAMBRE DE L'EDICT, ET SURINTENDANT DES FINANCES À MONTAUBAN.

Monsr de Scorbiac, Par ce que j'ay entendu que la Lauze est refusant de payer la somme de deux cens escus qu'il doibt de reste de sa commission, qu'il a eu de la recepte du domaine de Quercy, au siege de Montaulban, je l'ay faict bailler par assignations, voulant qu'il soit contrainct au payement de la dicte somme par toutes voyes et rigueurs, attendu que ce sont deniers royaulx; vous priant à ceste cause d'y tenir la main, et y apporter vostre auctorité. Et mesmes (d'aultant qu'il pretend qu'elle lui est deue par Tresrieux, receveur general des deniers publics, contre le jugement qui en a esté donné, tant par vous qu'en mon conseil, et que son intention est de differer le payement jusques à la paix, esperant s'en prevaloir), celuy qui a la dicte assignation pourra faire saisir entre les mains du dict Tresrieux ce que le dict la Lauze pretend luy estre par luy deub, attendu qu'il use de tels subterfuges. Je vous prie y pourveoir par les moyens propres et convenables que vous adviserez. Sur ce, je prieray aussy le Createur vous tenir, Monsr de Scorbiac, en sa saincte et digne garde. De la Rochelle, le dernier de may 1588.

Vostre meilleur et plus affectionné amy,

HENRY.

1588. — 31 MAI. — IIme.

Orig.—Arch. de M. le baron de Scorbiac, à Montauban. Copie transmise par M. G. de Clausade, correspondant du ministère de l'Instruction publique.

A MONS^R DE SCORBIAC,

CONSEILLER DU ROY MON SEIGNEUR, EN SA COURT DE PARLEMENT DE TOULOUZE ET CHAMBRE DE L'EDICT, ET SURINTENDANT DES FINANCES À MONTAUBAN.

Monsr de Scorbiac, Ayant faict veoir en mon conseil l'estat des pouldres baillées et fournies par Tresrieux, receveur general des deniers publics à Montauban, j'ay, de l'advis d'icelluy, ordonné : qu'appelé avec vous et m^e Pierre Causse, contreroleur en la dicte qualité, verifification seroit faicte du contenu au dict estat, du nombre des pouldres, du prix d'icelles, et de quelle ordonnance elles ont esté delivrées. Et quant aux pouldres envoyées à Salvagnac[1], vous vous ressouviendrez que le s^r de la Vernes avoit faict promesse de les payer, et qu'il levoit tous les deniers des tailles et benefices des environs qui l'y obligeoient, et qu'en oultre il avoit levé argent des subjectz et circonvoisins du dict lieu pour l'achapt des dictes pouldres. Au regard de celles menées à Villemur, le s^r de Renyés n'ayant rendu compte des benefices et fruictz decimaulx qu'il a levez, estoit par là assez obligé de payer trois barils de pouldre pour la munition de sa place; outre ce que mons^r du Plessis en a faict achepter et payer vingt-deux barils. Et quant à celles envoyées à Serignac[2] et places de mons^r de Terride, attendu qu'il en leve les tailles et les fruictz des benefices, il est tenu et obligé de munir et fournir ses places par le moyen des dicts deniers publics. Et pour le regard des pouldres fournies à Benoist, garde des munitions de mon armée, le nombre d'icelles, ensemble des bouletz, grosses et petites balles et grenades, doibt estre certiffié par le grand maistre de mon artillerie, comme aussy le nombre de septiers de froment, d'avoine et de vins, certifié par le commis-

---

[1] Chef-lieu de canton, à deux lieues de Rabastens (Tarn).

[2] Probablement Sérignac en Lomagne (Tarn-et-Garonne).

saire general des vivres, et desquelz le dict Tresrieux devoit retenir les certifficatz et des aultres fournitures qu'il a faictes. A ceste cause, mon intention est, qu'ayant, ainsi que dict est, appelé le dict Causse, vous examiniez et arrestiez le dict estat, verifiez toutes les parties, et faciez, sur ce, droict et raison au dict Tresrieux, de quoy vous avez pouvoir suivant vostre commission et [tiltre]. Je le vous ordonne par la presente, qui vous servira d'advis et instruction, et declaration de mon intention sur ce dict faict, non pour vous y obliger entierement, parce que je remectz le jugement de tout ce que dessus à vostre prudence et du dict Causse : estant tout ce que je vous diray, si ce n'est pour prier le Createur vous tenir, Monsr de Scorbiac, en sa saincte et digne garde. De la Rochelle, ce dernier de may 1588.

Vostre meilleur et plus affectionné amy,

HENRY.

[1588. — VERS LA FIN DE MAI.]

Cop. — Biblioth. de Tours, ancien manuscrit des Carmes, coté M, n° 50, *Lettres historiques*, p. 240. Communiqué par M. le préfet.

A MADAME DE FONTEVRAULT.

Ma Tante, Il ne sauroit rien venir de vostre part que je ne reçoipve comme de ma propre mere. Je sçais que les advertissemens que me donnez procedent d'une entiere et parfaicte amitié que me portez; mais vous sçavez quelle est ma resolution, de laquelle il me semble que je ne doibs me despartir, et que vous mesme ne me le debvez conseiller; cognoissant (comme je vous ai tousjours dict) que ce n'est à la religion qu'on en veult, ains à l'Estat; ainsi que vous peut assez tesmoigner ce qui est nagueres advenu à Paris, et l'entreprinse que la Ligue a voulu, ces jours passez, faire sur le Roy, qui est plus catholique que pas un d'icelle[1]. Toutesfois vous voyez si on a laissé de le

[1] La journée des Barricades, un des faits les mieux connus de cette époque, s'était passée le 12 de ce mois.

traicter en huguenot². Croyez, ma Tante, que ceulx qui ont les armes en la main ne manquent jamais de pretexte; et quant à moy aussy, je ne m'arreste poinct là, mais je me remects en la bonté de Dieu, qui cognoist la justice de ma cause et qui la sçaura discerner des pernicieux desseings des meschans. Celuy qui donne et conserve les couronnes conservera, s'il luy plaist, à nostre Roy celle qu'il luy a donnée. Il se fault resouldre à sa volonté et obeir à ses jugemens, selon que j'escris à monsʳ le president Barjot pour vous faire entendre. Croyez que je vous aime et honore comme ma propre mere, et que n'aurez jamais plus de part, en parent ou amy que vous ayez, qu'en celuy qui est

Vostre plus affectionné nepveu, à vous obeir,

HENRY.

[1588. — VERS LE COMMENCEMENT DE JUIN¹.]

Orig.— Biblioth. de l'Arsenal, recueil d'autographes.

A MON COUSIN MONSʀ D'AUBETERRE².

Mon Cousin, Encore que je pense bien que vous ayez entendu les plus mauvaises nouvelles et de la plus perilleuse consequence qu'on ait peu voir de plusieurs siecles, de ce qui est advenu à Paris, qui est la saisie que monsʳ de Guyse a faicte de la ville, des clefs d'ycelle et des forteresses, qui auroit contrainct le Roy d'en sortir et de se

---

² « Aux premières nouvelles, dit l'Estoile, qui furent apportées au roy de Navarre des barricades de Paris, il ne dit mot si non qu'ayant songé un bien peu, estant couché sur son lit vert, il se leva, et tout gaiement dit ces mots : « Ils ne tiennent « pas encores le Bearnois ! »

---

¹ En tête de cette lettre on lit, d'une écriture ancienne : « Juin 1588. »

² David Bouchard, vicomte d'Aubeterre, chevalier des ordres du Roi, conseiller d'état, capitaine de cinquante hommes d'armes des ordonnances, sénéchal et gouverneur de Périgord, charge dans laquelle il avait succédé à son beau-père André de Bourdeilles. Voyez la Notice sur Brantôme, par M. Monmerqué, dans la Collection des Mémoires de l'histoire de France, édition de Foucauld.

jecterde dans Chartres, d'où il a mandé les princes catholiques et sa noblesse, et escript aux bonnes villes de demeurer et perseverer en l'obeyssance et fidelité qu'ils luy doibvent, faisant son compte de se retirer à Angers : il m'a semblé toutesfois ne debvoir faillir de vous en escrire et tenir averty par ce porteur, et deplorer avec vous le miserable estat auquel est reduict ce royalme par la malheureuse ambition de ses ennemys. Vous pouvez penser combien je porte de regret et desplaisir de voir les choses passées si avant, lesquelles on prevoyoit assez, et auxquelles on a eu temps et loisir de pourvoir, comme encores il y a remede, pourveu que le Roy soit fidelement servy de ses bons subjectz, et qu'ilz y facent leur debvoir. C'est maintenant la saison où on cognoistra les bons François. De ma part, je n'ay aultre desir que d'employer tout ce qui est en mon pouvoir et ma personne, ainsy que ce dict porteur vous dira plus particulierement : lequel je vous prie croyre comme moy-mesme, et vous asseurer et faire tousjours tres certain estat de l'amitié de

Vostre bien affectionné cousin et asseuré amy,

HENRY.

1588. — 3 JUIN.

Cop. — Arch. de M. le baron de Scorbiac, à Montauban. Envoi de M. Gustave de Clausade, correspondant du ministère de l'Instruction publique.

A MONS^R DE SCORBIAC,

CONSEILLER DU ROY MON SEIGNEUR, EN SA COURT DE PARLEMENT DE THOLOZE ET CHAMBRE DE L'EDICT, ET SURINTENDANT DES FINANCES EN LA GENERALITÉ ESTABLYE À MONTAUBAN.

Monsr de Scorbiac, Encores que j'aye escript plusieurs depesches, et envoyé exprés les sieurs de Monglat et de Pierre-Fite, pour haster les deniers de la subvention, et les faire promptement apporter en la ville de Saincte-Foy, je despeche presentement Viçose, l'un de mes secretaires des finances, pour le mesme effect, et pour aultres occasions qu'il vous fera entendre ; et partant je vous prie tenir la main à ce que les dicts deniers soyent, le plus promptement et seurement que faire se pourra, apportés, parce que telles longueurs sont d'un prejudice inestimable, et au reste avertir les deputés pour l'assemblée de marcher avec ceux de Languedoc et Dauphiné, et se tenir tous prestz. J'ay commandé de vous envoyer les despeches necessaires et dont vous m'aviez escript; s'il y deffaut quelque chose, en avertissant, il y sera satisfaict. Je vous prie aussi, suivant vostre diligence et affection accoustumée, donner ordre au recouvrement des deniers, parce que les despenses croissent de plus en plus, et d'avertir le receveur Constans, qui est à Milhau, de faire promptement tenir tout ce qu'il pourra, des deniers de sa charge, à Castres, és mains du dict Viçose, ou du s^r de la Garrigue, lesquels luy fourniront bon et valable acquit de Pedesclaus, tresorier et receveur general de l'extraordinaire de la guerre. Je vous recommande toutes choses dignes de recommandation. Assurez-vous tousjours de ma bonne volonté. Sur ce, je prieray le Createur vous tenir, Monsr de Scorbiac, en sa saincte et digne garde. De la Rochelle, ce iij^e de juin 1588.

Vostre meilleur et plus affectionné amy,

HENRY.

1588. — 18 JUIN.

Cop. — Arch. de M. le baron de Scorbiac, à Montauban. Envoi de M. Gustave de Clausade, correspondant du ministère de l'Instruction publique.

A MONS^R DE SCORBIAC,

CONSEILLER DU ROY MON SEIGNEUR, EN SA COUR DE PARLEMENT DE THOLOZE ET CHAMBRE DE L'EDICT, ET SURINTENDANT DES FINANCES PUBLICQUES EN LA GENERALITÉ ESTABLYE À MONTAUBAN.

Monsr de Scorbiac, D'autant que la necessité de mes affaires me contrainct de m'ayder icy de la somme de trois mille escus, provenue de la rançon du sieur de Cipierre, laquelle appartient aux s^{rs} de Savaillan, Mage et aultres, et que j'ay ordonné qu'ils en seroient payez et remboursez sur les receptes generales de Montauban et Lectoure, j'ay bien voulu vous faire la presente, pour vous prier de rechercher tous les moyens de faire promptement trouver et recouvrer la somme de quinze cens escus, faisant moitié de la dicte somme de trois mille, ou pour le moins jusqu'à mille escus, soit sur les deniers ecclesiastiques ou aultre nature, et les faire delivrer au plus tost au dict s^r de Savaillan, Mage et aultres. J'escris semblablement au s^r de la Valade pour faire recouvrer et fournir le reste : et n'estant la presente à aultre fin, je prieray Dieu vous tenir, Monsr de Scorbiac, en sa saincte et digne garde. De la Rochelle, ce xvııj^e jour de juin 1588.

Vostre meilleur et plus affectionné amy,

HENRY.

1588. — VERS LE 25 JUIN.

Cop. — Arch. de famille de M. le baron Gaston de Flotte, à Marseille.

[A MONS^R DE S^T GENYÉS.]

Monsr de Sainct Genyés, Je vous prie me mander comme vous vous serés trouvé des bains où vous avés esté, et comme vous portez. Advertissez-moy aussy de ce que vous aurez appris de l'armée d'Espagne, et de la santé du roy d'Espagne. Nous ne savons encores ce qui adviendra de l'entreprise de Paris; ils sont tous aprés à raccommoder les choses, et à faire boire ceste injure au Roy[1]. Nous verrons dans peu de temps ce qui en sera; ce pendant il ne fault pas s'endormir. A Dieu, Monsr de Sainct Genyés; c'est

Vostre trez affectionné maistre et parfaict amy,

HENRY.

---

[1] D'après l'Estoile, ces tentatives pour obtenir un accord entre le Roi et la ligue eurent lieu à Rouen le 15 juin. C'est à cette occasion que fut composée la paraphrase satirique du *Miserere*, publiée dans le Journal de Henri III, édition de M. Champollion.

[1588. — VERS LA FIN DE JUIN.]

Cop.—Biblioth. de Tours, ancien manuscrit des Carmes, coté M, n° 50, *Lettres historiques*, p. 235. Communiqué par M. le préfet.

A LA ROYNE D'ANGLETERRE.

Madame,

Ayant tousjours desiré vous representer de temps en temps l'estat de nos affaires, mesme à present que la France, par ses divisions d'entre le Roy mon seigneur, et la Ligue, s'esbranle toute pour se dissiper ou nous rompre, j'ay pensé que je ne pouvois plus à propos ny par personnaige plus digne de ceste creance vous advertir de tout[1], que par le sieur de Clermont d'Amboise, present porteur, que j'ay prié faire ce voyage exprés, parcequ'il est temps, Madame, d'user des occasions qui se presentent, et que jamais l'opportunité ne fut telle. Mais la longueur de nos maulx nous apporte du retardement, quoique nos couraiges s'eslevent de plus en plus. Toutesfois, Madame, la continuation de vos bonnes graces, et les effects d'icelles nous fortifient, et nous font esperer qu'à ce besoin vous nous ferez sentir vostre faveur et bienveillance accoustumée. Je vous en supplie trez humblement, Madame, et d'adjouster foy à ce que le dict s^r de Clermont vous en dira de la part de celuy qui, par le prix de sa vie, desire vous tesmoigner qu'il est pour jamais,

Madame,

Vostre tres humble et tres obeissant frere
et serviteur,

HENRY.

[1] Élisabeth devait en être déjà bien informée par son ambassadeur à Paris, que le duc de Guise avait fait visiter, le surlendemain des Barricades, par le comte de Brissac, « Le priant, dit l'Estoile, de ne se point estonner et de ne bouger, sous l'asseurance de la protection de monsieur de Guise. Auquel le dit ambassadeur repliqua fort resolument et genereusement, qu'estant à Paris pour la Royne sa maistresse, qui avoit avec le Roy alliance et confederation d'amitié, il ne vouloit ny ne pouvoit avoir sauvegarde que du Roy. »

1588. — 10 JUILLET.

Orig. — Arch. de M. le baron de Scorbiac, à Montauban. Copie transmise par M. Gustave de Clausade, correspondant du ministère de l'Instruction publique.

A MONS^R DE SCORBIAC,

CONSEILLER DU ROY MON SEIGNEUR, EN SA COURT DE PARLEMENT DE THOULOUZE, ET SURINTENDANT DES FINANCES EN LA GENERALITÉ ESTABLIE À MONTAULBAN.

Monsr de Scorbiac, Par ce que vous verrés par le memoire que je vous envoye, l'heureux succez que Dieu m'a donné en l'entreprise que j'avois faicte sur Marans, je ne vous en feray aulcune redicte par la presente; mais bien vous prieray-je de faire avancer le plus que vous pourrés les deniers de la subvention, suivant ce que je vous ay cy-devant et plus amplement mandé par les s^{rs} de Pierre-Fite, et par Viçose[1]. Il est necessaire aussy de haster les deputez, pour venir à l'assemblée generalle que j'ay convoquée à Saincte-Foy avec charge suffizante. Ce que je vous prie faire, et vous asseurer tousjours de ma bonne volonté; et je prieray le Createur vous tenir, Monsr de Scorbiac, en sa saincte et digne garde. De la Rochelle, ce x^e de juillet 1588.

Vostre meilleur et plus affectionné amy,

HENRY.

1588. — 26 JUILLET.

Cop. — B. R. Fonds Leydet, Mém. mss. sur Geoffroy de Vivans, p. 81.

[A MONS^R DE VIVANS.]

Monsr de Vivans, J'ai veu ce qui a esté traicté pour le commerce de la riviere[1] entre vous, la Vallade et autres; à quoy je me suis

---

[1] Voir la lettre du 3 juin précédent.

---

[1] La Garonne.

accordé pour la consideration de la necessité de vostre garnison et aultres. Je vous prye tenir la main à ce que le dict commerce soit libre, et que les marchands ne soient molestez ni travaillez; ains au contraire qu'ils soient entretenus par bon traictement et par la liberté et seureté de leur traficq, en payant par eux ce qui a esté accordé. J'en escris à Puymirol et à Lairac, d'où j'en ay eu des plainctes. Au reste, sur les particularitez de vostre payement et de vostre garnison, ensemble des arrerages, j'escris bien au long à la Vallade mon intention, et luy donne charge de la vous faire entendre. N'estant la presente à autre fin, etc.

De la Rochelle, ce xxvj° jour de juillet 1588.

....

HENRY.

1588. — 27 JUILLET.

Orig. — Arch. de M. le baron de Scorbiac, à Montauban. Envoi de M. Gustave de Clausade, correspondant du ministère de l'Instruction publique.

A MONS^R DE SCORBIAC,

CONSEILLER DU ROY MON SEIGNEUR, EN SA COURT DE PARLEMENT DE THOLOZE ET CHAMBRE DE L'EDICT.

Monsr de Scorbiac, Je vous ay escrit par cy-devant que mon intention estoit que le bas-dioceze de Montauban et mon vicomté de Villemur payassent tous les deniers publics, de quelque nature qu'ils soyent, à la recepte du dict Montauban. J'y ay escrit et escris encores presentement à mon cousin mons^r de Montmorency, et de Turenne, n'entendant que les affaires passent de la façon dont aulcuns particuliers les veulent manier, pour leur profit et interest particulier. Je ne vois pas ordre de changer en cela ce qui s'est observé durant toutes les precedentes guerres; et d'aultant que la necessité de nos affaires est grande, et les charges et despenses sont excessives, je vous prie faire le meilleur fonds de finances, de toutes sortes, que vous pourrez, ensemble, faire recherches de tous les restes de deniers, de quelque nature qu'ils soyent, et de quelques personnes qu'ils soyent deubz; et poursuivés les debiteurs par toutes voyes deues et raisonnables, comme pour les propres deniers du Roy mon seigneur, suivant l'ordonnance que je vous en envoye de par delà. Et vous prie n'obmettre rien de ce que vous cognoistrez estre pour les affaires du public et de mon service, suivant vostre soing et vigilance accoustumée, et la confiance que j'ay de vostre fidelité : et je prioray le Createur vous tenir, Monsr de Scorbiac, en sa saincte et digne garde. De la Rochelle, ce xxvij^e juillet 1588.

Vostre meilleur et plus affectionné amy,

HENRY.

1588. — JUILLET. — Ire.

Cop. — Biblioth. de Tours, ancien manuscrit des Carmes, coté M, n° 50, *Lettres historiques*, p. 238. Communiqué par M. le préfet.

A MONSIEUR LE DUC CASIMIR.

Monsieur mon Cousin, Vous entendrés par le s^r de Clermont d'Amboyse l'estat de nos affaires, et comme nos ennemys, qui nous ont donné quelque relasche par leurs divisions, sont aujourd'huy sur le poinct de se reunir, à nostre ruine ; mais j'espere que le tout redondera à leur confusion, et que Dieu garentira les siens. Nous ne manquons poinct de resolution, mesme à present qu'ils reviennent aux feux, dont ils rallument nostre zele, et attisent l'ire de Dieu sur eulx. Reste à nous de pourveoir aux choses qui nous sont necessaires pour soustenir leurs efforts, en quoy nous aurons tousjours besoing de l'assistance de nos amis; entre lesquels vous, Monsieur mon Cousin, qui tenez lieu des premiers, nous vous convions par aultant d'affection qu'en portez à la conservation des Eglises de Dieu : sur quoy je vous prie croire le dict s^r de Clermont comme moy-mesme, et faire entier et tres certain estat de mon amitié, dont je rendray preuve par les effects, et aultant que le pourrez desirer,

Monsieur mon Cousin, de

Vostre trez affectionné cousin, à vous servir,

HENRY.

En juillet 1588. A la Rochelle.

[1588. — JUILLET.] — IIme.

Orig. — Arch. des Affaires étrangères. Corresp. politique, Mss. France, n° xix, fol. 31 recto.

A MONS^R DE S^T GENIÉS.

J'avois donné charge à ma sœur d'ordonner au gouverneur d'Oleron de s'informer du nombre des gens de guerre qui se sont levez sur la frontiere d'Espagne, et de savoir l'occasion de leur arrivée à Pau. J'attends de vous sa response, vous priant me donner sur ce l'advis que jugerés convenable.

A Dieu, Monsr de Sainct Geniez; c'est

Vostre trez affectionné maistre et parfait amy,

HENRY.

1588. — 1er AOÛT.

Orig. — Arch. de M. le baron de Scorbiac, à Montauban. Copie transmise par M. Gustave de Clausade, correspondant du ministère de l'Instruction publique.

A MONS^R D'ESCORBIAC,

CONSEILLER DU ROY MON SEIGNEUR, EN SA COURT DE PARLEMENT DE THOULOUZE ET CHAMBRE DE L'EDICT.

Monsr d'Escorbiac, Je vous ay faict entendre cy-devant mon intention sur le differend du bas-dioceze de Montauban, d'aultant que mon intention est que les deniers et finances qui en proviennent, à la dicte ville de Montauban (tout ainsin qu'en Languedoc, les deniers des diocezes) ne soient pas distraictz des uns aux aultres. Et par ce que mon cousin monsʳ de Turenne est à Castres, je luy ay escript et escris encores, de composer de ce differend. Auquel vous remonstrerez tout ce qui sert pour le droict que la dicte ville a sur les dictes finances, soit en luy escrivant, soit en instruisant celuy qui iroit devers luy, usant de la commodité de quelque passant, ou aultre qui se presentera. Je vous envoye l'ordonnance que j'ay faict expedier sur le faict des restes. Je vous prie tenir la main à faire partir voz depputez avec ceulx de Daulphiné et Languedoc, le transport des deniers de la subvention avec ceste commodité, l'augmentation d'icelle, et le parachevement des fortifications de vostre ville. Mandez-moy souvent de voz nouvelles, et vous asseurés tousjours de ma bonne volonté : et je prieray le Createur vous tenir, Monsʳ d'Escorbiac, en sa saincte et digne garde. De la Rochelle, ce premier jour d'aoust 1588.

Vostre meilleur et plus affectionné amy,

HENRY.

[1588. — 15 AOÛT.]

Orig. autographe. — Musée britannique. Biblioth. Lansdowne, art. 32. Copie transmise par M. l'ambassadeur de France à Londres.

[A MON COUSIN MONSᴿ DE BURGLEY.]

Mon Cousin, Je n'ay voulu laisser partir le sʳ Duyns sans l'accompagner de ceste lettre, et luy donner charge de vous dire de mes nouvelles : dont je vous prye le croire, et faire toujours estat certain de l'amitié et bonne volonté de

Vostre plus affectionné cousin et asseuré amy,

HENRY.

1588. — 25 août. — Ire.

Cop.—Biblioth. de Tours, ancien manuscrit des Carmes, coté M, n° 50, *Lettres historiques*, p. 244. Communiqué par M. le préfet.

A MONS^r DRAK.

Monsr Drak, J'ay esté fort ayse d'entendre de vos nouvelles par ce gentilhomme, present porteur, par lequel j'ay sceu aussy l'entreprinse qu'avoit faicte le frere de mon cousin mons^r le comte d'Essex[1], avec le s^r Roger Williams, de me venir trouver. Dont j'eusse receu beaucoup de contentement, pour la reputation qu'ils ont de l'affection qu'ils demonstroient en mon endroict. Mais puisqu'ils ont receu commandement de se tenir avec vous, et qu'estes prest d'aller recognoistre l'armée espagnole, je trouve trez raisonable qu'ils y obeissent, estant par mesme moyen bien ayse de la charge qu'avez[2]; de laquelle je m'asseure que Dieu vous fera la grace que vous en acquicterez avec honneur et bon heur, à la confusion des ennemys de Dieu et de son Eglise. Si en passant, vous avez besoin de quelque chose de deçà, je vous prie en faire estat, et de considerer aussy quel dessein a l'ennemy, afin que nous nous y opposions tous d'une commune main; m'asseurant qu'aurez tousjours pour recommandée la conservation des places qui tiennent nostre party, comme de nostre part nous ne fauldrons à vous prester tout le secours et faveur qu'il nous sera possible. Je suis, grace à Dieu, en bonne santé, avec aultant de resolution et de couraige que j'eus jamais, esperant que Dieu nous donnera ce qui nous est necessaire : et je l'en prie de bon cœur, et qu'il vous ait, Monsr Drak, en sa trez saincte et digne garde. De la Rochelle, ce xxve d'aoust 1588.

Vostre plus affectionné et meilleur amy,

HENRY.

---

[1] Voyez la lettre suivante.
[2] La charge d'amiral d'Angleterre.

[1588. — 25 AOÛT.] — IIme.

Cop.—Biblioth. de Tours, ancien manuscrit des Carmes, coté M, n° 50, *Lettres historiques*, page 239. Communiqué par M. le préfet.

A MON COUSIN MONS^R LE CONTE D'ESSEX [1].

Mon Cousin, Il ne seroit pas raisonnable d'abandonner pour mon particulier le service que debvez à la Royne vostre souveraine, et la charge qui vous est commise. Je ne laisse cependant de vous avoir beaucoup d'obligation pour tant de tesmoignages que me rendez de vostre bonne volonté, laquelle je tiens pour le mesme effect, et pense qu'elle m'apportera beaucoup d'heur; n'estant possible qu'elle ne soit accompagnée des vœux et affectionnez desirs de plusieurs gens de bien. J'eusse esté trez aise de voir vostre frere et le seigneur Roger Willams, que j'eusse embrassé cherement, tant pour leur vertu et reputation, que pour l'amitié qu'ils me demonstrent. Mais estant l'occasion qui les a retenus privilegiée, j'attends quelque aultre commodité qui se pourra presenter pour avoir ce contentement de les voir, ne le desirant moings qu'ils peuvent estre asseurez d'estre les bien venuz : et quant à vous, mon Cousin, faites estat que, où j'auray moyen, vous me trouverez tousjours, par effect,

Vostre bien affectionné cousin et meilleur amy,

HENRY.

[1] Robert Devereux, comte d'Essex, d'une ancienne famille originaire de Normandie, qui tirait son nom de la ville d'Évreux, entrait alors dans le plus haut période de cette faveur excessive dont il jouit auprès d'Élisabeth. Cette année même, la mort du second mari de sa mère, le comte de Leicester, favori en titre d'Élisabeth, lui donna occasion de remplacer son beau-père dans la faveur de cette reine, qui ne mit plus de bornes à sa fortune. Il sera question plus tard des services qu'il rendit à Henri IV, et de sa fin tragique, arrivée le 25 février 1601.

[1588. — 25 AOÛT.] — IIIme.

Cop. — Biblioth. de Tours, ancien manuscrit des Carmes, coté M, n° 50, *Lettres historiques*, page 246. Communiqué par M. le préfet.

[A MONS^r DE WALSINGHAM.]

Monsr de Walsinghant, Quand ce ne seroit que le tesmoignage que me rendez de la vertu et merite du chevalier Williams, vous pouvez penser qu'il seroit le trez bien venu, et que je n'en vouldrois faire aultre enqueste; mais sa bonne reputation est si cogneue, oultre la singuliere affection qu'il fait paroistre en mon endroict, et dont je me sens infiniment obligé, que ce me seroit un trez grand contentement de l'avoir prés de moy, sans l'excuse legitime qu'il a de demeurer avec le seigneur Drak, pour le service qu'il doibt à la Royne vostre souveraine, et en une si bonne expedition[1]. Si aultre commodité se presente de l'amener icy, croyez, Monsr de Walsinghant, que je mettray peine, tant pour l'amour de vous que pour sa valeur, de luy faire tout le bon traictement qu'il me sera possible. Je vous prie faire toujours estat de mon amitié, et croire que je suis

Vostre bien affectionné et meilleur amy,

HENRY.

1588. — 4 SEPTEMBRE.

Orig. — Archives de famille de M. le vicomte de Panat, membre de la Chambre des Députés.

A MONS^r DE LESTELE,

MON CONSEILLER ET CHAMBELLAN ORDINAIRE ET GOUVERNEUR DE CLERAC.

Monsr de Lestelle, J'avois envoyé par delà le jugement de l'appel interjecté par Jean Broc, habitant de la Fite[1], de la sentence que vous

---

[1] Ce fut dans ce mois que Drake, au moyen de brulôts, dispersa la célèbre flotte de Philippe II, dite *l'invincible armada*, dont l'équipement avait coûté plus de trente-six millions, et qu'une horrible tempête abîma entièrement le 20 août 1588, cinq jours avant la date de cette lettre.

[1] La Fitte, près Clairac (Agénois), département de Lot-et-Garonne.

avez donnée contre luy. Et parce que c'est la premiere faulte qu'il a faicte par cy-devant, je desirerois fort luy sauver la vie, en consideration des services qu'il a faictz à ce party, et convertir la peine en ung banissement du pays de delà, pour dix ans ou aultre temps qu'il sera advisé ; à la charge qu'il viendra servir auprez de moy dedans les trouppes de gens de guerre qui y seront debout durant la presente guerre, et aultres qui pourront estre par moy faictes durant le temps de son bannissement. A quoy je seray bien aize que vous teniez la main ; ce qu'esperant que voudrez faire, je ne vous en diray davantage, si ce n'est pour prier Dieu vous tenir, Monsr de Lestelle, en sa sainte et digne garde. De la Rochelle, ce iiij^e septembre 1588.

Vostre bien affectionné et asseuré amy,

HENRY.

² Monsr de Lestele, encor que j'aye renvoyé par delà le jugement de l'appel interjeté par Broq, j'ay depuis avisé de le faire juger icy; et partant je vous prye m'envoyer le dict Broq, à la premiere seure occasion, sans qu'il soit par delà passé plus oultre à son affaire.

1588. — 9 SEPTEMBRE.

Orig. — Archives de la famille de Fortisson. Copie transmise par M. Jubé, sous-chef de bureau au ministère de l'Instruction publique.

[AU CAPITAINE FORTISSON.]

Capitaine Fortisson, J'ai esté bien ayse d'entendre par mons^r de Castelnau, present porteur, vostre fidelité et affection à mon service. Je vous prie la continuer, vous asseurant que je ne seray jamais ingrat, et qu'aux occasions qui s'offriront où j'auray moyen de vous tesmoigner les effets de ma bonne volonté, vous m'y trouverés tousjours disposé; et vous feray paroistre comme je sçay bien recognoistre

¹ De la main du roi.

ceulx qui en ce temps s'employent à me faire service. Et celle-cy n'estant à aultre fin, je ne vous la feray plus longue : et je prie Dieu vous avoir, capitaine Fortisson, en sa saincte et digne garde. De Sainct Jehan d'Angely, le ixe septembre 1588.

Vostre plus asseuré amy,
HENRY.

[1588.] — 16 SEPTEMBRE.

Orig. autographe. — Archives de M. Durcot de Puytesson, à Puytesson, près Bourbon-Vendée. Envoi de M. de La Fontenelle de Vaudoré, conseiller à la cour royale de Poitiers, correspondant de l'Institut et du ministère de l'Instruction publique.

[A MONS^R DE LA ROUSSYERE.]

Monsr de la Roussyere[1], Je vous ay espargné le plus que j'ay peu et vous ay laissé sejourner à la meson lors des grandes courvées. Mais maintenant que je m'en voys pour charger l'armée des ennemis, je vous prye de vous rendre demain au soir à Mortaigne[2], avec vos forces et avec vos armes et chevaux, avec un leger equipage. Nostre voyage ne sera que pour quatre ou cinq jours au plus tard, et ne sera infructueux. Si vous avez quelques gentilshommes de vos voisins qui veuillent venir, amenés-les quant et vous ; et asseurés-vous qu'eux et vous serez les bien venus et reçus de

Vostre bien affectionné amy,
HENRY.

De Getygné[3], ce lundy xvj^e de septembre.

---

[1] Pierre Durcot, seigneur de la Roussière, des Chaunes et de Saint-Denis-de-la-Chevasse, en bas Poitou, fut gentilhomme ordinaire de la chambre du Roi, et nommé par Louis XIII, en 1620, gouverneur de Royan, une des places de sûreté accordées aux protestants.

[2] Mortagne-sur-Sèvre (Vendée).

[3] Aujourd'hui dans le département de la Loire-Inférieure, canton de Clisson.

[1588. — VERS LE 25 SEPTEMBRE.]

Orig. autographe. — Archives de M. Durcot de Puytesson, à Puytesson, près Bourbon-Vendée. Copie transmise par M. de La Fontenelle de Vaudoré, conseiller à la cour royale de Poitiers, correspondant de l'Institut et du ministère de l'Instruction publique.

[A MONS^R DE LA ROUSSYERE.]

Monsr de la Roussyere, Je vous escrivis, il y a quelques jours, de monter à cheval avec vos amys, armes et chevaux, et me venir trouver, pour ce qu'il se presente journellement de belles occasions d'entreprendre sur l'armée des ennemys. Et pour l'asseurance que j'ay que vous ne voudrez estre des derniers, je vous prye, incontinent la presente receue, de me venir trouver en ce lieu avec vos amys, armes et chevaux. C'est trop demeurer en repos. Venez donc, je vous prye, faisant estat que vous serés le bien venu et receu de

Vostre affectionné amy,
HENRY.

1588. — 1er OCTOBRE.

Cop. — Biblioth. de Tours, ancien manuscrit des Carmes, côté M, n° 50, *Lettres historiques*, p. 270. Communiqué par M. le préfet.

A MESS^{RS} LES CONSULS DE NERAC.

Messrs, Je ne doubte point que ne portiez beaucoup de regret de la mort du feu s^r de Muret, pour avoir si longuement et fidelement servi en son ministere. Aussi de ma part je le regrette bien fort : qui faict qu'ayant entendu les charges et debtes qu'il a laissées à sa femme et à ses enfans, j'ay estimé que vous useriez, en leur endroict, de tous offices de charité que cognoistrez leur estre necessaires. Et leur ayant accordé la somme de cent escus pour y subvenir, j'ay bien voulu vous escrire encores la presente, pour vous prier et exhorter d'y adjouster de vos moyens aultant que sçavez la necessité le requerir, à ce qu'ils ne soyent contraincts de vendre si peu de bien qu'il leur a laissé, et que ne soyez taxez d'ingratitude. En quoy vous ferez une œuvre pie et charitable, pour augmenter et accroistre tousjours l'affection en vos pasteurs de travailler à l'œuvre du Seigneur : auquel je prie vous avoir, Messrs, en sa tres saincte et digne garde.

De la Rochelle, ce premier d'octobre 1588.

HENRY.

[1588.] — 21 OCTOBRE.

Orig. autographe. — Biblioth. de l'Arsenal, Mss. Histoire, n° 179, t. Ier.
Cop. — B. R. Suppl. fr. Ms. 2289-2, et Ms. 1009-4.

Imprimé. — *Mercure de France*, année 1765, janvier, vol. II, p. 50. — *L'Esprit de Henri IV*. Paris, 1770, in-8°, p. 150. — *Vie militaire et privée de Henri IV*. Paris, an XII, in-8°, p. 96. — *Lettres de Henri IV*, etc. publiées par N. L. P. Paris, 1814, in-12, p. 29. — *Journal militaire de Henri IV, par M. le comte* DE VALORI. Paris, 1821, in-8°, p. 325.

[A MADAME LA COMTESSE DE GRAMONT.]

Dieu a plus faict que les hommes n'esperoient ni moy-mesmes ; mais certes, comme vous verrés par la lettre que je vous escrivis hier, il nous envoya un temps terrible qui estonnoit tout le monde. Mais d'aultre part il rendoit les plus braves de ceulx de dedans malades, et augmentoit l'estonnement des foibles de cœur ; de façon qu'arsoir il m'inspira, aprés l'avoir prié, de les envoyer sommer, à dix heures de nuit, contre tout ordre de guerre, ayant tiré, la journée, cinquante coups de canon sans effect. Au premier son de trompette, ils parlerent ; et nouasmes si bien le traicté, qu'à dix heures ils se sont rendus, et suis dedans, par la grace especiale de Dieu. C'est un lieu de grande importance et fort[1]. Dans mardy nous tenterons, ce croy-je, le grand faict. Celuy, diray-je comme David, qui m'a donné jusques icy victoire sur mes ennemys, me rendra cest affaire facile. Ainsy soit-il par sa grace ! Mon cœur, je suis plus homme de bien que ne pensés. Vostre derniere depesche me rapporta la diligence d'escrire

[1] Détails précieux sur la prise de Beauvais-sur-mer, en Vendée. Voyez la lettre suivante.

que j'avois perdue. Je lis tous les soirs vostre lettre. Si je l'aime, que dois-je faire celle d'où elle vient? Jamais je n'ay eu une telle envie de vous voir que j'ay. Si les ennemys ne nous pressent, aprés ceste assemblée, je veux desrober un mois. Envoyés-moy Licerace, disant qu'il va à Paris. Il y a tousjours mille choses qui ne se peuvent escrire. Dites la verité : que vous faisoit Castille devant que vous luy voulussiés mal? Ah! mon ame, vous estes à moy. Faictes, pour Dieu! ce que vostre lettre porte. Sera-il bien possible qu'avec un si doulx couteau j'aye coupé le fillet de vos bisarreries? Je le veulx croire. Je vous fais une priere : que vous oubliés toutes haines qu'avés voulu à qui que ce soit des miens. C'est un des premiers changemens que je veulx voir en vous. Ne craignés ny croyés que rien puisse jamais esbranler mon amour. J'en ay plus que je n'en eus jamais. Bon soir, mon cœur ; je m'envoy dormir, mon ame plus legere de soin que je n'ay faict despuis vingt jours. Je baise mes beaux yeux par millions de fois. Ce xxj^e d'octobre.

1588. — 24 OCTOBRE.

Cop. — B. R. Fonds Leydet, Mém. mss. sur Geoffroy de Vivans, p. 86.

[A MONS^R DE VIVANS.]

Monsr de Vivans, Je vous veux bien advertir comme Dieu a beni nostre labeur. Aprés avoir souffert l'espace de trois sepmaines, ou environ, toutes les incommoditez du ciel, comme pluies, vents, gresles, orages et tempestes, nous avons prins le chasteau de Beauvois sur mer, qui est trez bon; et puis dire avec verité que c'est une aussi bonne place que nous en ayons prins durant toutes les guerres, et qui n'est pas de petite importance, et pourra de beaucoup servir. J'y ay faict tirer quelque soixante coups de canon. La place est fort eslegnée d'une grande esplanade du bourg; il y a quatre grosses tours aux quatre coings, où le canon faisoit peu, à demy remplies; ung pavillon sur le portail; les courtines espaisses de plus de dix pieds, de bonne matiere; ung fossé de soixante pas de large, plein d'eau de la mer; une belle contrescarpe devant, et encore devant, un beau fossé; à la teste une petite motine, bien accommodée. Celuy qui y commandoit estoit le cappitaine des gardes de mons.^r de Mercure [1], nommé Villeserein, avec ses gardes. Ils ont assez bien faict. Si nostre canon fust arrivé plus tost qu'il ne feist, je n'eusse esté si long-temps devant; mais c'est chose fascheuse d'avoir à faire à la mer et aux vents. La veille qu'ils se rendirent, je les fis sommer à une heure indue; ils demanderent à parlementer. Le lendemain la capitulation fut conclue à dix heures du matin, et ils sortirent de dedans à deux heures aprés midy. Je m'en vais faire un tour en Raits [2], où il y a quelques soldats des regimens de St Paul et Gerzey, qui estoient venus pour leur secours, et n'ont osé donner, encores qu'il n'y eust, entre eux et les corps de garde Preaux et St Jean, qu'un canal où la mer monte environ de soixante pas de large. Nous n'y avons perdu que deux ou trois honnestes hommes, cinq ou six soldats et peu de blessez. Ceste-cy n'estant à autre fin, etc.

De Beauvois sur mer, le xxive d'octobre 1588.

HENRY.

[1] Le nom de *Mercœur* est ainsi écrit, *Mercure*, non-seulement dans cette correspondance, mais dans beaucoup d'ouvrages imprimés à la fin du xvie et au commencement du xviie siècle, notamment dans les *OEconomies royales*. Il s'agit ici de Philippe-Emmanuel de Lorraine, duc de Mercœur, pair de France, chevalier des ordres du Roi, gouverneur de Bretagne, fils de Nicolas de Lorraine, duc de Mercœur, et de Jeanne de Savoie-Nemours, sa seconde femme. Le duc de Mercœur était né le 9 septembre 1558. Il était frère de la reine de France, Louise de Lorraine, femme de Henri III. Il joua un rôle important dans la Ligue, et fut l'un des derniers à faire sa paix avec Henri IV. Sa soumission ne rangea entièrement la Bretagne au devoir qu'en 1598. Le mariage de sa fille avec César de Vendôme, fils naturel du Roi, fut alors décidé, mais ne se fit qu'en 1609. Le duc de Mercœur était mort le 19 février 1602, à son retour de Hongrie, où il avait commandé d'une manière éclatante l'armée impériale contre les Turcs.

[2] Ou Retz, au diocèse de Nantes, petit pays érigé en duché-pairie dès 1581 pour Albert de Gondi, l'un des favoris de Catherine de Médicis: la capitale en était Machecoul. Il est enclavé aujourd'hui dans le département de la Loire-Inférieure.

1588. — 25 OCTOBRE.

Orig. autographe. — Copie transcrite et communiquée directement par M. Villemain.

A MONS^r DE LAUNEY, BARON D'ANTRAIGUES [1],
GOUVERNEUR DE VIVAREZ ET DE GEVAUDAN.

Monsr de Launey d'Antraigues, Dieu aydant j'espere que vous estes, à l'heure qu'il est, restably de la blessure que vous receutes à Coutras, combattant si vaillamment à mon costé ; et si ce est, comme je le espere, ne faites faulte (car, Dieu aydant, dans peu nous aurons à decoudre, et ainsy grand besoin de vos services) de partir aussitost pour me venir joindre. Sans doubte vous n'aurés manqué, ainsy que vous l'avez annoncé à Mornay, de vendre vos bois de Mezilac et Cuze, et ils auront produit quelques mille pistoles. Si ce est, ne faites faulte de m'en apporter tout ce que vous pourrés ; car de ma vie je ne fus en pareille disconvenue, et je ne sçais quand, ni d'où, si jamais, je pourray vous les rendre ; mais je vous promets force honneur et gloire : et argent n'est pas pasture pour des gentilshommes comme vous et moy.

La Rochelle, ce xxve octobre 1588.

Vostre affectionné,

HENRY.

[1588. — 17 NOVEMBRE.] — Ire.

Orig. — B. R. Fonds Béthune, Ms. 9104, fol. 11 recto.
Cop. — B. R. Suppl. fr. n° 1009-3.

A MON COUSIN MONS^r LE DUC DE NEVERS.

Mon Cousin, Ayant entendu du s^r de la Musse, gentilhomme de ma chambre, le favorable traictement qu'il a receu de vous, et que

---

[1] Trophime de Launay, seigneur de Picheron et baron d'Entraigues, fils d'Antoine de Launay et de Jeanne de Fay, tenait la seigneurie d'Entraigues en Vi-

auriez bien agreable de gratifier mes serviteurs, en ce qui seroit de vostre pouvoir, aux occasions qui s'en presenteront, j'ay bien voulu vous en remercier affectueusement, et vous prier de considerer qu'il est impossible au s^r de la Musse de retirer le s^r de Maurepas, prisonnier, que desirez avoir en echange de luy, n'estant de sa qualité ni de ses moyens, vous asseurant qu'il s'y est fort employé. Et n'ayant eu moyen d'y satisfaire, il retourne vers vous pour ne manquer à la promesse qu'il vous en a faicte. Continuant donc vostre faveur envers luy, je vous prie de rechef user pour sa delivrance des moyens les plus doulx et supportables qui se peuvent accorder aux gens de guerre, mettant en consideration qu'il est mon serviteur domestique, prins en sa maison, où il n'a jamais permis que la guerre ait esté faicte; et la courtoisie qu'il recevra en cela de vous, je la tiendray faicte à moymesme, pour la recognoistre, aux occasions que me vouldrez employer, comme

Vostre plus affectionné et meilleur amy,

HENRY.

1588. — 17 NOVEMBRE. — IIme.

Orig. — B. R. Fonds Béthune, Ms. 9104, fol. 3.
Cop. — B. R. Suppl. fr. Ms. 1009-3.

A MONS^R DE BASTENAY.

Monsr de Bastenay, J'ay entendu du s^r de la Musse les bons et gracieux offices que faictes ordinairement à mes serviteurs, et qu'il a naguere particulierement receu de vous à sa prise et de sa maison; ayant bien voulu vous tesmoigner par la presente le gré que je vous en sçay. Et d'aultant qu'il n'a peu effectuer ce dont il estoit chargé par mon cousin le duc de Nevers, il retourne presentement vers luy,

---

varais de sa femme, Marie de Cayres, dame d'Entraigues. Outre le titre que lui donne cette lettre, il fut gentilhomme ordinaire de la chambre du Roi en 1580, bailli de Gévaudan en 1591, bailli et gouverneur des villes et châteaux de Marvejols, Chirac et Grezes. Il vivait encore en 1637.

suivant sa promesse, vous priant luy faire paroistre, à ce besoin, comme à l'un de mes plus speciaux serviteurs, que ma faveur et recommandation ne luy aura esté inutile en vostre endroict, et vous asseurer que j'en recognoistray la courtoisie aux occasions qui s'en presenteront. Priant le Createur qu'il vous ait, Monsr de Bastenay, en sa saincte garde. A la Rochelle, le xvij[e] novembre 1588.

Vostre bien affectionné et meilleur amy,
HENRY.

Je vous prye encores gratifier le s[r] de la Musse en sa delivrance, car je l'affectionne fort.

[1588.] — 30 NOVEMBRE.

Orig. autographe. — Biblioth. de l'Arsenal, Mss. Histoire, n° 179, t. Ier.

Cop. — B. R. Suppl. fr. Ms. 2289-2, et Ms. 1009-4.

Imprimé. — *Mercure de France*, année 1765, janvier, vol. II, p. 53. — *L'Esprit de Henri IV*. Paris, 1770, in-8°, p. 151. — *Essai sur les mœurs*, par VOLTAIRE, addit. au chap. CLXXIV, IXe lettre. — *Vie militaire et privée de Henri IV*. Paris, an XII, in-8°, p. 99. — *Lettres de Henri IV, etc. publiées par N. L. P.* Paris, 1814, in-12, p. 32. — *Fastes de Henri IV*. Paris, 1815, in-8°, p. 359. — *Journal militaire de Henri IV*, par M. le comte DE VALORI. Paris, 1821, in-8°, p. 299.

[*A MADAME LA COMTESSE DE GRAMONT.*]

Renvoyés-moy Briquesieres; et il s'en retournera avec tout ce qu'il vous fault, hormis moy. Je suis fort affligé de la perte de mon petit, qui mourut hier. A vostre advis, ce que ce seroit d'un legitime[1]? Il commençoit à parler. Je ne sçay si c'est par acquit que vous m'avés escript pour Doysit; c'est pourquoy je fais la response que voirrés sur vostre lettre. Par celuy que je desire qui vienne, mandés-m'en vostre volonté. Les ennemys sont devant Montaigu, où ils seront bien mouil-

---

[1] Nous n'avons pu nous procurer des données certaines sur cet enfant naturel du roi de Navarre. Mais par les termes de la mention qui en est faite ici, il est tout invraisemblable de supposer que ce fût un fils de Corisande, comme l'ont répété, d'après Voltaire, plusieurs éditeurs de cette lettre.

lez, car il n'y a couvert à demy-lieue autour. L'assemblée sera achevée dans douze jours. Il m'arriva hier force nouvelles de Blois; je vous envoye un extraict des plus veritables. Tout à ceste heure me vient d'arriver un homme de Montaigu. Ils ont faict une tres belle sortie, et tué force ennemys. Je mande toutes mes troupes et espere, si la dicte place peut tenir quinze jours, y faire quelque bon coup. Ce que je vous ay mandé de ne vouloir mal à personne est requis pour vostre contentement et le mien. Je parle asteure à vous comme estant mienne. Mon ame, j'ay une envie de vous voir estrange. Il y a icy un homme qui porte des lettres à ma sœur du roy d'Escosse. Il me presse plus que jamais du mariage. Il s'offre de me venir servir avec six mille hommes à ses despens, et venir luy-mesmes offrir son service. Il s'en va infailliblement roy d'Angleterre. Preparés ma sœur de loin à luy vouloir du bien, luy remonstrant l'estat auquel nous sommes, et la grandeur de ce prince avec sa vertu. Je ne luy en escris poinct. Ne luy en parlés que comme discourant; qu'il est temps de la marier, et qu'il n'y a party que celuy-là. Car de nos parens, c'est pitié. A Dieu, mon cœur, je te baise cent millions de fois. Ce dernier novembre.

1588. — 13 DÉCEMBRE. — Ire.

Orig. — Arch. de famille de M. le vicomte de Panat, membre de la Chambre des Députés.

A MONS^R DE L'ESTELLE.

Monsr de l'Estelle, Je suis bien marry d'avoir entendu ce qui s'est passé entre mons^r de Lesignan et vous, tant pour la consequence du dict different que pour le mal que la ville de Clerac en à cuidé sentir, à cause de l'esmotion advenue en icelle entre voz partizans. Jugez, je vous prie, combien cela importe; et partant que ce faict n'aille plus avant. Car j'attens d'en estre instruict au vray, pour y remedier au contentement de tous deux. Ce pendant je vous prie ne rien attenter les uns contre les autres; ains retenez les gens de guerre chascun en leur debvoir, de peur que les choses ne s'aigrissent davantage.

J'en escris le semblable au dict s^r de Lesignan, et aux consulz du dict Clerac, d'assoupir les dictes esmotions, et se servir pour cella du capitaine Choisy, auquel je mande de s'y employer si bien que, pour le moings, le bien public ny la dicte ville n'en puisse sentir quelque interest, comme il seroit à craindre, à ce qu'on m'a escript, s'il n'y estoit bien tost pourveu. Sur ce donq je prieray Dieu, Monsr de l'Estelle, qu'il vous tienne en sa garde. A la Rochelle, ce xiij^e jour de decembre 1588.

Vostre bon maistre et asseuré amy,

HENRY.

1588. — 13 DÉCEMBRE. — IIme.

Cop. — Arch. de M. le baron de Scorbiac, à Montauban. Envoi de M. Gustave de Clausade, correspondant du ministère de l'Instruction publique.

A MONS^R DE SCORBIAC,

CONSEILLER DU ROY MON SEIGNEUR, EN SA COURT DE PARLEMENT ET CHAMBRE DE L'EDICT EN LANGUEDOC.

Monsr de Scorbiac, J'ay donné charge aux s^{rs} de Viçose et de Gardezy de vous voir de ma part, et vous faire entendre ce qui s'est passé en ceste assemblée, et les resolutions qui y ont esté prinses, et reiglementz qui ont esté dressez et arrestez, tant sur le faict de la religion, justice et finances, que sur la discipline militaire. Vous y trouverez des changemens sur lesquels on a fort insisté. Il est besoing de tenir et convoquer au plus tost une assemblée provinciale pour y traicter quelques poinctz restans, et m'en donner avis, quelque mutation qu'il y ait; et je vous prie de vous assurer que je vous ayme et estime, et que je desire me servir de vous, et que vous pouvez faire estat certain de ma bonne volonté. Je remettray le surplus sur les s^{rs} de Viçose et de Gardezy, qui se sont bien fidellement acquitez de leur charge : et sur ce, je prieray le Createur vous tenir, Monsr de

Scorbiac, en sa saincte et digne garde. De la Rochelle, le xııjᵉ decembre 1588.

Vostre meilleur et plus affectionné amy,

HENRY.

1588. — 14 DÉCEMBRE.

Cop. — Arch. de M. le baron de Scorbiac, à Montauban. Envoi de M. Gustave de Clausade, correspondant du ministère de l'Instruction publique.

A MONSʳ DE SCORBIAC,

CONSEILLER DU ROY MON SEIGNEUR, EN SA COURT DE PARLEMENT DE THOLOZE ET CHAMBRE DE L'EDICT, ET SUPER-INTENDANT DES FINANCES PUBLIQUES EN LA GENERALITÉ DE MONTAULBAN.

Monsʳ de Scorbiac, J'ay cy-devant faict expedier mandement de quatre cent cinquante escus sur la recepte generale de Montaulban, pour le sʳ des Portes, pour deux chevaulx que j'ay pris de luy. Laquelle somme il me faict entendre que le receveur des deniers publics au dict Montaulban ne luy auroit encores payée. Et d'autant qu'il est icy auprés de moy, me faisant service, et qu'il estoit en volonté d'aller par delà pour poursuivre le dict debte, ce que je ne luy ay voulu permettre, je vous ay bien voulu escrire la presente pour vous prier de la luy faire payer, et user en cela du pouvoir que je vous ay donné sur les dictes finances, estant chose que je desire estre effectuée au plus tost; ce que m'asseurant que ferez, je prieray Dieu vous avoir, Monsʳ de Scorbiac, en sa saincte garde. De la Rochelle, le xıvᵉ decembre 1588.

¹ Je vous prye de faire payer la dicte somme à Desportes, au plus tost, parce que je l'affectionne. C'est

Vostre meilleur et plus affectionné amy,

HENRY.

¹ De la main du roi.

[1588. — VERS LA MI-DÉCEMBRE.] — Ire.

Orig. autographe. — Archives de la maison de Montesquiou-Fezenzac. Communiqué par M. le général comte Anatole de Montesquiou, pair de France, chevalier d'honneur de la Reine.

A MONS^R DU FAGET.

Byssouse m'a dict que vous vous portés bien en mariage[1]. J'ay esté bien ayse d'avoir sceu de vos nouvelles. Continués la volonté que vous m'avés tesmoignée. Les ennemys sont prés de nous. Monsr de Nevers se veut faire battre[2]. Je te renonce si tu ne viens, mais je dis bien tost; car il ne se presenta onques de plus belles occasions. A Dieu, Faget, je suis

Vostre meilleur maistre et plus affectionné amy,

HENRY.

[3] Si vous ne venés, je vous pendray.

J'ay charge de Frontenac, d'Harambure, Meragues, Bonyeres et de tous vos amys, et particulierement de madame..... qui nous nourrit une belle fille, de vous baiser les mains de leur part. Quant à moy, je ne suis poinct vostre valet; le Diable vous emporte si vous le croyés.

ARMAIGNAC.

Vous estes desiré icy, et croyés-le, et que je suis vostre serviteur.

DE VIÇOSE.

[1] M. de Montesquiou de Sainte-Colombe, baron du Faget, avait épousé Anne de Villeneuve, dame de la Serre.

[2] Sur l'armée du duc de Nevers, voyez le sommaire historique au commencement du volume.

[3] Ce premier post-scriptum est de la main du roi, comme toute la lettre. Le second post-scriptum, signé *Armaignac*, est sans doute de quelque bâtard de l'illustre maison d'Armagnac, alors éteinte dans la descendance légitime, puisque le cardinal d'Armagnac lui-même était fils d'un bâtard. Les Armagnacs étaient une branche cadette de la maison de Montesquiou. De telles traditions de parenté expliqueraient la familiarité de cette plaisanterie, qui paraît n'avoir été écrite qu'après la salutation du secrétaire Viçose, mais au-dessus, dans l'espace que celui-ci avait laissé entre son post-scriptum et celui du roi.

[1588. — VERS LA MI-DÉCEMBRE.] — IIme.

Orig. autographe. — B. R. Fonds des Cinq-cents de Colbert, Ms. 402.

A MONS^R DE SEGUR.

Monsr de Segur, J'ay esté fort fasché d'entendre vostre maladie. Je crois que c'est ce qui a empesché que nous n'ayons eu de vos nouvelles il y a si longtems. Je vous prye m'en mander. Vous avés entendu l'estat de nos affaires par les s^rs de Monglas et de Laborde. Vous sçaurez ce qui est depuis avenu par le s^r de Beauchamp, present porteur, et par ses instructions. J'escris aussy plus amplement à mons^r de Guitry, estant en doute si vous serés auprés de mon cousin mons^r le duc Casimir, et ne voulant beaucoup charger ce porteur. Je vous prye vous employer à advancer le secours que nous attendons de si long temps, car il est tres necessaire: et au reste vous assurer toujours de ma bonne volonté, et croire ce dict porteur de ce qu'il vous dira, comme vous voudriés faire

Vostre tres affectionné maistre et parfaict amy,

HENRY.

[1588.] — 16 DÉCEMBRE. — Ire.

Cop. — B. R. Fonds Béthune, Ms. 9112, fol. 59.
Cop. — B. R. Suppl. fr. Ms. 1009-3.

A MON COUSIN LE COMTE DE LA ROCHEFOUCAULT.

Mon Cousin, Je vous advertis que l'assemblée s'en va parachevée aprés demain. J'ai faict faire un pont pour passer sur le Bro, afin de pouvoir aller voir les ennemis. Ils n'ont rien attaqué depuis Montaigu; on dit que leur armée est rompue. Si cela est, nous n'irons point à eux; et, en ce cas, je vous prye de me venir trouver en ce lieu, où je seray trez ayse de vous voir. Cependant je vous prieray de vous tenir prest, avec le plus de vos amys que vous pourrés, pour venir au premier mandement que je vous feray; car si mons' de Nevers se joue d'attaquer quelque chose, je suis resolu de luy donner la bataille; où je m'asseure que vous ne vouldrez manquer, pour l'envie que vous avez d'assister

Vostre bien affectionné cousin et plus asseuré amy,

HENRY.

De la Rochelle, ce xvj^e decembre.

1588. — 16 DÉCEMBRE. — IIme.

Cop. — Arch. de M. le baron de Scorbiac, à Montauban. Envoi de M. Gustave de Clausade, correspondant du ministère de l'Instruction publique.

À MONS^R DE SCORBIAC,

CONSEILLER DU ROY EN SA COURT DU PARLEMENT DE THOLOZE ET CHAMBRE DE L'EDICT.

Mons' de Scorbiac, D'autant que par la resolution de l'assemblée tenue en ceste ville il a esté arresté que la chambre de Languedoc seroit establie à Montpellier, ainsi qu'il avoit esté cy-devant resolu, je vous ay voulu faire ce mot pour vous prier vous y vouloir acheminer le plus tost que vous pourrez, affin de rendre justice à tous ceux qui la requierent. Je m'asseure que mon cousin mons' de Montmorency vous y aidera en ce qu'il pourra, et se conformera tousjours à ce qu'a esté deliberé icy; pour mon regard, je suis tout prest de l'observer le premier, et d'empescher par tous moyens qu'aulcun n'y contrevienne. Vous apprendrez toutes choses et ses nouvelles par le s^r de Gasques et d'Azinllonnet, deputez du bas Languedoc : qui me gardera vous en dire davantage, si ce n'est pour prier le Createur vous tenir, Mons' de Scorbiac, en sa saincte garde. De la Rochelle, ce xvj^e decembre 1588.

Vostre affectionné maistre,

HENRY.

1588. — 18 décembre.

Orig. — Arch. du département de la Dordogne. — Envoi de M. le préfet.

A MESS^{rs} LES OFFICIERS, CONSULS ET CONSISTOIRE DE LA VILLE DE BERGERAC.

Messrs, Parce que vous entendrés par le s^r Badueil ce qui s'est passé en ceste assemblée generalle des Eglises de ce Royaulme, et les resolutions qui ont esté prises, et reglemens arrestez unanimement en icelle, je m'en remectray sur sa suffisance et fidelité, et vous prieray de faire, le plus tost que vous pourrés, tenir l'assemblée provinciale, tant pour l'execution et observation de ce qui a esté arresté par deçà, pour deliberer sur les particularités qui y ont esté remises, vous employer diligemment et en l'un et en l'aultre, et m'en donner advis; comme aussy je vous prie de continuer le soin et diligence qu'avez eu de la fortification de vostre ville, et parfaire le payement de la somme de mil cinq cens escus, à laquelle vous vous estes taxés et cotisez pour la subvention des Reistres, ainsy que vous avés bien commencé, comme m'a asseuré le s^r de Feydeau, ayant eu grand contentement de l'eslection que vous avés faicte de luy, et du dict s^r Badueil, vos desputés, lesquels se sont fort fidellement et dignement acquités de leur charge, et m'ont clairement adverty de l'estat des affaires de vostre province. J'ay donné charge au dict s^r Badueil vous faire entendre de mes nouvelles, et vous asseurer entierement de ma bonne volonté, tant en general qu'en particulier, pour vous en faire sentir les effects partout où l'occasion se presentera. Sur ce, je prieray le Createur vous tenir, Messrs, en sa saincte et digne garde. A la Rochelle, ce xviij^e jour de decembre 1588.

Vostre meilleur et plus asseuré amy,

HENRY.

1588. — 19 décembre. — Ire.

Cop. — Arch. de famille de M. le marquis Édouard de la Grange.
Cop. — B. R. Fonds Leydet, liasse II. Hist. manuscrite de Jacques Nompar de Caumont;
pièce à l'appui.

[A MONS^R DE LA FORCE.]

Monsr de la Force, Pour accelerer l'erection de la chambre de justice ordonnée à Bergerac, et promptement proceder à la nomination que les Eglises doibvent faire de la dicte chambre, j'ay ordonné, pour cest affaire, assemblée particuliere en la ville de la Linde[1], au quinziesme du mois de janvier prochain; et pour ce je vous prie d'escrire à toutes les Eglises, gentilshommes, villes et communautez qui sont de vostre generalité, affin qu'ils ayent à envoyer tels deputez qu'ils adviseront pour proceder à la dicte nomination, et d'icelle m'envoyer la liste, selon que je crois, à la dicte assemblée. Et n'estant la presente à aultre fin, je prieray Dieu, Monsr de la Force, qu'il vous tienne en sa garde. A la Rochelle, ce xixe jour de decembre 1588.

Vostre affectionné maistre et asseuré amy,

HENRY.

1588. — 19 décembre. — IIme.

Orig. — Arch. de M. le baron de Scorbiac, à Montauban. Copie transmise par M. Gustave de Clausade, correspondant du ministère de l'Instruction publique.

A MONS^R DE SCORBIAC,

CONSEILLER DU ROY EN LA CHAMBRE DE L'EDICT.

Monsr de Scorbiac[1], Ayant pour plusieurs et grandes considerations, accordé à madame la Princesse de luy pourvoir de nouveaux

---

[1] Petite ville du Périgord, aujourd'hui du département de la Dordogne.

---

[1] Le nom de M. de Scorbiac est écrit dans l'original d'une autre main que le corps de la lettre, d'où l'on peut conclure que les autres juges commissaires reçurent une lettre semblable. (*Note de M. de Clausade.*)

juges pour luy faire et parfaire son procez, soubz les offres et soubmissions qu'elle a faictes de se despartir de la declinatoire et incompetance, par elle alleguée, contre les premiers et precedens juges, offrant aussy de purger la contumace qu'elle avoit faicte, en reffusant de respondre par devant eulx, j'ay, sur ce, faict expedier mes lettres de commission à quinze honnestes personnages choisis et des plus recommandez, en vertu et bonne conscience, dont vous estes l'ung, pour proceder de nouveau à la perfection et jugement du dict procez. A ceste cause, estant asseuré que ne vouldriés faillir à une œuvre si saincte pour la juste punition des coulpables, et la conservation de ceux qui se treuveront innocens, je vous ay bien voulu escripre la presente pour vous prier, Monsr de Scorbiac, de vous preparer et disposer pour vous rendre au lieu et jour assigné, avec toute la compagnie, pour proceder au jugement du dict procez, selon la dicte commission, ayant donné ordre que ne manquerez de moyens et d'escorte pour vostre voyage. Et m'asseurant que n'y vouldrés faillir, dont je vous prie bien fort, et sur tant que desirés me faire plaisir et service, toutes excuses, empeschemens, raisons et considerations cessans et postposez, ne vous en diray davantage, si non que je prieray Dieu, Monsr de Scorbiac, vous avoir en sa saincte et digne garde. De la Rochelle, ce xixe decembre 1588.

Vostre bien bon et meilleur amy,

HENRY.

1588. — 20 DÉCEMBRE. — Ire.

Orig. — B. R. Fonds Béthune, Ms. 8914, fol. 47 recto.

A MON COUSIN MONS^R LE DUC DE NIVERNOYS.

Mon Cousin, Il y a icy quelques ungs de mes officiers, lesquelz m'ayant servy leurs quartiers, desireroient s'en pouvoir retourner seurement en leurs maisons; ce qu'ils n'osent faire sans avoir ung passeport de vous. Je vous prie, pour l'amour de moy, le leur vouloir envoyer, suivant le memoire que le cappitaine Laporte, present porteur, vous en donnera. Il y en a ung, entre autres, que je vous recommande, et qui est Pierre Martel, l'ung de mes chirurgiens, lequel desire pouvoir aller faire un tour jusques à sa maison en Normandie, et me venir retrouver. Je me promects cela de vous; aussy debvez-vous croire que je ne seray jamais aultre que

Vostre tres affectionné cousin et tres asseuré amy,

HENRY.

A la Rochelle, ce xxe jour de decembre 1588.

1588. — 20 DÉCEMBRE. — IIme.

Orig. — Arch. de M. le comte H. C. de Meslon. Envoi de M. le secrétaire général du département de la Gironde.

A MONS^R DE MELLON.

Monsr de Meslon, Il me semble que c'est assés demeuré chez soy sans tesmoigner à son maistre et au party l'affection qu'on doit avoir à l'un et à l'aultre. Disposez-vous donc de me venir trouver, et vous en tenez prest au temps que mon cousin mons^r de Turenne vous fera sçavoir. J'ay commandé cependant au gruyer de vous voir de ma part, et vous asseurer de la continuation de mon amitié envers vous; m'asseurant aussy que, de vostre part, vous vous mettrez en debvoir de me tesmoigner le zele que vous avez au bien de mon service, comme vous avez faict jusqu'à present. Sur quoy je prieray Dieu, Monsr de Meslon, qu'il vous tienne en sa garde. A la Rochelle, ce xxe decembre 1588.

Vostre bon maistre et meilleur amy,

HENRY.

[1588.] — 20 DÉCEMBRE. — IIIme.

Orig. autographe. — B. R. Fonds des Cinq-cents de Colbert, Ms. 402.

A MONS^R DE SEGUR.

Monsr de Segur, Ayant sceu que vostre fievre vous augmentoit[1], j'ay depesché ce laquais exprés pour savoir de vos nouvelles ; et si avés affaire de m^r Hortoman[2], je vous le envoyeray. Si je n'estois à la teste de mons^r de Nevers[3], j'irois vous voir et vous assister avec autant d'affection que si vous estiés mon pere. A Dieu, Monsr de Segur, lequel je prye vous donner la santé que je desire pour moy-mesme.

Vostre tres affectionné maistre et parfaict amy,

HENRY.

[1588.] — 22 DÉCEMBRE.

Orig. autographe. — Biblioth. de l'Arsenal, Mss. Histoire, n° 179, t. Ier.
Cop. — B. R. Suppl. fr. Ms. 2289-2, et Ms. 1009-4.
Imprimé. — *Mercure de France*, année 1765, janvier, vol. II, p. 56. — *L'Esprit de Henri IV*. Paris, 1770, in-8°, p. 154. — *Vie militaire et privée de Henri IV*. Paris, an XII, in-8°, p. 40. — *Lettres de Henri IV*, etc. publiées par N. L. P. Paris, 1814, in-12, p. 37. — *Journal militaire de Henri IV*, par M. le comte DE VALORI. Paris, 1821, in-8°, p. 293.

[A MADAME LA COMTESSE DE GRAMONT.]

Vous me pensiés soulagé pour estre retiré en nos garnisons. Vraiment si il se refaisoit encore une assemblée, je deviendrois fou. Tout est achevé et bien, Dieu mercy. Je m'en vois à St Jean assembler nos troupes, pour visiter mons^r de Nevers, et peut-estre luy faire un signalé desplaisir, non en sa personne, mais en sa charge[1]. Vous en

[1] Voyez la lettre vers la mi-décembre 1588, IIme.
[2] Médecin du roi de Navarre. Après l'avénement de ce prince au trône de France, Jean Hortoman devint son médecin ordinaire. Jean du Jon succéda à Hortoman en 1593.
[3] Voyez la lettre du 16 décembre 1588, Ire.

[1] Il s'agissait de la ville de Niort, que le roi de Navarre surprit quelques jours après, « à la barbe de M. de Nevers, » écrit du Plessis-Mornay.

oyrés parler bientost. Tout est en la main de Dieu, qui a tousjours beny mes labeurs. Je me porte bien, par sa grace, n'ayant rien sur le cœur qu'un violent desir de vous voir. Je ne sçay quand je seray si heureus. S'il s'en presente occasion, je luy monstreray que je sçay bien qu'elle est cheue. Je ne vous pricray point de m'aimer ; vous l'avés faict que vous n'en aviés pas tant d'occasion. Il y a deux choses de quoy je ne doubteray jamais : de vous, de vostre amour et de sa fidelité. J'attends Licerace : les bons amys sont rares. Vraiment j'achepterois bien cher trois heures de parlement avec vous. Bon soir, mon ame, je voudrois estre au coin de vostre foyer, pour rechauffer vostre potage. Je vous baise un million de fois.

C'est le xxij^e decembre.

[1588.] — 25 DÉCEMBRE.

Orig. autographe. — B. R. Fonds des Cinq-cents de Colbert, Ms. 402.

A MONS^R DE SEGUR.

Je ne vous feray que ce mot. Il n'est rien survenu de nouveau. Vous sçavés que je pensois partir de ce lieu lundy ; ce sera mardy, Dieu aydant. J'ay veu des lettres qu'un courier portoit, par lesquelles celluy qui escrivoit mandoit qu'il avoit laissé la Royne mere qui se mouroit. Je parleray en chrestien : Dieu en fasse sa volonté ! De Saint Jehan, ce dimanche matin, jour de Noel. C'est

Vostre tres affectionné maistre et plus
asseuré amy,
HENRY.

[1588. — VERS LA FIN DE DÉCEMBRE.] — Ire.

Cop.— Biblioth. de Tours, ancien manuscrit des Carmes, coté M, n° 50, *Lettres historiques,* p. 272. Communiqué par M. le préfet.

[A MADAME DE VILLEPION.]

Madame de Villepion, Je ne doubte point que ne portiez avec beaucoup d'ennuy la perte qu'avés faicte du feu s^r de Vallieres, vostre filz[1]; mais je ne sçaurois aussy vous tesmoigner le regret que j'y ay, d'aultant qu'il estoit tres honeste gentilhomme, avoit beaucoup de vertu et valeur, et pour ceste cause je faisois fort grand estat de me servir de luy, voire és plus importans affaires. Or, puisque Dieu l'a voulu retirer, il se fault conformer à sa volonté. Mais ayant entendu qu'avez encores un sien jeune frere, le s^r de Jumeaux, qui promet beaucoup de soy, et desirant continuer à mon service la race de si gens de bien, je luy ay reservé l'estat de gentilhomme de ma chambre, que feu son frere tenoit, dont je vous envoye les lettres de provision. Je vous prie donc, Madame de Villepion, me l'envoyer quand il vous plaira, vous asseurant qu'il sera le bien venu, et que je recognoistray en luy les services que son dict feu frere m'a faicts, comme aussy, en tout ce que me vouldrez employer pour toute vostre maison, vous me trouverez tousjours

Vostre meilleur et plus affectionné amy,

HENRY.

[1] C'est un passage d'une lettre de Mornay, du 30 décembre 1588, qui nous a permis de dater celle-ci. Après avoir donné à M. des Reaux des nouvelles de leur maître, il ajoute : « En mesme temps il a surpris Niort, sans perte que du povre Villepion. »

[1588. — VERS LA FIN DE DÉCEMBRE.] — IIme.

Cop. — Biblioth. de Tours, ancien manuscrit des Carmes, coté M, n° 50, *Lettres historiques*, p. 273.
Communiqué par M. le préfet.

[A MONS^r DE JUMEAUX.]

Monsr de Jumeaux [1], J'ay beaucoup de regret en la mort de vostre frere, qui estoit à moy; et me semble que je ne le puis tesmoigner à l'endroict de personne plus qu'en vous, estant en oultre adverty de vostre bonne intention en mon endroict. C'est pourquoy je vous ay reservé l'estat de gentilhomme de ma chambre, qu'il tenoit, duquel je vous envoye les lettres, afin que je puisse recognoistre en vous les services qu'il m'a faicts, ainsy que j'escris à madame de Villepion, vostre mere. Je vous prye donc vous preparer et disposer de me venir trouver le plus tost que pourrez, avec asseurance de tout le

---

[1] Geoffroy de Beaufils, seigneur de Jumeaux et de Villepion. Par l'avénement du roi de Navarre au trône de France, il devint gentilhomme ordinaire de la chambre du Roi, comme le prouve le passage suivant d'une pièce extraite des registres du greffe de la ville de Vendôme, et datée du 27 août 1607 :

« Henry, par la grace de Dieu, Roy de France et de Navarre, A nostre cher et bien amé Geoffroy de Beaufils, sieur de Jummeaux et de Villepion, gentilhomme ordinaire de nostre chambre, salut. S'estant nostre aussy cher et bien amé Jean de Harambure sieur de Ramefort, ce jourd'huy personnellement et vollontairement desmis entre nos mains de la charge et commandement que nous luy aurions cy-devant donné en nostre ville et chasteau de Vendosme, il est necessaire de commettre en son lieu et place quelque bon et experimenté personnage, la fidelité et affection duquel nous soit connue ; et ne pouvant pour une telle charge faire un meilleur choix ni plus digne ellection que de vostre personne, pour l'intime connoissance et confiance que nous en avons, et de vos sens, suffizance, loyauté, prudhommie, valeur, experience au faict des armes, bonne conduicte, diligence : A ces causes..... vous avons commis, ordonné et deputé, commettons, ordonnons et deputons par ces presentes, signées de nostre main, pour commander en nostre dicte ville et chasteau de Vendosme, tout ainsy et en la mesme sorte et maniere que faisoit le dict sieur de Harambure, et, auparavant luy, le feu sieur de Vignolles, faire vivre et maintenir les habitans d'icelle ville en bonne paix, union et concorde les uns avec les aultres, etc. »

bon traictement que prince vous sçauroit faire, faisant estat de moy comme de

Vostre bien bon maistre et plus asseuré amy,

HENRY.

[1588.]

Cop. — Biblioth. de Tours, ancien manuscrit des Carmes, coté M, n° 50, *Lettres historiques*, p. 20. Communiqué par M. le préfet.

A MONS^R DE TOURNON [1].

Monsr de Tournon, M'asseurant que vostre bonne volonté en mon endroict n'est point diminuée et que vostre humeur est de m'aimer tousjours, je ne puis que je ne vous porte pareil tesmoignage de moy, et que je ne vous asseure qu'il n'y a personne que je desire tant voir que vous. Doncq, si vostre affection est telle que vous dictes, et si voulez que j'en croie quelque chose ou que je vous estime honneste homme, venez nous voir, et pensez que serez aussi bien venu qu'en lieu où puissiez arriver. Ce pendant faites estat que je suis vostre amy, aussy certain et asseuré qu'aultre qu'ayez en ce monde. Et sur ceste parole, je vais prier Dieu, Monsr de Tournon, vous avoir en sa trez-saincte et digne garde. De, etc.

HENRY.

[1] Just-Louis de Tournon, seigneur de Tournon, bailli de Vivarais et sénéchal d'Auvergne, second fils de Just de Tournon, comte de Roussillon, et de Claudine de la Tour, était cousin germain du vicomte de Turenne et beau-frère du comte de la Rochefoucauld, principaux amis du roi de Navarre.

ANNÉE 1589.

[1589.] — 1ᵉʳ JANVIER. — Iʳᵉ.

Orig. autographe. — Biblioth. de l'Arsenal, Mss. Histoire, n° 179, t. Iᵉʳ.
Cop. — B. R. Suppl. fr. Ms. 2289-2, et Ms. 1009-4.
Imprimé.— *Mercure de France*, année 1765, janvier, vol. II, p. 57. — *L'Esprit de Henri IV*. Paris, 1770, in-8°, p. 155. — *Essai sur les mœurs*, par VOLTAIRE, addit. au chap. CLXXIV, lettre VI. — *Vie militaire et privée de Henri IV*. Paris, an XII, in-8°, p. 102. — *Lettres de Henri IV, etc.* publiées par N. L. P. Paris, 1814, in-12, p. 39. — *Fastes de Henri IV*. Paris, 1815, in-8, p. 390. — *Journal militaire de Henri IV*, par M. le comte DE VALORI. Paris, 1821, in-8°, p. 273.

[*A MADAME LA COMTESSE DE GRAMONT.*]

Ne vous manderay-je jamais que prinses de villes et forts? Anuit se sont rendus à moy Sᵗ Maixent et Maillesaye, et espere, devant la fin de ce mois, que vous oirés parler de moy. Le Roy triomphe : il a faict garotter en prison le cardinal de Guise [1], puis monstrer sur la place, vingt-quatre heures, le president de Neuilly et le prevost des marchands, pendus [2], et le segretaire de feu monsʳ de Guise [3], et trois aultres [4]. La Royne mere [5] luy dict : « Mon filz, octroyés-moy « une requeste que je vous veulx faire. — Selon que ce sera, Ma- « dame.—C'est que vous me donniés monsʳ de Nemours[6] et le prince

---

[1] C'était le 23 décembre précédent que Henri III avait fait poignarder à Blois le duc de Guise. Le cardinal son frère fut tué le lendemain. La nouvelle de ce second meurtre n'était pas encore parvenue au roi de Navarre lorsqu'il écrivit cette lettre.

[2] La Chapelle-Marteau, prévôt des marchands de Paris, était gendre d'Étienne de Neuilly, premier président de la cour des aides, tous deux grands ligueurs, et députés du tiers-état à l'assemblée de Blois, où Marteau présidait le tiers-état.

[3] Cette information n'était pas exacte :

aucun de ceux qui furent arrêtés ne fut mis à mort. Péricard, secrétaire du duc de Guise, « racheta sa vie et sa liberté, dit Mézeray, au prix des secrets de son maître. »

[4] Ces trois autres sont probablement les deux échevins de Paris, Cotteblanche et de Compans, et le lieutenant civil d'Amiens, Vincent le Roy.

Pasquier, qui, étant lui-même de l'assemblée, se trouvait alors à Blois, raconte, dans une lettre écrite de cette ville, le surlendemain de la catastrophe, la manière

« de Genville[7]. Ils sont jeunes, ils vous fairont un jour service[8]. —
« Je le veulx bien (dict-il), Madame. Je vous donne les corps, et en
« retiendray les testes[9]. » Il a envoyé à Lyon pour attraper le duc du
Mayne[10]. L'on ne sçait ce qu'il en est reussy. L'on se bat à Orleans,
et encores plus prés d'icy, à Poitiers, d'où je ne seray demain qu'à
sept lieues. Si le Roy le vouloit, je les mettrois bien d'accord. Je
vous plains, s'il faict tel temps où vous estes qu'icy; car il y a dix
jours qu'il ne desgele poinct. Je n'attends que l'heure de ouïr dire que
l'on aura envoyé estrangler la feu[11] reyne de Navarre. Cela, avec la

dont furent arrêtés les députés, le danger qu'ils coururent, en effet, d'être pendus, et comment ils y échappèrent : « Le sieur de Richelieu, grand prevost, bien suivi de ses archers, se transporta en la salle du Tiers-Estat, et se saisit du président de Nuilly, de Marteau, prevost des marchands, Compan, Cotteblanche, eschevins de Paris, et de quelques autres.... Au regard de Nuilly, Marteau et Compan, la resolution du Roy estoit de les faire pendre; mais il en fut detourné par M. de Ris, premier président de Bretaigne, qui luy conseilla de garder quelque ordre de justice. » (Livre XIII, lettre 5, à M. Airault, lieutenant criminel d'Angers.)

[5] La mort des Guises avait été résolue à l'insu de cette princesse, qui relevait à peine d'une grave maladie.

[6] Charles-Emmanuel de Savoie, duc de Nemours, fils aîné de Jacques de Savoie et d'Anne d'Est, né en 1567, était frère utérin du duc de Guise, et arrière-petit-fils de Louis XII.

[7] Charles de Lorraine, prince de Joinville, qui, par cette catastrophe, devenait duc de Guise, était l'aîné des fils de Henri, duc de Guise, dit le Balafré, et de Catherine de Clèves.

[8] Le duc de Nemours était dans sa dix-neuvième année, et le jeune duc de Guise dans sa dix-septième.

[9] Malgré ce refus menaçant, Henri III eut égard à la prière de sa mère, et il retint seulement prisonniers les deux jeunes princes. Le duc de Guise ne s'échappa du château de Tours que sous le règne de Henri IV, en 1591. Il vint se réunir aux ligueurs de Paris, et fit son accommodement en 1594. Il mourut à Cuna, dans le pays de Sienne, le 30 septembre 1640. Quant au duc de Nemours, ayant pu s'évader plus tôt, il fut, dès 1590, gouverneur de Paris pour la ligue; et il persévéra dans ce parti jusqu'à sa mort, arrivée au mois de juillet 1595.

[10] Ces mots réfutent une assertion du président Hénault, répétée par la plupart des historiens, sur la prétendue faute que Henri III aurait alors commise, en ne faisant point arrêter à Lyon le duc de Mayenne. La lettre du roi de Navarre prouve que la mesure fut prise en temps opportun. Mais, en de pareilles circonstances, il n'était pas aisé de faire arrêter à Lyon, par un ordre envoyé de Blois, un personnage comme le duc de Mayenne.

[11] Ainsi, pour *feue*. Ce mot *feu*, que

mort de sa mere [12], me fairoit bien chanter le cantique de Simeon. C'est une trop longue lettre pour un homme de guerre. Bon soir, mon ame, je te baise cent millions de fois. Aimés-moy comme vous en avés subject. C'est le premier de l'an.

[13] Le pouvre Harambure est borgne, et Fleurimont s'en va mourir.

nous rétablissons d'après l'original autographe, où la netteté de l'écriture ne laisse aucun doute, avait été retranché par tous les éditeurs précédents qui ont imprimé cette lettre.

[12] De ces deux charitables vœux, le premier ne s'accomplit pas, car Marguerite survécut à Henri IV. Quant à Catherine de Médicis, elle mourut à Blois, quatre jours après cette lettre. Voici comment Pasquier raconte sa mort : « La Royne mere est decedée la veille des Roys derniere, au grand estonnement de nous tous. Je ne doute point que les nouvelles n'en soient arrivées jusques à vous ; toutesfois peut-estre n'en avés-vous entendu toutes les particularitez. Elle avoit esté grandement malade, et gardoit encore la chambre, quand soudain après la mort de monsieur de Guise, le Roy la luy vint assez brusquement annoncer; dont elle receut tel trouble en son ame, que dés lors elle commença d'empirer à veuë d'œil. Toutesfois, ne voulant desplaire à son fils, elle couvrit son mal-talent au moins mal qu'il luy fut possible : et quatre ou cinq jours après, voulut aller à l'église, et au retour vint visiter monsieur le cardinal de Bourbon, prisonnier, qui commença, avec abondance de larmes, de luy imputer que, sans la foy qu'elle leur avoit baillée, ny luy, ny ses neveux de Guise ne fussent venus en ce lieu. Lors ils commencerent tous deux de faire fontaine de leurs yeux : et soudain après, cette pauvre dame retourne dans sa chambre sans souper : le lendemain lundy elle s'alite ; et le mercredy, veille des Roys, elle meurt. » (Livre XIII, lettre 8, *à maistre Nicolas Pasquier, son fils.*)

[13] M. de Harambure venait de perdre un œil dans un combat, qui lui fut souvent rappelé depuis par le surnom de *Borgne* que lui donnait familièrement Henri IV, en souvenir de sa bravoure.

1589. — 1ᵉʳ JANVIER. — IIᵐᵉ.

Cop.—Biblioth. de Tours, ancien manuscrit des Carmes, coté M, n° 50, *Lettres historiques*, p. 274. Communiqué par M. le préfet.

A MADAMOYSELLE DE BOURBON.

Ma Niepce, J'ay esté bien ayse d'entendre de vos nouvelles, et prendray tousjours plaisir d'en avoir souvent. Je porte avec beaucoup de regret les fascheries et ennuis que noz ennemis vous donnent. Vous pouvez croire que je fais ce que je puis pour y apporter les remedes; mais Dieu nous fait bien cognoistre que c'est luy qui y peult tout. Le premier eschantillon de son ouvrage qu'il a faict ces jours passez nous fait bien esperer de toute la piece. Esperez donc aussy la delivrance des siens, pour laquelle, et pour tout ce qui vous concerne en particulier, je n'espargneray chose quelconque. Croyez-le ainsi de celuy qui est

Vostre plus affectionné oncle et meilleur amy,

HENRY.

De Niort, ce premier de janvier 1589.

[1589. — 1ᵉʳ JANVIER.] — IIIᵐᵉ.

Cop.—Biblioth. de Tours, ancien manuscrit des Carmes, coté M, n° 50, *Lettres historiques*, p. 274. Communiqué par M. le préfet.

A MADAMOYSELLE DE BOUYLLON.

Ma Cousine, Encores que la longueur du temps et des chemins empesche beaucoup la promptitude du secours et de l'assistance que je desirois vous donner, sy ne debvez-vous perdre l'esperance et le courage, moings encores doubter de mon affection, et du desir que j'ay de m'y employer. Nous faisons icy tout ce que nous pouvons, tant pour de l'argent que pour des hommes, et m'asseure qu'en sentirez le fruict, oultre ce que nous voyons de la delivrance que Dieu nous presente aujourd'huy par la ruine de nos ennemys. Et pour ce que ce sont coups de la main de Dieu, j'espere qu'il benira aussy les moyens qu'il nous donne. Confortez le s^r de la Schelandre[1], qui a beaucoup d'honneur, et l'asseurez que nous travaillons de tous costez, ainsy que vous dira ce porteur, de la part de celuy qui est

Vostre plus affectionné cousin et meilleur amy,

HENRY.

[1589. — 1er JANVIER.] — IVme.

Cop.—Biblioth. de Tours, ancien manuscrit des Carmes, coté M, n° 50, *Lettres historiques*, p. 275. Communiqué par M. le préfet.

A MADAME DE LAVAL.

Ma Cousine, Nous travaillons icy à recouvrer gens et argent pour le secours de Jametz et Sedan, nous avons depesché de tous costez; j'espere que le fruict en reussira bien tost. Je vous prie tenir la main, de vostre part, que toutes choses aillent bien au lieu où vous estes. Vous voyez déjà les œuvres merveilleuses de Dieu; c'est bien pour reprendre courage. Nourrissez vostre petit pour l'employer à son service, car nous debvons esperer mieulx. Faites toujours estat de moy comme de

Vostre bien affectionné cousin et meilleur amy,

HENRY.

---

[1] Robert Thin, dit de Schelandre, seigneur de Soumazan, dans l'évêché de Verdun, était gouverneur de la ville et du château de Jamets. « Il y fit, dit Amyrault, tout le devoir qu'on pouvoit attendre d'un homme plein de vertu. Si est-ce que n'y ayant point d'esperance de secours ny d'hommes ny de munitions, il fallut en venir à quelque composition. De l'advis donc de la Noüé, la ville fut rendue à certaines conditions honorables, et Schelandre se retira dans le chasteau; et tresves furent signées de part et d'autre. » (*Vie de François, seigneur de la Noüé*, p. 321.) Bien qu'après la trêve le duc de Lorraine eût repris les hostilités, M. de Schelandre, que la Noue avait autorisé à capituler dès la fin de mars, se maintint dans le château jusque vers le milieu de cette année, époque où, réduit à la dernière extrémité, il rendit la place au duc de Lorraine.

1589. — 1ᵉʳ JANVIER. — Vᵐᵉ.

Cop. — Biblioth. de Tours, ancien manuscrit des Carmes, coté M, n° 50, *Lettres historiques*, p. 276. Communiqué par M. le préfet.

Imprimé. — *Vie de François, seigneur de la Nouë*, par AMYRAULT. Leyde, 1661, in-4°, p. 330.

[A MONSʳ DE LA NOUË.]

Monsʳ de la Nouë, J'ay receu voz lettres; et comme j'estois sur le poinct de vous y faire response et de vous faire entendre les resolutions qui se sont prinses en nostre assemblée, la mort de monsʳ de Guise est survenue, laquelle rompant, selon l'apparence, les empeschemens et obstacles de parvenir à quelque bonne paix, aprés y avoir longuement pensé et discouru selon la diversité des opinions d'un chascun, m'a fait reprendre enfin nos brisées, en continuant le fil de noz affaires, jusqu'à ce qu'il ait pleu à Dieu le couper par quelque apparent changement[1]. Je vous diray donc, pour le regard de Sedan et Jametz, qu'encores qu'il y ait espoir, par ceste mort, de quelque delivrance, il ne fault laisser d'y travailler, et d'y apporter tout le secours que l'on pourra; comme, de ma part, je suis aprés noz Eglises pour leur faire trouver bon d'envoyer une bonne somme de ce qui sera porté à Geneve, puisque d'ailleurs on en a recouvert si peu. Sur quoy je vous diray que je suis fort ayse, et louë Dieu de la resolution qu'avez prinse et de vostre declaration, m'asseurant que passerez plus oultre, et ne vouldrez plus long-temps laisser nos dictes Eglises privées du fruict de vostre vertu. En ceste esperance je vous ay deferé la charge de l'armée que nous faisons lever en Allemaigne, laquelle je vous prie de vouloir accepter, et de laquelle vous entendrez le desseing et mon intention par le sʳ de la Tuilerie, que je depesche exprez par Angleterre, comme aussy par le sʳ de Fresne, auquel j'en envoye de bons et amples memoires; leur ayant commis à tous deux ceste negociation, selon et soubs vos bons advis et conseils, avec

---

[1] Dans la Vie de la Nouë, la citation de cette lettre ne commence qu'ici.

exprez commandement de ne rien faire sans vous, et de vous communiquer pour cest effect tout ce qui est de leur charge et instruction. Les deniers de Daulphiné et de Languedoc ont prins le chemin de Geneve, et pense qu'ils y soient desjà. Ceulx de Guyenne et de deçà, avec ce que l'on pourra recouvrer d'Angleterre et des Pays-Bas, seront portez par le dict s^r de la Tuilerie à Hambourg; et, s'il n'y survient aultre retardement, je pense que dés à present on peut user de toute diligence à faire la levée, afin que vostre pupile en puisse tant plus tost sentir les premiers fruicts, pour la conservation de ses places, qui nous importent prou, et pour les gaiges precieux qui y sont. A quoy, pour mon particulier, je ne fauldray d'apporter tout ce qu'il me sera possible; vous voulant bien dire cependant que quelquesfois la roideur est necessaire en tels affaires à rompre les menées et pratiques qui se glissent, comme j'ay entendu se faire là, et comme pourrez plus particulierement sçavoir du s^r de Montigny[2]. Preparez-vous donc, je vous prie, à l'effect de ces choses (si Dieu veult qu'aprés un tel coup de sa main, nous continuons en noz miseres et malheurs), surmontant toutes difficultez et empeschemens qui vous pourroient arrester par scrupules foibles et legers, que la pesanteur des impetuositez de noz adversaires doibt emporter, joinct le secours et assistance que le Roy, mon seigneur, requiert maintenant de nous. Je ne vous en diray davantage, si ce n'est pour vous asseurer de plus en plus de mon amitié, et prier Dieu vous avoir, Monsr de la Nouë, en sa trez saincte et trez digne garde. De Niort, ce premier de janvier 1589.

Vostre plus affectionné et meilleur amy,
HENRY.

[2] Louis de Rochechouart, seigneur de Brosse et de Montigny, chevalier de l'ordre du Roi, fils aîné de François de Rochechouart et d'Anne de Bérulle. Il fut un des fidèles serviteurs du roi de Navarre et de Henri IV, roi de France. Il mourut en 1627.

[1589. — 1ᵉʳ JANVIER.] — VIᵐᵉ.

Cop. — Biblioth. de Tours, ancien manuscrit des Carmes, coté M, n° 50, *Lettres historiques*, p. 280. Communiqué par M. le préfet.

[A MONSᴿ DE FRESNE.]

Monsʳ de Fresne[1], Le pouvoir et l'instruction que je vous envoye me garderont de vous faire la presente plus longue, que pour vous pryer, ayant faict choix et election de vostre fidelité et industrie pour un affaire de si grand consequence, vous vouloir preparer et disposer à l'execution d'iceluy, mettre toutes excuses et remises en arriere pour user de toute la diligence que pourrez, à ce que nous en tirions bientost le fruict que nous esperons. Car encores que Dieu, par ses jugemens admirables, nous promette beaucoup plus que n'avons osé esperer, il ne fault pas laisser de continuer le cours de noz affaires, et de le poursuivre par les moyens qu'il nous presente, pendant que noz ennemys sont empeschez à demesler leurs fusées. J'ay donné ordre que les deniers s'achemineront bientost. Vous trouverez le sʳ de la Tuilerie en Hal[2] ou à Francfort, avec lequel vous prendrés correspondance, et communiquerés de tout avec monsʳ de la Nouë, pour, selon son advis et conseil, conduire vostre negociation. Vous verrez le sʳ de Schomberg[3], duquel vous aurez à considerer l'humeur,

---

[1] Amyrault nous donne sur la situation de ce personnage les renseignements suivants : « De Fresne, que les edits de la Ligue avoient contraint de sortir hors du Royaume, et qui s'estoit retiré à Lauzanne, sçachant que la Nouë estoit à Geneve, s'y alla habituer pour avoir l'avantage de communiquer souvent avec luy. » (*Vie de François, seigneur de la Nouë*, p. 309.) Il est probable que ce fut la Noue qui donna alors M. de Fresne au roi de Navarre.

[2] Ainsi écrit, probablement pour *Hall*, en Saxe.

[3] Gaspard de Schomberg, second fils de Wolfang de Schomberg, seigneur de Schönau, gouverneur du comté de Rochlitz, et d'Anne de Minkuitz, fut naturalisé Français, en 1570, par lettres de Charles IX, en récompense de ses services comme colonel des reîtres, devint gouverneur de la Marche, intendant des finances, conseiller d'état, et, en 1594, comte de Nanteuil. Son fils et son petit-fils furent maréchaux de France. Il mourut, dans son carrosse, d'une apoplexie foudroyante, le 17 mars 1599.

prenant garde de luy donner, du commencement, tant d'esperance, que vostre parole y soit engagée pour venir à un manquement de foy et traverser noz affaires, si noz moyens venoient à defaillir. Vous prendrez garde aussi de traicter si doulcement avec les Princes, que, s'il est possible, ils tombent d'eulx-mesmes à nommer le dict s^r de Schomberg et l'avoir agreable[4]. Et pour le regard du duc Casimir, vous suivrez voz memoires et instructions, avec l'advis et conseil du dict s^r de la Nouë, et ce que vous dira de bouche le dict s^r de la Tuilerie, que j'ay estimé vous estre plus propre et agreable pour vous joindre et assister en toutes ces negociations, auxquelles je vous prie vouloir apporter et la diligence et la prudence requises, selon la parfaicte confiance que j'ay en vous. Mais je ne veulx aussy oublier à vous remercier du livre qu'avez mis en lumiere[5], par lequel, oultre l'equité de nostre cause, vous me faictes particulierement paroistre l'affection que me portez, que je recognoistray quand les occasions se presenteront. Et ce pendant vous pouvez faire estat de mon amitié, et en prendre telle asseurance que me puissiez à jamais tenir pour

Vostre bien affectionné et meilleur amy,

HENRY.

[4] M. de Fresne fit réussir cette négociation, et M. de Schomberg fut pendant dix ans l'un des capitaines les plus utiles à Henri IV.

[5] Ce livre n'est autre que la première édition du célèbre ouvrage de la Noue, intitulé : *Discours politiques et militaires du seigneur de la Nouë, nouvellement recueillis et mis en lumière*. A Basle, de l'imprimerie de François Forest, 1587; in-4°. Amyrault nous apprend que cet ouvrage fut publié par M. de Fresne; et en effet le livre est précédé d'une épître dédicatoire au roi de Navarre, datée de Lausanne, le 1er jour d'avril 1587, et signée DE FRESNE. Cette dédicace valut à l'auteur les remercîments qu'on lit à la fin de cette lettre.

DU ROI DE NAVARRE.

1589. — 1er JANVIER. — VIIme.

Cop. — Biblioth. de Tours, ancien manuscrit des Carmes, coté M, n° 50, *Lettres historiques*, p. 283. Communiqué par M. le préfet.

[A MONSR DES REAULX.]

Monsr des Reaulx, Je crois que ne doubtez point que nostre assemblée n'ait rapporté le succez qu'on eust sceu desirer. Les bons reglemens et les bonnes resolutions qu'on y a prinses en peuvent faire foy; nommeement pour le secours estranger et la levée des forces que nous desirons avoir, dont nous avons advisé de commettre la negociation au sr de Fresne, auquel j'envoye le pouvoir et les memoires necessaires. Vous entendrez par luy les particularitez et ce qui est de mon intention, mieulx que je ne le vous puis escrire; toutefois, au cas que le dict sr de Fresne ne peust vacquer à ceste negociation, ou que quelque empeschement luy survint, je me repose tant sur vous et sur tant de bons amys que j'ay par delà, que vous adviserez d'y envoyer quelque aultre qui y sera propre; en sorte que ce qui est du general et du bien de mon service n'en soit poinct retardé. Car encores que Dieu, par ses jugemens admirables, nous donne un signe asseuré que nostre deslivrance approche, sy ne faut-il interrompre le cours de nos affaires, ni s'endormir sur l'apparence de ce que nous voyons. A ceste cause aussy, je vous recommande ce qui touche le faict des entreprinses dont vous avez charge, pour lesquelles vous prendrez telle et si bonne intelligence avec le dict sr de Fresne, qu'au mesme temps qu'on sera asseuré d'une levée et qu'elle sera preste à marcher, on les fasse mettre à effect; n'estant mon intention que ceulx qui me veulent faire de tels services se perdent par precipitation. Au reste, j'ay veu et faict lire en mon conseil le contrat de Montbeillard, duquel j'ay faict pareil jugement que vous, n'estant aulcunement tenable; et pour ce, je ne vous envoye poinct la ratification, mais trouverois plus expedient de vendre une de mes terres de Flandres tout à trac, s'il s'en pouvoit tirer une bonne et notable somme. Bien vous envoyé-je les deux aultres ratifications, à sçavoir, pour la partie du s^r Baptiste Rota, et pour le contract de mons^r de la Noue, comme aussy je vous envoye une commission pour ouir les comptes de ceulx qui ont manié les deniers par delà. Touchant les affaires de Bourgoigne, je me remets sur mons^r du Plessis, qui vous en escrira mon intention en chiffre. Quant à ce qu'escriviez des Suisses, la verité est qu'on ne leur doibt rien, et meritent plustot punition[1]. Toutesfois, ayant le faict esté proposé en l'assemblée, les deputez ont requis d'en conferer avec leurs Eglises; on ne lairra de recognoistre ceulx qui ont faict des services. Revenez me trouver le plus tost que vous pourrez, n'estant besoing, si quelque aultre occasion ne vous retient, que sejourniez plus longuement par delà, ayant icy prou d'affaires à employer mes serviteurs. Et sur ce feray fin, en priant Dieu vous avoir, Monsr des Reaulx, en sa saincte et digne garde. De Niort, ce premier de janvier 1589.

Vostre bien affectionné maistre et meilleur amy,

HENRY.

[1589. — 1er JANVIER.] — VIIIme.

Cop. — Biblioth. de Tours, ancien manuscrit des Carmes, coté M, n° 50, *Lettres historiques*, p. 282. Communiqué par M. le préfet.

A MONS^R DE BESZE.

Monsr de Besze, Vous sçaurez par les depesches que je fais presentement à mons^r de la Noue, aux s^rs de Fresne et de Reau, quel est l'estat de noz affaires, auxquelles nous ne changeons rien pour tout ce qui est nouvellement advenu. Mais en adorant les admirables jugemens de Dieu, et esperant qu'il poursuivra son œuvre, nous continuons le chemin encommencé, pour estre aussy prests à soustenir

---

[1] C'étaient eux qui avaient déterminé la dispersion de l'armée étrangère, en se séparant des reîtres, commandés par le baron de Donaw, et en faisant un traité particulier pour leur propre compte.

l'effort de noz ennemis comme à embrasser une bonne paix, s'il plaist à Dieu nous l'octroyer. Je pense avoir tant de bons amys où vous estes, et espere tant de leurs bons advis et conseils, que noz affaires ne pourront prendre qu'une bonne et heureuse issue. Sur tous, j'ay ceste particuliere confiance en vous, que continuant vostre affection à tout ce qui est de la gloire de Dieu, vous apporterez aussy en ceste negociation tout l'ayde et le secours que pourrez. Je vous en prie bien fort, et vous souvenir tousjours de moy, comme de celuy qui est

Vostre bien affectionné et asseuré amy,

HENRY.

[1589. — VERS LA MI-JANVIER.]

Orig. autographe. — Biblioth. de l'Arsenal, Mss. Histoire, n° 179, t. Ier.

Cop. — B. R. Suppl. fr. Ms. 2289-2, et Ms. 1009-4.

Imprimé. — *Mercure de France*, année 1765, janvier, vol. II, p. 58. — *L'esprit de Henri IV*. Paris, 1770, in-8°, p. 156. — *Vie militaire et privée de Henri IV*. Paris, an XII, in-8°, p. 131. — *Lettres de Henri IV*, etc. publiées par N. L. P. Paris, 1814, in-12, p. 42. — *Journal militaire de Henri IV*, par M. le comte DE VALORI. Paris, 1821, in-8°, p. 322.

[A MADAME LA COMTESSE DE GRAMONT.]

Jere n'a peu estre depesché à cause de ma maladie, d'où je m'en vois dehors, Dieu mercy. Vous oirés parler bientost de moy, à d'aussy bonnes enseignes que Niort. Si vous voulés dire vray, ceste dame, qui estoit venue, estoit bien fascheuse; je crois qu'elle vous a bien importuné. Je ne puis gueres escrire. Certes, mon cœur, j'ay veu les cieulx ouverts; mais je n'ay esté assez homme de bien pour y entrer. Dieu se veult servir de moy encore. En deux fois vingt-quatre heures, je fus reduict à estre tourné avec les linceuls. Je vous eusse faict pitié. Si ma crise eut demeuré deux heures à venir, les vers auroient faict grand chere de moy[1]. Sur ce poinct me vient

[1] Mornay, dans une lettre à M. de Morlas, donne les détails suivants sur cette maladie de son maître : « Le Roi de Navarre s'acheminant à la Ganache, le 9 de

d'arriver nouvelles de Blois. Il estoit sorty deux mille cinq cens hommes de Paris pour secourir Orleans, menés par S¹ Pol². Les troupes du Roy les ont taillés en pieces, de façon que l'on croit qu'Orleans sera prins par le Roy dans douze jours. Mr du Mayne ne s'esmeut gueres. Il est en Bourgogne. Je finis, parce que je me treuve mal. Bon jour, mon ame.

1589. — 20 JANVIER.

Cop. — Arch. de M. le baron de Scorbiac, à Montauban. Envoi de M. Gustave de Clausade, correspondant du ministère de l'Instruction publique.

A MONS^R DE SCORBIAC,
CONSEILLER DU ROY MON SEIGNEUR, EN SA COURT DE PARLEMENT DE THOLOSE.

Monsr de Scorbiac, Pour la crainte que j'ay que l'on soit en peine des nouvelles de ma santé, pour les faux bruictz qui en ont couru, ne faictes faulte, en toute diligence, de faire tenir ces incluses à mons^r d'Avantigny[1], à Castres, affin qu'en toute diligence elles puis-

ce mois, tomba malade d'une forte pleurésie au côté gauche, sans medecin, en un village. Nous le fismes saigner; et, deux jours après, y arriva M. Orthoman, qui l'a fort bien pansé. Nous l'avons vu en un danger extreme. Imaginez-vous quels estoient mes discours. Enfin Dieu nous l'a remis en santé et sur ses pieds. » Cette lettre de Mornay est du 21 janvier. Mais la date de celle-ci doit être antérieure de plusieurs jours, puisque le roi termine en disant qu'il se trouve mal. Les comptes de la dépense fournissent d'ailleurs, d'une manière bien probable, la date des premiers jours de sa convalescence, par la mention, au 18 janvier, de : « Deux chevaux qui ont pourté une litière pour servir à porter le Roy. » Il fallait que ce prince se trouvât encore très-affaibli pour user d'un tel moyen de transport, si éloigné de ses habitudes.

[2] François d'Orléans, comte de Saint-Paul, duc de Château-Thierry, pair de France, chevalier des ordres du Roi, gouverneur d'Orléans et de Blois, etc. était le quatrième fils de Léonor d'Orléans, duc de Longueville, comte de Dunois, etc. et de Marie de Bourbon, duchesse d'Estouteville, comtesse de Saint-Paul. Par suite de son mariage avec l'héritière de Caumont, il fut créé duc de Fronsac en 1603, et mourut à Châteauneuf-sur-Loire, le 7 octobre 1631.

[1] M. d'Avantigny était fils de Louis d'Avantigny, seigneur de la Brenallerie, Montbernard, etc. Le 9 septembre précédent, le vicomte de Turenne l'avait laissé

sent estre rendues à mon cousin monsr de Montmorency. J'ay esté proche du sepulcre par une pluresie ; mais à present, Dieu mercy, je commence à me mieux porter. Ceste-cy n'estant à autre fin, je ne la vous feray plus longue, sinon pour prier Dieu vous avoir, Monsr de Scorbiac, en sa saincte et digne garde. De Sainct Pere[2], le xxe de janvier 1589.

Vostre bien affectionné amy,

HENRY.

1589. — 28 JANVIER.

Cop. — Biblioth. de Tours, ancien manuscrit des Carmes, coté M, n° 50, *Lettres historiques*, page 271. Communiqué par M. le préfet.

A MONSR LE DUC D'ESPERNON.

Mon Cousin, Je vous remercye de vostre bonne visitation, qui m'a esté fort agreable. Je me porte, grace à Dieu, de mieulx en mieulx, et m'en voy prest à bien faire. Le sr de Beaujeu[1] vous dira comme j'ay esté ce jourd'huy à la chasse. Il ne tiendra plus qu'à vous que je n'aye ce contentement de vous voir, à quoy je vous prie vous disposer, esperant vous envoyer dans peu de jours un gentilhomme qui vous fera plus particulierement entendre mon intention. J'ay receu quelques lettres que des miens ont surprinses, et pour ce qu'elles

---

à Castres pour gouverneur; mais il fut interdit par le duc de Montmorency, vers la fin de décembre. Faurin, qui nous fournit ce renseignement, ajoute, à la date du 19 janvier 1589 : « Turenne demeura à Turenne, à cause de sa blessure de la cuisse. Le roi de Navarre lui avoit donné une commission pour estre general en Quercy, Rouergue et haut Languedoc, et en son absence, à Avantigny. » (*Journal des guerres de Castres.*)

[2] Champ-St-Père est la paroisse du château de la Mothe-Freslon, où le roi de Navarre était resté malade du 10 au 20.

---

[1] Charles de Mesnil-Simon, seigneur de Beaujeu, Sens, Neuilly, la Chapelotte, etc. fils de Jacques de Mesnil-Simon, seigneur de Beaujeu, etc. et d'Isabelle Regnaud de Boisherpin. Il avait été gentilhomme de la chambre du duc d'Alençon et avait épousé, en 1584, la sœur de M. d'Avantigny.

parlent de vous, je les vous envoye. A Dieu, mon Cousin, excusez le malade; et faictes entierement estat de l'amitié de

> Vostre bien affectionné cousin et plus parfaict amy,
>
> HENRY.

De Niort, ce sabmedy xxviij^e janvier 1589.

1589. — 1er FÉVRIER.

Orig. — Arch. de la préfecture d'Indre-et-Loire. Copie transmise par M. le préfet. Imprimé. — *Mercure de France*, année 1766, janvier, vol. II, p. 6. — *Armorial général de France*, par D'HOZIER, registre I, 1re partie. — *Lettres de Henri IV*, etc. publiées par N. L. P. Paris, 1814, in-12, p. 73. — *Recueil des lettres de Henri IV*, par M. le comte DE VALORI. Paris, F. Didot, 1821, page 386.

A HARAMBURE.

Harambure, Je vous envoye ces quatre honnestes hommes pour estre de ma compagnie. Faites-leur prester le serment et les retenez, et leur faictes bailler quartier. Ils ont des chevaulx, mais non trop bons; il fauldra adviser le moyen de leur en faire retrouver de meilleurs, et à bon marché; car je crois que la longueur du chemin à me venir trouver leur a un peu faict alleger la bourse. L'on m'a assuré qu'ils sont braves et courageulx. C'est ce que vous aurés à present de moy, qui prye Dieu vous avoir, Harambure, en sa sainte et digne garde. A la Rochelle, ce premier jour de febvrier 1589.

> Vostre affectionné maistre et amy,
>
> HENRY.

1589. — 12 FÉVRIER. — Ire.

Orig. autographe. — Biblioth. de la ville de Berne. Copie prise par M. le ministre de France en Suisse.

A MONS^R LE BARON DE LEYCHSTEIN [1].

Monsr de Leychsteyn, Envoyant le s^r de Bongars [2] en Allemagne, j'ay esté bien ayse que son chemin s'adonnast vers les lieux où vous

---

[1] Probablement Lichtenstein.
[2] Jacques Bongars, seigneur de Baul- dry et La Chesnaye, d'une famille noble d'Orléans, est célèbre dans l'érudition

pourriés estre, pour l'envie que j'ay de vous faire paroistre la bonne souvenance que j'ay de vous, et vous asseurer que j'ay ung perpetuel regret de n'avoir eu plus de moyen de vous tesmoingner l'honneur que je porte à vostre vertu et qualité, que j'avois lorsque j'eus ce bien de vous voir. Je sçay que vous estes seigneur de telle consideration, que vous attribués plus ce deffault à la misere des temps et des affaires és quelles vous me trouvastes lors enveloppé, que non pas au manque de bonne volonté en vostre endroit, laquelle sera toujours telle que vostre valeur et l'estime que j'en fais le merite. C'est pourquoy j'ay commandé au dict s^r Bongars de vous voir de ma part, et allonger son chemin tant que je receusse, à son retour, ce contentement que d'entendre de vos nouvelles. Il vous dira l'estat de nostre France bien particulierement, et le mien en particulier, de quoy je vous prye le croire, en ce qu'il vous dira de ma part, comme moy-mesme, et faire estat de mon amitié et bonne volonté, comme aussy je prye le Createur, Monsr de Leychsteyn, vous tenir en sa garde. A Niort, ce xij^e de febvrier 1589.

Vostre bien bon et meilleur amy,

HENRY.

par ses profonds travaux sur l'histoire byzantine, qui sont résumés dans son grand ouvrage intitulé : *Gesta Dei per Francos* (Hanovre, 2 vol. in-fol.). Ses lettres latines, formant trois recueils, ne sont pas moins estimées. Il se montra, de plus, très-bon négociateur dans les diverses missions dont il fut chargé avant et depuis l'avénement d'Henri IV au trône de France. Il mourut à Paris, le 29 juillet 1612. La richesse de sa bibliothèque en livres manuscrits et imprimés était renommée. Ce qui s'y trouvait de plus précieux provenait de celles de Pierre Daniel et de Jacques Cujas, dont il avait été le disciple. Par testament, il légua sa bibliothèque à René Gravisset, négociant à Strasbourg, qui l'avait aidé avec bienveillance dans ses missions en Allemagne. Le fils de René Gravisset, devenu citoyen suisse et seigneur de Liebeck près de Berne, fit don de cette bibliothèque à la république de Berne, par un acte passé en 1631, à la seule condition de rendre public et libre à tous l'accès de ces richesses littéraires. Parmi les manuscrits de Bongars, se trouvent deux volumes renfermant sa correspondance. Le Ier contient les lettres adressées à Bongars par divers rois, princes, seigneurs et savants. Le IIe, les lettres de Bongars. C'est dans le premier de ces deux volumes que se trouve cette lettre de Henri IV et celle qui

[1589. — 12 FÉVRIER.] — IIme.

Orig. autographe. — Biblioth. de la ville de Berne. Copie prise par M. le ministre de France en Suisse.

MONS[R] LE BARON DE ZEROTIN, SAXON.

Monsr le baron, Envoyant le s[r] Bongars, l'ung de mes serviteurs, vers les princes protestans, je luy ay commandé de vous voir de ma part et vous faire entendre de mes nouvelles, et vous asseurer de plus en plus de mon amitié et bonne volonté, et [que je cognois] particulierement quelle affection et resolution vous avés de vous employer pour le bien de ce juste party que je maintiens, et en quoy vous pourriés y ayder: dont je vous prye le croire tout ainsy que vous voudriés faire

Vostre plus affectionné et asseuré amy,

HENRY.

1589. — 15 FÉVRIER. — Ire.

Orig. — Arch. royales de Saxe. Copie transmise par M. le ministre d'état baron Lindenau.

[1] ILLUSTRISSIMO PRINCIPI AC DOMINO CHRISTIANO, DUCI SAXONIÆ, ETC.

Illustrissime Princeps, Consanguinee charissime, De statu vestro ac Germaniæ accepimus ab illustri viro, dilecto nostro Jacobo Segu-

suit. Elles ont été transcrites par M. le comte Reinhard lui-même, ministre du Roi près des Cantons, et il a bien voulu y joindre des renseignements dont nous avons fait usage dans cette note.

---

[1] Traduction :

« A L'ILLUSTRE PRINCE ET SEIGNEUR CHRISTIAN, DUC DE SAXE, ETC.

« Très-illustre Prince, notre très-cher Cousin, Nous avons reçu par un illustre personnage, notre bien aimé Jacques de Ségur-Pardaillan, des nouvelles de votre position et de celle de l'Allemagne. Après avoir accompli sa laborieuse mission, il est revenu, à notre grande satisfaction. Bien qu'il n'ait point obtenu tout ce que nous espérions, ce que ses immenses travaux méritaient, ni surtout ce que récla-

rio Pardiliano. Rediit is tandem post exactam laboriosam legationem, nobis gratus expectatusque. Etsi etiam non ea retulit quæ et nos

maient les dangers publics, nous savons toutefois qu'il n'a rien omis, sous le rapport de la plus exacte fidélité, de la diligence et de la prudence, dans l'administration des affaires publiques et des nôtres. D'ailleurs, ni les efforts infructueux de notre envoyé, ni les frais d'une entreprise sans résultats, ne peuvent nous détourner d'un plan nécessaire au bien public et au devoir que nous avons à remplir envers Dieu; au contraire, nous poursuivrons les projets que nous avons formés pour la réunion des églises de Dieu et pour celle des princes chrétiens. Ce ne sont point nos dangers particuliers qui enflamment notre ardeur, ce sont les dangers publics, qui s'accroissent par les funestes discordes des Églises, et par la mésintelligence qui divise les princes. Jusqu'ici, ni la bonté de Dieu, ni le courage ne nous ont tellement manqué, ni notre bras n'est resté tellement oisif que nous n'ayons pu soutenir et repousser les efforts des ennemis qui en voulaient à nous, à ce qui nous appartient, et en nous à tous les gens de bien. Sans le secours de notre courage, sans le secours de notre bras, Dieu a pu et pourra éternellement sauver les siens et perdre ses ennemis. C'est ce que nous a appris si récemment encore l'éclatante défaite de la flotte espagnole, défaite à jamais mémorable pour l'église de Dieu.

« Nous avons de magnifiques preuves de sa bonté, tant pour nous en particulier que pour le public : d'où il résulte évidemment pour nous, qu'il veut notre salut; et, puisqu'il le veut, nous pouvons nous tenir pour sauvés. Si, au milieu de tant de calamités, notre courage n'a pas succombé, si notre bras n'a pas cédé à tant de fatigues, d'où cela vient-il, si ce n'est de lui? Oui certes, c'est lui qui non-seulement nous a sauvés par son immense bonté et par la puissance de son bras, mais c'est encore lui qui par un admirable enchaînement a fait et fera prospérer nos affaires, contre toute espérance et contre toute opinion humaine. C'est lui qui, dernièrement, rendit inutile une armée envoyée contre nous; c'est lui qui maintenant jette le trouble parmi nos ennemis, met la désunion dans leurs villes, et livre entre nos mains des places fortes et riches, sans qu'il nous en ait coûté presque ni sueur ni sang. C'est encore lui qui tout récemment a donné au roi de France le désir de mettre au grand jour et de punir par des châtiments justes et bien mérités, les crimes de ces gens qui, par la ruine de l'État et l'anéantissement de la race royale, se préparaient à eux-mêmes un chemin à la tyrannie. C'est de là que doit venir la vive lumière qui éclairera la France après de si longues et de si épaisses ténèbres; c'est là ce que nous attendons de Dieu, qui tient en sa main le cœur des rois et des princes. Cet espoir de Dieu et en Dieu ne nous a jamais trompé et ne nous trompe pas aujourd'hui. Nous sommes néanmoins tout préparé à supporter avec joie tout ce qu'il plaira à sa souveraine volonté d'ordonner pour nous éprouver. Quelle que soit notre position présente, quelque pénible que soit la tâche entreprise pour la paix générale, nous n'y renoncerons aucunement, car nous le de-

sperabamus, et labores ejus immensi merebantur, et publica pericula imprimis desiderabant, scimus tamen nihil eum ad summam fidem, diligentiam, prudentiam in nostris publicisque rebus administrandis, fecisse reliqui. Sed nos, neque ejus irriti labores, neque frustra insumpti sumptus, a proposito necessario in publicum, in Deum pio, revocant, quin capta consilia nostra Ecclesias Dei principesque christianos conjungendi, quantum possumus, persequimur. Neque nos nostra, sed vons à Dieu et à l'État. Au contraire, plus nous avons fait à Dieu de grands et de nombreux sacrifices, plus nous croyons qu'il faut songer à ce que non-seulement l'Église soit sauvée pour le présent, mais encore qu'elle se conserve en paix et en toute sécurité pour l'avenir. Si la violence de la tempête continue à sévir contre nous, peut-être nous reviendra-t-il quelque chose des soins consacrés aux affaires; et le zèle que nous avons montré pour le salut public au milieu de nos dangers particuliers ne sera point sans quelque gloire. Si au contraire nous jouissons enfin de la tranquillité, quoi de plus digne d'un prince chrétien que de consacrer ses loisirs aux affaires publiques et d'employer ses labeurs à donner le repos aux autres?

« Ainsi, quel que soit le sort que nous réserve la miséricorde de Dieu, nous sommes résolu de poursuivre notre premier projet de tous nos moyens et de toute la force de notre ame, bien que nous l'ayons déjà souvent, mais vainement essayé. Nous ne nous fatiguerons jamais d'avertir, de supplier, d'agir ni de pourvoir à tout. Enfin, si nous devons laisser la vie dans cette lutte, nous penserons n'avoir pas agi sans gloire. Certes, nous serions bien au-dessous d'une telle entreprise si nous étions seul, mais c'est de Dieu que nous attendons avec assurance le fruit de nos travaux; et nous espérons que nous vous aurons un jour pour associé. C'est pour cela que nous vous députerons bientôt des envoyés qui vous exposeront, en nôtre nom, les moyens de mettre fin aux divisions des Églises, de venir au secours de ceux qui luttent, et de soutenir ce qui s'écroule. Dieu nous montre aujourd'hui le chemin; si nous voulons y entrer ensemble, rien ne sera plus facile que de repousser les attaques de l'Antechrist et de tourner ses projets contre lui-même; mais ce que nous avons demandé tant de fois, nous le demandons surtout aujourd'hui, c'est que vous vouliez vous donner de tout cœur au soin d'établir parmi les Églises la bonne harmonie qui de jour en jour souffre de plus graves atteintes, à notre grande douleur. C'est aux dépens de notre vie et de notre fortune que nous serons toujours prêt à donner nos soins à une sincère réconciliation, à l'établissement de la paix et de la sureté publique. Nous prions votre altesse qu'elle attende de nous tout ce qu'elle peut exiger d'un prince son ami; pour nous, nous attendons de sa part toutes les preuves d'amitié et de fraternité. Que Dieu conserve votre altesse en santé et prospérité. Donné à la Rochelle, le 15 février 1589.

« Votre très-affectionné cousin,
« HENRI. »

publica omnino pericula incendunt, quæ et ecclesiarum funestis discidiis et principum parum conjunctis animis, augescunt. Nobis Dei benignitate hactenus, neque adeo animus cecidit, neque adeo manus elanguit, ut hostium, qui nos nostraque, et per nos bonos omnes nuper petebant, tenere impetum et repellere non potuerimus. Et absque animo nostro, absque manu nostra, potens fuit, eritque æternum, Deus suos servare, alienos perdere. Docuit hoc nudius tertius[2] insignis illa, et Ecclesiæ Dei semper memoranda, classis Hispanicæ clades.

Habemus et nos privata publicaque benignitatis ejus documenta illustria, quibus nobis certe constat velle illum salvos nos esse, et cum velit, posse salvos sistere. Illud ipsum quod nobis, neque inter tot adversa animus cecidit, neque tot laboribus manus elanguit, unde, nisi ab illo? Ille sane non solum servavit nos, immensa bonitate potentique manu; sed etiam res nostras admirabili successu præter spem opinionemque humanam auxit augetque. Ille nuper missum contra nos exercitum inutilem aut oppidis nihili affixum distinuit, eumdemque Ille nunc turbat dissipatque; Ille urbes nobis et oppida munita atque opulenta, pene sine sudore et sanguine in manus tradit; Ille nuperrime regis Francorum animum perpulit, ut eos qui, per Regni regiique sanguinis exitium, viam sibi ad tyrannidem muniebant, palam cognosceret, et justas de iis scelerique eorum debitas, pœnas sumeret. Unde magna luce, post tam diuturnas densasque tenebras illustratam iri Galliam, est quod a Deo speremus, cujus in manu regum principumque corda. Non fefellit nos unquam illa a Deo et in Deum spes, nec hodie fallit. Sumus tamen ad omnia quibus exercere nos Majestas ejus voluerit, animo alacri perferenda, paratissimi. Sed qualisqualis status nos maneat, non putavimus nobis gravem illam quidem, sed Deo reique publicæ debitam, de con-

---

[2] Bien que *nudius tertius*, en bonne latinité, signifie seulement *avant-hier*, il est nécessaire de voir ici dans l'emploi de ce mot une signification beaucoup plus vague. En effet, cette défaite à jamais mémorable d'une flotte espagnole ne peut guère s'entendre que de la fameuse *armada*, qui avait péri l'année précédente au mois d'août. Mais le style latin de Mornay est parfois assez étrange.

cordia publica sollicitudinem ullo modo deponendam. Imo quanto plura majoraque Deo debemus, tanto curandum audentius arbitramur, ut non hodie solum salva Ecclesia sed in posterum etiam secura pacataque consistat. Si sævire in nos atrox tempestas illa pergit, redibit et ad nos de publica cura fortasse nonnihil, et inter pericula nostra de publica salute sollicitos fuisse, erit non illaudabile. Sin tranquillitate fruimur, quid christiano principe dignum magis quam otia sua negotiis publicis temperare, et negotio suo aliorum otium procurare?

Itaque quicquid nobis tandem misericors Deus daturus est, pristinum consilium nostrum, etsi antea frustra tentatum sæpius, tota mente, omnique animi impetu, prosequi decrevimus. Non monendo, non obsecrando, non agendo, non providendo defatigabimur unquam. Denique si nobis in hoc conatu vita ponenda sit, nobiscum præclare actum putabimus. Impares quidem tanto negotio, ipsi soli, sed et a Deo laborum nostrorum fructum certi, expectamus; et vos aliquando socios nobis accessuros speramus. Quam in rem, mittemus brevi ad vos legatos, qui rationes vobiscum, nomine nostro, ineant, quibus discidia illa ecclesiarum tolli, laborantibus subveniri, labantia fulciri possint. Monstrat Deus viam hodie, quam si ingredi junctis volumus Antichristi conatus omnes frangere, consiliaque in ipsummet convertere, erit omnium facillimum. Sed quod antea sæpe petiimus, id hodie etiam in primis petimus, ut in ecclesiarum concordiam procurandam incumbere toto pectore velitis, quam quotidie magis magisque lacerari sane gravissime dolemus; quicquid nos ad eam non ficte conciliandam, ad pacem securitatemque publicam constituendam conferre poterimus, id prompti semper, vel cum fortunarum omnium vitæque hujus dispendio præstabimus. Sed et Celsitudinem vestram oramus ut de nobis sibi polliceatur quicquid potest ab amico principe requiri. Nos itidem a vobis amica omnia fraternaque expectamus. Deus Celsitudinem vestram semper incolumem florentemque servet! Datæ Rupellis, 15 febr. anno 1589.

Vester amicissimus consanguineus,
HENRICUS.

1589. — 15 FÉVRIER. — IIme.

Orig. — Arch. royales de Saxe. Copie transmise par M. le ministre d'état baron Lindenau.

ILL^mis PRINCIPIBUS AC DOMINIS CHRISTIANO, SAXONIÆ DUCI, ETC. JOANNI GEORGIO, MARCHIONI BRANDENBURGENSI, ETC. JOACHIMO FRIDERICO, POSTULATO ADMINISTRATORI ARCHIEPISCOPATUS MAGDENBURGENSIS, ETC. PHILIPPO LUDOVICO, PALATINO RHENI, DUCI BAVARIÆ, ETC. JULIO, DUCI BRUNSWICENSI, ETC. UDALRICO, DUCI MEGALOPOLENSI, ETC. LUDOVICO, DUCI WIRTENBERGENSI, ETC. CONSANGUINEIS ET AMICIS NOSTRIS CHARISSIMIS.

Illustrissimi Principes, Consanguinei charissimi, Non excidit nobis, anno 1585, accepisse nos ab illustri dilecto nostro Jacobo Segurio

[1] Traduction :

« AUX TRÈS-ILLUSTRES PRINCES ET SEIGNEURS, CHRISTIAN, DUC DE SAXE, ETC. JEAN-GEORGES, MARQUIS DE BRANDEBOURG, ETC. JOACHIM-FRÉDÉRIC, ADMINISTRATEUR DÉSIGNÉ DE L'ARCHEVÊCHÉ DE BRANDEBOURG, ETC. PHILIPPE-LOUIS, DUC DE BAVIÈRE, ETC. JULES, DUC DE BRUNSWIC, ETC. ULRICH, DUC DE MECKLEMBOURG, ETC. LOUIS, DUC DE WURTEMBERG, ETC. NOS TRÈS-CHERS COUSINS ET AMIS.

« Très-illustres Princes et très-chers Cousins, Nous n'avons pas oublié avoir reçu, en l'année 1585, des mains du noble Jacques de Ségur-Pardaillan, alors notre ambassadeur, des lettres écrites par vous aux calendes de mars 1585, et avec ces lettres, un livre portant le titre de *Concorde*, auquel vous nous priiez affectueusement de donner notre adhésion. Vos lettres nous furent très-agréables; le livre nous fut également précieux, et par le titre et à cause de ceux qui nous l'envoyaient. A cette époque, tout au milieu de nous était en combustion, par suite de la guerre terrible que la faction de l'Antechrist avait allumée pour désoler les églises et les empires. Néanmoins nous l'avons donné à lire à des hommes pieux et savants. D'après leur avis, certains points de controverse n'étant point traités suivant les formes constantes et solennelles, usitées par l'Église dans ses discussions, ne sont pas tout à fait présentés de manière que nous puissions les approuver sans examen. Comme au milieu du fracas de la guerre qui troublait alors la France, on ne pouvait délibérer immédiatement sur ce sujet avec une attention soutenue, il nous a semblé à propos de différer notre réponse et d'attendre des temps plus calmes. Nous étions bien loin de prévoir que nos ennemis nous opposeraient une aussi grande et une aussi longue résistance, et nous attendions des secours plus efficaces. Dieu, aux jugements duquel nous nous soumettons avec résignation, en a autrement ordonné. Mais le noble sieur Jacques de Ségur, aujourd'hui revenu près de nous, ayant déclaré que depuis longtemps plusieurs princes, nos amis, demandaient

Pardiliano, tum legato nostro, literas vestras, scriptas calendis martii 1585, et cum iis librum qui titulum *Concordiæ*[2] præferebat, quem ut

notre réponse, nous nous hâtons, sans plus de retard, de vous affirmer que le livre en question a été lu par quelques-uns des nôtres, autant que cela a été possible au milieu de la multitude d'affaires ramenée par chaque heure, et du tumulte de la guerre. Vos altesses ont droit à notre approbation et à nos louanges pour leur piété et le zèle avec lequel elles s'occupent des moyens d'établir la concorde; c'est avec reconnaissance que nous leur voyons, au sujet de notre salut, une sollicitude tout à fait digne de l'amour que doivent se porter mutuellement des princes chrétiens. De plus, dans ce livre, on trouve contre l'impiété des pontifes beaucoup de choses savantes et pleines de justesse. Le plus grand nombre des autres doctrines qu'il renferme est conforme à la Confession d'Augsbourg et à ce que nous avons toujours cru, à ce que nous croyons encore aujourd'hui fermement, car elles s'accordent avec l'Écriture Sainte, notre règle. Mais il est certains passages où la discussion est trop subtile pour que nous puissions la suivre, trop acerbe pour s'accorder avec la charité, et avec les habitudes de l'Église antique; ces passages condamnés par nos docteurs, nous ne pourrions les admettre sans témérité. Plusieurs des premiers princes de l'Empire, fidèles observateurs de la Confession d'Augsbourg (confession que nos ancêtres n'ont jamais condamnée et que nous ne repoussons pas), notre frère lui-même, le roi Frédéric de Danemark, prince de très-pieuse et très-vénérable mémoire, dont nous pleurons du fond du cœur la mort si fatale pour l'église de Dieu, n'ont pu, nous le savons, être engagés par aucune considération à les ratifier. Nous avons même appris que des théologiens qui les ont approuvés agiraient autrement s'ils pouvaient revenir sur le passé. Naturellement nous, qui sur certains points nous éloignons de votre opinion, qui sur d'autres en différons tout à fait, nous devons suspendre notre approbation jusqu'à ce que les raisons de nos théologiens aient été exposées et réfutées. Mais en attendant le jour où sera convoqué un concile chrétien pour déterminer l'autorité des rois et des princes évangéliques, concile auquel nous assisterons certainement, on peut, disent nos théologiens, expliquer plus clairement et renfermer dans leurs limites, c'est-à-dire dans les règles de l'Écriture Sainte et de l'ancienne église orthodoxe, les doctrines dont nous venons de parler; on peut rétracter les condamnations qu'a prononcées un zèle inconsidéré. En conséquence, pour vous exposer ces points de doctrine ou de controverse auxquels nous ne pouvons accéder immédiatement, nous vous enverrons, si vos altesses le demandent, quelques-uns d'entre nous, hommes savants et modérés, qui conféreront avec vous librement et amicalement.

« Cependant nous avons compris avec une profonde douleur que, dans la plupart des églises d'Allemagne, certains théologiens s'élèvent sans aucune mesure contre les églises affligées, et, par leurs invectives peu chrétiennes, contribuent encore à déchirer les membres désunis

suscriberemus amice petebatis. Fuere tum amplissimæ nobis litteræ vestræ, fuit et liber ipso titulo, atque eorum a quibus mittebatur,

du Christ. Quant à nous, nous n'avons partout que des sentiments et des paroles fraternelles pour vos églises et pour toutes celles qui suivent un même Jésus-Christ; nous prions pour leur tranquillité, et ne nous attribuons pas le droit de les condamner. Ne point juger les autres sans les avoir entendus est à notre avis la véritable route à suivre pour arriver à la concorde. Voilà pourquoi nous ne considérons pas comme jugés, comme légitimement condamnés, ceux contre lesquels jadis les partisans de la papauté se sont prononcés dans leurs conciliabules.

« Vos altesses n'ignorent pas avec quel zèle, depuis l'année 1583, nous avons recherché l'unité de doctrine. Pour arriver à ce but, nous avons à cette époque député vers vous ledit Jacques de Ségur-Pardaillan, dont la piété et la foi nous étaient connues; et l'accueil affectueux que vous lui fîtes nous avait donné l'espérance de voir naître enfin cette unité tant désirée. Depuis, nous n'avons pas cessé de la demander, de la poursuivre autant que le permettaient les soins de la guerre dans laquelle maintenant encore nous sommes engagé. Aujourd'hui, tous tant que nous sommes d'adorateurs d'un même Jésus-Christ, nous unissons nos efforts pour découvrir le chemin qui peut y conduire. Mais, suivant nous, ce ne sont pas ces condamnations émanées des princes plutôt que des théologiens, qui nous mèneront à cette fin désirable : c'est un concile chrétien. Une assemblée d'hommes pieux et savants, guidés, non par une vaine ambition, mais par un ferme amour de la gloire divine, convoqués dans un esprit chrétien, animés par un esprit chrétien, régis par l'autorité des princes chrétiens, nous donnerait, nous n'en doutons pas, l'unité chrétienne. Mais tandis que ces questions s'agitent entre les rois et les princes, inspirons-nous tous de cet esprit chrétien qui doit présider à la réunion, à la tenue d'un colloque chrétien. De même que nous ne permettrons pas aux nôtres de manquer à un concile, de même nous serons tout prêt à repousser par nos propres forces, par notre bras, comme nous l'avons fait jusqu'à présent, l'injuste violence que souffrent les églises du Christ. C'est pour cela que notre vie, dont naguère une grave maladie a failli trancher le cours, nous a été conservée par un insigne bienfait de Dieu, nous le croyons du moins, et nous le désirons. Adieu, très-illustres Princes et Cousins, et très-chers amis; que nos projets, que nos efforts pour la défense et la propagation de la gloire du Christ, trouvent en vous de puissants auxiliaires. Donné à la Rochelle, ce 15 février 1589.

« De vos altesses le très-affectionné cousin,
« HENRI. »

¹ C'est un recueil de formules qui est célèbre dans l'histoire du protestantisme, et dont les publications successives furent provoquées par les événements politiques et religieux de l'Allemagne. Pour essayer d'y établir l'harmonie parmi les réformés, en revenant à la pure doctrine de Luther, altérée par les calvinistes déguisés, dits *Krypto-calvinistes*, l'électeur de Saxe s'unit avec le Würtemberg et le Brunswick. Des

merito gratus. Flagrabant tum omnia apud nos bello gravissimo, quod nobis Antichristi factio perdundis ecclesiis, et imperiis turbandis, excitarat. Nihilominus legendum librum viris bonis doctisque tradidimus. Retulerunt controversa quædam capita, non præmissa solenni et Ecclesiis semper usitata inter partes tractatione, paulo aliter concepta esse quam ut ea primo aspectu probare possemus. Cum autem institui illico inter turbas tubasque gallicas accurata semper iis deliberatio non posset, differendum responsum censuimus, et tempora expectanda minus turbida. Tantam tam diuturnam hostium pertinaciam non suspicabamur, et feliciora auxilia sperabamus. Aliter Deo visum, cujus nos judiciis submissi acquiescimus. Cum autem reversus ad nos idem illustris noster Jacobus Segurius, significet requiri jamdudum a quibusdam amicis principibus responsum nos-

---

conférences religieuses furent proposées, et Jacques Andræ, chancelier de Tubingue, fut chargé, en 1569, des négociations. De concert avec plusieurs théologiens de la Saxe et de la Souabe, il rédigea, en 1574, la formule de concorde *souabo-saxonne*. L'année suivante, on en fit la révision dans le couvent de Maulbronn en Würtemberg, d'où le nom de *Formule de Maulbronn*, qui fut donné à cette seconde publication. A la demande de l'électeur de Saxe, et avec l'agrément des principaux princes protestants, Jacques Andræ, Martin Chemnitz, Andreas Musculus, et d'autres, se rendirent à Torgau, en 1576, y discutèrent la nouvelle formule et publièrent le résultat de leur conférence sous le titre de *Livre de Torgau*. Cette profession de foi fut adressée aux princes protestants pour demander l'opinion de leurs théologiens. Il s'ensuivit une nouvelle conférence tenue, en 1577, dans le couvent de Bergen, près Magdebourg, entre Chemnitz, Andræ et le Wurtembergeois Selnecker, pour arrêter une rédaction, modifiée par la comparaison des opinions diverses des sévères luthériens. Cette rédaction parut sous le titre : *Livre de Bergen, formule de concorde*. Plusieurs états allemands adoptèrent cette formule, qui fut rejetée par d'autres. En 1580, l'électeur Auguste de Saxe, avec l'assentiment des princes qui avaient également adopté cette dernière formule, la réunit aux autres symboles de la communion luthérienne, et fit publier le tout sous le titre de *Concordia*, in-folio, à Dresde. Une autre édition, in-4°, fut publiée dans la même ville, en 1582, sous le titre de *Concordiæ liber*. De là cet ouvrage est habituellement cité par le premier mot du titre *Concordiæ*. C'est ainsi que la réfutation qu'en fit le cardinal Bellarmin est intitulée : *Judicium de libro quem Lutherani vocant Concordiæ*. Le même mot est employé dans la tardive réponse qu'adresse ici le roi de Navarre aux sept princes allemands qui lui avaient envoyé, dès 1585, ce symbole de foi, auquel les docteurs de la réforme en France refusèrent leur adhésion.

trum, prætermittere noluimus quin vos certiores redderemus lectum a quibusdam ex nostris librum, quantum per occupationes varias alias ex aliis in horas renascentes, et tumultus bellicos licuit. Equidem Celsitudinum vestrarum et pium animum et concordiæ ineundæ rationes studiose conquirentem, non possumus non probare et laudare plurimum. Curam etiam de salute nostra, dignam mutuo Christianorum Principum amore, grati amplectimur. In illo autem libro, multa docte et perspicue contra Pontificum impietates proferuntur, alia etiam plura Augustanæ Confessioni consentanea inseruntur, quæ et antea semper tenuimus, et hodie constanter retinemus. Sunt etiam ad Sacræ Scripturæ normam exacta. Quæ vero partim subtilius quam capere possimus disputata, partim durius quam caritas ipsa, aut Ecclesiæ veteris consuetudo patitur, damnata legimus, ea non possumus temere recipere; et quosdam primi nominis Imperii Principes Confessioni Augustanæ addictissimos (quam neque majores nostri unquam damnaverunt, neque nos repudiamus), et ipsum sapientissimæ laudatissimæque memoriæ, fratrem nostrum Daniæ regem Fridericum, quem Ecclesiæ Dei alienissimo tempore subtractum dolemus ex animo, ad subscribendum adduci nullomodo potuisse, cognovimus; et quosdam qui subscripserint theologos, si nunc primum subscribendum esset, in aliam ituros sententiam, comperimus. Quo minus mirum esse debet, si nos et remotiores, et in quibusdam capitibus dissentientes, ad subscribendum, antequam theologorum nostrorum rationes amice in medium prolatæ sint, et refutatæ tardiores sumus. Sed ita nostri judicant : posse illa ipsa quæ diximus, clarius explicari, et limitibus suis, id est, Sacræ Scripturæ, et veteris orthodoxæ Ecclesiæ formulis concludi, et condemnationes illas, quas zelus inconsideratior expresserit, removeri, donec Christiano colloquio dies de regum et principum Evangelicorum auctoritate dicatur, cui defuturi nos certe nunquam sumus. Et ad illa ipsa pauca capita proponenda, ad quæ comprobanda de subito descendere non possumus, si ita Celsitudines vestræ postulant, mittemus e nostris doctos et modestos viros, qui cum vestris libere et amice conferant.

Interim magno sane cum animi dolore intelleximus, in plerisque Germaniæ Ecclesiis, e theologis quosdam insolenter in afflictas ecclesias debacchari, et contumeliis lacera Christi membra parum christiane proscindere. Nostri ubique de vestris aliisque exteris Ecclesiis, quæ Christum unum sequuntur, bene sentiunt, bene loquuntur, et pro earum tranquillitate preces fundunt, neque sibi ullam condemnandi auctoritatem sumunt. Sed nec alios inauditos condemnare, si quid judicamus, vera est ad concordiam via. Ita orthodoxos Pontificii in suis conciliabulis olim condemnarunt; non ideo tamen judicati, aut legitime condemnati videri debent.

Quam studiose nos ipsi doctrinæ concordiam, ab anno 1583, persecuti simus, Celsitudines vestræ non ignorant. Misimus tum, in eam rem, legatum ad vos prædictum Jacobum Segurium Pardilianum, cujus nobis pietas et fides maxime probabatur, qui benignissime a vobis exceptus, magnam ex eo nobis spem exoptatissimæ concordiæ ineundæ fecerat. Neque exinde, quantum quidem patiebantur bellicæ perturbationes, quibus etiamnum impliciti sumus, eandem concordiam et petere et urgere destitimus; et hodie, ut viam quæ proxime ad eam ferat, studiose uno animo persequamur omnes quotquot Christum unicum confitemur, summopere petimus. Sed nobis non per istas potius regias quam theologicas condemnationes, sed per legitimum et christianum conventum, videtur iter ad concordiam patere. Conventus piorum et doctorum virorum, quos non ambitio vana, sed solida Dei gloria ducat, si christiano animo suscipiatur, christiano animo administretur, christianorum principum auctoritate gubernetur, non dubitamus quin christianam nobis concordiam pariturus sit. Sed dum inter reges principesque de eo convenit, induamus omnes christianum illum animum qui et auctor et moderator colloquii christiani esse debet : id est junctis animis viribusque Christi Ecclesias, jugo pontificio pressas, liberemus. Ut colloquio nostros deesse non patiemur, ita ad injustam vim a Christi Ecclesiis justis armis arcendam, nos ipsi opibus nostris, corpore ipso nostro, quod fecimus hactenus, erimus paratissimi. Ad hoc enim vitam nostram, quæ gravissimo morbo nuper pene ad extremum reducta fuit, summo Dei beneficio nobis servatam fuisse putamus et optamus. Valete, Illustrissimi Principes, Consanguinei atque amici carissimi, et consilia conatusque nostros ad Christi gloriam propugnandam et propagandam adjuvate serio. Datæ Rupellis, 15 februarii, anno 1589.

Vestrarum Celsitudinum amicissimus consanguineus,

HENRICUS.

1589. — 4 MARS.

Cop. — B. R. Béthune, Ms. 8948, fol. 8 recto.

Imprimé. — *Lettre du Roy de Navarre aux trois Estats de ce Royaume, contenant la déclaration dudit seigneur sur les choses advenues en France depuis le 23° jour de décembre 1588.* 1589, in-8°. (Sans date ni lieu.) — *Recueil de divers mémoires.* Paris, Pierre Chevalier, 1623, in-4°, p. 393. — *Mémoires de la Ligue*, t. III, p. 230. — *Histoire de France soubs les règnes de François Ier, Henri II, François II, Charles IX, Henry III, Henry IV. et Louis XIII*, par P. MATHIEU. Paris, 1631, t. Ier, p. 734. — *Vie militaire et privée de Henri IV.* Paris, an XII, in-8°, p. 105. — *Mémoires et correspondance de du Plessis-Mornay.* Paris, 1824, in-8°, t. IV, p. 322.

AUX TROIS ESTATS DE CE ROYAUME[1].

Messieurs,

Quand il me ressoubvient que depuis quatre ans j'ay esté l'argument des tragœdies de France, le discours de nos voisins, le subject des armes civiles, et, soubs ces armes, d'un monde de miseres; quand je considere que, sur ung advenir aussi esloigné de la pensée des François, comme de mon desir, on a faict sentir à ce Royaume la presence d'infinies calamitez; que, sur la vaine et miserable crainte de ma succession à cest Estat, on en a desseigné et basti l'usurpation; quand de ces yeulx que Dieu m'a principalement donnez pour les avoir tousjours ouverts au bien de ma patrie, tousjours tendres à ses maulx, je suis contrainct de la veoir en feu, ses principaulx pilliers dés-jà brus-

---

[1] « Je n'ay rien veu imprimé en ce siècle, dit de cette lettre l'historien Pierre Mathieu, et rien ne s'est fait au delà, à mon advis, d'un jugement plus clair, de paroles plus belles, d'un ordre plus parfait. » (*Hist. de France*, l. VIII.)

lez, ses meilleures villes en cendres ; et qu'encores, au lieu d'apporter de l'eau, d'estouffer ses flammes, d'aider à sauver ce qui reste d'entier (comme je desire et voudrois l'avoir faict, et n'estre plus), on me force, malgré moy, de brusler moy-mesme, et de rendre ma desfense presqu'aussi fascheuse que les violences que font ceulx qui m'attaquent: ou je serois, de tous les insensibles, le plus insensible qui fust jamais, ou bien il fault, pour la consideration du public, que mon ame reçoive, mille fois le jour, des peines, des afflictions, des gesnes, que nulles peines, nulles afflictions, nulles gehennes ne sauroient esgaler, principalement quand je sçais que, de tous ces malheurs, les meschans me font le pretexte, les ignorans la cause, et que moy-mesmes, encore, qui m'en puis justifier, je m'en dis moy-mesme l'occasion. Mais en mon particulier (puisque je devois naistre soubs un tel siecle), quand je me represente ce que Dieu a faict pour moy au commencement, au milieu, au progrez de ces derniers troubles; combien de tesmoignages il a rendu de la justice de ma cause et de mon innocence, non seulement en France, mais jusques aux nations estrangeres, non dans les esprits de mes amys, mais dans la bouche encore de ceulx qui ne l'estoyent pas, non dans l'opinion du vulgaire seulement, mais (et Dieu le sçait) dans l'ame et la conscience de mon Roy; et combien, par plusieurs effects, ce grand Dieu a faict paroistre qu'il avoit soing de moy, m'ayant miraculeusement deffendu, sauvé, asseuré contre des forces auxquelles il n'y avoit nulle apparence que je peusse faire teste : certes, si j'estois aultre que je ne suis, j'aurois autant de raison de me plaire au particulier de ma condition, comme le soubvenir de la publicque m'est desagreable. Messieurs, je ne le puis; jamais mon pays n'ira aprés moy; son utilité precedera tousjours la mienne, et tousjours on verra mon mal, mes dommages, mes afflictions courir devant celles de ma patrie. Mais pour le moins je ne me puis celer ce contentement que j'ay, d'avoir, à toutes les occasions qui se sont presentées, fait cognoistre, et par mes actions, et par mes paroles, et par mes escripts, combien j'avois de regret aux miseres auxquelles nous nous allions embarquer, si les exemples du passé ne nous rendoyent plus sages pour l'advenir. Vous le sçavés, et je crois qu'il n'y a personne si passionné aujourd'huy qui me puisse desnier ce tesmoignage; ce qui me console tant, que certainement j'estime qu'oultre la justice de ma cause, rien n'a tant flechi le courroux de Dieu contre moy, rien ne l'a tant esmeu à me deffendre que cela.

Or, s'il luy eust pleu tellement toucher le cœur du Roy mon seigneur, et les vostres, qu'en l'assemblée que quelques ungs de vos depputez ont faicte à Blois, prés Sa Majesté, j'eusse esté appelé, comme certes il me semble qu'il se devoit, et qu'il m'eust esté permis librement de proposer ce que j'eusse pensé estre de l'utilité de cest Estat, j'eusse faict voir que j'en avois, non seulement le desir au cœur, les paroles à la bouche, mais encore les effects aux mains; que je n'ay poinct des ouvertures à desseing, des propositions conditionnées, de beaulx mots auxquels je ne vouldrois pas pourtant m'obliger; au contraire, de bonnes resolutions, de l'affection à la grandeur du Roy et du Royaume, autant qu'il se peut, voire aux despens de la mienne; et que, quand tout le monde y sera disposé, il ne fauldra ny traiter ny capituler avec moy: ma conscience m'asseurant que rien ne m'a jamais rendu difficile, sinon sa consideration et celle de mon honneur.

Puisque cela ne s'est poinct faict (ce que, peut-estre, la France comptera pour une de ses faultes, n'y ayant poinct de si bon medecin que celuy qui aime le malade), je veulx donc au moins vous faire entendre à ce dernier coup, et ce que je pense estre de mon debvoir, et ce que j'estime necessaire au service de Dieu, du Roy mon souverain, et au bien de ce Royaume; afin que tous les subjects de ceste couronne en soyent instruicts, et que tous, pour ma descharge, sçachent mon intention, et, par mon intention, mon innocence.

Je vous representeray premierement mon estat: non pour me glorifier, toutes et quantesfois que je le feray Dieu m'abaissera; non pour vous dire que je parle à cheval et bien à mon aise, le mesme Dieu sçait en quoy gist mon contentement, en quoy je me fie, en quoy je mets mon principal appuy; mais pour vous representer deux choses: l'une, la condition de ces miserables guerres, les avantages que l'on a eus contre moy, de combien on m'a assailly, de combien on y a profité ; afin au moins que vous jugiés sans passion que Dieu ne m'a poinct conservé contre tant de forces, sans miracle ; que ce miracle ne seroit poinct, si l'innocence, le bon droict et la justice n'estoient de mon costé. L'aultre, pour vous faire juges si ce que je dis maintenant, je le dis de peur; si j'ay occasion de flatter mes paroles, pour la crainte d'ung plus rude chastiement que ceulx que j'ay receus ; si c'est l'apprehension de ma ruyne qui me faict ployer, ou, au contraire, si c'est le vray sentiment des miseres de mon pays, l'amour de la paix, la grandeur de la France, qui me poussent à ce langage.

Je ferois le soldat, si je vous disois par ordre quelles armées depuis quatre ans sont venues à moy. Vous penseriés que je vous voulusse conter mes vaillances. Non, ce n'est pas mon intention. Que pleust à Dieu que je n'eusse jamais esté capitaine, puisque mon apprentissage se devoit faire à tels despens. J'aurois bien plustost faict de vous demander quels chefs la France a encore de reste, aprés ceulx qui sont venus contre moy. J'ay veu en quatre ans dix armées, dix lieutenans de Roy, ayans derriere eux les forces et l'appuy du premier royaume de la Chrestienté. Vous estimés que ce me soit gloire : tant s'en fault. Je vous diray, pour vous faire perdre ceste opinion, que, de ces dix armées, je n'ay eu affaire en effect qu'à une, que j'ay combattuë et deffaite. Et en celle-là, Dieu s'est voulu particulierement servir de mon moyen pour sa ruyne. Mais en toutes les aultres, je n'y ay eu quasi poinct de peine ; elles se sont presque fondues devant que de me veoir; et aussi tost en ay-je entendu la dissipation que la venuë. L'ange, la verge de Dieu, leur a osté le moyen de me nuire. Ce n'est point à moy à qui la gloire de cela appartient ; je n'y ay presque rien apporté du mien.

Mais, en effect, quel est leur effect? Sçachés-le de vos depputez qui sont des provinces où ceulx de la Religion ont quelques lieux de retraite. Considerés l'estat auquel ils estoient auparavant la guerre, et celuy où ils sont à ceste heure. Et quant et quant vous jugerés de quoy a servi, depuis quatre ans, la perte de la vie d'ung million d'hommes, la despense d'une miniere d'or, la ruyne du peuple de France, que l'on a consenti à meilleur marché et plus aisement que s'il eust esté question de la deffaicte des Ottomans, ou de joindre à nostre couronne toutes celles de la Chrestienté.

Il est impossible que vous demeuriés immobiles aprés cela, et que vous ne remarquiés que c'est ung ouvrage et un effect extraordinaire. Là-dessus je vous diray que, tout ainsi que cela doibt arrester vos yeulx et vos mains, pour cognoistre que si vous desbattés contre Dieu, vous desbattés en vain; de mesme je doibs lever les mains au ciel, pour me garder de m'enfler de ces prosperitez, et de m'en attribuer la cause. Estant tres certain que, si je faisois aultrement, Dieu tourneroit sa vue ailleurs, et donneroit en deux mois plus d'avantage à mes ennemis sur moy, qu'en quatre ans je n'ay eu de faveurs de luy.

J'espere que je ne le feray poinct, par sa grace; et, pour cet effect, je veulx que ces escripts pour moy crient par tout le monde, qu'aujourd'huy je suis aussi prés de demander au Roy mon seigneur la paix, le repos de son Royaume et le mien, que j'ay faict jamais. J'avois au commencement de ces armes le respect de ma conscience et de mon honneur, que j'ay tousjours supplié tres humblement Sa Majesté de laisser entiers. Les guerres n'ont rien diminué de cela; mais elles n'ont rien adjouté aussi sur quoy je puisse me rendre difficile. Je l'en supplie donc tres humblement. Et quant à vous, Messieurs, je pense que si vous l'aimés, si vous aimés son Estat, si vous en cognoissés les maulx et les remedes, vous devés avoir commandé à vos depputez, qui estoient à cette assemblée, de commencer et finir leurs conclusions par-là. Je vous en prie, et vous en semonds aussi.

Je sçais bien qu'en leurs cahiers, vous leur avés peu commander d'inserer ceste generale maxime, qu'il ne fault qu'une religion en un royaulme, et que le fondement d'un estat est la pieté, qui ne peut estre partout où Dieu est diversement servi[2]. Je l'advouë, il est ainsi;

---

[2] La nouvelle édition des Mémoires de Mornay donne seule ici les mots, *et par conséquent mal*, conclusion qui serait dans le sens catholique.

et, à mon tres grand regret, je vois force gens qui se plaignent de cela, peu qui y veulent remedier. Or je me suis tousjours offert à la raison, et m'y offre encore. Que l'on prenne les voyes accoustumées en telles choses. S'il y en a d'extraordinaires, que l'on en cherche; et moy, et tous ceulx de la Religion, nous rangerons tousjours à ce que decernera ung concile libre. C'est le vray chemin; c'est celuy seul que de tout temps on a practiqué. Soubs celuy-là nous passerons condemnation. Mais de croire qu'à coups d'espée cela se puisse obtenir de nous, j'estime devant Dieu que c'est une chose impossible. Et de faict, l'evenement le monstre bien.

Il ne fault pas que je sois long sur ce propos, car c'est une matiere dés-jà disputée. On m'a souvent sommé de changer de Religion. Mais comment? la dague à la gorge. Quand je n'eusse poinct eu de respect à ma conscience, celuy de mon honneur m'en eust empesché, par maniere de dire. Qui ouït jamais parler que l'on voulust tuer ung Turc, ung payen naturel; le tuer, dis-je, pour sa Religion, devant que d'essayer de le convertir? Encore estimay-je que le plus grand de mes ennemis ne me pense pas plus esloigné de la crainte et de la cognoissance de Dieu, qu'un Turc; et cependant on est plus severe contre moy que l'on ne seroit contre ce barbare.

Que diroient de moy les plus affectionnez à la Religion catholique, si, aprés avoir vecu jusqu'à trente ans d'une sorte, ils me voyoient subitement changer ma Religion, soubs l'esperance d'ung royaume? Que diroient ceulx qui m'ont veu et esprouvé courageux, si, honteusement, je quittois, par la peur, la façon de laquelle j'ay servi Dieu dés le jour de ma naissance? Voilà des raisons qui touchent l'honneur du monde. Mais, au fond, quelle conscience? Avoir esté nourri, instruict et eslevé en une profession de foy; et, sans ouïr et sans parler, tout d'un coup, se jeter de l'aultre costé? Non, Messieurs, ce ne sera jamais le Roy de Navarre, y eust-il trente couronnes à gagner. Tant s'en fault qu'il luy en prenne envie, pour l'esperance d'une seule. Instruisés-moy, je ne suis poinct opiniastre. Prenés le chemin d'instruire, vous y profiterés infiniment. Car si vous me monstrés une aultre verité que celle que je crois, je m'y rendray, et feray plus; car je pense que je ne laisseray nul de mon party qui ne s'y rende avec moy. Vous ferés ung beau gain à Dieu, une belle conqueste de consciences en la mienne seule. Mais de nous conter des paroles, et, sans raisons, nous persuader qu'à la seule vue des armes nous devons estre persuadez, jugés, Messieurs, s'il est raisonnable.

Or, laissons cela. Si vous desirés mon salut simplement, je vous remercie. Si vous ne souhaités ma conversion que pour la crainte que vous avés qu'ung jour je vous contraigne, vous avés tort. Mes actions respondent à cela. La façon de laquelle je vis, et avec mes amis, et avec mes ennemis, en ma maison et à la guerre, donnent assez de preuves de mon humeur. Les villes où je suis, et qui depuis peu se sont rendues à moy, en feront foy. Il n'est pas vray-semblable qu'une poignée de gens de ma religion puisse contraindre ung nombre infini de catholiques à une chose à laquelle ce nombre infini n'a peu reduire ceste poignée. Et si j'ay, avec si peu de forces, desbattu et soubstenu si long temps ceste querelle, que pourroient donc faire ceulx qui, avec tant et tant de moyens, s'opposeroient, puissans, contre ma contraincte pleine de foiblesse? Il n'y auroit poinct de prudence à ceste procedure.

Il n'est pas question de cela à ceste heure. Je ne suis poinct en estat de vous faire ny bien ny mal pour encore, Dieu mercy; je ne seray, s'il luy plaist, jamais en ceste espreuve, ny vous en ceste peine. Nous avons tous ung Roy qui me laissera bien de l'apprehension, quand il mourra de vieillesse. Ne nous tourmentons poinct tant de l'advenir bien esloigné, que nous oublyons le present qui nous touche.

Dieu a faict veoir au jour le fond des desseings de tous ceulx qui pouvoient remuer en cest Estat. Il a descouvert les miens aussi. Nul de vous, nul de la France les ignore. N'est-ce pas une misere, qu'il n'y ait si petit ny si grand en ce Royaume, qui ne voye le mal, qui ne crie contre les armes, qui ne les nomme la fievre continuë et mortelle de cest Estat? et neantmoins, jusques icy, nul n'a ouvert la bouche pour y trouver le remede; qu'en toute ceste assemblée de Blois, nul n'ait osé prononcer ce sacré mot de paix; ce mot, dans l'effect duquel consiste le bien de ce Royaume? Croyés, Messieurs, que ceste admirable et fatale stupidité est un des plus grands presages que Dieu nous ait donné du desclin de ce Royaume.

Nostre Estat est extremement malade; chascung le veoit. Par tous ces signes, on juge que la cause du mal est la guerre civile, maladie presque incurable, de laquelle nul Estat n'eschappa jamais; ou, s'il en est relevé, si ceste apoplexie ne l'a emporté du tout, elle s'est au moins terminée en paralysie, en la perte entiere de la moitié du corps.

Quel remede? Nul autre que la paix; la paix qui remet l'ordre au cœur de ce Royaume, qui par l'ordre lui rend sa force naturelle, qui par l'ordre chasse les desobeissantes et malignes humeurs, purge les corrompues et les remplit de bon sang, de bonnes intentions, de bonnes volontez, qui, en somme, le font vivre. C'est la paix, c'est la paix qu'il fault demander à Dieu, pour son seul remede, pour sa seule guerison. Qui en cherche d'aultre, au lieu de le guerir le veult empoisonner.

Je vous conjure donc tous par cest escript, autant catholiques, serviteurs du Roy mon seigneur, comme ceulx qui ne le sont pas. Je vous appelle comme François. Je vous somme que vous ayés pitié de cest Estat, de vous mesmes qui, le sappans par le pied, ne vous sauverés jamais, que la ruïne ne vous en accable; de moy, encore que me contraigniés par force à voir, à souffrir, à faire des choses que, sans les armes, je mourrois mille fois plustost que de voir, de souffrir et de faire; je vous conjure de despouiller à ce coup les miserables passions de guerres et de violences qui dissipent et desmembrent ce bel Estat, et qui nous distraient, les uns par force, les aultres trop volontairement de l'obeissance de nostre Roy, qui nous ensanglantent du sang les uns des autres, et qui nous ont desjà tant de fois faict la risée des estrangers, et, à la fin nous ferons leur conqueste: de quitter, dis-je, toutes nos aigreurs, pour reprendre les haleines de paix et d'union, les volontez d'obeissance et d'ordre, les esprits de concorde, par laquelle les moindres Estats deviennent puissans Empires, et par laquelle le nostre a longuement fleuri le premier Royaume de ceulx de la Chrestienté.

Bien que j'aye mille et mille occasions de me plaindre, en mon particulier, de ceulx de la maison de Guise, d'eux, dis-je, mes parens, et parens de si proche, que, hors du nom que je porte, je n'en ay poinct de plus; bien qu'en general la France en ayt encore plus de subject que moy, Dieu sçait neantmoins le desplaisir que j'ay de les avoir veus entrer en ce chemin, dont le cœur m'a tousjours jugé que jamais ils n'en sortiroient à leur honneur. Dieu me soit tesmoing si, les cognoissant utiles au service du Roy, et je puis dire encore au mien (puisque j'ay cest honneur de luy appartenir de si prés, et que mon rang precede le leur), je n'eusse esté et ne serois trés aise qu'ils employassent beaucoup de parties, que Dieu et la nature leur ont données, pour bien servir ceulx à qui ils doivent service; au lieu que les mauvais conseils les ont poussez au contraire. Tout aultre au monde, hormis moy, se riroit de leur mal-heur, seroit bien aise de voir l'indignation, les declarations, les armes du Roy mon seigneur, tournées contre eulx. Moy, certes, je ne le puis faire, et ne le fais pas, si non autant que des deux maulx je suis contrainct de prendre le moindre. Je parleray donc librement, à moy premierement, et puis à eux, afin que nous soyons sans excuse.

Ne nous enorgueillissons ny les uns ny les aultres. Quant à moy, encore que j'aye receu plus de faveur de Dieu en ceste guerre qu'en toutes les passées, et qu'au lieu que les deux aultres partis (quel malheur qu'il les faille ainsi nommer!) se sont affoiblis, le mien, en apparence, s'est fortifié; je sçais bien, neantmoins, que, toutes les fois que je sortiray de mon debvoir, il ne me benira plus; et j'en sortiray, quand sans raison et de gaieté de cœur je m'attaqueray à mon Roy, et troubleray le repos de son Royaume.

De mesme eux, qui, depuis ces quatre dernieres années, ont mieulx aimé les armes que la paix, qui, les premiers, ont remué en cest Estat, et ont faict ce troisiesme party, si indigne de la foy de France, et je diray encore, de celle de leurs aïeuls, puisque Dieu, par ses jugemiens, leur monstre qu'il n'a pas eu agreable ce qu'ils ont faict, puisqu'il touche l'esprit de nostre Roy, pour les recevoir à sa doulceur accoustumée, comme luy-mesme le declare; qu'ils se contentent. Nous avons tous assez faict et souffert de mal. Nous avons esté quatre ans ivres, insensez et furieux. N'est-ce pas assez? Dieu ne nous a-t-il pas assez frappez les uns et les aultres, pour nous faire revenir de nostre endormissement, pour nous rendre sages à la fin, et pour appaiser nos furies?

Or si, aprés cela, il est loisible que, comme tres humble et tres fidele subject du Roy mon seigneur, je die quelque bon avis à ceulx qui le conseillent : qui a jamais ouy parler qu'un Estat puisse durer, quand il y a deux partis dedans, qui ont les armes à la main? Que sera-ce de cettuy-cy, où il y en a trois? Comment luy peut-on persuader de faire une guerre civile, et contre deux tout à un coup? Il n'y a poinct d'exemple, poinct d'histoire, poinct de raison qui luy promette une bonne issuë de cela. Il fault qu'il fasse la paix generale avec tous ses subjects, tant d'un costé que d'aultre, tant d'une que d'aultre religion, ou qu'il rallie au moins avec luy ceulx qui le moins s'escarteront de son obeissance. Et à ce propos, qu'un chascun juge de mon intention. Voilà comme je rends le mal pour le bien, comme j'entends l'animer contre ses subjects qui ont esté de ceste belle Ligue. Et vous sçavez tous, Messieurs, neantmoins, que, quand je le voudrois faire, et en sa necessité luy porter mon service (comme je le feray, s'il me le commande), en apparence humaine, je traverseray beaucoup leurs desseings, et leur tailleray bien de la besogne.

J'appelle à ceste heure tous les aultres de cest Estat qui sont restez spectateurs de nos folies. J'appelle nostre noblesse, nostre clergé, nos villes, nostre peuple; c'est à eux que je parle. Qu'ils considerent où nous allons entrer, ce que deviendra la France, quelle sera la face de nostre Estat, si ce mal continue; que fera la noblesse, si nostre Gouvernement se change, comme il le fera indubitablement, et vous le voyés desjà; si les villes, par la crainte des partisans, sont contrainctes de se renfermer dans leurs portes, de ne souffrir personne leur commander, et de se cantonner à la suisse? Il n'y en a nulle de ceste volonté, je m'en asseure; mais il est à craindre que la guerre les y force à la longue, et, à mon grand regret, j'en vois desjà naistre les commencemens, qui, avec eux, portent un miel, une doulce apparence, à laquelle le meilleur et le plus loyal bourgeois du monde se laisse aisement emporter.

Que deviendront les villes, quand, sous une apparence vaine de liberté, elles auront renversé l'ancien ordre de ce bel Estat? quand elles auront toute la noblesse ennemie, le plat pays, envieux et desireux quant et quant de les saccager, s'imaginant dans leurs coffres, dans leurs boutiques, des richesses sans compte?

Que feront leurs principaux habitans qui tiennent tous les offices de la monarchie, ou aux Finances, ou à la Justice, ou à la Police, ou aux Armes, et comptent chascun entre leur fortune domestique, la valeur de leur estat? Cela est perdu, si la monarchie se perd. Qui leur donnera le libre exercice de la marchandise? Qui leur garantira leurs possessions aux champs? Qui tiendra l'auctorité de leur justice? Quels en seront les degrés? Qui commandera leurs armées? Somme: quel sera leur ordre? Pauvres abusez! Ceste fureur durera pour un temps, tout ainsy comme l'on dit que la fievre pour un temps nourrit le malade. Mais de penser que sur des fondemens de colere et de vengeance on puisse establir une intelligence asseurée et une forme d'Estat durable, cela ne se peut, n'ayant jamais esté ny veu ny leu qu'un Estat se soit changé, sans la ruine des villes, qui en sont tousjours les principaulx appuys.

Et toy, Peuple, quand ta noblesse et tes villes seront divisées, quel repos auras-tu? Peuple, le grenier du royaume, le champ fertile de cest Estat; de qui le travail nourrit les princes, la sueur les abreuve, les mestiers les entretiennent, l'industrie leur donne les delices à rechange; à qui auras-tu recours, quand la noblesse te foulera, quand les villes te feront contribuer? Au Roy, qui ne commandera ny aux uns ny aux aultres? Aux officiers de sa justice, où seront-ils? A ses lieutenans, quelle sera leur puissance? Au maire d'une ville, quel droict aura-il sur la noblesse? Au chef de la noblesse, quel ordre parmi eux? Pitié, confusion, desordre, miseres par-tout. Et voilà le fruict de la guerre.

Ce n'est pas par oubli que je ne dis mot de ceulx du Clergé, mais je ne veulx parler d'eux, craignant qu'ils ne m'advouent, m'estimant plus leur ennemy que je ne suis. A la verité, j'ay plus d'occasion de me plaindre de leur ordre que de tous les deux aultres de la France; mais n'importe, il y a des gens de bien parmy eux. Quant à leur profession et leur relligion, en quelque chose je leur suis contraire; en nulle, leur ennemy; en d'aultres, nous sommes d'accord, ne fust-ce qu'en ce qui touche la conservation des privileges de l'Eglise de France, contre les usurpations des Papes. Quoy que ce soit, si j'avois avec eux toutes les prises du monde, je les mettrois soubs le pied à ceste heure, emporté par une plus forte consideration, qui est celle du service de mon Roy et du bien de cest Estat. Cependant, qu'esperent-ils de faire? La guerre epuise leurs decimes au pays où ils ont plus de credit; aux lieux où j'ay puissance, je leur retiens quasi tout, et à cela je ne puis remedier. Mais à la longue, la dissension s'estant mise entierement, que peuvent-ils devenir? Qu'ils regardent quel chemin prennent nos villes, nos peuples, nostre noblesse, et qu'ils considerent, eux qui ont ou doibvent avoir la pieté en recommandation, s'il y a rien qui y soit si contraire que les vices et debordemens; s'il y a rien qui deborde tant les hommes que la licence de la guerre civile. Qu'ils jugent encores si, eux qui ne se sont enrichis et augmentez que par la paix, par l'ordre, par l'obeissance à nos Roys, par la devotion, n'iront pas desormais en diminuant par la guerre, les confusions, l'impieté et la mutine desobeissance.

Aprés avoir parlé à tout le monde en particulier, je dis encores cecy en general : soit que Dieu benisse les desseings de nostre Roy, et qu'il vienne à bout de tous les mutins de son Royaume, il est miserable s'il fault qu'il les fasse tous punir comme ils le meritent. Quoy! punir une grande partie de ses villes, une grande partie de ses subjects? Ce seroit trop. C'est un mal-heur; c'est une rage que Dieu a envoyée en ce Royaume, pour nous punir de nos faultes. Il le fault oublier, il le fault pardonner, et ne sçavoir non plus mauvais gré à nos peuples, à nos villes, qu'à ung furieux quand il frappe, qu'à ung insensé quand il se promene tout nud. Soit au contraire, si ceulx de la Ligue se fortifient tellement, qu'ils luy resistent, comme certes il y a apparence (et j'ay peur que sa patience soit leur principale force, Dieu voulant peut-estre exercer sur nous des jugemens que nous ne sçavons pas), que sera-ce de nous et de luy? Que dirons-nous des François? Quelle honte que nous ayons chassé nos Roys! tache qui ne souilla jamais la robbe de nos peres, et le seul advantage que nous avons sur tous les vassaulx de la Chrestienté!

Cependant n'est-ce pas un grand mal-heur pour moy que je sois contrainct de demeurer oisif? On m'a mis les armes en main par force. Contre qui les employeray-je à cette heure? Contre mon Roy? Dieu luy a touché le cœur. Faisant pour luy, il a faict pour moy contre ceulx de la Ligue. Pourquoy les mettrois-je au desespoir? Pourquoy, moy qui presche la paix en France, aigrirois-je le Roy contre eux, et osterois-je, par l'apprehension de mes forces, à luy l'envie, à eux l'esperance de reconciliation? Et voyés ma peine; car, si je demeure oisif, il est à craindre qu'ils fassent encores quelque accord, et à mes despens, comme j'ay veu deux ou trois fois advenir; ou qu'ils affoiblissent tellement le Roy, et se rendent si forts, que moy, après sa ruine, n'auray gueres de force ny de volonté pour empescher la mienne.

Messieurs, je parle ainsy à vous, que je sçay, à mon tres grand regret, n'estre tous composez d'une humeur. Les declarations du Roy, mon seigneur, et principalement ses dernieres, publient assés qu'il y en avoit entre vos deputez, et quasi la plus grande partie, à la devotion d'aultre que de luy. Si vous avés tant soit peu de jugement, vous conclurés avec moy que je suis en grand hazard. Aussi est le Roy; aussi est le troisiesme party; aussi estes-vous, et en gros et en detail. Nous sommes dans une maison qui va fondre, dans ung bateau qui se perd, et n'y a nul remede que la paix : qu'on s'en imagine, qu'on en cherche tant d'aultres que l'on vouldra.

Pour conclusion donc, moy, plus affectionné (je le puis dire) et plus interessé en cecy que vous tous, je la demande, au nom de tous, au Roy mon seigneur ; je la demande pour moy, pour tous les François, pour la France. Qui la fera aultrement, elle n'est pas bien faicte. Je proteste de me rendre mille fois plus traitable que je ne feus jamais, si jamais j'ay esté difficile. Je veulx servir d'exemple à tous, par l'obeissance que je monstre à mon Roy.

Mais, aprés vous avoir tant et tant de fois protesté et déclaré ce qui est de mon debvoir et de nostre profict commun, je declare donc à la fin : Premierement à ceulx qui sont du parti du Roy, mon seigneur, que s'ils ne luy conseillent de se servir de moy et des moyens que Dieu m'a donnez, s'ils ne s'accordent à ceste saincte deliberation, non de faire la guerre à ceulx de Lorraine, non à Paris, à Orleans ou à Thoulouse, mais à ceulx qui empescheront la paix et l'obeissance deue à ceste Couronne, qu'ils seront seuls coulpables des mal-heurs qui arriveront au Roy et à ce Royaume, et moy au contraire, dechargé de ce blasme, et acquitté de la foy que j'ay à mon Prince, duquel j'ay, autant que j'ay peu, empesché et empescheray le mal, veuillent-ils ou non.

Et quant à ceulx qui retiennent encores le nom et le parti de la Ligue, je les conjure, comme François, je leur commanderois volontiers encores, comme à ceulx qui ont cest honneur de m'appartenir, et de qui les peres eussent receu ce commandement à beaucoup de faveur, je m'en asseure (si ce n'est de ceste façon, je le feray, neantmoins aprés le Roy, comme le premier prince et le premier magistrat de France), qu'ils pensent à eux ; qu'ils se contentent de leurs pertes, comme je fais des miennes ; qu'ils oublient le particulier pour le public ; qu'ils donnent leurs passions, leurs querelles, leurs vengeances et leurs ambitions au bien de la France, leur mere, au service de leur Roy, à leur repos et au nostre. S'ils font aultrement, j'espere que Dieu n'abandonnera poinct tant le Roy, qu'il n'acheve en luy son ouvrage, et qu'il ne luy donne envie d'appeler ses serviteurs prés de luy, et moy le premier, qui ne veulx aultre titre, et qui, y allant pour cest effect, auray assés de force et de bon droict pour l'assister et luy aider à oster du monde leur memoire, et de la France leur party.

Finalement, aprés avoir faict ce qui est de mon debvoir en ceste si solennelle protestation que je fais, si je recognois les ungs ou les aultres, ou si endormis, ou si mal affectionnez que nul ne s'en esmeuve, j'appelleray Dieu, tesmoing de mes actions passées, à mon aide, pour celles de l'advenir; et, vray serviteur de mon Roy, vray François, digne de l'honneur que j'ay d'estre premier prince de ce Royaume, quand tout le monde en auroit conjuré la ruyne, je proteste, devant Dieu et les hommes, qu'au hazard de dix mille vies, j'essayeray tout seul de l'empescher.

J'appelle avec moy tous ceulx qui auront ce sainct desir, de quelque qualité et condition qu'ils puissent estre, esperant que si Dieu benit mon desseing, autant comme je monstre de hardiesse à l'entreprise, autant auray-je de fidelité, aprés en avoir veu la fin; rendant à mon Roy mon obeissance, à mon pays mon debvoir, et à moy-mesme mon repos et mon contentement dans la liberté de tous les gens de bien.

Et ce pendant, jusqu'à ce qu'il ait pleu à Dieu donner le loisir au Roy mon seigneur de pourvoir aux affaires de son Estat, y remettant la paix qui y est si necessaire, je declare, comme celuy qui ay cest honneur de tenir le premier lieu soubs son obeissance, que si, en son absence, je ne le puis si bien servir que je l'establisse par tout son Royaume, je le feray, au moins en partie, és lieux où j'auray plus de pouvoir de faire recognoistre son autorité. Et pour cest effect, je prends en ma protection, et saulve-garde du Roy mon seigneur et la mienne, tous ceulx, de quelque qualité, relligion et condition qu'ils soyent, tant de la noblesse, des villes, que du peuple, qui se voudront unir avec moy en ceste bonne resolution; sans permettre qu'en leurs personnes et biens il soit touché en maniere quelconque; en aultre sorte qu'en temps de pleine paix, et que, par les loix du Royaume, on a accoustumé d'y toucher, procurant, en tout ce qui me sera possible, le soulagement du pauvre peuple oppressé.

Et bien que, plus que nul aultre, j'aye regret de voir les differences de la relligion, et que, plus que nul aultre, j'en souhaite les remedes, neant-moins, recognoissant bien que c'est de Dieu seul, et non des armes et de la violence, qu'il les faut attendre, je proteste devant luy; et à ceste protestation j'engage ma foy et mon honneur, que par sa grace j'ay jusqu'icy conservez entiers, que tout ainsi que je n'ay peu souffrir que l'on m'ait contrainct en ma conscience, aussi ne souffriray-je ny ne permettray-je jamais que les Catholiques soient contraincts en la leur, ny en l'exercice libre de leur religion. Declarant en oultre qu'aux villes qui, avec moy, s'uniront en ceste volonté, qui se mettront soubs l'obeissance du Roy mon seigneur, et la mienne, je ne permettray qu'il soit innové aulcune chose, ny en la police, ny en l'Eglise, sinon en tant que cela concernera la liberté d'ung chascun : prenant de rechef, tant les personnes que les biens des Catholiques, et specialement des ecclesiastiques, soubs ma protection et saulve-garde ; ayant de long-temps appris que le vray et unique moyen de reunir les peuples au service de Dieu, et d'establir la pieté en ung Estat, c'est la doulceur, la paix et les bons exemples, non la guerre ny les desordres, par lesquels les vices et les mechancetés naissent au monde. Faict à Chastellerault, le iiij^e mars 1589[3].

HENRY.

DE LOMENIE[4].

[3] « Le mesme jour que ceste lettre fut veue à la cour, dit Mathieu, le Roy receut l'advis qu'à mesme jour de la date d'icelle, sçavoir le quatriesme de mars, le conseil de la Ligue s'estoit assemblé pour l'election et nomination d'un chef et conducteur general, qui feist estat de Roy, attendant leur assemblée qu'ils appelloient les Estats du Royaume. Et considerans qu'ils ne pouvoient tenir si promptement...... ils jettent l'œil sur le duc de Mayenne, le nommant lieutenant general de l'Estat et Coronne de France, attendant lesdits Estats; ordonnant qu'en toutes expeditions, tant de justice qu'autres, sera mis le nom du dit duc, etc. » (*Hist. de France*, l. VIII.)

[4] Dans la nouvelle édition des Mémoires de Mornay, cette déclaration est contresignée LALLIER.

[1589.] — 5 MARS.

Orig. — Anciennes archives du château de la Force. Communiqué par M. Dardel à M. Gras, archiviste de la Gironde, qui en a transmis la copie.

A MONS^R DE SAVEYLLES.

Monsr de Saveylles, Nous ne sommes qu'à six lieues de l'armée du Roy. Si c'estoit celle de la Ligue, elle eust desjà fait le saut. Je desire estre accompagné, et pour ce je vous prye me venir trouver avec la noblesse du pays. Amenés avec vous le plus de nos amys que vous pourrés, avec asseurance qu'eux et vous serés les trez bien venus. Nous avons prins Loudun, Thouars, Monstreuil-Bellay et Chastelleraut. Vous couperez droict à Loudun. C'est à cette heure qu'il se faut evertuer. Je vous attends en bonne devotion, avec asseurance que vous ne voudrés nullement manquer, au besoin, à

Vostre bien affectionné et plus asseuré amy,

HENRY.

[1] Nous avons encore prins Lisle-Bouchart.
A La Haye [2], ce dimanche cinquiesme mars.

[1589.] — 8 MARS. — Ire.

Orig. autographe. — Biblioth. de l'Arsenal, Mss. Histoire, n° 179, t. Ier.
Cop. — B. R. Suppl. fr. Ms. 2289-2, et Ms. 1009-4.
Imprimé. — *Mercure de France*, année 1765, vol. II, p. 59. — *L'Esprit de Henri IV*. Paris, 1770, in-8°, p. 157. — *Vie militaire et privée de Henri IV*. Paris, an XI, in-8°, p. 127. — *Lettres de Henri IV*, etc. publiées par N. L. P. Paris, 1814, in-12, p. 43. — *Journal militaire de Henri IV*, par M. le comte DE VALORI. Paris, 1821, in-8°, p. 297.

[A MADAME LA COMTESSE DE GRAMONT.]

Mon cœur, Dieu me continue ses benedictions. Depuis la prise de Chastelleraut j'ay prins l'isle Bouchart, passage sur la Vienne et la

---

[1] Ce post-scriptum et la date sont de la main du roi.

[2] La Haye en Touraine, sur la Creuse, aujourd'hui du département d'Indre-et-Loire, à quatre lieues de Châtellerault, petite ville qui vit, quelques années après, naître René Descartes.

Creuse, bonne ville et aisée à fortifier. Nous sommes à Montbason, six lieues prés de Tours, où est le Roy. Son armée est logée jusques à deux lieues de la nostre, sans que nous nous demandions rien; nos gens de guerre se rencontrent et s'embrassent, au lieu de se frapper, sans qu'il y ait trefve ny commandement exprés de ce faire. Force de ceulx du Roy se viennent rendre à nous; et des miens nul ne veult changer de maistre. Je crois que Sa Majesté se servira de moy : aultrement il est mal, et sa perte nous est un prejugé doumageable. Je m'en revoys à Chasteleraut prendre quelques maisons qui font la guerre. Dites à Castille qu'il se haste de se mettre aux champs. C'est à ce coup qu'il fault que tous mes serviteurs fassent merveilles. Car, par raison naturelle, avril et may prepareront la ruine d'un des partis; ce ne sera pas du mien, car c'est celui de Dieu. Mon ame, le plus grand regret que j'aye en l'ame, c'est de me voir si esloigné de vous, et que je ne vous puis rendre tesmoignage que par escript de l'amour que j'ay et auray toute ma vie pour vous. Ce 8me mars, de Monbason. Je vous prie, envoyés-moy vostre fils[1].

---

[1] Antoine de Gramont, comte de Gramont et de Guiche, fils de Philibert de Gramont et de Diane d'Andouins, fut chevalier des ordres du Roi, vice-roi de Navarre, gouverneur et maire perpétuel et héréditaire de Bayonne. Louis XIV le fit duc et pair le 13 décembre 1643. Il mourut l'année suivante. Il eut pour fils le célèbre chevalier de Gramont, qui dit dans ses Mémoires : « Je ne sais peut-être pas qu'il n'a tenu qu'à mon père d'être le fils de Henri IV! Le Roi vouloit à toute force le reconnoistre, et jamais ce traître d'homme n'y voulut consentir. Vois un peu ce que ce seroit que les Gramont sans ce beau travers! Ils auroient le pas devant les Césars de Vendosme! Tu as beau rire, c'est l'Évangile. »

[1589.] — 8 MARS. — IIme.

Orig. autographe.—Collection de M. Lefèvre, libraire à Paris. Copie transmise par M. Monmerqué, membre de l'Institut.

[AU ROY, MON SOUVERAIN SEIGNEUR.]

Monseigneur, Je vous ay depesché ce porteur exprés pour me plaindre à vous de mons^r de Matignon, lequel, nonobstant la trefve[1] et les commandemens que Vostre Majesté m'a mandé, par Serillac et Chemereau, avoir faits à des gouverneurs de ne faire aulcun mal à ceux qui me viendroient treuver, a defait une troupe de cinquante arquebusiers qui venoient. Je vous supplie, Monseigneur, me mander si vous l'avoués ou non, afin que, selon cela, je sçache comme je me dois gouverner. J'ay donné charge à ce porteur de vous dire tout plein de choses sur cela; je vous supplie le croire comme moy-mesme : et je prierai Dieu,

Monseigneur, vous donner, en santé, tres heureuse et longue vie. De Bourgueil, le viij^e de mars.

Vostre tres humble et tres obeissant subject
et serviteur,

HENRY.

---

[1] La trêve que Mornay préparait alors auprès de Henri III ne fut conclue et signée que le 3 avril. Cette lettre prouverait qu'il y eut auparavant une sorte de suspension d'armes ou trêve provisoire.

1589. — 14 MARS.

Imprimé. — *Essais sur l'histoire de la ville de Loudun*, par DUMOUSTIER DE LAFOND. Poitiers, 1778, in-8°. Ire partie, p. 67.

[A MONS^R DE CLAIRVILLE.]

Monsr de Clairville[1], Je mande presentement au receveur Debret, de tenir dans mercredy ou jeudy tous les desniers, tant du tablier[2] de Loudun que de ceulx de Montreuil-Bellay et Mirebeau, prests pour m'en pouvoir servir et ayder dans ledict temps, en un affaire d'importance au bien de mon service et de ce party. J'escris aux sieurs de Cherbonnieres et du Rondé d'y tenir la main, et vous ay bien voulu faire la presente, pour vous prier aussy d'y travailler de vostre costé, et vous rendre solliciteur de cest affaire, qui est necessaire : et m'asseurant que vous l'aurez pour recommandé, je ne vous en diray davantaige, si ce n'est pour prier Dieu vous tenir, Monsr de Clairville, en sa saincte et digne garde.

A Chatelrault, ce xive de mars 1589.

Vostre bien affectionné maistre et amy,

HENRY.

1589. — 21 MARS.

Orig. — Arch. de M. le comte de Beaufort. Copie transmise par M. de Mourcin, correspondant du ministère de l'Instruction publique à Périgueux.

A MONS^R DE BEAUFORT[1].

Monsr de Beaufort, Nous ne sommes pas seulement nez pour nous,.

---

[1] M de Clairville était pasteur de l'église réformée de Loudun, et ministre de l'Évangile dans la maison du roi de Navarre.

[2] Dans certaines provinces on appelait le *tablier* le bureau ouvert pour la recette des droits du Roi.

---

[1] Bernard de Jay, seigneur de Beaufort, Astaux et Saint-Germain, greffier en chef du greffe royal au présidial et sené- chaussée de Périgueux, nommé maire de cette ville pour les années 1563, 1564, 1569 et 1597, anobli pour les services

mais pour servir surtout la patrie ². Et tant plus nous nous apercevons que les nouveautez s'y engendrent, tant plus devons nous vueiller à sa conservation. Vous avez jusques icy marché sincerement en toutes vos actions; continuez, je vous prie, et asseurez ung chacun que je ne hay rien tant que les changemens contre lesquels je tourneray tousjours mes moiens et mes forces. Et au contraire, je les employeray pour la consideration des bons du nombre desquels je vous tiens. Et comme je vous prie faire estat de ma bonne volonté comme de

Vostre bien bon et asseuré ami,

HENRY.

A Chastelrault, ce xxj^e mars 1589.

qu'il avait rendus aux rois Henri III et Henri IV, par lettres du mois de janvier 1597. Il était fils de Pierre de Jay, maire de Périgueux, en 1543 et 1544, et de Marguerite Durand.

² Les recommandations qu'adresse ici le roi de Navarre à M. de Beaufort semblent avoir trait à quelques projets de soulèvement des protestants en Périgord. Près de se rallier à Henri III, le roi de Navarre ne pouvait plus encourager et soutenir de tels mouvements. Il paraît que sa lettre eut un heureux effet dans ce sens pacifique, à en juger par les félicitations que Henri III adressa le mois suivant au même Beaufort, et dont la copie a été également prise dans les archives de M. le comte de Beaufort, par M. Joseph de Mourcin :

« Monsr de Beaufort, Le s^r comte d'Escars m'a tesmoigné la bonne volonté que vous avez à mon service et la preuve que vous en avez rendue par le soing et diligence dont vous avez esté, pour maintenir ma ville de Perigueux en mon obeissance, ce que j'ay esté bien aise d'entendre. Comme j'ay à plaisir de congnoistre ceulx qui me sont bons et affectionnez serviteurs, du nombre desquels ayant si bonne occasion de vous tenir, je vous ay bien voulu asseurer par la presente du gré que je vous en sçay et vous exhorte de continuer ceste devotion à mon dit service, croyant que vous ferez chose qui me sera trés agreable, et dont j'auray bonne souvenance, pour la recognoistre en ce qui sera pour vostre bien et avancement : priant Dieu, Monsr de Beaufort, qu'il vous ayt en sa saincte garde. Escript à Tours, ce xvij^e jour d'avril 1589.

« HENRY. »

[1589. — 23 MARS.]

Cop. — B. R. Suppl. fr. Ms. 1009-3.

Imprimé. — *Mémoires de messire Philippes de Mornay, etc.* Édition de 1624, in-4°, p. 891.

A MONS^R DU PLESSIS.

Monsr du Plessis, La façon dont l'on a negotié avec vous, remettant en avant le faict de Chastellerault, du Blanc et d'Argenton, puis allon-

---

[1] Cette lettre est la réponse à la lettre suivante de Mornay :

« Sire,

« J'arrivai hier, qui estoit mardi, à trois heures après midi, en ceste ville. Le Roi ne peut parler à moi parce qu'il estoit las, tant de la chasse que de deux harangues en public qu'il avoit fait ce jour là au Parlement et à ceux de la ville, où il parla fort vivement de ceux de la Ligue. Aujourd'hui j'ai esté ouï. Vos articles leus et disputés, un point demeure principalement en difficulté, en ce que V. M. accorde une treve generale, que nous pouvons appeler suspension, pour cinq mois, jusques au premier de septembre; et le Roi est resolu de ne l'accepter à moins d'un an. Les raisons de V. M. estoient que l'expiration de la treve donne lieu à nouveau traité et conditions. Mesmes que par là on pourroit revenir à parler de la Religion et exercice d'icelle. Il respond que les six mois expirés sans articuler de nouveau, V. M. pourra faire prescher en ses places, sans qu'il y contredise et sans entrer en nouveaux accords. J'ai repliqué que par là on pensera que vous vous advantagiés outre le traicté. Il respond que cela n'est rien, quand il en sera satisfait en soy-mesmes. J'ai allegué là-dessus que V. M. avoit à contenter beaucoup de gens; qu'encor qu'elle eust de l'authorité, elle avoit à la mesnager; que S. M. esprouvoit assés les fantaisies des hommes et des peuples; que tous les fols n'estoient pas d'un costé; que c'estoit un traité de durée, un terme long, et que diverses provinces avoient diverses choses à demander, etc. Il respond : qu'il traicte avec V. M. pour esperance d'en estre secouru, que vos principales forces ne seront auprés de vous de deux mois; qu'après deux mois de service elles auront à se retirer; que pour si peu il ne donneroit jamais le passage; que la trefve seroit d'un an, et qu'il n'en rabatroit pas un jour; que vous n'y avés moins d'interest que lui, etc. Je disois que, premier qu'elle finisse, on la pourra renouer; que mesmes on pourroit faire venir les deputés pour traicter d'une paix; que ce n'estoit pas pour le circonvenir, veu que lors S. M. auroit toutes ses forces. S. M. respond que ces traictés ne sont pas si tost faicts; ce pendant que son service se mineroit; que peut estre cela escherroit-il à une heure qu'il en auroit plus de besoin. La fin a esté qu'il s'y resolvoit du tout, sinon

geant le terme du passage encore de huict jours aprés Quasimodo [2], me confirme dans l'opinion que j'ay tousjours esté, qu'on ne veult que nous amuser, et faire perdre le temps, ce pendant que nous le pouvons bien et advantageusement employer. Je sçay qu'on traicte ou qu'il aimoit mieux ne rien faire, ou que le passage lui fust rendu dedans les cinq mois, au lieu qu'il le vous entend laisser totalement.

« Croiés, Sire, qu'il n'y a esté rien oublié pour l'avantage de vostre service et avec autant de liberté que de respect. Et parce que la chose importe, je depesche par son commandement ce porteur exprès vers V. M. pour sçavoir la finale resolution. Les receptes de Chastellerault, le Blanc et Argenton ont esté mises en dispute. S. M. a acquiescé, quand elle a veu par les articles, que celles seulement de la generalité de Tours y estoient mentionnées. Mais il proteste que de tout ce qui se feroit depuis Pasques-Flories, tout sera subjet à restitution de part et d'autre, moyennant la livraison du passage, au jour nommé, sinon tout au plus tard huit jours après, s'il y survenoit difficulté, ce qu'il ne cuide. Sur cet article je desire aussi response de V. M. car je ne m'avance que comme vostre commandement me pousse, encor que ceste sepmaine, à la passer ici, m'est peneuse. J'ai veu dés ce soir depescher pour faire venir Cosseins. Les lettres sont expresses; et pour l'affaire nommement dont est question, S. M. a desjà mandé M. de Laverdin. On doute de son intention. S'il ne vient, S. M. me baillera un gentilhomme pour derechef lui commander, et, à faute de ce, rappeler ses trouppes. Que V. M. me resolve, s'il lui plaist, par ce porteur sur toutes choses, afin que l'on n'ait plus à y retourner. Je le voi, autant que j'en puis juger, resolu à cela pour la trefve ou suspension. Ils n'ont point ici de nouvelles du changement de la place du passage, et y envoient voir. Au reste monseigneur le comte de Soissons a chargé cinq compagnies de chevaux legers près du Mans. Deux ont combattu, celles de Sagonne et de Falandre, lesquelles ont esté desfaittes. Les trois se sont sauvées, et toutes ont perdu leurs bagages. Le Roi a nouvelles que Clermont et Beauvais se sont declarées pour son service. M. d'Espernon, resolu de ne venir point ici, semble traicter ailleurs. Aucuns tiennent qu'il baille Boulongne pour Broüage. Bordeaux est en rumeur contre M. le mareschal; c'est de M. d'Epernon qu'en vient la nouvelle. Demain nous digerons les articles, sauf les susdits, auxquels ne sera touché que selon vostre commandement. Passant à Saumur je parlai bien avant à l'homme [*le sieur de Lessart, capitaine du chasteau*] duquel la Varanne avoit parlé à V. M. Il est de bonne volonté, mais il entend que S. M. en traitte aussi avec M. de la Rochepot et l'Etelle, et que la chose ne se peut autrement. Je n'oublierai rien de vostre service. Dieu doint à Vostre Majesté, Sire, ce que vous desire

« Vostre tres humble et tres obeissant serviteur à jamais,

« Du Plessis.

« De Tours ce mercredi au soir, à minuit. »

[2] Le dimanche de *Quasimodo* tomba, cette année, le 9 avril.

avec la Ligue; et semble qu'on ne vueille de nous qu'en default des aultres. Ce qui a esté cause qu'ayant assemblé tous ceulx qui sont icy prés de moy, nous sommes resolus à cecy : Je consens la trefve d'un an, avec la permission secrete, ou par escript, de pouvoir faire prescher dans six mois, à condition que nous ayons Saumur, parce que le pont de Cé ne nous peut estre que du tout inutile, à cause de la revolte d'Angers. Et ce, dans Quasimodo. Si on ne l'accorde, prenés congé, et vous en revenés, en protestant qu'il n'a tenu à nous que ne luy ayons rendu le debvoir de bons et fidelles subjects. Je vous prie, Monsr du Plessis, abregés, ainsi que Bissouze vous dira, que j'ay advisé de vous envoyer. La Forest de Saivre s'est rendue. Les aultres petits forts font les mauvais; je les escarteray bien, avant que soit quatre jours. A Dieu, je suis

Vostre trés-affectionné maistre et meilleur amy,

HENRY.

[1589. — 24 MARS.]

Cop. — B. R. Suppl. fr. Ms. 1009-3.

Imprimé. — *Mémoires de messire Philippes de Mornay.* etc. t. I, p. 894; édition de 1624, in-4°.

[1] A MONS^R DU PLESSIS.

Si le Roy va en Bretagne, il est ruiné. Les raisons : ses ennemys feront courre le bruict qu'il fuict devant Mr de Mayenne, lesquels

---

[1] Cette lettre ne sauroit être bien comprise sans la lettre de Mornay à laquelle elle répond, et qui expose les premières négociations avec Henri III.

« Sire,

« Je n'ai pu parler au Roi jusqu'à ce soir. Il a trouvé bon les articles que je luy ay présentés; mesmes il accorde jusqu'à vingt mille escus pour l'entretien de la garnison, munitions et fortifications du lieu qu'il vous doit bailler. Mais quand ce vient à la livraison du dict lieu, je trouve nouveaux faits et nouvelles difficultés; de Saumur, il craint de n'en avoir le moyen; du pont de Sée, il dit qu'il faut qu'il aille à Angers, de là à Nantes, pour empescher les desseings de M. de Mercœur, qui commencent à esclater en Bretagne, comme V. M. entendra; et que s'il advenoit qu'il

ont imprimé desjà au cœur de plusieurs qu'il apprehende sa venuë, et que rien ne luy a faict quitter Blois, que cela. Un chascun n'ayant tesmoignage du contraire, pour ne pouvoir lire au cœur de Sa Majesté, et s'arrestant aux apparences, perdra cœur, et ses ennemys le redoubleront, et augmenteront le nombre de leurs partisans, oultre le tort que telle reputation fera au service de Sa Majesté, tant par

fust entre nos mains alors, chacun cognoistroit qu'il iroit de son faict. Là-dessus donc, il en revient là, que, dedans le premier jour de may, il vous baillera le Pont de Sée, et dés ceste heure vous en fera la promesse de sa main. Et cependant desire que V. M. s'accommode de Baugency avec Brigneux, qui aura commandement de se retirer à Blois, et y laisser 200 hommes avec le capitaine Villeneuve, le premier de son régiment qui est icy, et qui aura commandement de vous livrer Baugency. Là V. M. ne doute point que j'ay rien oublié de ce que j'ay deu : Que c'estoit un nouveau faict; que je n'en avois point de charge; que j'estois asseuré que V. M. ne le feroit pas; qu'il importoit à ses affaires que, d'abordée, V. M. acquist reputation, au lieu qu'on vous mettoit en hazard de la perdre; que le lieu estoit foible, non muni ni fortifié, proche de l'ennemi, loin de vous et des vostres, trois rivieres entre deux, et plusieurs autres choses; repetans tousjours que je savois qu'inutilement on vous proposeroit cela. Enfin la resolution a esté que je depescherois à V. M. et m'a esté commandé d'attendre vostre response; que S. M. donneroit ordre, que le marquis de Thuri vous ouvriroit Montrichard, qu'il vous bailleroit aussi Meun sur Loire, avec Baugency, mesme le Roy s'esloignant vers la Bretagne, comme il fera aprés ceste negociation conclue. Et je supplie tres-humblement V. M. d'y bien penser; car il ne suffit pas seulement de passer. Je pensois si V. M. auroit agreable que je parlasse de Blois, car peut-estre les y ferions-nous venir (et, pour ce, je supplie V. M. de m'en mander son intention : la ville est de reputation, logeable pour la retraite d'une armée), et qu'on y ajoutast Montrichard, ou Saint-Aignan, pour le passage du Cher. Il sera bon que V. M. fasse response fondée sur les raisons susmentionnées. Cependant je ne perdrois point tems, et croyez qu'il m'ennuie fort en prison. Je ne pense point, quoy que ce soit, qu'ils vueillent rompre. Le porteur vous dira le surplus. Surtout S. M. vous prie que son dessein de Bretagne ne soit point divulgué, afin que cela n'apporte point d'empeschement au remède qu'il y veut apporter. Je ne vous compte point icy les beaux propos, parce que je m'arreste aux effects. Nul ne sait que je sois icy. J'ay fort remonstré l'importance de conclurre promptement cette negociation, parce qu'en ceste attente vous ne mandez point vos forces de Guyenne et Languedoc.

« Sire,

« Que V. M. me renvoie, s'il luy plaist, promptement le porteur. Je supplie le Créateur qu'il lui doint, en santé, longue vie.

« Vostre tres-humble et tres-obeissant serviteur à jamais,

« DU PLESSIS.

« De Tours le 23 mars 1589. »

toute la France qu'en pays estrangers. Voilà pour l'honneur. Pour le dommage : il est indubitable que Meun², sur ceste simple nouvelle de l'esloignement du Roy, quittera; Baugency n'attendra la venuë du duc de Mayenne; Blois ira crier misericorde au devant de luy; Tours se revoltera et reduira la garnison dans le chasteau, dont l'armée ligueuse aura bon marché; Saumur portera les clefs au devant : si durant ce temps Sa Majesté a le loisir de se sauver par les Ponts de See³, ce sera tout ce qu'il pourra faire.

Que l'on ne regarde point ce qui est dict cy-dessus; quel moyen ont les serviteurs du Roy, de Bretagne, de le remettre dans les places d'où ils ont esté chassés, et d'où, depuis trois moiz, ils ne se sont peu asseurer? Quel esquipage d'artillerie, quelles forces a le Roy, pour les reduire à obeïr de crainte? Bref, c'est un voyage honteux, dont le dommage est certain, et le profict impossible. J'obmettois que Poitiers est en tel estat, qu'à l'esloignement du Roy et de mes troupes, sans doubte il se declarera pour la Ligue. Je ne puis ny ne doibs accepter Meun, Baugency, ny Blois. Je ne puis : parce que entrer dans de mauvaises places, à la barbe des ennemys, sans munitions, seroit perdre et les hommes, et la reputation que j'ay trop cherement acquise, en me faisant declarer apprentif; je priverois le Maistre de l'utilité qu'il espere de mon service, et ruinerois ses affaires et les miennes; ce que je ne veulx faire. Morlans vous dira quelque chose là dessus, que je n'ay voulu escrire. Vous souvienne que l'on vous asseura, qu'ayant passé, envoyant vers Sa Majesté il se declareroit. Faictes que cela soit. Pour Dieu! que l'on ne m'oste poinct le moyen de servir.

Les irresolutions ne sont pas de saison. J'ay proposé un moyen à Morlans de conserver la riviere de Loire. Je le feray à ces conditions. Bon soir, Monsr du Plessis. Je m'en voy coucher, tout fasché de ces longueurs.

Vostre trés affectionné maistre et meilleur amy,

HENRY.

---

² Meun-sur-Loire. — ³ Les Ponts-de-Cé.

[1589.] — 26 MARS.

Cop. — B. R. Fonds Leydet, Mém. mss. sur Geoffroy de Vivans, p. 93.

[A MADAME DE CAUMONT.]

J'ay receu et fort consideré tout ce que vous me representés de vos plainctes contre m^r de la Force. Sans mentir, je desirois, et de tout mon cœur, que les occasions de vous douloir se terminassent par aultre voye, veuë la proximité qui est entre vous. Je l'ay tousjours cogneu capable de raison; et de vostre costé, vous vous y estes aussy tousjours soubmise; il ne sera donc pas impossible que l'affection qui a esté aultre fois entre vous continue. J'ay regret de ne vous en pouvoir mettre en chemin; je le desire et n'ay de rien tant chargé Bissouse, allant par de là, que de se bien instruire de cest affaire. Je vous escriray encore par luy, et demeureray

Vostre trez affectionné cousin et parfaict amy,

HENRY.

Chastellerault, le xxvj^e de mars.

[1589.] — 28 MARS.

Orig. autographe. — Biblioth. de l'Arsenal, Mss. Histoire, n° 179, t. 1er.
Cop. — B. R. Suppl. fr. Ms. 2289-2, et Ms. 1009-4.
Imprimé. — *L'Esprit de Henri IV*. Paris, 1770, in-8°, p. 158. — *Vie militaire et privée de Henri IV*. Paris, an XII, in-8°, p. 129. — *Lettres de Henri IV*, etc. publiées par N. L. P. Paris, 1814, in-12, p. 45. — *Journal militaire de Henri IV*, par M. le comte DE VALORI. Paris, 1821, in-8°, p. 289.

[A MADAME LA COMTESSE DE GRAMONT.]

Mon cœur, J'ay faict un voyage de huict jours vers le Berry, où je n'ay esté inutile, ayant pris miraculeusement le chasteau d'Argenton, place plus forte que Leytour; desfait une troupe de cinquante hommes choisis de la Ligue qui la venoient secourir; reduict bien trois cens gentils-hommes ligueurs, les uns à porter les armes avec moy, les aultres promis de ne bouger, et ont pris saulve-garde, les aultres contraincts ne bouger de chez eux, de peur qu'on ne leurs pregne leurs maisons. J'ay prins aussy le Blanc en Berry, et dix ou douze aultres forts. Cela s'appelle cent-mille escus de revenu. Je me porte tres bien, Dieu mercy; n'aimant rien comme vous au monde. J'ay receu vostre lettre, il n'a fallu guere de temps à la lire. Bon soir, mon ame; je vous baise un million de fois. C'est le xxviiie mars, de Chastelleraut.

1589. — 5 AVRIL.

Orig. — Arch. de M. le baron de Scorbiac, à Montauban. Copie transmise par M. Gustave de Clausade, correspondant du ministère de l'Instruction publique.

A MONS^R DE SCORBIAC,

CONSEILLER DU ROY MON SEIGNEUR, EN SA COURT DE PARLEMENT DE THOLOZE.

Monsr de Scorbiac, Il y a long-temps que le s^r d'Hortoman, mon medecin, a une assignation de quatre cens escus sur Constans, recepveur des deniers publicques, estably en Rouergue; de quoy il m'a faict entendre n'avoir esté encore payé ny satisfaict : ce que je desire qu'il soit, tant pour estre personne de merite, que pour le service qu'il fait prez de ma personne. A ceste cause, j'ay bien voulu vous escrire la presente, pour vous prier de vouloir bien vous employer en ce dict affaire, pour le dict s^r d'Hortoman, de sorte que la dicte somme de quatre cens escus soit payée et deslivrée comptant à sa femme, à Montpelier, par le dict Constans, auquel le s^r d'Hortoman a laissé son mandement qu'il a eu de moy, et sa quictance pour cest effect. Vous ferés chose qui me sera fort agreable, et que j'estimeray avoir esté effectuée long temps a : à quoy m'asseurant que vous tiendrés la main, je ne vous en diray davantage, si ce n'est pour vous asseurer de plus en plus de ma bonne volonté, et prier le Createur vous tenir, Monsr de Scorbiac, en sa saincte et digne garde. De la Rochelle, le ve d'apvril 1589.

Vostre meilleur et plus affectionné amy,
HENRY.

¹ Je vous prie aussy faire pour du Pin.

---

¹ De la main du roi.

1589. — 8 AVRIL.

Orig. appartenant à madame de Preissac-Lyonsel, à Pau. Copie transmise par M. Eug. Garay de Montglave.

A MONS^R DE LA CHEZE.

Monsr de la Cheze, C'est à ce coup qu'il faut que tout le monde marche. Le Roy se veult servir de nous et nous a baillé le pont de Sé, passage sur la riviere de Loire, affin de faire la guerre à messieurs de la Ligue [1]; et, sy, nous avons accordé une trefve generalle.

---

[1] C'était cinq jours auparavant qu'avait été conclue entre les deux rois la trêve préparée par Mornay, acte d'une si haute portée politique, et dont le texte entier est nécessaire à l'intelligence de cette partie de la correspondance.

« ARTICLES DU TRAICTÉ DE LA TREFVE NÉGOTIÉE PAR M. DU PLESSIS, DE LA PART DU ROI DE NAVARRE, AVEC LE ROI HENRI III.

PREMIEREMENT.

« Que le roi de Navarre, avec toute fidelité et affection, servira le Roi de toutes ses forces et moiens, dependans tant de son particulier que de tout son parti, contre ceux qui violent l'auctorité de Sa Majesté et troublent son Estat, et ne les emploiera ailleurs, soit dedans ou dehors le Royaume, sans le commandement ou consentement de Sa Majesté.

« Pour lui faciliter le moien de mettre plus grand nombre de forces ensemble, et à ce que Sa Majesté puisse aussi plus librement se prevaloir en ceste guerre de toutes les siennes, est faite et accordée trefve generale et suspension d'armes et de toute hostilité par tout le Royaume de France entre Sa Majesté et le dit sieur roi de Navarre pour tous les pays, lieux et personnes respectivement qui les reconnoissent et obeissent, et ce pour un an entier complet et revolu, commençant dés le jour du present accord et finissant à semblable jour, l'un et l'autre inclus, durant lequel temps toutes choses demeureront, és lieux tenus d'une part et d'autre, en l'estat qu'elles sont à present.

« L'estat d'Avignon et comté de Venisse, appartenant à Nostre Saint Père le Pape jouira pareillement de la dite trefve, comme estant sous la protection de Sa Majesté.

« Le dit sieur roi de Navarre fera cesser tous actes d'hostilité commençant dés à present en la province où il est, et mandant à ceux qui commandent sous lui és autres provinces, de faire incontinent le semblable, nommement de rompre toutes entreprises.

« Comme Sa Majesté fera aussi en mesme tems commandement à ses lieutenans generaux et gouverneurs és dites provinces d'observer le semblable, et pour cest effect y depeschera homme exprés.

« Sera ordonné, tant d'une part que

Je m'asseure que vous ne seriez pas bien ayse de demeurer à la maison, tandis que nous serions aux mains avec ces messieurs-là. C'est d'autre, à ceux qui ont commandement esdites provinces qu'ils accordent entr'eux de la levée des deniers, les reglant au plus grand soulagement des subjets de Sa Majesté et de ses finances que faire se pourra. S'il se prend quelques places, ou aucuns des serviteurs d'une part ou d'autre, depuis le jour du present accord, tout sera restitué et restabli en l'estat qu'il se trouveroit lors de ladite prise, nonobstant que ceux qui l'auroient faite n'eussent receu ni peu recevoir le commandement touchant la dite surseance.

« A ce que le dit sieur roi de Navarre puisse avoir plus grande commodité de faire le service qu'il promet à Sa Majesté, elle fera dans le lendemain de Quasimodo, 10 du present mois d'apvril, mettre entre ses mains ou des siens les Ponts de Sée, pour se prevaloir à l'effet susdit du passage qu'il aura par ce moien sur la riviere de Loire.

« Le dit sieur Roi de Navarre, aiant le dit passage en son pouvoir, marchera avec ses forces, incontinent et sans sejourner en icelui, droit la part où sera le duc de Maienne, pour s'opposer à ses efforts et desseins, et ne fera la guerre qu'au dit duc et à ceux de sa faction, sans souffrir qu'il soit rien entrepris ni attenté és lieux et endroits de païs où l'auctorité de Sa Majesté est reconnue, ne, en quelque part que ce soit qu'il passera ou sejournera, changer, ni permettre changer, ou alterer aucune chose au fait de la religion Catholique Apostolique et Romaine, ni qu'il soit fait aucun mal ni desplaisir aux catholiques, tant ecclesiastiques que autres bons serviteurs de Sa Majesté, soit en leurs personnes, biens, ou autrement, en quelque sorte que ce soit.

« Si durant ceste guerre le dit sieur roi de Navarre ou les siens prennent quelques villes, chasteaux ou autres places par force, surprise, intelligence, ou y entrent en quelqu'autre façon que ce soit, il les remettra et laissera incontinent en la libre disposition de Sa Majesté, laquelle toutefois aura regard en l'election des gouverneurs qu'elle voudra mettre és dites villes qui seront prises, comme dit est, qu'ils ne soient suspects au dit sieur roi de Navarre d'autre affection que d'estre serviteurs de Sa Majesté.

« Et sauf aussi que pour sa commodité particuliere, retraite de ses blessés et autres malades pendant ceste guerre, et pour gage et seureté des frais qu'il fera en icelle pour le service de Sa Majesté, en attendant qu'elle les puisse rembourser, il pourra retenir une place en chascun bailliage ou seneschaussée de celles qui seront prises par lui ou les siens, pourveu qu'il n'y ait siége d'evesché, bailliage ou seneschaussée, et en laquelle place ne sera aussi aucune chose changée en la religion Catholique Apostolique et Romaine.

« Le droit que Sa Majesté a accoustumé prendre au dit lieu des Ponts de Sée lui demeurera libre et entier. Et neantmoins ledit sieur Roi de Navarre y pourra faire lever par nouvelle imposition jusques à la somme de vingt mille escus par an, pour l'entretenement de la garnison et autres frais qu'il conviendra faire pour la garde et seureté du dit lieu.

pourquoy je vous prye, incontinent la presente receue, de me venir trouver droict au dict pont de Sé, avec vos armes et chevaulx, et amener quant et vous votre filz, lequel advertira tous les cuirassiers et harquebuziers à cheval qui sont à Barbezieulx et Archiac, de venir et les amener, comme aussy vous amenerez tous ceulx qui sont demeurez à Pons et ez environs. J'estime que nous ferons quelque chose de bon et que vous ne serez point marry de vous y estre trouvé, comme je vous en prie encor ung coup, et d'user de la plus grande diligence qu'il vous sera possible, avec asseurance que vous serez le trés bien venu et receu de

Vostre bien affectionné et asseuré amy,

HENRY.

« Les receptes de Loudun et autres de la generalité de Tours, establies és lieux puis nagueres saisis par le roi de Navarre seront laissées à Sa Majesté, sauf ce que montera l'entretenement des garnisons ordinaires des dits lieux.

« Le dit sieur roi de Navarre, hors les païs et lieux qui sont de present en son obeissance, n'empeschera ni ne touchera en aucune sorte aux deniers de Sa Majesté et n'en imposera aucuns en quelque lieu que ce soit, ni mesmes és villes qu'il retiendra ainsi que dit est, mais seulement aura et prendra par les mains des officiers et receveurs de Sa Majesté ce qui lui sera par elle ordonné pour l'entretenement de la garnison qu'il lui conviendra avoir dans lesdites places, laquelle sera limitée et moderée selon la qualité d'icelles.

« En consequence de ce que dessus, Sa dite Majesté accorde main levée au dit sieur roi de Navarre et ceux de son parti, de tous et chascuns leurs biens, et leur en fera expedier toutes lettres et declarations necessaires, pour en jouir tant que la dite trefve durera, comme aussi reciproquement ils laisseront jouir les catholiques, tant ecclesiastiques que autres bons serviteurs de Sa Majesté de leurs biens et revenus és païs et lieux de leur obeissance.

« Fait, arresté et conclu, Sa Majesté estant à Tours, le troisiesme jour du mois d'avril 1589.

« HENRY.

« REVOL. »

« Outre ce dessus fut convenu à part, que ceux de la Religion ne seroient plus recerchés, que l'exercice en seroit libre et public en la ville du passage, en l'armée, et là où seroit la personne du roi de Navarre; aussi és villes qui en chacun bailliage seroient baillées au dit seigneur roi. Et parce que Saumur fut baillé, au lieu des Ponts de Sée, par la difficulté que fit le sieur de Casseins de s'en dessaisir, S. M. voulut que l'exercice ne fust public, de quatre mois, à Saumur, ains en maison privée seulement. Ce qui fut, pendant ce terme, observé par le sieur du Plessis. »

P. S. C'est à ce coup qu'il ne fault pas faillir, ou il n'y a plus d'amys. Je m'asseure que vous ne me voudrez manquer au besoin.

A . . . . ce viij° jour d'avril 1589.

[1589.] — 15 AVRIL.

Imprimé. — *Journal militaire de Henri IV*, publié par le comte DE VALORI. Paris, F. Didot, 1821, in-8°, p. 385.

[A MONS^R ANTOINE DE VALORY.]

Antoine de Valory, mon amy, J'ay occasion de vous faire congnoistre que le s^r de Cadinet ayant esté tué, le Roy est bien ayse que vous fassiez vostre service dans les quarante cinq[1]. Je vous prie faire estat de mon contentement de vous voir traicter selon voz merites; et vous viendrez offrir vostre bonne volonté en nostre endroict. Bonjour, Antoine de Valory, mon amy. Escript à Thouars[2], le quinziesme jour d'apvril.

HENRY.

[1589.] — 19 AVRIL.

Imprimé. — *Mercure de France*, année 1765, juin, p. 18. — *Archives généalogiques et histoire de la noblesse de France*, par M. LAISNÉ, t. VII, article de Brunet de Castelpers, p. 7.

[A MONS^R DE LESTELLE.]

Crapault[1], Que voulés-vous dire : Il n'est pas temps peut-estre de venir? Vostre frere dit que sy; et Lavardin est aussy gros que vous,

---

[1] Les quarante-cinq sont fameux dans l'histoire du règne de Henri III, comme gardes du corps entièrement dévoués à ce prince. Ils avaient bouche en cour, et jouissaient de plusieurs autres prérogatives. Ce furent huit de ces gentilshommes qui poignardèrent le duc de Guise à Blois.

[2] Au lieu de *Tours*, imprimé par M. de Valory. Voyez l'Itinéraire.

[1] La familiarité de la correspondance intime désigne par ce gai sobriquet Louis de Brunet, seigneur de Lestelle, baron de Pujols et de Cazeneuve, vicomte d'Ambialet et de Montbahus. Il était fils de Gui de Brunet, seigneur de Lestelle, et de

pour le moins. Laissons railleryes. Ne vous excusés; ce n'en est pas la saison. Mais si vous m'aimés, et si vous voulés que je le croye, monstrés l'exemple aux autres. Je te prye, Crapault, vien-moy trouver, et amene ce que tu pourras ou ce que tu vouldras; car en quelque façon que je te voye, tu seras le bien venu. Ce que nous avons fait jusques icy n'est pour rien compté, au prix de ce que nous ferons asture. A Dieu : Viçouse vous verra; Vissouse vous dira tout.

De Saumur, ce xixe avril.

Vostre plus affectionné maistre et amy,

HENRY.

[1589. — VERS LE 19 AVRIL.]

Orig. autographe. — Papiers de madame de Preissac-Lyonsel, à Pau. Copie transmise par M. Eug. Garay de Montglave.

A MONS^R DE LA CHESE.

Monsr de la Chese, J'ay esté bien ayse d'entendre par ceux qui sont venus devant vous, la resolution que vous avés prise de les suivre de prés; je vous prye l'effectuer incontinent, car j'ay besoing prés de moy du plus grand nombre de mes serviteurs, ainsy que vous fera entendre la Myletyere [1], et les occasions qui se presentent pour assu-

Bertrande de Guerre. Il fut conseiller et chambellan du roi de Navarre, et successivement gouverneur, pour ce prince, des villes de Tonneins, Clairac et Montpellier. Il était religionnaire zélé, assista à toutes les affaires qui signalèrent les guerres de cette époque, et continua ses services à Henri IV, roi de France. Les autres lettres à M. de Lestelle, publiées dans ce recueil, sont conservées en original par Mlle le vicomte de Panat, son descendant direct.

[1] M. de la Miletière ne put porter lui-même cette lettre à M. de la Chaise, à qui elle fut envoyée par le duc d'Épernon, comme le prouve la lettre suivante, dont l'original est également conservé dans les papiers de madame de Preissac-Lyonsel :

« A MONSIEUR DE LA CHAIZE.

« Monsieur, Tout présentement je viens de recevoir une lettre du Roy de Navarre par ung gentilhomme de ses gardes, qu'il m'a envoyée pour vous faire tenir en toute diligence : ce que je faiz par ce porteur,

rer nos affaires, lesquelles il ne faut perdre. Je vous prye donc faire diligence, et amener avecques vous ce que vous pourrés de vos amys. A Dieu, Monsr de la Chese; c'est

Vostre bien affectionné amy,

HENRY.

[1589. — 20 AVRIL.]

Orig. autographe. — Archives de la préfecture d'Indre-et-Loire. Envoi de M. le préfet. Imprimé. — *Mercure de France*, année 1766, janvier, vol. 11, p. 9. — *Armorial général de France*, par d'Hozier, registre I, 1re partie. — *Lettres de Henri IV*, etc. publiées par N. L. P. Paris, 1814, in-12, p. 76. — *Recueil de lettres de Henri IV*, à la suite du Journal militaire, publié par M. le comte DE VALORI. Paris, F. Didot, 1821, in-8°, p. 387.

[A MONS^R DE HARAMBURE.]

Harambure, Ceux de Mortaigne s'en retournent. Je leur ay faict entendre que je voulois qu'ils fissent faire une monstre à ma compagnie, avant qu'ils en délogeassent. Sollicités-les-en; aultrement, faites-leur entendre que je leur enverray un regiment. Nous aurons demain le passage de la riviere de Loire[1], où nous nous acheminons. C'est ce que, pour present, vous aurés de

Vostre affectionné maistre et amy,

HENRY.

que je vous envoye, exprés, ainsi qu'est venu le dict gentilhomme, exprés pour cest effect; lequel feust luy mesmes allé vers vous, n'eust esté que son cheval luy a failly; et dict avoir charge de Sa Majesté de vous dire que, en la plus grande diligence qu'il vous seroit possible, vous l'alliez trouver avec la plus grande diligence que pourrez et troupe, et partir à l'heure mesme. Et sur ce, je prie Dieu, Monsieur, vous donner en santé tres bonne et longue vie, me recommandant bien humblement à vos bonnes graces. A Pons, ce xxve avril 1589, à neuf heures du soir.

« Vostre affectionné amy à vous faire service,

« DUC D'ESPERNON. »

[1] Ce passage de la Loire se fit le 21 avril. Le roi de Navarre fit paraître le même jour une déclaration sur les motifs de cette démarche solennelle, qui annonçait publiquement sa prochaine réunion avec le Roi. Dans cette pièce, rédigée par

1589. — 30 AVRIL.

Cop. — B. R. Suppl. fr. Ms. 1009-3.
Imprimé. — *Memoires de messire Philippes de Mornay, seigneur du Plessis-Marli.* t. I, p. 901; édition de 1624, in-4°. — *Vie militaire et privée de Henri IV.* Paris, an XII, in-8°, p. 183.

A MONS^R DU PLESSIS.

Monsr du Plessis, La glace a esté rompuë, non sans nombre d'advertissemens que, si j'y allois, j'estois mort. J'ay passé l'eau en me

Mornay, se trouve un tableau des désordres de la Ligue, où sont exposés, d'une manière frappante d'éloquence et de vérité, les excès commis par cette faction pendant les trois mois qui avaient précédé, et où la situation politique du duc de Mayenne est jugée d'une manière supérieure.

« Pryons icy tous les ordres et estats de ce Royaume de se representer devant les yeulx quel empirement s'est ensuivy, et ensuivra par consequent de plus en plus en chacun d'eux, par la continuation de ces confusions: Ceux du Clergé, de considerer la pieté estouffée dans les armes, le nom de Dieu en blaspheme et la religion en mespris, s'accoustumant un chascun de se jouer du sacré nom de Foy, lorsqu'il voit que les plus grands le prennent pour pretexte des plus execrables infidelités qui puissent estre: Ceux de la Noblesse, de remarquer quelle cheute a pris leur ordre en peu de temps, quand les armes, marques ou de la noblesse hereditaire, ou loyers de vertu, sont comme traînées dedans la fange, mises és mains d'une populace qui de liberté passera en licence, de licence à l'abandon de toute insolence, sans plus respecter, comme ici on le voit, ni merites ni qualités: Ceux de la Justice, quel brigandage est entré par la porte du bien public, quand en la chambre des pairs de ce Royaume, où les plus grands laissent leur espée par reverence de justice, entre un procureur armé, accompagné de vingt marauds, porte l'espée à la gorge au Parlement de France, l'emmène en triomphe, en robes rouges, à la Bastille; quand un premier president est assommé, traîné et pendu à Toulouse, zelateur de sa religion, s'il en fut onques, et le plus formel ennemy de la contraire, par le monopole d'un evesque, et avec quelle apparence d'heresie! Monstres de fureur, de cruauté, de barbarie, qui pourtant ne peuvent vivre longuement, si ce n'est peut-estre par une maniere honteuse à ce siecle et à la nation qui les a portés et les supporte, detestable en quelque lieu qu'elle parvienne à la posterité: Ceux du Tiers-Estat, qui tout au moins devoient tirer parti de ces dommages, avisent s'ils sont soulagez des tailles et subsides, s'ils sont deschargez de la gendarmerie, si leurs boutiques és villes, ou leurs metairies és champs, s'en portent mieux; si les finances sont mesnagées mieux que devant; au contraire si les mangeries ne

recommandant à Dieu, lequel par sa bonté ne m'a pas seulement

redoublent pas, si l'herbe ne croît pas devant leurs portes, si pour une main qui fouilloit aux finances il n'y en a pas trois : si ce n'est qu'on appelle mesnage le sac des bonnes maisons donné aux crocheteurs, les rançonnemens aussi des gens de bien qui gemissent sous ces desordres; chose qui ne peut durer que peu de jours, et au bout desquels la populace, acharnée au sac de ceux qu'ils nomment Politiques, comme loups à un carnage, le butin venant à défaillir, se jettera cruellement et indifferemment sur tous les apparens.

« Se souviennent les villes, qui ont pris leur faction, en quel estat elles estoient auparavant, et en quel aujourd'huy. Le commerce, qui l'ira chercher au creux d'une forest ? la justice, dans les cachots de la Bastille ? les estudes, où la barbarie occupe tout : et, sy, sont-ce les moyens qui les ont fait venir à la splendeur, à la frequence, et à la richesse, les moyens qui seuls les y peuvent entretenir. Aujourd'huy c'est heresie que d'estre politique; mais la police qui les avoit mis en fleur est en mespris; demain ce sera un crime irremissible d'estre riche. Si au reste elles ont garnison, leur liberté périt, et la friandise de ce mot les a fait perdre; si elles n'ont point de garnison, les voilà donc en proie, accablées de gardes et mal gardées, en danger, à tout moment, d'une surprise : et voilà une liberté imaginaire pour prison.

« Les champs n'en auront meilleur marché, si ce mal dure. Un roy ne peut pas souffrir d'estre degradé par ses sujets : il fauldra ranger rigueur contre rigueur, et force contre force; les licences, les excés et les débordemens de ces perturbateurs en attireront d'autres : contre l'usurpation d'un estranger faudra que Sa Majesté soit secourue des estrangers; contre les menées et factions des Espagnols, des Allemands et Suisses : Nos champs en deviendront forests et nos guerets en friche, mal commun au laboureur et au bourgeois, commun et au gentilhomme et au clergé, mal qui nous redoublera les voleries des champs et les rages ès villes. Et lors, malheur aux auteurs et fauteurs de ces misères : le peuple convertira ceste fureur contre eux, rachetera de leur sang son abolition, son repos et sa vie; et verront, à leurs dépens, que c'est d'arracher le sceptre au Souverain, le glaive au magistrat, pour armer et autoriser la licence d'un peuple !

« Voilà qu'ils pensent avoir arraché le Roy de son trone : ils en ont laissé la place vuide. Demandons leur, en conscience, pour qui y asseoir : le duc de Mayenne ? Qui sera le prince en chrestienté qui ne s'y opposera ? qui ne se connoisse interessé en cet exemple ? De nostre noblesse, combien de maisons se trouve-t-il qui ne voudroient obeir à celle de Lorraine, moins au cadet des cadets ? maisons honorées de l'alliance de nos Rois et des princes voisins, qui ont cet article par dessus, d'estre nez François, et d'avoir perseveré en leur naissance. Ces gens, quel contre-cœur leur seroit-ce de ployer le col sous un si foible joug, de voir leurs vies et leurs honneurs à la discretion de ces nouveaux venus, que nature leur a fait egaux, de qui la loy du Royaume a mesuré l'espée à mesme pied; que Dieu mesme n'a rien advantagé sur eux, qu'autant qu'il les a abandonnés à leur pre-

preservé, mais faict paroistre au visage du Roy une joye extreme;

somption, leur arrogance? Combien de princes de la maison de Bourbon ont-ils à percer, premier que venir là? Princes armés de droit et de courage, et de creance contre cette imaginée chimere d'usurpation; pour le sang desquels cette noblesse exposera le sien : noblesse qui en semblables mutations se voit tousjours enterrée avec la monarchie, noblesse de qui l'honneur et le degré est attaché à celui de nos Rois, qui ne peut pas esperer, en somme, de tenir le rang sur le commun, que Dieu luy a donné, quand elle verra son souverain, celuy de qui elle tient l'espée, précipité du sien. Que chacun se taise, qu'on leur laisse faire à leur loisir tout ce qui leur plaira. S'ils veulent fonder leur usurpation sur les pretentions de Charlemagne, comment s'accorderont-ils avec monsieur de Lorraine et ses enfans? Comment? ores que ceulx-là veuillent acquiescer, avec la branche de Vaudemont? Et s'ils pensent la couronne deüe aux merites, aux labeurs et aux vertus, c'est-à-dire aux monopoles du feu duc de Guise, comment donc en frustrent-ils son heritier? Et qui doute que tous les cadets de la maison n'en pretendent leur part, c'est-à-dire qu'ils ne se resolvent donc à deschirer l'Estat et en partir les pièces?

« François, imaginez-vous icy quel sera vostre estat. Ces changemens d'un extreme en l'autre ne se font jamais sans un renversement tres violent. Le renversement de la maison où nous sommes logés ne se peut pas faire qu'il ne nous accable. Nostre corps ne s'en va point en vers et en serpens, que la mort ne precede. Ces serpens ne peuvent naistre, ne peuvent sortir du corps de cet Estat, qu'il ne soit resolu, peri et pourri; que nous tous, qui ne vivons qu'en luy, n'en souffrions la ruine. Il est bien aisé de desirer une couronne, aisé à un peuple esmeu et passionné contre son prince, de penser au changement d'estat; entre le desir ambitieux et l'accomplissement, entre vos promptes coleres et vostre vengeance si lointaine, combien de journées et de batailles, combien de sang et de sac, et de misere! Les siecles ne suffiront à decider cette querelle. Le fils y prendra la place de son pere, et le frere du frere. Vous aurés perpetué une confusion à la posterité, qui en maudira vos frenaisies, vostre memoire.

« Et combien vous seroit plus à propos d'abreger tant de calamités par une paix; une paix qui, du chaos si tenebreux où vous vous estes mis, vous remist en lumieres, vous rendist vous mesmes à vostre nature et à vostre sens, qui vous delivrast de ces inquietudes où vous estes, de ce labyrinthe où vous estes entrés, que vous jugés bien que ne pouvés franchir, et dont cependant vous ne voyés le bout; une paix qui remist chascun en ce qu'il aime; rendist au bon-homme sa charruë, à l'artisan sa boutique, au marchand son traffic, aux champs la seureté, aux villes la police, et à tous indifferemment une bonne justice; une paix qui vous rendist l'amour paternel du Roy, à luy l'obeissance et fidelité que luy devés; une paix, en somme, qui rendist à cest Estat l'ame et le corps: le corps qui s'en va tiré, par ces ambitions, en mil pieces; l'ame, je veux dire ce bel ordre qui l'a conservé, qui du haut jusques au bas degré s'en va tout en confusion.

au peuple, un applaudissement non-pareil, mesmes criant : *Vivent les*

« Ces choses considerées, chascun venant à approfondir, soit le mal que luy-mesme se fait, soit celuy qu'il aura à souffrir en ces confusions, nous nous asseurons que ceulx qui jusques icy ont persisté en leur debvoir envers Sa Majesté doubleront d'affection et de courage à le servir de bien en mieux contre ses ennemis; que ceulx qui soubs bonne foy se sont laissés aller à leurs pratiques ne voudront estre instrumens de leur propre ruine, en sappant le pied de cest Estat dessus leurs testes, ains desisteront plustost d'un si mauvais party, recourans à la clemence de Sa Majesté, qu'il tient à toute heure ouverte à ceulx qui la recerchent. Quant à ceulx qui s'opiniastreront, ennemis du Roy et de ce Royaume et de leur propre bien, comme ils acquerront très justement l'ire de Dieu et la haine des hommes, aussi n'ont-ils à attendre qu'un jugement redoutable de là-haut, condigne à leurs merites, que Dieu vueille, sur ces obstinés, accelerer, par sa misericorde, pour l'abregement de tant de maux et de miseres, le bien, repos et soulagement de tant de povre peuple !

« Pour nostre regard, nous protestons que l'ambition ne nous met point aux armes; assez avons-nous monstré que nous la mesprisons; assez avons-nous aussi d'honneur, d'estre ce que nous sommes; et l'honneur de cest Estat ne peut perir que n'en perissions. Aussi peu, et Dieu nous est tesmoin, nous mene la vengeance. Nul n'a plus receu de torts et d'injures que nous, nul jusques icy n'en a moins poursuivy, et nul ne sera plus liberal de les donner aux ennemis, s'ils veulent s'amender, en

tout cas, à la tranquillité, à la paix de la France.

« Ce qui nous afflige, que nous ne pouvons voir ni prevoir sans larmes, c'est que cet Estat soit reduict à ce poinct, que son mal, si envieilli, si obstiné, ne se puisse guerir sans maux. De ces maux nous protestons contre la playe et ceulx-là qui l'ont faicte. Qui a faict la playe est coulpable du fer et du cautere, des incisions et des douleurs que necessairement ils font. Suffit, et chascun aussy le pourra voir, qu'en ce peu que nous pourrons, nous y apporterons le soin du bon chirurgien qui aime le malade. Les ennemis certes qui aiment la maladie y apporteront, outre le fer, et la haine et la fraude, ne pouvans estre contens qu'en leur ambition sur cest Estat, ne pouvans la contenter aussi que par sa mort finale : mort que nous rachepterons au prix de nostre vie et de tous nos moyens. Ains plustost, comme nous esperons en la grace de Dieu, gardien des rois et des royaumes, reverrons en peu de temps, pour fruit de nos labeurs, le Roy en l'authorité qui luy est née et deuë; le Royaume en la vigueur et en la dignité que jadis il avoit, à l'honneur de Dieu, au contentement de tous les bons François, consolation de tant de pauvre peuple, crevecœur de ceulx qui en convoitent la ruyne. Donné à Saumur, le dix-huitiesme jour d'avril 1589.

« HENRY.

« Par le Roy de Navarre, premier prince du sang et premier pair de France :

« DE VIÇOSE. »

Roys; de quoy j'estoys bien marry[1]. Il y a eu mille particularités que l'on peut dire remarquables. Envoiés-moy mon bagage, et faictes advancer toutes nos trouppes. Le duc de Mayenne avoit assiegé Chasteaurenault; sçachant ma venuë, il a levé le siege, sans sonner que la sourdine, et s'en est allé à Montoire et Laverdin. Demain vous aurés plus de nouvelles. A Dieu.

Du Faux-bourg de Tours, où est le quartier de nostre armée, ce xxxᵉ avril 1589.

Vostre affectionné maistre et meilleur amy,
HENRY.

1589. — 13 MAI.

Orig. — Musée britannique[1]. Copie transmise par M. l'ambassadeur de France à Londres.

A MONSʳ CECYLL.

Mon Cousin, Estant, monsʳ de Buhy[2], depesché par le Roy, mon seigneur, pour les occasions qu'il vous fera entendre, je l'ay bien

---

[1] Il est difficile de garantir la sincérité de ce respectueux regret; mais quant au cri de *vivent les Rois,* cette circonstance est rapportée par l'Estoile, avec d'autres détails fort intéressants sur cette entrevue, d'une si grande importance dans l'histoire: « Aussitost qu'il eust esté mandé du Roy, il s'y achemina avec bien petite trouppe et passa la riviere le dimanche dernier avril, pour venir trouver Sa Majesté au Plessis-les-Tours, où il est incroyable la joie qu'un chacun monstra avoir de ceste entrevue, et avec quelles acclamations de liesse elle fut poursuivie : car il s'y trouva une telle foulle, concours et affluence de peuple, nonobstant tout l'ordre qu'on s'essayast à y donner, que les deux rois furent ung grand quart d'heure, dans l'allée du parc du dict Plessis, à se tendre les bras l'un à l'autre, sans se pouvoir joindre et aprocher, tant la presse y estoit grande et le bruict des voix du peuple resonnant, qui crioit à grande force et exaltation: *Vive le Roy ! vive le roy de Navarre ! vivent les Roys !* Enfin s'estant joints, ils s'embrasserent tres amoureusement, mesme avec larmes, principalement le roy de Navarre, des yeux duquel on les voyoit tomber grosses comme pois, de grande joie qu'il avoit de voir le Roy. »

---

[1] Cette indication est sans doute insuffisante; mais la copie qui nous est envoyée de Londres n'en porte pas d'autre.

[2] Dans cette copie très-imparfaite, on

voulu accompagner de la presente, pour vous prier le vouloir assister de vostre faveur envers la Royne, vostre maitresse, afin qu'il obtienne les secours et l'interest de tous en une cause si commune et si juste. J'ay à louer Dieu grandement de la grace qu'il m'a faicte d'avoir reuni nos forces, en mesme volonté et dessein, avec Sa Majesté, contre les ennemys de cest Estat; et de tant plus qu'il semble manifestement que ce soit une œuvre de sa seule main plustost que des hommes, qui m'a fait avoir plus d'affection [à l'en informer], à la demande et poursuite de cest ambassadeur; duquel vous croirez plus facilement l'affection, le zele et l'intégrité, quand vous sçaurez qu'il est frere du s' du Plessis, que connoissez, avec lequel il a esté le principal instrument, de la part de Sa Majesté, en la negociation du traicté qu'Elle a fait avecques nous; dont il s'est si fidelement et dignement acquitté, qu'il fault confesser qu'il a faict un notable service à ceste couronne, et qu'estant plus recommandable, je vous recommanderay, mon Cousin, la personne et le subject tout ensemble, pour recognoistre en son endroit ce plaisir, d'aussi bon cœur que je prie Dieu vous avoir, Mons' le grand tresorier, en sa tres saincte et digne garde. Escript à Tours, ce xiij° may 1589.

Vostre affectionné cousin et meilleur amy,

HENRY.

1589. — 14 MAI.

Orig. — Musée britannique, art. 63. Copie transmise par M. l'ambassadeur de France à Londres.

[A MONS^R CECYLL.]

Mon Cousin, Oultre ce qu'avés entendu par le s' de Buhy des affaires de deçà, le s' de la Tuillerie vous en pourra discourir, et spe-

lit *Muy;* mais il est certain qu'il faut lire Buhy, puisqu'il s'agit du frère aîné de du Plessis-Mornay. C'était Pierre de Mornay, seigneur de Buhy, de Saint-Cler et de la Chapelle-en-Vexin. Il fut maréchal de camp, lieutenant général au gouvernement de l'Ile-de-France, chevalier des ordres du Roi, et mourut en 1598, à l'âge de cinquante et un ans.

cialement de ce qui touche nostre particulier, pour lequel je l'ay depesché. Je vous prie, mon Cousin, le vouloir oïr et croire, employant vostre faveur, à l'effet de sa negotiation importante, au bien de nos Eglises et conservation de cest Estat, afin que les choses, bien commencées, puissent succeder à bonne fin : et sur ce, je prieray Dieu vous avoir, mon Cousin, en sa tres saincte et digne garde.

A Tours, ce xiv° mai 1589.

Vostre bien affectionné et asseuré amy,

HENRY.

[1589.] — 15 MAI.

Orig. autographe. — B. R. Suppl. fr. Ms. 1939, fol. 28 recto.

A MONS^R DE SOUVRÉ [1].

Monsr de Souvré, J'ay esté averty que vous eustes hier une alarme, et que vous en deviés encores avoir ce jour d'huy une aultre. Je vous prye me mander ce qui en est, et tout ce que pourrez apprendre

---

[1] Gilles de Souvré, marquis de Courtenvaux, baron de Lezines, chevalier des ordres du Roi, maître de sa garde-robe, et gouverneur de Touraine, fils aîné de Jean, seigneur de Souvré et de Courtenvaux et de Françoise Martel, dame de la Roche-du-Maine, fut d'abord capitaine du château de Vincennes, au retour de Pologne, où il avait accompagné Henri III. Il rendit un signalé service à ce prince, après les Barricades, en maintenant la ville de Tours sous son obéissance; et il venait d'avoir l'honneur de l'y recevoir au mois de janvier précédent. Cette ville devint alors la résidence royale, et resta, jusqu'à la soumission de Paris en 1594, le siége du Parlement, qui, par lettres patentes, du 2 juin 1589, accorda à M. de Souvré entrée, séance et voix délibérative. M. de Souvré, très-aimé de Henri III, ne l'était pas moins du roi de Navarre. C'est lui que ce prince, avant et depuis son avénement au trône de France, appelle du surnom familier de *la Gode*, comme il donnait à M. de la Boulaye le sobriquet de *Petit-enfant*, à M. de l'Estelle celui de *Crapault*, à M. de Harambure celui de *Borgne*. Il décerna à M. de Souvré la plus haute marque d'estime en le nommant gouverneur du dauphin. Sous le règne de Louis XIII, M. de Souvré devint premier gentilhomme de la chambre du Roi et maréchal de France. Il mourut en 1626, à l'âge de quatre-vingt-quatre ans.

d'ailleurs des ennemys. Cette-cy n'estant à aultre fin, je demeureray

Vostre bien affectionné et meilleur amy,

HENRY.

A Bleré[2], le 15 may.

1589. — 16 MAI.

Orig. — Arch. du département de la Dordogne. Envoi de M. le préfet.

A MESS[rs] LES CONSULS DE LA VILLE DE BERGERAC.

Messrs les consuls, Parce que je mande à mons[r] de la Force de me venir trouver, et qu'il est necessaire que quelqu'un demeure en sa place pour avoir l'œil à la conservation de vostre ville, comme je luy escris, je vous prie de recevoir celuy qu'il y laissera, et l'obeir comme à luy-mesmes, à ce que rien ne s'altere pour son absence. Je m'asseure qu'il n'y mettra personne qui ne me soit affectionné, et à vous agreable. Mais encore, selon le soing ordinaire que vous avés à vostre conservation, desiré-je que vous fassiés en sorte que tout y demeure en l'estat qu'il est, jusqu'à son retour. Rochecombe vous dira de mes nouvelles, et vous asseurera de mon amitié. Mais encore vous veulx-je dire que je n'eus jamais tant de desir de vous la tesmoigner par effect que j'ay, à present que Dieu m'a faict la grace d'estre bien remis en celle de mon Roy. Cela servira pour vous et pour mes aultres amys. Aimés-moy donc, et croyés, Messrs les Consuls, que je seray tousjours

Vostre bon et plus asseuré amy,

HENRY.

A Montrichard[1], ce xvj[e] may 1589.

[2] Bourg de Touraine, auprès d'Amboise.

---

[1] Ville de Touraine, dans l'arrondissement d'Amboise (Indre-et-Loire).

1589. — 17 MAI.

Orig. — Arch. municipales de Bordeaux. Copie transmise par M. le secrétaire général de la ville.

A MESS^{rs} LES MAIRE ET JURATZ DE LA VILLE DE BORDEAUX.

Messrs, Je ne vous sçaurois exprimer l'ayse que je reçois de la faveur que Dieu m'a faicte de m'avoir presté ceste occasion pour tesmoigner à la France et à toute la Chrestienté, que je n'ay jamais eu aultre but que de servir à mon Roy et à son Estat; et si, à cela, il est assisté de tous les vrais François et gens de bien, j'espere que Dieu luy fera la grace de voir bientost son Royaulme remis en sa premiere splendeur, et le mal qui l'a si longuement affligé renvoyé sur les anciens ennemys d'icelle. J'envoye le s^r de Frontenac par delà pour vous le faire entendre, et le contentement que je reçois d'avoir cest heur et honneur d'estre si bien remis en la bonne grace de Sa Majesté. Je tascheray de m'y conserver, en le bien servant et en luy faisant paroistre que j'ay tousjours eu en affection le bien de ses affaires aultant que les miennes propres. J'embrasseray ses bons et loyaux subjects et serviteurs, pour unanimement nous employer à son service. Vous estes de ceulx-là, et partant je m'asseure que vous serés trez ayses de ce mien bon-heur, lequel je veulx entierement rapporter au bien de son Estat et soulagement du pauvre peuple, que je procureray de tout mon pouvoir. Continués donc, Messrs, je vous prie, la fidelité que vous avés jusqu'ici tesmoignée à Sa Majesté, en ce qui est du deub de vos charges, et croyés que, oultre le gré qu'Elle vous en sentira, que je la recognoistray aussy par tous les effects de l'amitié que je veulx garder à tout vostre ville; et comme vous avés eu en affection mes predecesseurs, je vous prie aussy de m'aimer, et croire que mon amitié sera esgale à la leur envers vous, et qu'en cela je leur succederay tousjours, et vous en feray voir des tesmoignages, aux occasions que vous me vouldrés employer, soit vers Sa Majesté ou ailleurs. Je vous recommande doncque encore un coup son service, et comme tel vous prie pour Icelle, d'assister mons^r le mareschal; je le fais aussy. Aimés-moy, et prenés asseurance que vous me trouverés tousjours, Messrs,

Vostre bien affectionné et meilleur amy,
HENRY.

A Montrichard, ce xvij^e may 1589.

1589. — [17 MAI.]

Orig. autographe. — B. R. Fonds Béthune, Ms. 8476, fol. 3o verso.

Cop. — B. R. Suppl. fr. Ms. 1009-3.

Imprimé. — *Notice sur la vie de Henri le Grand*, à la suite des Amours du grand-Alcandre, t. II, p. 58. Paris, Didot l'aîné, 1786, in-12.

A MONSIEUR MON COUSIN, MONS^R LE DUC DE FERRARE [1].

Monsieur mon Cousin, J'ay esté trop ayse d'avoir entendu de vos nouvelles par le sieur comte de Landy; c'est le premier fruict que j'ay receu des bonnes graces du Roy, mon seigneur, la veue duquel me donne ce bien de me mettre en la souvenance de mes amys. Je vous ay tousjours, Monsieur mon Cousin, creu de ce nombre; ce que vous me faictes encores plus paroistre par ceste nouvelle obligation que je vous ay de la peine que vous avés prise de m'envoyer visiter. Je m'asseure que la plus agreable parole que le sieur comte vous pourra porter de moy, ce sera quand il vous dira le bon recueil qu'il a pleu à Sa Majesté me faire, m'ayant appellé à son service, seul contentement au monde duquel je confesse l'ambition. On vous a tousjours veu si bon François, Monsieur mon Cousin, que vous vous réjouirez aultant de cela que je m'en asseure, comme je sçay que les miseres de la France vous doibvent avoir ennuyé. Si Dieu me veult tant faire de grace, servant bien mon Roy, que je luy puisse apporter assés d'assistance pour y remedier, j'espere que ce bonheur me rendra plus de moyen d'estre utile à mes amys, que jusques icy mes traverses ne

---

[1] Alphonse d'Est, duc de Ferrare, de Modène et de Reggio, fils aîné d'Hercule d'Est et de Renée de France, fille de Louis XII, né le 22 novembre 1533, succéda à son père le 3 octobre 1559, et mourut le 27 octobre 1597.

m'en ont peu oster. Quant vous me ferés ce bien de le voulloir espreuver, vous trouverés en moy toute l'affection et bonne volonté que vous sçauriez desirer de

Vostre tres affectionné cousin et tres parfaict amy, à vous obeir,
HENRY.

[1589.] — 18 MAI.

Orig. autographe. — Biblioth. de l'Arsenal, Mss. Histoire, n° 179, t. Ier.
Cop. — B. R. Suppl. fr. Ms. 2289-2, et Ms. 1009-4.
Imprimé. — *Essai sur les mœurs*, par VOLTAIRE, addit. au chap. CLXXIV, lettre VIIe. — *Vie militaire et privée de Henri IV*. Paris; an XII, in-8°, p. 135. — *Lettres de Henri IV, etc. publiées par N. L. P.* Paris, 1814, in-12, p. 71. — *Journal militaire de Henri IV*, par M. le comte DE VALORI. Paris, 1821, in-8°, p. 275.

[A MADAME LA COMTESSE DE GRAMONT.[1]]

Mon ame, je vous escris de Blois, où il y a cinq mois que l'on me condamnoit heretique et indigne de succeder à la couronne, et j'en suis asteure le principal pilier. Voyés les œuvres de Dieu, avers ceulx qui se sont tousjours fiés en luy! Car y avoit-il rien qui eust tant apparance de force qu'un arrest des Estats? cependant j'en appelois devant Celuy qui peut tout[2], qui a reveu le procés, a cassé les arrests des hommes, m'a remis en mon droict, et crois que ce sera aux despens de mes ennemys[3]. Ceux qui se fient en Dieu et le servent ne sont jamais confus[4]. Je me porte tres bien, Dieu mercy; vous jurant avec verité, que je n'aime ny honore rien au monde comme vous[5], et vous garderay fidelité[6] jusques au tombeau. Je m'en voy à Boisjency, où je crois que vous oirés bientost parler de moy[7].

---

[1] L'original de cette lettre, dont le *fac-simile* est joint au présent volume, a cela de curieux que la comtesse de Gramont a écrit dans les interlignes un petit commentaire à sa façon, dicté par un mouvement de dépit. Les renvois suivants indiquent la place où se trouve dans la lettre chacune de ces remarques imprimées ici en notes.

[2] « *Ainsy font bien d'autres.* »

[3] « *Tant mieux pour vous.* »

[4] « *Voilà pourquoy vous y devriés songer.* »

[5] « *Il n'y a rien qui n'y paroisse.* »

[6] « Corisande a ajouté au commencement de ce mot : « *l'in* (l'infidélité), » puis elle fait suivre la phrase, ainsi modifiée, « de cette remarque : « *Je le croy.* »

[7] « *Je n'en doute point : d'une ou d'aultre façon.* »

Je fais estat de faire venir ma sœur bien-tost. Resolvés-vous de venir avec elle[8]. Le Roy m'a parlé de la Dame d'Auvergne[9]; je crois que je luy feray faire un mauvais sault. Bon jour, mon cœur, je te baise un million de fois. Ce 18me may. Celuy qui est lié avec vous d'un lien indissoluble.

[1589.] — 21 MAI.

Orig. autographe. — Biblioth. de l'Arsenal, Mss. Histoire, n° 179, t. Ier.
Cop. — B. R. Suppl. fr. Ms. 2289-2, et Ms. 1009-4.
Imprimé. — *L'Esprit de Henri IV.* Paris, 1770, in-8°, p. 158. — *Essai sur les mœurs*, par VOLTAIRE, addit. au chap. CLXXIV, lettre VIIIe. — *Vie militaire et privée de Henri IV.* Paris, an XII, in-8°, p. 138. — *Lettres de Henri IV*, etc. publiées par N. L. P. Paris, 1814, in-12, p. 46. — *Journal militaire de Henri IV*, publié par M. le comte DE VALORI. Paris, 1821, in-8°, p. 280.

[A MADAME LA COMTESSE DE GRAMONT.]

Vous entendrés de ce porteur l'heureux succés que Dieu nous a donné au plus furieux combat qui se soit faict de ceste guerre[1]. Il vous dira aussy comme mons^r de Longueville, de la Nouë et aultres ont triomphé prés de Paris. Si le Roy use de diligence, comme j'espere qu'il fera, nous voirons bien-tost les clochers Nostre-Dame de Paris. Je vous escrivis, il n'y a que deus jours, par Petit-Jean. Dieu veuille que ceste sepmaine nous fesions encore quelque chose d'aussi signalé que l'aultre. Mon cœur, aimés-moy tousjours comme vostre, car je vous aime comme mienne[2]. Sur ceste verité, je vous baise les mains. A Dieu, mon ame. C'est le xxj^me may. De Boijancy.

---

[8] « *Ce sera lorsque vous m'aurés donné la maison que m'avés promise prés de Paris, que je songeray d'en aller prendre la possession et de vous en dire le grant mercy.* »

[9] La reine de Navarre, alors renfermée au château d'Usson.

---

[1] Le combat livré devant Tours, les 8 et 9 mai, dans le faubourg de Saint-Symphorien, qu'attaquèrent les ducs de Mayenne et d'Aumale, et que défendit avec la plus brillante valeur le comte de Châtillon, fils de l'amiral de Coligny.

[2] Ici Corisande a ajouté : « *Vous n'estes à moy, ny moy à vous.* »

1589. — 22 MAI.

Cop. — B. R. Suppl. fr. n° 1009-6.

Imprimé. — *Histoire de France*, par Pierre Mathieu, l. VIII, t. I, p. 767. Paris, 1631, in-fol. — *Mémoires de la Ligue*, t. III, p. 554; édition de 1758, in-4°; — et en extrait dans l'Histoire de la maison de Bourbon par Désormeaux, l. VIII, t. V, p. 597, in-4°.

A MESS^{rs} DE LA VILLE D'ORLEANS.

Mes amis,

Je suis bien marry de vous venir visiter en telle compaignie, et d'estre contrainct, depuis si long-temps que je me suis approché de vous, de montrer à ceste province et à vostre voisinage l'effroy et les incommodités que la guerre y apporte[1]. J'ay toutesfois dés-jà rendu tant de tesmoignages, et devant Dieu et devant les hommes, du deplaisir que j'ay aux armes; j'ay par tant de diverses actions monstré que les miennes n'avoient aultre but que la paix, que, sur ceste confiance, j'espere que Dieu les benira, et principalement à ceste heure, quand aux yeulx de toute la Chrestienté, mon Roy m'a tant honoré de s'estre luy-mesme rendu juge de mes droictes intentions; et meilleur tesmoing que j'eusse sceu desirer à mon innocence. J'ay en general convié par diverses fois la France à desirer son repos; j'ay, pour mon devoir au service du Roy, mon seigneur, et au bien de ma

---

[1] « Le duc de Guise ayant esté tué à Blois le 23 decembre 1588, Rosieux, secretaire du duc de Mayenne, et gendre du sieur d'Armonville, s'achemine à Orléans, fait prendre les armes aux habitans et bloquer la citadelle. M. d'Antragues, gouverneur d'Orléans, se presente aux portes, qui luy furent fermées et refusées, à cause qu'il avoit plongé les habitans dans la rebellion de la Ligue, et luy, estant venu à resipiscence, les en vouloit destourner : si bien que les habitans desiroient changement d'un gouverneur, et se feussent remis dans l'obeissance; car j'ay veu une lettre escrite à Blois, du 24 decembre 1588, signée Henry, et plus bas Ruzé, par laquelle le Roy mandoit à M. d'Antragues, sur l'avis qu'il luy avoit donné, qu'il luy envoyoit six compagnies de ses gardes pour secourir la citadelle d'Orléans. La citadelle fut battue et prise par les habitans d'Orléans, le dernier jour de janvier 1589, et à l'instant rasée, et, conspirant Orléans avec Paris et autres villes, les habitans se declarerent pour la Ligue. » (*Hist. et antiq. de la ville et duché d'Orléans*, par François le Maire, conseiller au présidial d'Orléans, p. 217. Orléans, 1648, in-fol.)

patrie, tant de fois prevu et protesté dés le commencement des dernieres guerres civiles, contre les maulx dont elles ont rempli cest Estat : mes prevoyances ont esté aussy veritables comme mes protestations inutiles jusques icy, à mon tres grand regret, Dieu ayant envoyé sa verge de division sur ce pauvre Royaume. Je ne me lasseray neantmoings jamais de bien faire chez moy; mon pays manquera plus tost de devoir envers ce citoyen, que le citoyen envers son pays. Et tant que je verray ce malade respirer, je ne l'abandonneray jamais, qu'il ne soit entierement guary, ou moy mort avec luy.

Ce que j'ay faict en general je le feray encore en particulier partout où j'en auray le moyen; et suis bien aise que m'approchant de vous, devant que les armes fassent leurs effects, je puisse essayer ce que la raison et la doulceur gagneront parmy vos esprits qui, quelque fureur, quelque contagion que Dieu vous ait envoyée, sont encore françois, je m'en asseure, et de la race de ceulx qui assisterent Charles septiesme, refugié à Bourges, contre l'Angleterre, contre la Bourgogne, la Guyenne, la Normandie, la Bretagne et quasi toute la France bandée contre luy. Je ne me puis jamais assez estonner où vous avez mis vostre raison, pour quitter ce beau titre de vos ancestres; je ne sçay quel peut estre le subject si grand et si important qui vous ait faict à si bon marché abandonner vostre fidelité, le serment qu'à vostre naissance chascun de vous a juré à son pays, le vœu que vous avés reiteré au couronnement de tant de roys, et duquel, dés-jà tant d'années, vous vous estes obligés sous celui-cy que Dieu nous a donné à ceste heure. Je ne puis penser qui vous peut imprimer que la condition esclave des Espagnols soit plus doulce que la liberté de la France; que les croix de Lorraine, de Bourgogne, gouvernent mieulx un Estat que les anciennes et heureuses fleurs de lys, que toute la Chrestienté revere : somme, que la qualité d'estre estimé traistre, rebelle à son magistrat, à son prince, mespriser ses commandemens, violer sa majesté, soit meilleure et plus honorable que celle d'un bon citoyen, d'un fidel subject.

Il me sieroit mal, à moy qui ay porté les armes pour la liberté de la conscience, si je blasmois les vostres qui seroient fondées sur ce pretexte-là. Ce qui a esté excusable en ceulx de la Religion, vous le diriés loisible en vous; mais puisque vous aimés ce qu'on tient comme à reduire à vostre exemple, mettés-vous donc au moings en mesmes termes qu'eux. S'ils eussent voulu planter à coups d'espées leur creance en France; s'ils eussent faict une guerre offensive à leur Roy, devant que d'estre attaquez et forcez à se defendre, qu'eust-on dict? Ils ne l'ont jamais faict; tousjours ils ont esté sur la defensive, tousjours prests à recevoir la paix quand on leur a voulu donner. Et neantmoings, pour ce seul regard que l'oinct du Seigneur, celuy à qui le sceptre appartient, estoit contre eux, Dieu n'a pas tousjours beni leurs armes, pour monstrer aux peuples qu'il n'a rien si cher que de conserver la majesté des roys, image de la sienne, et ses lieutenans en la terre. Vous avés aultrefois accusé ceulx de la Rochelle, vous les avez injustement nommés traistres et rebelles, pour ne vouloir pas quitter la liberté de leur conscience et mettre leur vie à l'abandon et à la mercy de leurs ennemis. Si vous leur enviés ces beaux noms-là, attendés donc au moings que, comme eux, vous voyiés publier des edicts par lesquels on proscrive tous les Catholiques de France; attendés que vous les voyés tuer par toutes les bonnes villes vos voisines, et une armée ennemie fondre sur vos murailles pour vous saccager: lors, la crainte excusera vos armes; la necessité, vostre rebellion. Mais jusques là, mes Amis, quelle haste avés-vous de donner à vos enfans, des perfides, des rebelles, des criminels de leze-majesté en leur race? Vous repliquerés qu'il ne sera pas temps lors, et que vous y voulés pourvoir auparavant. Si vous estimés vostre cause et vostre fin meilleure que celle de ceulx de la Religion, vous devés donc croire par consequent que Dieu ne vous favorisera pas moings qu'eux, puisque vous vous servés de leur imitation. Souvenés-vous donc qu'ils ont eu à faire à l'Estat de France florissant, à des Roys bien obeys, bien establis, que souvent on les a surpris, on a tué leurs chefs. Ils n'ont jamais donné coup, que premierement ils n'en ayent receu deux; ils n'ont jamais eu ces prevoyances que vous avés; et neantmoins, après tout cela, ils sont encore en vie et en liberté, graces à Dieu. Fera-t-il moins pour vous, quand on vous attaquera? et vous sçavés tous que, nonobstant, vous estes plus forts qu'ils n'estoient, et que vous ne pouvés jamais avoir les ennemis qu'ils ont eus. Qui vous fait precipiter? Quelle fureur, pour la crainte d'estre mal à vostre aise d'icy à un siecle, de vous rendre mal-heureux et miserables dés à ceste heure; pour empescher un peché, faire des crimes; pour prevenir un mal esloigné, en faire et en souffrir une infinité de presens; pour asseurer la liberté de vos enfans, les nourrir dans la servitude; pour establir leur repos et leurs biens, les abandonner à la guerre et au pillage? Croyés-moy, mes Amis, ceulx qui vous mettent cela en la teste se servent de vostre dos pour monter aux echaffauds de leur ambition; mais ils ont oublié à vous dire que si l'echaffaud renverse (comme il fera indubitablement), ils seront precipitez du hault en bas, et vous, accablez au-dessoubs, si eux ne descendent de bonne heure, et vous ne vous ostés de là avant que tout fonde.

Pensés-y : c'est vous donner des peurs trop vaines, de vous persuader que nostre Roy, le plus catholique qui fust jamais, vous contraigne à quitter vostre religion catholique, trop esloigné de vous menacer; que moy je le feray. Je ne suis poinct vostre Roy; je ne le seray (si plaist à Dieu) jamais. Quand j'y serois appelé, je ne serois pas si peu sage, que je ne fuye toutes occasions qui peuvent apporter la guerre civile et division en un Royaume. Or je suis bien aise de vous en pouvoir parler de si prés, et si vostre voisin. Vous avés veu, il n'y a que deux jours, mercredy et jeudy dernier, les commencemens de benediction que Dieu envoye sur nos armes à Senlis et icy[2], à la vue des deux plus grandes villes de France[3] : jettés les yeulx là-dessus. Ce n'est poinct à vous à desbattre contre vostre Roy

---

[2] Les deux affaires toutes récentes que rappelle ici le roi de Navarre sont la levée du siége de Senlis, le mercredi 17 mai, et, le lendemain, la rencontre de Bonneval, où le comte de Châtillon défit entièrement les troupes de deux seigneurs de la Ligue, Saveuse et Forcevilles.

[3] Bien que la seconde ville de France fût, comme aujourd'hui, Lyon, l'importance de Tours, où se trouvait alors le Roi

s'il a eu occasion ou non de punir monsr de Guise [4]. Il y en a eu en France aultresfois, d'aussi grande maison que luy, plus honteusement traictez, pour qui neantmoins les peuples n'ont poinct pris la mauvaise querelle. Les souverains ne rendent qu'à Dieu seul compte de leur sceptre [5]; c'est à nous à y obeïr quand les choses sont faictes. Jamais vous ne vous trouverés bien d'un si mauvais fondement. Que

avec la cour et le Parlement, font mettre ici cette ville sur la même ligne que Paris. Ce fut à Tours que Châtillon, après avoir chassé, la semaine précédente, le duc de Mayenne des faubourgs de cette ville, vint annoncer au Roi la nouvelle victoire de Bonneval. Quant au siége de Senlis, il fut levé par les Parisiens, qui étaient les assiégeants. On regardait, à Paris, le succès comme tellement certain, « qu'il y en eut, dit Mathieu, qui partirent pour achepter le pillage de la ville, la tenant comme prise. » La milice parisienne, à laquelle les seize colonnelles de la capitale avaient contribué, quoique s'y étant bien montrée, suivant l'Estoile, ne tint pas contre les ravages de l'artillerie du duc de Longueville; et la Noue se chargea de disperser les fuyards, qu'il mena battant jusqu'à Saint-Denis. M. de Balagny et le duc d'Aumale eurent grand'peine à lui échapper. C'est sur leur fuite et leur piteux retour à Paris que Passerat composa les célèbres quatrains, cités dans la satire Ménippée, comme servant de légende à la cinquième tapisserie de la salle des États:

> A chascun nature donne
> Des pieds pour le secourir, etc.

Le troisième chef des Parisiens, Mayneville, que Henri III appelait *Mène-Ligue*, fut tué; et sa mort causa tant de douleur à Paris, que l'ouvrage qui y obtint alors la vogue fut la pièce élégiaque des Imprécations contre Senlis. En voici les derniers vers :

> Bref, tousjours Senlis soit au reste de la France
> Un exemple d'horreur, d'ennuys et de souffrance,
> Pour avoir veu mourir devant ses murs pervers
> Le vaillant Mayneville, honneur de l'univers.

[4] « Chascun sçait, dit le Maire, les pompes et oraisons funebres faites à la memoire des princes de Guyse, mesme que dans l'eglise des Cordeliers d'Orleans, à main droite en entrant, proche le maistre-autel, l'on fit tailler dans la muraille deux images de bas-relief se jettant hors du plan, estans peintes en face avec clarté, representant le cardinal et duc de Guyse. Parce que les vieilles femmes et enfans commançoient à les reverer et honorer comme s'ils estoient des saints, y faisant baiser leurs chappelets, les officiers de la justice les firent oster. » — Les statues en ronde bosse du duc et du cardinal de Guise ne furent pas brisées alors par les ordres de la justice, comme le dit le Maire; elles le furent, plus tard, par les frères cordeliers Pourrot et Guenée, auxquels le parlement de Paris fit faire leur procès. L'arrêt du parlement ligueur qui les mit en accusation est invoqué dans un monitoire lancé par l'officialité d'Orléans, le 11 mars 1592, et dont M. Monmerqué possède le placard imprimé original.

[5] C'était l'opinion du temps, sur ce que Pasquier appelait les *morts d'Estat*. Plusieurs historiens d'alors ont exposé les

si vous vous plaignés qu'on vous voulust donner des gouverneurs, ou mettre une garnison qui vous fouleroit; qu'on vous vouloit faire des citadelles et aultres telles choses (combien que ce soyent plainctes ordinaires de toutes villes, qui ne sont pas loisibles en un Royaume bien paisible et en un estat bien obeïssant), neantmoins les desordres du nostre les ont rendues plus recevables. Quand vous ne desireriés que cela, j'ay peu de credit auprés du Roy mon seigneur, mais je me fais fort qu'oubliant vos faultes, il l'accordera, si vous vous mettés en vostre devoir de le recognoistre et de luy demander pardon. Et de ceste façon vous n'aurés poinct peur qu'aultre que vous-mesmes vous contraigne à quitter vostre Religion, qu'aultre vous bastisse vos citadelles que vous-mesmes, qui serés vous-mesmes vostre garnison; et cela vous est et plus seant et plus utile, que d'estre tousjours en peine et en allarme, d'avoir besoing d'une armée pour vous faire escorte toutes les fois qu'il vous faudra sortir un peu hors des portes; de voir brusler vos champs, vos maisons, vos vignes; mettre vos enfans et vos femmes au bissac, pour venger les querelles d'aultruy.

principes d'après lesquels on voyait dans ces sanglantes mesures un droit incontesté de l'autorité royale. Quant à la situation particulière du duc de Guise, comme l'un de ces grands coupables mis hors la loi, cette situation est exposée dans le discours que Henri III tint à son conseil, le matin même du 23 décembre. En voici les derniers mots: « La journée des Barricades, où le peuple de Paris s'est eslevé si audacieusement contre moy, la deffaicte des regimens françois et suisses de ma garde, le dessein qu'ils avoient de m'assieger dans mon Louvre et de me retenir prisonnier, ne sont que trop d'exemples pour conjecturer que quand j'aurois faict mettre le duc de Guise et les principaux de son party prisonniers, il ne seroit en mon pouvoir de leur faire leur procez. D'abondant je suis bien adverty de leurs secrettes intelligences avec le roy d'Espagne, qui les secourt de deniers... Ne voylà que trop de crimes de leze-majesté, que trop de conspirations descouvertes. Il n'est de besoin à un roy, pour chastier les autheurs de tels attentats, proceder par les voyes ordinaires de justice, qui ne sont ordonnées que pour tenir le simple peuple en son devoir. Mais quand les grands d'un royaume ont conspiré contre l'Estat, contre la vie et dignité de leur roy, on n'a jamais regardé en ces cas-là, à y remedier par les loix et coustumes ordinaires du pays... Je ne doy point douter aussi que les princes mes voisins ne trouvent bonne l'execution qui s'en fera... et je croy qu'ils jugeront que j'auray justement usé de mon authorité royale. » (Cayer, *Chronologie novenaire*, fol. 107 verso et 108 recto.)

Mes Amis, si j'estois Espagnol ou de Lorraine, je ne vous parlerois pas ainsy ; je me plairois de voir la guerre, de me voir à vos portes, prest à vous bloquer ou à vous assieger ; je m'imaginerois dés-jà vostre pillage : c'est de quoy les ennemis se glorifient, et si j'estois le vostre, je le desirerois. Mais je suis François, je suis de vos princes, j'ay interest à vostre conservation : pour cela je vous en parle. Vous pouvés, si vous voulés, vous tenir en vos gardes, en seureté, en repos, les maistres en vos maisons, rendre doulcement l'obeïssance et les devoirs que vous devés à vostre Roy. Et comme vostre exemple a servi à beaucoup de faire les fols, faites aussy que vostre imitation en fasse beaucoup de sages. Et croyés, mes Amis, pour mon dernier mot, qu'à la verité s'il n'y avoit qu'une seule ville qui eust fait rebellion, vous devriés estre fort en peine ; mais puisque le mal est contagieux, il le fault guarir par doulceur. Il est bien certain neantmoins, que tout ainsi que la premiere ville qui aura attendu la force recevra des chastiemens exemplaires, la premiere aussi qui recherchera la doulceur aura bien plus d'avantage et de facilité à la trouver que celle qui attendra à l'extremité. Je vous asseure, mes Amis, que je serois bien aise et bien heureux de pouvoir estre employé au dernier plustost qu'au premier, car je suis François et vostre.

HENRY.

1589. — 2 JUIN.

Imprimé. — *Correspondance politique et militaire de Henri le Grand avec J. Roussat, maire de Langres*. Paris, 1816, in-8°, p. 11 [1]. — Et *Journal militaire de Henri IV*, publié par M. le comte DE VALORI. Paris, 1821, in-8°, p. 357.

A MONS^R ROUSSAT, MAIRE DE LANGRES [2].

Monsr le maire, J'ay receu vos lettres ; je suis bien ayse que persistés en l'affection que vous portés au service du Roy et bien de cest

---

[1] Un *fac-simile* de cette lettre autographe est joint au volume de la correspondance de Roussat.

[2] Jean Roussat, fils de François Roussat, successivement lieutenant général à Langres, président à Chaumont en Bassigny, et élu quatre fois maire de Langres, depuis 1584 jusqu'à sa mort, fut très-con-

Estat. Continuez vos bons offices, que je recognoistray ; resistez virilement et de courage contre les desseings des ligueurs. Dieu nous a faict la grace, depuis qu'avons passé Loire, de leur avoir faict sentir sa main. Nous sommes en bonne union avec le Roy. J'espere que toutes choses s'avancent de bien en mieux. Faites toujours estat de mon amitié, et que je suis

Vostre affectionné amy,
HENRY.

De Tours, le deuxiesme de juin 1589.

[1589. — 6 JUIN.]

Orig. autographe. — B. R. Fonds Dupuy, Ms. 407, fol. 2 recto.
Cop. B. R. Suppl. fr. Ms. 1009-4.
Imprimé. — *Mercure de France*, année 1768, avril, vol. II. — *Lettres de Henri IV*, etc. publiées par *N. L. P.* Paris, 1814, in-12, p. 104.

AU ROY, MON SOUVERAIN SEIGNEUR.

Mon Maistre[1],

Vous sçavez comme le comte de Soissons s'estoit gouverné en mon endroit, sy n'ay-je pour cela laissé de porter un regret infiny du desastre qui luy est arrivé; que je puis appeler ainsy, tant pour la façon de sa prinse, que pour celuy qui l'a prins[2]. Dieu l'a puny justement

---

sidéré de Henri III et de Henri IV; et les lettres que lui écrivirent ces deux rois, conservées dans sa famille, ont été données au public en 1816, par deux de ses descendants. M. Roussat s'étant rendu à Paris, au mois de mai 1610, pour voir le Roi, et arrivant quelques heures après l'attentat de Ravaillac, éprouva un tel bouleversement, qu'il en tomba malade, et succomba à cette maladie au bout de deux mois.

---

[1] Les mémoires du temps nous apprennent que Henri III voyait dans le titre de *monseigneur* quelque chose de moins libre et de moins affectueux que dans ce mot, *mon maistre*, dont le roi de Navarre se servait avec lui étant jeune, avant son évasion de la cour en 1576. Lors de leur réunion au Plessis-lès-Tours, ces deux princes, qui, après avoir passé ensemble une partie de leur enfance et de leur jeunesse, ne s'étaient pas vus depuis quatorze ans, reprirent des habitudes d'intimité.

[2] Ce prince venait d'être fait prisonnier par le duc de Mercœur, à Château-Girons près de Rennes.

pour sa presomption : si son maistre punissoit sa jeunesse, ce seroit trop. Ayés donc pitié de luy; et asteure qu'il sera sage à ses despens, retirés-le, vous en avés plusieurs moyens en vostre main. Il a cest honneur de vous appartenir : vous obligerés toute sa race, non à vous servir, car ils le vous doibvent, mais à vous aimer, qui est une chose à quoy les obligations forcent. Je ne le dis pour moy, car je vous jure devant Dieu que je n'aimerois un frere comme je vous aime. Pardonnés-moy ce hardy language; une douzaine des principaux de vostre Royaulme vous le pussent-ils dire avec autant de verité que je fais!

Mon advis sur ces circonstances est que, tant que vous ferés de diverses armées, il ne faut douter que né soyés subject à tels accidens. Je diray donc que Vostre Majesté doibt avoir un chef aux provinces où il n'y en a point, avec ce qu'il luy faut seulement pour conserver ce que vos serviteurs tiennent, et faire que ce qu'il y aura de plus vienne tout à vous. Car rabattant l'autorité du chef, les membres ne sont rien. Ceux que vous envoyés aux provinces veulent tous vous acquerir quelque chose, et par là se rendre recommandables. C'est un juste desir, mais non propre pour vostre service asteure. Trois mois de deffensive par vos serviteurs, et vous employer ce temps à assaillir, vous mettent non du tout hors de peine, mais vos affaires en splendeur et celles de vos anemys en mespris, grand chemin de leur ruyne. Je puis vous donner ce conseil plus hardiment que personne ; nul n'a tant d'interest à vostre grandeur et conservation que moy, nul ne vous peut aimer tant que moy, nul n'a [plus] experimenté cecy que moy, à mon grand regret. Lorsque nous oyons dire : le Roy faict diverses armées, nous louyons Dieu et disions : Nous voilà hors de danger d'avoir du mal; quand nous entendions : le Roy assemble ses forces et vient en personne, et ne faict qu'une armée, nous nous estimions, selon le monde, ruynés. Vostre Majesté juge sur ceste comparaison la justice des deux causes ; la difference de l'establissement, du party; lesquels sont le plus aguerris. L'on dira : mais ils ont les capitales villes. Ce sont les aspics qu'ils nourrissent en leur sein, qui les tueront, si ce que dessus est faict; mais si on leur donne loisir, ils ruineront et vous et eux. Mon Maistre! guardés ceste lettre, pour, si vous me croyés et qu'il vous en arrive mal, me le reprocher; aussy qu'elle me serve d'acte de ma fidelité, si vous ne me croyés et que vous en treuviés mal. Monstrés cet advis à qui il vous plaira. Je voudrois avoir donné beaucoup et estre prés de Vostre Majesté, pour alleguer mille raisons qui font pour moy, qui seroient trop longues à escrire. Voicy un coup de partie : resolvés meurement et executés diligemment. J'attendray vostre commandement, comme

Vostre tres humble et tres obeissant subject et serviteur,

HENRY.

1589. — [7 JUIN.]

Orig. autographe. — B. R. Fonds Dupuy, Ms. 407, fol. 4 recto.
Cop. — B. R. Suppl. fr. Ms. 1009-4.
Imprimé. — *Mercure de France*, année 1778, avril, vol. II. — *Lettres de Henri IV*, etc. publiées par N. L. P. Paris, 1814, in-12, p. 107. — *Fastes de Henri IV*, par V. A. REVEL. Paris, 1815, in-8°, p. 380.

AU ROY, MON SOUVERAIN SEIGNEUR.

Mon Maistre,

Je vous avois escript hier, tant pour le pauvre comte de Soissons, que mon advis sur ces circonstances. J'approuve l'election du prince de Dombes[1] pour la Bretagne, et encores plus, que vostre

---

[1] Henri de Bourbon, prince souverain de Dombes, fils unique de François de Bourbon, duc de Montpensier, et de Renée d'Anjou, marquise de Mézières, était gouverneur de Dauphiné, et entrait dans sa dix-neuvième année, lorsque Henri III le nomma, en juin 1589, gouverneur de Bretagne. Il eut d'abord quelques avantages sur le duc de Mercœur; mais il perdit contre lui, en 1592, la bataille de Craon, où il montra une grande valeur. Il devint, peu de temps après, duc de Montpensier, par la mort de son père, auquel il succéda dans le gouvernement de Normandie. Après la carrière militaire la plus glorieuse, il mourut, le 27 février 1608, des suites d'une blessure qu'il avait reçue à la bataille de Dreux. Henri IV dit, en apprenant sa mort : « Toute la France le regrette, parce qu'il a bien aimé Dieu, servi son Roi, fait bien à plusieurs et jamais tort à personne. » De sa femme, Henriette-Catherine de Joyeuse, il n'eut qu'une fille, Marie de Bourbon, femme

voyage n'est retardé², car le bruit couroit partout qu'alliés en Bretagne; j'en estois enragé³, car pour reguagner vostre Royaulme, il faut passer sur les ponts de Paris. Qui vous conseillera de passer par ailleurs n'est pas bon guide. Mon Maistre! ayés pitié du comte de Soissons; qu'il ne soit privé, par une longue prison de vous faire service, et de s'en rendre capable en l'exerçant. Bien que ce porteur desirast de vous porter les fruicts de son labeur, sy l'ay-je expressement depesché pour le subject de mon cousin, le comte, à qui je veux rendre ce que je crois qu'il ne pense pas. Mon Maistre, vous respondrés pour moy de mon bon naturel. Mr de Marolles⁴ vous contera toutes nouvelles. Je remets le tout sur luy. Bonjour, mon Maistre; Dieu vous doint ce que je vous desire, et vous serés le plus heureux prince du monde. D'Iliers, ce 7ᵉ.

Vostre tres humble et tres obeissant subject et serviteur,

HENRY.

[1589.] — 22 JUIN.

Orig. autographe. — B. R. Suppl. fr. Ms. 1939, fol. 30 recto.

A MONSʀ DE SOUVRÉ.

Monsʳ de Souvré, Quelques uns de Tours ont pris prisonnier un de mes serviteurs, nommé Saman, de Chasteaudun. C'est parce

de Gaston de France, second fils de Henri IV, et dont la fille unique, en qui s'éteignit la branche, fut la célèbre Mademoiselle de Montpensier.

² C'est-à-dire qu'il ne se fera pas du tout, au lieu d'être seulement différé de quelque temps, ce que craignait le roi de Navarre.

³ Voyez ci-dessus la lettre du 24 mars précédent, à du Plessis-Mornay.

⁴ Il ne peut être ici question de Claude de Marolles, père du célèbre abbé de Marolles, et qui était un des plus chauds partisans de la Ligue, comme le prouva son duel avec Marivaut, le jour même de la mort de Henri III. Mais le personnage qui est envoyé à ce prince par le roi de Navarre a pu être Claude de Lenoncourt, seigneur de Marolles, fils de Pierre de Lenoncourt et d'Isabeau de Canisy, lequel était, en 1586, guidon de la compagnie de M. de Dinteville.

qu'ils luy doibvent de l'argent; et l'accusent qu'il est de la Ligue, pour le luy faire perdre. Je sçay bien que, lorsque monsr du Mayne y passa, qu'il eust assez à faire à se garantir, parce qu'il est bon serviteur du Roy[1]; de quoy je vous puis asseurer, mesme qu'il a un passeport de moy. Je vous prye donc le faire mettre en liberté pour l'amour de moy. Ce que m'asseurant que vous ferez, je ne vous en diray aultre, sinon que je suis, Monsr de Souvré,

Vostre meilleur et affectionné amy,

HENRY.

A Chasteauneuf, ce xxije juin.

[1589.] — 24 JUIN.

Orig. autographe. — Biblioth. de l'Arsenal, Mss. Histoire, n° 179, t. 1er.
Cop. — B. R. Suppl. fr. Ms. 2289-2, et Ms. 1009-4.
Imprimé. — *Vie militaire et privée de Henri IV*. Paris, an xii, in-8°, p. 140. — *Journal militaire de Henri IV*, publié par M. le comte DE VALORI. Paris, 1821, in-8°, p. 281.

[*A MADAME LA COMTESSE DE GRAMONT.*]

Vraiment, j'apprehende de vous escrire, car vos lettres me tesmoignent que n'y prenés pas beaucoup de plaisir. Dieu benit de plus en plus mes labeurs; nous primes hier Pluviers, et crois qu'Estampes suivra de prés. Ce porteur vous contera si bien comme tout va, que j'aurois peur de vous importuner par vous en escrire le discours. Peguilain, lieutenant de vostre fils, a envoyé vers mr d'Espernon pour demander pour luy la compagnie. Je m'y trouvay et en rompis le coup; pourvoyés-y, car le Roy fera servir la dicte compagnie de vostre fils, ou icy, ou auprés du mareschal. Choisissés. Vostre

[1] L'expédition du duc de Mayenne sur un faubourg de Tours, qu'il emporta et où se commirent les plus horribles excès, s'était faite le 8 mai précédent. Il avait été repoussé par Châtillon et avait fait retraite au moment où arrivait le roi de Navarre. En ne permettant point à ce prince de poursuivre les ligueurs, et en n'y allant pas lui-même, le Roi dit, par allusion au nom du duc de Mayenne : « Il ne seroit raisonnable de hasarder un *double henri contre un carolus.* »

homme n'est encores venu pour le faict de l'evesché. Quoy que me fassiés, si n'aimé-je, ny honoré-je rien que vous au monde. Sur ceste verité, je vous baise les mains un million de fois. De Pluviers, ce xxiiij[me] juin.

[1589.] — 14 JUILLET.

Orig. autographe. — Biblioth. de l'Arsenal, Mss. Histoire, n° 179, t. 1er.
Cop. — B. R. Suppl. fr. Ms. 2289-2, et Ms. 1009-4.
Imprimé. — *L'Esprit de Henri IV.* Paris, 1770, in-8°, p. 159. — *Vie militaire et privée de Henri IV.* Paris, an XII, in-8°, p. 142. — *Lettres de Henri IV, etc.* publiées par N. L. P. Paris, 1814, in-12, p. 47. — *Journal militaire de Henri IV,* publié par M. le comte DE VALORI. Paris, 1821, in-8°, p. 301.

[A MADAME LA COMTESSE DE GRAMONT.]

J'attends vostre fils, qui n'est loin. Toutesfois, ce qu'il a à faire est le plus dangereux. Il s'accompagnera de quelques troupes qui me viennent. Nous sommes devant Pontoise, que je croy que nous ne prendrons pas. L'on l'a attaqué contre mon opinion; les plus vieus ont esté creus. J'ay peur qu'ils revoyent. Hautefort[1] fut tué hier, qui est perte pour la Ligue. Les ennemys et nous avons esté en bataille tout ce jourd'huy, pele mesle, la riviere entre deux. Leurs troupes ne sont pas eguales aux nostres, ny en nombre, ny en bonté. L'Isle-Adam s'est rendu anuy; qui est un pont sur la riviere d'Oise. J'y voy loger demain. Il n'y a plus d'eau entre mons[r] du Maine et moy : il est à St-Denis. Nous nous joindrons aux Souisses dans six jours. M[r] de

---

[1] Edme de Hautefort, seigneur de Thenon, second fils de Jean de Hautefort et de Catherine de Chabannes, gentilhomme ordinaire de la chambre du Roi en 1572, capitaine de cinquante hommes d'armes des ordonnances en 1574, chevalier de l'ordre en 1579, gouverneur et sénéchal du Limousin en 1580, lieutenant général au gouvernement d'Auvergne, puis de Champagne et de Brie pour la Ligue, dont il fut un des plus zélés partisans. Il fut tué, la veille de cette lettre, au siége de Pontoise, qu'il défendait contre le Roi. Sa mort et la blessure de d'Alincourt, gouverneur de la place, déterminèrent, presque aussitôt, la soumission de Pontoise, annoncée dans la lettre suivante, et malgré les prévisions contraires exprimées dans celle-ci.

Longueville et de La Noue les meinent. Bien que nous soyons jour et nuict à cheval, si est-ce que nous treuvons ceste guerre bien plus doulce : l'esprit y est plus content. Devant hier je fis voir mes troupes au Roy, passant sur le pont de Poissy. Je luy monstray douze cens maistres et quatre mille arquebusiers. Mon cœur, j'enrage quand je vois que vous doubtés de moy, et de despit je ne tasche point de vous oster cette opinion. Vous avés tort, car je vous jure[2] que jamais je ne vous ay aimée plus que je fais; et aimerois mieulx mourir que de manquer à rien que je vous aye promis. Ayés ceste creance, et vivés asseurée de ma foy. Bon soir, mon ame, je vous baise un million de fois. Ce 14e juillet, du camp, à Pontoise.

[1589.] — 25 juillet.

Orig. autographe. — B. R. Suppl. fr. Ms. 1939, fol. 31 recto.

A MONSᴿ DE SOUVRÉ.

Monsʳ de Souvré, J'escris à mon cousin monsʳ le cardinal de Vendosme toutes nouvelles; il vous en fera part. Depuis ma lettre escripte, des gentilshommes qui sont dans Pontoise m'ont envoyé demander seureté pour venir parler à moy. Ils offrent dejà leurs enseignes et tambours, et de sortir avec leurs armes, la mesche esteinte, et les gens d'armes avec un bon cheval. J'espere que dans à ce soir nous entrerons dedans. Les Suisses arrivent à ce soir à Poissy. Je les iray voir demain. Aimez-moy tousjours, Monsʳ de Souvré, et croyez que je seray à jamais

Vostre trez affectionné et plus asseuré amy,

HENRY.

Au camp devant Pontoise, le xxve juillet.

---

[2] Ici Corisande avait mis en interligne une remarque qui a été effacée ensuite.

[1589.] — 1ᵉʳ AOÛT.

Orig. — B. R. Suppl. fr. n° 1939, fol. 25 recto.
Imprimé. — *Souvenirs historiques des résidences royales de France*, par J. VATOUT, premier bibliothécaire du Roi. Tome V, *Palais de Saint-Cloud*, p. 76. Paris, 1842, in-8°.

A MONSʀ DE SOUVRÉ.

Monsʳ de Souvré, La prosperité des affaires du Roy, aprés la reddition de Pontoise et la prinse du pont de Sᵗ Cloud, que les ligueurs ont quicté laschement, a bien cuidé estre changée par le plus malheureux acte qui fut jamais commis; mais Dieu a preservé Sa Majesté miraculeusement, pour rendre, comme je crois, ses ennemys plus coupables et en advancer la ruine. La resolution de cest hypocrite caphard s'est executée; le coup s'est donné, mais il n'a pas porté comme il esperoit; tellement que nous sommes asseurés de la guerison. Vous pouvez penser quel ennuy ce nous a esté du commencement. J'estois prés les faulxbourgs Sᵗ Germain quand le Roy m'a mandé que je le vinsse treuver. Estant arrivé, il m'a commandé de tenir le conseil. Cest acte au reste nous a tous redoublé le courage et le desir de le venger sur la teste de ses ennemys, qui voyans leur dessein n'avoir reussi à leur gré, en creveront de despit, et sentiront bientost l'horreur de leur jugement. Tenez toutes choses dans vostre gouvernement en estat, qu'il n'y arrive aulcune altercation; vous ayant bien voulu escripre la presente pour vous tesmoingner que Sa Majesté est hors de danger[1], et que dans six jours Elle pourra monter à cheval. Asseurez-

[1] Du Portal, premier chirurgien, avait répondu au Roi : « qu'on ne recognoissoit pas qu'il fust en danger, et qu'il y avoit esperance, avec l'ayde de Dieu, que dans dix jours il monteroit à cheval. » Henri III lui-même, après une première crise, avait repris confiance. Il écrivit à la Reine une lettre toute de sa main, et, parmi d'autres qu'il signa, nous avons celle qui fût adressée à Mornay. C'est le commentaire le plus convenable de la dernière lettre de Henri, roi de Navarre.

« À MONSIEUR DUPLESSIS.

« Monsʳ Duplessis, aprés que mes ennemys ont employé tous les artifices les plus

vous aussi, Mons⁻ de Souvré, de mon amitié, et croyez que je suis

Vostre plus affectionné et meilleur amy,

HENRY.

A S⁺ Cloud, ce premier d'aoust.

²L'avis que j'ay eu de la disposition du Roy, depuis la presente es-

dignes de leur felonnie et desloyauté, pour parvenir au but de leur trahison, voyans que Dieu, par sa grace, comme protecteur des rois et juste vengeur de l'infidelité, prenoit le soin du restablissement de mon autorité, à leur confusion, ils ont pensé n'y avoir plus de salut pour eux que par ma mort, et qu'il falloit mettre à execution le desseing de la conspiration qu'ils en avoient desjà prise de longue main, et n'espargner, pour ce faire, aucun acte, pour barbare qu'il peust estre; et sachant bien le zele que je porte à ma religion catholique, apostolique et romaine, l'accès et audience libre que je baillois à toute sorte de religieux et gens d'eglise qui vouloient parler à moy, sous ce manteau, violant les lois divines et humaines, et la foy qui doit estre en l'habit d'un ecclesiastique, ce matin un jeune jacobin, amené par mon procureur general, pour me bailler (ce disoit-il) des lettres du sieur de Harlay, premier president en ma cour de Parlement, mon tres bon et tres fidele serviteur, detenu pour ceste occasion prisonnier à Paris, et me dire quelque chose de sa part, a esté introduit dans ma chambre par mon commandement; et lorsque j'estois encore seul, et n'y ayant personne que le sieur de Bellegarde, premier gentilhomme de ma chambre, et mon dict procureur general, aprés m'avoir presenté les dictes lettres fausses, et feignant avoir à me dire quelque chose de secret, j'ay fait retirer les deux dessus dits; et lors ce mal-heureux m'a baillé un coup de couteau, pensant bien me tuer; mais Dieu, qui a le soin des siens, et qui n'a voulu permettre que, sous la reverence que je porte à ceux qui se disent voués à son service, son tres humble serviteur perdist la vie, me l'a conservée par sa grace, et empesché son damnable desseing, faisant glisser le couteau, de façon que ce ne sera rien, s'il luy plaist, et que dans peu de jours il me donnera, et ma santé premiere et la victoire de mes ennemis. Dont je vous ai bien voulu advertir, tant pour vous faire cognoistre la mechanceté de mes dicts ennemis, que pour vous asseurer de l'esperance de ma brefve guerison, Dieu merci, afin que les artifices et le bruit qu'ils font courir de ma mort ne vous abusent et ne vous mettent en la peine que recevroient mes bons serviteurs d'un si etrange mal-heur advenu à leur Roy: priant sur ce le Createur qu'il vous ait, Mons⁻ du Plessis, en sa saincte garde. Escript au camp de Saint-Cloud, le premier jour d'aoust 1589.

« HENRY :

« POTIER.

« P. S. Je vous prie d'advertir promptement les gentilshommes et villes voisines de ce que dessus, afin que les bruicts que font courir mes ennemis ne portent aucun prejudice à mon service. »

² Post-scriptum de la main du roi de

crite, me fait maintenant changer de style, estans les chirurgiens en grand doute de sa guerison[3]. S'il en avient faute, (que Dieu ne vueille!) je te prye, mon amy, de me vouloir estre tel que je me suis tousjours promis. Je m'asseure qu'un bon cueur n'aimera jamais la Ligue, ayant fait un si malheureux acte. Croyez Lambert de ce qu'il vous dira de ma part, et que n'aurés jamais un meilleur amy que moy.

Navarre, qui dut l'écrire à Meudon, où il était retourné par ordre du Roi.

[3] On avait reconnu la lésion de l'intestin *iléon*; et, après la mention de la réduction de l'intestin, le rapport des hommes de l'art se terminait ainsi : « Au mesme instant nous avons veu le Roy Tres Chrestien travaillé d'une extreme douleur en sa playe et és environs, avec retraction et diminution grandes du poulx, sueurs froides en tout le corps et extremitez; principalement pour raison de laquelle playe et susdites indispositions, nous certifions en nos consciences, qu'il est tres necessaire à Sa Majesté Tres Chrestienne qu'elle use de bon regime, et en soit soigneusement traitée, pansée et medicamentée, ainsi qu'il est requis en semblables blessures, estans, à cause d'icelle playe et accidens jà si soudainement survenus, en tres grand peril et danger de la vie. » Le médecin Orthoman, l'un des huit qui arrivèrent à Saint-Cloud aussitôt après la nouvelle de l'attentat, et qui assistèrent le premier chirurgien du Portal, avait mandé immédiatement au roi de Navarre, à Meudon, de revenir à Saint-Cloud. Lorsque ce prince y arriva, Henri III n'existait plus. Il venait de rendre le dernier soupir, sur les quatre heures du matin, le 2 août 1589.

FIN DE LA CORRESPONDANCE DU ROI DE NAVARRE.

LISTE ALPHABÉTIQUE

DES PERSONNES

À QUI SONT ADRESSÉES LES LETTRES RASSEMBLÉES DANS CE VOLUME.

ALFONSE D'EST, duc de Ferrare, p. 486.
ANGLETERRE ('La reine d'). *Voyez* Élisabeth.
ANGLETERRE (Les seigneurs d'), p. 54.
ARMAGNAC (Les églises réformées d'), p. 254.
AUBETERRE (D'), p. 379.
AUGUSTE, dit *le Pieux*, duc de Saxe, p. 99.
BACON, p. 230, 256.
BASTENAY (DE), p. 399.
BATZ (DE), p. 196, 199, 312.
BAVIÈRE (Le duc de). *Voyez* Philippe-Louis.
BEAUFORT (DE), p. 462.
BELLIÈVRE (DE), p. 41, 233, 272.
BERGERAC (Les officiers, consuls et consistoire de), p. 407, 484.
BÉTHUNE (Madame DE), p. 258.
BÈZE (DE), p. 426.
BILLIÈRE DE LA RUE, p. 222, 272.
BIRON (Le maréchal DE), p. 59.
BORDEAUX (Les maires et jurats de), p. 29, 50, 485.
BOUILLON (*Voyez* Charlotte, duchesse DE), p. 359, 419.
BOULAYE (DE LA), p. 152, 225.
BOURBON (Catherine DE), fille du prince de Condé, p. 358, 419.
BOURLIE (DE LA), p. 135.
BRANDEBOURG (Le marquis DE). *Voyez* Jean-Georges.
BRANDEBOURG (L'administrateur désigné de l'archevêché de). *Voyez* Joachim-Frédéric.
BRUNSWICK (Le duc DE). *Voyez* Jules.
BURGHLEY (Lord), p. 320, 333, 388.
BUZENVAL (DE), p. 298.
CASIMIR (Le duc), p. 58, 189, 386.
CASTRES (Les consuls de la ville de), p. 89.

CATHERINE DE MÉDICIS, p. 13, 88, 97, 115, 118, 150, 261, 271, 363.
CAUMONT (La comtesse DE), p. 242, 469.
CECYLL, p. 481, 482.
CHAISE ou CHÈSE (DE LA), p. 471, 475.
CHANANEILLES ou CHANALEILLES (DE), p. 285.
DE CHANLEMIS ou CHAMLEMIS, p. 208.
CHARLOTTE DE LA MARCK, duchesse de Bouillon, p. 359, 419.
CHASSINCOURT (DE), p. 24.
CHÂTEAUNEUF (DE), p. 290.
CHRISTIAN, duc de Saxe, p. 103, 263, 287, 353, 432, 437.
CLAIRVILLE (DE), p. 462.
CLERGÉ (Messieurs du), p. 165.
CLERVANT (DE), p. 220, 244.
CONDÉ (Henri de Bourbon, prince DE), p. 195.
CONDÉ (La princesse DE), p. 282.
CONTI (Le prince DE), p. 281.
DANEMARK (Le roi de). *Voyez* Frédéric II.
DRAKE, p. 389.
ÉCOSSE (Le roi d'). *Voyez* Jacques VI.
ÉGLISES RÉFORMÉES (Messieurs des), p. 274.
ÉGLISES RÉFORMÉES de l'Armagnac. *Voyez* Armagnac.
ÉLISABETH, reine d'Angleterre, p. 17, 31, 51, 55, 77, 190, 301, 305, *ibid.* 307, 383.
EMMANUEL-PHILIBERT, duc de Savoie, p. 178, 328.
ENTRAIGUES (D'), p. 398.
ÉPERNON (Le duc D'), p. 429.
ESCORBIAC. *Voyez* SCORBIAC.
ESSEX (Le comte D'), p. 390.
ÉTATS (Les trois) du Royaume, p. 443.
FAGET (DU), p. 404.
FERRARE (Le duc de). *Voyez* Alfonse d'Est.

FLEURY (DE), p. 123, 182.
FONTENILLES (DE), p. 117.
FONTEVRAULT (L'abbesse DE), p. 276, 279, 378.
FORCE (DE LA), p. 132, 408.
FORTISSON, p. 392.
FRÉDÉRIC II, roi de Danemark, p. 246, 296, 323.
FRESNE (DE), p. 423.
GARIGUE (DE LA), p. 78, 80, 313, 330.
GENÈVE (Messieurs de la république de), p. 370.
GLATENS (DE), p. 238.
GRAMONT (La comtesse DE), p. 153, 155, 215, 224, 227, 237, 273, 318, 330, 332, 334, 339, 340, 341, 342, 343, 345, 347, 349, 352, 395, 400, 411, 416, 427, 459, 469, 487, 488, 500, 501.
GRATENX (DE). *Voyez* de Glatens.
GUITRY (DE), p. 220, 244.
HARAMBURE (DE), p. 245, 430, 476.
HENRI III, p. 1, 10, 12, 14, *ibid.* 19, 28, 38, 45, 48, 62, 71, 87, 93, 114, 125, 147, 161, 216, 250, 261, 280, 461, 496, 498.
HOUDETOT (DE), p. 223.
JACQUES VI, roi d'Écosse, p. 34, 56, 162.
JEAN III, roi de Suède, p. 108.
JEAN-GEORGES, marquis de Brandebourg, p. 437.
JOACHIM-FRÉDÉRIC, administrateur désigné de l'archevêché de Magdebourg, p. 437.
JULES, duc de Brunswick, p. 437.
JUMEAUX (DE), p. 414.
LAVAL (La comtesse DE), p. 206, 360, 420.
LESDIGUIÈRES (DE), p. 369.
LESTELLE (DE), p. 144, 181, 200, 391, 401, 474.
LICHTENSTEIN, et par corruption LEYCHSTEYN, p. 430.
LONS (DE), p. 53.
LOUIS, duc de Würtemberg, p. 437.
LUBERSAC (DE), p. 284.
MATIGNON (Le maréchal DE), p. 3, 4, 7, 8, 26, 35, 36, 37, 42, 45, 51, 68, *ibid.* 69, 70, 76, 83, 122, 134, 309, 350.
MECKLEMBOURG (Le duc de.) *Voyez* ULRIC.
MESLON (DE), p. 30, 66, 76, 82, *ibid.* 86, 146, 292, 410.
MESLON (Les capitaines qui sont sous le commandement du sieur DE), p. 146.
MIOSSENS (DE), p. 121, 291.
MONTMORENCY (Le maréchal DE), p. 9.

MONTPENSIER (Le duc DE), p. 286.
MOREAU, p. 232.
NÉRAC (Les consuls de), 394.
NEVERS (Le duc DE), p. 398, 409.
NÎMES (Les consuls et le consistoire de), p. 313.
NOBLESSE (Messieurs de la), p. 168.
NOUE (DE LA), p. 361, 421.
ORLÉANS (Messieurs de la ville d'), p. 489.
PARLEMENT de Paris, p. 73, 136.
PARLEMENT de Toulouse, p. 22.
PARIS (Messieurs de la ville de), p. 175.
PAYS-BAS (Les députés des), p. 60.
PAYS-BAS (Les états généraux des), p. 177.
PERRAY (DU), p. 368.
PHILIPPE-LOUIS, comte palatin du Rhin, duc de Bavière, p. 437.
PLESSIS-MORNAY (DU), p. 235, 464, 466, 477.
POET (DU), p. 131, 300.
POYANNE (DE), p. 133.
PUYSÉGUR (DE), p. 49.
DE QUITRY. *Voyez* de Guitry.
RABAR (DE), p. 366.
REAULX (DES), p. 425.
ROCHE CHANDIEU (DE LA), p. 351, 357.
ROCHEFOUCAULT (DE LA), p. 405.
ROHAN (DE), p. 289.
ROUSSAT, p. 495.
ROUSSIÈRE (DE LA), p. 393, 394.
SAGONNE (DE), p. 231.
SAINTE-COLOMBE, p. 278.
SAINT-GENIÈS (DE), p. 42, 43, 50, 80, 112, 113, 142, 156, *ibid.* 157, 160, 163, *ibid.* 164, 179, 180, 185, 187, 191, 193, 212, 218, 219, 230, 234, 237, 239, 241, 244, 259, 269, 271, 283, 382, 387.
SAVEILLES (DE), p. 459.
SAVOIE (Le duc de). *Voyez* Emmanuel-Philibert.
SAXE (Les ducs de). *Voyez* Auguste, dit *le Pieux*, et Christian.
SCORBIAC (DE), p. 5, 6, 30, 143, 145, 159, 188, 192, 204, 213, 218, 234, 235, 240, 241, 251, 256, 262, 268, 270, 277, 299, 320, 339, 344, 348, 362, 364, 367, *ibid.* 371, 372, 373, 376, 377, 380, 381, 384, 385, 387, 402, 403, 405, 408, 428, 470.
SÉGUR (DE), p. 20, 74, 79, 84, 115, 119, 127,

TABLE DES NOMS.

184, 188, 210, 214, 220, 238, 244, 255, 295, 302, 303, 316, 337, 365, 406, 411, 412.

Soissons (L'abbesse de Notre-Dame de), p. 277.

Sorbonne (Messieurs de la faculté de théologie du collége de), p. 138.

Souvré (de), p. 483, 499, 502, 503.

Strasbourg (Les ammestre et stettmestres de la ville et république de), p. 321, 335.

Suède (Le roi de). *Voyez* Jean III.

Suisses (Messieurs des cantons), p. 90.

Terride (de), p. 235.

Tiers-État (Messieurs du), p. 172.

Tournon (de), p. 415.

Turenne (de), p. 194.

Ulric, duc de Mecklembourg, p. 437.

Vachères (de), p. 300, 336.

Valory (de), p. 474.

Vendôme (Le cardinal de), p. 282.

Villepion (Madame de), p. 413.

Villeroy (de), p. 254.

Vivans (de), p. 132, 133, 194, 201, *ibid.* 202, 203, 204, 205, 206, 208, 220, 236, 273, 279, 338, *ibid.* 384, 396.

Vuflens, p. 266, 372.

Walsingham, 15, 228, 391.

Würtemberg (Le duc de). *Voyez* Louis.

Zerotin (Le baron de), p. 432.

Lettres sans indication précise d'adresse, p. 128, 226.

INDICATION
DES NOTES SUR LES NOMS PROPRES.

Quel que soit l'endroit du texte où se trouve un nom déjà annoté, cette table et celle du volume précédent permettront de recourir à la note dont ce nom est l'objet.

Alfonse d'Est, duc de Ferrare, p. 486.
Ambrujac ou Ambrugeac (François du Boscheyron, seigneur d'), p. 284.
Antraigues (d'). *Voyez* Entraigues.
Aubeterre (David Bouchard, vicomte d'), p. 379.
Aumont (Jean d'), comte de Châteauroux, p. 347.
Avantigny (d'), p. 424.
Bacon, p. 230.
Beaufort (Bernard de Jay, seigneur de), p. 462.
Beaujeu (Charles de Mesnil-Simon, seigneur de), p. 425.
Begoles (Antoine, seigneur de), p. 142.
Benac (Bernard de Montaut, baron de), p. 142.
Béthune (Lucrèce de Coste, dame de), p. 258.
Bois-Dauphin (Urbain de Montmorency-Laval, seigneur de), p. 226.
Bongars (Jacques), p. 430.
Bonnyères (Nicolas-Alexandre de), p. 216.
Bouillon (Charlotte de la Marck, duchesse de), p. 359.
Boulaye (Philippe Eschalard, baron de la), p. 152.
Bourbon (Catherine de), marquise d'Isle, p. 358.
BOURBON (de). *Voyez* Dombes, Condé, Conti, Fontevrault, Lavedan, Sainte-Croix de Poitiers, Soissons.
Brandebourg (L'électeur de). *Voyez* Jean-Georges.
Brillant ou Brilland (Jean-Ancelin), p. 345.
Briquemaut (de Noyan), p. 82.
Brulart (Nicolas), marquis de Sillery, p. 125.
Buhy (Pierre de Mornay, seigneur de), p. 482.
Carmaing (Le comte de), p. 335.

Chananeilles ou Chanaleilles (Gaspard de), p. 285.
Chanlemy ou Chamlemis (François de la Rivière, seigneur de), p. 208.
Châteauneuf (Guy de Rieux, seigneur de), p. 290.
Chouppes (Pierre, seigneur de), p. 146.
Clervau ou Clervant (Claude-Antoine de Vienne, seigneur de), p. 267.
Condé (Charlotte-Catherine de la Trémoille, princesse de), p. 345.
Condé (Françoise d'Orléans-Rothelin, princesse de), p. 282.
Conti (François de Bourbon, prince de), p. 281.
Crillon (Louis de Berton des Balbes de), p. 347.
Dombes (Henri de Bourbon, prince de), p. 498.
Drake (François), p. 16.
Elbène (Alfonse d'), abbé de Maisières, p. 118.
Elbeuf (Charles de Lorraine, marquis d'), p. 84.
Entraigues (Trophime de Launay, baron d'), p. 398.
Essex (Robert Devereux, comte d'), p. 390.
Estelle (Louis de Brunet, seigneur de l'), p. 474.
Esternay (Jean Raguier, seigneur d'), p. 317.
Faget (Montesquiou de Sainte-Colombe, baron du), p. 404.
Faï (Michel Huroult de l'Hospital du), p. 356.
Ferrare (Le duc de). *Voyez* Alfonse d'Est.
Fleury (Henri Clausse, seigneur de), p. 123.
Fontenilles (Philippe de la Roche, baron de), p. 117.
Fontevrault (Éléonore de Bourbon, abbesse de), p. 276.

Frontenac (Antoine de Buade, seigneur de), p. 205.
Fosseries (De la Roche de), p. 117.
Gramont (Antoine, comte de), p. 460.
Gramont (Diane d'Andouins, comtesse de), p. 153.
Harambure (Jean de), p. 245.
Hautefort (Edme de), p. 501.
Hortoman (Jean), p. 259.
Houdetot (François, seigneur d'), p. 223.
Jean-Georges, électeur de Brandebourg, p. 85.
Joinville (Charles de Lorraine, prince de), depuis duc de Guise, p. 417.
Joyeuse (Antoine-Scipion de), p. 196.
Jumeaux (Geoffroy de Beaufils, seigneur de), p. 414.
Laval (Anne d'Alègre, comtesse de), p. 206.
Lavedan (Jeanne de Bourbon de), p. 286.
Lenoncourt (Philippe de), p. 125.
Lestelle. *Voyez* Estelle (l').
Lons (François de Royère, seigneur de), p. 53.
Lubersac (Guy de), p. 284.
Lux (Edme de Malain, baron de), p. 158.
Malicorne (Jean de Chourse, seigneur de), p. 272.
Marolles (Claude de Lenoncourt, seigneur de), p. 499.
Meille (Frédéric de Foix, vicomte de), p. 37.
Mercœur et, par corruption, Mercure (Philippe-Emmanuel de Lorraine, duc de), p. 397.
Monglas (Robert de Harlay, baron de), p. 318.
Monlouet (François d'Angennes, seigneur de), p. 332.
Montaigne (Michel Eyquem, seigneur de), p. 45.
Montancés (Philibert de Bourdeilles, seigneur de), p. 53.
Montespan (Antoine-Armand de Pardaillan, seigneur de Gondrin, marquis d'Antin et de), p. 199.
Montigny (Louis de Rochechouart, seigneur de), p. 422.
Muy, et, par corruption, Moy (François de Quincampois, seigneur de), p. 360.

Nemours (Charles-Emmanuel de Savoie, duc de), p. 417.
Parabère (Jean de Beaudéan, seigneur de), p. 113.
Plessis (Charlotte-Arbaleste, dame du), p. 351.
Poët (Louis de Marcel-Blein, baron du), p. 131.
Quermaing. *Voyez* Carmaing.
Riouperroux (de), p. 5.
Roche-Chandieu (Antoine de la), p. 317.
Rohan (Louis de), prince de Guemené, p. 289.
Rohan (Louis de), comte de Montbazon, fils du précédent, p. 290.
Roussat (Jean), p. 495.
Roussière (Pierre Durcot, seigneur de la) p. 393.
Sacremore, et, par corruption, Sacramor, p. 221.
Sagonne (Georges Babou de la Bourdaisière, comte de), p. 231.
Saint-Pol ou Saint-Paul (François d'Orléans, comte de), p. 428.
Sainte-Croix de Poitiers (Jeanne de Bourbon, abbesse de), p. 286.
Schelandre (Robert Thin, *dit* de), p. 420.
Schomberg (Gaspard de), p. 423.
Sérillac (François de Faudoas, seigneur de), p. 9.
Soissons (Charles de Bourbon, comte de), p. 195.
Soissons (Catherine de Bourbon, abbesse de N. D. de), p. 277.
Souvré (Gilles de), marquis de Courtanvaux, p. 483.
Tournon (Just-Louis de), p. 415.
Trémoille et par corruption Trimoylle (Claude, seigneur de la), p. 218.
Vachères (Jacques de Gramont, seigneur de), p. 300.
Valette (Bernard de Nogaret, seigneur de la), p. 81.
Viète (François), p. 15.
Walsingham (François de), p. 15.
Wufflens ou Vuflens (François le Marlet, seigneur de Solon et de), p. 266.

SÉJOURS ET ITINÉRAIRE

DE HENRI IV

AVANT SON AVÉNEMENT AU TRÔNE DE FRANCE.

Les lettres missives dont se compose le présent recueil sont assez nombreuses pour offrir l'histoire la plus certaine de Henri IV, dans cette entière publication de sa correspondance. Mes notes en éclaircissent le texte par des renseignements biographiques et par le rapprochement des témoignages contemporains. Les sommaires placés en tête de chaque volume présentent, d'une manière synoptique, l'ordre général des faits principaux. Enfin un travail inverse, d'une utilité reconnue, mais dont personne jusqu'ici n'aurait pu réunir, pour l'histoire de Henri IV, les éléments divers, consiste à suivre et à constater toutes les traces de ce prince, en dressant la liste de ses séjours et son itinéraire.

Je présente ici ce travail pour la période antérieure à l'avénement au trône de France. Le relevé sera plus complet, je l'espère, pour la seconde période, à partir de l'avénement. Pour celle-ci, où il s'agit seulement du roi de Navarre, premier prince du sang, je crois avoir rassemblé plus de preuves de séjours qu'on ne l'a fait encore, même pour aucun roi de France antérieur; car on trouvera bien ici quinze années de sa vie, où il sera possible de le suivre, non-seulement jour par jour, mais jusqu'aux diverses haltes de chaque journée[1].

Les éléments de ce travail sont : 1° Les lettres du présent recueil et quelques actes en original, datés; 2° les comptes manuscrits originaux de la dépense du roi de Navarre, conservés à Pau, et sur lesquels on peut voir ma Préface, page xxvii; 3° pour les premières années, où manquent ces secours, les renseignements recueillis dans les auteurs contemporains, partout où il est fait de sa présence une mention précise qui joigne au lieu la date du jour. J'ai annoté davantage cette partie de l'itinéraire, pour suppléer à la rareté des traces subsistantes, par l'exposé de circonstances souvent peu connues. Toutefois, même pour l'enfance du prince, deux années entières se trouvent complètes, jour par jour, grâce à l'itinéraire de Charles IX, pendant son grand tour de France, où le petit prince de Navarre l'accompagna. Un journal de ce voyage, rédigé par un domestique de Charles IX, imprimé alors, mais à peu près introuvable aujourd'hui, a été réimprimé par le marquis d'Aubais[2]. Le même auteur a fait suivre ce travail d'un premier essai général sur les séjours des rois de France, depuis Louis VII jusqu'à Louis XIV inclusivement. Son plan excluait toute recherche sur les séjours de ces princes avant leur avénement à la couronne. Quant à la partie qui s'y trouve consacrée à l'itinéraire de Henri IV, roi de France, et que M. Musset-Pathay[3] a réimprimée, elle est susceptible d'immenses développements, qui seront pour nous le sujet d'un travail analogue à celui-ci, après la seconde période de cette correspondance.

---

[1] Quelque défigurés que fussent souvent les noms de lieux, dans les documents d'après lesquels nous avons établi ces séjours, nous avons pu les ramener presque tous à la forme reçue. Mais pour certaines habitations particulières, dont il n'y a pas trace, même sur la carte de Cassini, nous en avons laissé les noms tels qu'ils étaient écrits. Quelques-uns pourront sans doute être rectifiés par des notions spéciales de topographie locale, dans chaque province.

[2] Dans le premier volume de ses Pièces fugitives pour servir à l'histoire de France.

[3] Dans son ouvrage anonyme intitulé : *Vie militaire et privée de Henri IV*.

SÉJOURS ET ITINÉRAIRE DE HENRI IV

AVANT SON AVÉNEMENT AU TRÔNE DE FRANCE.

ANNÉES.	MOIS.	JOURS.	LIEUX DU SÉJOUR.	DOCUMENTS qui ÉTABLISSENT LE SÉJOUR.
1553.	Décembre.	14 [1], entre 1 heure et 2 heures du matin.	Au château de Pau. (Naissance.)	B. R. Fonds Dupuy, ms. 88. *Journal des naissances et morts des princes de Béarn, par l'evesque d'Oloron.*
1554.	Mars [2].	6	Même lieu. (Baptême.)	Idem.
1555-1557.	......	......	Au château de Coaraze, chez Susanne de Bourbon, baronne de Miossens [3].	Favin, *Hist. de Navarre*, l. XIII. — P. Mathieu, *Hist. de France*, l. III.
1557.	......	......	A Amiens, où était la cour de France [4].	Favin, l. XIV.
1558.	......	......	A Pau, où, assisté du cardinal d'Armagnac, il tient les états de Béarn, comme lieutenant général de son père.	M. Faget de Baure, *Essais histor. sur le Béarn*, l. V.
1559. 7ᵉ de l'âge.	Décembre.	......	A Bordeaux, allant, avec sa mère, au-devant d'Élisabeth de France, mariée au roi d'Espagne.	Favin, l. XIV.
			A Roncevaux, où il assiste à la cérémonie de la remise de la reine d'Espagne aux mains des Espagnols.	Idem.
1561. 8ᵉ de l'âge.	......	......	A Paris, où il arrive avec sa mère et sa sœur, après la mort de Charles IX.	Idem.
	Août.	......	Il y donne, dès l'âge de huit ans, des marques d'une intelligence supérieure [5].	*Mémoires de Condé.*

[1] Tous les historiens placent la naissance de Henri IV au 13 décembre. Nous avons préféré suivre la copie authentique du registre officiel de l'évêque d'Oloron, contre-signée par le secrétaire d'état Loménie.

[2] Favin et, après lui, tous les historiens, s'éloignent encore ici de l'autorité du registre qui vient d'être cité, en plaçant le baptême du jeune prince au 6 janvier.

[3] « Cette baronnie de Miocens, dit Favin, est située dans les montagnes de Coarasso, auprés de la petite ville de Nay. Ce fut en ces lieux aspres et montagneux, et au chasteau de Coarasse, que fut nourry et élevé ce jeune prince, non delicatement, mais à la rustique (ainsi le vouloit le roy son aieul), accoustumé dés ses jeunes ans à manger chaud et froid, à aller nue teste et nuds pieds avec les petits enfans du pays; de sorte qu'estant de si bonne heure endurcy à la peine et non aux delicatesses de la cour, il ne se fault esmerveiller s'il est invincible à la guerre, ainsi qu'un Alexandre. »

[4] Il y fut amené par son père et par sa mère, devenus roi et reine de Navarre, à la suite du décès de Henri d'Albret, le 29 mai 1555, et qui vinrent faire leur cour à Henri II.

[5] On fit courir sur ce sujet, au mois d'août 1561, le *pasquil* suivant :

Heureux le temps qu'on te verra Roy estre !
Heureux celuy duquel tu seras maistre !
Veu que si tost tu es sage en jeunesse,
Dieu tel te face quand seras en vieillesse.

(*Mém. de Condé.*)

ANNÉES.	MOIS.	JOURS.	LIEUX DU SÉJOUR.	DOCUMENTS qui ÉTABLISSENT LE SÉJOUR.
1562. 9° de l'âge.	....	....	A Vincennes, où était la cour, et où il commença ses premiers exercices d'académie.	Pierre Mathieu, *Histoire de France*, l. III.
			A Paris, où sa mère le laisse avec son précepteur la Gaucherie, pour suivre ses études au collége de Navarre[1].	Pierre Mathieu. — Favin. — Péréfixe, *Hist. du roi Henri le Grand*, Ire part.
			A Montargis, où la duchesse de Ferrare, fille de Louis XII, le soigne pendant une maladie.	Mademoiselle Vauvilliers, *Histoire de Jeanne d'Albret*.
	Septembre	26	Paris......................	Lettre de ce jour.
1563. 10° de l'âge.	Août.	17	A Rouen, où il assiste à la déclaration de majorité de Charles IX.	M. Floquet, *Histoire du parlement de Normandie*, t. II, règne de Charles IX. — Pierre Mathieu, l. V. — Favin, l. XIV.
1564. 11° de l'âge.	Janvier.	....	A Pau, avec sa mère et sa sœur....	De Thou, *Histoire universelle*, l. XXXVI.
	Février.	....	Après la découverte de la conspiration ourdie contre elle par les Espagnols, Jeanne d'Albret renvoie son fils à la cour.	Idem.
	Mars.	13	A Fontainebleau avec la cour, d'où il part, après dîner, pour accompagner le Roi dans son tour de France. Couche à Montereau-fault-Yonne.	*Recueil et discours du voyage du roi Charles IX, de ce nom, à présent regnant, etc.* par Abel Jouan[2], et Notes du marquis d'Aubais[3]. — Favin, l. XIV.

[1] Le duc d'Anjou (depuis Henri III) et le duc de Guise avaient été mis également, comme nous l'avons dit, au collége de Navarre, « pour y estre instituez és bonnes lettres; » et l'historien Mathieu, à qui nous devons ce précieux renseignement, qu'il tenait de Henri IV lui-même, ajoute : « Ces trois esprits, que les complexions rendirent si differents, estoient si egaux en ceste premiere nourriture, qu'ils n'avoient qu'une volonté. Les tours de college que l'un donnoit à l'autre n'alteroient leurs affections, et l'egalité de l'aage confondoit la distinction des qualitez. »

[2] Abel Jouan, auteur de ce journal, était sommier dans la cuisine de bouche du roi Charles IX, et il ne s'éloigna pas un seul jour de ce prince pendant ce long voyage en France, qui dura cette année et la suivante, et où le jeune prince de Navarre fut toujours auprès de S. M.

[3] Le marquis d'Aubais a réimprimé cet opuscule, très-rare, dans ses *Pièces fugitives*, où il l'a accompagné, selon son usage, de notes détaillées fort utiles.

ANNÉES.	MOIS.	JOURS.	LIEUX DE SÉJOUR.	DOCUMENTS qui ÉTABLISSENT LE SÉJOUR.
1564. 11° de l'âge.	Mars.	14	Dîne à Montereau-fault-Yonne; couche à Pont-sur-Yonne.	Jouan.
		15	Dîne à Pont-sur-Yonne; couche à Sens.	Idem.
		16	Sens[1]......................	Idem.
		17	Dîne à Pont-sur-Wainne; couche à Villeneuve-l'Archevêque.	Idem.
		Du 18 au 20	Villeneuve-l'Archevêque........	Idem.
		21	Dîne à Saint-Liébault; couche à Saint-Lye.	Idem.
		22	Saint-Lye.....................	Idem.
		23	Dîne à Saint-Lye; couche à Troyes en Champagne.	Idem.
		Du 24 au 31	Troyes........................	Idem.
	Avril.	Du 1er au 15	Troyes........................	Idem.
		16	Couche à Saint-Sépulcre........	Idem.
		17	Dîne à Saint-Sépulcre, couche à Arcis-sur-Aube.	Idem.
		18	Dîne à Arcis-sur-Aube; couche à Poivre.	Idem.
		19	Dîne à Dammartin; couche à Écury-sur-Coole.	Idem.
		20	Dîne et couche à Châlons-sur-Marne.	Idem.
		Du 21 au 26	Châlons-sur-Marne.............	Idem.
		27	Dîne à Châlons-sur-Marne; couche à Vitry-le-Français.	Idem.
		28	Vitry.........................	Idem.

[1] Nous indiquons par le nom seul les lieux où les itinéraires constatent la présence du prince pendant un jour entier ou plusieurs jours.

ANNÉES.	MOIS.	JOURS.	LIEUX DU SÉJOUR.	DOCUMENTS qui ÉTABLISSENT LE SÉJOUR.
1564. 11ᵉ de l'âge.	Avril.	29	Dîne à Bignicourt; couche à Sermoise en Lorraine.	Jouan.
		30	Dîne à Sermoise; couche à Fain....	Idem.
	Mai.	1ᵉʳ	Dîne à Fain; couche à Bar-le-Duc..	Idem.
		Du 2 au 7	Bar-le-Duc....................	Idem.
		8	Dîne à Bar-le-Duc; couche à Ligny.	Idem.
		9	Ligny........................	Idem.
		10	Dîne à Treverai; couche à Gondrecourt-le-Château.	Idem.
		11	Gondrecourt-le-Château	Idem.
		12	Dîne à Lezinville; couche à Ripugelle.	Idem.
		13	Dîne à Derman; couche à Chaumont en Bassigny.	Idem.
		14	Dîne et couche à Releupont......	Idem.
		15	Dîne à Releupont; couche à Langres.	Idem.
		16	Langres.....................	Idem.
		17	Dîne à Longeau; couche à Longsogeon.	Idem.
		18	Dîne à Trichasteau; couche à Jeumeau.	Idem.
		19	Dîne au Mesnil; couche à l'abbaye des chartreux, à Dijon.	Idem.
		20 et 21	Aux chartreux................	Idem.
		Du 22 au 26	Dijon........................	Idem.
		27	Dîne à Longecourt; couche à Paingny	Idem.
		28 et 29	Paingny.....................	Idem.
		30	Passe à Seure; dîne à Sommiers-sur-Doux; couche à Assy.	Idem.

ANNÉES.	MOIS.	JOURS.	LIEUX DU SÉJOUR.	DOCUMENTS qui ÉTABLISSENT LE SÉJOUR.
1564. 11° de l'âge.	Mai.	31	Dîne à l'abbaye de Saint-Marceau, près Châlon; couche à Châlon-sur-Saône.	Jouan.
	Juin.	1 et 2	Châlon....................	Idem.
		3	S'embarque sur la Saône et va coucher à Mâcon.	Idem.
		4 et 5	Mâcon.....................	Idem.
		6	Dîne et soupe au Pont-de-Veyle, en Bresse, et revient coucher à Mâcon.	Idem.
		7 et 8	Mâcon.....................	Idem.
		9	Descend la Saône et couche à l'abbaye de l'Ile-Barbe, près de Lyon.	Idem.
		10	Soupe à Lyon [1], et revient coucher à l'Ile-Barbe.	Idem.
		11	L'Ile-Barbe.................	Idem.
		12	Passe la journée à Lyon, et revient coucher à l'Ile-Barbe.	Idem.
		13	Dîne dans cette abbaye, et couche à Lyon, où le roi fait son entrée [2].	Idem.
		Du 14 au 30	Lyon......................	Idem.
	Juillet.	Du 1er au 8	Lyon [3].....................	Idem.
		9	Part de Lyon; dîne au Pont-de-Cherry en Dauphiné; couche à Crémieux.	Idem.
		Du 10 au 15	Crémieux..................	Idem.
		16	Dîne à Érieux; couche à Septême..	Idem.
		17	Dîne à la Côte-d'Aray; couche à Roussillon.	Idem.
		Du 18 au 31	Roussillon.................	Idem.

[1]. Il arrivait souvent que l'entrée solennelle dans les grandes villes ne se faisait que plusieurs jours après l'arrivée réelle du Roi, qui, en attendant la fin des préparatifs, allait coucher dans quelque château ou dans quelque abbaye du voisinage.

[2] Ce fut dans cette ville que Jeanne d'Albret vint se joindre à la cour. — [3] Charles IX fit quelques petites excursions d'une journée pendant son séjour à Lyon. Nous n'en faisons pas mention, n'ayant pas la preuve qu'il y fût accompagné par le petit prince de Navarre.

ANNÉES.	MOIS.	JOURS.	LIEUX DU SÉJOUR.	DOCUMENTS qui ÉTABLISSENT LE SÉJOUR.
1564. 11° de l'âge.	Août.	Du 1er au 14	Roussillon[1]................	Jouan.
		15	Dîne à Anjou; couche à Jarsieux...	Idem.
		16	Dîne à Château-Neuf; couche à Romans.	Idem.
		Du 17 au 21	Romans..................	Idem.
		22	Dîne à Romans; couche à Valence.	Idem.
		Du 23 au 30	Valence..................	Idem.
	Septembre	1er	Valence..................	Idem.
		2	Dîne et soupe à Valence; couche à l'Étoile.	Idem.
		Du 3 au 12	L'Étoile..................	Idem.
		13	Dîne et couche à Lauriol........	Idem.
		14	Dîne à Derbières; couche à Montélimart.	Idem.
		Du 15 au 18	Montélimart...............	Idem.
		19	Dîne et couche à Donzères......	Idem.
		20	Passe à Pierrelatte; dîne au château de Lagarde, et couche à Saint-Paul-trois-Châteaux.	Idem.
		21	Dîne à Suze, dernière ville du Dauphiné; et couche à Bollène, dans le comtat Venaissin.	Idem.
		22	Passe par Montdragon; dîne à Mornas; passe près d'Orange, et couche à Caderousse.	Idem.
		23	Dîne à Caderousse et couche au Pont de Sorgues.	Idem.

[1] Ce fut dans ce séjour à Roussillon, que Charles IX rendit, le 9 août, l'édit qui fixe le commencement de l'année au 1er janvier, au lieu du samedi saint, acte qu'il ne faut pas confondre avec la réforme du calendrier décrétée par Grégoire XIII. La bulle donnée par ce pape, le 24 février 1582, retrancha dix jours. Toutes les dates de la partie antérieure à cette époque, dans les historiens contemporains, sont donc nécessairement du vieux style. Après 1582, dans les années qui suivent cette réforme, il y a souvent doute; et nous avons eu la preuve que certaines lettres du roi de Navarre sont datées d'après l'ancien style, d'autres d'après le nouveau. Par conséquent, on ne pouvait ramener toutes les dates à l'un ou à l'autre système, sans s'exposer à introduire des erreurs dans le texte même; mais lorsque, suivant certaines données, une concordance réclame un style plutôt que l'autre, on peut, à partir du 15 octobre 1582, admettre la modification, qui du reste n'est jamais que de dix jours, en plus ou en moins.

DU PRINCE DE NAVARRE.

ANNÉES.	MOIS.	JOURS.	LIEUX DU SÉJOUR.	DOCUMENTS qui ÉTABLISSENT LE SÉJOUR.
1564. 11º de l'âge.	Septembre	24	Dîne au Pont de Sorgues; couche à Avignon[1].	Jouan.
		Du 25 au 30	Avignon....................	Idem.
	Octobre.	Du 1er au 15	Avignon....................	Abel Jouan, et de Thou, l. XXXVI.
		16	Passe la Durance; entre en Provence; dîne à Château-Regnard; couche à Saint-Remy.	Jouan.
		17	Dîne au Touret (maison particulière); couche à Salon de Crau.	Idem.
		18	Dîne et couche à Lambesc.......	Idem.
		19	Dîne à Saint-Jean de la Salle (maison particulière); couche à Aix.	Idem.
		Du 20 au 23	Aix[2].....................	Idem.
		24	Quitte cette ville; dîne à Poutrières; couche à Saint-Maximin.	Idem.
		25	Dîne à la Sainte-Beaume; couche à Brignolles.	Idem.
		26	Brignolles...................	Idem.
		27	Dîne à Garreau (pauvre village de Provence); couche à Cuers.	Idem.
		28	Dîne à Soulliers; couche à Hyères.	Idem.
		Du 29 au 31	Hyères....................	Idem.
	Novembre	1er	Hyères....................	Idem.
		2	Dîne à Hyères; couche à Toulon...	Idem.
		3	Toulon[3]....................	Idem.
		4	Dîne à Ollioules; couche à la Cadière.	Idem.
		5	Dîne à la Cadières; couche à Aubagne.	Idem.
		6	Dîne à la bastide de Gauset (maison de campagne près de Marseille); couche à Marseille.	Idem.

[1] Le 24, jour de l'entrée, le légat donna l'absolution à toute la cour.

[2] Il y eut, le 23, séance royale au parlement de Provence, où le prince de Navarre dut siéger.

[3] La cour fit une promenade en mer sur les cinq galères du marquis d'Elbeuf.

ANNÉES.	MOIS.	JOURS.	LIEUX DU SÉJOUR.	DOCUMENTS qui ÉTABLISSENT LE SÉJOUR.
1564. 11e de l'âge.	Novembre.	Du 7 au 12	Marseille....................	Jouan.
		13	Dîne à la Bastide de la Bedoulle; couche à Marignane.	Idem.
		14	Dîne à Marignane; couche à Martigues.	Idem.
		15	Dîne à Martigues; couche à Saint-Chamans.	Idem.
		16	Dîne à Saint-Martin (hameau au milieu de la plaine de la Crau); couche à Arles.	Idem.
		Du 17 au 30	Arles.......................	Idem.
	Décembre.	Du 1er au 6	Arles.......................	Idem.
		7	Dîne à Arles; couche à Tarascon...	Idem.
		Du 8 au 10	Tarascon....................	Idem.
		11	Passe le Rhône; entre en Languedoc; dîne à Beaucaire; couche à Sarnac.	Abel Jouan. — Dom Vaissète, Hist. génér. de Languedoc, 1. XXXIX.
		12	Passe au Pont du Gard; dîne à Saint-Privas; couche à Nîmes.	Jouan.
		13	Nîmes.......................	Idem.
12e de l'âge.		14	Dîne et couche à Vauvert........	Idem.
		15	Dîne et couche à Aigues-Mortes....	Idem.
		16	Dîne et couche à Massillargues....	Idem.
		17	Dîne à Saint-Brez, couche à Montpellier [1].	Jouan et dom Vaissète.
		Du 18 au 29	Montpellier.................	Jouan.
		30	Dîne à Fabregues; couche à Poussan.	Idem.
		31	Poussan.....................	Idem.
1565.	Janvier.	1er	Dîne à Poussan; couche à Florensac.	Idem.
	Idem.	2	Dîne à Florensac; couche à Agde...	Idem.

[1] « Lors de l'entrée dans cette ville, Charles IX étoit accompagné de la reine sa mère, du duc d'Anjou, son frère, de Henri, prince de Navarre, des cardinaux de Bourbon et de Guise, etc. » (Dom Vaissète), Histoire générale du Languedoc, 1. XXXIX.

ANNÉES.	MOIS.	JOURS.	LIEUX DU SÉJOUR.	DOCUMENTS qui ÉTABLISSENT LE SÉJOUR.
1565. 12º de l'âge.	Janvier.	3	Dîne à Villeneuve; couche à Béziers[1].	Jouan.
		4	Dîne à Nissan; couche à Narbonne.	Idem.
		5 et 6.	Narbonne..................	Idem.
		7	Dîne à Narbonne; couche à Sijean..	Idem.
		8	Dîne à Leucate, dernière ville de France; revient coucher à Sijean.	Idem.
		9	Dîne à Sijean; revient coucher à Narbonne.	Idem.
		10	Narbonne..................	Idem.
		11	Dîne à Canet; couche au village de Mons.	Idem.
		12	Dîne à Barberac; couche à Carcassonne (ville haute).	Jouan et dom Vaissète.
		Du 13 au 21	Carcassonne (ville haute)[2]......	Jouan.
		22	Dîne à Carcassonne (ville haute); couche dans la ville basse.	Idem.
		Du 23 au 25	Dans la ville basse de Carcassonne..	Idem.
		26	Dîne à Alzonne; couche à Montréal.	Idem.
		27	Dîne à l'abbaye de Prouille; couche à Villepinte.	Idem.
		28	Dîne au château de Ferrals[3]; couche à Castelnaudary.	Jouan et dom Vaissète.

[1] Dom Vaissète, qui n'a pas connu le journal de Jouan, cite, pour l'entrée de Charles IX à Béziers, les dates du 29 et du 31 décembre, fournies par deux auteurs différents. Le journal de Jouan fixe, comme on le voit, cette incertitude, par la date du 3 janvier. Mademoiselle Vauvilliers aurait, à ce qu'il semble, commis une erreur plus grave, en plaçant à cette année les troubles qui eurent lieu à Pamiers en 1566, et en faisant mention d'une expédition du petit prince de Navarre, qui, selon cette demoiselle, aurait quitté le Roi et ne l'aurait rejoint qu'au milieu du séjour à Toulouse.

[2] L'abondance extraordinaire des neiges força la cour à ce séjour dans la ville haute, avant l'entrée solennelle du Roi dans la ville basse, qui ne se fit que le 22, lorsque les neiges commencèrent à fondre. Le Roi occupa son séjour dans la ville haute de Carcassonne à faire attaquer et défendre des forts construits en neige.

[3] Le baron de Ferrals, qui avait été ambassadeur à Rome sous Henri II, donna au Roi, dit le marquis d'Aubais, un dîner d'une somptuosité extraordinaire : « Car, après qu'on eut levé les tables, le plafond de la salle et le comble même de la maison s'étant ouverts par machines, on vit paroître, dans l'étendue du jour qui tomboit dans la salle, une épaisse nuée, laquelle ayant crevé par un éclat pareil à celui d'un tonnerre, laissa tomber une grosse grêle de dragées. Cette grêle fut suivie d'une pluie d'eau de senteur si abondante qu'il fallut donner le manteau au Roi. La cour avoua que, dans le voyage du Roi, il ne lui avoit point été fait de régal si magnifique. »

ANNÉES.	MOIS.	JOURS.	LIEUX DU SÉJOUR.	DOCUMENTS qui ÉTABLISSENT LE SÉJOUR.
1565. 12° de l'âge.	Janvier.	29	Castelnaudary...............	Jouan.
		30	Dîne à Vignonet; passe à Villefranche; couche à Villenouvelle.	Idem.
		31	Dîne à Villenouvelle; passe à Baziège et à Mongiscard; et couche à Toulouse.	Idem.
	Février.	1er	Dîne au couvent des minimes, dans un des faubourgs de Toulouse[1]; couche dans cette ville.	Idem.
		Du 2 au 7	Toulouse..................	Idem.
		8	Séance royale au parlement de cette ville[2].	Dom Vaissète.
		Du 9 au 19	Toulouse..................	Jouan et dom Vaissète.
		20	Dîne à l'hôtel de ville de Toulouse.	Dom Vaissète.
	Mars.	Du 1er au 18	Toulouse	Jouan.
		19	Part de Toulouse; dîne à Saint-Jorri; couche à Fronton.	Idem.
		20	Dîne à Claux; couche à Montauban.	Idem.
		21	Dîne à la Bastide-du-Temple; passe le Tarn; entre dans le Quercy et couche à Moissac.	Idem.
		22	Dîne à Pont-de-Vie (du Cause); passe à Valence; couche à la Magistère[3], en Agénois.	Idem.
		23	Dîne au château de la Fosse (ou de la Fox); couche à Agen.	Idem.
		Du 24 au 26	Agen......................	Idem.
		27	Se rend par la Garonne au port de Sainte-Marie; y dîne; couche à Aiguillon[4].	Idem.

[1] C'est en sortant de ce couvent que Charles IX fit son entrée à Toulouse. « Il étoit, dit Dom Vaissète, précédé par le grand écuyer et immédiatement, avant lui, par le connétable, qui tenoit l'épée nue à la main. Il étoit suivi du duc d'Anjou, qui étoit seul; de Henri, prince de Navarre, qui marchoit entre les cardinaux de Bourbon et de Guise, et d'une foule de seigneurs. » (*Histoire générale de Languedoc*, l. XXXIX.)

[2] Dans cette séance, le prince de Navarre, comme premier pair de France, était assis sur la droite du Roi, entre le duc d'Anjou et le cardinal de Bourbon. (D. Vaissète, *ibid.*)

[3] « La Magesterre (dit Jouan, auteur du journal), qui ne sont que trois pauvres maisons sur les bords de la Garonne. »

[4] Cette partie du voyage, jusque près de Bordeaux, se fit sur un bateau que les capitouls de Toulouse avaient fait construire pour Charles IX.

DU PRINCE DE NAVARRE.

ANNÉES.	MOIS.	JOURS.	LIEUX DU SÉJOUR.	DOCUMENTS qui ÉTABLISSENT LE SÉJOUR.
1565. 12ᵉ de l'âge.	Mars.	28	Dîne à Aiguillon ; continue de descendre la Garonne et couche à Marmande.	Jouan.
		29	Dîne à Marmande ; couche à la Réole, en Bazadois.	Idem.
		30	La Réole....................	Idem.
		31	Dîne à la Réole ; couche à Cadillac, en Bordelais.	Idem.
	Avril.	1ᵉʳ	Dîne à Cadillac ; couche à Bordeaux.	Idem.
		2	Bordeaux....................	Idem.
		Du 3 au 8	Au château de Toars [1]............	Idem.
		Du 9 au 11	Bordeaux....................	Idem.
		12	Séance solennelle au parlement de Guyenne.	Idem.
		Du 13 au 30	Bordeaux....................	Idem.
	Mai.	Du 1ᵉʳ au 2	Bordeaux....................	Idem.
		3	Part de Bordeaux ; dîne à Montplaisir (maison de campagne) ; couche au village de Castres.	Idem.
		4	Dîne et couche à Langon........	Idem.
		5 et 6	Bazas.....................	Idem.
		7	Au sortir de Bazas, passe le Ciron sur le pont de Beaulac ; entre en Navarre, dîne et couche à Captieux.	Jouan, et lettre de ce jour [2].
		8	Dîne aux Traverses, au milieu des petites Landes ; couche à Roquefort-de-Marsan.	Jouan.
		9	Continue de traverser les Landes ; dîne et couche à Mont-de-Marsan.	Idem.

[1] Le marquis d'Aubais n'a pu recueillir aucun autre indice de ce lieu de Toars, nommé par Jouan. Ce fut pendant ce séjour que se prépara la cérémonie de l'entrée du Roi à Bordeaux. Le Roi et sa cour y arrivèrent sur un bateau envoyé par le maire et les jurats de la ville. — [2] La lettre du 7 mai est écrite de Bazas, le matin avant le départ.

ANNÉES.	MOIS.	JOURS.	LIEUX DU SÉJOUR.	DOCUMENTS qui ÉTABLISSENT LE SÉJOUR.
1565. 12° de l'âge.	Mai.	Du 10 au 23	Mont-de-Marsan..............	Jouan.
		24	Dîne à Meillan; couche à Tartas...	Idem.
		Du 25 au 27	Tartas......................	Idem.
		28	Dîne à Pontons (grandes Landes), et couche à Dax.............	Idem.
		29	Dîne à Saubusse; s'embarque sur L'Adour, et va coucher à Bayonne.	Idem.
		30 et 31	Bayonne...................	Idem.
	Juin.	1ᵉʳ et 2	Bayonne...................	Idem.
		3	Dîne à l'abbaye de la Honce, et revient coucher à Bayonne.	Idem.
		Du 4 au 11	Bayonne...................	Idem.
		12	Dîne à Bayonne, couche à Saint-Jean-de-Luz.	Idem.
		13	Saint-Jean-de-Luz.............	Idem.
		14	Dîne à Saint-Jean-de-Luz; se rend à Andaye (frontière de France), où a lieu, sur la Bidassoa, la première entrevue avec la reine d'Espagne [1]; revient coucher à Saint-Jean-de-Luz.	Jouan.—Favin, l. XIV.—Pierre Mathieu, l. V. — De Thou, l. XXXVII, etc.

[1] « La royne d'Espagne et Monsieur d'Orléans, dit Favin, arrivés près de la rivière d'Andaye, la royne mere la passa la premiere pour recevoir sa fille; et repassée icelle, le Roy estant deçà, la receut avec toute alegresse. La royne mere et ses trois enfans marchoient tous quatre d'un mesme front. La mere à la main droicte, à sa gauche la royne sa fille, puis le Roy et Monsieur, qui fermoit la main gauche; devant eux marchoit seul le prince de Navarre, et devant, les trois cardinaux de front; le reste des princes et seigneurs estoient meslez avec les Espagnols. En ceste ceremonie, et pendant que la royne d'Espagne fit séjour à Baïonne, qui fut de dix-sept jours, le prince de Navarre tint tousjours son rang de premier prince du sang, magnifique en son train, splendide en son service, doux et agreable à tous, mais avec telle majesté qu'il estoit admiré des François et redouté par les Espagnols, qui en un aage si tendre de ce prince, jugeoient bien que cest aigle presseroit quelque jour de ses serres leur lyon, pour luy faire desmordre son royaume de Navarre. C'est pourquoi le duc de Rio-Secco, ayant considéré les actions de ce prince de plus prés que les autres, dict ces parolles, qui furent depuis bien remarquées, « Que ce prince « paroissoit desjà estre empereur, ou qu'il ne manqueroit de « l'estre. (*Mi parece este principo ó de imperador, ó lo ha de « ser.*) » (*Histoire de Navarre*, livre XIV.)

Pierre Mathieu donne, sur le même séjour, d'autres détails encore plus circonstanciés en parlant du premier projet de la Saint-Barthélemy, qui fut formé dans cette conférence: « J'ay ouy dire au président de Calignon, chancelier de Navarre, que tout ce conseil fut recueilly par le prince de Navarre, qui, pour la gentillesse et vivacité de son esprit, estoit admiré des Espagnols; et le duc de Medina Celi le considerant si genereux et si esveillé, dit *qu'il seroit un grand*

DU PRINCE DE NAVARRE.

ANNÉES.	MOIS.	JOURS.	LIEUX DU SÉJOUR.	DOCUMENTS qui ÉTABLISSENT LE SÉJOUR.
1565. 12e de l'âge.	Juin.	15	Retour à Bayonne............	Jouan.
		Du 16 au 30	Bayonne.................	Idem.
	Juillet.	1er	Bayonne.................	Idem.
		2	Dîne à Bayonne; couche à Saint-Jean-de-Luz.	Idem.
		3	Dîne à Saint-Jean-de-Luz; va avec le Roi reconduire la reine d'Espagne, et revient coucher à Saint-Jean-de-Luz.	Idem.
		Du 4 au 10	Bayonne.................	Idem.
		11	Dîne et soupe à Biaritz; couche à Bayonne.	Idem.
		12	Part de Bayonne; dîne à Hurt[1]; entre en Navarre, et couche à Bidache, chez le comte de Gramont.	Idem.
		13	Dîne et soupe à Bidache; couche à Peyrehorade.	Idem.
		14	Dîne et couche à Dax...........	Idem.
		15 et 16	Dax...................	Idem.
		17	Dîne et couche à Tartas........	Idem.
		18	Dîne et couche à Mont-de-Marsàn..	Idem.
		Du 19 au 22	Mont-de-Marsan.............	Idem.
		23	Dîne et couche à Cazères........	Idem.

prince. Ce qu'il me dit pour m'instruire de ce secret est peu different de cecy. L'histoire dit que la cause des seconds troubles fut le voyage de Bayonne, pour l'estroicte conference qui fut entre la Royne et le duc d'Albe; mais elle ne dit pas comme fut descouverte une resolution determinée entre deux testes et quatre yeux. Ce ne fut pas la Royne mere qui avoit trop d'interest à couvrir son jeu, et qui sçavoit bien qu'une partie de la prosperité des grandes entreprises dependoit du secret; ce ne fut non plus le duc d'Albe, qui ne disoit jamais que ce qu'il ne vouloit pas faire, ne parloit de ses desseins qu'en les executant..... Les interessez n'en ont rien sceu que par ce petit prince, qui suivoit la Royne partout, et elle ne le pouvoit perdre de veuë. Il se trouva au cabinet, escouta et retint la resolution de ce conseil; ces paroles d'ardeur et de feu, au lieu de s'esteindre en ce bois verd, y demeurerent. Il les representa si fidelement à la royne de Navarre, sa mere, et elle y adjouta tant d'ardeur et de vehemence en l'advis qu'elle en donna au prince de Condé et à l'Admiral, qu'il ne fallut autre trompette pour les reveiller. » (*Histoire de France*, l. V.)

[1] « Qui ne sont, dit le journal de Jouan, que deux maisons sur les bords du Gave. »

ANNÉES.	MOIS.	JOURS.	LIEUX DU SÉJOUR.	DOCUMENTS qui ÉTABLISSENT LE SÉJOUR.
1565. 12ᵉ de l'âge.	Juillet.	24	Dine et couche à Nogaro.........	Jouan.
		25	Dine et couche à Eause, en Armagnac.	Idem.
		26	Dine et couche à Montréal.......	Idem.
		27	Dine et couche à Condom........	Idem.
		28	Dine et couche à Nérac, où sa mère reçoit Charles IX.	Idem.
		Du 29 au 31	Nérac.....................	Idem.
	Août.	1ᵉʳ	Part de Nérac¹; va coucher à Buzet.	Idem.
		2	Passe la Garonne; entre en Agénois; dine et couche à Tonneins.	Idem.
		3	Dine et couche à Verteuil........	Idem.
		4	Dine et couche à Lauzun........	Idem.
		Du 5 au 7	Lauzun.....................	Idem.
		8	Passe la Dordogne; dine et soupe à Bergerac en Périgord.	Idem.
		9	Dine et couche au petit château de Laugat.	Idem.
		10	Passe à Mucidan; dine et couche à Riberac.	Idem.
		11	Dine et couche à la Roche-Beaucourt.	Idem.
		12	La Roche-Beaucourt, en Angoumois.	Idem.
		13	Dine à la Tour-Garnier; couche à Angoulême.	Idem.
		14 et 15	Angoulême.................	Idem.
		16	Dine à la Touvre, sur la rivière du même nom; couche à Angoulême.	Idem.
		17	Angoulême.................	Idem.

¹ Jeanne d'Albret, après avoir reçu Charles IX à Nérac, en partit avec lui, et se joignit à la cour jusqu'à Paris.

ANNÉES.	MOIS.	JOURS.	LIEUX DU SÉJOUR.	DOCUMENTS qui ÉTABLISSENT LE SÉJOUR.
1565. 12ᵉ de l'âge.	Août.	18	Dîne à Châteauneuf; couche à Jarnac.	Jouan.
		19 et 20	Jarnac....................	Idem.
		21	Dîne et couché à Cognac.........	Idem.
		Du 22 au 24	Cognac....................	Idem.
		25	Dîne à Lonzac; revient coucher à Cognac.	Idem.
		Du 26 au 31	Cognac....................	Idem.
	Septembre	1ᵉʳ	Entre en Saintonge; dîne au hameau de Chauveau; couche à Saintes.	Idem.
		2	Saintes....................	Idem.
		3	Dîne à Corme-Royal; passe par le Ménil et par Saint-Just; couche à Marennes.	Idem.
		4	Marennes..................	Idem.
		5	Dîne au Brouage; couche à Marennes.	Idem.
		6	Marennes..................	Idem.
		7	Dîne à Cormoran; couche à Saintes.	Idem.
		8 et 9	Saintes....................	Idem.
		10	Dîne à Brisambourg; passe la Boutonne, couche à Saint-Jean-d'Angely.	Idem.
		11	Saint-Jean-d'Angely.........	Idem.
		12	Dîne à Parensai; couche à Surgères, au pays d'Aunis.	Idem.
		13	Dîne à la Jarrie; couche dans une abbaye du faubourg de la Rochelle.	Idem.
		14	Dîne dans cette abbaye; couche à la Rochelle.	Idem.
		Du 15 au 17	La Rochelle................	Idem.

ANNÉES.	MOIS.	JOURS.	LIEUX DU SÉJOUR.	DOCUMENTS qui ÉTABLISSENT LE SÉJOUR.
1565. 12° de l'âge.	Septembre	18	Dîne au village de Benon; couche à Mozai.	Jouan.
		19	Dîne à Fontenai-l'Abattu, en Poitou; couche à Niort.	Idem.
		20	Dîne à Échiré; couche à Chandenier.	Idem.
		21	Dîne à Beaubare (petite métairie); passe devant Parthenay, dîne au château de la Roche-Faton.	Idem.
		22	Dîne à Airvault; couche à Oiron...	Idem.
		23 et 24	Oiron....................	Idem.
		25	Dîne et couche à Thouars [1].......	Idem.
		26	Dîne à Thouars; couche à Loudun.	Idem.
		27	Dîne à Seaulx; couche à Champigny.	Idem.
		Du 28 au 30	Champigny..................	Idem.
	Octobre.	1er	Dîne à Marcé; couche à Chavigny..	Idem.
		2	Dîne à Chavigny; couche à l'abbaye de Fontevrault, en Anjou.	Idem.
		3	Dîne et couche au château de Brézé.	Idem.
		4	Dîne à Doué; couche à Martigny-Briant.	Idem.
		5	Dîne au village de Menson; couche à Brissac.	Idem.
		6	Dîne à Brissac; couche à Gonnor...	Idem.
		7	Gonnor.....................	Idem.
		8	Dîne à Chemilly; couche à Jalais...	Idem.

[1] « Le Roy, dit Jouan, alla disner au chasteau du seigneur de la Tremoille, auquel il feit un beau festin; puis, après disner, fut faict le baptesme de la fille dudict seigneur de la Tremoille, laquelle le Roy et la royne sa mere nommerent Charlotte-Catherine. » L'enfant baptisé ce jour-là devint plus tard la princesse de Condé, qui figure d'une manière tragique dans la correspondance du roi de Navarre, au printemps de 1588. Le marquis d'Aubais fait judicieusement servir cette date précise du journal de Jouan à la rectification d'une date du P. Anselme, qui ne donne à la princesse que soixante-deux ans à sa mort, arrivée le 28 août 1629, tandis qu'elle avait près de soixante-quatre ans.

ANNÉES.	MOIS.	JOURS.	LIEUX DU SÉJOUR.	DOCUMENTS qui ÉTABLISSENT LE SÉJOUR.
1565. 12ᵉ de l'âge.	Octobre.	9	Dîne à Beaupréau; couche à l'abbaye de la Regrepierre.	Jouan.
		10	Dîne à la Regrepierre; couche à Loron-Botreau.	Idem.
		11	Entre en Bretagne; dîne à Thoret; couche à Nantes.	Idem.
		12	Dîne au château de la Fosse, aux faubourgs de Nantes; couche dans cette ville.	Idem.
		13 et 14.	Nantes	Idem.
		15	Dîne à la Galochette; couche au château de Joué.	Idem.
		16	Dîne à Maidon; c. à Châteaubriand.	Idem.
		Du 17 au 31	Châteaubriand	Idem.
	Novembre.	1ᵉʳ et 2	Châteaubriand	Idem.
		3	Dîne au Bourg-Delbret, c. à la Motte.	Idem.
		4	Dîne à Candé, en Anjou; c. à Loroux.	Idem.
		5	Dîne au hameau de la Touche-aux-Anes; couche à Angers.	Idem.
		6	Dîne à l'abbaye de Saint-Nicolas, aux faubourgs d'Angers; couche dans cette ville.	Idem.
		7	Dîne à Angers; couche au château du Verger.	Idem.
		8	Au Verger	Idem.
		9	Dîne et couche à Lezigny	Idem.
		10 et 11.	Lezigny	Idem.
		12	Dîne à Jarzé; couche à Baugé	Idem.
		13	Dîne à Moliherne, couche à la Ville-aux-Fouriers.	Idem.
		14	Dîne et c. à l'abbaye de Bourgueil.	Idem.

ANNÉES.	MOIS.	JOURS.	LIEUX DU SÉJOUR.	DOCUMENTS qui ÉTABLISSENT LE SÉJOUR.
1565. 12° de l'âge.	Novembre.	Du 15 au 18	Bourgueil.................	Jouan.
		19	Entre en Touraine, dîne à Ingrande ; couche à Langeais.	Idem.
		20	Dîne à Maillé ; couche au Plessis-lès-Tours.	Idem.
		21	Dîne au Plessis-lès-Tours ; couche à Tours.	Idem.
		Du 22 au 30	Tours..................	Idem.
	Décembre.	1ᵉʳ	Dîne au château de la Bourdaizière, couche à Chenonceaux, chez Catherine de Médicis.	Idem.
		Du 2 au 4	Chenonceaux	Idem.
		5	Passe à Amboise ; dîne à Écures ; couche à Blois.	Idem.
		Du 6 au 13	Blois..................	Idem.
13° de l'âge.		14	Dîne à Blois ; couche à Cheverni...	Idem.
		15	Dîne à Meur, en Sologne ; couche à Romorantin.	Idem.
		16	Dîne à Menetou ; couche à Vierzon, en Berry.	Idem.
		17	Dîne à Vierzon ; couche à Mehun-sur-Yèvre.	Idem.
		18	Dîne et couche à Bourges........	Idem.
		19	Dîne à Saint-Just ; couche à Dun-le-Roi.	Idem.
		20	Dîne au hameau du Pont-de-Chargé ; couche à Couleuvres.	Idem.
		21	Dîne à Franchesse, en Bourbonnais ; couche à Saint-Menou.	Idem.
		22	Dîne dans l'abbaye de Saint-Menou ; passe par Savigny, traverse l'Allier, et couche à Moulins.	Idem.

ANNÉES.	MOIS.	JOURS.	LIEUX DU SÉJOUR.	DOCUMENTS qui ÉTABLISSENT LE SÉJOUR.
1565.	Décembre.	Du 23 au 31	Moulins....................	Jouan.
1566.	Janvier.	Du 1er au 31	Moulins[1]..................	Idem.
13e de l'âge.	Février.	Du 1er au 28	Moulins....................	Idem.
	Mars.	1er	Moulins....................	Idem.
		2	Dîne au Parc, maison de campagne près de Moulins; revient coucher dans cette ville.	Idem.
		Du 3 au 22	Moulins....................	Idem.
		23	Dîne à Moulins; couche à Bessay-sur-Allier.	Idem.
		24	Dîne à Bessay; couche à Varennes.	Idem.
		25	Varennes...................	Idem.
		26	Dîne à Saint-Germain-de-la-Fosse; entre à Vichy; couche dans une abbaye hors la ville.	Idem.
		27	Passe par Vichy; traverse l'Allier; entre dans la Limagne d'Auvergne; dîne à Saint-Priest-de-Bramesan; couche à Marengues.	Idem.
		28	Dîne au Pont-du-Château; couche à Busset.	Idem.
		29	Dîne à Busset; couche à Vic-le-Comte.	Idem.
		30	Dîne à Vic-le-Comte; passe à Saint-Amand, couche à Saint-Saturnin.	Idem.
		31	Dîne à Saint-Saturnin; couche à Clermont en Auvergne.	Idem.
	Avril.	1er	Clermont...................	Idem.
		2	Dîne à Montferrand; revient coucher à Clermont.	Idem.

[1] C'est dans ce séjour que Charles IX rendit la célèbre ordonnance, dite *de Moulins*, où le chancelier de l'Hospital régla plusieurs hautes questions d'intérêt public.

ANNÉES.	MOIS.	JOURS.	LIEUX DU SÉJOUR.	DOCUMENTS qui ÉTABLISSENT LE SÉJOUR.
1566. 13° de l'âge.	Avril.	3	Passe par Riom; dîne à Saint-Bonnet; couche à Aigueperse.	Jouan.
		4	Dîne à l'abbaye d'Ébreuil; couche à Chantel-le-Châtel, en Bourbonnais.	Idem.
		5	Dîne au hameau de la Cove, couche au château de Serre.	Idem.
		6	Dîne à Brés, couche à Cosne......	Idem.
		7	Cosne......................	Idem.
		8	Dîne à Tenoille et couche à Torcy..	Idem.
		9	Dîne au château de Grossove, et couche à la Guiarche, en Nivernais.	Idem.
		10	Dîne à Aubigny; couche à la Charité-sur-Loire.	Idem.
		Du 11 au 15	La Charité	Idem.
		16	Dîne à Nercy; couche à Donzy-le-Pré.	Idem.
		17	Dîne à Entrains; couche au château de la Pesselerie.	Idem.
		18	Dîne à Ouaignes, entre en Bourgogne, et couche à Auxerre.	Idem.
		19	Dîne au château de Regeanne; couche à Joigny.	Idem.
		20	Dîne à Armeau en Champagne; passe par Villeneuve-le-Roi; couche à Sens.	Idem.
		21	Sens.......................	Idem.
		22	Dîne à Sergines; couche à Bray-sur-Seine.	Idem.
		23	Entre en Brie; dîne à Mons en Montois; couche à Nangis.	Idem.
		24	Dîne à Toquin; couche à Monceaux chez la reine mère.	Idem.

ANNÉES.	MOIS.	JOURS.	LIEUX DU SÉJOUR.	DOCUMENTS qui ÉTABLISSENT LE SÉJOUR.
1566. 13e de l'âge.	Avril.	Du 25 au 29	Monceaux....................	Jouan.
		30	Dîne à Bussy-Saint-Georges; couche à Saint-Maur-les-Fossés, dans l'île de France.	Idem.
	Mai.	1er	Dîne chez madame du Perron, au faubourg-Saint-Honoré-lès-Paris.	Idem.
		2	Paris[1]........................	Idem.
	Vers le milieu de l'année.	....	Quitte Paris avec sa mère; visite avec elle ses domaines de la Picardie, du Vendômois et de l'Anjou; puis gagne le Poitou, et se rend, par la Gascogne, en Béarn[2].	Favin, l. XIV. — Péréfixe. Ire partie.
1567. 14e de l'âge.	....	....	En basse Navarre, où il apaise une révolte[3].	*Histoire ms^{te} du calvinisme en Béarn*, l. III, citée par l'abbé Poeydavant, *Hist. des troubles survenus en Béarn*, l. IV. — Faget de Baure, l. V.
1568. 15e de l'âge.	Dans les six premiers mois.	....	Sauveterre....................	L'abbé Poeydavant.
		....	Salies, où il loge dans la maison de Banère, jurat de la ville.	Idem.
		....	Orthez........................	Idem.
	Juillet.	7	Nérac.........................	Lettre de ce jour et note 6.
		11	Pau...........................	Lettre de ce jour [4].
		....	Pau...........................	*Commentaires de Montluc*, l. VI.
	Août.	....	Vic-Bigorre, puis à Nérac.......	Idem. — La Popelinière, l. XIV.

[1] C'est au 21 du même mois que le Laboureur place la visite de Jeanne d'Albret à l'imprimerie de Robert Estienne, rue Saint-Jean-de-Beauvais, où Robert II, frère de Henri, reçut cette princesse, et imprima, en sa présence, le quatrain qu'elle improvisa en l'honneur de l'art typographique. Il n'est point dit qu'elle ait amené avec elle le prince son fils.

[2] Péréfixe place en cette même année le choix que Jeanne d'Albret fit de Florent Chrétien pour précepteur de son fils.

[3] « La reine, dit l'abbé Poeydavant, alarmée des suites d'une rébellion dont le siége était trop voisin des frontières d'Espagne, s'efforça de les arrêter; elle jugea que le prince son fils.... serait propre à calmer ces troubles. La noblesse, satisfaite de recevoir du jeune Henri l'assurance qu'on ne voulait point les contraindre en leur religion, posa les armes, se rendit auprès du jeune prince avec promesse de lui rendre une fidèle obéissance et de mourir pour son service. » (*Histoire des troubles de Béarn*.)

[4] Voyez la note 4 de la page suivante.

ANNÉES.	MOIS.	JOURS.	LIEUX DU SÉJOUR.	DOCUMENTS qui ÉTABLISSENT LE SÉJOUR.
1568. 15ᵉ de l'âge.	Août.	....	Castel-Jaloux................	Montluc, l. VI.
	Commencem^t de septemb.	....	A Tonneins et à Aymet.........	Idem.
	Septemb.	....	Passe la Dordogne avec sa mère¹...	Idem. — Favin, l. XIV.
		16	Bergerac....................	Montluc, l. VI. — *Lettre de Jeanne d'Albret*, citée par M. Faget de Baure, l. IV, ch. II.
		....	Montlieu, en Saintonge, où il est reçu avec sa mère par Condé et Coligny.	Favin, l. XIV.
		28	La Rochelle².................	La Popelinière, l. XIV.
		....	Il tombe dans la mer et risque de se noyer³....................	Faustin Poeydavant, *Itinéraire de Henri IV dans la Vendée.*
	Vers la fin de l'année.	....	Siége d'Angoulême, où il fait ses premières armes avec trois régiments d'infanterie et huit cornettes de cavalerie légère, que sa mère avait amenés de Gascogne.	La Popelinière, l. XIV. — Pierre Mathieu, l. V.
1569. 16ᵉ de l'âge.	Janvier.	31	Niort........................	Lettre de ce jour *⁴.
	Mars.	14	Cognac, où sa mère le présente à l'armée vaincue, le lendemain de la bataille de Jarnac.	De Thou, l. XLV. — Davila, l. V.
		18	Saint-Jean-d'Angely............	Lettre de ce jour *⁵.

¹ Les divers séjours que nous avons pu constater en cette année sont toujours ceux de la mère et du fils. Jeanne d'Albret préparait sa jonction avec le prince de Condé à la Rochelle, et elle exécuta ce projet avec autant de hardiesse que de bonheur, malgré toute la surveillance hostile de Montluc.

² C'est en arrivant dans cette ville que le jeune prince fut complimenté par Jean de la Haize, avocat célèbre alors à la Rochelle par son éloquence, et qui le compara à l'alcyon et au soleil levant. Henri de Navarre lui répondit obligeamment, *de gaillardise de cœur et de gentillesse d'esprit,* dit un historien : « Je ne me suis tant estudié comme vous à bien « parler ; mais si je ne dis pas bien, je tascheray mieux faire « que dire. »

³ Il fut sauvé par un capitaine de marine de la Rochelle, nommé Jacques Lardeau, qui l'atteignit en plongeant, le chargea sur ses épaules et le ramena sur la digue.

⁴ Nous marquerons de ce signe les lettres qui, n'ayant pu prendre place dans l'ordre chronologique, par l'époque où elles nous sont parvenues, sont réservées pour le supplément.

⁵ Jeanne d'Albret rappela cette présentation de son fils, et même le peu de mots qu'il prononça, par une médaille qu'elle fit frapper, l'été suivant, pour les reitres, et où se voit d'un côté son effigie, de l'autre celle de son fils avec ces mots: *Pax certa, victoria integra, mors honesta.* Le prince de Condé, dont le père avait été tué à la bataille de Jarnac, fut présenté avec lui aux troupes par Jeanne d'Albret; et les deux princes firent ensemble toutes les campagnes de cette année.

ANNÉES.	MOIS.	JOURS.	LIEUX DU SÉJOUR.	DOCUMENTS qui ÉTABLISSENT LE SÉJOUR.
1569. 16° de l'âge.	Avril.	11	Saintes....................	Lettre de ce jour*.
		....	A Saint-Jean-d'Angely, où l'amènent Coligny et d'Andelot.	De Thou, l. XLV.
	Juin.	25	Au combat de la Roche-Abeille, en Limousin.	De Thou, l. XLV.—Davila, Hist. des guerres civiles de France, l. IV.—Péréfixe, Ire partie.—Hénault, Abrégé chronologique. — Art de vérifier les dates.
	Juillet.	12	Au camp d'Availle............	Lettre de ce jour*.
	Août.	....	Saint-Maixent................	De Thou, l. XLV. — Thibaudeau, Hist. de Poitou. L. V. ch. IV.
		25 et 26	Au camp devant Poitiers, où il donne un grand repas aux officiers des reîtres.	De Thou, l. XLV.
		Fin.	Niort.....................	Idem.
	Septembre	21	Faye-la-Vineuse en Anjou........	Lettre de ce jour*.
	Octobre.	2	Moncontour.................	LaNoue, Mémoires, ch. XXVI. —D'Auvigny, Les vies des hommes illustres de France, t. XV.
		3	A Moncontour, le matin de la bataille; l'amiral le place avec le prince de Condé à la queue de l'armée; il se retire dans la journée à Parthenay, où il est rejoint par Coligny.	Castelnau, Mémoires, l. VII, ch. IX. — Pierre Mathieu, l. V. — D'Aubigné, Hist. univ. t. 1er, l. V, ch. XVII. – Thibaudeau, l. V, ch. V. —D'Auvigny, t. XV.
		4	A Parthenay, qu'il quitte le matin avant le jour, pour se rendre à Niort, où se trouvait la reine de Navarre.	Castelnau, l. VII, ch. IX.— D'Aubigné, l. V, ch. XVIII. —Davila, l. V. — D'Auvigny, t. XV.
		5	A Niort, où il reçoit les débris de l'armée protestante, défaite à Moncontour.	De Thou, l. XLV. — Thibaudeau, l. V, ch. V. — D'Auvigny, t. XV.
		6 au 18	A Saint-Jean-d'Angely et à la Rochelle, où était la reine de Navarre.	De Thou, l. XLV.—Castelnau, l. VII, ch. IX.—D'Auvigny, t. XV.—Davila, l. V.

ANNÉES.	MOIS.	JOURS.	LIEUX DU SÉJOUR.	DOCUMENTS qui ÉTABLISSENT LE SÉJOUR.
1569.	Octobre.	Vers le 18	Saintes[1]...............	La Popelinière, *Histoire de France*, l. XXII. – Castelnau, l. VII, ch. ix.
		25	A Argental sur la Dordogne, où l'armée emploie près de huit jours à passer la rivière.	La Popelinière, l. XXII.— D'Auvigny, t. XV.
	Fin d'octobre, novembre et commencement de décembre.	....	Traverse le Rouergue, le Quercy; passe le Lot au-dessous de Cadenac; arrive à Montauban, où il séjourne plusieurs jours.	D'Auvigny, t. XV.–Davila, l. V. — D'Aubigné, l. V, ch. xix.— Dom Vaissète, *Hist, génér. de Languedoc*, l. XXXIX.
17ᵉ de l'âge.	Décembre.	Du 10 au 15	Au Port-Sainte-Marie, près d'Agen..	Davila, l. V. — La Popelinière, l. XXII. —Dom Vaissète, l. XXXIX.
1570.	Janvier.	5	La Rochelle.............	Lettre de ce jour.
		6	La Rochelle.............	Deux lettres de ce jour*.
		19	Part du camp de Valence, en Agénois; passe le Tarn à Lisac.	Dom Vaissète, l. XXXIX. — La Popelinière, liv. XXII.
		22	A la Bastide-Saint-Sernin, à deux lieues de Toulouse.	Dom Vaissète, l. XXXIX. –La Popelinière, l. XXII.
		Du 23 au 30	Campe aux environs de Toulouse...	Dom Vaissète, l. XXXIX.
		31	Décampe des environs de Toulouse, et parcourt le bas Languedoc.	Dom Vaissète, l. XXXIX. —La Popelinière, l. XXII.
	Février.	20	Continue sa marche par Montgiscard, Montesquieu, etc.	Dom Vaissète, l. XXXIX. - La Popelinière, l. XXII.
	Mars.	Du 1ᵉʳ au 17	Campe à Montréal près de Carcassonne, où il reçoit les députés envoyés par le Roi pour traiter de la paix.	Dom Vaissète, l. XXXIX. - La Popelinière, l. XXII.
		Du 18 au 22	Passe sous les murs de Carcassonne; s'empare de Conques et Villalier; campe à Barbayran sur l'Aude; se rend à Bize, dans le diocèse de Narbonne; entre dans celui de Béziers.	Dom Vaissète, l. XXXIX.

[1] C'est ici que commença le grand voyage des princes et de Coligny: « L'admiral, dit Pierre Mathieu, ayant ramené les reliques de son naufrage, fit en neuf mois près de trois cents lieues et quasi le tour de la France, ayant partout à la teste de ses entreprises et de ses conseils le prince de Navarre et le prince de Condé, la présence desquels soustenoit les esperances des soldats et auctorisoit les commandemens des chefs. » (*Histoire de France*, l. V.)

ANNÉES.	MOIS.	JOURS.	LIEUX DU SÉJOUR.	DOCUMENTS qui ÉTABLISSENT LE SÉJOUR.
1570. 17ᵉ de l'âge.	Mars.	23 et 24	Prend Servian et Cazouls sur l'Hérault.	Dom Vaissète, l. XXXIX.
		Fin du mois.	Campe aux environs de Montpellier.	Idem.
	Avril.	2	Décampe de Montpellier.........	Idem.
		Du 3 au 9	Siége de Lunel. Les princes ont leurs quartiers à Vauvert, où le prince de Béarn tombe malade; il est transporté à Nîmes.	Dom Vaissète, l. XXXIX. —La Popelinière, l. XXII.
		16	Part de Nîmes avec l'armée; prend sa route par le diocèse d'Uzès, et dirige sa route vers le Rhône.	Dom Vaissète, l. XXXIX.
		Du 17 au 22	Se dirige, à la tête des reîtres, sur Aubenas.	Idem.
	Mai.	23	Part d'Aubenas à la tête des reîtres, joint l'amiral en Velay, et continue avec lui sa marche par le Forez.	Idem.
		Du 26 au 31	Saint-Étienne.................	La Popelinière, l. XXII.— D'Auvigny, t. XV.
	Juin.	Commencement.	Part de Saint-Étienne; passe par Saint-Symphorien et Roanne, et vient camper près de Clugny.	La Popelinière, l. XXII. D'Auvigny, t. XV.
		25	Arnay-le-Duc.................	La Popelinière, l. XXII.
		27	A Arnay-le-Duc; commande le premier escadron de cavalerie française au combat de ce nom.	La Popelinière, l. XXII. — La Noue, *Mémoires*, ch. XXIX.—Pierre Mathieu, l. V. — D'Auvigny, t. XV.
		29	Quitte le champ de bataille, et se retire sur la Charité à marches forcées[1].	La Popelinière, l. XXII.— D'Auvigny, t. XV.
	Juillet.	7	A la Charité, d'où il envoie des députés à la cour pour traiter de la paix	La Popelinière, l. XXII.— D'Auvigny, t. XV.
		15	Va d'Entrains à Sᵗ-Amand en Puisaye.	La Popelinière, l. XXIII.

[1] L'amiral de Coligny fit faire, dans ce voyage, à son armée, de «longues traites de dix, et quelquefois douze «grandes lieues,» dit La Popelinière, «tant, ajoute le même «historien, pour n'avoir aucun attirail, que pour ce qu'ils «estoient tous à cheval.» Quant à l'attirail, tous les horribles pillages par lesquels leur chef, faute d'argent, leur permit de se payer, dans tant de petites villes, durent peu à peu leur former des bagages assez considérables.

ANNÉES.	MOIS.	JOURS.	LIEUX DU SÉJOUR.	DOCUMENTS qui ÉTABLISSENT LE SÉJOUR.
1570. 17e de l'âge.	Juillet.	29	Neuvy-sur-Loire............	La Popelinière, l. XXIII.
	Fin de juillet et commenc. d'août.	....	A Châtillon-sur-Loing, chez l'amiral, où il prend ses quartiers.	D'Auvigny, t. XV.
	Août.	Avant le 21	Part avec l'amiral pour reconduire les troupes allemandes; les accompagne jusqu'à Langres.	La Popelinière, l. XXIII. — D'Auvigny, t. XV.
		24 et 25	Ricey......................	Deux lettres du 24° et une du 25.
		31	Montigny..................	Lettre de ce jour*.
		Fin.	Retourne à la Charité.........	La Popelinière, l. XXIII. — D'Auvigny, t. XV.
	Septemb.	13	Luzey......................	Deux lettres de ce jour. Obligation, à la même date, pour le payement des troupes allemandes du colonel Cracow.
	Octobre.	Commencement.	A la Rochelle, où il rejoint la reine de Navarre.	La Popelinière, l. XXIII. — D'Auvigny, t. XV.
	Novemb.	5	La Rochelle...............	Lettre de ce jour*.
18e de l'âge.	Décemb.	2	La Rochelle...............	Lettre de ce jour*.
		27	La Rochelle...............	Lettre de ce jour*.
1571.	Janvier.	6	La Rochelle...............	Deux lettres de ce jour*.
		12	La Rochelle...............	Deux lettres de ce jour.*.
		13	La Rochelle...............	Lettre de ce jour*.
		24	La Rochelle...............	Lettre de ce jour*.
	Février.	6	La Rochelle...............	Lettre de ce jour.
		21	La Rochelle...............	Lettre de ce jour*.
		23	La Rochelle...............	Deux lettres de ce jour*.
		26	La Rochelle...............	Lettre de ce jour*.
	Mars.	5	La Rochelle...............	Lettre de ce jour*.
		9	La Rochelle...............	Lettre de ce jour.
		15	La Rochelle...............	Lettre du 9 mars, note 4.

ANNÉES.	MOIS.	JOURS.	LIEUX DU SÉJOUR.	DOCUMENTS qui ÉTABLISSENT LE SÉJOUR.
1571. 18ᵉ de l'âge.	Mars.	31	La Rochelle..................	Lettre de ce jour *.
	Avril.	13	La Rochelle..................	Lettre de ce jour.
		22	La Rochelle..................	Lettre de ce jour.
	Mai.	1ᵉʳ	La Rochelle..................	Deux lettres de ce jour *.
		17	La Rochelle..................	Lettre de ce jour *.
		22	La Rochelle..................	Deux lettres de ce jour *.
	Juin.	30	La Rochelle..................	Lettre de ce jour.
	Juillet.	2	La Rochelle..................	Lettre de ce jour.
		10	La Rochelle..................	Lettre de ce jour *.
		16	Près la Rochelle...............	Deux lettres de ce jour *.
		25	La Jarrie, près la Rochelle......	Lettre de ce jour.
		30	La Jarrie, près la Rochelle......	Lettre de ce jour *.
	Août.	Du 1ᵉʳ au 6	La Jarrie, près la Rochelle ¹.....	Comptes mss. origin. de Jeanne d'Albret. (dépense ordin.); et lettres des 1ᵉʳ * 2 * et 6 août 1571.
		14	La Rochelle...................	Comptes mss. de Jeanne d'Albret (dépense ordin.)
		Du 8 au 21	La Jarrie, près la Rochelle......	Comptes mss. de Jeanne d'Albret (dépense ordin.); et lettre du 14 août *.
		22	Dîne à la Jarrie, soupe et couche à Surgères.	Comptes mss. de Jeanne d'Albret (dépense ordin.)
		23	Dîne à Surgères, soupe et couche à Saint-Jean-d'Angely.	Idem.
		24	A Saint-Jean-d'Angely et à Brisambourg.	Lettre de ce jour * et comptes mss. de Jeanne d'Albret (dépense ord.).
		25	Cognac......................	Comptes mss. de Jeanne d'Albret (dép. ordin.).
		26	Lonzac....	Idem.
		27	Dîne à Archiac, soupe et couche à Barbezieux.	Idem.
		28	Dîne à Oriol, soupe et couche à Monguyon.	Idem.

¹ C'est avec sa mère et sa sœur que le roi de Navarre fit tout le voyage dont l'itinéraire suit.

ANNÉES.	MOIS.	JOURS.	LIEUX DU SÉJOUR.	DOCUMENTS qui ÉTABLISSENT LE SÉJOUR.
1571.	Août.	29	Guitres.................	Comptes mss. de Jeanne d'Albret (dép. ordin.)
		30	Branne.................	Idem.
		31	Cadillac................	Idem.
	Septembre	11	Pau....................	Lettre de ce jour*.
	Décembre	7	Nérac..................	Lettre de ce jour.
		11	Nérac..................	Lettre de ce jour*.
19ᵉ de l'âge.		13	La Rochelle.............	Lettre de ce jour*.
		18	Nérac..................	Lettre de ce jour*.
		20	Nérac..................	Lettre de ce jour.
1572.	Mars.	2	Nérac..................	Lettre de ce jour*.
		....	Blois ¹.................	Chapuis, *Histoire de Navarre*.
	Avril.	....	En Béarn ²..............	L'abbé Poeydavant, l. VII.
	Juin.	Vers le 12.	A Chaunay, en Poitou, où il apprend la mort de sa mère ³.	Favin, l. XIV.
	Juillet.	11	A Paris, où il arrive, ce jour.....	Lettre de ce jour, et *Mem. de l'Estat de France sous Charles neufiesme*, t. Iᵉʳ.
		18	A Notre-Dame et au Louvre ; mariage avec Marguerite de France.	*Mémoires de l'Estat de France*, t. Iᵉʳ.
		Du 19 au 23	A Paris et au Louvre...........	Idem.
	Août.	24 et 25	A Paris et au Louvre ; massacre de la Saint-Barthélemy.	Tous les historiens et mémoires contemporains.
		26	Au Parlement, où le Roi tient un lit de justice ; et à Montfaucon, près Paris, où la reine mère oblige son gendre à l'accompagner pour voir le corps de l'amiral pendu au gibet.	Pierre Mathieu, l. VI. — *Journal de l'Estoile*.
	Septembre	2	A Paris et au Louvre, où il abjure forcément le protestantisme.	*Journal de l'Estoile*. — *Mémoires de l'Estat de France*, t. Iᵉʳ. — *OEconomies royales*, Iʳᵉ partie. — *Mémoires de la reine Marguerite*.
		10	Paris...................	Lettre de ce jour.

¹ Il était venu saluer le Roi, qui s'était avancé jusqu'à Blois pour recevoir Jeanne d'Albret, venant préparer le mariage de son fils avec Marguerite de France.
² Le prince était retourné en Béarn, pendant la fin du séjour de sa mère et de la cour à Blois. Son contrat de mariage fut dressé dans cette ville, le 11 avril. Jeanne d'Albret se rendit ensuite à Paris, où elle arriva le 15 mai.
³ La reine de Navarre mourut à Paris le 9 juin.

DU ROI DE NAVARRE. 543

ANNÉES.	MOIS.	JOURS.	LIEUX DU SÉJOUR.	DOCUMENTS qui ÉTABLISSENT LE SÉJOUR.
1572.	Octobre.	3	Paris...................	Cinq lettres de ce jour.
		20	Paris...................	Lettre de ce jour.
		22	Paris...................	Deux lettres de ce jour.
		31	Au jeu de paume avec le duc de Guise.	*Journal de l'Estoile.*
	Novembre.	7	Paris...................	Lettre de ce jour.
		19	Paris...................	Deux lettres de ce jour.
20° de l'âge.	Décembre.	3	Paris...................	Lettre de ce jour.
1573.	Janvier.	1er	Part de Paris avec le duc d'Anjou pour aller assiéger la Rochelle.	Faustin Poeydavant, *Itinér. de Henri IV dans la Vendée.*
	Février.	12	Nieul, près la Rochelle.........	*Idem.*
	Mars.	6	Nieul...................	Lettre de ce jour.
		21	Nieul...................	Lettre de ce jour.
		24	Nieul...................	Lettre de ce jour.
	Juin.	26	Au camp devant la Rochelle.....	Lettre de ce jour.
	Vers la mi-juillet.	....	Champigny................	Du Bouchet, *Vie de Louis de Bourbon, duc de Montpensier.*
	....	....	Après la reddition de la Rochelle, va par mer à Nantes, puis remonte la Loire à Notre-Dame de Cléry, où le duc d'Anjou accomplit un vœu.	Faustin Poeydavant, *Itinéraire de Henri IV dans la Vendée.*
	Août.	20	Paris...................	Lettre de ce jour.
	Septembre	28	Part de Paris avec la cour pour accompagner le roi de Pologne jusqu'en Lorraine.	Pierre Mathieu, l. VI.
	Octobre.	Commencement.	Reste à Vitry avec le Roi, arrêté en route par une maladie.	*Mémoires de la reine Marguerite.*
		....	A Châlons, à Reims, à Soissons, à Saint-Germain-en-Laye, au faubourg Saint-Honoré et à Paris, en y revenant avec le Roi.	Déposition du 13 avril 1574.
21° de l'âge.	Décembre	18	Paris...................	Lettre de ce jour.
1574.	Mars.	26	Vincennes................	Déposit. du 13 avril 1574, note 1, col. 2, insérée dans le Recueil des lettres.

ANNÉES.	MOIS.	JOURS.	LIEUX DU SÉJOUR.	DOCUMENTS qui ÉTABLISSENT LE SÉJOUR.
1574. 21ᵉ de l'âge.	Avril.	13	Vincennes....................	Déposit. du 13 avril 1574.
	Mai.	30	A Vincennes, où il assiste à la mort de Charles IX.	Pierre Mathieu, l. VI.
	Juin.	1ᵉʳ	Paris......................	Lettre de ce jour.
		3	Paris......................	Lettre de ce jour.
		4	A Paris, d'où il envoie le baron de Miossens en Pologne pour complimenter Henri III.	Journal de l'Estoile.
		9	Paris......................	Lettre de ce jour.
	Août.	8	A Paris, d'où il part avec la cour pour aller au-devant de Henri III, arrivant de Pologne.	Journal de l'Estoile.
	Septembre	6	A Lyon, d'où il va recevoir le Roi jusqu'au Pont-de-Beauvoisin.	Idem.
	Octobre.	5	Lyon......................	Lettre de ce jour.
		14	Lyon......................	Lettre de ce jour*.
	Novembre.	1ᵉʳ	A Lyon où il prête serment de fidélité au Roi, et communie avec lui et le duc d'Alençon.	Journal de l'Estoile.
		16	Lyon......................	Lettre du 24 janvier 1575, note 1.
		....	Sur le Rhône, où son bateau faillit être submergé.	Journal de l'Estoile.
	Décembre.	2	A Avignon, où il assiste à la procession des Battus.	Idem.
22ᵉ de l'âge.		15	Avignon....................	Lettre de ce jour.
1575.	Janvier.	24	Lyon......................	Lettre de ce jour.
	Février.	13	A Reims, où il assiste au sacre de Henri III.	Art de vérifier les dates, et tous les histor. du temps.

ANNÉES.	MOIS.	JOURS.	LIEUX DU SÉJOUR.	DOCUMENTS qui ÉTABLISSENT LE SÉJOUR.
1575. 22ᵉ de l'âge.	Mai.	26	A Paris, où il improvise une épigramme dans la chambre de sa tante, la princesse de Condé[1].	*Journal de l'Estoile.*
	Juillet.	29	Paris....................	Deux lettres de ce jour.
	Août.	10	A Paris et au Bourg-la-Reine, où il escorte la reine douairière Élisabeth d'Autriche, veuve de Charles IX.	*Journal de l'Estoile.*
		27	A Paris, au Parlement, où il accompagne le Roi, qui tient son lit de justice.	*Idem.*
1576. 23ᵉ de l'âge.	Janvier.	1ᵉʳ	Déjeune à Meaux; dîne à Jouarre; soupe et couche à Monceaux.	Comptes mss. orig. du roi de Navarre (dép. ord.).
		2	Dîne à Saint-Denis; soupe et couche à Noisy.	*Idem.*
		3	Noisy....................	*Idem.*
		Du 4 au 20	Paris....................	*Idem.*
		21	Part de Paris en poste, et va au-devant de la reine mère, qui était à Orléans.	*Idem.*
		Du 22 au 24	Suite du voyage d'Orléans........	*Idem.*
		25	Soupe à Paris à son retour.......	*Idem.*
		Du 26 au 31	Paris....................	*Idem.*
	Février.	1 et 2	Paris....................	*Idem.*
		3	De Paris, qu'il quitte sous le prétexte d'une partie de chasse dans la forêt de Senlis; et il s'évade de la cour.	Comptes mss. (dép. ord.), et *Journal de l'Estoile.*

[1] « Estant dans la chambre de madame la princesse de Condé, sa tante, où il prenoit plaisir à voir toucher le luth à un gentilhomme, nommé de Nouailles, qui avoit le bruit d'aimer et estre aimé de madame la princesse, comme il accordast melodieusement sa voix à l'instrument, chantant dessus, cette chanson :

Je ne vois rien qui me contente,
Absent de ma divinité.

« Et repetant un peu trop souvent et passionement ce mot *divinité* (avec l'œil toujours fixé sur madame la princesse) le roy de Navarre, se prenant à rire de fort bonne grace, et regardant sa tante d'un costé et Nouailles de l'autre :

N'appelés pas ainsi ma tante (dit-il),
Elle aime trop l'humanité. »

ANNÉES.	MOIS.	JOURS.	LIEUX DU SÉJOUR.	DOCUMENTS qui ÉTABLISSENT LE SÉJOUR.
1576. 23ᵉ de l'âge.	Février.	4	Dîne à Saint-Christophe; soupe et couche à Saint-Prix.	Comptes mss. (petite écurie).
		5	Dîne près Montfort-l'Amaury; soupe à Châteauneuf-en-Thimerais.	Comptes mss. (dép. ord.).
		6	Déjeune à Senonches; dîne à Mortagne; soupe et couche au Mesle; arrive à Alençon.	Comptes mss. (dép. ord.), et lettre de ce jour.
		Du 7 au 11	Alençon [1]................	Comptes mss. (dép. ord.).
		12	Dîne à Alençon; couche au Fresnay.	Idem.
		13	Dîne au Fresnay; couche à Beaumont-le-Vicomte.	Comptes mss. (dép. ord.), et lettre de ce jour.
		14	Beaumont-le-Vicomte..........	Comptes mss. (dép. ord.).
		15	Dîne à Beaumont-le-Vicomte; soupe et couche à Fay [2].	Idem.
		16	Dîne à Fay; soupe et couche à la Flèche.	Idem.
		Du 17 au 20	La Flèche.................	Idem.
		21	Dîne à la Flèche; soupe et couche à Beaugé.	Idem.
		22	Dîne à Beaugé; soupe et couche à Beaufort-en-Vallée.	Idem.
		23 et 24	Beaufort-en-Vallée.............	Comptes mss. (dép. ord.), et lettres des 23 et 24 février 1576.
		25	Dîne à Beaufort-en-Vallée; soupe et couche à Saumur.	Comptes mss. (dép. ord.).
		26	Saumur...................	Idem.
		27	Dîne à Saumur; soupe et couche à la Chapelle-Blanche.	Idem.

[1] C'est là qu'il reprit publiquement l'exercice de la religion réformée.
[2] Ce lieu de la couchée semble indiquer que les habitants du Mans n'accordèrent pas au roi de Navarre le passage par leur ville, qu'il leur avait demandé dans sa lettre du 13 février.

ANNÉES.	MOIS.	JOURS.	LIEUX DU SÉJOUR.	DOCUMENTS qui ÉTABLISSENT LE SÉJOUR.
1576. 23ᵉ de l'âge.	Février.	28	Dîne à la Chapelle-Blanche; soupe et couche à Bourgueil.	Comptes mss. (dép. ord.).
		29	Bourgueil................	Idem.
	Mars.	Du 1ᵉʳ au 3	Bourgueil................	Comptes mss.(pet. écurie).
		Du 4 au 6	Châteaux, en Anjou...........	Idem.
		7	Dîne à Châteaux; soupe et couche à Bourgueil.	Idem.
		Du 8 au 12	Bourgueil................	Idem.
		Du 13 au 14	Saumur.................	Idem.
		15	Dîne à Saumur; soupe et couche à Doué.	Idem.
		Du 16 au 19	Doué...................	Idem.
		20	Dîne à Doué; soupe et couche à Vihiers.	Idem.
		21	Dîne à Vihiers; soupe et couche à Chollet.	Idem.
		22 et 23	Chollet.................	Idem.
		24	Dîne à Chollet; soupe et couche à Beaupréau.	Idem.
		25	Dîne à Beaupréau; soupe et couche à Chouzé.	Idem.
		26	Thouarcé................	Idem.
		27	Dîne à Thouarcé; soupe et couche à Saumur.	Idem.
		Du 28 au 31	Saumur.................	Idem.
	Avril.	1ᵉʳ	Dîne à Saumur; soupe et couche au Puy-Notre-Dame.	Comptes mss. (dép. ord.).
		2	Dîne au Puy-Notre-Dame; soupe et couche à Argentan-le-Château.	Idem.
		3 et 4	Argentan-le-Château...........	Idem.

SÉJOURS ET ITINÉRAIRE

ANNÉES.	MOIS.	JOURS.	LIEUX DU SÉJOUR.	DOCUMENTS qui ÉTABLISSENT LE SÉJOUR.
1576. 23ᵉ de l'âge.	Avril.	5	Dîne à Argentan-le-Château; soupe et couche à Thouars.	Comptes mss. (dép. ord.).
		Du 6 au 15	Thouars....................	Comptes mss. (dép. ord.), et lettres des 11, 12 et 15 avril.
		16	Dîne à Oiron; soupe et couche à Loudun.	Comptes mss. (dép. ord.).
		Du 17 au 19	Loudun....................	Idem.
		20	Dîne à Loudun; soupe et couche à Montreuil-Bellay.	Idem.
		Du 21 au 30	Saumur....................	Comptes mss. (dép. ord.). et lettre du 29 avril.
	Mai.	25	Thouars....................	Lettre de ce jour.
	Juin.	14	Niort.......................	Deux lettres de ce jour*.
		16	Niort.......................	Deux lettres de ce jour.
		26	Surgères....................	Lettre de ce jour.
		28	Entrée à la Rochelle avec Madame Catherine, sa sœur.	Faustin Poeydavant, *Itinéraire de Henri IV dans la Vendée*.
		29	La Rochelle................	Lettre de ce jour.
	Juillet.	Du 1ᵉʳ au 3	La Rochelle................	Comptes mss. (dép. ord.).
		4	Soupe et couche en Brouage......	Idem.
		5	En Brouage.................	Idem.
		6	Dîne à Saint-Aignan; soupe et couche à Saintes.	Idem.
		7	Saintes....................	Idem.
		8	Dîne, soupe et couche à Saint-Jean-d'Angely.	Idem.
		9	Dîne à Saint-Jean-d'Angely; soupe et couche à Brisambourg.	Idem.

ANNÉES.	MOIS.	JOURS.	LIEUX DU SÉJOUR.	DOCUMENTS qui ÉTABLISSENT LE SÉJOUR.
1576. 23ᵉ de l'âge.	Juillet.	10	Dîne à Chantereau, à l'assemblée; soupe et couche à Cognac.	Comptes mss. (dép. ord.).
		Du 11 au 13	Cognac....................	Idem.
		14	Dîne à Cognac; soupe et couche à Barbezieux.	Comptes mss. (dép. ord.), et lettre de ce jour*.
		15	Dîne à Barbezieux; soupe et couche à Montguyon.	Comptes mss. (dép. ord.).
		Du 16 au 18	Montguyon.................	Idem.
		19	Dîne à Saint-Aulaye; soupe et couche à Riberac.	Idem.
		20	Riberac....................	Idem.
		21	Dîne à Mensignac; soupe et couche à Périgueux.	Idem.
		Du 22 au 27	Périgueux..................	Idem.
		28	Dîne à Périgueux; soupe et couche à Villamblard-Barrière.	Idem.
		29	Dîne à Villamblard; soupe et couche à Bergerac.	Idem.
		30	Bergerac...................	Idem.
		31	Dîne à Bridoire; soupe et couche à Frontenac.	Idem.
	Août.	1ᵉʳ..	Dîne à Frontenac, à l'assemblée; soupe et couche à Lauzun.	Idem.
		2	Lauzun.....................	Comptes mss. (dép. ord.), et lettre de ce jour.
		3	Dîne à Saint-Pastour; soupe et couche à Villeneuve-d'Agénois.	Comptes mss. (dép. ord.).
		4	Villeneuve-d'Agénois............	Comptes mss. (dép. ord.), et lettre de ce jour.
		5	Au château de Pujols...........	Comptes mss. (dép. ord.).
		6	Dîne à Gauges, chez M. de Roques; soupe et couche à Agen.......	Idem.

ANNÉES.	MOIS.	JOURS.	LIEUX DU SÉJOUR.	DOCUMENTS qui ÉTABLISSENT LE SÉJOUR.
1576. 23ᵉ de l'âge.	Août.	Du 7 au 15	Agen [1]....................	Comptes mss. (dép. ord.), et lettres du 9 et 15 août 1576.
		16	Dîne à Estafort (ou Astafort), soupe et couche à Lectoure.	Comptes mss. (dép. ord.).
		Du 17 au 24	Lectoure....................	Comptes mss. (dép. ord.), et lettre du 18 août.
		25 et 26	Dîne, soupe et couche aux champs.	Comptes mss. (dép. ord.).
		27	Fleurance....................	Idem.
		28	Dîne à Fleurance; soupe et couche à Eause.	Idem.
		Du 29 au 31	Eause....................	Idem.
	Septemb.	1ᵉʳ et 2	Eause....................	Idem.
		3	Dîne aux champs; soupe et couche à Gimont.	Idem.
		4	Gimont....................	Idem.
		5	Dîne à Gimont; soupe et couche à l'Ile-en-Jourdain.	Idem.
		6 au 8	L'Ile-en-Jourdain..............	Comptes mss. (dép. ord.), et lettre du 6 septembre.
		9	Dîne chez le Sʳ de Fontenillet; soupe et couche à l'Ile-en-Jourdain.	Comptes mss. (dép. ord.).
		Du 10 au 15	L'Ile-en-Jourdain..............	Comptes mss. (dép. ord.), et deux lettres du 13 septembre.
		16	Dîne à l'Ile-en-Jourdain; soupe et couche à Gimont.	Comptes mss. (dép. ord.).
		17	Gimont....................	Idem.
		18	Dîne à Puycasquier; soupe et couche à Lectoure.	Idem.

[1] C'est vers cette époque qu'on place les amours du roi de Navarre avec Catherine du Luc, demoiselle de la ville d'Agen.

ANNÉES.	MOIS.	JOURS.	LIEUX DU SÉJOUR.	DOCUMENTS qui ÉTABLISSENT LE SÉJOUR.
1576. 23ᵉ de l'âge.	Septemb.	Du 19 au 24	Lectoure...............	Comptes mss. (dép. ord.).
		25	Déjeune à Lectoure; dîne à Francescas; soupe et couche à Nérac.	Comptes mss. (dép. ord.), et lettre de ce jour.
		26	Nérac.................	Comptes mss. (dép. ord.).
		27	A Nérac; et à l'assemblée[1], à Durance, pour courre le cerf.	Idem.
		28	Nérac.................	Idem.
		29	Dîne à la Tour-d'Avance; soupe et couche à Nérac.	Idem.
		30	Nérac.................	Idem.
	Octobre.	1ᵉʳ et 2	Nérac.................	Idem.
		3	Dîne à la Tour-d'Avance; soupe et couche à Nérac.	Idem.
		4 et 5	Nérac.................	Idem.
		6	Dîne à Barbaste; fait une excursion à Agen; soupe et couche à Nérac.	Comptes mss. (dép. ord.), et lettre de ce jour.
		7	Nérac.................	Comptes mss. (dép. ord.).
		8	Dîne à la Tour-d'Avance; soupe et couche à Castel-Jaloux.	Idem.
		Du 9 au 11	Casteljaloux............	Comptes mss. (dép. ord.), et une lettre du 11 octobre[2].
		12	Dîne à Fargues; soupe et couche à Castel-Jaloux.	Comptes mss. (dép. ord.), et lettre de ce jour.
		13	Castel-Jaloux...........	Comptes mss. (dép. ord.).
		14	Dîne à Fargues; soupe et couche à Nérac.	Idem.
		15 et 16	Nérac.................	Comptes mss. (dép. ord.), et lettre du 16 octobre.
		Du 17 au 21	Agen..................	Comptes mss. (dép. ord.).

[1] Le mot *assemblée* doit s'entendre du rendez-vous de chasse.

[2] C'est sans doute par erreur que cette lettre, dont nous n'avons pu voir qu'une copie, est datée du 6. On aura pris XI pour VI.

ANNÉES.	MOIS.	JOURS.	LIEUX DU SÉJOUR.	DOCUMENTS qui ÉTABLISSENT LE SÉJOUR.
1576. 23° de l'âge.	Octobre.	Du 22 au 31	Agen....................	Comptes mss. (dép. ord.), et lettres du 26 et du 31 octobre.
	Novembre.	Du 1er au 11	Agen....................	Comptes mss. (dép. ord.), et lettre du 8 novembre.
		12	Dîne à Dunes; soupe et couche à Auvilar.	Comptes mss. (dép. ord.).
		Du 13 au 15	Auvilar..................	Idem.
		Du 16 au 30	Agen....................	Comptes mss. (dép. ord.), et lettre du 20 novemb.
	Décembre.	Du 1er au 9	Agen....................	Comptes mss. (dép. ord.).
		10 et 11	Tonnes (ou peut-être Tonneins)..	Idem.
24° de l'âge.		Du 12 au 31	Agen....................	Comptes mss. (dép. ord.), et lettres du 21 et du 22 décembre.
1577.	Janvier.	6	Agen....................	Lettre de ce jour.
		13	Agen....................	Deux lettres de ce jour.
		22	Sainte-Bazeille............	Lettre de ce jour *.
		23	Sainte-Bazeille............	Lettre de ce jour.
	Février.	Du 1er au 20	Agen....................	Comptes mss. (dép. ord.), lettre du 1er février, et du 18 *.
		21	Dîne à la Plume; soupe et couche à Agen.	Comptes mss. (dép. ord.).
		Du 22 au 28	Agen....................	Comptes mss. (dép. ord.), et lettre du 22 février.
	Avril.	Du 1er au 3	Agen....................	Comptes mss. (dép. ord.), et lettre du 3 avril.
		4	Dîne à Agen; soupe à Lectoure....	Comptes mss. (dép. ord.).
		5	Lectoure.................	Idem.
		6	Dîne à Lectoure; soupe et couche à Fleurance.	Idem.

ANNÉES.	MOIS.	JOURS.	LIEUX DU SÉJOUR.	DOCUMENTS qui ÉTABLISSENT LE SÉJOUR.
1577. 24ᵉ de l'âge.	Avril.	7	Dîne à Fleurance; soupe et couche à Vic-Fezenzac.	Comptes mss. (dép. ord.).
		8	Dîne à Vic-Fezenzac; soupe et couche à Nogaro.	Idem.
		9	Nogaro..................	Idem.
		10	Dîne à Nogaro; soupe et couche à Aire.	Idem.
		11	Aire....................	Idem.
		12	Dîne à Aire; soupe et couche à Nogaro.	Idem.
		13	Dîne à Nogaro; soupe et couche à Mezein.	Idem.
		14	Nérac...................	Comptes mss. (dép. ord.).
		15	Dîne à Nérac; soupe et couche à Agen.	Idem.
		Du 16 au 21	Agen....................	Comptes mss. (dép. ord.), et lettre du 17 avril.
		22	Déjeune à Agen; soupe et couche à Fleurance.	Comptes mss. (dép. ord.).
		23	Déjeune à Fleurance; soupe et couche à Barran.	Idem.
		24	Dîne à Barran; tout le jour devant Mirande; soupe et couche à Barran.	Idem.
		25	Dîne à Barran; soupe et couche à Jegun.	Idem.
		26	Jegun...................	Idem.
		27	Fleurance................	Idem.
		28	Dîne à Lectoure; soupe et couche à Agen.	Idem.
		29 et 30	Agen....................	Idem.

ANNÉES.	MOIS.	JOURS.	LIEUX DU SÉJOUR.	DOCUMENTS qui ÉTABLISSENT LE SÉJOUR.
1577. 24ᵉ de l'âge.	Juin.	14	Agen..................	Lettre de ce jour; et comptes mss. (dép. ord.).
		28	Agen..................	Comptes mss. (dép. ord.)
	Juillet.	5	Montauban.............	Lettre de ce jour.
		21	Agen..................	Lettre de ce jour.
		27	Agen..................	Lettre de ce jour.
	Août.	18	Bergerac..............	Lettre de ce jour.
	Septembre	2	Sainte-Foy............	Lettre de ce jour.
		6	Agen..................	Lettre de ce jour.
		18	Bergerac..............	Lettre de ce jour.
		21	Bergerac..............	Lettre de ce jour.
		22	Bergerac..............	Lettre de ce jour.
	Octobre.	Du 1ᵉʳ au 19	Agen..................	Comptes mss. (dép. ord.).
		20	A Agen; soupe à Nérac........	Comptes mss. (dép. ord.), et lettre de ce jour.
		21	Dîne à la Tour-d'Avance; soupe et couche à Nérac.	Comptes mss. (dép. ord.).
		22	Dîne à Nérac; soupe et couche à Agen.	Idem.
		23 et 24	Agen..................	Idem.
		25	Dîne à Agen; soupe et couche à Nérac.	Idem.
		Du 26 au 31	Nérac.................	Idem.
	Novembre.	4	Nérac.................	Lettre de ce jour.
		8	Nérac.................	Lettre de ce jour.
		17	A Bergerac, où il assiste à la lecture de l'édit de pacification.	Vaissète, *Histoire de Languedoc*, l. XL.
		20	Nérac.................	Lettre de ce jour.
25ᵉ de l'âge.	Décembre	Tout le mois.	Lectoure..............	Comptes mss. (dép. ord.), et lettre du 27 décembre.

ANNÉES.	MOIS.	JOURS.	LIEUX DU SÉJOUR.	DOCUMENTS qui ÉTABLISSENT LE SÉJOUR.
1578. 25ᵉ de l'âge.	Janvier.	12	Lectoure	Lettre de ce jour.
	Février.	1ᵉʳ	Lectoure	Lettre de ce jour.
	Mars.	6	L'Ile-en-Jourdain	Lettre de ce jour.
		Du 6 au 14	Mazères	Dom Vaissète, *Histoire de Languedoc*, t. XL, et lett. du 14 mars 1578, note 9.
		14	Avignonet en Lauraguais	Lettre de ce jour.
		22	Foix	Lettre de ce jour.
		25	Pamiers	Lettre de ce jour.
	Avril.	20	Nérac	Registre généalogique de la famille de Meslon.
		25	Nérac	Lettre de ce jour.
	Mai.	7	Nérac	Lettre de ce jour.
		16	Nérac	Lettre de ce jour.
		29	Agen	Lettre de ce jour.
	Juin.	12	Nérac	Lettre de ce jour.
		30	Montauban	Lettre de ce jour.
	Juillet.	3	Montauban	Lettre de ce jour.
		6	Montauban	Deux lettres de ce jour.
		13	Montauban	Lettre de ce jour.
		18	Montauban	Deux lettres de ce jour.
	Août.	6	Montauban	Lettre de ce jour.
		10	Montauban	Lettre de ce jour.
		19	Montauban	Lettre de ce jour.
		21	Montauban	Deux lettres de ce jour.
	Septembre	1ᵉʳ	Montauban	Lettre de ce jour.
		16	Nérac	Lettre de ce jour.

ANNÉES.	MOIS.	JOURS.	LIEUX DU SÉJOUR.	DOCUMENTS qui ÉTABLISSENT LE SÉJOUR.
1578. 25° de l'âge.	Septembre	23	Nérac....................	Lettre de ce jour.
	Octobre.	10	Nérac....................	Lettre de ce jour.
		14	Nérac....................	Lettre de ce jour.
		....	Auch.....................	Œconom. royales, 1re partie. Lettre entre le 17 et le 28 octobre.
		....	Fleurance................	Idem.
		23	Agen.....................	Lettre de ce jour.
	Novemb.	16	Mauvezin.................	Lettre de ce jour.
	Décembre.	6	Nérac....................	Lettre de ce jour.
26° de l'âge.		9	Nérac....................	Lettre de ce jour.
		18	Nérac....................	Lettre de ce jour.
1579.	Janvier.	Du 1er au 28	Nérac....................	Comptes mss. (dép. ord.), et lettre du 22 janvier*.
	Février.	Du 1er au 31	Nérac[1]..................	Comptes mss. (dép. ord.), et lettres des 2, 8, 10, 12 et 28 février.
	Mars.	5	Nérac....................	Deux lettres de ce jour.
		6	Nérac....................	Lettre de ce jour.
		24	Nérac....................	Lettre de ce jour.
	Avril.	1er	Nérac....................	Comptes mss. (dép. ord.).
		2	Dîne à la Fosse (ou la Fox, la Fost), près Agen; couche à Valence.	Idem.
		3	Valence..................	Idem.
		4	Dîne et couche à Saint-Nicolas....	Idem.
		5	Dîne à Saint-Nicolas; couche à Beaumont-de-Lomagne.	Idem.

[1] On place à cette époque, pendant le séjour de Catherine de Médicis à Nérac, les amours de son gendre avec Mlle Dayelle, l'une de ses filles d'honneur.

ANNÉES.	MOIS.	JOURS.	LIEUX DU SÉJOUR.	DOCUMENTS qui ÉTABLISSENT LE SÉJOUR.
1579. 26° de l'âge.	Avril.	6	Beaumont-de-Lomagne..........	Comptes mss. (dép. ord.).
		7	Dîne à Solomiac; couche à Mauvezin.	Idem.
		8	Dîne et soupe au château de Saint-Germain; couche à l'Ile-en-Jourdain.	Idem.
		Du 9 au 12	A l'Ile-en-Jourdain............	Comptes mss. (dép. ord.), et lettre du 9 avril.
		13	Dîne à Saint-Lis; soupe et couche à Muret.	Comptes mss. (dép. ord.).
		14	Dîne à Cauzac; soupe et couche à Mazères.	Idem.
		15 et 16	Mazères.....................	Comptes mss. (dép. ord.), et lettre du 16 avril.
		17	Dîne à Saverdun; soupe et couche à Mazères.	Comptes mss. (dép. ord.).
		Du 18 au 20	Mazères.....................	Comptes mss. (dép. ord.), et deux lettres du 20 avril.
		Du 21 au 27	Au château de Marquain........	Comptes mss. (dép. ord.).
		28	Dîne au château de Marquain; soupe et couche à Mazères.	Idem.
		29 et 30	Mazères.....................	Comptes mss. (dép. ord.), et deux lettres du 30 avril.
	Mai.	Du 1er au 14	Mazères.....................	Comptes mss. (dép. ord.), et lettre du 3 mai.
		5	Au Mas-Saintes-Puelles.........	Comptes mss. (dép. ord.).
		6 et 7	Mazères.....................	Idem.
		8	Dîne à Montréal, près Carcassonne; soupe et couche à Mazères.	Comptes mss. (dép. ord.), et lettre de ce jour.
		9 et 10	Mazères.....................	Comptes mss. (dép. ord.).
		11	Dîne à Mazères; soupe et couche à Pamiers.	Comptes mss. (dép. ord.), et deux lettres de ce jour.

ANNÉES.	MOIS.	JOURS.	LIEUX DU SÉJOUR.	DOCUMENTS qui ÉTABLISSENT LE SÉJOUR.
1579. 26° de l'âge.	Mai.	12 et 13	Pamiers................	Comptes mss. (dép. ord.).
		14	Dîne à Vareilles; soupe et couche à Foix.	Idem.
		15	Foix..................	Idem.
		16	Dîne à Foix; couche à Pamiers....	Idem.
		17	Pamiers................	Idem.
		18	Dîne à Saverdun; soupe et couche à Lezat.	Idem.
		19	Dîne à Rions; soupe et couche à Saint-Élix.	Idem.
		20	Saint-Élix..............	Idem.
		21	Dîne à Saint-Martory; soupe et couche à Saint-Gaudens.	Idem.
		22	Dîne à Saint-Gaudens; soupe et couche à Montrejeau.	Idem.
		23	Dîne à Lannemaisan; soupe et couche à Tournay.	Idem.
		24	Dîne à Tournay; soupe et couche à Tarbes.	Idem.
		25	Dîne à Tarbes; couche à Pontac...	Idem.
		26	Dîne à Coaraze; soupe et couche à Pau.	Idem.
		Du 27 au 31	Pau....................	Idem.
	Juin.	Du 1er au 9	Pau....................	Comptes mss. (dép. ord.), et lett. du 1er et du 9 juin.
		10	Dîne à Denguin; soupe et couche à Arthès.	Comptes mss. (dép. ord.).
		11	Dîne et soupe à Arthès..........	Idem.
		12 et 13	Pau....................	Comptes mss. (dép. ord.), et lettre du 12 juin.

ANNÉES.	MOIS.	JOURS.	LIEUX DU SÉJOUR.	DOCUMENTS qui ÉTABLISSENT LE SÉJOUR.
1579. 26° de l'âge.	Juin.	14	Nogaro....................	Comptes mss. (dép. ord.).
		Du 15 au 18	Nérac.....................	Idem.
		Du 19 au 30	Eause [1]...................	Idem.
	Juillet.	18	Montauban.................	Lettre de ce jour.
		24	Montauban.................	Registre généalogique de la famille de Meslon.
		29	Montauban.................	Idem.
	Août.	7	Nérac.....................	Lettre de ce jour [1].
		22	Nérac.....................	Deux lettres de ce jour [1].
	Septembre	Du 1er au 3	Nérac.....................	Comptes mss. (dép. ord.).
		4	Dîne à Eause; couche à Viala.....	Idem.
		5	Dîne à Morlac; couche à Pau.....	Idem.
		6 et 7	Pau.......................	Idem.
		8	Dîne à Pau; soupe et couche à Conches.	Idem.
		9	Dîne à Eause; couche à Nérac....	Idem.
		Du 10 au 22	Nérac.....................	Comptes mss. (dép. ord.), et lettres des 11, 13, 16 et 21 septembre.
		23	Dîne à Fargues; soupe et couche à Castel-Jaloux.	Comptes mss. (dép. ord.).
		24	Castel-Jaloux..............	Idem.
		25	Dîne à Castel-Jaloux; couche à Nérac [2].	Comptes mss. (dép. ord.).
		Du 26 au 30	Nérac.....................	Comptes mss. (dép. ord.), et deux lettres du 30 septembre.

[1] Sur la maladie du roi de Navarre dans cette ville, voyez tom. Ier, pag. 233, note 1.

[2] Une lettre du 24 septembre est datée de Nérac, sans doute parce que le prince y était attendu le soir de ce jour-là; et, n'y arrivant que le lendemain, il y signa la lettre qu'un secrétaire avait écrite et datée la veille.

ANNÉES.	MOIS.	JOURS.	LIEUX DU SÉJOUR.	DOCUMENTS qui ÉTABLISSENT LE SÉJOUR.
1579. 26ᵉ de l'âge.	Octobre.	Du 1ᵉʳ au 11	Nérac....................	Comptes mss. (dép. ord.), et deux lettres du 7 octobre.
		12	Dîne à Bruch; soupe et couche à Tonneins.	Comptes mss. (dép. ord.).
		13	Dîne à Villeton; soupe et couche à Tonneins.	Idem.
		14	Dîne et soupe à Nérac..........	Idem.
		Du 15 au 20	Nérac....................	Comptes mss. (dép. ord.), et lettres des 16 et 19 octobre.
		21	Dîne à Villefranche; soupe et couche à Tonneins.	Comptes mss. (dép. ord.).
		22	Dîne à Villeton; soupe et couche à Tonneins.	Idem.
		23	Tonneins....................	Idem.
		24	Dîne à Tonneins; soupe et couche à Nérac.	Idem.
		Du 25 au 31	Nérac....................	Idem.
	Novembre	Du 1ᵉʳ au 6	Nérac....................	Comptes mss. (dép. ord.), et lettre du 4 novembre.
		7	Dîne à Durance; soupe et couche à Nérac.	Comptes mss. (dép. ord.).
		Du 8 au 11	Nérac....................	Comptes mss. (dép. ord.).
		12	Dîne à Francescas; couche à Lectoure.	Comptes mss. (dép. ord.).
		13	Dîne à Puycasquier; soupe et couche à Vimont.	Idem.
		14	Dîne et couche à Saint-Lis.......	Idem.
		15	Dîne à Gratens; soupe et couche à Rions.	Idem.
		16	Lezat....................	Idem.

ANNÉES.	MOIS.	JOURS.	LIEUX DU SÉJOUR.	DOCUMENTS qui ÉTABLISSENT LE SÉJOUR.
1579[1]. 26ᵉ de l'âge.	Novembre	17	Dîne à Saverdun; soupe et couche à Mazères.	Comptes mss. (dép. ord.).
		Du 18 au 22	Mazères..................	Comptes mss. (dép. ord.), et lettre du 19 novemb.
		Du 23 au 25	Pamiers..................	Comptes mss. (dép. ord.).
		Du 26 au 30	A la Bastide du Sérou.........	Idem.
	Décembre.	1ᵉʳ et 2	Pamiers.................	Idem.
27ᵉ de l'âge.		Du 3 au 20	Mazères.................	Comptes mss. (dép. ord.); et lettres des 4, 17, et 20 décembre.
		21 et 22	Trajet de Mazères à Nérac........	Comptes mss. (dép. ord.).
		Du 23 au 28	Nérac...................	Comptes mss. (dép. ord.), et lettre du 26 décemb.
		29	Aux champs................	Comptes mss. (dép. ord.).
		30	Hauterive.................	Idem.
		31[1]	Mazères[2]................	Comptes mss. (dép. ord.), et lettre de ce jour.
1580.	Janvier.	10	Mazères..................	Lettre de ce jour'.
		14	Mazères..................	Lettre de ce jour'.
		24	Nérac...................	Deux lettres de ce jour'.
		27	A Nérac et à Mazères.........	Lettre de ce jour datée de Nérac; et deux lettres datées de Mazères'.
	Février.	1ᵉʳ.	Dîne à Durance; soupe et couche à Nérac.	Comptes mss. (dép. ord.), et lettre de ce jour.
		2	Nérac...................	Comptes mss. (dép. ord.).

[1] La reine Marguerite place dans le cours de cette année les amours de son mari avec Mlle de Rebours, puis avec Mlle de Montmorency-Fosseux, dite *la belle Fosseuse*, deux de ses filles d'honneur.

[2] Il ne peut plus être question ici de Mazères en Foix, d'où le roi de Navarre était parti le 21 décembre précédent, mais probablement d'un lieu du même nom, situé dans l'Armagnac, du côté de Plaisance, dans l'arrondissement de Mirande, et par conséquent à une distance assez rapprochée de Nérac, pour expliquer ces fréquentes allées et venues.

ANNÉES.	MOIS.	JOURS.	LIEUX DU SÉJOUR.	DOCUMENTS qui ÉTABLISSENT LE SÉJOUR.
1580. 27e de l'âge.	Février.	3	Nérac....................	Comptes mss. (dép. ord.).
		4	Dîne à Saint-Julien............	Idem.
		6	Nérac....................	Idem.
		7	Nérac....................	Idem.
		8	Dîne à Villeton; soupe et couche à Calonges.	Idem.
		9	Dîne à Calonges............	Idem.
		Du 10 au 19	Nérac....................	Comptes mss. (dép. ord.), et lettre du 10 février.
		20	Dîne à Nérac...............	Comptes mss. (dép. ord.).
		Du 23 au 28	Nérac....................	Idem.
		29	Nérac....................	Deux lettres de ce jour*.
	Mars.	Du 1er au 7	Nérac....................	Comptes mss. (dép. ord.), et lettres des 2 et 3 mars. Autre lettre du 7 mars*.
		8	Dîne à Nérac; soupe et couche à Castel-Jaloux.	Comptes mss. (dép. ord.).
		9	Castel-Jaloux	Idem.
		Du 10 au 13	Nérac....................	Idem.
		14	Dîne à Nérac; soupe et couche à Sos.	Idem.
		15	Dîne à Sos; soupe et couche à Eause.	Idem.
		16	Eause....................	Idem.
		17	Dîne à Sos; soupe et couche à Nérac.	Idem.
		Du 18 au 30	Nérac....................	Comptes mss. (dép. ord.), et lett^{res} des 23 et 30 mars.
		31	Dîne à Francescas...........	Comptes mss. (dép. ord.).
	Avril.	4	Nérac....................	Lettre de ce jour; et autre du même jour*.

ANNÉES.	MOIS.	JOURS.	LIEUX DU SÉJOUR.	DOCUMENTS qui ÉTABLISSENT LE SÉJOUR.
1580. 27° de l'âge.	Avril.	9	Nérac....................	Lettre de ce jour*.
		13	Lectoure.................	Lettre de ce jour.
		15	L'Ile-en-Jourdain........	Lettre de ce jour.
		16	L'Ile-en-Jourdain........	Lettre de ce jour.
		20	Nérac....................	Lettre de ce jour.
		30	Castel-Jaloux............	Lettre de ce jour.
	Mai.	9	Lectoure.................	Lettre de ce jour.
		12	Nérac....................	Lettre de ce jour.
		17	Nérac....................	Lettre de ce jour.
		26	Nérac....................	Registre généalogique de la famille de Meslon. Extrait d'une lettre de ce jour*.
		Du 28 au 31	Cahors...................	Journal de Faurin sur les guerres de Castres.
	Juin.	1er	Cahors...................	Lettre de ce jour.
		6	Cahors...................	Lettres de ce jour.
		7	Cahors...................	Commission de ce jour au sieur de Saveillan, pour commander à Comminges.
		9	Cahors...................	Lettre de ce jour.
		14	Nérac....................	Registre généalogique de la famille de Meslon.
		15	A Nérac et à Castel-Jaloux........	Deux lettres de ce jour.
		18	Au Mas-d'Agénois........	Lettre de ce jour.
	Juillet.	1er	Soupe au Mas-d'Agénois; couche à Tonneins.	Comptes mss. (dép. ord.).
	Idem.	Du 2 au 8	Tonneins.................	Idem.
	Idem.	9	Dîne à Tonneins; couche à Aymet..	Idem.

ANNÉES.	MOIS.	JOURS.	LIEUX DU SÉJOUR.	DOCUMENTS qui ÉTABLISSENT LE SÉJOUR.
1580. 27ᵉ de l'âge.	Juillet.	Du 10 au 17	Bergerac..................	Comptes mss. (dép. ord.).
		18	Dîne à Bergerac; couche à Sainte-Foy.	Idem.
		Du 19 au 31	Sainte-Foy.................	Comptes mss. (dép. ord.), et lettres des 19, 23, 24 et 26 juillet.
	Août.	Du 1ᵉʳ au 5	Sainte-Foy.................	Comptes mss. (dép. ord.).
		Du 6 au 10	La Force..................	Comptes mss. (dép. ord.), et deux lettres de ce jour.
		11 et 12	Villeneuve-de-Puychagut........	Comptes mss. (dép. ord.).
		13	A Levignac et au village de la Cyme.	Comptes mss. (dép. ord.). et lettre de ce jour.
		14	Dîne et couche à Levignac.......	Comptes mss. (dép. ord.).
		15	Dîne à Levignac; couche à Nérac...	Idem.
		Du 16 au 21	Nérac.....................	Idem.
		Du 22 au 24	Aux champs................	Idem.
		Du 25 au 30	Nérac.....................	Idem.
		31	Dîne à Montignac; couche à Nérac..	Idem.
	Septembre	2	Lectoure..................	Lettre de ce jour [1].
		3	Lectoure..................	Lettre de ce jour.
		11	Fleurance..................	Lettre de ce jour.
	Octobre.	25	Au château de Fleix............	Lettre de ce jour.
	Novembre.	1ᵉʳ	Sainte-Foy..................	Lettre de ce jour.
		2	Au château de Fleix............	Lettre de ce jour.
		5	Au château de Fleix............	Lettre de ce jour.
		8	Au château de Fleix............	Lettre de ce jour.
		16	Au château de Fleix............	Lettre de ce jour.

[1] Cette lettre n'est point conservée, mais la date en est citée dans une pièce du Cabinet généalogique.

DU ROI DE NAVARRE.

ANNÉES.	MOIS.	JOURS.	LIEUX DU SÉJOUR.	DOCUMENTS qui ÉTABLISSENT LE SÉJOUR.
1580.	Novembre.	25	Sainte-Foy................	Lettre de ce jour.
		27	Sainte-Foy................	Lettre de ce jour.
	Décembre.	4	Au château de Coutras.........	Lettre de ce jour.
		8	Au château de Coutras.........	Lettre de ce jour.
28ᵉ de l'âge.		12	Au château de Coutras.........	Lettre de ce jour.
		15	Au château de Coutras.........	Lettre de ce jour.
		18	Au château de Coutras.........	Lettre du 10 nov. 1582, note 1.
		28	Au château de Coutras.........	Deux lettres de ce jour.
1581.	Janvier.	Du 1er au 9	Au château de Coutras.........	Comptes mss. (dép. ord.), et lettres des 3, 5 et 9 janv.
		Du 10 au 13	Castillon.................	Comptes mss. (dép. ord.), et deux lettres du 13 janv.
		14	Dîne à Castillon; soupe et couche à Castel-Moron.	Comptes mss. (dép. ord.).
		15 et 16	Castel-Moron.............	Idem.
		17	Dîne à Castel-Moron; soupe et couche à Castets.	Idem.
		18	Castets.................	Idem.
		19	Dîne à Castets; soupe et couche à Bazas.	Idem.
		Du 20 au 22	Bazas..................	Idem.
		23	Dîne à Langon; soupe et couche à Cadillac.	Idem.
		Du 24 au 31	Cadillac.................	Comptes mss. (dép. ord.), et lettre du 31 janvier.
	Février.	Du 1er au 21	Cadillac.................	Comptes mss. (dép. ord.), lettres des 1er, 8, 10 et 17 février.
		22	Dîne à Cadillac; soupé et couche à Bazas.	Comptes mss. (dép. ord.).

ANNÉES.	MOIS.	JOURS.	LIEUX DE SÉJOUR.	DOCUMENTS qui ÉTABLISSENT LE SÉJOUR.
1581. 28ᵉ de l'âge.	Février.	23	Dîne à Bazas; soupe et couche à Castel-Jaloux.	Comptes mss. (dép. ord.).
		24	Castel-Jaloux................	Idem.
		25 et 26	Bazas.....................	Idem.
		27	Dîne à Langon..............	Idem.
		28	Dîne à Cadillac.............	Idem.
	Mars.	Du 1ᵉʳ au 3	Castel-Jaloux................	Idem.
		4	Dîne à Castel-Jaloux; soupe et couche à Bazas.	Idem.
		5	Dîne à Bazas; soupe et couche à Cadillac.	Idem.
		Du 6 au 15	Cadillac....................	Comptes mss. (dép. ord.), et lettre du 12 mars.
		16	Dîne à Cadillac; soupe et couche à Bazas.	Comptes mss. (dép. ord.).
		17	Dîne à Captieux; soupe et couche à Roquefort-de-Marsan.	Idem.
		18	Dîne à Grenade; soupe et couche à Geaune.	Idem.
		19	Dîne à Thèze; soupe et couche à Pau.	Idem.
		Du 20 au 26	Pau.......................	Idem.
		27	Dîne à Monein; soupe à Navarreins.	Idem.
		Du 28 au 30	Navarreins.................	Idem.
		31	Dîne à Monein; soupe et couche à Pau.	Idem.
	Mai.	2	A Bergerac et à Lauzun........	Deux lettres de ce jour.
		22	Montauban..................	Lettre de ce jour.
		24	Montauban..................	Deux lettres de ce jour.
	Juin.	3	A Nérac et à Tonneins.........	Lettre de ce jour de Nérac. Autre de Tonneins.

ANNÉES.	MOIS.	JOURS.	LIEUX DE SÉJOUR.	DOCUMENTS qui ÉTABLISSENT LE SÉJOUR.
1581. 28ᵉ de l'âge.	Juillet.	6	Nérac..................	Lettre de ce jour.
		12	Nérac..................	Deux lettres de ce jour.
		15	Nérac..................	Lettre de ce jour.
	Août.	30	Sainte-Foy.............	Lettre de ce jour.
		2	Nérac..................	Lettre de ce jour.
		9	Nérac..................	Lettre de ce jour.
		10	Nérac..................	Lettre de ce jour.
		13	Nérac..................	Deux lettres de ce jour.
	Septembre	Du 1ᵉʳ au 6	Nérac..................	Comptes mss. (dép. ord.), et lettre de ce jour.
		7	Dîne à Nérac; couche à Castel-Jaloux.	Comptes mss. (dép. ord.).
		8	Dîne à Samazan; couche à Castel-Jaloux.	Idem.
		9	Castel-Jaloux............	Idem.
		10	Dîne à Fargues; couche à Nérac...	Idem.
		11 et 12	Nérac..................	Idem.
		13	Dîne à Reau; couche à Nérac.....	Idem.
		Du 14 au 19	Nérac..................	Comptes mss. (dép. ord.), et lettres des 17 et 18 sept.
		20	Dîne à Nérac; couche à Durance...	Comptes mss. (dép. ord.).
		21	Dîne à Durance; couche à Nérac...	Idem.
		Du 22 au 28	Nérac..................	Idem.
		29	Dîne à Nérac; couche à Castel-Jaloux.	Idem.
		30	Dîne à Fargues; couche à Durance.	Idem.
	Octobre.	1ᵉʳ	Dîne à Durance; soupe et couche à Nérac.	Comptes mss. (dép. ord.), et lettre de ce jour.
		Du 2 au 9	Nérac..................	Comptes mss. (dép. ord.).

ANNÉES.	MOIS.	JOURS.	LIEUX DU SÉJOUR.	DOCUMENTS qui ÉTABLISSENT LE SÉJOUR.
1581. 28e de l'âge.	Octobre.	10	Dîne à la chasse; soupe et couche à Nérac.	Comptes mss. (dép. ord.).
		11	Dîne à Nérac; soupe et couche à Durance.	Idem.
		12	Durance....................	Idem.
		13	Dîne à Saintrailles; soupe et couche à Nérac.	Idem.
		Du 14 au 31	Nérac......................	Comptes mss. (dép. ord.), et lettre du 23 octobre.
	Novembre.	12	Nérac......................	Lettre de ce jour.
		23	Nérac......................	Deux lettres de ce jour.
		27	Nérac......................	Lettre de ce jour.
		29	Nérac......................	Lettre de ce jour.
	Décembre.	Du 1er au 4	Nérac......................	Lettres de ces quatre jours.
		6	Nérac......................	Lettre de ce jour.
29e de l'âge.		10	Nérac......................	Lettre de ce jour.
		25	Castel-Jaloux	Lettre de ce jour*.
		27	Nérac......................	Lettre de ce jour.
	Janvier.	7	Nérac......................	Lettre de ce jour; et Courcelles, *Histoire des pairs de France*, tome IX, article *Foucauld*.
		10		
		14		
		19	Nérac......................	Lettres de ces six jours.
		22		
		27		
		28		

ANNÉES.	MOIS.	JOURS.	LIEUX DU SÉJOUR.	DOCUMENTS qui ÉTABLISSENT LE SÉJOUR.
1582. 29ᵉ de l'âge.	Février.	5	A Castel-Jaloux et à Nérac......	Deux lettres de ce jour.
		23	Jarnac..................	Lettre de ce jour.
	Mars.	6	Saint-Jean-d'Angely.........	Lettre de ce jour.
		10	Saint-Jean-d'Angely.........	Lettre de ce jour.
		19	Saint-Maixent.............	Lettre de ce jour.
	Avril.	1ᵉʳ	Dîne à Montreuil...........	Comptes mss. (petite écurie).
		2	Dîne à Saint-Maixent; soupe et couche à Melle.	Comptes mss. (petite écurie), et lettre de ce jour.
		3	Dîne à Brioux.............	Comptes mss. (petite écurie).
		4	Repasse à Melle; dîne, soupe et couche à Aulnay.	Comptes mss. (petite écurie), et lettre de ce jour.
		5 et 6	Aulnay..................	Comptes mss. (petite écurie).
		7	Dîne à Saint-Félix; soupe et couche à Surgères.	Idem.
		Du 8 au 12	Surgères.................	Comptes mss. (petite écurie), et lettre du 8 avril.
		13	Dîne à la Jarrie; soupe et couche à la Rochelle.	Comptes mss. (petite écurie).
		Du 14 au 21	La Rochelle..............	Comptes mss. (petite écurie); trois lettres du 20 et une du 21 avril.
		22	Dîne à Plassac; soupe et couche à Silhac.	Comptes mss. (petite écurie).
		23	Dîne à Montlieu; soupe et couche à Courson.	Idem.
		24	Dîne à Courson; soupe et couche à Sainte-Foy.	Idem.
		25	Dîne à Sainte-Foy; soupe et couche à Landerrouet.	Idem.

ANNÉES.	MOIS.	JOURS.	LIEUX DU SÉJOUR.	DOCUMENTS qui ÉTABLISSENT LE SÉJOUR.
1582. 29e de l'âge.	Avril.	26	Dîne à Tonneins; soupe et couche à Nérac.	Comptes mss. (petite écurie).
		Du 27 au 30	Nérac..................	Idem.
	Mai.	1er	Dîne à Nérac; soupe et couche à Castel-Jaloux.	Idem.
		2 au 4	Castel-Jaloux............	Comptes mss. (petite écurie), et lettre de ce jour.
		5	Dîne à Saint-Justin; soupe et couche à Pau...............	Comptes mss. (petite écurie).
		Du 6 au 27	Pau..................	Comptes mss. (petite écurie); lettre du 10, deux lettres du 11, et lettres des 21 et 27 mai.
		28	Dîne à Conches; soupe et couche à Nogaro.	Comptes mss. (petite écurie).
		29	Dîne à Sos; soupe et couche à Nérac.	Idem.
		30 et 31	Nérac..................	Comptes mss. petite écurie), et lettre du 30 mai.
	Juillet.	1er	Saint-Jean-d'Angely..........	Trois lettres de ce jour.
		8	Nérac..................	Lettre de ce jour.
	Août.	10	Caudrot (ou Coutras)..........	Lettre du 3 septembre, 1re, note 1.
		20	Coutras.................	Lettre de ce jour.
	Septembre	Du 2 au 24	Pau..................	Comptes mss. (dép. ord.), et six lettres du 3 septembre.
		25 et 26	Aux champs...............	Comptes mss. (dép. ord.).
		27	Couche à Pau.............	Lettre de ce jour.
		Du 28 au 30	Pau..................	Comptes mss. (dép. ord).
	Octobre.	1er	Pau..................	Lettre de ce jour.

DU ROI DE NAVARRE.

ANNÉES.	MOIS.	JOURS.	LIEUX DU SÉJOUR.	DOCUMENTS qui ÉTABLISSENT LE SÉJOUR.
1582. 29° de l'âge.	Octobre.	14		
		25		
		28		
	Novembre.	10		
		14	Nérac............	Lettres de ces dix jours.
		26		
	Décembre.	6		
30° de l'âge.		21		
		23		
		26		
1583.	Janvier.	Du 1er au 9	Nérac.....................	Comptes mss. (dép. ord.).
		10	Dîne à Eause; soupe et couche à Nogaro.	Idem.
		11	Dîne à Saint-Jean-Poutgé; couche à Pau.	Idem.
		Du 12 au 15	Pau.......................	Comptes mss. (dép. ord.). et lettre du 14 janvier.
		16	Dîne à Coaraze; soupe et couche à Pau	Comptes mss. (dép. ord.).
		17	Pau.......................	Idem.
		18	Dîne à Tonneins; soupe et couche à Navarreins.	Comptes mss. (dép. ord.), et lettre du 14 janvier.
		19	Dîne à Navarreins; soupe et couche à Orthès.	Comptes mss. (dép. ord.).
		20	Dîne à Orthès; soupe et couche à Hagetmau.	Idem.
		21	Dîne à Villeneuve; soupe et couche à la Bastide.	Idem.
		22	Dîne à Reau; soupe et couche à Nérac.	Idem.

ANNÉES.	MOIS.	JOURS.	LIEUX DU SÉJOUR.	DOCUMENTS qui ÉTABLISSENT LE SÉJOUR.
1583. 30° de l'âge.	Janvier.	Du 23 au 31	Nérac.................	Comptes mss (dép. ord.), et lettre de ce jour.
	Février.	1er	Nérac.................	Comptes mss. (dép ord.), et lettre de ce jour.
		2	Dîne à Nérac; couche à Castel-Jaloux.	Comptes mss. (dép. ord.).
		3	Castel-Jaloux................	Idem.
		4	Dîne à Marion; soupe et couche à Bazas................	Idem.
		Du 5 au 11	Bazas................	Idem.
		12	Dîne à Bazas; soupe et couche à Castel-Jaloux.	Idem.
		Du 13 au 25	Nérac................	Idem.
		26	Soupe à Durance; couche à Nérac.	Idem.
		27 et 28	Nérac................	Idem.
	Mars.	1er	Nérac................	Idem.
		2	Dîne à Saintrailles; couche à Tonneins.	Idem.
		3	Dîne à Tonneins; soupe et couche à Nérac.	Idem.
		Du 4 au 31	Nérac................	Comptes mss. (dép. ord.), lettre du 4, deux lettres du 6, lettres des 8, 12, 16, 19, 26 et 27 mars.
	Avril.	1er	Nérac................	Lettre de ce jour.
		12	Nérac................	Lettre de ce jour.
		28	Nérac................	Lettre de ce jour.
	Mai.	2	Dîne à Villeton; couche à Tonneins.	Comptes mss. (dép. ord.).
		3	Dîne à Villeton; soupe et couche à Nérac.	Idem.
		Du 4 au 8	Nérac................	Comptes mss. (dép. ord.), et lettre du 5 mai.

ANNEES.	MOIS.	JOURS.	LIEUX DU SÉJOUR.	DOCUMENTS qui ÉTABLISSENT LE SÉJOUR.
1583. 30° de l'âge.	Mai.	9	Dîne à Durance; couche à Nérac...	Comptes mss. (dép. ord.).
		10	Nérac..........................	Idem.
		11	Dîne à Nérac; couche à Durance...	Idem.
		12	Dîne à Durance; soupe et couche à Nérac.	Idem.
		13	Nérac..........................	Idem.
		14	Dîne à Barbaste; soupe et couche à Nérac.	Idem.
		Du 15 au 19	Nérac..........................	Idem.
		20	Dîne à Nérac; soupe et couche à Castel-Jaloux.	Idem.
		21	Dîne au moulin de la Vacquière; couche à Castel-Jaloux.	Idem.
		22	Castel-Jaloux..................	Idem.
		Du 23 au 25	Nérac..........................	Idem.
		26	Couche à Tonneins..............	Idem.
		27	Dîne à Tonneins, soupe et couche à Tombebœuf.	Idem.
		28	Dîne aux Cabanes; soupe et couche à Tombebœuf.	Idem.
		29	Tombebœuf.....................	Idem.
		30	Dîne aux Cabanes; soupe et couche à Verteuil.	Idem.
		31	Bellecasse.....................	Comptes mss. (dép. ord.)
	Juin.	Du 1er au 14	Nérac..........................	Comptes mss. (dép. ord.), et lettre du 3 juin.
		15	Dîne à Durance; soupe et couche à Nérac.	Idem.
		16 et 17	Nérac..........................	Idem.

ANNÉES.	MOIS.	JOURS.	LIEUX DU SÉJOUR.	DOCUMENTS qui ÉTABLISSENT LE SÉJOUR.
1583. 30° de l'âge.	Juin.	18	Dîne et soupe à Nérac; couche à Sos.	Comptes mss. (dép. ord.).
		19	Dîne et soupe à la Bastide........	Comptes mss. (dép. ord.), et lettre de ce jour.
		20	Dîne et soupe à Grenade.........	Comptes mss. (dép. ord.).
		21 et 22	Hagetmau..................	Comptes mss. (dép. ord.), et lettre du 22 juin.
		Du 23 au 27	Pau.......................	Comptes mss. (dép. ord.).
		28	Dîne à Coaraze; couche à Pau....	Idem.
		29 et 30	Pau.......................	Idem.
	Juillet.	Du 1er au 3	Hagetmau..................	Idem.
		4	Aux champs.................	Idem.
		5	Dîne à Villeneuve; couche à Saint-Justin.	Idem.
		6	Dîne à Durance; couche à Nérac...	Idem.
		7 et 8	Nérac.....................	Idem.
		9	Dîne à Durance; couche à Nérac...	Idem.
		10	Nérac.....................	Idem.
		11	Dîne à Fargues; couche à Castel-Jaloux.	Idem.
		12 et 13	Castel-Jaloux................	Idem.
		14	Bazas......................	Idem.
		15	Bazas......................	Comptes mss. (dép. ord.), et lettre de ce jour [1].
		Du 16 au 18	Bazas......................	Comptes mss. (dép. ord.); lettres de ces trois jours.

[1] Une seconde lettre, en latin, du 15 juillet, est datée de Nérac. Nous renvoyons sur cette irrégularité, qui se présente plusieurs fois dans la date des lettres latines, à la note 1 de cette lettre du 15.

DU ROI DE NAVARRE.

ANNÉES.	MOIS.	JOURS.	LIEUX DU SÉJOUR.	DOCUMENTS qui ÉTABLISSENT LE SÉJOUR.
1583. 30ᵉ de l'âge.	Juillet.	20	Dîne à Castets; soupe à Bazas......	Comptes mss. (dép. ord.), et lettre de ce jour.
		21	Bazas..........................	Comptes mss. (dép. ord.).
		22	Passe aux Essarts..............	Lettre de ce jour.
		Du 23 au 24	Langon........................	Comptes mss. (dép. ord.).
		25	Dîne à Langon; soupe à Montferrand.	Idem.
		26	Dîne à Montferrand; soupe à Roquetaillade.	Idem.
		27	Bazas..........................	Idem.
		28	Dîne à Trazitz; soupe et couche à Bazas.	Comptes mss. (dép. ord.), et lettre datée de Bazas.
		Du 29 au 31	Bazas..........................	Comptes mss. (dép. ord.).
	Août.	4	Bazas..........................	Lettre de ce jour.
		5	Bazas..........................	Deux lettres de ce jour.
		18	Nérac..........................	Lettre de ce jour.
		24	Pau............................	Lettre de ce jour.
	Septembr.	Du 1ᵉʳ au 4	Pau............................	Comptes mss. (dép. ord.).
		5 et 6	Coaraze........................	Lettre de ce jour.
		Du 7 au 23	Pau............................	Comptes mss. (dép. ord.), et lettre du 20 sept.
		24 et 25	Aigues-Caudes [1]...............	Comptes mss. (dép. ord.).
		Du 26 au 29	Pau............................	Idem.
		30	Aux champs....................	Idem.

[1] Le séjour du prince en ce lieu s'explique par l'altération de sa santé, dont il parle dans la lettre du 24 août précédent.

ANNÉES.	MOIS.	JOURS.	LIEUX DU SÉJOUR.	DOCUMENTS qui ÉTABLISSENT LE SÉJOUR.
1583. 30° de l'âge.	Octobre.	Du 1er au 6	Pau..........................	Comptes mss. (dép. ord.), lettre du 4, et deux lettres du 5 octobre.
		7	Aux champs.................	Comptes mss. (dép. ord.).
		8	Dîne aux champs; couche à Pau...	Idem.
		9 et 10	Pau.........................	Idem.
		11	Coaraze.....................	Idem.
		12	Pau.........................	Idem.
		13 et 14	Hagetmau....................	Idem.
		Du 15 au 18	Tartas.......................	Comptes mss. (dép. ord.), et lettre du 19 octobre.
		19	Dîne à Tartas; soupe et couche aux champs.	Comptes mss. (dép. ord.).
		20	Tartas.......................	Idem.
		21	Dîne à Castets; soupe et couche à Soustons.	Idem.
		22	Dîne et soupe à Boucaud; couche à Soustons.	Idem.
		23	Soustons....................	Idem.
		25 et 26	Aux champs.................	Idem.
		Du 27 au 29	Tartas.......................	Idem.
		30	Dîne à Tartas; soupe et couche aux champs.	Idem.
		31	Aux champs.................	Idem.
	Novembre.	1er	Aux champs.................	Idem.
		2	Aux champs; soupe et couche à Tartas.	Idem.
		3	Tartas.......................	Idem.
		4	Dîne à Tartas; soupe et couche à Sainctery [?].	Idem.

ANNÉES.	MOIS.	JOURS.	LIEUX DU SÉJOUR.	DOCUMENTS qui ÉTABLISSENT LE SÉJOUR.
1583. 30° de l'âge.	Novembre	5	Dîne à Sainctery; soupe et couche à Hagetmau.	Comptes mss. (dép. ord.).
		Du 6 au 10	Pau....................	Comptes mss. (dép. ord.), et lettre du 7 novembre.
		11	Aux champs................	Comptes mss. (dép. ord.).
		Du 12 au 14	Pau....................	Idem.
		15	Hagetmau.................	Idem.
		16	Dîne à Cazères; soupe et couche à Nogaro.	Idem.
		17	Dîne à Eause; soupe et couche à Nérac.	Idem.
		18	Nérac...................	Idem.
		19	Dîne à Nérac; couche aux champs.	Comptes mss. (dép. ord.), et lettre du 19 novemb.
		20	Aux champs................	Comptes mss. (dép. ord.).
		21	Gabarret..................	Idem.
		Du 22 au 30	Mont-de-Marsan.............	Comptes mss. (dép. ord.), et lettres du 24 et du 29 novembre.
	Décembre	7		
		13		
31° de l'âge.		14		
		17	Mont-de-Marsan.............	Lettres de ces huit jours.
		18		
		19		
		20		
		25		
		29	Nérac...................	Lettre de ce jour.
		31	Mont-de-Marsan.............	Deux lettres de ce jour.

ANNÉES.	MOIS.	JOURS.	LIEUX DU SÉJOUR.	DOCUMENTS qui ÉTABLISSENT LE SÉJOUR.
1584. 31ᵉ de l'âge.	Janvier.	Du 1ᵉʳ au 8	Mont-de-Marsan..............	Comptes mss. (petite écurie), et lettres du 4 et du 7 janvier.
		9	Dîne au Mont-de-Marsan; soupe et couche à Roquefort.	Comptes mss. (petite écurie).
		10	Dîne à Roquefort; soupe et couche au Mont-de-Marsan.	Idem.
		Du 11 au 16	Mont-de-Marsan..............	Comptes mss. (petite écurie), et deux lettres du 12 janvier.
		17	Au Mont-de-Marsan et à Pau......	Comptes mss. (petite écurie), et lettre de ce jour.
		Du 18 au 21	Pau........................	Comptes mss. (petite écurie).
		22	Audaux.....................	Idem.
		23	Dîne à Audaux; soupe et couche à Pau.	Idem.
		Du 24 au 31	Pau........................	Idem.
	Février.	8		
		11		
		14		
		15	Pau........................	Lettres de ces huit jours.
		20		
		24		
		26		
		29		
	Mars.	8	Pau........................	Lettre de ce jour.
		12	Pau........................	Deux lettres de ce jour.
		18	Pau........................	Lettre de ce jour.
		23	Pau........................	Lettre de ce jour.

ANNÉES.	MOIS.	JOURS.	LIEUX DU SÉJOUR.	DOCUMENTS qui ÉTABLISSENT LE SÉJOUR.
1584. 31° de l'âge.	Mars.	31	Pau..................................	Lettre de ce jour.
	Avril.	8	Nogaro..............................	Lettre de ce jour.
	Mai.	Du 1er au 11	Pau..................................	Comptes mss. (petite écurie), et lettres du 7° et du 10.
		12	Dîne à Saint-Jean-Poutgé; soupe et couche à Nogaro.	Comptes mss. (petite écurie).
		13	Dîne à Sos; soupe et couche à Nérac.	Idem.
		14 et 15	Nérac...............................	Idem.
		16	Dîne à Lusignac; soupe et couche à Monbron.	Idem.
		17	Dîne à Guilhot; soupe et couche à la Fox.	Idem.
		Du 18 au 22	Lectoure............................	Comptes mss. (petite écurie), et lettre du 21.
		23 et 24	Estafort............................	Comptes mss. (petite écurie).
		25	Lectoure............................	Idem.
		26	Dîne à Lectoure; soupe et couche à Roquelaure.	Comptes mss. (petite écurie), et deux lettres de ce jour.
		27	Dîne à Roquelaure; soupe et couche à Vic-Bigorre.	Comptes mss. (petite écurie).
		28 et 29	Pau..................................	Idem.
		30	Dîne à Bassoues; soupe et couche à Barran.	Idem.
		31	Mauvesin............................	Idem.
	Juin.	1er	Pau..................................	Idem.
		Du 2 au 4	L'Ile-en-Jourdain...................	Comptes mss. (petite écurie), et lettre du 4.
		5	Dîne à Vernaux; soupe à Capens...	Comptes mss. (petite écurie).
		6	Lezat...............................	Idem.
		7	Dîne à Saverdun; soupe et couche à Mazères.	Idem.

73.

ANNÉES.	MOIS.	JOURS.	LIEUX DU SÉJOUR.	DOCUMENTS qui ÉTABLISSENT LE SÉJOUR.
1584. 31ᵉ de l'âge.	Juin.	Du 8 au 13	Mazères..................	Comptes mss. (pet. éc.), et lettre du 13 [1].
		13	Dîne à Montaut; soupe et couche à Varilles.	Comptes mss. (pet. éc.).
		Du 14 au 18	Varilles..................	Comptes mss. (pet. éc.).
		Du 19 au 26	Pamiers..................	Comptes mss. (pet. éc.), et deux lettres du 24.
		27	Dîne à Cazères; soupe et couche à Escosse [2].	Comptes mss. (pet. éc.).
		28 et 29	A Escosse................	Idem.
		30	Dîne à Tarbes; soupe et couche à Pau.	Idem.
	Juillet.	3	A Pau....................	Lettres de ces deux jours.
		11		
		13	Lectoure.................	Lettre de ce jour.
		31	Pamiers..................	Lettre de ce jour.
	Août.	1ᵉʳ	Dîne à Hauterive; soupe et couche à Fomorbe [?].	Comptes mss. (pet. éc.).
		2	Dîne à Gimont; soupe et couche à Roquelaure.	Idem.
		3	Dîne à Roquelaure; soupe et couche à Lectoure.	Idem.
		4	Dîne à Francescas; soupe et couche à Nérac.	Idem.
		5 et 6	Nérac....................	Comptes mss. (pet. éc.), et lettre du 6 août.
		7	Dîne à Grenade; soupe et couche à Hagetmau.	Comptes mss. (pet. éc.).
		Du 8 au 10	Hagetmau.................	Idem.

[1] Les comptes constatent que le prince coucha à Mazères le 12; ainsi la lettre du 13, à Mazères, fut écrite, ou au moins signée dans cette ville, le matin de bonne heure, avant le départ pour aller dîner à Montaut.

[2] Le texte des comptes donne ici en Causse, et le jour suivant à Causse. C'est Escouse ou Escosse, qui n'est qu'à une très-petite distance de Pamiers, et où le roi de Navarre écrivit probablement la lettre du 28, datée de cette ville comme plus connue.

ANNÉES.	MOIS.	JOURS.	LIEUX DU SÉJOUR.	DOCUMENTS qui ÉTABLISSENT LE SÉJOUR.
1584. 31ᵉ de l'âge.	Août.	11	Dîne à Grenade; soupe et couche à Saint-Justin.	Comptes mss. (pet. éc.).
		12	Dîne à Durance; soupe et couche à Nérac.	Idem.
		13 et 14	Nérac..................	Idem.
		15	Dîne à Firmaçon; soupe et couche à Lectoure.	Idem.
		16	Dîne à Miradoux; soupe et couche à Auvilar.	Idem.
		17	Dîne à Moissac; soupe et couche à Montauban.	Idem.
		Du 18 au 29	Montauban..................	Comptes mss. (pet. éc.); lettre du 23; deux lettres des 24 et 29 août.
		30	Nérac..................	Comptes mss. (pet. éc.).
		31	Montauban..................	Idem.
	Septemb.	Du 1ᵉʳ au 12	Montauban..................	Comptes mss. (pet. éc.), et lettre du 10.
		13	Dîne à Castelfereux; soupe et couche à Vic-de-Lomagne.	Comptes mss. (pet. éc.).
		Du 14 au 16	Lectoure..................	Idem.
		17	Part de Lectoure..................	Idem.
		Du 18 au 30	Pau..................	Idem.
	Octobre.	12	Nérac..................	Lettre de ce jour*.
		24	Pau..................	Lettre de ce jour.
	Novembre.	18	Mont-de-Marsan..................	Lettre de ce jour.
		29	Nérac..................	Lettre de ce jour.
	Décembre.	1ᵉʳ et 2	Nérac..................	Comptes mss. (dép. ord.).
		3	Dîne à Villeton; soupe et couche à Tonneins.	Idem.
		4 et 5	Tonneins..................	Idem.
		6	Dîne à Seiches; soupe et couche à Lauzun.	Idem.
		7 et 8	Lauzun..................	Idem.

ANNÉES.	MOIS.	JOURS.	LIEUX DU SÉJOUR.	DOCUMENTS qui ÉTABLISSENT LE SÉJOUR.
1584.	Décembre.	Du 9 au 11	Sainte-Foy.................	Comptes mss. (dép. ord.).
		12	Dîne à Fleix; soupe et couche à Gurson.	Idem.
		13	Gurson....................	Idem.
32e de l'âge.		Du 14 au 16	Sainte-Foy.................	Comptes mss. (dép. ord.), et lettre du 16.
		17	La Force..................	Comptes mss. (dép. ord.).
		18	Senac.....................	Idem.
		19	Dîne à Gurson; soupe et couche à Montaigne.	Idem.
		20 et 21.	Aux champs................	Idem.
		Du 22 au 25	Sainte-Foy.................	Idem.
		26	Dîne à Sadillac; soupe et couche à Frontenac.	Idem.
		27 et 28.	Frontenac..................	Idem.
1585.	Janvier.	Du 29 au 31	Sainte-Foy.................	Idem.
		14	Sainte-Foy.................	Lettre de ce jour.
		25	Sainte-Foy.................	Lettre de ce jour.
	Février.	Du 1er au 14	Pau.......................	Comptes mss. (pet. éc.), et deux lettres du 2 février; lettres du 6 et du 9.
		15	Dîne à Pau; soupe et couche à Arzac.	Comptes mss. (pet. éc.).
		16	Dîne à Arzac; soupe et couche à Hagetmau.	Idem.
		17 et 18.	Hagetmau..................	Idem.
		19	Dîne à Grenade; soupe et couche à Saint-Justin.	Idem.
		20	A Durance et à Nérac........	Idem.
		21 et 22.	Nérac.....................	Comptes mss. (pet. éc.), et lettres du 22.

ANNÉES.	MOIS.	JOURS.	LIEUX DU SÉJOUR.	DOCUMENTS qui ÉTABLISSENT LE SÉJOUR.
1585. 32e de l'âge.	Février.	23	Dîne à Ligardes; soupe et couche à Lectoure.	Comptes mss. (petite écurie).
		24	Lectoure....................	Idem.
		25	Dîne à Vic-de-Lomagne; soupe et couche à Terrides.	Idem.
		26	Dîne à Terrides; soupe et couche à Montauban.	Idem.
		27	Montauban..................	Idem.
		28	A Montauban et à la Villedieu, près Montauban.	Idem.
	Mars.	1er et 2.	Montauban..................	Idem.
		3	Dîne à Montauban; soupe et couche à la Villedieu.	Comptes mss. (petite écurie), et lettre de ce jour; autre lettre de ce jour.
		4	Dîne à la Villedieu; soupe et couche à Montauban.	Comptes mss. (petite écurie).
		5	Montauban..................	Idem.
		6	Dîne à Montauban; soupe et couche à Montbartier.	Idem.
		7	Dîne à la Cour; soupe et couche à Montauban.	Idem.
		Du 8 au 11	Montauban..................	Idem.
		12	Dîne à Montauban; soupe et couche à Villemur.	Comptes mss. (petite écurie), et lettre de ce jour.
		13	Dîne à Azay; soupe et couche à Puylaurens.	Comptes mss. (petite écurie.)
		14	Dîne à Puylaurens; soupe et couche à Castres.	Idem.
		Du 15 au 24	Castres....................	Idem.
		25	Dîne à Graulet; soupe et couche à Briatexte.	Idem.

ANNÉES.	MOIS.	JOURS.	LIEUX DU SÉJOUR.	DOCUMENTS qui ÉTABLISSENT LE SÉJOUR.
1585. 32° de l'âge.	Mars.	26	Dîne à Mazères; soupe et couche à Villemur.	Comptes mss. (pet. éc.).
		27	Dîne à Villemur; soupe et couche à Montauban.	Idem.
		Du 28 au 31	Montauban..................	Comptes mss. (petite écurie).
	Avril.	1er	Part de Montauban, dîne à Bourret; soupe et couche à Vic-de-Lomagne.	Lettre de ce jour[1], et comptes mss. (dép. ord.).
		2 et 3	Lectoure...................	Comptes mss. (dép. ord.), et lettre du 3 avril.
		4	Dîne à Lectoure; soupe et couche à Nérac.	Comptes mss. (dép. ord.), et lettre de ce jour.
		Du 5 au 8	Nérac..................	Comptes mss. (dép. ord.), et lettres des 6 et 8 avril.
		9	Tonneins.................	Comptes mss. (dép. ord.).
		10	Dîne à Miremont, soupe et couche à Aymet.	Idem.
		Du 11 au 30	Bergerac...................	Comptes mss. (dép. ord.), et lettres des 13, 19, 20, 21 et 24, deux lettres du 26, lettres du 27 et du 30 avril.
	Mai.	Du 1er au 24	Bergerac....................	Comptes mss. (pet. éc.), et lettre du 2, trois lettres du 8, deux lettres du 10, lettre du 17.
		25	Dîne à Bergerac, soupe et couche à Sainte-Foy.	Comptes mss. (pet. éc.).
		26	Sainte-Foy.................	Idem.
		27	Dîne à Sainte-Foy; soupe et couche à Castillon.	Comptes mss. (pet. éc.), et lettre de ce jour.

[1] Le matin, à Montauban, avant d'aller dîner à Bourret.

ANNÉES.	MOIS.	JOURS.	LIEUX DU SÉJOUR.	DOCUMENTS qui ÉTABLISSENT LE SÉJOUR.
1585. 32° de l'âge.	Mai.	28	Castillon.................	Comptes mss. (pet. éc.).
		29	Dîne à Castillon; soupe et couche à Guitres.	Idem.
		30	Dîne à Guitres; soupe et couche à Montguyon.	Idem.
		31	Montguyon.................	Idem.
	Juin.	1er	Dîne à Montguyon; soupe et couche à Coutras.	Idem.
		2 et 3.	Coutras.................	Idem.
		4	Dîne à Coutras; soupe et couche à Castillon.	Idem.
		5	Dîne à Castillon; soupe et couche à Sainte-Foy.	Idem.
		6	Dîne à Sainte-Foy; couche à Bergerac.	Comptes mss. (pet. éc.), et lettre de ce jour[1].
		Du 7 au 9	Bergerac.................	Comptes mss. (pet. éc.).
		10	Dîne à Bergerac; soupe et couche à la Sauvetat.	Comptes mss. (pet. éc.), et deux lettres de ce jour.
		11 et 12.	Clairac.................	Comptes mss. (pet. éc.).
		13	Dîne à Clairac; soupe et couche à Nérac.	Comptes mss. (pet. éc.), et lettre de ce jour.
		14	Nérac.................	Comptes mss. (pet. éc.).
		15	Part de Nérac; dîne et couche à Lectoure.	Idem.
		16	Lectoure.................	Idem.
		17	Part de Lectoure; dîne et couche à Vic-Fezenzac.	Comptes mss. (pet. éc.), et lettre de ce jour.
		18	Part de Vic-Fezenzac; couche à Pau.	Comptes mss. (pet. éc.).

[1] Une autre lettre, datée du même jour, mais de Castillon, aura sans doute été écrite dans cette ville, puis signée et datée le surlendemain à Sainte-Foy ou à Bergerac.

ANNÉES.	MOIS.	JOURS.	LIEUX DU SÉJOUR.	DOCUMENTS qui ÉTABLISSENT LE SÉJOUR.
1585. 32ᵉ de l'âge.	Juin.	Du 19 au 24	Pau....................	Comptes mss. (pet. éc.).
		25	Dîne à Saint-Jean-Poutgé; soupe et couche à Riscle.	Idem.
		26	Dîne à Aignan, soupe et couche à Vic-Fezenzac.	Idem.
		27	Dîne à Jegun; soupe et couche à Lectoure.	Idem.
		Du 28 au 30	Lectoure.................	Comptes mss. (pet. éc.), et lettres des 28, 29 et 30 juin.
	Juillet.	1ᵉʳ	Lectoure.................	Comptes mss. (pet. éc.); et lettre de ce jour.
		2	Dîne à Lectoure; couche à Nérac..	Comptes mss. (pet. éc.).
		3	Dîne à Nérac; soupe et couche à Tonneins.	Idem.
		4	Dîne à Tonneins; soupe et couche à Nérac.	Comptes mss. (pet. éc.), et lettre de ce jour.
		du 5 au 8	Nérac.....................	Comptes mss. (pet. éc.).
		9	Dîne à Nérac; couche à Lectoure..	Comptes mss. (pet. éc.), et lettre de ce jour.
		Du 10 au 15	Lectoure.................	Comptes mss. (pet. éc.).
		16	Dîne à Nérac; soupe et couche à Durance.	Idem.
		17	Dîne à Fargues; soupe et couche à Castel-Jaloux.	Idem.
		18	Dîne à Castel-Jaloux; couche à Tonneins.	Idem.
		19	Dîne à Tonneins; soupe et couche à Madaillan.	Idem.
		20	Dîne à Madaillan; soupe et couche à Bergerac.	Idem.

ANNÉES.	MOIS.	JOURS.	LIEUX DU SÉJOUR.	DOCUMENTS qui ÉTABLISSENT LE SÉJOUR.
1585. 32ᵉ de l'âge.	Juillet.	Du 21 au 23	Bergerac..................	Comptes mss. (petite écurie), et lettre du 21 janvier.
		24	A Castillon et à Bergerac........	Comptes mss. (petite écurie), et ordonnance de payement de la garnison de Montségur. (Archives de Meslon.)
		Du 25 au 27	Bergerac..................	Comptes mss. (petite écurie).
		28	Dîne à Villeréal; soupe et couche à Monflanquin.	Idem.
		29	Tournon...................	Idem.
		30	Cazes.....................	Idem.
		31	Montauban.................	Idem.
	Août.	1ᵉʳ	Montauban.................	Idem.
		2	Dîne à Montauban; soupe et couche à Villemur.	Idem.
		3 et 4	Villemur...................	Idem.
		Du 5 au 10	Saint-Paul.................	Idem.
		11	Briatexte..................	Idem.
		12	Salignac...................	Idem.
		Du 13 au 17	Montauban.................	Comptes mss. (petite écurie), et lettre du 14.
		18	Dîne à Montauban soupe et couche au Mas-de-Verdun.	Comptes mss. (petite écurie).
		19	Tende.....................	Comptes mss. (petite écurie), et lettre de ce jour, datée de Montauban.
		Du 20 au 24	Lectoure...................	Comptes mss. (petite écurie).
		Du 25 au 31	Nérac.....................	Comptes mss. (petite écurie), et lettre du 30.

ANNÉES.	MOIS.	JOURS.	LIEUX DU SÉJOUR.	DOCUMENTS qui ÉTABLISSENT LE SÉJOUR.
1585. 32° de l'âge.	Septemh.	1er et 2	Nérac....................	Comptes mss. (petite écurie).
		3	Dîne à Gabarret; soupe et couche à la Bastide.	Idem.
		4	Dîne à Grenade; soupe et couche à Hagetmau.	Idem.
		5	Dîne à Orthez: soupe et couche à Navarreins.	Idem.
		Du 6 au 15	Navarreins................	Comptes mss. (petite écurie), et lettres du 10 et du 12.
		16	Dîne à Sault-de-Navailles; couche à Hagetmau.	Comptes mss. (petite écurie).
		17	Dîne à Hagetmau; couche à Montaut	Idem.
		18	Dîne à Montaut; couche à Mont-de-Marsan.	Idem.
		Du 19 au 21	Mont-de-Marsan.............	Idem.
		22	Dîne à la Bastide; couche à Eause.	Idem.
		23	Dîne à Eause; couche à Saint-Justin	Idem.
		Du 24 au 29	Mont-de-Marsan.............	Idem.
		30	Dîne à Mont-de-Marsan; soupe et couche à Tartas.	Idem.
	Octobre.	1er	Dîne à Mont-de-Marsan; soupe et couche à Tartas.	Comptes mss. (dép. ord.).
		Du 2 au 6	Tartas.....................	Idem.
		7	Hagetmau..................	Idem.
		Du 8 au 11	Mont-de-Marsan.............	Comptes mss. (dép. ord.), et deux lettres du 11.
		12	Dîne à Mont-de-Marsan; soupe et couche à la Bastide.	Comptes mss. (dép. ord.).
		13 et 14	La Bastide.................	Idem.

ANNÉES.	MOIS.	JOURS.	LIEUX DU SÉJOUR.	DOCUMENTS qui ÉTABLISSENT LE SÉJOUR.
1585. 32° de l'âge.	Octobre.	15 et 16.	Eause....................	Comptes mss. (dép. ord.).
		17	Dîne à Eause; soupe et couche à Vic-Fesenzac.	Idem.
		18	Dîne à Vic-Fezenzac; soupe et couche à Jegun.	Idem.
		19	Jegun.....................	Idem.
		20	Dîne et soupe à Jegun; couche à Suzan.	Idem.
		21	Suzan.....................	Idem.
		22 et 23	La Sauvetat................	Idem.
		24	Dîne à la Sauvetat; soupe et couche à Lectoure.	Idem.
		Du 25 au 27	Lectoure...................	Idem.
		28	Dîne à Lectoure; soupe et couche à Épernay.	Comptes mss. (dép. ord.), et lettre de ce jour.
		29	Dîne à Épernay; soupe et couche à Mauvesin.	Comptes mss. (dép. ord.).
		30	Dîne à Mauvesin; soupe et couche à Saint-Clar.	Idem.
		31	Dîne à Saint-Clar; soupe et couche à Lectoure.	Idem.
	Novembre.	1er	Lectoure...................	Comptes mss. (pet. écurie).
		2	Dîne à Lectoure; soupe et couche à Nérac.	Idem.
		Du 3 au 6	Nérac.....................	Idem.
		7	Dîne à Damazan; soupe et couche au Mas-d'Agénois.	Idem.
		Du 8 au 10	Au Mas-d'Agénois...........	Comptes mss. (petite écurie), et lettre du 8.
		11	Dîne au Mas-d'Agénois; couche à Tonneins.	Comptes mss. (petite écurie), et lettre de ce jour.
		12	Clairac....................	Comptes mss. (pet. écur.).
		13	Dîne à Clairac; couche à Castel-Moron.	Idem.

ANNÉES.	MOIS.	JOURS.	LIEUX DU SÉJOUR.	DOCUMENTS qui ÉTABLISSENT LE SÉJOUR.
1585. 32° de l'âge.	Novembre.	14	Dîne à Castel-Moron; couche à Monflanquin.	Comptes mss. (pet. écurie).
		Du 15 au 18	Monflanquin................	Idem.
		19	Dîne à Monflanquin; couche à Monpeizier.	Idem.
		20 et 21	Monpeizier.................	Idem.
		22	Dîne à Monpeizier; soupe et couche à Figeac.	Idem.
		23	Dîne à Figeac; couche à Bergerac..	Idem.
		Du 24 au 30	Bergerac.................	Comptes mss. (pet. écur.); et une lettre du 29.
33° de l'âge.	Décembre.	1ᵉʳ et 2	Part de Bergerac; dîne, soupe et couche à Mont-de-Marsan.	Comptes mss. (dép. ord.), et trois lettres du 1ᵉʳ, datées de Bergerac [1].
		3	Dîne à Mont-de-Marsan; soupe et couche à Hagetmau.	Comptes mss. (dép. ord.).
		4	Dîne à Montgaillard; soupe et couche à Mont-de-Marsan.	Idem.
		Du 5 au 16	Mont-de-Marsan.............	Idem.
		17	Dîne à Joncqua avec Madame sa sœur et madame de Gramont.	Idem.
		Du 18 au 23	Mont-de-Marsan.............	Comptes mss. (dép. ord.[2]).
		24	Dîne aux champs; soupe et couche à Mont-de-Marsan.	Comptes mss. (dép. ord.).
		Du 25 au 31	Mont-de-Marsan.............	Idem.
1586.	Janvier.	Du 1ᵉʳ au 4	Montauban.................	Comptes mss. (dép. ord.), et 4 lettres du 1ᵉʳ.
		5	Dîne à Caussade; soupe et couche à Montauban.	Comptes mss. (dép. ord.).
		Du 6 au 28	Montauban.................	Comptes mss. (dép. ord.), et lettres du 17 et du 20.

[1] Ces lettres durent être écrites le matin, avant le départ pour Mont-de-Marsan, où les comptes constatent la présence depuis le dîner du 1ᵉʳ décembre, jusqu'après le dîner du 3.

[2] Nous avons une lettre du 20, datée de Montauban, mais c'est une lettre chiffrée et où la date ostensible a pu être un moyen de plus de dépister.

ANNÉES.	MOIS.	JOURS.	LIEUX DU SÉJOUR.	DOCUMENTS qui ÉTABLISSENT LE SÉJOUR.
1586. 33ᵉ de l'âge.	Janvier.	29	Mas-de-Verdun................	Comptes mss. (dép. ord.).
	Idem.	30 et 31	Cazaux.....................	Idem.
	Février.	1ᵉʳ	Cazaux.....................	Comptes mss. (petite écurie).
		2	Dîne à Cazaux; soupe et couche à Saint-Clar.	Comptes mss. (petite écurie), et lettre de ce jour, datée de la Cazals.
		3 et 4	Lectoure....................	Comptes mss. (pet. éc.).
		5	Dîne à Lectoure; soupe et couche à Nérac.	Idem.
		6	Dîne à Nérac; soupe et couche à Castel-Jaloux.	Idem.
		Du 7 au 12	Nérac......................	Idem.
		13	Dîne à Nérac; soupe et couche à Castel-Jaloux.	Idem.
		Du 14 au 16	Castel-Jaloux................	Idem.
		17	Dîne à Castel-Jaloux; soupe et couche à Iguères [?].	Idem.
		18	Iguères.....................	Comptes mss. (pet. écur.).
		19	Dîne à Iguères; soupe et couche à Puiguillan.	Idem.
		20	Dîne à Castets; soupe et couche à Montpouillan.	Lettre de ce jour, et comptes mss. (petite écurie).
		21	Dîne à Montpouillan; soupe et couche à Caumont.	Comptes mss. (petite écurie), et lettre du 21.
		22	Caumont....................	Comptes mss. (pet. écur.).
		23	Dîne à Caumont; soupe et couche à Nérac.	Idem.
		Du 24 au 28	Nérac......................	Comptes mss. (pet. éc.), et lettre du 24.
	Mars.	Du 1ᵉʳ au 5	Nérac......................	Comptes mss. (pet. éc.).

ANNÉES.	MOIS.	JOURS.	LIEUX DU SÉJOUR.	DOCUMENTS qui ÉTABLISSENT LE SÉJOUR.
1586. 33ᵉ de l'âge.	Mars.	6	Dîne à Nérac; soupe et couche à Eause.	Comptes mss. (pet. éc.), et lettre de ce jour.
		7	Dîne à Saint-Jean-Poutgé; soupe et couche à Pau.	Comptes mss. (pet. éc.).
		Du 8 au 10	Pau......................	Idem.
		11	Dîne à Saint-Jean-Poutgé; soupe et couche à Nogaro.	Comptes mss. (pet. éc.), et lettre de ce jour, datée d'Hagetmau.
		12	Dîne à Nogaro; soupe et couche à Eause.	Comptes mss. (pet. éc.).
		13	Eause.....................	Idem.
		14	Dîne à Eause; soupe et couche à Nérac.	Idem.
		15	A Nérac; excursion, le matin, jusqu'à Castel-Jaloux.	Comptes mss. (pet. éc.), et lettre de ce jour.
		16	Dîne à Caumont; soupe et couche à Beyran.	Comptes mss. (pet. éc.).
		Du 17 au 19	Sainte-Foy................	Idem.
		20	Dîne à Sainte-Foy; soupe et couche à Semilhac.	Idem.
		21	Dîne à Semilhac; soupe et couche à Saint-Foye.	Idem.
		Du 22 au 31	Sainte-Foy................	Comptes mss. (pet. éc.), et lettre du 27.
	Avril.	1ᵉʳ	Sainte-Foy................	Comptes mss. (pet. éc.).
		2	Dîne à Sainte-Foy; soupe et couche à Bergerac.	Idem.
		Du 3 au 20	Bergerac..................	Comptes mss. (pet. éc.), et lettre du 17.
		21	Sainte-Foy................	Comptes mss. (pet. éc.).
		22	Dîne à Sainte-Foy; soupe et couche à Bergerac...............	Idem.

ANNÉES.	MOIS.	JOURS.	LIEUX DU SÉJOUR.	DOCUMENTS qui ÉTABLISSENT LE SÉJOUR.
1586. 33ᵉ de l'âge.	Avril.	Du 23 au 28	Bergerac....................	Comptes mss. (pet. éc.).
		29	Dîne à Sainte-Foy; soupe et couche à Bergerac.	Comptes mss. (pet. éc.), et lettre de ce jour.
		30	Bergerac....................	Comptes mss. (pet. éc.).
	Mai.	Du 1ᵉʳ au 7	Bergerac....................	Comptes mss. (dép. ord.), et lettres du 4 et du 7.
		8	Mauriac.....................	Comptes mss. (dép. ord.).
		9	Vertilhac...................	Idem.
		10	Villebois...................	Idem.
		11	Dîne à Villebois; soupe et couche à la Rochefoucauld.	Idem.
		12	La Rochefoucauld............	Idem.
		13	Dîne à la Rochefoucauld; soupe et couche à Verteuil.	Idem.
		Du 14 au 17	Verteuil....................	Idem.
		18	Villefagnan.................	Idem.
		19	Gervasay [?]................	Idem.
		20	Dîne à Gervasay; soupe et couche à Celles.	Idem.
		21	Celles......................	Idem.
		22	Dîne à Celles; soupe et couche à la Motte-Saint-Éloy.	Idem.
		23	La Motte-Saint-Éloy.........	Idem.
		24	Dîne à la Motte-Saint-Éloy; soupe et couche à Lusignan.	Idem.
		25	Dîne à Lusignan; soupe et couche à Valles.	Idem.
		26	Valles[1]....................	Idem.

[1] Une lettre du 26 est datée de Lusignan, où les comptes constatent la veille la présence du roi de Navarre. On rencontre, de temps à autre, dans la correspondance, de ces petites irrégularités.

ANNÉES.	MOIS.	JOURS.	LIEUX DU SÉJOUR.	DOCUMENTS qui ÉTABLISSENT LE SÉJOUR.
1586. 33° de l'âge.	Mai.	27	Dîne à Valles; soupe et couche à la Motte-Saint-Éloy.	Comptes mss. (dép. ord.).
		28	Dîne à la Motte-Saint-Éloy; soupe et couche à Jarnasé [?].	Idem.
		29	Dîne à Jarnasé; soupe et couche à Chizé.	Idem.
		30	Dîne à Chizé; soupe et couche à Surgères.	Idem.
		31	Surgères....................	Idem.
	Juin.	1er	Dîne au bourg de Surgères; soupe et couche à la Rochelle.	Idem.
		Du 2 au 13	La Rochelle................	Comptes mss. (dép. ord.), et lettre du 11.
		14	Dîne à Esnaude; soupe et couche à Marans.	Comptes mss. (dép. ord.).
		15	Marans[1]...................	Idem.
		16	Dîne à Esnaude; soupe et couche à la Rochelle.	Idem.
		17 et 18	La Rochelle................	Idem.
		19	Dîne à la Rochelle; soupe et couche à Surgères.	Idem.
		20	Dîne à Tonnay-Boutonne; couche à Taillebourg.	Idem.
		21	Taillebourg..................	Idem.
		22	Dîne à Taillebourg; soupe et couche à Pons.	Idem.
		23	Pons.......................	Idem.
		24	Dîne à Montendre; couche à Montguyon.	Idem.

[1] Une lettre de ce jour est datée de la Rochelle.

ANNÉES.	MOIS.	JOURS.	LIEUX DU SÉJOUR.	DOCUMENTS qui ÉTABLISSENT LE SÉJOUR.
1586. 33° de l'âge.	Juin.	25	Dîne à Montguyon ; soupe au château de Chaux.	Comptes mss. (dép. ord.).
		26	Au château de Chaux............	Idem.
		27	Dîne à Chaux ; couche à Barbezieux.	Idem.
		28	Barbezieux....................	Idem.
		29 et 30	Pons	Comptes mss. (dép. ord.), et ordonnance en faveur des chanoines de Castel-Jaloux.
	Juillet.	1er	Au château de Pons............	Comptes mss. (dép. ord.).
		2	Dîne à Pons ; soupe et couche à Taillebourg.	Idem.
		3	Dîne à Taillebourg ; soupe et couche à Saint-Jean-d'Angely.........	Idem.
		4	Dîne à Surgères ; soupe et couche à la Rochelle.	Idem.
		5	Marans.......................	Idem.
		6	Dîne à Marans ; soupe et couche à la Rochelle.	Idem.
		Du 7 au 8	La Rochelle..................	Idem.
		19	L'Ile-de-Ré...................	Idem.
		Du 20 au 29	La Rochelle..................	Idem.
		30	Marans.......................	Idem.
		31	La Rochelle..................	Idem.
	Août.	Du 1er au 14	La Rochelle..................	Comptes mss. (dép. ord.), et lettre du 7.
		15	Dîne à la Rochelle ; soupe et couche à Marans.	Comptes mss. (dép. ord.).
		Du 16 au 17	Luçon........................	Idem.

ANNÉES.	MOIS.	JOURS.	LIEUX DU SÉJOUR.	DOCUMENTS qui ÉTABLISSENT LE SÉJOUR.
1586. 33° de l'âge.	Août.	18	Dîne à Luçon; soupe et couche à Champagny.	Comptes mss. (dép. ord.).
		Du 19 au 31	La Rochelle..................	Comptes mss. (dép. ord.), et deux lettres du 24.
	Septemb.	Du 1er au 3	La Rochelle..................	Comptes mss. (dép. ord.).
		4	Dîne à Surgères; couche à St-Jean-d'Angely.	Idem.
		5 et 6	Saint-Jean-d'Angely..........	Idem.
		7	Dîne à Surgères; soupe et couche à la Rochelle.	Idem.
		Du 8 au 10	La Rochelle..................	Idem.
		11	Dîne à Charon; soupe et couche à Luçon.	Idem.
		12 et 13	Luçon........................	Idem.
		Du 14 au 20	La Rochelle..................	Idem.
		21	Dîne à la Rochelle; couche à Surgères.	Idem.
		22	Villeneuve...................	Idem.
		Du 23 au 30	La Rochelle..................	Comptes mss. (dép. ord.), et deux lettres du 23.
	Octobre.	11	Niort........................	Lettre du secrétaire l'Allier, seigneur du Pin, à M. de Saint-Geniès.
		15	La Rochelle..................	Lettre de ce jour.
		28	La Rochelle..................	Deux lettres de ce jour.
	Novembre	1er	Dîne à Surgères; soupe et couche à Saint-Jean-d'Angely.	Comptes mss. (pet. éc.).
		Du 2 au 9	Saint-Jean-d'Angely..........	Idem.
		10	Dîne à Taillebourg..........	Idem.

ANNÉES.	MOIS.	JOURS.	LIEUX DU SÉJOUR.	DOCUMENTS qui ÉTABLISSENT LE SÉJOUR.
1586. 33° de l'âge.	Novembre.	11	Soupe et couche à la Rochelle.....	Comptes mss. (pet. éc.).
		Du 12 au 30	La Rochelle................	Comptes mss. (pet. éc.), et lettres du 15.
	Décembre.	Du 1er au 5	La Rochelle................	Comptes mss. (dép. ord.).
		6	Dîne à Surgères; soupe et couche à Saint-Jean-d'Angely.	Idem.
		7 et 8	Saint-Jean-d'Angely............	Idem.
		9	Dîne à Saint-Jean-d'Angely; soupe et couche à Thors.	Idem.
		10	Thors.....................	Idem.
		11	Dîne à Thors; soupe et couche à Jarnac.	Idem.
34° de l'âge.		Du 12 au 17	Jarnac.....................	Idem.
		18	Dîne à Jarnac; soupe et couche à Thors.	Idem.
		19	Dîne à Thors; soupe et couche à Saint-Jean.	Idem.
		Du 20 au 31	La Rochelle................	Comptes mss. (dép. ord.), et lettres du 27, du 30 et du 31.
1587.	Janvier.	Du 1er au 19	La Rochelle................	Comptes mss. (dép. ord.), et lettres du 1er, du 14 et du 15.
		20	Dîne à Verine; soupe et couche à la Rochelle.	Comptes mss. (dép. ord.).
		Du 21 au 23	La Rochelle................	Idem.
		24	Dîne à la Grimaudière; soupe et couche à la Rochelle.	Idem.
		Du 25 au 31	La Rochelle................	Idem.

ANNÉES.	MOIS.	JOURS.	LIEUX DU SÉJOUR.	DOCUMENTS qui ÉTABLISSENT LE SÉJOUR.
1587. 34° de l'âge.	Février.	1er 2 21 23	La Rochelle..................	Lettres de ces quatre jours.
		25	Saint-Jean-d'Angely............	Lettre de ce jour*.
	Mars.	15	La Rochelle..................	Deux lettres de ce jour.
		18	La Rochelle..................	Lettre de ce jour.
	Avril.	1er	La Rochelle..................	Lettre de ce jour.
	Juin.	1er	Aux Loges de Fontenay-le-Comte..	Comptes mss. (dép. ord.).
		2	Dîne aux Loges; soupe et couche à Fontenay.	Idem.
		Du 3 au 5	Fontenay-le-Comte............	Idem.
		6	Dîne à Fontenay-le-Comte; soupe et couche à Luçon.	Idem.
		7	Dîne à Luçon; soupe et couche à Monchamps.	Idem.
		8	Monchamps.................	Idem.
		9	Dîne à Monchamps; soupe et couche à Touche-Preux.	Idem.
		10	Dîne à Touche-Preux; soupe et couche à Maulevrier.	Idem.
		11	Maulevrier..................	Idem.
		12	Dîne à Mauléon; soupe et couche à Touche-Preux.	Idem.
		13	Dîne à Touche-Preux; soupe et couche à la Châtaigneraye.	Idem.
		14	La Châtaigneraye.............	Idem.
		15	Fontenay-le-Comte............	Idem.
		16	Dîne à Fontenay-le-Comte; soupe et couche à Saint-Maixent.	Idem.
		17 et 18	Saint-Maixent...............	Idem.

ANNÉES.	MOIS.	JOURS.	LIEUX DU SÉJOUR.	DOCUMENTS qui ÉTABLISSENT LE SÉJOUR.
1587. 34ᵉ de l'âge.	Juin.	19	Dine à Saint-Maixent; soupe et couche à Mauzé.	Comptes mss. (dép. ord.)
		Du 20 au 24	La Rochelle..................	Comptes mss. (dép. ord.), et lettre du 21.
		25	Dine à la Rochelle; soupe à Marans.	Comptes mss. (dép. ord.)
		26	Dine aux champs; soupe et couche à Marans.	Idem.
		27 et 28	La Rochelle..................	Idem.
		29	Dine à la Rochelle; soupe et couche à Surgères.	Idem.
		30	Part de Surgères pour Sᵗ-Maixent..	Idem.
	Juillet.	1ᵉʳ	Au camp de Fontenay-le-Comte....	Lettre de ce jour.
		13	La Rochelle..................	Lettre de ce jour.
		14	Fontenay-le-Comte.............	Lettre de ce jour.
		20	La Rochelle..................	Lettre de ce jour.
		24	La Rochelle..................	Lettre de ce jour.
	Août.	1ᵉʳ et 2	La Rochelle..................	Comptes mss. (dép. ord.)
		3	Dine à Surgères; soupe et couche à Saint-Jean-d'Angely.	Idem.
		Du 4 au 8	Saint-Jean-d'Angely............	Idem.
		9	Dine et soupe à Saint-Jean; part pour la Rochelle.	Idem.
		Du 10 au 23	La Rochelle..................	Idem.
		24	Dine à la Rochelle; soupe et couche à Marans.	Idem.
		25	Pouzelle [?]..................	Idem.

ANNÉES.	MOIS.	JOURS.	LIEUX DE SÉJOUR.	DOCUMENTS qui ÉTABLISSENT LE SÉJOUR.
1587. 34° de l'âge.	Août.	26	La Châtaigneraye............	Comptes mss. (dép. ord.).
		27	Amailloux.................	Idem.
		28	Tourtenay.................	Idem.
		29	Dîne à Moncontour; soupe et couche à Sainte-Marsolle.	Idem.
		30	Sainte-Marsolle............	Idem.
		31	Dîne à Sainte-Marsolle; soupe et couche à Montz-sur-Queine.	Idem.
	Septembre	1er	Montz-sur-Queine...........	Idem.
		2	Marmande.................	Idem.
		5 et 6	A l'abbaye de Noyers.........	Idem.
		7	Dîne à Noyers; soupe et couche à Launay.	Idem.
		8	Launay...................	Idem.
		9	Dîne à Launay; soupe et couche à Noyan.	Idem.
		10	Dîne à Noyan; soupe et couche à Saint-Esprit.	Idem.
		11	Dîne à Saint-Esprit; couche à Azay-le-Brûlé.	Idem.
		12	Azay-le-Brûlé..............	Idem.
		13	Dîne à Azay-le-Brûlé; couche à Montsoreau.	Idem.
		Du 14 au 26	Montsoreau................	Idem.
		27	Ternay....................	Idem.
		28	Dîne à Ternay; soupe et couche à Moncontour.	Idem.
		29	Moncontour...............	Idem.

ANNÉES.	MOIS.	JOURS.	LIEUX DU SÉJOUR.	DOCUMENTS qui ÉTABLISSENT LE SÉJOUR.
1587. 34ᵉ de l'âge.	Septembre	30	Dîne à Moncontour; soupe et couche à Saint-Loup.	Comptes mss. (dép. ord.).
	Octobre.	1ᵉʳ	Dîne à Saint-Loup; soupe et couche à Secondigny.	Idem.
		2	Dîne à Secondigny; soupe et couche à Coulonges-les-Royaux.	Idem.
		3	Dîne à Coulonges-les-Royaux; soupe et couche à Melle.	Idem.
		4	Melle..................	Idem.
		5	Dîne à Melle; soupe à Jervasé.....	Idem.
		6	Jervasé................	Idem.
		7	Dîne à Jervasé; soupe et couche à Saint-Jean-d'Angely.	Idem.
		8 et 9	Saint-Jean-d'Augely........	Idem.
		10 et 11	La Rochelle.............	Idem.
		12	Dîne à La Rochelle; soupe et couche à Taillebourg.	Idem.
		13	La Rochelle.............	Idem.
		14	Dîne à Tonnay-Boutonne; soupe et couche à Taillebourg.	Idem.
		15	Dîne à Taillebourg; soupe et couche à Saint-Léger.	Idem.
		16	Dîne à Saint-Léger; soupe et couche à Pons.	Idem.
		17	Dîne à Pons; soupe et couche à Archiac.	Idem.
		18	Dîne à Archiac; soupe et couche à Montlieu.	Idem.
		19	Dîne à Montlieu; soupe et couche à Coutras.	Idem.
		20	Bataille de Coutras...........	Idem et tous les historiens.

ANNÉES.	MOIS.	JOURS.	LIEUX DU SÉJOUR.	DOCUMENTS qui ÉTABLISSENT LE SÉJOUR.
1587. 34° de l'âge.	Octobre.	21	Coutras................	Comptes mss. (dép. ord.).
		22	Dîne à Coutras; soupe et couche à Puy-Normand.	Idem.
		23	Dîne à Puy-Normand; soupe et couche à Montaigne.	Comptes mss. (dép. ord.), et lettre de ce jour.
		24	Dîne à Montaigne; soupe et couche à Sainte-Foy.	Comptes mss. (dép. ord.).
		Du 25 au 27	Sainte-Foy................	Idem.
		28	Dîne à Madeillan; soupe et couche à Clairac.	Idem.
		29	Clairac................	Idem.
		30	Dîne à Clairac; soupe et couche à Nérac.	Idem.
		31	Nérac................	Idem.
	Novembre.	3	Dîne à Nérac; soupe et couche à Eause.	Idem.
		4	Dîne à Eause; soupe et couche à Riscle.	Idem.
		5	Dîne à Riscle; soupe et couche aux champs.	Idem.
		6	Dîne aux champs; soupe et couche à Pau.	Idem.
		7 et 8	Pau................	Idem.
		9	Dîne à Pau; soupe et couche à Navarreins.	Idem.
		10 et 11	Aux champs................	Idem.
		12 et 13	Navarreins................	Comptes mss. (dép. ord.), et deux lettres du 12.
		14	Dîne à Audaux; soupe et couche à Pau.	Comptes mss. (dép. ord.).
		Du 15 au 17	Pau................	Idem.

DU ROI DE NAVARRE.

ANNÉES.	MOIS.	JOURS.	LIEUX DU SÉJOUR.	DOCUMENTS qui ÉTABLISSENT LE SÉJOUR.
1587. 34ᵉ de l'âge.	Novembre.	18	Dîne à Malaussanne; soupe et couche à Hagetmau.	Comptes mss. (pet. écur.).
		19	Hagetmau................	Idem.
		20	Dîne à Hagetmau; soupe et couche à Pau.	Idem.
		Du 21 au 26	Pau.....................	Idem.
		Du 27 au 29	Hagetmau...............	Idem.
		30	Dîne à Hagetmau; soupe et couche à Pau.	Idem.
	Décembre.	1ᵉʳ	Pau.....................	Comptes mss. (petite éc.).
		2	Dîne à Pau; soupe et couche à Hagetmau.	Idem.
		3	Hagetmau...............	Idem.
		4	Riscle..................	Idem.
		5	Dîne à Riscle; soupe et couche à Grenade.	Idem.
		6	Dîne à Grenade; soupe et couche à Mont-de-Marsan.	Idem.
		Du 7 au 13	Mont-de-Marsan..........	Comptes mss. (petite écurie), et lettre du 12.
35ᵉ de l'âge.		14	Dîne à Mont-de-Marsan; soupe et couche à Roquefort.	Comptes mss. (petite écurie), et lettre de ce jour.
		15	Dîne à Roquefort; soupe et couche à Castel-Jaloux.	Comptes mss. (petite écurie).
		16	Dîne à Castel-Jaloux; soupe et couche à Nérac.	Idem.
		Du 17 au 30	Nérac...................	Comptes mss. (petite écurie) et lettr. des 25 et 29.
		31	Dîne à Nérac; soupe et couche à Lectoure.	Comptes mss. (petite écurie).
1588.	Janvier.	1ᵉʳ	Lectoure................	Idem.

76.

ANNÉES.	MOIS.	JOURS.	LIEUX DU SÉJOUR.	DOCUMENTS qui ÉTABLISSENT LE SÉJOUR.
1588. 35° de l'âge.	Janvier.	2	Dîne à Lectoure; soupe et couche à Mauvesin.	Comptes mss. (petite écurie).
		Du 3 au 6	Mauvesin..................	Idem.
		7	Dîne à Mauvesin; soupe et couche au Mas-de-Verdun [1].	Idem.
		8	Dîne au Mas-de-Verdun; soupe et couche à Montauban.	Idem.
		Du 9 au 25	Montauban.................	Comptes mss. (pet. écurie), et lettres du 11 et du 15.
		26	Dîne à Montbéqui; soupe et couche à Monbarty.	Comptes mss. (petite écurie).
		27	Montbéqui.................	Idem.
		28	Dîne à Montbéqui; soupe et couche [2].	Idem.
		Du 29 au 30	La Bastide.................	Idem.
		31	Montauban [3]...............	Idem.
	Février.	Du 1ᵉʳ au 8	Montauban.................	Idem.
		9	Dîne à Montauban; soupe et couche au Mas-de-Verdun.	Idem.
		10	Dîne au Mas-de-Verdun; soupe et couche à Mauvesin.	Idem.
		11	Mauvesin..................	Idem.
		12	Dîne à Mauvesin; couche à Saint-Clar.	Comptes mss. (petite écurie), et lettre de ce jour.
		13	Dîne à Saint-Clar; soupe et couche à Lectoure.	Comptes mss. (petite écurie).
		14	Lectoure..................	Idem.

[1] Ce lieu est écrit dans ces comptes *Bordeu*, *Vordeu*, *Bordan*.

[2] Les comptes laissent ici en blanc le nom du lieu du souper et du coucher. Les habitudes de galanterie du roi de Navarre autoriseraient à admettre quelque motif de cette nature comme explication d'une telle réticence.

[3] La comparaison des comptes avec la correspondance présente ici une singulière transposition : la lettre du 29 est datée de Montauban, lorsque ce prince était à la Bastide; et celle du 31 est datée de la Bastide, lorsqu'il était à Montauban.

ANNÉES.	MOIS.	JOURS.	LIEUX DU SÉJOUR.	DOCUMENTS qui ÉTABLISSENT LE SÉJOUR.
1588. 35° de l'âge.	Février.	15	Dîne à Lectoure; soupe et couche à Nérac.	Comptes mss. (petite écurie).
		16	Nérac..................	Idem.
		17	Dîne à Nérac; soupe et couche [1]...	Idem.
		18	Nérac..................	Idem.
		19	Dîne à Nérac; soupe et couche à Castel-Jaloux.	Idem.
		20	Dîne et soupe à Castel-Jaloux.....	Idem.
		21	Dîne auprès du Mas-d'Agénois....	Idem.
		Du 22 au 24	Castel-Jaloux.................	Idem.
		25	Dîne à Castel-Jaloux; soupe et couche à Nérac.	Idem.
		Du 26 au 29	Nérac..................	Idem.
	Mars.	Du 1er au 10	Nérac..................	Idem.
		11	Dîne à Nérac; soupe et couche à Clairac.	Comptes mss. (petite écurie); et lettre de ce jour.
		12	Dîne à Clairac; soupe et couche à Aymet.	Comptes mss. (petite écurie).
		13	Dîne à Aymet; soupe et couche à Sainte-Foy.	Idem.
		14	Sainte-Foy.................	Idem.
		15	Dîne à Coutras; soupe et couche à Montlieu.	Comptes mss. (petite écurie), et lettre de ce jour.
		16	Dîne à Jonsac; soupe et couche à Pons.	Comptes mss. (petite écurie).
		17	Dîne à Pons; soupe et couche à Taillebourg.	Idem.
		18	Dîne à [2]...... soupe et couche à la Rochelle.	Idem.

[1] Ce nom est resté en blanc comme ci-dessus. — [2] De même.

SÉJOURS ET ITINÉRAIRE

ANNÉES.	MOIS.	JOURS.	LIEUX DU SÉJOUR.	DOCUMENTS qui ÉTABLISSENT LE SÉJOUR.
1588. 35ᵉ de l'âge.	Mars.	Du 19 au 24	La Rochelle..................	Comptes mss. (pet. écurie).
		25	Dîne au Broue; soupe et couche à la Rochelle.	Idem.
		26	Dîne à la Rochelle; soupe et couche à Amanzé.	Idem.
		27 et 28	Amanzé.....................	Idem.
		29	Dîne à Amanzé; soupe et couche à Saint-Jean-d'Angely.	Idem.
		30 et 31	Saint-Jean-d'Angely...........	Idem.
	Avril.	2	Saint-Jean-d'Angely...........	Lettre de ce jour.
		4	Saint-Jean-d'Angely...........	Lettre de ce jour.
	Mai.	12	La Rochelle..................	Lettre de ce jour.
		5	La Rochelle..................	Lettre de ce jour.
		7	Saint-Jean-d'Angely...........	Lettre de ce jour.
		13	Chef-Boutonne................	Lettre de ce jour.
		14	Saint-Jean-d'Angely...........	Lettre de ce jour.
		30	La Rochelle..................	Deux lettres de ce jour.
		31	La Rochelle..................	Deux lettres de ce jour.
	Juin.	Du 1ᵉʳ au 19	La Rochelle..................	Comptes mss. (dép. ord.), et lettres du 3 et du 18.
		20	Dîne à la Rochelle; soupe et couche à Surgères.	Comptes mss. (dép. ord.).
		21	Dîne à Surgères, soupe et couche à Saint-Jean-d'Angely.	Idem.
		22	Dîne à Saint-Jean-d'Angely; soupe et couche à la Rochelle.	Idem.
		23	La Rochelle..................	Idem.
		24	A Charron et à Braud [1]......	Idem.

[1] En marge de la dépense faite à Charron, le 24, le registre des comptes porte cette note : « Le fort du Bro assiégé par Sa Majesté. »

ANNÉES.	MOIS.	JOURS.	LIEU DU SÉJOUR.	DOCUMENTS qui ÉTABLISSENT LE SÉJOUR.
1588. 35ᵉ de l'âge.	Juin.	25	A Charron et à Cluzy[1]............	Comptes mss. (dép. ord.).
		26	Dîne à Cluzy; soupe et couche à Marans.	Idem.
		Du 27 au 29	Marans[2]....................	Idem.
		30	Dîne à Marans; soupe et couche à la Rochelle.	Idem.
	Juillet.	Du 1ᵉʳ au 12	La Rochelle................	Comptes mss. (dép. ord.), et lettre du 10.
		13	Part de la Rochelle; soupe et couche à Royan.	Comptes mss. (dép. ord.).
		14	Royan......................	Idem.
		15	Dîne à Saujon; soupe et couche à Royan.	Idem.
		16	Dîne à Royan; soupe et couche sur son navire.	Idem.
		17	Dîne sur son navire; soupe et couche à la Rochelle.	Idem.
		Du 18 au 31	La Rochelle................	Comptes mss. (dép. ord.), et lettres du 26 et du 27.
	Août.	Du 1ᵉʳ au 7	La Rochelle................	Comptes mss. (petite écurie), et lettre du 1ᵉʳ.
		9	Dîne à la Rochelle; couche à Luçon[3].	Comptes mss. (pet. écurie).
		10	Dîne à Luçon; couche à Gournouveau.	Idem.
		11	Dîne à Gournouveau; couche aux Essarts.	Idem.
		12	Dîne aux Essarts; couche à Saint-Georges, près Montagu[4].	Idem.

[1] En marge de la dépense du 25, à Charron : « Le fort du Bro et Charron prins par Sa Majesté, et le fort de Clusy assiegé. »

[2] En marge de la dépense du 27 : « Les forts de la Brune et la Bastille prins par Sa Majesté. » — Le 28 : « Le fort de la Louette prins par Sa Majesté. » — Le 29 : « Cedit jour, le fort de la Poulée a esté rendu à Sa Majesté. »

[3] Suivant M. Faustin-Poeydavant, il partit de la Rochelle avec cent chevaux.

[4] En marge de la dépense de ce jour : « Sa Majesté a disné audict lieu des Essarts, et fut à Lagneres voir le regiment de.......... près la Chapelle-Surin, et retourna coucher à Saint-Georges, près Montagu. »

ANNÉES.	MOIS.	JOURS.	LIEUX DU SÉJOUR.	DOCUMENTS qui ÉTABLISSENT LE SÉJOUR.
1588. 35° de l'âge.	Août.	13	Saint-Georges..................	Comptes mss. (petite écurie).
		14	Dîne à Saint-Georges; couche à Monchamps.	Idem.
		15	Dîne à Monchamps; couche à Fontenay-le-Comte.	Idem.
		16	Fontenay-le-Comte............	Idem.
		17	Dîne à Fontenay; couche à Benet..	Idem.
		Du 18 au 21	Benet.......................	Idem.
		Du 22 au 31	La Rochelle.................	Comptes mss. (petite écurie), et lettre du 25.
	Septembre	Du 2 au 6	La Rochelle.................	Comptes mss. (dép. ord.), et lettre du 4.
		7	Dîne à la Rochelle; soupe et couche à Saint-Jean-d'Angely.	Comptes mss. (dép. ord.).
		8 et 9	Saint-Jean-d'Angely...........	Comptes mss. (dép. ord.), et lettre du 9.
		10	Dîne à Saint-Jean; soupe et couche à Fontenay-l'Abattu.	Comptes mss. (dép. ord.).
		11	Dîne à Fontenay-l'Abattu; soupe et couche à Fontenay-le-Comte.	Idem.
		12	Fontenay-le-Comte............	Idem.
		13	Dîne à Fontenay; soupe et couche à la Châtaigneraye.	Idem.
		14	La Châtaigneraye.............	Idem.
		15	Dîne à la Châtaigneraye; soupe et couche aux Herbiers.	Idem.
		16	Dîne aux Herbiers; soupe et couche à Tiffauges.	Comptes mss. (dép. ord.).
		17	Tiffauges....................	Comptes mss. (dép. ord.).

DU ROI DE NAVARRE.

ANNÉES.	MOIS.	JOURS.	LIEUX DU SÉJOUR.	DOCUMENTS qui ÉTABLISSENT LE SÉJOUR.
1588. 35° de l'âge.	Septembre	18	Dîne à la Boucherie; soupe et couche à Gétigné[1].	Comptes mss. (dép. ord.).
		19	Gétigné..................	Idem.
		20	Dîne à Gétigné; soupe et couche à Mortagne.	Idem.
		21	Dîne à Mortagne; soupe et couche à Doué.	Idem.
		22 et 23	Doué...................	Idem.
		24	Dîne à Doué; soupe et couche à Gonnord.	Idem.
		25 et 26	Gonnord.................	Idem.
		27	Dîne à Gonnord; soupe et couche à Chemillé.	Idem.
		28	Dîne à Chemillé; soupe et couche à Montrouveau.	Idem.
		29 et 30	Montrouveau.............	Idem.
	Octobre.	1er [2]	Dîne à Montrouveau; soupe et couche à Château-Seaulx.	Idem.
		2	Dîne à Château-Seaulx; couche à Vertou-lès-Nantes.	Idem.
		3	Dîne à Vertou; soupe et couche à Latouche-Lincosmières.	Idem.
		4	Dîne à Latouche-Lincosmières; couche à[3].	Idem.
		5	Saint-Gervais, près Beauvoir-sur-Mer.	Idem.
		Du 6 au 23	Beauvoir-sur-Mer[4]...........	Comptes mss. (dép. ord.), et lettre du 23.

[1] Une lettre écrite de ce lieu est datée du 16.
[2] Une lettre de ce jour aux consuls de Nérac est datée de la Rochelle; mais c'est probablement par quelque usage officiel, comme la date de Nérac donnée ci-dessus aux lettres latines, bien que le prince ne fût pas à Nérac même.
[3] Le nom du lieu est resté en blanc dans les comptes.
[4] Au lieu de *Beauvoir* ou *Beauvois*, les comptes portent *Beaumont*; la lettre du 23 octobre rectifie cette erreur.

LETTRES DE HENRI IV. — II.

ANNÉES.	MOIS.	JOURS.	LIEUX DU SÉJOUR.	DOCUMENTS qui ÉTABLISSENT LE SÉJOUR.
1588. 35ᵉ de l'âge.	Octobre.	24	Dîne à Beauvoir; soupe et couche à Touvoye.	Comptes mss. (dép. ord.).
		25 et 26	Saint-George [1]	Idem.
		27	Dîne à Saint-George; soupe et couche à Monchamps.	Idem.
		28	Dîne à Monchamps; soupe et couche à la Châtaigneraye.	Idem.
		29	La Châtaigneraye	Idem.
		30	Dîne à la Châtaigneraye; soupe et couche à Fontenay-le-Comte.	Idem.
		31	Fontenay-le-Comte	Idem.
	Novembre	1ᵉʳ	Dîne à Fontenay-le-Comte; soupe et couche à Vens-sous-les-Nouges [?].	Comptes mss. (petite écurie).
		2	Dîne à Vens-sous-les-Nouges; soupe et couche à Prée.	Idem.
		3	Dîne à Prée; soupe et couche à Saint-Jean-d'Angely.	Idem.
		Du 4 au 9	Saint-Jean-d'Angely	Idem.
		10	Dîne à Saint-Jean; soupe et couche à Muron.	Idem.
		11	Dîne à Muron; soupe et couche à la Rochelle.	Idem.
		Du 12 au 25	La Rochelle. Il y ouvre une grande assemblée, le 14 du mois; cette assemblée se sépara le 17.	Comptes mss. (petite écurie), et lettre du 17. — Faustin Poeydavant, Itinéraire de Henri IV dans la Vendée.
		Du 26 au 30	La Rochelle	Comptes mss. (petite écurie).
	Décembre.	1ᵉʳ au 4	La Rochelle	Idem.

[1] Une lettre de ce jour est datée, comme ci-dessus, de la Rochelle.

DU ROI DE NAVARRE.

ANNÉES.	MOIS.	JOURS.	LIEUX DU SÉJOUR.	DOCUMENTS qui ÉTABLISSENT LE SÉJOUR.
1588.	Décembre	5	Dîne à la Rochelle; soupe et couche à Marans.	Comptes mss. (petite écurie).
		6	Dîne à Marans; soupe et couche à Fontenilles.	Idem.
		7	Dîne à Fontenilles; soupe et couche à la Rochelle.	Idem.
36e de l'âge.		Du 8 au 22	La Rochelle................	Comptes mss. (petite écurie), deux lettres du 13, lettre du 14, deux lettres du 16, lettre du 18, deux lettres du 19, et deux lettres du 20.
		23	Dîne à la Rochelle; soupe et couche à Saint-Jean-d'Angely.	Comptes mss. (petite écurie).
		Du 24 au 28	Saint-Jean-d'Angely...........	Idem.
		29	Dîne à Saint-Jean-d'Angely; soupe et couche à Niort.	Idem.
		Du 30 au 31	Niort......................	Idem.
1589.	Janvier.	1er	Niort......................	Comptes mss. (petite écurie), et trois lettres de ce jour.
		2	Dîne à Niort; soupe et couche à Saint-Maixent.	Comptes mss. (petite écurie).
		3	Dîne à Saint-Maixent; soupe et couche à Niort.	Idem.
		4	Niort......................	Idem.
		5	Dîne à Niort; soupe et couche à Fontenilles.	Idem.
		6	Fontenilles................	Idem.
		7	Dîne à Fontenilles; soupe et couche à Sainte-Hermine.	Idem.
		8	Sainte-Hermine.............	Idem.
		9	Dîne à Sainte-Hermine; soupe et couche à la Motte-Frelon.	Comptes mss. (petite écurie).

ANNÉES.	MOIS.	JOURS.	LIEUX DU SÉJOUR.	DOCUMENTS qui ÉTABLISSENT LE SÉJOUR.
1589. 36ᵉ de l'âge.	Janvier.	Du 10 au 20	La Motte-Frelon[1] (paroisse de Saint-Péré).	Comptes mss. (petite écurie), et lettre du 20, datée de Saint-Péré.
		21	Luçon..................	Comptes mss. (petite écurie).
		22	Dîne à [2]; soupe et couche à Fontenilles.	Idem.
		23	Fontenilles..................	Idem.
		24	Dîne à Vens-sous-les-Nouges; soupe et couche à Niort.	Idem.
		Du 25 au 27	Niort..................	Idem.
		28	Dîne à Lanivoer [?]; soupe et couche à la Rochelle.	Idem.
		Du 29 au 31	La Rochelle..................	Idem.
	Février.	15	La Rochelle..................	Deux lettres latines de ce jour.
	Mars.	4	Châtellerault..................	Lettre de ce jour.
		5	La Haye..................	Lettre de ce jour.
		8	A Montbazon et à Bourgueil......	Deux lettres de ce jour.
		14	Châtellerault..................	Lettre de ce jour.
		16	Saint-Gaultier, en Berry.........	Acte du roi de Navarre, en faveur de sa tante l'abbesse de Fontevrault[3].
		18	Châtellerault..................	Lettre de ce jour.
		21	Châtellerault..................	Lettre de ce jour.
		26	Châtellerault..................	Lettre de ce jour.
	Avril.	5	La Rochelle..................	Lettre de ce jour.
		15	Thouars[4]..................	Lettre de ce jour.

[1] Les comptes portent ici la Mothe-Fénélon, nom auquel les serviteurs du roi de Navarre étaient habitués, comme étant celui d'un lieu de leur province. Sur la maladie du roi de Navarre, au château de la Motte-Frelon, voyez p. 428 et 429 de ce volume.

[2] Le nom du lieu est resté en blanc dans le manuscrit.

[3] Cette pièce est conservée en original aux archives de la préfecture de l'Indre.

[4] Dans l'ouvrage d'après lequel nous avons donné cette lettre, on a imprimé *Tours*, au lieu de Thouars. Cette faute

ANNÉES.	MOIS.	JOURS.	LIEUX DU SÉJOUR.	DOCUMENTS qui ÉTABLISSENT LE SÉJOUR.
1589. 36° de l'âge.	Avril.	18	A Saumur, où il signe sa proclamation.	Déclaration du roi de Navarre au passage de la Loire[1].
		19	Saumur................	Lettre de ce jour.
		21	Passe la Loire, à Saumur, avec son armée.	Lettre de la veille. Historiens contemporains.
		28	Marchant contre le duc de Mayenne, vers Vendôme, il s'avance jusqu'à Châteaux, en Anjou. Là, sur l'invitation de Henri III, il tourne bride, fait une traite de vingt-quatre heures à cheval, et arrive à Maillé.	Le Grain, *Décade du Roy Henry le Grand*, l. IV. — Pierre Mathieu, l. VIII. — Chapuis, *Hist. de Navarre*. — Cayet, *Chronologie novenaire*. — Péréfixe.
		29	A Maillé, où il se prépare à l'entrevue avec le Roi.	Les mêmes.
		30	Le matin à Maillé. Dans l'après-midi, se rend au pont de la Motte, au-dessus de Tours, puis passe la Loire au faubourg Saint-Symphorien[2] et va trouver Henri III au Plessis-lès-Tours. Le soir, repasse la Loire et vient coucher au faubourg Saint-Symphorien.	Les mêmes. — De Thou, l. XCV; et lettre de ce jour.

peut venir de ce que ce dernier nom, dans la lettre originale, se trouvait écrit sans *h* : *Tonars*. Mais il est certain que le roi de Navarre n'arriva dans la capitale de la Touraine que le jour de son entrevue avec le Roi, à la fin du mois. Il passa, au contraire, à Thouars, entre le 5 et le 18, se rendant de la Rochelle à Saumur.

[1] Les exemplaires de cette proclamation, répandus le jour même du passage, portent la date du 21.

[2] Il y a quelque confusion dans les éléments de cette partie de l'itinéraire, pour laquelle j'ai comparé attentivement les divers témoignages contemporains. On peut établir que, dès le 21, le roi de Navarre se trouvait sur la rive droite de la Loire. Par conséquent le 30, pour se rendre auprès du Roi, à Tours, il avait cette rivière à passer. Les détails circonstanciés conservés par un historien du temps ne laissent aucun doute à cet égard : « Il vint, dit Cayet, loger à Maillé, deux lieues prez de Tours : où estant, il en donna advis au Roy. Le dimanche dernier jour d'avril, le Roy allant ouyr la messe à Marmoustier, envoya dire au roy de Navarre qu'il avoit tres agreable qu'il fust si prez de luy, et qu'il desiroit de le voir et de luy parler. Le roy de Navarre luy manda qu'il ne feroit faute de se rendre au pont de la Motte, à un quart de lieue de Tours pour y recevoir ses commandemens : ce qu'il fit, et s'y rendit à une heure aprez midy avec toutes ses troupes. Mais monsieur le mareschal d'Aumont, de la part du Roy, l'alla trouver au pont de la Motte, et luy dit que S. M. et toute la cour l'attendroit au chasteau du Plessis, et le prioit de passer l'eau dans des bateaux, qui furent incontinent menez de Tours, pour cest effect, au dessous des faux-bourgs S. Symphorian.

« Quelques uns des siens le vouloient divertir de passer l'eau, et le prierent de considerer qu'il alloit sans aucunes forces se mettre comme en une isle entre les rivieres de Cher et de Loire, en la puissance du Roy. Tous ces discours n'empescherent sa resolution; et faisant passer premierement l'eau à une bonne partie de sa noblesse, il passa puis aprés, avec ses gardes, que conduisoit le capitaine Vignolles. De toute sa troupe nul n'avoit de manteau et de pennache que luy. Tous avoient l'escharpe blanche : et luy vestu en soldat, le pourpoint tout usé sur les espaules et aux costez, de porter la cuirasse, le hault de chausses de velours de feuille morte, le manteau d'escarlate, le chapeau gris avec un grand pennache blanc, où il y avoit une tres belle medaille, estant accompagné de messieurs le duc de Monthazon et le mareschal d'Aumont, qui l'estoient venu trouver de la part du Roy, arriva au chasteau du Plessis. » (*Chronologie novenaire*, folio 185.)

ANNÉES.	MOIS.	JOURS.	LIEUX DU SÉJOUR.	DOCUMENTS qui ÉTABLISSENT LE SÉJOUR.
1589. 36ᵉ de l'âge.	Mai.	1ᵉʳ	Passe la Loire, suivi d'un page, et vient, dès six heures du matin, faire sa cour au Roi, à Tours. Accompagne S. M. jusqu'à la porte de l'église; durant la messe, rend visite à ses cousines, les princesses de Condé et de Conti; et l'après-dînée, pendant que le Roi entend vêpres, court la bague le long des murs du Plessis.	Cayet, *Chronologie novenaire.*
		2	Tours......................	Idem.
		8	Bourgueil.................	Lettre de ce jour.
		13	Tours......................	Lettre de ce jour.
		14	Tours......................	Lettre de ce jour.
		15	Bléré......................	Lettre de ce jour.
		16	Montrichard..............	Lettre de ce jour.
		17	Montrichard..............	Lettre de ce jour.
		18	Blois......................	Lettre de ce jour.
		21	Beaugency................	Lettre de ce jour.
	Juin.	1ᵉʳ	Tours......................	Comptes mss. (dép. ord.).
		2	Dîne à Tours; soupe et couche à Blois....................	Comptes mss. (dép. ord.), et lettre de ce jour.
		3	Dîne à Blois; soupe et couche à Châteaudun, en Beauce.	Comptes mss. (dép. ord.).
		4	Châteaudun................	Idem.
		5	Dîne à Châteaudun; soupe et couche à Illiers.	Idem.
		Du 6 au 12	Illiers....................	Comptes mss. (dép. ord.), et lettre du 7.
		13	Dîne à Illiers; soupe et couche à Villebeon.	Comptes mss. (dép. ord.).
		14	Beaugency.................	Idem.

ANNÉES.	MOIS.	JOURS.	LIEUX DU SÉJOUR.	DOCUMENTS qui ÉTABLISSENT LE SÉJOUR.
1589. 36° de l'âge.	Juin.	15	Dîne à Châteaudun; soupe et couche à Illiers.	Comptes mss. (dép. ord.).
		16	Dîne à Illiers; soupe et couche à Cormainville.	Idem.
		17	Dîne à Cormainville; soupe et couche à Artenay.	Idem.
		18	Artenay................	Idem.
		19	Dîne à Artenay; soupe et couche à Châteauneuf.	Idem.
		20 et 21	Châteauneuf..............	Idem.
		22	Dîne à Châteauneuf; soupe et couche à Beaune en Gâtinais.	Comptes mss. (dép. ord.), et lettre de ce jour.
		Du 23 au 25.	Beaune................	Comptes mss. (dép. ord.).
		26	Dîne à Pluviers; soupe et couche à Beaune.	Idem.
		Du 27 au 30.	Marigny, près d'Étampes.........	Idem.
	Juillet.	1er	Dîne à Saint-Clair; soupe et couche à Longjumeau dans l'Île de France.	Idem.
		2	Dîne à Longjumeau; soupe et couche à Chastres-sous-Montlhéry.	Idem.
		3	A Étampes, qui venait de se rendre au Roi, et où il entre avec S. M.	Idem.
		4	Chastres-sous-Montlhéry.........	Idem.
		5	Dîne à Chastres; soupe et couche à Étampes.	Idem.
		6	Dîne à Chastres; couche à Saint-Clair.	Idem.
		7	Dîne à Saint-Clair; soupe et couche à Versailles.	Idem.
		8	Versailles................	Idem.

ANNÉES.	MOIS.	JOURS.	LIEUX DU SÉJOUR.	DOCUMENTS qui ÉTABLISSENT LE SÉJOUR.
1589. 36° de l'âge.	Juillet.	9	Dîne à Versailles; soupe et couche à Saint-Germain-en-Laye.	Comptes mss. (dép. ord.):
		10	Saint-Germain-en-Laye..........	Idem.
		11	Dîne à Saint-Germain; soupe et couche à Annecy.	Idem.
		Du 12 au 14.	Annecy.....................	Comptes mss. (dép. ord.), et lettre du 14.
		15	Dîne à Annecy; soupe et couche à Chambly.	Comptes mss. (dép. ord.).
		Du 16 au 22.	Chambly...................	Idem.
		Du 23 au 27.	Maubuisson................	Idem.
		28	Dîne à Maubuisson; soupe et couche à Poissy.	Idem.
		29	Dîne à Poissy; soupe et couche à Saint-Germain-en-Laye.	Idem.
		30	Dîne à Saint-Germain-en-Laye; soupe et couche à Meudon.	Idem.
		31	Meudon....................	Idem.
	Août.	1er	Le faubourg Saint-Germain près Paris, St-Cloud et Meudon.	Comptes mss. (dép. ord.), et lettre de ce jour.
		2	Saint-Cloud................	Comptes mss. (dép. ord.), et lettres de ce jour.

SOURCES

D'OÙ PROVIENNENT

LES LETTRES DU ROI DE NAVARRE

RASSEMBLÉES DANS LES DEUX PREMIERS VOLUMES.

Cette table offre un inventaire complet des diverses sources qui ont été consultées pour rassembler les lettres du roi de Navarre. Une même lettre, ayant été souvent conservée à la fois par un certain nombre de copies anciennes ou dans des ouvrages imprimés, se retrouve ainsi dans plusieurs sources. De là un grand nombre de doubles. On a distingué, dans cette table, par le caractère italique, tout ce qui fait double emploi. Ce qui est entre parenthèses, dans l'indication de la date des lettres, ne se trouve point sur les originaux, et a été suppléé par l'éditeur dans le classement chronologique de cette correspondance.

DÉPOTS PUBLICS DE PARIS.

BIBLIOTHEQUE DU ROI.

FONDS BÉTHUNE.

Ms. 8476 : orig. autogr. (17 mai) 1589.

Ms. 8691 : *cop. 3 octobre 1572.*

Ms. 8715 : orig. 22 mars 1578; — orig. 30 juin 1578; — orig. 18 juillet 1578; — orig. 21 août 1578.

Ms. 8733 : orig. 6 février 1571; — orig. 22 octobre 1572; — orig. 22 octobre 1572; — orig. 7 novembre 1572; — orig. 19 novembre 1572.

Ms. 8745 : orig. autogr. 9 juin 1574.

Ms. 8757 : orig. 13 septembre 1570; — orig. autogr. 14 juillet 1576.

Ms. 8766 : orig. 24 janvier 1571; — orig. 6 août 1571; — orig. 20 octobre 1573.

Ms. 8794 : orig. 27 novembre 1581; — orig. autogr. (vers le 20 août 1585).

Ms. 8823 : cop. (avant le 17 septembre 1577).

Ms. 8824 : orig. (mars 1581); — orig. 7 décembre 1583; — orig. 2 février 1585; — orig. 9 février 1585; — orig. 6 avril 1585; — orig. 24 avril 1585.

Ms. 8827 : orig. 20 octobre 1577; — orig. (21 mai 1578); — orig. 17 octobre 1578; — orig. (vers la mi-juillet) 1579.

Ms. 8828 : orig. 6 décembre 1581; — orig. autogr. (commencement d'avril 1583); — orig. autogr. (commencement d'avril 1583); — orig. autogr. (vers le 10 avril 1583); — orig. autogr. (vers la mi-avril 1583); — orig. autogr. (commencement de mai 1583); — orig. autogr. (vers la mi-juin 1583); — orig. autogr. (19 juillet 1583); — orig. autogr. (vers la fin de juillet 1583); — orig. autogr. (vers le commencement d'août 1583); — orig. autogr. (vers le commencement d'août 1583); — orig. autogr. (vers le commencement d'août 1583); — orig. autogr. (vers le commencement d'août 1583); — orig. autogr. 24 août (1583); — orig. autogr. (vers le mois de septembre 1583); — orig. autogr. (vers la fin de septembre 1583); — orig. autogr. (vers la fin de septembre 1583); — orig. autogr. (vers la mi-novembre 1583); — orig. autogr. (vers le 12 décembre 1583); — orig. autogr. (26 décembre 1583); — orig. autogr. (vers la fin de l'année 1583); — orig. autogr. (vers la fin de janvier 1584); — orig. autogr. (10 mai 1584); — orig. autogr. (novembre 1584); — orig. autogr. (novembre 1584); — orig. autogr. (novembre 1584); — orig. autogr. (vers la fin de l'année 1584); — orig. autogr. (vers la fin de l'année 1584); — orig. autogr. (vers le 10 avril 1585); — orig. autogr. (30 mai 1585); — orig. autogr. (vers le 8 juin 1585); — orig. autogr. (15 juin 1585); — orig. autogr. (4 juillet 1585); — orig. autogr. (20 août 1585); — orig. autogr. (1er octobre 1585).

Ms. 8829 : orig. autogr. (vers le 27 septembre 1582).

Ms. 8833 : orig. 21 septembre 1579; — orig. 24 septembre 1579; — orig. 7 octobre 1579; — orig. 19 octobre 1579; — orig. 4 novembre 1579; — orig. 4 novembre 1579; — orig. 26 décembre 1579.

Ms. 8834 : orig. autogr. 16 juin 1576; — orig. autogr. (vers le 26 mars 1578); — orig. autogr. (vers le 7 mai 1578); — orig. autogr. (vers le 20 septembre 1578); — orig. autogr. (fin mars 1579); — orig. autogr. (avril environ, 1579); — orig. autogr. (vers la fin de l'année 1583); — orig. autogr. (24 février 1585).

Ms. 8836 : orig. 13 janvier 1577; — orig. 25 mars 1578.

Ms. 8838 : cop. 1er février 1577.

Ms. 8842 : *cop. 1er février 1577.*

Ms. 8844 : orig. 14 mars 1578.

Ms. 8845 : orig. (juillet 1578); — orig. (juillet 1578).

Ms. 8847 : orig. autogr. 19 novembre 1572; — orig. autogr. 12 mai 1580; — orig. autogr. (avant le 23 septembre 1582.)

Ms. 8848 : orig. 1er septembre 1578; — orig. 28 février 1579; — orig. 6 mars 1579; — orig. 20 avril 1579; — orig. 30 avril 1579; orig. 30 avril 1579; — orig. 8 mai 1579.

Ms. 8853 : orig. 8 mars 1584.

Ms. 8854 : orig. 10 novembre 1582; — orig. 4 mars 1583; — orig. 6 mars 1583; — orig. 8 mars 1583; — orig. 12 mars 1583; — orig. 16 mars 1583; — orig. 27 mars 1583; — orig. 12 avril 1583; — orig. 23 avril 1583; — orig. 28 avril 1583; — orig. 28 avril 1583.

SOURCES DE LA Ire PÉRIODE.

Ms. 8857 : orig. 12 novembre 1581 ; — orig. 23 novembre 1581 ; — orig. 1er décembre 1581 ; — orig. 2 décembre 1581 ; — orig. 4 décembre 1581 ; — orig. 27 décembre 1581 ; — orig. 6 juin 1585.

Ms. 8859 : orig. 29 novembre 1581 ; — orig. 28 juin 1584 ; — orig. 6 août 1584 ; — orig. 22 février 1585 ; — orig. 8 avril 1585 ; — orig. 19 avril 1585 ; — orig. 2 mai 1585 ; orig. 6 juin 1585.

Ms. 8860 : orig. 3 juin 1583 ; — orig. 19 juin 1583 ; — orig. 22 juin 1583 ; — orig. juin 1583 ; — orig. 15 juillet 1583 ; — orig. 17 juillet 1583 ; — orig. 19 juillet 1583 ; — orig. 28 juillet 1583 ; — orig. 4 août 1583 ; — orig. 5 août 1583 ; — orig. 5 août 1583 ; — orig. 24 novembre 1583 ; — orig. 17 décembre 1583 ; — orig. 19 décembre 1583 ; — orig. 12 mars 1584 ; — orig. 26 mai 1584 ; — orig. 26 mai 1584 ; — orig. 13 juin 1584.

Ms. 8886 : orig. 25 septembre 1576 ; — orig. 6 janvier 1577 ; — orig. 13 janvier 1577 ; — orig. 20 novembre 1577.

Ms. 8887 : orig. 15 août 1576 ; — orig. 6 septembre 1576.

Ms. 8888 : orig. 12 juin 1579 ; — orig. 29 juillet 1579.

Ms. 8890 : orig. (vers le 20 août 1578).

Ms. 8909 : orig. autogr. 21 avril 1582 ; — orig. 21 mai 1587.

Ms. 8914 : orig. 20 décembre 1588.

Ms. 8915 : orig. (janvier 1576) ; — orig. autogr. (vers le mois de juin 1587).

Ms. 8921 : orig. autogr. (fin août 1578) ; — orig autogr. (vers le 10 mars 1586).

Ms. 8948 : *cop. 4 mars 1589.*

Ms. 9101 : cop. 17 avril 1586 ; — cop. 2 novembre 1586.

Ms. 9104 : orig. 17 novembre 1588 ; — orig. (17 novembre 1588).

Ms. 9112 : cop. 16 décembre (1586).

Ms. 9506 : cop. 26 sept. 1582.

Ms. 9534 : orig. autogr. (vers la fin d'octobre 1578).

Ms. 9535 : orig. autogr. (février 1581) ; — orig. autogr. (12 mars 1581).

FONDS DES CINQ-CENTS COLBERT.

Ms. 9 : orig. autogr. (octobre 1584) ; — orig. autogr. (octobre 1584) ; — orig. autogr. (vers le mois de février 1585).

Ms. 16 : cop. (10 juillet 1585) ; — *cop. (10 juillet 1585).*

Ms 401 : orig. autogr. (vers le 25 mars 1583) ; — orig. autogr. (vers la fin de l'année 1583) ; — cop. 8 mai 1585 ; — cop. 8 mai 1585 ; — cop. 10 mai 1585 ; — minute. 10 mai 1585 ; — orig. 10 juin 1585 ; — orig. 8 juillet 1585 ; — orig. 25 juillet 1585 ; — orig. autogr. (11 août 1585) ; — orig. 19 août 1585 ; — orig. 30 août 1585 ; — orig. autogr. (vers le 20 janvier 1586) ; — orig. autogr. (vers la fin de janvier 1586) ; — orig. 29 avril 1586 ; — orig. (11 juin 1586) ; — orig. autogr. (20 septembre 1586) ; — orig. autogr. 28 octobre (1586) ; — cop. 1er septembre (1587).

Ms. 402 : orig. autogr. (vers la mi-mai 1586); — orig. autogr. (vers la mi-juillet 1587); — orig. 2 octobre 1587; — orig. autogr. (vers la mi-novembre 1587); — cop. *29 décembre 1587;* — cop. *29 décembre 1587;* — orig. autogr. (12 mars 1588); — cop. *12 mars 1588;* — orig. autogr. 4 avril 1588; — orig. autogr. (vers la mi-décembre 1588); — orig. autogr. (20 décembre 1588); — orig. autogr. 25 décembre (1588).

FONDS DU PUY.

Ms. 137 : cop. (*21 juillet 1585*).

Ms. 407 : orig. autogr. (avant la mi-juillet 1562); — orig. autogr. (vers la mi-décembre 1576); — orig. autogr. (février 1580); — orig. 25 octobre 1582; — orig. 28 juin 1585; — orig. autogr. (6 juin 1589); — orig. autogr. (7 juin 1589).

FONDS SAINT-GERMAIN-HARLAY.

Ms. 236-16 nouveau : cop. 28 août 1585.

Ms. 329-2 nouveau : cop. 10 février 1580; — orig. 23 mars 1580; — cop. 16 avril 1580.

Ms. 329-3 nouveau : cop. 30 mars 1580.

Ms. 329-4 nouveau : cop. 24 mai 1581. — **Ms.** 329-5, nouveau : — cop. (vers la fin de juin 1581); — orig. 18 septembre 1581; — cop. 29 novembre 1581.

Résidu Saint-Germain. Carton 4 : cop. 3 août 1580.

FONDS BRIENNE.

Ms. 207 : cop. 15 avril 1580; — cop. (*20 avril 1580*).
Ms. 208 : cop. (*8 mai 1585.*)

FONDS LEYDET.

Mémoires mss. sur la vie de Geoffroy de Vivans. N° 1 : cop. 25 mai (1576); — cop. 1er février 1578; — cop. 25 avril 1578; — cop. (vers le 10 mai 1578); — cop. 16 mai 1578; — cop. 12 juin 1578; — cop. 6 mars 1579; — cop. 16 septembre 1579; — cop. 20 janvier 1580; — cop. 4 avril 1580; — cop. 9 juin 1580; — cop. 24 juillet 1580; — cop. (juillet 1580); — cop. (1580); — cop. 22 mai 1581; — cop. 14 octobre 1582; — cop. 31 janvier 1583; — cep. 20 septembre 1583; — cop. 4 janvier 1584; — cop. 17 janvier 1584; — cop. (vers le mois de septembre 1585); — cop. 12 septembre 1585; — cop. 12 février (1586); — cop. 6 mars (1586); — cop. (vers la mi-mars 1586); — cop. (18 mars 1586); — cop. (vers le 20 mars 1586); — cop. (vers le 25 mars 1586); — cop. 2 avril (1586); — cop. 8 avril (1586); — cop. (vers le 8 avril 1586); — cop. (vers le 20 avril 1586); — cop. 4 juin (1586); — cop. (vers le 25 août

SOURCES DE LA Iʳᵉ PÉRIODE.

1586); — cop. 31 janvier 1587; — cop. 14 mars (1587); — cop. 31 mars (1587); — cop. 8 février (1588); — cop. 12 février (1588); — cop. 26 juillet 1588.

Mémoires mss. sur la vie de Geoffroy de Vivans. N° 2 : cop. (24 octobre 1588); — cop. 26 mars (1589).

Liasse II. Histoire ms. de J. Nompar de Caumont, maréchal de la Force : cop. (30 mai 1585); — cop. 19 décembre 1588.

Liasse VI. Extraits des archives des abbayes de Losse et de Peyraux : cop. 3 décembre 1572; — cop. 8 mai 1585.

Liasse VIII. Mémoires sur Bergerac; *cop. 2 septembre 1577.*

SUPPLÉMENT FRANÇAIS.

Ms. 1009-3 : *cop. (avant la mi-juillet 1562); — cop. (janvier 1576); — cop. 1ᵉʳ février 1577; — cop. 23 novembre 1581; — cop. 11 mai 1582; — cop. 25 octobre 1582; — cop. 6 mars 1583; — cop. (29 juillet 1583); — cop. (vers le mois de septembre 1584); — cop. (vers le 5 avril 1585); — cop. (vers le 5 avril 1585); — cop. 8 mai 1585; — cop. 8 mai 1585; — cop. (vers la mi-juin 1585); — cop. (21 juillet 1585); — cop. 11 octobre 1585; — cop. 11 octobre 1585; — cop. (1ᵉʳ décembre 1585); — cop. 1ᵉʳ janvier 1586; — cop. 1ᵉʳ janvier 1586; — cop. 1ᵉʳ janvier 1586; — cop. 1ᵉʳ janvier 1586; — cop. (vers la mi-février 1586); — cop. 17 avril 1586; — cop. (28 juillet 1586); — cop. 16 décembre (1586); — cop. (vers le mois de juin 1587); — cop. 17 novembre 1588; — cop. (17 novembre 1588); — cop. (25 mars 1589); — cop. (mars 1589); — cop. 30 avril 1589; — cop. (17 mai) 1589; — cop. 22 mai 1589.*

Ms. 1009-4 : *cop. 16 juin 1576; — cop. (vers la mi-décembre 1576); — cop. (vers le 26 mars 1578); — cop. (vers le 7 mai 1578); — cop. (vers le 20 septembre 1578); — cop. (fin mars 1579); — cop. (avril environ, 1579); — cop. (février 1580); — cop. 12 mai 1580; — cop. 29 novembre 1581; — cop. 6 décembre 1581; — cop. (avant le 25 septembre 1582); — cop. (vers le 27 septembre 1582); — cop. 21 décembre 1582; — cop. (commencement d'avril 1583); — cop. (commencement d'avril 1583); — cop. (vers le 10 avril 1583); — cop. (vers la mi-avril 1583); — cop. (commencement de mai 1583); — cop. (vers la mi-juin 1583); — cop. (19 juillet 1583); — cop. (29 juillet 1583); — cop. (vers la fin de juillet 1583); — cop. (vers le commencement d'août 1583); — cop. (vers le commencement d'août 1583); — cop. (vers le commencement d'août 1583); — cop. (vers le commencement d'août 1583); — cop. 24 août 1583; — cop. (vers la fin de septembre 1583); — cop. (vers la fin de septembre 1583); — cop. (vers le mois de septembre 1583); — cop. (vers la mi-novembre 1583); — cop. (vers le 12 décembre 1583); — cop. (26 décembre 1583); — cop. (vers la fin de l'année 1583); — cop. (vers la fin de janvier 1584); — cop. (10 mai 1584); — cop. (vers la mi-juin 1584); — cop. 28 juin 1584; — cop. 6 août 1584; — cop. (novembre 1584); — cop. (novembre 1584); — cop. (novembre 1584); — cop. (vers la fin de l'année 1584); — cop. (vers la fin de l'année 1584); — cop. (vers la fin de l'année 1584); — cop. (vers le commencement d'avril 1585); — cop. 8 avril 1585; — cop. (vers* le 10 avril 1585); — cop. 19 avril 1585; — cop. 2 mai 1585; — cop. 17 mai 1585; — cop. (30 mai 1585); — cop. 6 juin 1585; — cop. (vers le 8 juin 1585); — cop. (15 juin 1585); — cop. (4 juillet 1585); — cop. 21 juillet 1585; — cop. (20 août 1585); — cop. (1er octobre 1585); — cop. 1er décembre 1585; — cop. 7 (décembre 1585); — cop. 9 décembre (1585); — cop. 25 (mai 1586); — cop. 17 juin (1586); — cop. 25 juin (1586); — cop. 12 mars (1587); — cop. 8 décembre (1587); — cop. 12 janvier (1588); — cop. 14 janvier (1588); — cop. 22 janvier (1588); — cop. 20 (février 1588); — cop. 23 février (1588); — cop. 1er mars (1588); — cop. 8 mars (1588); — cop. (10 mars 1588); cop. 13 mars (1588); — cop. 15 mars (1588); — cop. 17 mars (1588); — cop. 21 mars (1588); — cop. 21 octobre (1588); — cop. 30 novembre (1588); — cop. 22 décembre (1588); — cop. 1er janvier (1589); — cop. (vers la mi-janvier 1589); — cop. 8 mars (1589); — cop. 18 mars (1589); — cop. 18 mai (1589); — cop. 21 mai (1589); — cop. 24 juin (1589); — cop. 14 juillet (1589).

Ms. 1569 : cop. 3 octobre 1572.

Ms. 1939 : orig. autogr. 15 mai (1589); — orig. autogr. 2 juin (1589); — orig. autogr. 25 juillet (1589); — orig. 1er août (1589).

Ms. 2289-2 : — Cop. 7 (décembre 1585); — cop. 9 décembre (1585); — cop. 25 (mai 1586); — cop. 17 juin (1586); — cop. 25 juin (1586); — cop. (fin d'août 1586); — cop. 12 mars (1587), — cop. 8 décembre (1587); — cop. 12 janvier (1588); — cop. 14 janvier (1588); — cop. 22 janvier (1588); — cop. 20 (février 1588); — cop. 23 février (1588); — cop. 1er mars (1588); — cop. 8 mars (1588); — cop. (10 mars 1588); — cop. 13 mars (1588); — cop. 15 mars (1588); — cop. 17 mars (1588); — cop. 21 mars (1588); — cop. 21 octobre (1588); — cop. 30 novembre (1588); — cop. 22 décembre (1588); — cop. 1er janvier (1589); — cop. (vers la mi-janvier 1589); — cop. 8 mars (1589); — cop. 18 mars (1589); — cop. 18 mai (1589); — cop. 21 mai (1589); — cop. 24 juin (1589); — cop. 14 juillet (1589).

BIBLIOTHÈQUE DE L'ARSENAL.

MANUSCRITS HISTORIQUES.

Ms. 179, t. Ier : orig. autogr. 7 (décembre 1585); — orig. autogr. 9 décembre (1585); — orig. autogr. 25 (mai 1586); — orig. autogr. 17 juin (1586); — orig. autogr. 25 juin (1586); — orig. autogr. 12 mars (1587); — orig. autogr. 8 décembre (1587); — orig. autogr. 12 janvier (1588); — orig. autogr. 14 janvier (1588); — orig. autogr. 22 janvier (1588); — orig. autogr. 20 (février 1588); — orig. autogr. 23 février (1588); — orig. autogr. 1er mars (1588); — orig. autogr. 8 mars (1588); — orig. autogr. (10 mars 1588); — orig. autogr. 13 mars (1588); — orig. autogr. 15 mars (1588); — orig. autogr. 17 mars (1588); — orig. autogr. 21 mars (1588); — orig. autogr. 21 octobre (1588); — orig. autogr. 30 novembre (1588); — orig. autogr. 22 décembre (1588); — orig. autogr. 1er janvier (1589); — orig. autogr. (vers la mi-janvier 1589); — orig. autogr. 8 mars (1589);

SOURCES DE LA Ire PÉRIODE.

— orig. autogr. 18 mars (1589); — orig. autogr. 18 mai (1589); — orig. autogr. 21 mai (1589); — orig. autogr. 24 juin (1589); — orig. autogr. 14 juillet (1589).

RECUEIL D'AUTOGRAPHES DÉTACHÉS.

Orig. 21 septembre 1577; — orig. autogr. (20 avril 1580); — orig. autogr. (20 avril 1580); — orig. autogr. (fin de l'année 1582); — orig. autogr. (vers la mi-mars 1585); — orig. autogr. (10 juillet 1585); — orig. autogr. (21 juillet 1585); — orig. autogr. (vers le commencement de juin 1588).

ARCHIVES DU ROYAUME.

SECTION HISTORIQUE.

Série K, 99-5 : cop. (vers la mi-décembre 1580); — orig. 28 décembre 1580.
Série K, 101-9 : orig. 1er novembre 1580.
Série M, dossier Saint-Ours : orig. 12 décembre 1580; — orig. 2 avril 1582; — orig. autogr. 10 octobre 1585.
Simancas, B. 31-63 : cop. 9 mars 1571.
Simancas, B. 41-179 : orig. autogr. 3 avril 1577.
Simancas, B. 45 : orig. autogr. (6 août 1578).

ARCHIVES DES AFFAIRES ÉTRANGÈRES.

CORRESPONDANCE POLITIQUE.

Ms. France, n° XIX : orig. 5 juillet 1577; — orig. 18 juillet 1578; — orig. (fin février 1580); — orig. (fin mars 1580); — orig. 14 janvier 1583; — orig. (fin d'octobre 1583); — orig. 19 novembre (1583); — orig. 20 avril 1585; — orig. 22 avril 1585; — orig. 30 juin 1585; — orig. 26 octobre 1585; — orig. 20 décembre 1585; — orig. 21 février 1586; — orig. (février 1586); — orig. (vers la fin de mai 1586); — orig. (juillet 1588).

DÉPOTS PUBLICS DES DÉPARTEMENTS.

DÉPARTEMENT DU CANTAL.

ARCHIVES DE LA VILLE DE MAURIAC.

(Envoi de M. Em. Delalo, procureur du Roi, correspondant du ministère de l'Instruction publique.)

Orig. 29 décembre 1583.

DÉPARTEMENT DE LA CHARENTE-INFÉRIEURE.

BIBLIOTHÈQUE DE LA ROCHELLE.

(Envoi de M. le préfet. Transcription de M. L. Delayant, bibliothécaire.)

Mémoires mss. de Baudoyn, membre du corps de ville: cop. 16 juin 1576; — cop. 26 juin 1576; — cop. 28 juin 1577; — *cop. 21 juillet 1585.*

DÉPARTEMENT DE LA DORDOGNE.

ARCHIVES DU DÉPARTEMENT.

(Envoi de M. J. de Mourcin, conseiller de préfecture, correspondant du ministère de l'Instruction publique.)

Orig. 21 juillet 1577; — orig. 2 sept. 1577; — orig. 27 décembre 1577; — orig. avril 1578; — orig. 16 mai 1578; — orig. 5 février 1582; — orig. 23 février 1582; — orig. 18 décembre 1588; — orig. 16 mai 1589.

DÉPARTEMENT D'EURE-ET-LOIR.

ARCHIVES DU DÉPARTEMENT.

(Envoi de M. Doublet de Boisthibault, correspondant du ministère de l'Instruction publique.)

Cop. 10 août 1578.

DÉPARTEMENT DU GARD.

ARCHIVES DE LA VILLE DE NÎMES.

(Envoi de M. le préfet. Transcription de M. H. Rivoire.)

Recueil intitulé *Troubles du Royaume*, tome II : orig. 12 novembre 1587.

DÉPARTEMENT DE LA HAUTE-GARONNE.

ARCHIVES DU DÉPARTEMENT.

(Envoi de M. Belhomme, conservateur des archives du département, correspondant du ministère de l'Instruction publique.)

Orig. 3 décembre 1581.

ARCHIVES DE LA VILLE DE TOULOUSE.

Envoi de M. Belhomme, conservateur des archives du département, correspondant du ministère de l'Instruction publique.)

Orig. 4 novembre 1577.

SOURCES DE LA Iʳᵉ PÉRIODE.

BIBLIOTHÈQUE DE TOULOUSE.

(Envoi de M. le maire. Transcription de M. Laburthe, conservateur de la bibliothèque de la ville, dite *du Collège royal*.)

Recueil de pièces manuscrites sur la Ligue: orig. 18 septembre 1577; — orig. autogr. 22 septembre 1577.

DÉPARTEMENT DE LA GIRONDE.

ARCHIVES DE LA VILLE DE BORDEAUX.

(Envoi de M. Reyher, secrétaire général de la ville.)

Orig. 24 mars 1573; — orig. 29 juin 1576; — orig. 6 octobre 1576; — orig. 31 octobre 1576; — orig. 13 janvier 1581; — orig. 2 mai 1581; — orig. 3 avril 1585; — orig. 30 avril 1585; — orig. 17 mai 1589.

DÉPARTEMENT DE L'HÉRAULT.

BIBLIOTHÈQUE DE LA FACULTÉ DE MÉDECINE DE MONTPELLIER.

(Envoi de M. Kühnholtz, bibliothécaire de la faculté, correspondant du ministère de l'Instruction publique.)

Collection Guichenon, tome XVII: *cop. (3 septembre 1582)*.

DÉPARTEMENT D'INDRE-ET-LOIRE.

ARCHIVES DU DÉPARTEMENT.
(Envoi de M. le préfet.)

Orig. autogr. 2 novembre (1586); — orig. 1ᵉʳ février 1589; — orig. autogr. (29 avril 1589.)

BIBLIOTHÈQUE DE LA VILLE DE TOURS.
(Envoi de M. le préfet.)

Ancien manuscrit des Carmes, coté M, n° 50. *Lettres historiques*: cop. (3 octobre 1572); — cop. (3 octobre 1572); — cop. (3 octobre 1572); — cop. (3 octobre 1572); — cop. (vers les premiers jours de mai 1579); — cop. (30 juillet 1579); — cop. (30 juillet 1579); — cop. (30 juillet 1579); — cop. (janvier 1580); — cop. (janvier 1580); — cop. (fin janvier 1580); — cop. (vers le 20 septembre 1580); — cop. (commencement de novembre 1580); — cop. (fin novembre 1580); — cop. 4 décembre 1580; — cop. 15 décembre 1580; — cop. 13 janvier 1581; — cop. 1ᵉʳ février 1581; — cop. 8 février 1581; — cop. 10 février 1581; — cop. 24 mai 1581; — cop. 6 juillet 1581; — cop. 12 juillet 1581; — cop. 12 juillet 1581; — cop. (vers la fin de l'année 1581); — cop. 1ᵉʳ juillet

1582; — cop. 1ᵉʳ juillet 1582; — cop. (1ᵉʳ juillet 1582); — cop. 8 juillet 1582; — cop. 3 septembre 1582; — cop. (3 septembre 1582); — cop. (vers la fin d'octobre 1583); — cop. 25 décembre 1583; — cop. (vers la fin de l'année 1583); — cop. (vers la fin de l'année 1583); — cop. (commencement de l'année 1584); — cop. 12 mars 1584; — cop. (vers la fin de juin 1584); — cop. 24 octobre 1584; — cop. (fin de mars 1585); — cop. 10 juin 1585; — cop. (21 juillet 1585); — cop. 21 juillet 1585; — cop. 11 octobre 1585; — cop. 11 octobre 1585; — cop. 1ᵉʳ décembre 1585; — cop. (1ᵉʳ décembre 1585); — cop. (vers la fin de l'année 1585); — cop. 1ᵉʳ janvier 1586; — cop. 1ᵉʳ janvier 1586; — cop. 1ᵉʳ janvier 1586; — cop. 1ᵉʳ janvier 1586; — cop. 20 janvier 1586; — cop. (vers la mi-avril 1586); — cop. 1ᵉʳ janvier 1587; — cop. (15 mars 1587); — cop. 15 mars 1587; — cop. 15 mars 1587; — cop. (vers la fin de mars 1587); — cop. 1ᵉʳ avril 1587; — cop. (1ᵉʳ avril 1587); — cop. (1ᵉʳ avril 1587); — cop. (1ᵉʳ avril 1587); — cop. (vers le mois de juin 1587); — cop. (vers le mois de juin 1587); — cop. (2 octobre 1587); — cop. (vers la mi-octobre 1587); — cop. (vers la fin de mars 1588); cop. — (vers la fin de mars 1588); — cop. (vers la fin de mars 1588); — cop. (vers la fin de mars 1588); — cop. (vers la fin de mai 1588); — cop. (vers la fin de juin 1588); — cop. juillet 1588; — cop. 25 août 1588; — cop. (25 août 1588); — cop. (25 août 1588); — cop. 1ᵉʳ octobre 1588; — cop. (1588); — cop. 1ᵉʳ janvier 1589; — cop (1ᵉʳ janvier 1589); — cop. (1ᵉʳ janvier 1589); — cop. (1ᵉʳ janvier 1589); — cop. 1ᵉʳ janvier 1589; — cop. (1ᵉʳ janvier 1589); — cop. 1ᵉʳ janvier 1589; — cop. 28 janvier 1589.

DÉPARTEMENT DES LANDES.

ARCHIVES DE LA COMMUNE DE CAPBRETON.

(Envoi de M. le préfet.)

Orig. 4 juin 1584.

DÉPARTEMENT DU NORD.

ARCHIVES DU DÉPARTEMENT.

(Envoi de M. Le Glay, conservateur des archives générales du département, correspondant du ministère de l'Instruction publique.)

Minute, 13 avril 1571.

DÉPARTEMENT DES BASSES-PYRÉNÉES.

ARCHIVES DU DÉPARTEMENT.

(Communication de M. le préfet et de M. Camille Jubé de la Pérelle, sous-chef de bureau au ministère de l'Instruction publique.)

Orig. 17 décembre 1579; — orig. 2 mai 1581.

SOURCES DE LA Ire PÉRIODE.

ARCHIVES DE SAINT-PALAIS.
(Envoi de M. Eug. Garay de Monglave.)

Orig. autogr. (fin mars 1580).

DÉPARTEMENT DE TARN-ET-GARONNE.

ARCHIVES DE LA VILLE DE MONTAUBAN.
(Envoi de M. le baron Chaudruc de Crazannes, correspondant de l'Institut et du ministère de l'Instruction publique.)

Orig. 19 mars 1583; — orig. 30 juin 1583; — orig. 19 octobre 1583.

DÉPARTEMENT DE VAUCLUSE.

BIBLIOTHÈQUE DE CARPENTRAS.
(Envoi de M. le préfet. Transcription de M. Olivier Vitalis, bibliothécaire de la ville.)

Mss. de Peyresc, reg. XLI, vol. II: *cop. 8 février 1584;* — *cop. (10 juin 1585).*

ARCHIVES DE FAMILLES ET COLLECTIONS PARTICULIÈRES.

ARCHIVES DE FAMILLE DE M. LE COMTE D'ALISSAC DE VALRÉAS.
(Envoi de M. le préfet de Vaucluse.)

Orig. autogr. (vers la fin d'août 1587).

ARCHIVES DE M. DANDURAIN DE MAULÉON,
MEMBRE DU CONSEIL GÉNÉRAL DU DÉPARTEMENT DES BASSES-PYRÉNÉES.
(Communication de M. le préfet et de M. Camille Jubé de la Pérelle, sous-chef de bureau au ministère de l'Instruction publique.)

Orig. 24 janvier 1575; — orig. 3 juillet 1584.

COLLECTION DE M. AUGUIS,
MEMBRE DE LA CHAMBRE DES DÉPUTÉS.

Cop. 11 juillet 1572; — *cop. 2 mars (1580);* — *cop. 12 mars 1585.*

ARCHIVES DE M. LE BARON DE BATZ.
(Envoi de M. le préfet des Landes.)

Cop. (vers les premiers jours de l'année 1577); — orig. autogr. (vers les premiers jours de l'année 1577); — orig. autogr. (entre le 17 et le 28 octobre 1578); — orig. autogr. (12 mars 1586).

COLLECTION DE M. LE MARQUIS DE BIANCOURT, À PARIS.
(Communication de M. F. Feuillet de Conches.)

Orig. autogr. (6 juillet 1578); — orig. autogr. (janvier 1580); — orig. autogr. (vers la mi-novembre 1581).

ARCHIVES DE M. LE COMTE H. BOUFFARD DE GANDELS.
(Envoi de M. Moquin-Tendon, professeur à la faculté des sciences de Toulouse, correspondant du ministère de l'Instruction publique.)

Orig. 18 juillet 1578; — orig. 17 septembre 1581; — orig. 22 janvier 1582; — orig. 20 avril 1582; — orig. 11 mai 1582; — orig. autogr. 1ᵉʳ octobre 1582; — orig. 17 juin 1585; — orig. 29 juin 1585; — orig. autogr. 12 novembre 1587; — orig. 11 janvier 1588.

ARCHIVES DE M. LE COMTE DE BOURBON-BUSSET, AU CHÂTEAU DE BUSSET (Allier).
(Envoi de M. Chambon, curé de Souvigny, correspondant du ministère de l'Instruction publique.)

Cop. 16 avril 1581; — cop. 20 juin 1582; — cop. 20 juin 1582; — cop. 20 juin 1582; — cop. 12 juillet 1582; — cop. (vers le 20 mai 1584).

ARCHIVES DE LA FAMILLE DE BROCAS, À CARNINE (Lot-et-Garonne).
(Envoi de M. J. F. Samazeuilh, correspondant du ministère de l'Instruction publique.)

Orig. 22 février 1577; — orig. autogr. 30 avril (1580); — orig. 3 janvier 1581; — orig. 17 juillet 1583; — orig. 7 janvier 1584; — orig. 12 janvier 1584; — orig. 24 février 1584.

PAPIERS DE M. LE COMTE DE CASTELLANE, À TOULOUSE.

Orig. autogr. 20 novembre 1576; — orig. 3 juillet 1578; — orig. 10 octobre 1578; — orig. 28 mai 1582.

COLLECTION DE M. DE CAYROL, À COMPIÈGNE.

Orig. autogr. 3 mars (1580).

ARCHIVES DE M. LE COMTE DE CHANALEILLES, À PARIS.

Orig. autogr. (vers le mois de mai 1587).

COLLECTION DE M. CHARON, À PARIS.

Orig. autogr. (1580).

COLLECTION DE M. DE CHASSIRON,
MEMBRE DE LA CHAMBRE DES DÉPUTÉS.

Orig. autogr. (commencement d'avril 1580); — orig. autogr. 1ᵉʳ septembre 1581; — orig. autogr. 28 octobre (1586).

SOURCES DE LA Ire PÉRIODE.

COLLECTION DE M. CINTRAT, À PARIS.
(Communication de M. F. Feuillet de Conches.)

Orig. autogr. (janvier 1580); — orig. autogr. (avril 1585).

COLLECTION DE M. ALEX. CORBY, À PARIS.

Orig. autogr. (avril 1588).

CABINET DE M. DARDEL, À BORDEAUX.
(Communication de M. Gras, archiviste du département de la Gironde.)

Orig. 26 septembre (1562); — orig. 5 mars (1589).

COLLECTION DE M. L. DU BOIS,
EMPLOYÉ AUX ARCHIVES DU ROYAUME.
(Envoi de M. Léon de la Sicotière, correspondant du ministère de l'Instruction publique, à Alençon.)

Orig. 6 février 1576.

ARCHIVES DE M. DURCOT DE PUYTESSON, À PUYTESSON (Vendée).
(Envoi de M. de La Fontenelle de Vaudoré, conseiller à la cour royale de Poitiers, correspondant de l'Institut et du ministère de l'Instruction publique.)

Orig. autogr. 16 septembre (1588); — orig. autogr. (vers le 25 septembre 1588).

ARCHIVES DE FAMILLE DE M. D'ESPALUNGUE, MAIRE DE LOUVIE-JUSSON, ETC. (Basses-Pyrénées).
(Communication de M. Camille Jubé de la Pérelle, sous-chef de bureau au ministère de l'Instruction publique.)

Orig. 7 mai 1565; — orig. 6 mars 1573; — orig. 3 juin 1574.

COLLECTION D'AUTOGRAPHES DE M. F. FEUILLET DE CONCHES, À PARIS.

Orig. autogr. (7 juillet 1568); — orig. autogr. (vers les premiers jours de l'année 1577)[1]; — orig. autogr. (fin juillet 1577); — orig. autogr. (vers le 10 juillet 1579); — orig. autogr. (fin février 1580); — orig. autogr. (10 avril 1580); — orig. autogr. (commencement d'août 1580); — orig. autogr. (vers l'année 1580); — orig. autogr. (vers la mi-novembre 1581); — orig. autogr. (vers le mois de mai 1583); — orig. autogr. (vers le mois de mai 1583); — orig. autogr. (février 1585); — orig. autogr. (10 juillet 1585); — orig. autogr. (juillet, sans indication de jour, 1585); — orig. autogr. (fin juillet 1585); — orig. autogr. 13 décembre (1585); — orig. autogr. 15 décembre (1585); — orig. autogr. (vers la fin de l'année 1585); — orig. autogr. (vers la fin de l'année 1585); — orig. autogr. (vers la fin de décembre 1585); — orig.

---

[1] V. sur cette lettre, t. I, p. 121, not. 2.

autogr. (vers l'année 1585); — orig. autogr. (vers le 10 janvier 1586); — orig. autogr. 4 mai (1586); — orig. autogr. (vers le 25 mai 1586); — orig. autogr. (vers la fin de mai 1586); — orig. autogr. 21 juillet (1586); — orig. autogr. (vers le 25 août 1586); — orig. autogr. 20 septembre 1586; — orig. autogr. 15 octobre (1586); — orig. autogr. (vers le 10 janvier 1587); — orig. autogr. 19 février (1587); — orig. autogr. 23 février (1587); — orig. autogr. (10 avril 1587).

ARCHIVES DE M. LE BARON GASTON DE FLOTTE, À MARSEILLE.

Cop. (vers la mi-avril 1577); — *cop. 18 juillet 1579* ; — cop. (fin de février 1580); — *cop. (fin de mars 1580)*; — *cop. 14 janvier 1583* ; — *cop. (fin d'octobre 1583)*; — *cop. 20 avril 1585*; — *cop. 30 juin 1585*; — *cop. 26 octobre 1585*; — cop. (vers le commencement de l'année 1586); — cop. (vers le 25 janvier 1586); — cop. (vers la fin de janvier 1586); — *cop. 21 février 1586*; — cop. (*vers la fin de mai 1586*); — cop. (vers la mi-août 1586); — cop. (vers le 25 juin 1588); — cop. (mars 1589).

ARCHIVES DE LA FAMILLE FORGET DE FRESNES, À PARIS.

(Communication de M. le chevalier Artaud de Montor, membre de l'Institut.)

Orig. 23 février (1576); — orig. 12 avril 1576; — orig. 13 septembre 1576; — orig. 12 octobre 1576; — orig. 6 mars 1578; — orig. 29 mai 1578; — orig. 6 juillet 1578; — orig. 23 septembre 1578; — orig. 18 décembre 1578; — orig. 2 février 1579; — orig. 10 février 1579; — orig. 12 février 1579; — orig. 5 mars 1579; — orig. 24 mars 1579; — orig. 16 avril 1579; — orig. 9 juin 1579; — orig. 13 septembre 1579; — orig. 7 octobre 1579; — orig. 4 décembre 1579; — orig. 31 décembre 1579; — orig. 27 janvier 1580; — orig. 30 mai 1582; — orig. 20 août 1582; — orig. 1er février 1583; — orig. (vers la fin d'octobre 1583).

ARCHIVES DE M. DE FORTISSON.

(Communication de M. Camille Jubé de la Pérelle, sous-chef de bureau au ministère de l'Instruction publique.)

Orig. 31 janvier 1581; — orig. 16 décembre 1584; — orig. 9 septembre 1588.

CABINET DE M. LE VICOMTE DE LA GÉNETIÈRE, À PARIS.

Orig. 1er décembre 1585; — orig. autogr. (vers le mois de juin 1586.

COLLECTION DE M. LE BARON DE GIRARDOT,

CONSEILLER DE PRÉFECTURE DU DÉPARTEMENT DU CHER, CORRESPONDANT DU MINISTÈRE DE L'INSTRUCTION PUBLIQUE.

Orig. 29 juillet 1575.

SOURCES DE LA Ire PÉRIODE.

ARCHIVES DE M. LE MARQUIS DE LA GRANGE, À PARIS.

Orig. 2 juillet 1571; — orig. 25 juillet 1571; — orig. 7 décembre 1571; — orig. 20 décembre 1571; — cop. (vers le mois de septembre 1585); — cop. (vers le 25 octobre 1586); — cop. 19 décembre 1588.

ARCHIVES DE M. LE VICOMTE DE GOURGUES, À LANQUAIS (Dordogne).

Orig. autogr. février (1586).

ARCHIVES DE FEU M. LE DUC DE GRAMONT-CADEROUSSE.
(Communication de M. Bourdillon. Envoi de M. le préfet de Vaucluse.)

Orig. autogr. (vers la fin d'août 1587); — orig. 31 janvier 1588.

ARCHIVES DE M. LE COMTE D'HOUDETOT, À PARIS.

Orig. autogr. (vers la mi-juin 1586).

ARCHIVES DE M. H. DE JAY, COMTE DE BEAUFORT.
(Envoi de M. de Mourcin, conseiller de préfecture du département de la Dordogne.)

Orig. 21 mars 1589.

PAPIERS DE MADAME LA COMTESSE JOLY DE FLEURY, À PARIS.
(Communication de M. F. Feuillet de Conches.)

Orig. 13 septembre 1570.

COLLECTION DE M. LEBERT, PEINTRE, À COLMAR.
(Envoi de M. Duvernois, correspondant du ministère de l'Instruction publique, à Besançon.)

Orig. autogr. 8 mars (1589).

COLLECTION DE M. LEFÈVRE, LIBRAIRE, À PARIS.
(Communication de M. Monmerqué, membre de l'Institut.)

Orig. autogr. 8 mai 1589.

COLLECTION DE M. LIBRI, MEMBRE DE L'INSTITUT.

Orig. autogr. (vers le commencement de juillet 1581); — orig. autogr. (vers le commencement de novembre 1581); — orig. autogr. (vers la mi-août 1585); — orig. 30 décembre 1586.

ARCHIVES DE M. LE COMTE ERNEST DE LUBERSAC, À PARIS.

Orig. autogr. (vers le 10 avril 1587).

COLLECTION DE M. LUCAS DE MONTIGNY,

MEMBRE DU CONSEIL DE PRÉFECTURE DE LA SEINE.

Orig. 13 février 1576.

ARCHIVES DE LA FAMILLE DE LURBE-LAAS.

(Communication de M. Camille Jubé de la Pérelle, sous-chef de bureau au ministère de l'Instruction publique.)

Orig. 8 novembre 1577.

ARCHIVES DE LA FAMILLE DE MALET.

(Communication de M. le marquis Olivier de Malet et de M. le marquis Albert de Malet.)

Orig. autogr. (vers le 10 avril 1580).

ARCHIVES DE LA FAMILLE DE MARION, À CASTELNAUDARY.

(Envoi de M. le baron A. Guiraud, membre de l'Académie française, et de M. Moquin-Tendon, professeur de la faculté des sciences de Toulouse, correspondant du ministère de l'Instruction publique.)

Orig. 29 novembre 1581; — orig. 24 juin 1584; — orig. 29 août 1584; — orig. 29 novembre 1584.

ARCHIVES DE M. LE COMTE H. C. DE MESLON, À RAUZAN.

(Envoi de M. Ferdinand Leroy, correspondant du ministère de l'Instruction publique, alors secrétaire général du département de la Gironde, aujourd'hui préfet de l'Indre. Transcription de M. Gras, archiviste du département de la Gironde.)

Orig. 11 avril 1576; — orig. 15 avril 1576; — orig. 14 juin 1577; — orig. 6 septembre 1577; — orig. (commencement de novembre 1578); — orig. (commencement de novembre 1578); — orig. 6 décembre 1578; — orig. 11 septembre 1579; — orig. autogr. (vers la fin de mars 1580); — orig. autogr. (vers le 10 juin 1580); — orig. 15 juin 1580; — orig. autogr. 15 juin 1580; — orig. 18 juin 1580; — orig. 19 juillet (1580); — orig. 23 juillet 1580; — orig. 25 juillet 1580; — orig. 26 juillet 1580; — orig. autogr. fin juillet (1580); — orig. (8 août 1580); — orig. 13 août 1580; — orig. 25 octobre 1580; — orig. 2 novembre 1580; — orig. 8 novembre 1580; — orig. 16 novembre 1580; — orig. autogr. (vers le 16 novembre 1580); — orig. 25 novembre 1580; — orig. 27 novembre 1580; — orig. 8 décembre 1580; — orig. 28 décembre 1580; — orig. 5 janvier 1581; — orig. 9 janvier 1581; — orig. 3 juin 1581; — orig. 15 juillet 1581; — orig. 2 août 1581; — orig. 9 août 1581; — orig. 13 août 1581; — orig. 13 août 1581; — orig. 27 novembre 1581; — orig. 25 décembre 1581; — orig. 10 mars 1582; — orig. 8 avril 1582; — orig. 4 mai 1582; — orig. 21 mai 1582; — orig. novembre 1582; — orig. 26 décembre 1582; — orig. autogr. (20 juillet 1583); — orig. (18 décembre 1583); — orig. 23 mars 1584; —

orig. 31 mars 1584; — orig. 4 avril 1585; — orig. 27 mai 1585; — orig. 13 juin 1585; — orig. 1ᵉʳ juillet 1585; — orig. 4 juillet 1585; — orig. 9 juillet 1585; — orig. 29 novembre 1585; — orig. 29 novembre 1585; — orig. autogr. (vers la mi-avril 1586); — orig. autogr. 25 juin (1586); — orig. autogr. 13 juillet 1587; — orig. autogr. 20 décembre.

PAPIERS DE M. MAUGARS-RIOTTEAU, AU CHÂTEAU DE SANCÉ (Maine-et-Loire).
(Envoi de M. Godard-Faultrier, correspondant du ministère de l'Instruction publique.)

Orig. 13 mai 1588.

ARCHIVES DE LA MAISON DE MONTESQUIOU-FEZENZAC.
(Communication de M. le général comte Anatole de Montesquiou, pair de France, chevalier d'honneur de la Reine.)

Orig. autogr. (fin d'octobre 1579); — orig. 1ᵉʳ avril 1583; — orig. (vers la mi-décembre 1588).

ARCHIVES DE LA MAISON DE NOÉ, À PARIS.
(Communication de M. le comte de Noé, pair de France.)

Orig. autogr. (vers la fin de mars 1580).

PAPIERS DE M. PALYART, À LA POULTIÈRE, PRÈS CONCHES (Eure).
(Communication de M. Jules Deville.)

Orig. autogr. (1575).

ARCHIVES DE M. LE VICOMTE DE PANAT,
MEMBRE DE LA CHAMBRE DES DÉPUTÉS.

Orig. autogr. (vers les premiers jours de juillet 1578); — orig. 13 juillet 1578; — orig. 19 janvier 1582; — orig. 8 novembre 1585; — orig. 17 janvier 1586; — orig. autogr. 15 mars 1586; — orig. 4 septembre 1588; — orig. 13 décembre 1588.

COLLECTION DE M. C. L. F. PANCKOUCKE, À PARIS.

Orig. 25 janvier 1585.

ARCHIVES DU CHÂTEAU DE POYANNE.
(Communication de M. le baron Méchin.)

Orig. 10 septembre 1585; — orig. 22 mai 1589; — orig. 23 mai 1589.

ARCHIVES DE MADAME DE PREISSAC-LYONSEL, À PAU.
(Communication de M. Eug. Garay de Montglave.)

Orig. 8 avril 1589; — orig. autogr. (vers le 20 avril 1589).

SOURCES DE LA Ire PERIODE.

COLLECTION DU PROFESSEUR P. PREVOST, À GENÈVE.

(Communication de M. G. Prevost; transcription de M. L. Sordet, archiviste de Genève).

Orig. 23 décembre 1582.

ARCHIVES DE M. LE VICOMTE DE PUYSÉGUR, À RABASTENS (Tarn).

(Envoi de M. G. de Clausade, correspondant du ministère de l'Instruction publique.)

Cop. 7 mai 1578; — cop. 10 décembre 1583; — cop. 27 avril 1585.

ARCHIVES DE M. DE RABAR, À LIBOURNE.

(Envoi de M. Ferdinand Leroy, correspondant du ministère de l'Instruction publique, alors secrétaire général du département de la Gironde, aujourd'hui préfet de l'Indre. Transcription de M. Gras, archiviste du département de la Gironde.)

Orig. 12 avril 1588.

ARCHIVES DE M. LE GÉNÉRAL DE LA ROCHE (DU GERS).

(Communication de M. Camille Jubé de la Pérelle, sous-chef de bureau au ministère de l'Instruction publique.)

Orig. 2 août 1576; — orig. 4 août 1576; — orig. 9 août 1576.

COLLECTION DE M. DE SAINT-THOMAS, À LYON.

(Envoi de M. le préfet.)

Orig. 24 juin 1584.

ARCHIVES DE M. LE BARON DE SCORBIAC, À MONTAUBAN.

(Envoi de M. G. de Clausade, correspondant du ministère de l'Instruction publique.)

Orig. 26 juin 1573; — orig. 12 janvier 1578; — orig. 23 octobre 1578; — orig. 16 novembre 1578; — orig. 9 décembre 1578; — orig. 9 avril 1579; — orig. 20 avril 1579; — orig. 11 mai 1579; — orig. 11 mai 1579; — orig. 1er juin 1579; — orig. 30 septembre 1579; — orig. 30 septembre 1579; — orig. 16 octobre 1579; — orig. 19 novembre 1579; — orig. 20 décembre 1579; — orig. avril 1580; — orig. 9 mai 1580; — orig. 1er juin 1580; — orig. 6 juin 1580; — orig. 3 septembre 1580; — orig. 11 septembre 1580; — orig. 17 février 1581; — orig. 30 juillet 1581; — orig. 1er octobre 1581; — orig. 23 octobre 1581; — orig. 10 janvier 1582; — orig. 27 janvier 1582; — orig. 5 février 1582; — orig. 23 février 1582; — orig. 19 mars 1582; — orig. 4 avril 1582; — orig. 10 mai 1582; — orig. 28 octobre 1582; — orig. 14 novembre 1582; — orig. 6 décembre 1582; — orig. 26 mars 1583; — orig. 5 mai 1583; — orig. 18 août 1583; — orig. 5 octobre 1583; — orig. 14 décembre 1583; — orig. 14 décembre 1583; — orig. 20 décembre 1583; — orig. 12 janvier 1584; — orig.

SOURCES DE LA Iʳᵉ PÉRIODE.

11 février 1584; — orig. 14 février 1584; — orig. 15 février 1584; — orig. 20 février 1584; — orig. 26 février 1584; — orig. février 1584; — orig. 18 mars 1584; — orig. 8 avril 1584; — orig. 13 juillet 1584; — orig. 23 août 1584; — orig. 24 août 1584; — orig. 24 août 1584; — orig. 18 novembre 1584; — orig. 2 février 1585; — orig. 6 février 1585; — orig. 4 avril 1585; — orig. 28 octobre 1585; — orig. 11 novembre 1585; — orig. autogr. (vers le 22 décembre 1585); — cop. 2 février 1586; — orig. 24 février 1586; — cop. 27 mars 1586; — orig. 24 août 1586; — cop. 24 août 1586; — orig. 27 décembre 1586; — orig. 31 décembre 1586; — cop. 7 mai 1586; — cop. 26 mai 1586; — cop. 23 septembre 1586; — orig. 23 septembre 1586; — orig. 14 janvier 1587; — cop. 2 février 1587; — cop. 21 février 1587; — cop. 18 mars 1587; — cop. 24 juillet 1587; — cop. 12 décembre 1587; — orig. 12 février 1588; — orig. 11 mars 1588; — cop. 2 avril 1588; — cop. 5 mai 1588; — cop. 7 mai 1588; — cop. 21 mai 1588; — cop. 30 mai 1588; — cop. 30 mai (1588); — cop. 31 mai 1588; — orig. 1ᵉʳ août 1588; — orig. 15 mars 1588; — orig. 31 mai 1588; — cop. 3 juin 1588; — cop. 18 juin 1588; — orig. 10 juillet 1588; — cop. 27 juillet 1588; — orig. 19 décembre 1588; — cop. 13 décembre 1588; — cop. 14 décembre 1588; — cop. 16 décembre 1588; — orig. autogr. (1588); — cop. 20 janvier 1589; — orig. 5 avril 1589.

ARCHIVES DE M. LE MARQUIS DE SENÉGAS, À CASTRAIS (Tarn).

(Envoi de M Belhomme, conservateur des archives du département de la Haute-Garonne, correspondant du ministère de l'Instruction publique.)

Orig. 3 mai 1579.

COLLECTION DE M. L'ABBÉ SENTIS,
BIBLIOTHÉCAIRE DU GRAND SÉMINAIRE D'AUCH.

Orig. 23 janvier 1577; — orig. 14 août 1586.

ARCHIVES DE M. DE TREIGNAN, AU CHÂTEAU DE TREIGNAN (Basses-Pyrénées).

(Communication de M. Camille Jubé de la Pérelle, sous-chef de bureau au ministère de l'Instruction publique.)

Orig. 18 août 1576; — orig. 13 septembre 1576; — orig. 22 décembre 1576.

COLLECTION DE M. LE MARQUIS LAYAC DE VANDOEUVRE, AU MANS.

(Envoi de M. Lecointre-Dupont, président de la Société des antiquaires de l'Ouest, à Poitiers.)

Cop. 7 août 1586.

COLLECTION DE M. VIDAL, PROCUREUR DU ROI À ORTHEZ.

(Envoi de M. le préfet des Basses-Pyrénées.)

Orig. 15 juin 1586.

COMMUNICATION DIRECTE DE M. VILLEMAIN,
MINISTRE SECRÉTAIRE D'ÉTAT DE L'INSTRUCTION PUBLIQUE.

Orig. autogr. 25 octobre 1588.

ARCHIVES DE M. LE MARQUIS DE VILLENEUVE-TRANS,
MEMBRE DE L'INSTITUT.

Orig. 31 juillet 1584.

ARCHIVES DE M. LE BARON D'UHART.
(Communication de M. le préfet des Basses-Pyrénées et de M. Camille Jubé de la Pérelle, sous-chef de bureau au ministère de l'Instruction publique.)

Orig. 14 octobre 1578.

ARCHIVES DE LA FAMILLE DE WATTEVILLE.
(Envoi de M. le comte Reinhard, ministre de France en Suisse, et de M. de Watteville-Frisching.)

Orig. autogr. (vers le 20 mars 1588); — orig. autogr. (vers la fin de mars 1588).

ARCHIVES DU CHÂTEAU DE WUFFLENS (canton de Vaud).
(Envoi de M. Duvernois, correspondant du ministère de l'Instruction publique, à Besançon.)

Orig. 1er février 1587; — orig. 24 mai 1588.

ARCHIVES ET BIBLIOTHÈQUES ÉTRANGÈRES.

Angleterre.

MUSÉE BRITANNIQUE A LONDRES.
(Envoi de M. l'ambassadeur de France.)

BIBLIOTHÈQUE COTTONIENNE.

Orig. autogr. 9 juillet 1589.

BIBLIOTHÈQUE HARLÉIENNE.

Orig. 12 mars 1585; — orig. autogr. (vers la fin de juin 1586.)

BIBLIOTHÈQUE LANSDOWNE.

Orig. 23 juillet 1583; — orig. autogr. (fin de l'année 1583); *cop. 10 juin 1585;* — *cop. 11 octobre 1585;* — *cop. 11 octobre 1585;* — orig. 14 décembre 1587; — orig. 15 janvier 1588; — orig. autogr. (15 août 1588).

SOURCES DE LA Iʳᵉ PÉRIODE.

AUTRES FONDS SANS DÉSIGNATION.

Orig. autogr. (avril 1584); — orig. 20 juillet 1587; — orig. 31 juillet ou 3 août 1587; — orig. 13 mai 1589; — orig. 14 mai 1589.

BIBLIOTHÈQUE DE M. L'ARCHEVÊQUE DE CANTORBERY.

(Envoi de M. l'ambassadeur de France.)

Orig. autogr. 17 juillet (1586); — orig. 17 novembre 1586.

Autriche.
ARCHIVES IMPÉRIALES DE VIENNE.

(Envoi de M. Michelan, ancien magistrat.)

Orig. autogr. (vers le 12 janvier 1587).

Brunswick.
ARCHIVES DU DUCHÉ DE BRUNSWICK, A WOLFENBÜTTEL.

(Envoi de M. le chargé d'affaires de France en Hanovre.)

Orig. 25 août 1570; — orig. 30 juin 1571; — orig. 15 novembre 1586[1].

Danemark.
ARCHIVES ROYALES DE DANEMARK, A COPENHAGUE.

(Envoi de M. le ministre de France.)

Orig. 31 juillet 1583; — cop. 15 novembre 1586; — *cop. 15 novembre 1586;* — orig. 1ᵉʳ juillet 1587; — orig. 29 décembre 1587.

États de l'Église.
ARCHIVES PONTIFICALES DU VATICAN.

(Envoi de M. l'ambassadeur de France; communication de M. le comte M. Marini, archiviste de la sainte Église romaine.)

Orig. autogr. 3 octobre 1572; — orig. autogr. 20 août 1573; — orig. autogr. 18 décembre 1573; — orig. autogr. 29 juillet 1575.

---

[1] Pour l'indication d'une autre source d'où provient encore cette dernière lettre, voyez t. II, p. 246, not. 1.

Espagne.
ARCHIVES GÉNÉRALES DE SIMANCAS, A MADRID.
(Envoi de M. l'ambassadeur de France.)

Orig. 14 août 1584.

Royaume Lombard-Vénitien.
BIBLIOTHÈQUE AMBROSIENNE, A MILAN.
(Envoi de M. le consul général de France à Milan; communication de M. Catena, préfet de la bibliothèque.)

Ms. D. 460 : *cop. 10 juillet 1585; — cop. 10 juillet 1585; — cop. 21 juillet 1585.*

Russie.
BIBLIOTHÈQUE IMPÉRIALE DE SAINT-PÉTERSBOURG.
(Communiqué, en partie par M. Houat et en partie par M. Allier, correspondant du ministère de l'Instruction publique.)

Ms. 886 : orig. autogr. 29 décembre 1586.

Ms. 887 : orig. autogr. (6 juillet 1578); — orig. autogr. (vers le commencement d'août 1581;) — orig. autogr. (vers le mois de mai 1582); — orig. autogr. (vers la fin de juillet 1582); — orig. autogr. (vers le mois de septembre 1582); — orig. autogr. (21 décembre 1582); — orig. autogr. (vers la fin d'avril 1583); — orig. autogr. (vers le 28 octobre 1583); — orig. autogr. (vers le 29 octobre 1583); — orig. autogr. (vers le 30 octobre 1583); — orig. autogr. (vers la mi-novembre 1583); — orig. autogr. (vers la mi-novembre 1583); — orig. autogr. (vers la fin de l'année 1583).

Ms. 913 : orig. 12 mars 1581; — orig. 12 mars 1581; — orig. 29 mai 1581; — orig. 19 juin 1581; — orig. 17 août 1581; — orig. 15 octobre 1581; — orig. 15 octobre 1581; — orig. 3 novembre 1581; — orig. (vers la fin de l'année) 1581; — orig. 29 juin 1582; — orig. 31 décembre 1583; — orig. 31 décembre 1583; — orig. 8 février 1584; — orig. 24 février 1584; — orig. 10 mai 1584; — orig. 21 mai 1584; — orig. 14 janvier 1585; — orig. autogr. 3 mars 1585; — orig. 1er avril 1585; — orig. (13 avril 1585); — orig. 26 avril 1585; — orig. 26 avril 1585.

Ms. 914 : orig. autogr. (vers la mi-mars 1581); — orig. autogr. (mars 1581); — orig. autogr. (mars 1581); — orig. autogr. (vers la fin de janvier 1583); — orig. autogr. (vers la fin de janvier 1583); — orig. autogr. (vers la fin de l'année 1583); — orig. autogr. (vers la fin de février 1584); — orig. autogr. (10 mai 1584); — orig. autogr. (vers le commencement d'août 1585); — orig. autogr. (vers le commencement d'août 1585); — orig. autogr. (vers le mois de février 1585); — orig. autogr. (vers le mois de février 1585).

Ms. 915 : orig. autogr. 20 juin (1581); — orig. autogr. (vers le commencement d'août 1581); — orig. autogr. (fin de mai 1582); — orig. autogr. (vers le milieu de l'année 1582); — orig. autogr. (vers le 8 février 1584); — orig. autogr. (vers la mi-février 1584); — orig. autogr. (vers la mi-mars 1584); — orig. autogr. (novembre 1584); — orig. autogr. (novembre 1584); — orig. autogr. (13 avril 1585); — orig. autogr. 17 mai 1585.

Sardaigne.

ARCHIVES ROYALES DE SARDAIGNE, A TURIN.

(Envoi de M. l'ambassadeur de France.)

Orig. 31 août 1570; — orig. 22 avril 1571; — orig. 5 octobre 1574; — orig. 15 décembre 1574; — orig. autogr. (fin de l'année 1584); — orig. autogr. (vers le commencement de 1586); — orig. autogr. (1587).

Saxe.

ARCHIVES ROYALES DE SAXE, A DRESDE.

(Envoi de M. le ministre d'état baron Lindenau; copies certifiées par M. F. W. Tittman.)

Orig. (18 juillet 1583); — orig. (vers le 1er février 1584); — orig. 25 juillet 1585; — orig. 25 juillet 1585; — orig. 15 janvier 1587; — orig. 1er juin 1587; — orig. 29 décembre 1587; — orig. 12 mars 1588; — orig. 15 février 1589; — orig. 15 février 1589.

Suisse.

BIBLIOTHÈQUE DE LA VILLE DE BERNE.

(Envoi de M. le ministre de France en Suisse.)

Orig. autogr. 12 février 1589; — orig. autogr. (février 1589).

ARCHIVES DU CANTON DE GENÈVE.

(Communication de M. Rigaud, premier syndic, et de M. Sordet, archiviste.)

Orig. 5 janvier 1570; — orig. 21 août 1578; — orig. 6 mars 1582; — orig. 6 mars 1582; — orig. 23 décembre 1582; — orig. 10 janvier 1583; — orig. 10 janvier 1583; — orig. 4 octobre 1583; — orig. 5 octobre 1583; — orig. 14 mai 1588.

ARCHIVES DU CANTON DE ZURICH.

(Envoi de M. le ministre de France en Suisse; communication de M. Gerold Meyer de Knonau, conservateur des archives.)

Orig. 16 octobre 1576.

Toscane.

ARCHIVES STROZZI, A FLORENCE.

(Envoi de M. le ministre de France à Florence; copie de M. J Molini.)

Cop. 11 octobre 1585; — cop. 11 octobre 1585.

FAC-SIMILE, LITHOGRAPHIES ET OUVRAGES IMPRIMÉS.

Fac-simile gravé par les soins de l'abbé Brizard.

(Vers les premiers jours de l'année 1577.)

Collection lithographiée par les soins de M. le comte de Lasteyrie.

(28 juillet 1586.)

Memoires de l'estat de la France sous Charles neufiesme. 4 vol. in-8°. Meidelbourg, 1578.

10 septembre 1572; —(3 octobre 1572); — 13 avril 1574; — 1er juin 1574.

Histoire de France, enrichie des plus notables occurrances survenues en provinces de l'Europe et pays voisins, soit en paix, soit en guerre, tant pour le fait seculier qu'ecclesiastique, depuis l'an 1550, jusqu'à ces temps [par la Popelinière]. 2 vol. in-fol. 1581.

1er février 1577.

Registre-journal de Henri III, publié d'après le manuscrit autographe de l'Estoile, presque entièrement inédit, par MM. Champollion-Figeac et Aimé Champollion fils. Un volume grand in-8°, en deux parties. Paris, 1837. (Dans la collection Michaud et Poujoulat, 2e série, t. I.)

13 avril 1580.

Declaration du roy de Navarre sur les calomnies publiées contre luy és protestations de ceux de la Ligue qui se sont eslevez en ce Royaume. Ortés, 1585. Petit in-8°.

(10 juin 1585.)

Declaration et protestation du Roy de Navarre, de M. le prince de Condé et de M. le duc de Montmorency, sur la paix faicte avec ceux de la maison de Lorraine, chefs et principaux auteurs de la Ligue, au prejudice de la maison de France. — Plus deux lettres escrites dudit sieur roy de Navarre, l'une à messieurs de la cour de Parlement et l'autre à messieurs de la Sorbonne. — Avec une epistre au Roy par un gentilhomme François. A la Rochelle, jouxte la coppie imprimée à Ortés, 1585. Petit in-8°.

11 octobre 1585; — 11 octobre 1585.

Lettre du Roy de Navarre aux trois Estats de ce Royaume, contenant la declaration dudit seigneur sur les choses advenues en France depuis le 23° jour de decembre 1588. In-8°. Impr. en 1589 (sans indication de lieu).

4 mars 1589.

Henrici Navarr. reg. epistolæ ad Augustum Imperatorem Romanorum ac Reges, Principes et Respublicas Europeas quæ Evangelicæ et Catholicæ apostolicæ dicuntur, de Ecclesia constituenda et controversiis sopiendis. His subjiciuntur Regum, Principum et Rerumpublicarum ad Henricum Navarræ regem responsa nunquam antehac edita. Très-petit in-12. Utrecht, 1679.

15 juillet 1583 : — (18 juillet 1583); — 18 juillet 1583; — 25 juillet 1583; — 31 juillet 1583; — 31 juillet 1583; — 31 juillet 1583; — 18 juillet 1584.

Correspondance politique et militaire de Henri le Grand avec J. Roussat, maire de Langres, relative aux événements qui ont précédé et suivi son avénement au trône, dédiée à Monseigneur le duc de Berry, publiée d'après les originaux appartenant à MM. Guyot de Saint-Michel et de Verseilles, officiers de cavalerie de l'armée de Condé. Un volume in-8°. Paris, 1816.

2 juin 1589.

Mémoires et lettres de Marguerite de Valois. Nouvelle édition, revue sur les manuscrits des bibliothèques du Roi et de l'Arsenal, et publiée par M. F. Guessard, ancien élève de l'École royale des chartes. Un vol. grand in-8° (aux frais de la Société de l'Histoire de France). Paris, 1842.

13 avril 1574.

OEuvres du seigneur de Brantôme, nouvelle édition, considérablement augmentée et accompagnée de remarques historiques et critiques; contenant les vies des dames illustres françoises et étrangères. Tome XIV. La Haye, 1740; in-12.

1ᵉʳ février 1581; — 10 août 1581.

Les memoires de M. le duc de Nevers, prince de Mantoue, pair de France, gouverneur et lieutenant general pour les rois Charles IX, Henry III et Henry IV en diverses provinces de ce royaume. Enrichis de plusieurs pieces du temps. 2 vol. in-fol. Paris, 1665.

1ᵉʳ février 1577.

Memoires de messire Philippes de Mornay, seigneur du Plessis Marli, baron de la Forest sur Sevre, etc. conseiller du Roi en ses conseils d'Estat et privé, capitaine de cent hommes d'armes de ses ordonnances, gouverneur et lieutenant general pour Sa Majesté en la seneschaussée, ville et chasteau de Saumur, etc. contenant divers discours, lettres et depesches par lui dressées ou escrites aux Rois, Roines, princes, princesses, seigneurs et plusieurs grands personnages de la Chrestienté, depuis l'an 1572 jusques à l'an 1609 ; ensemble quelques lettres des susdicts audict sieur du Plessis. 3 vol. in-4°, 1624; et 1 vol. in-8° de suite et supplément, 1651.

23 novembre 1581; — (14 janvier 1582); — 11 mai 1582; — (vers la mi-septembre 1582); — 21 décembre 1582; — 6 mars 1583; — (29 juillet 1583); — (29 juillet 1583) ; — 12 août 1583 ; — 12 janvier 1584 ; — (vers la mi-juin 1584); — (vers le mois de septembre 1584) ; — (fin de l'année 1584); — (fin de mars 1585); — (vers le 5 avril 1585); — (vers le 5 avril 1585); — (*13 avril 1585*); — 8 mai 1585); (vers le — (*8 mai 1585*); — (*8 mai 1585*); — (*17 mai 1585*); — (vers la mi-mai 1585); — (*vers la mi-mai 1585*); — *10 juin 1585*; — (vers la mi-juin 1585); — (*10 juillet 1585*); — *21 juillet 1585*; — (*21 juillet 1585*); — (vers la fin d'août 1585); — *11 octobre 1585*; — *11 octobre 1585*; — *1er décembre 1585*; — (*1er décembre 1585*); — 31 décembre 1585; — (vers le commencement de l'année 1586); — *1er janvier 1586*; — *1er janvier 1586*; — *1er janvier 1586*; — *1er janvier 1586*; — (vers la mi-février 1586); — (vers la mi-février 1586); — (vers le 8) octobre 1587; — *4 mars 1589*; — (25 mars 1589); — (mars 1589); — (30 avril 1589).

Mémoires et correspondance de Duplessis-Mornay. Paris, 1824, in-8°.

Toutes les lettres tirées de l'ancienne édition in-4°, plus une lettre du 31 décembre 1585.

Mémoires de la ligue, contenant les événemens les plus remarquables depuis 1576 jusqu'à la paix accordée entre le Roi de France et le roi d'Espagne en 1598. 6 vol. in-4°. Amsterdam, 1758.

(*10 juillet 1585*); — (*21 juillet 1585*); — *1er janvier 1586*; — *1er janvier 1586*; — *1er janvier 1586*; — *1er janvier 1586*; — *4 mars 1589*; — *22 mai 1589*.

Histoire universelle du sieur d'Aubigné. 3 vol. in-fol. A Maillé, en 1616, 1618 et 1620.

(*30 mai 1585.*).

Histoire de France soubs les regnes de François Ier, Henry II, François II, Charles IX, Henry III, Henry IV, Louis XIII, et des choses les plus memorables advenuës aux autres estats de la Chrestienté depuis cent ans, par feu M. Pierre

Mathieu, conseiller du Roy et historiographe de France. 2 vol. in-fol. Paris, 1631.

4 mars 1589; — 22 mai 1589.

Les memoires de messire Michel de Castelnau, seigneur de la Mauvissiere, illustrez et augmentez de plusieurs commentaires et manuscrits, tant lettres, instructions, traitez, qu'autres pieces secrettes et originales, servans à donner la verité de l'histoire des regnes de François II, Charles IX et Henri III, et de la regence et du gouvernement de Catherine de Medicis, avec les eloges des rois, reines, princes et autres personnes illustres de l'une et de l'autre religion sous ces trois regnes, l'histoire genealogique de la maison de Castelnau et les genealogies de plusieurs maisons illustres alliées à celle de Castelnau, par J. le Laboureur. 3 vol. in-fol. Bruxelles, 1731.

13 avril 1574.

Mémoires authentiques de Jacques Nompar de Caumont, duc de la Force, et de ses deux fils, les marquis de Montpouillan et de Castelnaut, suivis de documents historiques et de correspondances inédites de Jeanne d'Albret, Henri III, Henri IV, etc. publiés, mis en ordre et précédés d'une introduction par le marquis de la Grange. 4 vol. in-8°. Paris, 1843.

(30 mai 1585.)

Décade contenant la vie et gestes de Henry le Grand, roy de France et de Navarre, IIIIe du nom, par Baptiste Legrain. 1 vol. in-fol. Paris, 1614.

21 décembre 1576; — 1er janvier 1577; — 20 octobre 1587.

Vie de Louis de Bourbon, surnommé le Bon, premier duc de Montpensier, par du Bouchet. 1 vol. in-4°. Rouen, 1642.

19 novembre 1572; — 12 mai 1580; — (février 1581).

Histoire du mareschal de Matignon, gouverneur et lieutenant general pour le Roy en Guyenne, avec tout ce qui s'est passé de plus memorable depuis la mort du roy François Ier jusqu'à la fin des guerres civiles, par M. de Cailliere. 1 vol. in-fol. Paris, 1661.

23 octobre 1587; — (vers le 20 mars 1588).

Histoire générale de Languedoc, avec des notes et pièces justificatives, composée sur les auteurs et les titres originaux, et enrichie de divers monuments. Par un religieux de la congrégation de Saint-Maur (dom Vaissète). 5 vol. in-fol. Paris, 1730 à 1745.

17 avril 1577; — 15 juillet 1585.

Recueil de divers mémoires, harangues, remonstrances et lettres, servans à l'histoire de nostre temps [par Jean de Lannel]. 1 vol. in-4°. Paris, 1623.

21 juillet 1585; — 4 mars 1589.

Histoire de Genève, par Jacob Spon, rectifiée et augmentée par Abauzit et Gautier. 2 vol. in-4°. Genève, 1730.

24 mai 1588.

Souvenirs historiques des résidences royales de France, par J. Vatout. Tome V, contenant le palais de Saint-Cloud. In-8°. Paris, 1842.

1er août 1589.

Essai sur les mœurs et l'esprit des nations, par Voltaire.

14 janvier (1588); — 8 mars (1588); — (10 mars 1588); —13 mars (1588); —17 mars (1588); — 30 novembre (1588); — 1er janvier (1589); —18 mai (1589); — 21 mai (1589).

De l'amour de Henri IV pour les lettres (par l'abbé Brizard). Paris, 1786; in-18.

(Vers les premiers jours de l'année 1577.)

Mercure de France, années 1765, 1766, 1768, 1770.

11 juillet 1572; — 24 février (1576); — (26 ou 27) février (1576); — 6 octobre (1576); — 19 août 1578; — 16 (septembre 1578); — 8 février 1579; — 1er février 1580; — 2 mars 1580; — (vers la fin de mars 1580); — 7 janvier 1582; — 29 novembre 1583; — 13 décembre 1583; — 11 juillet 1584; — 10 septembre 1584; — 12 mars 1585; — 7 décembre (1585); — (9 décembre 1585); — 25 (mai 1586); — 17 juin (1586); — 25 juin (1586); — 12 novembre 1586; — 8 décembre (1587); — 12 janvier (1588); — 14 janvier (1588); — 23 février (1588); — 1er mars (1588); — 8 mars (1588); — 10 mars (1588); — 13 mars (1588); — 15 mars (1588); — 21 mars (1588); — 21 octobre (1588); — 30 novembre (1588); — 22 décembre (1588); — 1er janvier (1589); — (vers la mi-janvier 1589); — 1er février 1589; — 8 mars (1589); — 29 avril (1589); — (29 avril 1589); — (6 juin 1589); — (7 juin 1589).

Journal de Verdun, année 1774.

(7 juillet 1568); — (10 avril 1580).

Recueil A. B. C. In-12.

11 octobre 1585; — 11 octobre 1585; — 1er janvier 1586; — 14 juillet 1587; — 4 mars 1589.

Armorial de France, par d'Hozier.

Registre I, 1re partie, art. Harambure : *orig. autogr. 2 novembre (1586); — orig. 1er février 1589; — orig. autogr. (20 avril 1589).*

Histoire généalogique et héraldique des pairs de France, des grands dignitaires de la couronne, des principales familles nobles du royaume, et des maisons princières de l'Europe, précédée de la généalogie de la maison de France, par M. le chevalier de Courcelles. 12 vol. in-4°. Paris, 1822 à 1833.

29 avril (1576); — *19 août 1578;* — *8 février 1579.*

Archives généalogiques, par M. Lainé. 6 vol. in-8°. Paris.

29 avril (1589).

Annuaire de la pairie et de la noblesse de France, et des maisons souveraines de l'Europe, publié sous la direction de M. Borel d'Hauterive. 1 vol. in-8°. Paris, 1843.

(10 avril 1587.)

The Life of Thomas Egerton, lord chancellor of England. 1 vol. in-4° sans indication de lieu ni date d'impression.

8 mai 1585; — *8 mai 1585;* — *10 mai 1585;* — *10 juin 1585;* — *8 juillet 1585;* — *19 août 1585.*

Le Philologue, ou recherches historiques, militaires, géographiques, grammaticales, lexicologiques, d'après Hérodote, Thucydide, Xénophon, Polybe, Strabon, etc. pour servir à l'histoire ancienne. Paris, 1814-1828; par J. B. Gail, tome VI.

3 septembre 1582.

L'Esprit d'Henri IV, ou anecdotes les plus intéressantes, traits sublimes, réparties ingénieuses et quelques lettres de ce prince. In-8°. Paris, 1770.

7 décembre (1585); — *(9 décembre 1585);* — *8 décembre (1587);* — *12 janvier (1588);* — *14 janvier (1588);* — *23 février (1588);* — *1ᵉʳ mars (1588);* — *8 mars (1588);* — *(10 mars 1588);* — *13 mars (1588);* — *15 mars (1588);* — *21 mars (1588);* — *21 octobre (1588);* — *30 novembre (1588);* — *22 décembre (1588);* — *1ᵉʳ janvier (1589);* — *(vers la fin de janvier 1589);* — *8 mars (1589);* — *18 mars (1589);* — *21 mai (1589);* — *14 juillet (1589).*

Lettres inédites d'Henri IV et de plusieurs personnages célèbres, tels que Fléchier, la Rochefoucauld, Voltaire, le comte de Caylus, Anquetil-Duperron, etc. par A. Sérieys. Paris, an x, in-8°.

(Avant la mi-juillet 1562.)

Vie militaire et privée de Henri IV, d'après ses lettres inédites au baron de Batz; celles à Corisandre d'Andouins, à Sully, à Duplessis-Mornay, à Brantôme; ses harangues; son itinéraire; précédée d'une notice sur Corisandre et d'un précis des amours de Henri IV; avec des notes historiques. (Par M. Musset-Pathay.) Paris, an XII, in-8°.

(Entre le 29 juin et le 4 juillet 1576); — (vers la fin de l'année 1576); —(*vers les premiers jours de l'année 1577*); — (*vers les premiers jours de l'année 1577*); — (*entre le 17 et le 28 octobre 1578*), — (31 *mai 1580*); — *1er février 1581*; — *10 août 1581*; — *23 novembre 1581*[1]; — (*14 janvier 1582*); — (*vers le mois de septembre 1584*); — *7 (décembre 1585*); — *9 décembre (1585)*; —(11 *mars 1586*); — (*12 mars 1586*); — *25 (mai 1586)*; — *17 juin (1586)*; — *25 juin (1586)*; — (*fin d'août 1586*); — (2 *novembre 1587*); — *8 décembre (1587)*; — *12 janvier (1588)*; — *14 janvier (1588)*; — *22 janvier (1588)*; — *20 (février 1588)*; — *23 février (1588)*; — *1er mars (1588)*; — *8 mars (1588)*; —(*10 mars 1588*); — *12 mars (1588)*; — *13 mars (1588)*; — *15 mars (1588)*; — *21 mars (1588)*; — *21 octobre (1588)*; — *30 novembre (1588)*; — *22 décembre (1588)*; — *1er janvier (1589)*; — (*vers la mi-janvier 1589*); — *8 mars (1589)*; — *18 mars (1589)*; — *30 avril 1589*; — *18 mai (1589)*; — *21 mai (1589)*; — *24 juin (1589)*; — *14 juillet (1589)*.

Lettres de Henri IV à madame de Grammont, veuve de Philibert, comte de Grammont; à Jean d'Harambure, baron de Picassary; à Jean de Foucauld, seigneur de Lardimalie, avec des lettres de Catherine de France, sœur de Henri IV, à ce seigneur; à Henri III, roi de France; à Joachim de Saint-Georges, seigneur de Verac, à Élisabeth d'Angleterre, et autres personnes distinguées, précédées de réflexions sur Henri IV et d'un parallèle entre ce prince et César. Imprimées pour la première fois en collection, et publiées par N. L. P. (Pissot.) 1 vol. in-12. Paris, 1814.

17 juillet 1572; — *16 (septembre) 1578*; — *8 février 1579*; — *1er février 1580*; — *7 janvier 1582*; — *29 novembre 1583*; — *13 décembre 1583*; — *11 juillet 1584*; — *10 septembre 1584*;—*24 février (1576)*;—(*26 ou 27*) *février (1576)*;—*6 octobre (1576)*; —*19 août 1578*;—*16 (septembre 1578)*; —*8 février 1579*;—*1er février 1580*;—*2 mars (1580)*; — (*vers la fin de mars 1580*); — *7 janvier 1582*; — *13 décembre 1583*; — *11 juillet 1584*; — *10 septembre 1584*; — *12 mars 1585*; — *7 décembre (1585)*; — (*9 décembre 1585*); — *12 novembre (1586)*; — *8 décembre (1587)*; — *12 janvier (1588)*; — *14 janvier (1588)*; — *23 février (1588)*; — *1er mars (1588)*; — *8 mars (1588)*; — *10 mars (1588)*; — *13 mars (1588)*; — *15 mars (1588)*; — *17 mars (1588)*; — *21 mars (1588)*; — *4 avril (1588)*; — *21 octobre (1588)*; — *30 novembre (1588)*; — *22 décembre (1588)*; — *1er janvier (1589)*; — *1er février (1589)*; — *8 mars (1589)*; — *18 mars (1589)*; — *18 mai (1589)*; — *21 mai (1589)*; — *6 juin (1589)*; — *7 juin (1589)*; — *14 juillet (1589)*.

Recueil de lettres de Henri IV, à la suite du Journal militaire de ce prince, par M. le comte de Valori. In-8°. Paris, F. Didot; 1821.

---

[1] La lettre à Duplessis, tome 1er, p. 414.

SOURCES DE LA Ire PÉRIODE.

24 février (1576); — *(26 ou 27) février (1576)*; — *6 octobre (1576)*; — *(28 juillet 1586)*; — *(fin d'août 1586)*; — *12 novembre (1586)*; — *8 décembre (1587)*; — *12 janvier (1588)*; — *14 janvier (1588)*; — *22 janvier (1588)*; — *20 février (1588)*; — *23 février (1588)*; — *1er mars (1588)*; — *8 mars (1588)*; — *10 mars (1588)*; — *12 mars (1588)*; — *13 mars (1588)*; — *15 mars (1588)*; — *17 mars (1588)*; — *21 mars (1588)*; — *21 octobre (1588)*; — *30 novembre (1588)*; — *22 décembre (1588)*; — *1er janvier 1589*; — *(vers la mi-janvier 1589)*; — *1er février 1589*; — *8 mars (1589)*; — *18 mars (1589)*; — *(29 avril 1589)*; — *(17 mai) 1589*; — *18 mai (1589)*; — *21 mai (1589)*; — *2 juin 1589*; — *24 juin (1589)*; — *14 juillet (1589)*; — 15 avril (1589).

Documents historiques relatifs à l'histoire de France, tirés des archives de la ville de Strasbourg, par Ant. de Kentzinger. 1 vol. in-8°. Strasbourg, 1818.

25 décembre 1587; — 20 janvier 1588.

Fastes de Henri IV, surnommé le Grand, contenant l'histoire de la vie de ce prince, ses bons mots, saillies et réparties heureuses; ses correspondances, tant avec ses maîtresses qu'avec ses amis, et les vies de d'Aubigné, Lesdiguières, Mornay, Bassompierre et Crillon. Dédié aux bons Français, par V. Adolphe Revel. 1 vol. in-8°. Paris, 1815.

8 mars (1588); — *(10 mars 1588)*; — *30 novembre (1588)*.

Essais sur l'histoire de la ville de Loudun, par Dumoustier de Lafond. Poitiers, 1778, in-8°.

14 mars 1589.

Notice sur la vie de Henri le Grand (dédiée à Louis XV, et réimprimée à la suite des Amours du grand Alcandre). in-12. Paris, Didot l'aîné, 1786.

17 mai (1589).

Notice historique sur la ville et le canton de Valréas; par Adolphe Aubenas. 1 vol. in-18.

(Vers la fin d'août 1585); — *(vers la fin d'août 1587)*.

Compte-rendu des séances de la commission royale d'histoire de Belgique. Bruxelles, 1841.

(21 décembre 1580.)

GLOSSAIRE

DE QUELQUES MOTS VIEILLIS, DE QUELQUES FORMES INUSITÉES

OU QUE L'ANCIENNE ORTHOGRAPHE REND DIFFICILES A RECONNAITRE.

A

Aage, eage : *âge*.

Abondant (d') : *de plus*.

Abordée (d') : *de prime abord, immédiatement*.

Accoisé : *apaisé*.

Accommodé : *prêt, tout préparé*.

Accomparer : *comparer, mettre en parallèle*.

Accorder : *s'accorder, faire accorder*.

Accourager : *encourager*.

Achapter : *acheter*.

Acheminement : *route, voyage*.

Acheminement des affaires : *train, marche des affaires*.

Acheminer : *mettre en route*.

Actemptat : *attaque à main armée*.

Actempter : *attaquer à main armée*.

Ad : *à*.

Adressans à, adressantes à (lettres) : *lettres adressées à*.

Adresses : *indications, renseignements*.

Adsister : *assister*.

Adventure (par) : *par hasard, peut-être*.

Advisé : *prudent, sage, entendu*.

Ærin : *airain*.

Affaire, affere. — Ce mot est employé le plus souvent au masculin.

Affaire (avoir) : *avoir besoin*.

Affectionneement (adverbe) : *avec affection, avec zèle, ardemment*.

Affectionner : *rendre affectionné, aimer*.

Afferme : *ferme, bail, fermage*.

Aheurt : *achoppement*.

Ahurter (s') : *s'attaquer à*.

Ains : *mais*.

Ainsi (par) : *par conséquent, ainsi*.

Ainsin : *mais*.

Alteration : *trouble, dérangement dans l'État*.

Amé : *aimé*.

Amendement : *amélioration*.

Amender : *améliorer*.

Ammestre : (*chef des métiers*) *titre du chef de l'ancienne république de Strasbourg*.

Anemy : *ennemi*.

Anticiper : *faire assigner l'intimé, en vertu de lettres royaux pour voir statuer sur l'appel*.

Anuy, anuit : *à la nuit, cette nuit*.

Anuy, anhuy : *jusqu'à ce jour, aujourd'hui*.

Appareillé : *préparé, tout disposé, tout équipé*.

Appertement : *ouvertement*.

Approché : *allié, parent, proche*.

Approuver : *faire approuver*.

Arest : *arrestation*.

Armaphroidite, pour *hermaphrodite*.

Arsoir : *hier au soir*.

Assassineur : *assassin*.

Assignation : *mandat, ordre de payement*.

Asture, asteure : *à cette heure, à présent*.

Attant, à tant, atant : *en attendant, alors, et ainsi, cependant*.

Attoucher : *toucher, concerner, regarder*.

Aulcuns, aulcunes : *quelques, quelques-uns, quelques-unes*.

Aultant (pour) : *attendu que*.
Aultant que (d') : *comme*.
Auparavant, employé pour *avant*, comme préposition et comme conjonction.

Avant (par) : *avant, auparavant*.
Avecques : forme plus souvent employée que *avec*.
Avenir : *arriver*.
Avers : *envers, vis-à-vis*.

B

Bagues : *joyaux*.
Bahuts (coffres de) : *coffres, valises*.
Bail des soldats : *prix de l'enrôlement*.
Bailler : *donner*.
Bander : *exciter*.
Bander contre (se) : *se lever, s'insurger contre*.
Benardises, probablement pour renardises : *ruses*.
Besoigner, besongner : *travailler*.
Besongne, pour *besogne*.
Bestal : *bestial, brutal*.
Bien heuré : *satisfait, très-content, très-heureux*.

Bigarrement : pour *bigarrure*.
Bisongne : *nouvelle recrue, jeune soldat*.
Bissac (mettre au) : *réduire à la besace, ruiner*.
Blanc : *blanc-seing*.
Blancs signez : *blancs-seings*.
Bonhomme, *paysan, homme de la campagne*.
Bouche (à) : *de bouche, de vive voix*.
Brandes : *taillis, fourré*.
Brief, briefve : *bref, brève*.
Brief (en) : *en peu de mots*.

C

Ça (en) : *depuis ce moment*.
Cape : *manteau*.
Calompnie : *plainte, accusation*.
Canariz, canariens : *serins, oiseaux des îles Canaries*.
Canonniere : *embrasure pour placer un canon*.
Cantonner à la Suisse (se) : *se former en cantons indépendants*.
Caphard, pour *cafard*.
Capitaines forains : *principaux officiers employés à la perception de la traite foraine*.
Capitoul : *titre des chefs du corps de ville de Toulouse*.
Caresme-prenant : *le mardi-gras*.
Cartier, pour *quartier*.
Ce pendant : *pendant cela*.
Cercher, pour *chercher*.
Cerpe : *serpe*.
Ceste cy, cette ci : *celle-ci*.
Cestuy-cy : *celui-ci*.
Cestuy-là : *celui-là*.
Chamberlan : *chambellan*.
Champs (tenir les) : *tenir la campagne*.
Charge (avoir) : *être chargé de*.
Charge : *mandement*.

Cheoir : *choir, tomber*.
Chere (bonne) : *bonne mine, bon accueil, bonne réception*.
Cheute : *chute*.
Chevaulchée : *voyage, trajet à cheval*.
Chomer (d'une chose) : *manquer d'une chose*.
Choquer : *frapper, heurter*.
Chier : *cher*.
Colliger : *recueillir*.
Colomnelle (enseigne) : *la principale enseigne de l'armée*.
Combien : *quoique, bien que*.
Comme, pour *comment*.
Compaignie, compaignée : *compagnie*.
Compastir : *souffrir ensemble*, dans le sens rigoureux de l'étymologie.
Complaincte : *plainte, réclamation*.
Comporter (se) : *se conduire*.
Comportement : *conduite, actes, actions*.
Composer : *arranger, mettre en ordre, apaiser*.
Composition : *capitulation, traité pour la reddition d'une place*.
Comprins, comprinse : *compris, comprise*.
Comptablie : *bureau où l'on acquitte les droits que les marchandises doivent au Roi*.

GLOSSAIRE.

Comté de Venisse : *comtat Venaissin*, ou *le Comtat.*

Condouloir (se) : *partager la peine, l'affliction, compatir.*

Confidens ; plus confidens amis, serviteurs : *amis, serviteurs qui jouissent de plus de confiance.*

Confort : *assistance, secours.*

Conjoinct : dans le sens adverbial, *conjointement.*

Conjoindre : *unir, joindre.*

Conjoir : *se réjouir avec, partager le plaisir, la satisfaction.*

Conjonction : *union.*

Consolatoire (lettre) : *lettre de consolation.*

Contemplation (en) : *en considération.*

Contempnèment : *mépris.*

Contempteur : *qui méprise.*

Contenir (se) : *rester, demeurer, se comporter, se tenir.*

Contest : *contestation.*

Contrepeser, contrepoiser : *contrebalancer.*

Contrerolle : *contrôle.*

Contrerolleur : *contrôleur.*

Converser : *vivre ensemble.*

Convertir : *tourner.*

Correspondance : *accord, bonne intelligence.*

Corrier, pour *courrier.*

Coulpe : *faute.*

Courre : *courir, poursuivre.*

Courrus à force : *poursuivis à outrance.*

Cousté : *côté.*

Coustumier : *habitué à.* Coustumier du metier de la guerre : *accoutumé au métier de la guerre.*

Coustumier, *percepteur des droits de la coutume.*

Creance : *croyance, foi, confiance.*

Creue : *augmentation, levée, surplus.*

Crimineul : *criminel ;* crimineux, criminels.

Croie : *craie.*

Croton : *cachot, prison souterraine.*

Cucillette : *collecte.*

Cuider : *penser, croire.*

Cuirassine : *petite cuirasse plus souple, propre à être portée sous les vêtements.*

D

Damoiselle : *dénomination employée pour désigner honorablement une fille noble, ou une femme mariée de la noblesse moyenne et de la bourgeoisie.*

Davantage : *de plus.*

Deçà (par) : *de ce côté-ci, par ici.*

Delà (par) : *de ce côté-là, par là.*

Ces locutions sont employées dans les lettres d'alors, de manière que *par deçà* désigne le pays où se trouve la personne qui écrit, et *par delà* le pays où se trouve la personne à qui la lettre est adressée.

Decime : *dixième.*

Decimes : *dîmes.*

Decimal : *qui appartient à la dîme, qui est de la dîme.*

Dedans, employé comme préposition

Dedié (estre) : *être dévoué, consacré, affecté à.*

Dejecter : *précipiter, renverser.*

Dejobeliner : *déniaiser.*

Deliberation : *résolution.*

Deliberer (se) : *se résoudre, prendre une résolution.*

Demeurer : *être en retard.*

Deniers : *argent, somme de toute espèce.*

Departir de (se) : *abandonner, renoncer à.*

Departement : *répartition.*

Departement : *départ.*

Departement (d'une charge) : *ressort d'une charge.*

Depuis (du) : *depuis.*

Derechief, pour *derechef.*

Desadvancement : *le contraire d'avancement, interruption causée par les obstacles qui arrêtent la marche d'une affaire.*

Deschasser : *chasser, poursuivre.*

Desemparer (se) : *se débarrasser.*

Desfaillir : *manquer, faire faute.*

Deslibvrer, pour *délivrer.*

Desmouvoir : *détourner.*

Despartir : *donner, répartir, partir.*

Despendre : *dépenser.*

Desporter (se) : *se conduire.*

Desportement : *conduite, action, sans y joindre une idée de blâme.*

Desroger : *dévier, détourner.*

82.

Desseigner : *projeter.*
Desservice : *mauvais service, action de nuire.*
Dessus; employé comme préposition.
Deub, deu, pour *dû.*
Debvoir : *devoir,* verbe et substantif.
Devant que : *avant que.*
Devers : *vers, auprès.*
Devot : *dévoué.*
Devotieus : *dévoué.*
Devotion : *dévouement.*
Dextrement : *adroitement, habilement.*

Disconvenue : *détresse.*
Dissipation : *destruction, ruine, morcellement.*
Distraction : *division, morcellement.*
Divertir : *détourner, empêcher, faire obstacle à.*
Doint : pour *qu'il ou qu'elle donne,* subjonctif du verbe *donner.*
Doleur : *douleur.*
Doloir, douloir : *plaindre.*
Domestiquer (se) : *s'apprivoiser, s'assouplir.*
Doncques, pour *donc.*
Droit, droict : *sincère, franc.*

E

Ellabourer, elabourer : *travailler.*
Embesoigné à : *occupé à.*
Empecher (s') : *s'embarrasser.*
Enaigrir : *aigrir.*
Encliner : *incliner.*
Encommencer : *commencer.*
Endroit : *circonstance;* à l'endroit : *envers, auprès;* à vostre endroit : *envers vous;* en mon endroit : *à mon égard;* en vostre endroit : *de votre côté, à votre égard;* en son endroit : *auprès de lui, ou d'elle;* à cest endroit : *au sujet;* en l'endroit : *au sujet.*
Enfin : *à la fin.*
Engarder : *empêcher.*
Engraver (laisser trop engraver une mauvaise impression) : *laisser une impression fâcheuse trop pénétrer dans les esprits.*
Enjobeliné : *devenu sot.*
Ennuy : *peine, chagrin.*
Ennuyer : *chagriner, causer une peine vive.*
Ensallir : *salir.*
Ensemble : *en même temps, aussitôt.*
Ensemblement : *ensemble.*
Ensuyvre : *suivre.*
Entremettre : *mêler à, faire entrer.*
Entrentendre (s') : *s'entendre.*
Entreprendre : *attaquer.*
Entrepreneur : *auteur d'une expédition, d'une entreprise à main armée.*

Entreprins : *entrepris.*
Entreprinse : *entreprise, attaque.*
Entretenement : *entretien.*
Envers : *auprès, près de.*
Envieillir : *vieillir.*
Envoy (je m'), pour *je m'en vais.*
Es, ez : *dans.*
Esclarcir : *éclaircir.*
Esglises (les), pour *les églises réformées.*
Esjouir (s') : *se réjouir.*
Eslection : *tribunal inférieur qui jugeait les différents en matière d'impôts.*
Esleu ou eslu (l') : *juge du tribunal appelé* élection.
Esloigner, esloingner : *éloigner.*
Especial : *spécial;* especialement : *spécialement.*
Esquade, pour *escouade.*
Estat : *chargé.*
Estat (faire) : *compter sur.*
Estimateur : *appréciateur, qui apprécie.*
Estranger, verbe : *rendre étranger, éloigner.*
Estrangier : *étranger.*
Estreinct, estreincte : *resserré, resserrée.*
Estrieu : *étrier.*
Ethnique : *païen.*
Exprés en ses termes : *clair et précis.*
Extraict (dont je suis) : *dont je suis sorti, dont je tire mon extraction.*

F

Faire des gens de pied : *enrôler, former une compagnie de gens de pied.*

Fasce (planter la fasce de la paix) : *planter les insignes de la paix.*

GLOSSAIRE.

Faulce, faulse : *fausse*.
Favorir : *favoriser*.
Feal : *fidèle*.
Feintyse : *feinte*.
Fere : *faire* ; feis : *fis* ; feist : *fit* ; qu'il face : *qu'il fasse*.
Fermeté : *solidité, affermissement*.
Fiance : *confiance, foi*.
Fidejusseur : *caution, garant*.

Forcement de femme : *viol*.
Fornir : *fournir*.
Fors, forz : *priviléges, coutumes*.
Fors : *à l'exception de, hormis*.
Foule, foulle : *oppression, vexation*.
Fourche (traiter à la) : *traiter rudement, sans ménagement*.
Fracteur : *infracteur*.

G

Galios : *galions, navires espagnols*.
Garboil : *grabuge*.
Garde-noble : *tutelle des enfants nobles*.
Garder de (se) : *se dispenser de*.
Garniement : *garnement*.
Garnir (de pouvoirs) : *munir de pouvoirs*.
Gehenne : *peine, tourment* ; mettre à la gehenne : *mettre à la question*.
General des aides, des finances : *trésorier des aides, des finances*.
Generalité : *étendue de la juridiction d'un trésorier de France*.

Generosité : *courage*.
Genouil : *genou*.
Goujat : *valet d'armée*.
Grief, griefve : *grave, pénible*.
Guarantir, pour *garantir*.
Guarder, pour *garder*.
Guarir, pour *guérir*.
Guarison, pour *guérison*.
Guarnison, pour *garnison*.
Guidon : *officier qui portait la petite enseigne d'une compagnie de gendarmes*.
Gnieres, pour *guère*.

H

Harquebuze, et ses dérivés, pour *arquebuse*, etc.
Heur, heure : *bonheur*.

Hurter, pour *heurter*.

I

Iceluy, icelle : *lui, elle* ; iceluy, icelle : *celui, celle, ce, cette*.
Illec : *là*.
Importer, avec un régime direct, au lieu de : *importer à*.
Imposer à quelqu'un : *imputer à quelqu'un*.
Inciter à : *exciter à*.
Indifféremment : *sans différence*.
Infirmes (au scandale des) : *au scandale des faibles, de ceux dont la foi est chancelante*.

Ingenieurs (les meilleurs) : *les esprits les plus sages, les plus habiles*.
Ingenieux : *ingénieur*.
Innumerable : *innombrable*.
Instigans : *instigateurs*.
Institution : *éducation, instruction*.
Insulé : *situé dans une île*.
Intelligence (prendre) : *se mettre en intelligence avec quelqu'un*.
Ire : *colère*.

J

Jà : *déjà* ; Jaçoit que : *quoique*.
Jacque de maille : *cotte de maille*.

Joinct que : *ajoutez à cela que, de plus*.
Joir, joyr, pour *jouir*.

Jouxte : *d'après.*
Judicature : *justice, ressort de justice.*
Jurat : *juré, officier municipal.*

Jurade, jurande : *conseil de ville.*
Jussion : *ordre.*

L

Lairray, pour *laisserai ;* lairra, pour *laissera.*
Lansquenet (landsknecht) : *soldat d'infanterie allemande.*
Levé (estre) : *être élevé.*
Licentier : *donner licence ;* se licentier : *se donner licence.*
Liesse : *joie, contentement.*

Lieu : *rang.*
Ligues (les) : pour *les ligues suisses ;* ligues (les) : *la Ligue, les ligueurs.*
Lipes : *lèvres, grosses lèvres.*
Loisible : *licite.*
Luc : *luth.*
Lucter, pour *lutter.*

M

Maintiennement : *maintien, conservation.*
Mal-content : *mécontent.*
Mal donné à entendre : *faux exposé.*
Malette : *valise.*
Manier (se) : *se tramer.*
Manutention : *maintien, conservation.*
Marry : *peiné, chagrin.*
Mas : *village, bourg.*
Mercier : *remercier.*
Merque, pour *marque.*
Mesavenir, mesadvenir : *arriver du mal.*
Mesmement : *notamment.*
Mesmes : *surtout, principalement, notamment.*
Mestiers jurés : *corps d'arts et métiers assermenté ;* creer mestiers : *faire passer, par privilége, à la maîtrise.*
Meurdre : *meurtre.*

Miniere (d'or) : *mine d'or.*
Mode que (de) : *de manière que.*
Monopole, employé dans le sens général d'*abus.*
Monstre : *revue, solde des troupes ;* place-monstre : *place aux revues.*
Monstre de trois mois : *solde de trois mois.*
Mortes-payes : *soldats entretenus à demeure dans une garnison, tant en paix qu'en guerre.*
Motine : *terme de fortification.*
Moult : *très, beaucoup, fort.*
Moyen (du) : *en sorte, au moyen.*
Moyens : *argent, ressources pécuniaires.*
Moyenner : *ménager, préparer.*
Moyenneur : *intermédiaire, médiateur.*
Mugotter : *épier, tâter, tourner autour.*
Murtre : *meurtre.*

N

N'aguaires, naguieres, n'agueres, pour *naguères.*
Naturel : *de nature, de naissance.*
Ne, pour *ni.*

Nourir : *élever, instruire ;* estre nourri : *être élevé, instruit ;* nourriture : *éducation, instruction.*
Nuisance : *tort, dommage.*

O

Oblier : *oublier.*
Obligations : *liens.*
Obliger : *attacher, lier, unir.*

Observance : *obéissance, marques de soumission.*
Obtester : *prendre à témoin.*

GLOSSAIRE.

Œuvre. Ce mot est fréquemment employé au masculin.
Oir, oyr, pour *ouïr;* orra, orront : *entendra, entendront.*
Onc, oncq, onques : *jamais.*
Ordonnance : *répartition de deniers.*
Ores (d') : *dès à présent.*
Orres, oresque, *quoique.*
Oultre (plus) : *plus loin.*

P

Paouvre, povre : *pauvre.*
Paouvreté, povreté : *pauvreté.*
Parentage, *parenté.*
Parfournir : *fournir complétement.*
Parlement : *conversation.*
Paroire : *paraître.*
Par quoy : *à cause de cela.*
Parsans ou persans : *subdivisions militaires du Béarn.*
Par sur tout : *par-dessus tout.*
Part : *endroit, côté;* part (en la) : *dans l'endroit;* part que (la) : *à l'endroit où, au lieu où.*
Part (de sa) : *de son côté;* parts (des) : *de la part.*
Part : *partie;* part (la plus grand) : *la plus grande partie.*
Partement : *départ.*
Passer (le) : *passage, l'action de passer.*
Pastir, pour *pâtir.*
Patente, pour *lettre patente.*
Peinture, dans le sens de *portrait.*
Peneux, peneuse : *pénible.*
Penssement : *pensée.*
Perdurable : *très-durable.*
Picoreu, picoreur : *maraudeur.*
Pipe : *espèce de mesure de contenance.*
Plaisant : *agréable.*
Plege, pleige : *garant, caution.*
Plus tot, pour *le plus tôt.*
Poiser, pour *peser.*
Porter, pour *supporter.*
Poste (fait à sa) : *fait à sa guise.*
Postille, pour *apostille* ou *post-scriptum.*
Postposer : *mettre après, faire moins de cas.*
Pourchasser : *chasser, poursuivre.*
Pourmener : *promener.*

Pourmenoir : *lieu de promenade.*
Praticque : *séduction, menée.*
Pratiquer : *débaucher, séduire.*
Precisement : *avec précision.*
Prefixe (tems) : *temps fixé à l'avance, temps assigné.*
Preignant : *prenant.*
Preigne, pour *prenne.*
Premier : *premièrement.*
Premier que : *avant que.*
Present (de) : *à présent.*
Present (du) : *idem.*
Presidial : *tribunal de justice d'une ville, ressortissant à une cour de parlement, mais jugeant en dernier ressort jusqu'à une certaine somme, et connaissant des appels de juridictions inférieures.*
Presse : *abondance;* presse (faire la) : *faire instance.*
Presse (mettre sous la) : *mettre sous presse, imprimer.*
Presupposition : *prévention.*
Prevostable : *soumis à la juridiction du prévôt.*
Prins : *pris.*
Prinse : *prise.*
Priser : *prendre en considération, apprécier.*
Priveement : *privativement, en particulier.*
Procédure : *manière d'agir.*
Proie (en) : *exposé aux dangers.*
Prou : *beaucoup, très, assez.*
Prouvoir : *pourvoir.*
Provident : *prévoyant.*
Prudhommie : *sagesse.*
Puis : pour *depuis.*
Puis nagueres : *depuis peu.*

Q

Qualifié : *de qualité, noble.*
Quant et mon train : *avec mon train.*
Quant et quant : *conjonction souvent explétive, qui se met au commencement d'une phrase, et*

répond à l'interea ou verum enim vero des Latins.
Quant et vous : avec vous.
Quarriere, pour carrière.
Quarte : quatrième.
Quartier : garnison, pays, contrée.
Quartier : service trimestriel dû par les officiers de la maison du Roi et des princes.

Quasi : presque.
Quelque nombre : un certain nombre.
Querelle d'Allemaigne : querelle d'Allemand mauvaise chicane.
Querimonie : plainte.
Qui, au commencement de la phrase, pour ce qui.
Quicter : laisser, abandonner.

R

Rachapter : racheter.
Racionable : raisonnable.
Radvenir : advenir de nouveau.
Razement : destruction de fond en comble.
Reale (à la) : à la royale.
Rebattre : repousser.
Recercher, pour rechercher.
Recharge : nouvelle instance, nouvel avertissement, nouvelle lettre.
Reconfirmer : confirmer.
Recouvrir : pour recouvrer, verbe qui paraît avoir manqué dans la langue d'alors.
Recueil : accueil, réception.
Recueillir : recevoir.
Redonder : retomber abondamment.
Regard (pour le) : à l'égard, au sujet.
Regard (pour mon) : quant à ce qui me regarde.
Regard (pour ce) : pour cet effet, sur ce point.
Reistre (Reiter) : cavalier des troupes allemandes.
Relief d'adresse : ordonnance qui relevait du défaut de s'être adressé à un juge incompétent.
Religion (la), c'est-à-dire le culte réformé.
Remarquer : faire connaître, faire remarquer.
Rementevoir, ramentever : rappeler, faire souvenir.
Remparer (se) : se fortifier.
Remuement : déplacement, mouvement, agitation, révolte.

Renier : nier.
Rentrissions, pour rentrassions.
Repaistre : manger.
Repourchasser : poursuivre, réclamer, vouloir obtenir.
Reprier : prier de nouveau.
Reprins : repris.
Reprinse : reprise.
Repurger : purger, délivrer, débarrasser.
Rescription : mandat de payement.
Reservation : réserve.
Resouldre, verbe actif employé avec deux régimes, direct et indirect.
Respect (pour lequel) : en considération de quoi, en vue de laquelle chose.
Responsion : garantie.
Ressentiment : sentiment, souvenir.
Restituement : restitution.
Reussir : sortir; le fruit en reussira : le fruit en sortira.
Reva (s'en) : s'en retourne.
Revencher, revancher, revenger : prendre la revanche.
Revoy (je m'en) : je m'en retourne.
Robe (gens de robe longue) : gens de justice.
Roine, royne, pour reine.

S

Salade : sorte de casque dont le nom fut appliqué aux soldats qui le portaient.
Saulf, sauve, pour sauf, sauve.
Saulveté : salut, refuge, conservation.
Se, pour si.

Semblable (le) : semblable chose.
Semondre : sommer, avertir.
Sergentise : sergenterie, charge de sergent, d'huissier, et le ressort de l'exercice d'un tel officier.
Servitude : soumission, attachement respectueux.

GLOSSAIRE.

Seur : *sœur.*
Seur : *sûr, en sûreté.*
Si, sy : *tellement, effectivement, assurément.*
Sinistre (voie) : *voie détournée.*
Somme, pour : *en somme, en un mot.*
Sortir effet, pris dans le sens actif : *produire effet.*
Soulde : *solde.*
Souldre : *résoudre, terminer.*
Souler : *avoir coutume.*
Stettmeister : (*chef de la cité*) *titre des administrateurs de l'ancienne république de Strasbourg.*
Substance : *fortune, avoir.*
Subvenir : *aider, soutenir, souvenir.*
Succeder : *réussir.*

Suffisance : *capacité, habileté.*
Suffisant : *capable, habile, homme de mérite.*
Superintendant : *surintendant.*
Suport : *soutien, protection.*
Supperceder : *surseoir.*
Surcension : *surcens, cens extraordinaire.*
Surci, pour *sursi*, employé comme participe du verbe *surseoir.*
Surprins : *surpris.*
Surprinse : *surprise.*
Survieigne : *survienne.*
Survivre, employé avec un régime direct : Survivre leurs prétentions : *survivre à leurs prétentions.*
Sus : *sur.*
Susciter : *faire en sorte.*

T

Tablier : *bureau de recette des deniers publics.*
Taillon : *impôt analogue à la taille.*
Tandis, adverbe pris absolument : *pendant ce temps-là.*
Tant plus (de) : *d'autant plus.*
Terrien : *homme, habitant de la terre.*
Tiers : *troisième.*
Tindrent, pour *tinrent*, du verbe *tenir.*

Tout (du) : *totalement, entièrement.*
Tout à trac : *sans hésitation.*
Traite foraine : *droit levé sur certaines marchandises entrant dans le royaume ou qui en sortaient.*
Travailler : *inquiéter, molester.*
Treuver, trover : *pour trouver.*
Trop mieux : *beaucoup mieux.*
Trop plus : *beaucoup plus.*

V

Valeur : *mérite, importance.*
Vau-de-route, ou vauderoute (à) : *en désordre, en déroute.*
Vefve : *veuve.*
Veritable : *véridique.*
Vertu : *courage.*
Vicoque : *bicoque.*
Visconté : *vicomté.*
Viseneschal : *vice-sénéchal.*

Visitation : *visite.*
Vois (je), voy (je), voys (je), pour *je vais.*
Volentiers, voulentiers : *volontiers.*
Volu : *voulu.*
Voulsist (qu'il) : *qu'il voulût.*
Voyr : *voir ;* voyray : *verrai ;* voirés, voyrés : *verrez.*
Vuidange d'un procès : *jugement qui met fin à un procès.*

Z

Zelateur : *désireux, zélé pour, partisan de.*

Monsaygneur

suyuant le sauuonduyt quyl a pleu a vre mageste acorder aus quatre cantons les suysses faysans profossyon de la relygyon reformee pour ceus que ge voudroy deputer pour aller conferer auec les ambassadeurs quyls ont delegues vers vre mageste Jennoye presantement les srs de vorny et de la marsylyere pour cest efet vers lesdys ambassadeurs et pour au reste suplyer treshumblement de ma part vre mageste de vouloyr acorder aus enfans de feu mon oncle mousr de rohan desquels je suys tuteur les rachas et droys sygneuryaus de leurs terres quy leurs sont eschus par le deces de feu leurdyt pere ce quayant este de tout tans acoustume dacorder et dotroyer en tels cas et alandroyt de personnes de telle qualyte jespere que vre mageste ne le voudra deneyer a

Mon souuerain sygneur

Le Roy

vre treshumble et tresobeyssant suget et seruyteur

HENRY

Mousr de sayngonyes Je vous prye fere travayller
yncontynant a fayre q.ss.t.17 ♄ 14 ⊥ ss ɛ X ξ
♓ ☉ ⚹ X ♈ .15. ♏ ♃ q s X ɛ ☉ 2 . q . ♄ . ∴ f g
. . q . s . X ♈ q 14 ♏ X ss ⌓ v 7 q ss ɛ X ψ
♈ ξ ♏ . q . 8 . 10 ξ X ɛ v ♏ ☉ ♒ ♃ 18 ⊥ f
pour les sourys. Il sera bon den avoyr jusques
a trente mays yl faut que les q . ss . t . v . v . q
r . s . 7 ξ X . t . v ♏ . 8 . q . 18 . X f . 10 . 18 . ♏
y ss ♏ ♒ . ♄ . ♄ . d . plusfost de q . z . d . s . f
ɛ X g . h f 18 ⚭ z y ⊥ X . 8 . f v . q X . q ♃
≠ X ff h . 19 . ☉ . f X ⚭ ʃ . q . r . m ♃ ♒ q . 10 . ♄
f . ♏ . ɛ s . Il seroyt bon dy travayller plusfost
que plus tard. travaylles y donc Je vous prye
cest

Les dehors ♃ q 18 X ☉ ♃ q
z b b q . ♃ ɛ ss   Je tres afertyonne mestre e
X ξ ♈ ♃ ɛ q ♏ prince
oh de Dre ou donfr q z parfet amy   [signature]
18 . io † X ♃ ♏ v m
≠ ♏ ξ X d g d . ♃ ss 12 X ♃ ʃ ɛ ♏ h v 7 ♃ ss 2 17
X ♈ ♃ 19 ♏ 8 . q . 12 X ss 13 ♏ ☉ X v ξ X 12 8
d ss f ♃ .16. X d ☉ ♃ X ≠ g v q 20 18 ξ X . 8 . 18 . ♏ X
ψ ξ 14 ♏ v q 12 ≠ q ss 14 ∴   Monsieur Je vous bayse les mayns
                                                                tres humblemt

Recueil des lettres missives de Henri IV.   Pl. III.

Mon âme je vous escrys de Bloys où yl y a six
moys que l'on me condamnoyt à ne tenyr & prohyber
de succeder à la couronne, & sans suys atteurs
le prynceypal pylyer. Voyes les œuvres de Dieu
divers seus quy ce sont tousjours fiés an luy,
car y avoyt yl ryen quy eut tant d'aparance
de force qu'un arrêt des estats, cependant l'an
a y cloys devant aluy quy peult tout, quy a ainsy font bien obeyr
revcu le proces, a cassé les arrests des
hommes, m'a remys an mon droyt, & croys que
ce sera au depans de mes ennemys. Ceus quy
ce fyent an Dieu & le servent, ne sont jamays
confus, je me porte tresbien Dieu mercy, vous
jurant avec veryte, que je n'ayme rys honore
ryen au monde comme tous, hors quatre
yjusques au tombeau, je manuroys a
Boys Jancy ou je croys que nous oyrons bien tost
parler de moy, je fays estat de fayre venyr
ma sœur, bien tost resoluez vous de venyr
avec elle, le Roy m'a
yl y a vne vray, oyen si ie vous en dire le grand
croys que je luy feray fayre en manyere que
bonsour mon cœur je te bese vnmyllyon de foys ce

D'après l'original conservé à la Bibliothèque de l'Arsenal
(Voir le texte imprimé page 487)

www.ingramcontent.com/pod-product-compliance
Lightning Source LLC
Chambersburg PA
CBHW050316240426
43673CB00042B/1433